西洋建築史

18世紀新古典主義建築から現代建築まで

II

デイヴィッド・ワトキン 著

白井秀和 訳

中央公論美術出版

A History of Western Architecture, Fifth Edition
by
David Watkin

Copyright©David Watkin, 2011
Japanese Translation by Hidekazu Shirai
Published 2015 in Japan by Chuo-Koron Bijutsu Shuppan Co.,Ltd.
ISBN978-4-8055-0710-0

Japanese translation rights arranged
with Laurence King Publishing
through Toppan Printing Co., Ltd., Tokyo

口絵24〔図554〕　アダム：サイアン・ハウスの控えの間、ミドルセックス（1761年頃-5年）、古代の円柱群を組み入れている

口絵25〔図559〕　廃墟としての、プリンス・オヴ・ウェールズの霊廟、チェインバーズによる図面（1751-2年）

口絵26〔図560〕　ジェームズ・ワイアットによるフォントヒル・アビイ（1796-1812年）における、聖ミカエルのギャラリー南端部の、版画（1823年）

口絵27〔図565〕 サー・ジョン・ソーン美術館の朝食用の食堂、ロンドン、ソーンによる

口絵28〔図566〕　ヴェルサイユの田舎屋風離宮(アモー)（1774年頃-83年頃）、建築家リシャール・ミーク、造園家アントワーヌ・リシャール、そして画家ユベール・ロベールによる

口絵29〔図569〕　パンテオン（サント゠ジュヌヴィエーヴ）の内部、パリ、スフロによって1757年に着工

口絵30〔図570〕　ラ・ソリテュード、シュトゥットガルト（1763-7年）、P.-L.-P.〔ピエール＝ルイ＝フィリップ・〕ド・ラ・ゲピエールによる

口絵31〔図573〕　マサチューセッツ州議会議事堂、ボストン（1795-8年）、ブルフィンチによる

口絵32〔図700〕　トリニティ・チャーチ、ボストン（1872-7年）、リチャードソンによる

口絵33〔図701〕　パリ・オペラ座の大階段室（1862-75年）、ガルニエによる

口絵34〔図705〕 ロイヤル・パヴィリオン、ブライトン、ナッシュによる改築（1815-21年）：大広間の外観

口絵35〔図706〕　セイント・ジャイルズ、チードル、スタッフォードシャーの礼拝堂に見られる多色彩飾の装飾（1840-5年）、ピュージンによる

口絵36〔図709〕 皇后ジョゼフィーヌの寝室(1812年)、マルメゾンの城館(シャトー)、ペルシエとフォンテーヌによる

口絵37〔図712〕　カーディフ城内のチョーサー・ルームの暖炉棚（1877年頃-90年）、バージェスによる

口絵38〔図713〕　シンガーズ・ホール、ノイシュヴァンシュタイン城館(シュロス)、バイエルン、リーデルによる（着工1869年）

口絵39〔図769〕　タッセル邸の階段室、ブリュッセル（1892-3年）、オルタによる

口絵40〔図773〕　ゼツェッション館、ウィーン（1897-8年）、オルブリッヒによる：金属の網目模様ドームがある入口の細部

口絵41〔図774〕　マヨリカハオス、ウィーン、ヴァーグナーによる：大通り側ファサード（1898年）

口絵42〔図777〕　サグラダ・ファミリア大聖堂、バルセローナ、ガウディによる：「キリスト生誕」の袖廊の細部（1903-30年）

口絵43〔図778〕　チャンディガールの州議事堂、インド（1951-65年）、ル・コルビュジエによる

口絵44〔図867〕　シーグラム・ビルディング、ニューヨーク市、ミース・ファン・デル・ローエによる（1954-8年）

口絵45〔図868〕　バークシャーのソニングにあるディーナリー・ガーデンの〔南西側〕庭園正面、ラッチェンスによる（1899-1902年）

口絵46〔図869〕　ポートランド・パブリック・サーヴィス・ビルディング、オレゴン州、マイケル・グレイヴズによる（1979-82年）

口絵47〔図874〕　ケンブリッジ大学歴史学部棟の外観、ジェームズ・スターリングによる（1964年）

口絵48〔図880〕　シチュコーとゲリフレイフ：国立レーニン図書館〔現ロシア国立図書館〕、モスクワ
　　　　　　　　（1928-41年）

口絵49〔図885〕　ロジャーズ〔ロジャース〕とピアーノ：ポンピドゥー・センター、パリ（1971-7年）

目　次

第8章　18世紀の古典主義 …………………………………… 519
ローマの衝撃 ………………………………………………… 519
- ピラネージ …………………………………………………… 519
- ピクチャレスクなるものの起源の数々 …………………… 524
- バーリントン卿とウィリアム・ケント …………………… 526
- ロバート・アダム …………………………………………… 531
- チェインバーズとワイアット ……………………………… 538
- ダンスとソーン ……………………………………………… 546

フランスにおける新古典主義の興隆（ライズ） …………… 548
- スフロとサント＝ジュヌヴィエーヴ ……………………… 554
- ペールとド・ヴァイイ ……………………………………… 559
- ルドゥーとピクチャレスクなるもの ……………………… 566

ヨーロッパの他の国々における古典的伝統 ………………… 572
- イタリア ……………………………………………………… 572
- ドイツ ………………………………………………………… 574
- ポーランド …………………………………………………… 581
- スカンディナヴィア ………………………………………… 584
- ロシア ………………………………………………………… 587

アメリカ合衆国における古典主義の興隆 …………………… 592
- トマス・ジェファーソン …………………………………… 595
- ブルフィンチとラトローブ ………………………………… 599

都市計画 ………………………………………………………… 606
- フランス啓蒙主義の貢献 …………………………………… 606
- ロンドンにおける理論と実践 ……………………………… 606
- バース、ダブリン、エディンバラ ………………………… 607
- サンクトペテルブルクとリスボン ………………………… 610
- 北アメリカ …………………………………………………… 611

第9章　19世紀 ………………………………………………… 613
フランス ………………………………………………………… 613
- ペルシエおよびフォンテーヌからヴィオレ＝ル＝デュクまでの合理主義の伝統 …… 613
- 第二帝政から1900年のパリ博覧会まで …………………… 631

イギリス〔大ブリテン島〕 …………………………………… 640
- 摂政時代〔1811-20年〕と初期ヴィクトリア朝時代〔1832年頃-48年頃〕 ………… 640

　　　　ゴシック・リヴァイヴァル ……………………………………………………… 652
　　　　ショーと後期ヴィクトリア女王時代の人々 ………………………………… 659
　　ドイツ、オーストリア、そしてイタリア …………………………………………… 665
　　　　シンケルとクレンツェ ………………………………………………………… 665
　　　　ミュンヒェンとウィーンにおける、ゲルトナーとゼンパー ………………… 679
　　　　イタリア ………………………………………………………………………… 684
　　スカンディナヴィア、ロシア、そしてギリシャ …………………………………… 693
　　　　スカンディナヴィアとフィンランド …………………………………………… 693
　　　　ポーランドとロシア …………………………………………………………… 697
　　　　ギリシャ ………………………………………………………………………… 704
　　　　ベルギーとオランダ …………………………………………………………… 706
　　アメリカ合衆国 ………………………………………………………………………… 709
　　　　〔19〕世紀半ばまでのギリシャとゴシック〔の各様式〕 …………………… 709
　　　　ハントからリチャードソンに到る、新しい理論と新しい方向の数々 ……… 715
　　　　サリヴァンと摩天楼(スカイスクレイパー)の起源 ………………………………………………… 724
　　　　マッキム・ミード・アンド・ホワイトと古典主義への回帰 ………………… 727
　都市計画 ………………………………………………………………………………… 736
　　　　18世紀の遺産 ………………………………………………………………… 736
　　　　典型的な工業都市群 …………………………………………………………… 737
　　　　アメリカ合衆国 ………………………………………………………………… 739
　　　　ヨーロッパにおける発展の数々 ……………………………………………… 742

第10章　アール・ヌーヴォー …………………………………………………………… 745
　ベルギーとフランス …………………………………………………………………… 746
　スコットランドおよびイングランド ………………………………………………… 754
　ドイツ、オーストリア、そしてイタリア …………………………………………… 758
　スペイン ………………………………………………………………………………… 771

第11章　20世紀 ………………………………………………………………………… 781
　1939年までのアメリカ合衆国 ……………………………………………………… 781
　　　　フランク・ロイド・ライト …………………………………………………… 781
　　　　伝統的な諸様式の建物群 ……………………………………………………… 794
　　　　摩天楼(スカイスクレイパー) …………………………………………………………………………… 800
　1939年までのヨーロッパ …………………………………………………………… 804
　　　　20世紀初期のベルリン：メッセルとベーレンス …………………………… 804
　　　　表現主義の興隆とペルツィヒの作品 ………………………………………… 811
　　　　ドイツとオランダにおける、ほかの表現主義の建築家たち ……………… 816

　　　　グロピウスとバウハウス ･････････････････････････････････ 820
　　　　アドルフ・ロースから国際近代様式まで ･･････････････････ 824
　　　　両大戦間のドイツ、チェコスロヴァキア、そしてスロヴェニアに
　　　　おける古典主義の伝統･････････････････････････････････ 829
　　　　20世紀初期のフランスとルイ16世様式の復興 ････････････ 832
　　　　ペレ、ガルニエ、そしてソヴァージュ ･･･････････････････ 835
　　　　ル・コルビュジエ ･････････････････････････････････････ 842
　　　　両大戦間の伝統的様式に則ったフランス建築 ･･････････････ 849
　　　　スカンディナヴィアとフィンランド ･････････････････････ 851
　　　　イタリアにおける、未来派、古典主義、そして合理主義 ････ 863
　　　　ラッテェンス、保守的なる天才 ･････････････････････････ 873
　　　　英国(ブリテン)における伝統主義と近代主義 ･････････････････････ 883
　　　　USSR〔ソヴィエト連邦〕の近代主義と伝統主義 ･････････ 889
　　1945年以降の近代主義(モダニズム) ･･････････････････････････････････････ 893
　　ポスト＝モダニズム ･･･ 909
　　千年期のための建築 ･･･ 920
　　　　環　　　境(インヴァイアランメント) ･･･････････････････････････････････････ 924
　　　　建築と意味･･･ 925
　　　　経済的および工学技術的変化 ･･･････････････････････････ 928
　　都市計画 ･･･ 929
　　　　田園都市(ガーデン・シティ) ･･･ 929
　　　　都　市　美(ザ・シティ・ビューティフル) ･････････････････････････････････････ 931
　　　　機能主義とその後 ･････････････････････････････････････ 932
　　　　ベルリンの再建 ･･･････････････････････････････････････ 938

第12章　21世紀 ･･･ 941
　　建築、自然、そして環境 ････････････････････････････････････ 942
　　CAD(キャド)とパラメトリック・デザイン ････････････････････････････ 952
　　さまざまな声(ヴェアリド・ヴォイサズ)〔選択肢〕･････････････････････････････････ 953
　　東方を見る ･･ 958
　　都市計画 ･･ 960

　　　　用語解説(グロッサリー) ･･ 963
　　　　類書案内(フォー・ファーザー・リーディング)（参考文献）････････････････････････････････ 969
　　　　謝　辞(アクナレッジメンツ) ･･ 981
　　　　訳者あとがき ･･･ 982
　　　　索　　引 ･･･ 985

　　　　　　　　　訳　書　凡　例

一、本書は、David Watkin, *A History of Western Architecture*, Fifth Edition, Laurence King Publishing, 2011 の、第8章以降の翻訳であり、これを下巻（Ⅱ）とし、用語解説、類書案内（参考文献）、索引、訳者あとがき等を、この下巻に収める。
一、原文のイタリック体は、訳文では語の上に傍点（・）を付し、できる限り原文を添えた。
一、訳文中の（　）は、原文における補足ないしは注であり、〔　〕は、訳者〔白井〕による補足ないしは訳注・注釈である。〔　〕内を取り込んで連続して読む場合もあるが、ほとんどは、訳注・注釈である。また、人物の生歿年は、原書に書かれていないものも、できる限り〔　〕に記載した。
一、原文中の著作名や絵画等の作品名は、『　』で表わし、できる限り原文名を（　）内にイタリック体で示した。
一、原文において大文字で表わされた語句の一部、通常の文章中の引用文、' '内の語句等は、「　」で括った。なお、引用文中の〔　〕は引用者（ワトキン）の補足である。
一、原文のイタリック体の項目見出しは、日本語の斜体では読みづらくなるため、直立の太字体で表わした。
一、原文の - （ハイフン）は ＝ （ダブル・ハイフン）で表わした。
一、巻頭の口絵カラー図版は、本文中にも（モノクロームで）掲載した。
一、原書の明らかな誤記については、軽微なものについてはいちいち記述していないものの、おおかたは、〔　〕内に記述した。
一、訳書上巻、下巻の頁数は連続しており、通し番号となっている。

第8章　18世紀の古典主義

ローマの衝撃

　この章における二導的な主題群は、フランス啓蒙主義の古典主義建築と、イングランドのピクチャレスク庭園群および庭園建築群であるが、これらのものは、ヨーロッパ全土は無論のこと、ヨーロッパを超えて、力強い影響を及ぼした。国際的な新古典主義の造形言語(ランゲージ)は、1740年代に、ローマのフランス・アカデミーにおいて、パリのアカデミーの学生として〔ローマ〕大賞(グラン・プリ)を授けられてきたフランスの給費留学生たち〔*pensionnaires*　パンショネール。ワトキンは、scholars（奨学生）と訳している〕によって、確立された。神殿群や凱旋門群のかたちをした、祝祭用の装飾を意図した計画案から始めた彼らは、まもなく、果てしなく続く列柱廊群、石造りのドーム群、そして古代ローマの公共浴場によって鼓舞された複合した平面群を伴った公共建築群を、誇大妄想的なスケールで、設計する方向へと転じたのであった。彼らは、自分たちが古代建築の本質と見なすようになった、様式上の純粋さや構造上の正直さとは相容れないような、バロック建築の精力的な動きや豊かな装飾(スピリッティッド)を拒絶した。この過程を誘導した人物は、ジョヴァンニ・バッティスタ・ピラネージ（1720-78年）であった。それゆえ、本章はまさしく、このピラネージに関する踏査と彼を中心とした展開(ヒズ・コンテクスト)から始まることになる。

ピラネージ

　この期間のイタリアは、いまだ、広範に拡散し、しばしば対立しあう国家群の寄せ集めのままであり、これらの国家の大半は、外部のさまざまな権力によって左右されていた。その結果、ドイツの場合と同様に、単一の文化的中心(センター)も、建築上の一貫性も存在しなかった。それにもかかわらず、ローマは、18世紀前半においては、ヨーロッパ全土の建築家たちにとって、釣り込まれるような関心の的となったのである。それは一部には、ピラネージの及ぼした衝撃と、フランス・アカデミーで大賞(グラン・プリ)を得た若い勝者たちの〔ローマ〕滞在(プレザンス)による影響力が組み合わさったせいだと言える。ペールからソーンにまで到る新古典主義の動向の渦中にあった建築家全員に及ぼされた、ピラネージの力強い影響は、古代および当代のローマにある数々の記念建造物を素晴らしいかたちで喚起した彼の版画作品や、家具と内部空間の装飾に対する彼の時代に合った図案(アクチュアル・デザイン)の成果(リプリゼンテーション)にほかならなかった。しかし、ピラネージの芸術上のルーツは、バロックであった。というのも、彼はヴェネツィアで修業を積んでおり、このヴェネツィ

519

アで、バロックの舞台意匠術とこの土地に特有な絵画〔技術〕の伝統とが結びついて、カプリッチョ（*capriccio*）〔「気紛れ」、「奇想」の意〕として知られる幻想的な、この土地に特有な視点の型——それは、画家のマルコ・リッチ（1676-1730年）の作品に典型的に表わされている——を生みだしたからである。

　ピラネージは、1740年にローマに移り、当地では、ジョヴァンニ・パオロ・パンニーニ〔1691-1765年〕の影響を受けるようになった。パンニーニは、1720年代に、舞台意匠においてユヴァッラのために働いたことがあり、当時は、〔ローマの〕フランス・アカデミー〔次の段落の記述を参照のこと〕における「遠近法」の教授であった。パンニーニが、ヴェドゥータ・イデアータ〔*veduta ideata*「理想的風景」の意。ワトキンは imaginary view（想像上の景色）と訳している〕を展開したのは、まさしくここにおいてであった。これは、正確に描き直された古代ローマの記念建造物群が、想像上の構成のもとに取り集められて描かれている絵画の一型式である。1743年にピラネージは、自らの最初の版画集『建築と遠近法の第一部（*Prima Parte di Achitettura e Prospettive*）』を刊行したが、ここには、マルコ・リッチとジュゼッペ・ビビエーナ〔1696-1757年〕によって鼓舞された想像的な廃墟の情景が含まれており、そのなかでもっとも記憶に残るのが、「古代の霊廟」である。これは、〔古代〕ローマ帝国の霊廟群（本書上巻〔I〕108頁）からの、また、ボッロミーニのサンティーヴォ（本書上巻〔I〕404、405頁）からの、そしてフィッシャー・フォン・エルラッハ（本書上巻〔I〕454頁）からの模倣の数々を、建築の古典主義造形言語をどんな時期のものであれ本質的に取りまとめて創造的に可視化したかたちで、組み合わせたものである。これと同等に力強いイメージをもったものが、1750年に刊行した『多様な作品集（*Opere Varie*）』〔オーペレ・ヴァリエ〕にピラネージが載せた、寄宿学校の平面図であった。古代ローマの公共浴場に似た、知的に教化する公共建築用の、この広大かつ複合した平面図は、〔パリの〕フランス・アカデミーの〔ローマ〕大賞をめざす無数のフランス人学生が設計競技用に考案した幻視的計画案を、〔見事に〕特徴づけていた。

　ヴェネツィアとローマのあと、ピラネージに主たる影響を与えたのは、ナポリであった。ピラネージはこの地を、ほぼ確実なことに、1743年頃-4年に訪れた。画家のルーカ・ジョルダーノ（1632-1705年）の、筆致が滑らかで彩色の妙がある作品が、ピラネージの技術に影響を与えた。もっとも、1738年に始まった、ヘルクラネウムでの発掘作業が、これよりもずっと決定的な衝撃を与えたのであった。ピラネージは、1744年にヴェネツィアにおいて、ジョヴァンニ・バッティスタ・ティエーポロの仕事場〔工房〕で働いていたといわれているが、この年の終わりまでには、独立して、ローマのフランス・アカデミー〔ヴィッラ・メディチ。スペイン階段を登りきった通りにある〕の向い側に、版画店を構えた。まさしくここで、1745年頃に、ピラネージはその驚くべき『牢獄（*Carceri*）』〔カルチェーリ〕の図版群を生みだし、ユヴァッラやフランチェスコ・グァルディ〔1712-93年〕、そしてティエーポロの影響を示す牢獄内の不穏な雰囲気を図像化したのである。これとは異なる雰囲気をもっているのが、ピラネージの『ローマの古代遺物（*Le Antichità Romane*）』〔レ・アンティキタ・ロマーネ〕（1756年）

第8章　18世紀の古典主義

537　ピラネージ:「古代の霊廟」の版画、『建築と遠近法の第一部』(1743年) から

であり、これは、平面図と断面図を伴い、とりわけ構造に力点を置いた、古代ローマに関する実質的な記録を目ざしたものであり、これらの特徴は、この著作をして、ローマについての考古学研究史における重大な転機としているのである。『ローマの古代遺物』の主要な意図は、考古学を現代のデザインに適用することであり、チェインバーズやアダム、そして〔ロバート・〕メルン〔1733-1811年〕のようなローマ在住の、ピラネージと個人的に接触した建築家たち（本書534、538頁）はみな、こうした野望にとりつかれていたのであった。

　1748年頃と、その30年ほどのちの死とのあいだに、ピラネージは、その『ローマの景観群 (Vedute di Roma)』〔ヴェドゥーテ・ディ・ローマ〕を刊行した。これはひと続きの137枚の図版からなり、それぞれの図版が、次第に勢いを増していったロマン主義的かつ劇的なやり方で、ローマの各種建築群を表現していた。ピラネージの〔ローマに対する〕感情的な抜き差しならない関係〔ローマへの深い愛着（感情移入）〕は、古代ローマの破壊を強く意識してゆくにつれてまた、彼の「ローマ好み」の立ち位置が、18世紀半ば以降から現われたギリシャびいきのプロウ人々によっておびやかされるにつれて、徐々に悪化していったのである。これらギリシャ派パーティは、ヨハン・ヨアヒム・ヴィンケルマン、マルク＝アントワーヌ・ロジエ、ケーリュス伯爵〔1692-1765年〕、ジュリヤン＝ダヴィッド・ルロワ〔1713-69年〕、ジェームズ・ステュアート、そしてニコラス・レヴェット〔1720-1804年〕のような学者や考古学者や建築家たちが代表的人物であった。この一派の議論に対向するためにピラネージは、その著作『ローマ人の壮麗と建築について (Della Magnificenza ed Architettura de' Romani)』〔デッラ・マンニフィチェンツァ・エド・アルキテットゥーラ・デ・ロマーニ〕（1761年）を刊行し、このなかでエトルリア人がローマ文明の唯一の創設者であり、しかもエトルリア人がギリシャ人よりも古い民族であり、ギリシャ人よりも前に、絵画や彫刻や工芸を完成させたといった誤った主張をしていた。この著作に見られる華麗な図版群は、十分に予想されていたエトルリアの建造物の貧弱さよりもむしろ、ローマの建築装飾の多様さと豊かさを強調していた。

　フランスの収集家兼出版業者ピエール＝ジャン・マリエット〔1694-1774年〕による、この著作への攻撃に応戦するため、ピラネージは、エジプト、ギリシャ、エトルリア、そしてローマの各種モチーフが奇妙に組み合わさった、1767年以降の図版を付加した、『建築についての対話 (Parere su l'Architettura)』〔パレーレ・スゥ・ラルキテットゥーラ〕（1765年）〔ワトキンは Thoughts on Architecture と訳している〕を刊行した。この意固地なまでの折衷主義こそが、学ヘッチディ者ぶったギリシャ・ローマ優劣論争を混乱させようとするピラネージのやり口なのであった。ピラネージはこのやり方を、オウィディウス〔紀元前43年-紀元後17年頃〕の言葉、「自然は自らを絶えず新しくする——古いものから新しいものをつくりだすことは、それゆえ、人間にとってもまた妥当な行為なのである」を引用することで、さらには『暖炉を装飾するためのさまざまな手法 (Diverse Maniere d'adornare i Camini)』〔ディヴェルセ・マニエーレ・ダドルナーレ・イ・カミーニ〕（1769年）を刊行することで、正当だと理由づけた。「エジプトおよびトスカーナの建築を擁護するための試論」を付けて刊行された、暖炉とこれに伴う壁面装飾用の、

これら想像力に溢れた折衷的な意匠群(デザインズ)は、ヨーロッパ全土にわたって、とりわけアダムやダンスや「帝政様式(アンピール・スタイル)」に、大きな影響力を行使した。

ひとりの実践的な建築家として、ピラネージはさほど成功はしなかったし、また影響を及ぼすこともなかった。1760年代初頭に彼は、〔カルロ・〕レッツォーニコ枢機卿〔1724-99年〕のために、ローマのアヴェンティーノの丘に、マルタ騎士団用の小修道院教会堂(プライアリー・チャーチ)〔サンタ・マリア・デル・プリオラート〕と本部館(ヘッドクォーターズ)を再建した。装飾に溢れた浮き彫り(レリーフ)を支え、オベリスクが脇に建つ、記念性を前面に押しだした支柱群(ピラー)、球状の頂部装飾群(ボール・フィニアル)、そして壺群で飾られた、ピラネージによる、この〔教会堂と本部館の前にある〕奇妙な入口広場(ピアッツァ)は、幻覚を起こさせるような新たなマニエリスム的特質を有している。礼拝用教会堂(チャペル)そのものは、マルタ騎士団とレッツォーニコを象徴(シンボリズム)するもので溢れた装飾が覆う、さっぱりとした詳細精緻な表面群(ファサード)で出来ていて、これはまさしくピラネージ自身の版画の1枚にそっくりである。すなわち、軍事的かつ古代趣向的、ぽつぽつ切れていてささかごつごつとした感じで、いわば兵士の軍服の組み紐のごときアップリケ(モール)(appliqué)〔貼りもの〕といった類いの装飾的な扱いは、まさしく「帝政様式(アンピール・スタイル)」の先を行っている。

ピラネージは、自らの豊饒な折衷主義や自らの創意に富んだ空想性を、そして自らの終わりを知らぬ実験的試みに対する情熱(ラヴ)を、十分に自覚していた。「私には偉大な教えの数々を生みだす必要がある」と彼は書いた。「私は信じている。もし私に新しい世界(ユニヴァース)を計画する機会が与えられるなら、私は無我夢中になって、その機会を引き受けることであろう」と。ひとつの新しい理想的な世界を第一原理の数々への回帰によってつくりだすことができるという、この啓蒙主義的な信念は、ドイツの学者ヨハン・ヨアヒム・ヴィンケルマン(1717-68年)のロマン主義的な世界観にもまた、影響を与えた。18世紀のあいだの、ローマに惹かれた多くの人々のなかで、1755年にローマに居を定めたヴィンケルマンほど影響力をもった人物はほとんど存在しなかった。彼の『古代美術史(History of Ancient Art)』〔Geschichte der Kunst des Alterthums〕(1764年)のような著作群は、魅惑的で理想化されたギリシャ文化像(イメージ)をつくりだすために、重要であった。もっとも、こうした像(イメージ)は、一部は、ヴィンケルマンのホモセクシャルな生来の傾向によって掻き立てられていたのではあるが。奇妙なことにヴィンケルマンは、ギリシャ芸術ないしギリシャ建築を直接目の当たりにしたことはほとんどなかったのである。それゆえ、彼が喧伝したものとは、実際には、ひとつの神話なのであった。この神話において彼は、ギリシャ芸術のなかへ遡及し、自らがラファエッロのような高期ルネサンスの芸術家たちのなかに〔見いだして〕賞嘆した、あの静謐さと平滑さを読み取ったのであった。

1758年から、偉大なる収集家アレッサンドロ・アルバーニ枢機卿〔1692-1779年〕付きの管理者(キュレーター)兼司書として働いたヴィンケルマンは、建築家カルロ・マルキオンニ(1702-86年)によって、1751-67年に建てられたヴィッラ・アルバーニの設計に際して、ひとりの忠告者(アドヴァイザー)としての役割を果たしたようである。ヴィッラ・アルバーニの全体配置は、後期バロック様式ではあったが、この別荘(ヴィッラ)は内部も外部もともに、古代と新古典主義の浮き彫り(レリーフ)と彫刻で覆われ

538 テンピエット・ディルート、ヴィッラ・アルバーニ、ローマ（1751-67年）、ヴィンケルマンおよびマルキオンニによる

539 サンタ・マリア・デル・プリオラートの入口正面、アヴェンティーノの丘、ローマ（1764年）、ピラネージによる

ており、ピラネージの手になる、マルタ騎士団の小修道院教会堂〔サンタ・マリア・デル・プリオラート〕にいくらか似た効果をつくりだしている。このことはとりわけ、この別荘の翼館群に付属した柱廊玄関からなり、古代の円柱群と彫刻を折衷的な新たな古代風の意匠で結び合わせているところの、2つの「ギリシャ風神殿」についてあてはまる。ヴィンケルマンが手を加えた部分を、注目すべきテンピエット・ディルート〔ディルート小神殿〕の場合と同様に、ここに見いだすことができる。このテンピエットは人工の廃墟であり、その大半が古代風の断片で構成されていて、この庭園の片側に、ピクチャレスクな様で建っている。

ピクチャレスクなるものの起源の数々

　ヴィッラ・アルバーニの庭園建築群は、カプリッチョ（*capriccio*）絵画の立体感溢れた作品と同様に、すでにイングランドにおいて予知されていた。実際のところ、1770年には、影響力のあった目利き〔鑑定家〕のホラス・ウォルポール〔1717-97年〕が、風景式庭園という新しい芸術がイングランドを、「あらゆる旅行が、ひと続きの画像群をとおして可能となる」国へと変貌させてきたと主張した。建物と庭園双方の設計における絵画的価値に対するこうした固執は、われわれが今日ピクチャレスクなるものとして知るところの、18世紀の芸術運動の基盤をなしている。それは、自然と芸術の鑑賞をとおしての、またとりわけ旅行を

524

第8章　18世紀の古典主義

とおしての、美的経験の追求に関わる、ひとつの繁栄した、有閑の、高度の教養がある社会〔社交界〕が考案したものであった。これらの旅行は、大陸への「グランド・ツアー」〔貴族の子弟が教育の仕上げとしてイタリア（やフランス）などの大都市を巡遊すること〕とともに始まり、イングランド、スコットランド、そしてウェールズでのピクチャレスクな景色の探求とともに終わりを告げた。

　18世紀の趣味人によって着手された踏査は、知的なものであり同時に物質的なものでもあった。この踏査によって、趣味人は、自分自身の文化とはちがった文化の数々について共感をもって考え、またこれらの文化を啓蒙主義の時代に特徴的な、超然とした皮肉の精神をもって研究することに邁進したのであった。18世紀は、考古学の誕生を見た。そして、ギリシャ古代の体系的な踏査を開始することによって、ルネサンス以降ローマ建築に与えられ続けてきた優越性を次第にむしばんでいった。これらの考察に視覚的な表現を与えようとする試みが、シャグバラやキューやスタウアヘッドのような18世紀イングランドの風景式庭園がもつ、不思議な雰囲気や詩的情緒の多くを説明してくれる。

　われわれはすでに、過去へのこの新しい折衷的なアプローチがいかに、1721年刊行のフィッシャー・フォン・エルラッハによる『歴史的建築の構想（*Entwurff einer historischen Architektur*）』に影響を与えたかを見てきた（本書上巻〔I〕457頁）。この書は1730年に英訳版が出来したのであった。この書では、歴史的な建物の数々が、それらの自然あるいは風景化された背景をもって、生きいきとした遠近法的な眺望で示されており、時代に合った衣裳をまとった人物像群が添えられている。このような絵画的な技法を用いることで、建物群を、歴史的文脈のなかに置くことが可能となる。実際のところ、ピクチャレスクなるもののもっとも目立った建築的な衝撃とは、おそらくは、それが環境の一部としての建築に課したところの、まったく新しい強調と言って差し支えないであろう。われわれは、田舎だとか都会だとかといった単なる物質的な背景のみならず、歴史的な背景をも意味するために、「環境」という言葉を解釈することができる。こうしたアプローチの結果、建築は、その物語的もしくは喚起的な〔想像力を掻き立てる〕もろもろの能力のゆえに評価されるようになったわけである。

　建築に対するこの新しいアプローチが表現されているもっとも明確なやり方のひとつが、廃墟の鑑賞に、また新しいあるいは即興の廃墟の創造に、存在していた。廃墟を賞嘆することは、建物を設計する際の目的であるその機能の充足、ないしは当の建築家によって意図された視覚的効果よりも、建物に関してもっと重要な、ほかの事どもがあるという信念を、明確に指し示しているのである。かくして、サー・ウィリアム・チェインバーズやロバート・アダムやサー・ジョン・ソーンのような建築家たちは、おそらくはこの建物の役割の変遷によって、興奮を覚えると同時に挫折したのであろうが、それでも、自分自身の手になる建物が、変化と衰退を蒙って廃墟へと朽ちてゆくとき、どのようなものに見えるかを、図面や水彩画のかたちで想像しはじめたのである。もう一度われわれは、ピラネージへと呼び戻され

ることになる。この芸術家こそは、想像力と知性を刺激するという、廃墟がもつ力にもっとも夢中になった人物だからである。

バーリントン卿(ロード)とウィリアム・ケント

　われわれは、古代の意匠(デザイン)と構造(コンストラクション)がもつさまざまな秘密を見抜こうとする願望が、アルベルティからボッロミーニに到るイタリアの建築家たちの主導的な野心であり続けたことを思い起こすべきである。このような野心の数々が何ゆえイングランドに多大な影響を及ぼすことに失敗したのか、その理由を理解するためには、しばしイングランドの歴史に目をやってみることが必要である。16世紀初期の、ヘンリー8世の宮廷におけるルネサンス文化の到来は、ローマ教皇庁と当国の君主との断絶によって、未熟なままに留まった。その後の宗教改革は、イングランドを大陸の大半の国々から孤立させることになり、とりわけローマからの孤立が大きな意味をもった。ローマとの絶交が宗教のみならず文化にも及んだという事実は、18世紀初めになってもまだ、イングランドが、ルネサンス時代のイタリアの古典主義的な理想の数々の吸収同化に躍起になっていたという事情の大半を説明してくれる。18世紀のあいだのイングランドにおける、いわゆる新古典主義の動きを解釈するひとつのやり方は、これらの理想を理解しようと試みることである。

　このような考えは、ウィリアム・ケント（1685年頃-1748年）のような名うての者(サム・ワン)の経歴を説明するのに役立つ。彼の経歴が信じられないほど多彩に見えるために、彼をしてその英国の庇護者たちにとって非常に望ましい人物にしたものが、イタリアの文化についてのその唯一無二の真っ当な知識であったと思い到ることになるのである。ケントは、1709年から10年間を、イタリアで過ごし、ローマで、絵画を学んだ。当地で彼はバーリントン卿（1694-1753年）と出会ったが、この人物は、裕福な庇護者かつ目利きであり、やがて出世して、所帯をもつようになり、1719年からその死に到るまで、ピカディリーのバーリントン・ハウスに住むことになったのである。イングランドに、諸芸術のルネサンスをもたらすことを切望したバーリントン卿は、イタリアの絵画伝統のなかで修業を積んでいた歴史画家として雇うため、ケントをイタリアから連れ戻した。バーリントン卿はまた、イタリア人の彫刻家ジョヴァンニ・バッティスタ・グエルフィをバーリントン・ハウスに住まわせるため、イタリアから連れ帰り、さらにはイングランドにおけるイタリア・オペラの確立に重要な役割を果たした。イタリア・オペラは、音楽において、絵画における仰々しい様式(グランド・マナー)〔荘厳体〕と同価値をもつものであった。

　この古代ローマ化といった課題に潜在的にではあれ戦いを挑んだのが、バロックの過剰な誇張的表現(イグザジャレイション)から解き放たれた、穏健なる古典主義の国家的様式を確立しようという当時の人々の野望であった。この様式こそは、バーリントンと彼の仲間によって、立憲君主制の、そして国家の正統性としての新教教義遵奉(プロテスタンティズム)の、決定的な確立に付随するものと見なされたのであった。この新しい政治体制において、当の国家〔英国〕は、君主からその権限の多く

第8章　18世紀の古典主義

を奪い去ったウィッグ党の大きな力をもった地主一家群によって、切り盛りされたのであった。まさしくそのとき、すなわち1688年の名誉革命において、彼ら地主たちは、オレンジ公ウィリアムを招き入れて、彼を即位させたのであった。第3代シャフツベリー伯爵(アール)(1671-1713年)の道徳的かつ美学的な哲学は、政治上、宗教上、そして社会組織上のこの新しく発見された英国の「自由(リバティ)」の必然的な結果として、建築の国家的様式が登場することを予見していた。その『デザインの術ないしは〔科〕学に関する書簡(〔A〕Letter Concerning the Art or Science of Design)』(1712年)のなかでシャフツベリーは次のように論じている。「ある種の趣味〔審美眼〕は、それに伴う他のいくつもの種類の趣味〔審美眼〕を、必然的にもたらすものである。ある国家の自由な精神がこのように立ち現われるとき……公衆の耳目は進展してゆく。すなわち、ある真っ当な趣味〔審美眼〕が流布してゆき、ある意味では、強引に押し入ってゆくのである」と。

　シャフツベリーはこれから流布することになると見込んだ様式を明確に記述したわけでは決してなかった。そして、バーリントン卿には、いくらか事務的なかたちではあるが、国家の精神の表現として、新たなパラーディオ主義を推し進める、という課題が託された。ひとつの国家的様式としてのパラーディオ主義に対する要求は、それがイニゴー・ジョーンズによって1世紀前にイングランドにすでに導入されていた(本書上巻〔I〕385頁)という事実に基づいていた。新たなパラーディオ主義者たちは今や、ジョーンズ流の古典主義が、国家〔国民〕的趣味〔審美観〕がバロックの設計者(デザイナー)たちの奢侈放縦によって、とかくするうちに、腐敗してゆくことがなかったならば、もっと大きく順応していったはずであったと思うに到ったのである。新たなパラーディオ主義の不朽の記念碑は、100枚の図版をそれぞれの巻に収めた、『ウィトルウィウス・ブリタ〔ン〕ニクス(Vitruvius Britannicus)』〔「英国(ブリテン)のウィトルウィウス」の意〕(1715-25年)の3巻本であった。これらの巻は、建築家コリン・キャンベル(1676-1729年)の手によって編纂されたものである。公的、私的双方の当代英国の建物群、とりわけ支配階級のカントリー・ハウス群の記録として意図されたこの書物はまた、バロックの「気取った、放縦な」形態に対する「古代の簡素さ」の優位を強調したものであった。

　ウィリアム・ケントの多様にわたる作品は、これらの、そしてそのほかの相反する傾向の数々を反映している。後期バロックのローマで修業した、元々天分豊かな芸術家であったものの、ケントは、バーリントンのより簡素な様式を目ざした野望に応ずることを期待された。さまざまな可能性がどの程度の拡がりをもっていたかは、1720年代のケンジントン・パレスにおけるジョージ2世〔1683-1760年、在位1727-60年〕のための、ケントの手になる作品に、申し分なく例証されている。ここでケントは、3つの内部を、互いに対比しあう様式で飾り立てた。すなわち、幻想的なヴェネツィア・バロック風の手法での壁面装飾がある階段室。格天井、巨大オーダーの付け柱、暖炉上方の壁龕内の彫刻と浅浮き彫りがある、18世紀末頃の成果の数々を予見させる新たな古代風の様式からなる丸天井の部屋(クーポラ・ルーム)。そして、謁見室(プレザンス・チェインバー)である。ここでは、彩色された天井が、ラファエッロやジョヴァンニ・ダ・ウーディネ〔1487-

540 丸天井の部屋(クーポラ・ルーム)、ケンジントン・パレス、ロンドン、ウィリアム・ケントによる装飾（1720年代）

1564年〕、そしてヴァザーリのような芸術家たちによって考案されたアラベスク様式——古代ローマ人たちのフレスコ画が描かれた内部装飾を模倣したもの——の注目すべき復活を示している。

　バーリントン卿は幸運なことに、古代ローマの浴場研究を含むパラーディオの図面を大量に購入することができた。『アンドレア・パラーディオによって描かれた古代の建造物群 (*Fabbriche Antiche disegnate da Andrea Palladio*)』〔ファッブリーケ・アンティーケ・ディゼニャーテ・ダ・アンドレア・パラーディオ〕なる題名を付けて、1730年にバーリントンによって出版された、これらの浴場の図面は、アプス群と円柱による仕切り壁群(スクリーンズ)を含む、その空間的に多様な様相を見せる内部をもって、18世紀の計画案(プランニング)に著しい影響を及ぼした。たとえば、ヨークにある、バーリントンの舞踏会用社交場(アセンブリー・ルームズ)（1731-2年）と、1730年代にケントの手によって設計されたものの実現しなかった、新しい国会議事室案が挙げられる。ケントの手になるもっとも見事な建物は、ノーフォークのホーカム・ホールであり、これは1730年代の初めに、その所有者であるレスター伯爵(アール)〔1752-1842年〕、そしてバーリントン卿と協同して設計されたものである。これは純粋な芸術作品といえるものであり、レスター卿(ロード)〔侯爵や伯爵などの正式称号の代わりに用いる尊称〕がイタリアでこの建物のために特に購入した絵画や彫刻を納めるための祀堂として構想されたのであった。4つの外部のパヴィリオン〔翼館(ウィング)〕を備えたこの平面

第8章　18世紀の古典主義

541　ケント：ホーカム・ホール、ノーフォーク（1734年着工）の、庭園側正面

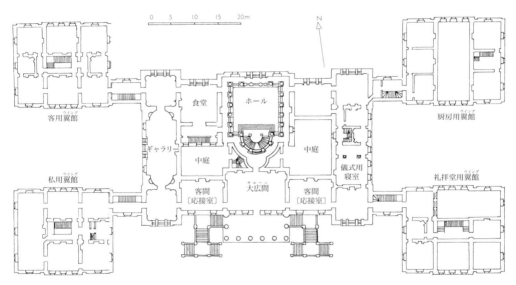

542　同、平面図

は、パラーディオの手になる、実現することのなかったヴィッラ・モチェニーゴに鼓舞されていた。しかし、そのもっとも見応えのある内部は、入口と階段室広間が結び合わされていて、古代ローマの列柱が並ぶバシリカや、ウィトルウィウスのいわゆるエジプシャン・ホール〔多柱室というほどの意味。19世紀にロンドンのピカディリーに存在した（1812-1904年）博物館のエジプシャン・ホールとは別のもの〕、そしてヴェネツィアのイル・レデントーレ教会堂に見られる、パラーディオによる曲線を描いた円柱群による仕切り壁（本書上巻〔I〕349頁）といった特徴の数々を結び合わせていた。ケントの手になる最後の建築群のひとつである、1742-4年にケントがイザベラ・フィンチ夫人のために建てた、ロンドンのバークリー・スクエア44番地の邸館には、抑制のきいたパラーディオ風のファサードと劇的な内部とのあいだの、同

529

543　ケント：エーリュシオン内の「古代の美徳の神殿」、ストウ、バッキンガムシャー（1732年頃）

544　バークリー・スクエア44番地〔の邸館内の〕階段室、ロンドン（1742-4年）、ケントによる

様の対比が見られる。ここには、この国におけるもっともダイナミックなバロックの階段室のひとつがあり、さらにはパラッツォ・デル・テ（本書上巻〔I〕322頁）におけるジューリオ・ロマーノの手になるものと豊かさを競い合う、格間状の彩色天井のある大広間(サルーン)が見られる。この邸館(ハウス)はかくして、マニエリスムからパラーディオ主義を経てバロックへと到る、イタリアのデザインの歴史を要約しているのである。

バッキンガムシャーのストウのエーリュシオン(イリジャン・フィールズ)〔極楽浄土廟。「英雄・善人が住む死後の極楽の地」の意〕、そして、オックスフォードシャーのルーシャムの庭園は、ともに1730年代のものであるが、そこに見られる数多くの古典風な庭園建築とともに、ピクチャレスクな庭園と景観建築の展開におけるケントの先駆的な天才の、貴重で喚起的な範例として残存している。古代建築群を模倣することで、こうした郷愁を誘うような夢想世界をつくり上げようとする、ケントとその庇護者たちの意図は、数多く、しかも多様である。これらの意図は、数多くの視覚的伝統を、導きの糸として利用することができたのであろう。まず第一には、田園風景のなかの古典風の神殿群や廃墟群を喚起させるような、クロード・ロラン（1600-82年）とニコラ・プッサン（1594-1665年）の勇壮(ヒロイック)な風景画があった。次には、イタリア風のルネサンス庭園があり、そのうちのいくつかをケントは、古代に元々あったものを正しく再現したものと見なしていたようである。たとえば、ガ

ルダ湖〔イタリア北部ロンバルディア、ヴェネト両州の境に位置するイタリア最大の湖〕畔に建つヴィッラ・ブレンツォーネにある、半円形をなして並ぶローマ皇帝たちの胸像群は、ストウのケントの手になる「英国名士たちの神殿」用の範例(モデル)のひとつである。最後に、小プリニウスがラウレンティヌムとトスカーナに〔所有していた〕その注目すべき別荘(ヴィッラ)を記述した書簡があった（本書上巻〔I〕98頁）。その、1728年に刊行された、バーリントン卿への献辞付きの『図説：古代の別荘群(ヴィッラ)（*Villas of the Ancients Illustrated*)』のなかでロバート・キャステル〔1729年歿〕は、プリニウスのトスカーナ地方の別荘(ヴィッラ)を再建してみせている。これは、広々とした田園地帯をはるかに見やる不整形な庭園群のなかに置かれた、整形な対称形の住居という取り合わせ用の範型(モデル)を示唆するためであった。プリニウスはその別荘群で送った生活を記述していたが、そこでは、国事から解放されたプリニウスが、狩猟し、書物や工芸品を収集し、さらには農耕方式を改善し、使用人たちの快適な暮らしを企てたのであった。これはまた、18世紀のイングランドにおける土地所有者たちによって熱心に見習われた、ひとつの範型(モデル)を提供してもいたのである。

ロバート・アダム

この複合的な美学を、大きな邸館と景観の創造に適用するに際してもっとも成功した例のひとつが、ダービイシャーのケドルストンである。ここでは、パラーディオのヴィッラ・モチェニーゴの場合のように、4つのパヴィリオン〔小館〕を4分〔四分〕円〔形〕状の列柱廊群によって結びつけた邸館が、1758年頃に、のちの初代スカースデイル子爵、サー・メサニエル・カーゾン〔1726-1804年〕のために、マシュー・ブレッティンガム（1699-1769年）の手によって計画された。ブレッティンガムは、1734年以降ホーカム〔・ホール〕の建造を監督していたのだが、1759年に、ジェームズ・ペイン（1717-89年）が重用されたため解雇されてしまい、今度は、このペインが1760年頃、ロバート・アダム（1728-92年）に取って代わられたのである。より人気があると思われる他の人物を雇用するといった、建築家登用に関して行なわれたこの慣例は、大きな権力をもったホイッグ党の土地所有者たちの貴族らしいやり方と、彼らが、流行〔時勢〕(ファッショナブル)に遅れずにいることを重要視したことを、端的に表わしていた。実際のところ、1758年にはカーゾンが、4人目の建築家、「アテネ人」と呼ばれたジェームズ・ステュアート（1713-88年）に打診したのであった。ステュアートは、のちには誤りだと判明したのではあるが、その当時の建築界(シーン)では、ロバート・アダムの本格的なライヴァルと見なされていたのであった。

ケドルストンは、1760年代に完成をみたが、その計画された4つのパヴィリオンのうち2つのみが実施された。これらのうちのひとつは、ホーカム〔・ホール〕の場合と同様に、私的な家族用の住居(クォーター)からなっている。というのも、このような邸館建築内では儀式用の部屋は、日常の用途を意図してつくられることは決してなかったからである。アダムの手になる主要な外構の変更は、ローマのコンスタンティヌス帝の凱旋門(アーチ)をロマンティックに喚起させるよ

531

545　ケドルストンのマーブル・ホール〔大理石の広間〕、ダービイシャー（1760年代）、アダムによる

うな形態をした、南正面であった。こうした芝居がかったようなやり方〔ジェスチャー〕は、ピクチャレスクなものと記述することができる。なぜならば、それは、クロードによる『コンスタンティヌス帝の凱旋門のある風景』（1651年）のような、奇想的な〔気紛れな〕(*capriccio*)〔カプリッチョ〕絵画の、建築ヴァージョンだからである。こうした奇想画においては、都市の記念碑は、田園風景〔セッティング〕へ移し換えられている。こうした帝国風な主題〔テーマ〕は、ひとりのダービイシャーの土地所有者の邸館〔ホーム〕における、その〔政治的〕イデオロギーの乱用という行為にもかかわらず、この壮大な邸館〔マンション〕の内部空間にも〔何の抵抗もなく〕繰り返されている。すなわち、巨大なコリント様式の玄関柱廊〔ポーチコ〕がある〔北側〕正面扉口が、直接、1年の大半は厳しい寒さでこごえるかのような巨大な広間〔ホール〕へと続いているのである。ここでは、パラーディオによるウィトルウィウスのエジプシャン・ホールの再建案と同様に、壁面にはコリント様式の円柱群が並んでおり、古代彫刻の鋳造物がある壁龕〔ニッチ〕や、パラーディオが図解したローマのマルスの神殿に見られるようなホメロス風の主題が描かれた、グリザイユ〔灰色だけで薄肉彫りに似せて描かれた装飾画法〕のパネル画で、飾り立てられているのである。この空間的な対比のゆえに、この部屋〔広間〕〔ホール〕から円堂〔ロトンダ〕すなわち大広間〔サルーン〕──これは、あのパンテオンに鼓舞された、上品なドームが架かった空間であり、高さが62フィート（19m）あり、広間よりも22フィート（6.5m）天井が高い──へと歩むにつれて、爽快な気分を味わわされることになる。広間〔ホール〕と円堂〔ロトンダ〕〔大広間〔サルーン〕

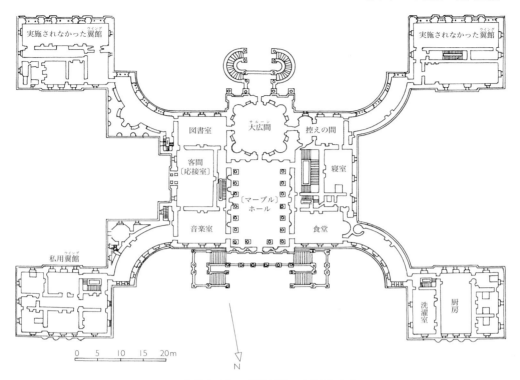

546　ケドルストンの平面図、アダムによる

（とはいえ、広間の面積の方が大きいが）〕の全体的な形態は、この邸館(ハウス)用にブレッティンガムがつくった設計案群を、ペインが手を加えて補整した結果、生みだされたものである。しかし、ペインがこれらの玄関と円堂とを、主要をなす階段室(ステアケイス)をあいだに置いて離したにもかかわらず、アダムは、古代ローマの住居に見られるような、アトリウム〔中庭〕とウェスティブルム〔玄関間〕の繋がりを真似て、両者を隣接させて配置したのである。まさしく、このような配置を、アダムは、その著作『スパラトロ（原文のママ）〔スパラト〕(シック)における、ディオクレティアヌス帝の宮殿の廃墟』のなかで記述していた。ここでアダムは、ローマの内部空間群こそが「多様なる形態のみならずさまざまな大きさの」範型の数々を提供しており、その一方、現代の建築家連中ときたら、「単調に繋がった似たような住戸群」を生みだしたにすぎない場合が多々ある、と主張したのであった。

　アダムの手による、現代の住居のさまざまな用途にふさわしい古代ローマの華麗さの再生は、ラファエッロが活躍した時代以降並ぶもののない業績であり、確かに、この当時のヨーロッパで唯一無二のものであった。やっと30歳を超えたばかりで、アダムはこの能力を一体どうやって身に付けたのであろうか？　そのずば抜けた才能をもった父親のウィリアム・アダム〔1689-1748年〕によって、スコットランドで賞嘆すべき建築の修業を積んだのち、アダムは1754年に、イタリアをめざして旅立った。当地でアダムは、ヨーロッパの建築界でもっ

533

とも影響力をもったイメージ・メーカーのうちの2人、すなわちピラネージと、フランスの芸術家シャルル゠ルイ・クレリソー（1721-1820年）と親交を深めた。アダムとチェインバーズの双方を教えたクレリソーの手で描かれた、古代の廃墟群の数多くの景色は、ピクチャレスクの伝統の発展に対して重要な影響を及ぼした。というのも、こうした廃墟の景色によって、建物というものはその荒廃した時点や、水彩画をとおして見られたときこそ、もっとも魅力的ということが、示唆されたからである。

　イタリアでの4年間の滞在中、アダムは、あらゆる時代の建物群と内部意匠を視察・検分してまわったが、とりわけ、ラファエッロとヴァザーリのようなルネサンスの芸術家たちによる、古代ローマの絵画が描かれ〔彩色され〕ストゥッコ仕上げされた内部〔空間〕の再創造の如何を、集中して研究したことが明らかになっている。ある意味では、アダムのグランド・ツアー〔ヨーロッパ大陸巡遊旅行〕の絶頂は、1757年のクレリソーとともに行なったダルマティア地方〔旧ユーゴスラヴィア西部、アドリア海沿岸〕のスプリト〔スパラト〕への旅行であった。この旅行の目的は、ディオクレティアヌス帝の宮殿の廃墟を正確に測定した図面群の作製であり、アダムはこの成果を、1764年に、豪華本にして出版した。アダムは賢明にも、宗教建築や公共建築よりもむしろ、古代の住居建築を研究した。なぜならば、それが考古学者たちによってほとんど研究されていなかった主題（サブジェクト）であり、当時の建築家たちにとって非常に関心が高かったもののひとつであったからである。われわれが注目してきたように、こうした住居建築の研究によってアダムは、ケドルストンにおいて彼が採択していた種類の計画手法（プランニング）について、権威をもって語ることができたのである。アダムのスプリト（スパラト）への遠征は、疑いもなく、ジェームズ・ステュアートとニコラス・レヴェットの遠征に意図的に対抗するために行なわれた。ステュアートとレヴェットは、1751年からアテネに4年間滞在し、古典時代のギリシャの建物群を初めて実測したのであった。待望久しい彼らの著作『アテネの古代遺物（*The Antiquities of Athens*）』の最初の巻は、1762年に出版され、ステュアートをして、一時的に、アダムに対抗する手強いライヴァルへと変貌させ、ギリシャの古代遺物に関する主導的なヨーロッパの権威者のひとりとして、ヴィンケルマンに匹敵するレヴェルにまで押し上げた。〔その一方で、〕強烈な野心家であるアダムは、ステュアートの盛名を貶めるために自分のできることのすべてを行なったが、その甲斐あって、たとえば、ケドルストンでのカーゾンによる雇用を、ステュアートは解かれてしまったのである。

　アダムの手になるもっとも見事な初期の内部空間は、サイアン・ハウスにおいて見られる。これは、ロンドン近郊にある、中世の、またジェームズ1世様式（ジャコビーアン）〔後期ゴシックとパラーディオの双方の様式が結合したもの、1603-25年に流行〕風の建物であり、アダムは、1766年にノーサンバーランド公爵を叙爵したサー・ヒュー・スミスソン（1715-86年）のために、1762-9年に改築した。アダムによれば、スミスソンは、「全体が古代の様式で完璧につくりだされるよう」決心したのであった。しかしながら、この野望を実現しつつも、同時にアダムは、自らの手になる内部空間群の平面計画（プランニング）や配置（ディスポジション）の仕方に際しての指針（ガイド）として、当代のフランスに意を

第8章　18世紀の古典主義

配っていた。彼は「住戸群の適切な配列と浮き彫り細工は、フランス人たちがほかのすべての国民を凌駕してきた美術分野である」と主張した。さらに、記憶に残るような次の言葉を付け加えた。すなわち「生活の術を完璧に理解するためには、おそらくは、フランス人たちとしばしのときを過ごしておくことが必要だ」と。それと同時にアダムは、入口ホールの南端にある地上〔1階部分〕のぎこちない段差を、隠すようもむしろ強調することによって、イングランドのピクチャレスクな理想の数々に対する自らの共感の念を示していた。ここ〔サイアン・ハウスの内部〕で彼は、円柱群の仕切り壁の背後に、曲線を描いた段差群〔図547に見られる実施されなかった階段室のこと〕を導入することで、「室内の情景に絵のような

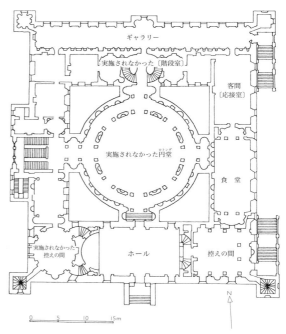

547　アダム：サイアン・ハウス平面図、ミドルセックス（1762-9年改築）

〔原文にはpictoresqueとあるが、picturesqueの誤りであろう〕効果を付加する」ことを要求し、さらには、「高さの違いが、室内の情景を豊かなものとし、動きを増幅させるようなやり方で巧みにつくりだされることによって、目につく欠点さえも現実的な美しさに変えられていった」〔であろう〕ことを強く唱えたのであった。アダムのデザイン手法は、プロポーションの、あるいは古代の細部の、正確な表現に関わる理論上の建築的理想群によってよりも、むしろピクチャレスクなるものによって、かなりの程度いろどられているため、ここではアダムは、あたかも自分がまさしく、ケイパビリティ・ブラウン（本書539頁）のごとき景観意匠の設計家であるかのように、内部空間について記述しているのである。

　絵画的効果に対する同様な関心は、〔ホールに〕隣接する控えの間（図554）の意匠にも影響を与えていた。ここでは、青色の大理石からなる12本の、独立して建つ円柱群が、アダムの言葉では、「部屋のかたちを決め、室内の情景を高めるのに役立っている」のである。そのうえ、これらの円柱群は、古代の紛れもなき偉大さを求める庇護者の願望に合致していた。なぜならば、これらの円柱群はテーヴェレ河の水底から掘りだされた古代ローマの円柱群そのものだからである。アダムはこれらの円柱群用に、新しい白色と金色の柱頭を設計したのであるが、その際彼は、アテネのエレクテイオンにあるイオニア様式の円柱群の単調な模写によるのでなく、そこから霊感を授かったかのごときやり方でもって、〔イオニア様式の〕デザインを試みたのである。アダムはまた、優雅に金箔を被せられた男性の彫像をこれらの円柱

535

の上に載せたが、これはまさに、住居の内装においてではなく、凱旋門のような古代ローマの公共建築において見いだされた組み合わせの妙なのであった。控えの間への入口両脇には、金箔を被せられたストゥッコ塗りの、勇ましい戦勝飾り(トロフィー)をあしらった2つの壮麗な浅浮き彫りが添えられている。これらの浅浮き彫りは、ローマのカンピドリオ広場にある皇帝アウグストゥスの戦勝飾りを真似て、ジョーゼフ・ローズ〔1745-99年〕が彫ったものであったが、このアウグストゥスの戦勝飾りはすでにして、ローマのラファエッロの手になるヴィラ・マダーマにおいて、ジョヴァンニ・ダ・ウーディネによって模倣されており、さらには1753年にピラネージによって版画化されていたのであった。

　控えの間は、ピッロ・リゴーリオの作品を思い起こさせる新たな古代風の絢爛さを有しているが、リゴーリオの、ヴァティカン宮殿の庭園にある華麗なピウス4世の小別荘(カジーノ)は、アダムのとりわけお気に入りのものであった。アダムの手になる折衷主義的な内部空間のピカピカ光る多色装飾は、当時のヨーロッパ随一のもののひとつであったが、それが、仕着せ〔制服〕を着た召使いたちが働く広間(ホール)とは対照的に、「平服を着た召使いたちや……商人〔もしくは御用聞き〕たち」のための背景として純粋に構想されていたにちがいないことは、注目に値する。呼び鈴の取っ手〔引き紐〕の発展によって、まもなく、邸館(ハウス)の真ん中に位置した、召使いたち用の公けの待合室が不要になり、また、貴族の邸館(ハウス)における純粋な見栄(ディスプレー)の要素としての男性の仕着せを着た召使いたちが、次第にその姿を消していったのである。控えの間は直接食堂に続いており、ここでは、一度だけアダムが、間取り上、食堂は特別に強調されることはないという、フランス人たちの先例を無視したのであった。アダムは、食堂とその装飾の扱い方については、イングランドにおいては特別な注意が必要だと感じていた。というのもイングランドにおいては、〔フランスとの〕政治機構の違いのため、各人が政府と利害関係があると感じ、それゆえに、〔食事をすませた〕婦人たちが隣の客間(ドローイング・ルーム)〔女性客が食堂から退出したあと休憩する部屋のこと。応接室〕へ退出したあともずっと政治や公共の事柄を議論するため、食事のあとも座り続けることが慣例となっていたからである。

　アダムは、1760年代のあいだは、ボーウッド、オスタリー、ノステル、ケンウッド、そしてサルトラムで、さらには次の10年間には、メラーステイン、アニック〔Alnwick. ここの城は映画『ハリー・ポッター』のロケ地として使われた〕、ヘッドフォード、そして18世紀末頃および19世紀初期の美術館を予示している、アダムの手になる彫刻ギャラリーがあるニュービイで、といったように、イングランドとスコットランド全土にわたって、驚くべき愛らしさを備えた一連の内部空間を生みだした。この時期におけるアダムの作品の大半は、既存のカントリー・ハウス群の改築や増築からなっており、このことは、変遷してゆく視覚的かつ社会的な流行に乗り遅れまいとする当時の人々の関心に促された結果であった。しかしながら、1770年代のロンドンでは、アダムは、セイント・ジェームズ広場(スクェア)20番地のものや、今は取り壊されてしまって存在しないダービイ邸(ハウス)を含む、いくつかの新しい都市住宅を設計するという機会を与えられたのであった。これらの都市住宅に見られる創意工夫に富んだ平面の数々

第8章　18世紀の古典主義

548　セイント・ジェームズ・スクエア20番地の第2の客間〔応接室〕、ロンドン（1771-4年）、アダムによる

によって、ロンドンにおける邸宅(ハウザズ)に典型的な細長い敷地に建つ、独立した円柱群からなる仕切り壁の付く、しばしばアプス形式すなわち卵型をした際立った形(シェイプ)の部屋の数々が登場したのであった。グロヴナー広場(スクエア)にあったダービイ邸(ハウス)では、各種パーティーにおける動きを容易にするため、2階では、3つの客間(ドローイング・ルーム)〔応接室〕とひとつの控えの間が、互いに自由に出入りできるようにひと続きをなして配置されたが、このことは、アダムによれば、「フランス様式で住戸群を配列しようとする試みであり、これはつまり……生活の便利さと優雅さを得るための最善のもくろみ」なのであった。しかしながら、アダムは、空間がそもそも不足していることによってダービイ卿とその夫人(レイディー・ダービイ)のひと続き(スゥィーツ)の部屋をそれぞれ、1階と2階とに分けて配置せざるをえなかったこと、すなわちダービイ夫妻がパリでのような同じ階での生活ができなかったことを、悔いていたのであった。

　ピクチャレスクな動きの効果の数々をつくりだそうとして配置された、アダムによって繊細に彩色されストゥッコ仕上げをされた新たな古代風の内部空間群は、彼のもっとも偉大な業績ではあるが、アダムはまた、記念碑的な外構をもった建築をもつくりだすことができたのであった。すなわち、ストウ邸(ハウス)の彼の手になる南正面（1771年）や、エディンバラ大学の古い中庭(オールド・クワッド)（1789-93年）、そしてロジアン〔スコットランドのフォース湾南の州。中心都市はエディンバラ〕のゴスフォード邸(ハウス)（1790年頃-1800年）がこれにあたる。

537

549 アダム：ストウ邸(ハウス)（現在 学校）の南正面の柱廊玄関(ポーチコ)、バッキンガムシャー（1771年）、T. ピットによる施工（1772-4年）

チェインバーズとワイアット

　アダムの想像力と才気のきらめきののち、彼の主立ったライヴァルであった、チェインバーズとワイアットが、前者は真面目、後者は見栄っ張りといった対比をなして登場しえたように思われる。サー・ウィリアム・チェインバーズ（1723-96年）の初期の時代と建築の修業は、彼を英国におけるその同時代人たちと一線を画した人物にする、国際的な将来性(パースペクティヴ)を彼自身に与えたのであった。17歳頃から26歳までのあいだ、チェインバーズはスウェーデンの東インド会社で働き、これによって彼はインドや中国を訪(おとな)うことができた。チェインバーズはこのあと、1749-50年にはパリで、J. -F.〔ジャック゠フランソワ・〕ブロンデル〔1705-74年〕が主催する「芸術学校(エコール・デザール)」で学び、ここでペールとド・ヴァイイ（本書559頁以降）と知り合った。彼らはチェインバーズに同行してローマに赴き、終生の友となった。1750-5年、イタリアに滞在したチェインバーズはこの間(かん)、アダムと同様に、ピラネージとクレリソーに影響を受けた。ローマでチェインバーズは、プリンス〔皇太子〕・オヴ・ウェールズのフレデリック〔・ルイス〕〔1707-51年。ジョージ3世の父〕用の、キューの庭園における霊廟(マウソレウム)のために、1751年設計案を用意した。この荘厳なドーム状の円堂(ロトンダ)は、〔シャルル゠ミシェル゠アンジュ・〕シャル〔1718-78年〕やル・ロランのような、1740年代にローマのフランス・アカデミーで学んだ建築家たちによって生みだされた、古代ローマの霊廟の再現物(マウソレウム・リクリエーションズ)に鼓舞されたものであった。しかしながら、クレリソーの影響のもとでチェインバーズはこの円堂(ロトンダ)を、廃墟として描いた1

538

第8章　18世紀の古典主義

枚の図面のかたちで表わし、かくしてピクチャレスクな感受性が、いかにして建築を権威ある地位から退けようとしたかを示したのであった（図559）。

　この霊廟（マウソレウム）は実施されなかったけれども、チェインバーズは、1757-63年に、この皇太子（プリンス）の未亡人〔オーガスタ・オヴ・サクス＝ゴータ　1719-72年〕のため、キューにピクチャレスクな庭園を設計した。ここでは、平和の神殿やパラーディオ風の橋、アルハンブラ、モスク、パゴダ、そして廃墟化した凱旋門（アーチ）を含んだ古典風から東洋風までの幅広い様式の建物群が備えられ、とりわけ最後に挙げたパゴダと凱旋門（アーチ）の2つは今日でも残存している。フィッシャー・フォン・エルラッハの『歴史的建築の構想（*Entwurff einer historischen Architektur*）』の図版群を異国風に実現した状態は、チェインバーズによって、その『キューにおける庭園と建築物の、……平面図集（*Plans...of the Gardens and Buildings at Kew*）』(1763年) において記録された。さらなるチェイン

550　チェインバーズ：キュー庭園のパゴダ、サリー（1761-2年）

バーズの著作『中国の建物、家具、衣裳……寺院、住宅、庭園等々の平面図集（*Plans of Chinese Buildings, Furniture, Dresses...Temples, Houses, Gardens etc.*）』(1757年)、そして『東洋の庭園についての論考（*Dissertation on Oriental Gardening*）』(1772年) と合わせて、この著作によってチェインバーズは、大陸で広範に模倣されることになった、いわゆる「英国＝中国式庭園（アングロ＝チャイニーズ・ガーデン）（jardin anglo-chinois）」〔ジャルダン・アングロ＝シノワ〕の巨匠としての地位を確立した。しかしながら、イングランドでは、チェインバーズの風景式庭園についての見解は、ランスロット・「ケイパビリティ」・ブラウン（1716-83年）の作品に比して、次第に旧式となっていく、ロココ的な感性の産物に見えるようになった。その一方で、ブラウンは、イングランドのもっとも宏荘なカントリー・ハウス群の多くを、広範な起伏を見せる庭園で囲い込んだのであった。これは人間的もしくは建築的な興味を欠いてはいたものの、気持ちをゆったりとさせる静けさといった雰囲気を醸しだしたのであった。

　チェインバーズの手になるもっとも興味深い初期の作品のうち2つは、ダブリンとエディンバラそれぞれの郊外に建つ。すなわち、マリノ邸の小別荘（カジノ）（1758-76年）とダディングストン邸（ハウス）（1763-8年）である。小別荘はフランス流の小館（*pavillon*）〔パヴィヨン〕であり、フランスの建築家ジャン＝ロラン・ル・ジェの魅力的な版画群に近い古典主義様式からなる小規

539

551 マリノ邸の小別荘〔ハウス・カジノ〕、ダブリン近郊（1758-76年）、チェインバーズによる

552 サマセット・ハウスの〔テムズ〕河正面、ロンドン（1776-96年）、チェインバーズによる

模住宅である。チェインバーズは、このル・ジェと個人的に近しい間柄になっていた。ダディングストンは、カントリー・ハウスの展開における重要な画期的指標〔ランドマーク〕であった。というのも、ここでチェインバーズは、主階 (piano nobile)〔ピアーノ・ノービレ。2階に置かれた中心階〕を打ち棄てたからである。1階に主要な内部空間群を配置することで、玄関柱廊〔ポーチコ〕は、簡素な造りの基壇〔スタイロベイト。土台床〕——特徴あるローマの神殿に見られる段上に高くなったものよりもむしろ、ギリシャ神殿に見られるようなもの——を除いて、地上にまで引き下げることができたのであった。地上階に位置する主要な部屋群〔の登場〕とともに、これらの部屋から庭園へ直接に近づくための道が開かれた。この配置は、邸宅〔ハウス〕と庭園のピクチャレスクな混合ということで、摂政時代〔リージェンシー・ピアリアド〕（1790年頃-1820年頃）に流行するようになった。

チェインバーズが建築の家庭教師役を務めたところの、国王ジョージ3世〔1738-1820年、在位1760-1820年〕が、1761年に建造物担当の、新しい王立の建築家局〔ワークス〕をつくったが、その際、国王はチェインバーズとその強力なライヴァルであったアダムの2人を、この地位に並んで就けさせた。フランス建築に対する共感の念にかられたチェインバーズは、フランスにおける王付きの首席建築家の地位に似たように見えるこの地位に、情熱をもって対応した。チェインバーズは、ガブリエル一族やマンサール一族のような建築家の名家によってフランスにおいて促進されていた様式に比肩しうる、尊厳と礼節のある公的な建築様式を確立しようと望んだのである。チェインバーズはまた、フランスのアカデミーに相当するものとしての、王立美術アカデミーを1768年に、創設するのに一役買い、1759年には、英国の審美眼〔ティスト〕を洗練させ安定化することを目論んで、〔満を持して〕計画された『市民建築論 (Treatise on Civil Architecture)』の第一部を出版した。イングランドでは王室からの有意義な委託はほとんどなかったけれども、チェインバーズ最大の偉業は、政府の機関としてロンドンに建てられた、公共建築のサマセッ

第8章　18世紀の古典主義

ト・ハウス（1776-96年）であった。これは、相当の規模をもった、ヨーロッパにおけるこの種の建物の最初の例である。この建物は全体として、パラーディオとイニゴー・ジョーンズに敬意を表しているが、ルイ16世様式に見られる、優雅で目もあやなる巧妙につくられた細部が付け加えられている。劇的な効果は、空間上大胆な卵形の半円形状階段室（ドラ）の意匠と、ルスティカ仕上げを施されたアーチ群上方の広々とした、円柱群からなる仕切り壁（スクリーン）の意匠に、現われている。とりわけ後者は、〔テムズ（テームズ）〕河側正面に、ピラネージ（エ）的雰囲気を分け与えている。その規模の大きさにもかかわらず、サマセット・ハウスは、非常に洗練された控え目な表現をもってつくられているため、その全体的な効果は、当然のごとく要求された記念碑性を備えているというよりもむしろ、さまざまな細部が蓄積した建物のままにとどまっている。

553　ガンドン：裁判所（フォー・コーツ）、ダブリン、リフィー川越しに見る（1786年着工）

チェインバーズの弟子であったジェームズ・ガンドン（1743〔1742〕-1823年）は、自身がその師匠のチェインバーズよりも、記念碑的な公共建築を生みだしえたことを示した。ガンドンの手になる、ノッティンガムのカウンティー・ホール〔州庁舎〕（1770-2年）において、また税関、円堂の集会場（ロトンダ・アセンブリー・ルーム）〔社交場〕、議場（現在のアイルランド銀行）、そして裁判所（フォー・コーツ）を含んだ、ダブリンにおける1780年代に着工された多様な建物群において、ガンドンは、チェインバーズが採択したフランス＝パラーディオ流の伝統を、レンに由来する土着的な記念碑性と統合することに成功したのであった。

穏健なガンドンとは著しく対照的な人物が、彼よりもはるかに多産で様式的に多様な建築家ジェームズ・ワイアット（1746-1813年）であった。1760年代におけるヴェネツィアとローマでの建築の修業を積んだあと、ワイアットはアダム兄弟〔ロバート・アダムとその弟のジェームズ・アダム 1732-94年〕の作品が圧倒的であった英国（ブリテン）に戻ったが、ワイアットは時を移さず彼らの様式を真似て、さらには、彼らの中心的な石膏職人（プラスタラー）のジョーゼフ・ローズを頻繁に使ったのであった。ワイアットはその最初の作品である、ロンドンのオックスフォード・ストリートのパンテオン（1769-72年）で名を揚げた。堅牢な壁面によって囲い込まれた、ローマのパンテオンの明確に境界づけられた内部空間は、ルネサンスの建築家たちに対して、明晰さと秩序感のイメージとして強くアピールしてきたのではあるが、ワイアットは、新しい絵画的な経験を求めたがゆえに、〔自らの着想の〕源泉としてコンスタンティノープルのビザン

541

554 アダム：サイアン・ハウスの控えの間、ミドルセックス（1761年頃-5年）、古代の円柱群を組み入れている

第8章　18世紀の古典主義

555　ワイアットによる、パンテオン内部、オックスフォード・ストリート、ロンドン（1769-72年）を描いた版画

ティン様式からなるハギア・ソフィアに目を向けたのであった。かくして、パンテオンという名にもかかわらず、ワイアットの手になった大きなドームの架かった空間は、パンテオンによりもむしろハギア・ソフィアに多くを負った、2層からなる円柱廊(コロネード)とアプスに取り巻かれた。ワイアットはこのあと、マンチェスター近郊に、ヒートン・ホール（1772年頃）を建てたが、これは、ペインの手になるなおも一部はパラーディオ風の意匠をしたケドルストン用の建物を、新古典主義風に簡素化したものであっ

556　ワイアット：ヒートン・ホールの丸天井の部屋(クーポラ・ルーム)、マンチェスター（1772年頃）

た。ヒートンでは、ビアージョ・レベッカ〔1735年頃-1808年〕によって彩色された色彩豊かな丸天井の部屋(クーポラ・ルーム)が、いわゆる「エトルスク」様式の初期の例となっている。この様式でのワイアットの最初の試みは、——いずれにせよアダムがとにもかくにもこの様式の先鞭をつけていたのではあるが——バッキンガムシャーのフォーリー・コートの庭園内の、テムズ〔テームズ〕河に浮かぶ島に建つ、彼の手になる神殿（1771年）に見ることができる。人物像が彫られたメダルと、うす青い地の上に、黒と赤褐色(テラコッタ)で彩色された銘板が嵌め込まれた、この神

543

557 ワイアットによるドディントン・パークの入口正面、エイヴォン（1798-1813年）、左側に温室（コンサーヴァトリー）が見える

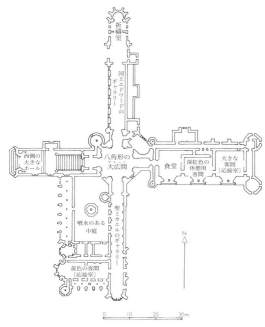

558 ワイアット：フォントヒル・アビイの平面図、ウィルトシャー（1796-1812年）

殿の装飾は、サー・ウィリアム・ハミルトン〔1730-1803年〕による『古代の壺の版画集（*Collections of Engravings of Ancient Vases*）』（全4巻、1766-70年）に載った色刷りの図版群に鼓舞されていた。

1780年代にワイアットは、同様に精妙な出来の室内空間群を供給し、次の10年間では、2つの見事な古典主義的カントリー・ハウスを建てた。そのひとつは、〔北〕アイルランド〔南西部〕の州ファーマナのカースル・クールであり、もうひとつはエイヴォンのドディントン・パークであった。カースル・クールは、パラーディオに端を発する整形の対称形をなす習作であるが、ドディントン（1798-1813年）は、摂政様式（リージェンシー）建築の特徴となる、一種のゆるい非対称形へと向かう新しい出発点を印づけている。〔古代〕ローマ的スケールをもった、巨大なコリント式の〔車の出入り用の〕正面（ポルト＝コシェール）が、入口正面を統べてはいるが、いくらか意外な感じを抱かせつつも集中式平面のドーム状の礼拝堂へと続いている4分円状の温室（コンサーヴァトリー）と、絶妙なバランスをとっているのである。ドディントンを建てているのと同じ時期に、ワイアットが18世紀のもっともフランボワヤン様式的なるカントリー・ハウスのひとつを建造することに熱心であったと思うと驚くばかりである。これはすなわち、ウィルトシャーのゴシック様式のフォントヒル・アビイであり、1796-1812年に、風変わりな美術愛好家のウィリアム・ベックフォード〔1760-1844年〕のために建てられたものであった。ここでは、中央の八角形の塔に収束した、不整形な十字形平面をした、他に類のない規模での非対称が見られたが、この塔は、非常なる圧倒的な高さをもち、加えて薄っぺらな構造であったため、結局、1825年に地上に凄まじい音を立てて崩れ落ちてしまったのである。フォントヒルの自分勝手な奇抜さ（オリジナリティ）（図560）が、18世紀建築の均衡と調和を永久に粉砕してしまったのである。

第8章　18世紀の古典主義

559　廃墟としての、プリンス・オヴ・ウェールズの霊廟、チェインバーズによる図面（1751-2年）

560　ジェームズ・ワイアットによるフォントヒル・アビイ（1796-1812年）における、聖ミカエルのギャラリー南端部の、版画（1823年）

ダンスとソーン

　上述のやり方と大きく異なった、より知的〔思索的、哲学的〕なやり方で18世紀の確信の数々をむしばもうとしたもうひとりの建築家は、ジョージ・ダンス（1741-1825年）であった。ダンスは、1759年以降にローマで建築修業をほぼ6年間かけて積み上げたが、このあいだにダンスは、ローマのフランス・アカデミーに由来する新しいフランス＝イタリア古典主義の有能な実践者になったのである。このことは、ダンスが1763年にパルマのアカデミーにおいて、金メダルを獲得した際の、公共用ギャラリーのための設計案から明らかである。この設計案に見られる慎み深い水平方向のスカイラインと、荒涼たる雰囲気ながらも力強くルスティカ仕上げされた壁面群が、ロンドンのニューゲイト監獄（1768-80年；1902年に取り壊し）のためにダンスの手で実施に移された計画案において繰り返されており、ここでは入口の扉口の上方に見られた鎖のような綱飾りが、ピラネージによって〔銅版に〕彫り刻まれた想像上の監獄群と同様に、恐怖の戦慄を引き起こしていた。ダンスはローマでピラネージに会っていたのであった。正義と懲罰の不気味な象徴として、ニューゲイトは、〔エドマンド・〕バーク〔1729-97年〕による「崇高なるもの」の概念を表現したものと見ることができる。「崇高」とは、バークが1757年に出版した『崇高と美に対するわれわれの観念をめぐる哲学的探究（*A Philosophical Enquiry into our Ideas of the Sublime and the Beautiful*）』という影響力をもった著作において、バークが「美なるもの」に付け加えたところの美学的カテゴリーであった。崇高は、自然現象に対する畏怖や恐怖といったような反応の数々を記述するために用いられた用語であった。しかし、18世紀のイングランドとフランスにおいては、これは視覚芸術、とりわけ超人的な壮大さを表現する建物や芸術作品へと転移していった。ダンスのニューゲイト監獄はまた、同時代のフランスで流行した「語る建築」〔フランス語では、アルシテクチュール・パルラント（architecture parlante）. 本書の815頁を参照されたい〕を実現したものであった。当時のフランスでは、フランスの古典主義の伝統が、ニコラ・ル・カミュ・ド・メジエール〔1721-89年〕による、雰囲気や感覚の建築を呼び起こす手法によって、中断させられていたのである（本書566頁）。

　ダンスと、彼よりも際立った弟子のサー・ジョン・ソーン（1752-1837年）は、「建築の詩情」とソーンによって呼ばれたものをつくりだすことに余念がなかった。この言葉は、ソーンによって同じ様に用いられた「神秘的な光」とともに、ル・カミュ・ド・メジエールに由来するものである。ダンスによる、ロンドンのギルドホール〔ロンドン市庁舎〕内の下院市議会室（1777-8年；1908年取り壊し）は、伝統的なドームの架かった空間を、パラシュートやテントに似た内部空間へと融解させていたが、これは、ドームとペンデンティヴを、同じ球の部分として扱うことでなしえたことである。ソーンはこの主題を、心にしばしば浮かぶ詩情を醸しだす新しい建築の内部空間の礎として、発展させた。1768年以降ダンスの弟子となったソーンであったが、1772-8年のあいだは、ヘンリー・ホランド（1745-1806年）の事務所で働き、

第8章　18世紀の古典主義

そのあとは、イタリアで2年間を過ごし、国際的な新古典主義の造形言語(ランゲージ)を吸収し、ギリシャ神殿群の「荘厳なる偉大さ(オーフル・グランデュア)」を賞嘆した。1788年にはソーンは、イングランド銀行付きの建築家に指名されるという幸運に浴し、1790年代までに、彼の実作は、その重要性の点から言えば、ジェームズ・ワイアットの実作のみが凌駕しているといった状況になっていた。そして、1813年の〔交通事故による〕ワイアットの死ののち、ソーンは、サー・ロバート・スマークとジョン・ナッシュとともに、建設省(ボード・オブ・ワークス)付きの3人の建築家のひとりに任命されたのであった。

ソーンが「枷(かせ)をはずされて自由になった建築」というダンスの目的を実現させたのは、まさしく、1792年のイングランド銀行における公債局(ストック・オフィス)の設計(デザイン)においてであった。これはソーンがダンスの手を借りて取り組んだものであり、この「枷をはずされた建築」においても、古典主義の造形言語(ランゲージ)の装飾的な衣裳が、不思議な詩的効果をもった、ヴォールトの架かる頂上から採光された空間群を明確にする、深く刻み込まれた線条と溝からなるシステムへと変形していったのである。ソーンは〔イングランド〕銀行において、この主題(テーマ)を、コンソル公債〔1751年に各種の公債を年3パーセントの利付きで整理して設

561　ダンス：ニューゲイト監獄(ジェイル)、ロンドン（1768-80年；現在は取り壊されて存在しない）、中央の所長舎(ガヴァナーズ・ハウス)を見る

562　ソーン：コンソル公債局、イングランド銀行、ロンドン（1798-9年；現在は取り壊されて存在しない）

けられた永久公債のこと〕局(オフィス)（1798-9年）や植民地局〔これは5パーセントの利付き〕と配当局〔これは4パーセントの利付き〕（1818-23年）のような内部空間において継続して追求した。ソーンがウェストミンスターの中世の宮殿内に、1822-5年に備えた裁判所(ロー・コーツ)と、新しい商務省(ボード・オヴ・トレード)兼枢密院内の、枢密院議場（1824-6年）は、神秘的な採光がもたらす諸々の効果や宙吊りのヴォールト群によって特徴づけられた、古典様式とゴシック様式とのソーン独自の個性的でロマンティックな混合物の極みを、表わしていた。

547

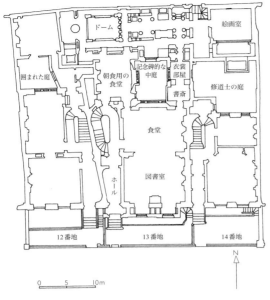

563 リンカーンズ・イン・フィールズの12、13、そして14番地（サー・ジョン・ソーン美術館）の1階平面図、ロンドン（1792-1824年）、ソーンによる

これまで述べてきたところの、ソーンの手になる建物はすべて、取り壊されてしまい、それゆえ、ソーンの美学を直接に経験するためには、われわれは、ロンドンのリンカーンズ・イン・フィールズに、1792年と1824年のあいだに、自分自身のためにソーンがつくり上げた、注目すべき美術館付きの邸宅(ハウス)に目を転じなければならない。この建物はソーンが収集した、古代および当代の芸術作品がぎっしりと詰まった、ひと続きをなす喚起的な内部空間をもったままの状態で現存しており、アダムが1760年代に最初に展開していた多様な自然の情景に通じる、内部空間処理における究極の様相を形づくっている。実際のところ、ソーンが手がけた、段差の変化や天辺からの採光、鏡の数々、そして情景の複合性といった遊び心に溢れた手法は、常に古代への言及を伴っていたが、この建物をして、新古典主義の英国(ブリテン)におけるピクチャレスクな動きの絶頂へと押し上げているのである。ソーンは、天蓋に似せるためにおのおのの壁面から離れた、浅い高さのペンデンティヴ・ドームを載せた、朝食用の食堂(ブレックファースト・ルーム)（図565）について、次のように記述していた。すなわち、

この部屋からの、記念碑的な中庭(モニュメント・コート)や美術館への眺望や、天井に嵌められた鏡面の数々、そして姿見(ルッキング・グラスィズ)の群れは、この限られた空間の意匠(デザイン)とその実現における多様な輪郭と全般的な配列の妙と組み合わされて、建築の詩情を構成するところの一連のあの幻想的な効果の数々を、〔見事に〕表現しているのである。

フランスにおける新古典主義の興隆(ライズ)

18世紀には、バロックとロココの建築装飾の豊饒な精錬さに対して、また同時に、17世紀と18世紀初期の宮殿群内の格式張った儀礼の間での生活と結びついた、同様に精錬された儀式的行事に対して、反動が起こったのであった。1761-4年に、アンジュ＝ジャック・ガブリエル（1698-1782年）によって、〔国王〕ルイ15世のために建てられた、ヴェルサイユのプティ・トリアノンは、この一対をなす反動を完璧に表わしている。この邸館の主屋(ハウス)ファサー

第8章　18世紀の古典主義

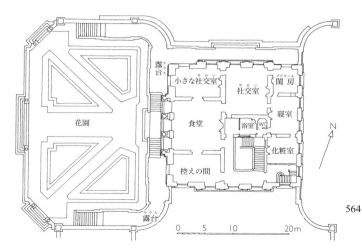

564　プティ・トリアノンの主要階平面図、ヴェルサイユ（1761-4年）、ガブリエルによる

ド群においては、曲線がまったく見られないのである。間断なく続く水平線といった寡黙なスカイラインをもった、この美しい比例関係でつくられた石のプリズムは、バロックの情熱の激発にではなく、精妙さと抑制のきいた様相にこそ力点を置き、相応の効果を醸しだしている。機能上もまたこの建物は、ヴェルサイユの城館〔シャトー〕やグラン・トリアノンにおけるバロックの、宮廷生活の礼儀作法〔エティケット〕からの逸脱〔シフト・アウェイ〕を表現している。なぜならば、この建物の建造は、国王とその愛人〔寵姫〕〔ミストレス〕たる、ポンパドゥール夫人〔マダム〕〔1721-64年〕が、2人きりで過ごし、近くの農場での田園生活を眺めて楽しむことができるような場所として、国王その人によって委託されたからである。

　このプティ・トリアノンは、その背景に対する細やかな配慮〔センシティヴィティ〕をもって設計され、こうした背景を支配するというよりもむしろ補完しているのである。入口正面の軸線と庭園の軸線は、互いに直角をなしている。なぜならば、庭園部分は西側にあり、〔南側の〕入口正面部分よりも高くなっており、建物そのものよりも前に、すでに設営されていたからである。四面のファサードはみな、かくして巧妙な具合に異なっており、かなり異なった景色を見渡せる。すなわち、南側の入口正面と北側正面は、付け柱群によって簡潔〔アーティキュレイティッド〕に表現されているが、植物園のごとき庭園を臨む東側正面は、各種オーダーで表現されていない。その一方で、国王の庭園に向いている、西側の主要な正面は、適切にも、より表現豊かな、独立して建つコリント様式の円柱群からなっている。西側と北側の各正面に見られる外部の階段〔図564には、北側の階段が描かれていない〕は、庭園への直接のアクセスを見込んでつくられている。内部においては、比較的つつましい建物には通常は見受けられない、3階建ての造りが、ガブリエルに、もっとも便利のよいかたちでもてなし〔サーヴィス〕が可能となるような自由さを与えることになり、その結果、この邸館〔ハウス〕全体ができうるかぎり円滑に機能することができたと思われる。実際のところ、食堂とこれに隣接する簡易食堂〔ビュッフェ〕すなわち配膳室〔サーヴァリー〕用のガブリエルによる元々の平面図には、2つの機械仕掛けの、すなわち一時的な〔仮の〕食卓が描かれており、これらの食卓は、召使

549

565 サー・ジョン・ソーン美術館の朝食用の食堂、ロンドン、ソーンによる

第8章　18世紀の古典主義

いたちの手で最下部階〔ベイスメント〕に置かれ、必要なときに上階の部屋に運ばれて組み立てられることで、最少数の召使いたちを使って食事を進めることができたであろうと推測される。従来から使われていた食事用のテーブルを取り除くことによって、さらには、西正面に沿ったとぎれのない眺望〔ヴィスタ〕が可能となり、かくして、主要な庭園正面に沿った、ほかの場所では尋常とは思われない食卓の配置が、〔見事に〕説明されるのである。

　事実は、一時的な〔仮の〕食卓がつくられることは決してなかった。ポンパドゥール夫人〔マダム〕が1764年に死去し、このときには、彼女のトリアノンの壁面のみが完成していたにすぎなかった。内部の建築工事は、1769年まで続けられたが、この年に、国王〔ルイ15世〕が初めて、この建物のなかで食事をしたのであった。このときから5年後の国王の崩御の際、プティ・トリアノンの歴史における新しい局面が開かれた。それはまさしく、ルイ16世〔1755-93年、在位1774-92年〕の王妃マリー＝アントワネット〔1755-93年〕が、〔ヴェルサイユの〕大庭園〔パーク〕を、彼女の〔お気に入りの〕庭師アントワーヌ・リシャールと同じく彼女の〔お気に入りの〕建築家リシャール・ミーク〔1728-94年〕を使って、英国様式の庭園へと変形しはじめたときであった。整形式〔庭園〕が、不規則な形をした湖〔池〕や、築山〔石積み工事〕〔ロックワーク〕の洞窟、そして起伏のある芝地に取って代わられ、こうした状況は、〔後世に〕有名な田舎屋風離宮、すなわち田舎の農場や乳製品製造所を完備したノルマンディー風の集落〔ヴィレッジ〕で、頂点に達したのであった。英国〔様式〕の庭園とこの集落の離宮は、これよりざっと20年前につくられたガブリエルの手になる〔プティ・〕トリアノン〔モデル〕とは見た目はかなり異なっているものの、知的なものの見方をすれば、明白な自然らしさと素朴さをともに要求した結果であると主張することもできるであろう（図566）。

　こうした要求は、この世紀の始まりから、一連の建築理論家たち——1702年のミシェル・ド・フレマン、1706年のジャン＝ルイ・ド・コルドモワ〔1660年頃-1713年〕、1753年と1765年のマルク＝アントワーヌ・ロジエ〔年号はそれぞれの著作の出版年を表わし、著作名は順に『建築の批判的覚え書き（*Mémoire critique d'architecture*）』、『新・建築総論（*Nouveau Traité de Toute l'Architecture*）』、『建築試論（*Essai sur l'Architecture*）』と『建築所見（*Observations sur l'Architecture*）』〕——によってなされてきたのであった。彼らは、各種オーダーを機能的なものとし、装飾的なものとはしないことによって、不必要な装飾のすべてが排除されるような、原始的な古典的明快さへの回帰を要求〔コール・フォー〕したのであった。自然と古代は、この理想的な建物の類型〔タイプ〕のための一対の範例〔モデル〕と想定されたのである。実際のところ、ウィトルウィウスに糸口〔ヒント〕の数々を追い求めながら、ロジエは原始的な小屋〔プリミティヴ・ハット〕を自明のものとして仮定した。この小屋は、古典的な神殿の起源として、さらにはずっと前から常に当代の建築家たちが守り続けるべき規範〔モデル〕として、生きた木々や枝々から形づくられたものであった。理性〔リーズン〕と伝奇的雰囲気〔ロマンス〕の、そして洗練さと粗野さの、この組み合わせこそが、18世紀古典主義の核心にある。それは、古代のギリシャ人たちの、新しく発見された柱礎を欠いたドリス式の円柱に対する〔、当時の人々の〕曖昧な態度において、特徴的な表現を見いだした。ローマ時代以降から用いられてきたような、各

551

種オーダーの装飾的な洗練化に慣れてしまった眼は、考古学者たちが、18世紀半ばから発掘し続けてその成果を出版していたところの、ギリシャ人たちのより純然たる規範となった円柱群に、衝撃を受けたのであった。ギリシャのドリス式オーダーには、自然そのものの働きの数々と調和した原始時代の〔太古の〕単純さが醸しだす独特の雰囲気(オーラ)が授けられていたのであった。これはまさしく、ギリシャのドリス式円柱群を、人工的な築山と並置させることで詩的に表現された主題(テーマ)であり、たとえば、クロード=ニコラ・ルドゥーの手になる、アルク=エ=スナンの製塩工場〔アルケ=スナンの製塩所〕の入口門(1775年)や、パリのサン=ジャムのフォリーとして知られた別荘(ヴィラ)の地所にある、フランソワ=ジョーゼフ・ベランジェ〔1744-1818年〕の〔貝殻などで美しく飾られた〕岩屋(グロット)(1780年頃)が、これにあたる。

566 ヴェルサイユの田舎屋風離宮(アモー)(1774年頃-83年頃)、建築家リシャール・ミーク、造園家アントワーヌ・リシャール、そして画家ユベール・ロベールによる

第8章　18世紀の古典主義

567　ガブリエル：プティ・トリアノンの西正面、ヴェルサイユ（1761-4年）

568　ガブリエル：コンコルド広場、パリ（1753-75年）：北側〔向こう側〕に背景としてラ・マドレーヌ寺院〔教会堂〕（本書617頁を参照されたい）が見える

プティ・トリアノンのほかに、ガブリエルは、1750年代と1760年代に、他のもっと小規模な建物群を数多く生みだした。これらの建物は、優雅さを厳格さといかに組み合わせるべきかという、彼の同時代人たちの範例を提供したのであった。これらの建物には、プティ・トリアノンの地所に建つ、ポンパドゥール夫人用のパヴィヨン・フランセ〔フランスの小館〕と、フォンテーヌブローでの彼女の隠れ屋、そしてヴェルサイユ近郊の森林内の、一群をなす狩猟小屋や小館が含まれている。これらのものは、ガブリエルが委託されたものとしては異例のものである。というのも、1742年に首席建築家として父親の跡を継いだあとガブリエルは、ヴェルサイユやコンピエーニュ、そしてフォンテーヌブローにおいて、国王による大きな仕事への依頼を大量に受けたからである。とりわけパリでは、現在のコンコルド広場である、ルイ15世広場（1753-75年）、そしてエコール・ミリテール〔士官学校〕（1751-88年）が際立っている。ガブリエルがこうしたさまざまな機会に採択した、誇張のない記念碑的様式は、ガブリエルの王家の庇護者〔ルイ15世〕の祖父たるルイ14世が統治した17世紀に確立された様式を真似ていた。かくして、この様式上の連続性は、政治的な安定の継続を示唆していたのである。

スフロとサント＝ジュヌヴィエーヴ

　形式性と意外性とをひと揃いとして、バロックとロココの諸要素を組み合わせた、ナンシーの複合的な多様性は、18世紀半ばのもっとも思想が豊かで影響力のあった建築家たちの理想の数々とは相容れなかった。古典的で合理的で改革された、新しい建築の創造を、真摯に考えていた人々のなかでも、もっとも顕著な人物は、ジャック＝ジェルマン・スフロ（1713-80年）であった。地方弁護士の14番目の子供であったスフロは、父親の職業を継ぐことを拒否し、1731年に建築を勉強しにローマへと向かった。当地で7年を過ごしたあと帰国したスフロは、1740年にリヨンのオテル＝デュー（病院）の建造を委託された。彼の厳格なまでに記念碑的な意匠は、彼をして、ポンパドゥール夫人の関心を惹かせることになった。夫人は、1740年代末頃においてルイ15世の宮廷で、自らの勢力〔支配的立場〕を確立しつつあった。のちのマリニー侯爵である自らの18歳になる弟〔アーベル＝フランソワ・ポワソン・ド・ヴァンディエール　1727-81年〕のために、建設総監督官〔(王室)建造物局総監〕（Superintendent of Buildings〔Surintendant des Bâtiments〕）の国王による任命を確かなものにしようと望んでいた夫人は、その〔弟の〕建築教育を完璧なものにするため、1749年のイタリア旅行の際に、のちのマリニー侯にスフロを同伴させる手はずを整えたのであった。この旅行の折、スフロはローマのフランス・アカデミーを再訪したが、ここでは1740年代のあいだ、当時の英国様式に影響を与えた若い設計者たちが、円柱や石造のドーム、オベリスク、そして浅浮き彫りの、幻想的で豊かな取り合わせを特徴とした、うっとりさせるような新たな古代風の様式をつくり上げようとしていたのであった。

　スフロを含んだ一団は、1750年に、ローマから南へと旅し、パエストゥム、ナポリ、そし

第8章　18世紀の古典主義

569　パンテオン（サント゠ジュヌヴィエーヴ）の内部、パリ、スフロによって1757年に着工

て疑いもなく、ヘルクラネウムの発掘現場をもまた訪れたのであった。パエストゥムのギリシャ神殿群（本書上巻〔Ⅰ〕39頁）について今まで公刊された最初の実測図面は、——当時としては刺激的なまでに原始的なものに見えたにちがいなかったが——〔ガブリエル＝ピエール＝マルタン・〕デュモン〔1720-91年〕の手になる、1764年の版画集〔『パエストゥムの3つの神殿の平面図』〕であった。しかしこれは、これよりも14年前にスフロが描いた図面群を基にしたものであった。

　1755年に、〔建設総監督官（在任、1751-74年）〕マリニーの推薦によって、国王はスフロを、パリの庇護聖人、サント＝ジュヌヴィエーヴに奉げられた、大きな新しい教会堂の建築家に任命した。この教会堂は、壮麗さにおいて、ローマのサン・ピエトロ大聖堂とロンドンのセイント・ポール大聖堂に対抗することを意図されていた。スフロは革命的な新しい教会堂建造の機に応じて才能を発揮したが、この教会堂は、前世紀のあいだパリに建っていたものにほとんど何も負ってはおらず、その代わりに、ペローやコルドモワやロジエのような理論家たちの、そしてル・ロランやプティトーのようなローマのフランス・アカデミーで修業を積んだ設計家たちの、多様な知的で視覚に訴える理想の数々に、華麗で明快な表現を与えたのであった。こうした表現による効果は、巨大な独立して建つ円柱群と、ルネサンスやバロックの教会堂群の支柱（ピア）もしくは付け柱（ピラスター）によっても間断されることのない、長い水平の楣（まぐさ）との組み合わせに、主として基づいている。1757年から実施に移されて変更を加えられたものの、元々提案されていた教会堂は、ローマのパンテオンの柱廊玄関（ポルティコ）よりも背の高い、24本の円柱からなる重々しい神殿の柱廊玄関（ポルティコ）から入るものであった。下方には、ギリシャのドリス式円柱群に支えられた広大な石造のヴォールトが架かった地下祭室（クリュプタ）があるが、これもまた、施工の際には少しく単純化された。身廊の壁面群には、ゴシックの大聖堂の場合のように、数多くの窓が貫通するはずであり、円柱群をぬって、身廊のなかへと〔洪水のごとく〕光がどっと入ってくることを目論んだのであった。その一方で、ドームは細すぎるほどの支柱（ピア）で支えられ、おのおのの支柱には、3本の付け柱〔壁付き柱〕（エンゲージド・コラム）が巡り、表面を飾られている（図569）。

　構造と見た目の、この軽やかさは、スフロが、影響力のあった理論家ロジエと共有し、当時は革命的であった、ゴシック建築の正しい評価から得た考察の、成果であった。当時の人々は早速、ギリシャとゴシックの、古代と現代の、そして理性とピクチャレスクなるものの、スフロによる大胆で美しい組み合わせのゆえに、彼を称讃したのであった。建築家〔マクシミリアン・〕ブレビオン〔1716-92年以降歿。パンテオン造営の際のスフロの協働者。以下の引用は1780年の「ビラルドリー・アンジヴィレ伯への覚え書き」から〕は、スフロの目的が、「もっとも美しい形態群のひとつのなかで、ゴシック建築の構造の軽やかさと、ギリシャ建築の純粋さおよび壮麗さとを、再結合させること」であったと説明した。しかしながら、実際には、われわれに残された教会堂は、スフロの見事な考えを永久的な構造的現実（リアリティ）に翻案することに完全に失敗しているのである。すなわち、石積みに亀裂がまもなく現われ、そのために、交差部の支柱群（ピア）が1806年により重々しいものにつくり直され、一方、側面の窓の数々が、1791

第8章　18世紀の古典主義

570　ラ・ソリテュード、シュトゥットガルト（1763-7年）、P.-L.-P.〔ピエール＝ルイ＝フィリップ・〕ド・ラ・ゲピエールによる

571　パンテオンの外観、パリ（1757年着工）、スフロによる

年に、影響力をもった学者であり著述家のA. -C.〔アントワーヌ゠クリゾストム・〕カトルメール・ド・カンシー〔1755-1849年〕の忠告に基づいて、塞がれてしまったのである。

同じ年に、この建物は、革命政府によって俗用に供され、「パンテオン」──国家的英雄たちが埋葬される記念建造物（モニュメント）──に変更され、今日までもこの役割を担い続けている。この過程は、疑いもなく、この建物の神殿風（テンプラー）の形態によって促進された。実際のところ、その大胆な独創性において、その包括的な規模において、そして古代の神殿の形態を好んで取り入れ、伝統的な教会堂の形態を打ち棄てたことにおいて、この建物は、D.〔ドゥニ・〕ディドロ〔1713-84年。原文ではJ.ディドロと誤植〕とJ.〔ジャン・(ル・ロン・)〕ダランベール〔1717-83年〕による、当時

572　トルゥアール：サン゠サンフォリヤンの内部、ヴェルサイユ（1767-70年）

の〔画期的な〕『百科全書（*Encyclopédie, ou Dictionnaire raisonné des sciences, des arts et des métiers*）』（1751-77年）に匹敵しうるものと見なすことができるのである。この最初の百科全書（アンシクロペディ）は、世界（ユニヴァース）の合理的な説明と宗教に対する懐疑的な態度という観点から、当時の知識を要約しようという試みなのであった。

18世紀のイングランドでは、カントリー・ハウスが、新しい考えの数々がうまく実を結んだ建物のタイプであったが、フランスでは、教会堂の意匠（デザイン）はなおも、実験に焦点をあてたごく〔普通の、理性のみに基づいた〕自然な段階にとどまっていた。サント゠ジュヌヴィエーヴの建造に続いた10年間に、これよりも小さな規模ではあったが、以下に挙げる3つの新しい教会堂が、ペローやロジエやスフロの合理主義的理想の数々の多くをまとめ上げた。ローマのフランス・アカデミーで修業を積んできた建築家たちによって設計されたこれらの教会堂は、N. -M.〔ニコラ゠マリー・〕ポタン（1713〔1723〕-96〔90〕年）による、サン゠ジェルマン゠アン゠レーのサン゠ルイ（1764年設計、1766-87年と1823-4年に建造）、L. -F.〔ルイ゠フランソワ・〕トルゥアール（1729-94〔1804〕年）による、ヴェルサイユのサン゠サンフォリヤン（1767-70年）、そして、J. -F. -T.〔ジャック゠フランソワ゠テレーズ・〕シャルグラン（1739-1811年）による、パリのサン゠フィリップ゠デュ゠ルール（1768年設計、1772-84年に建造）である。これらのバシリカ式教会堂群は、独立して建つ円柱群の列からなる、間断なく続くエンタブレチャーの上

558

第8章　18世紀の古典主義

に載った、格間で飾られた筒形ヴォールトの天井〔屋根〕で覆われており、とりわけサン＝サンフォリヤンの場合には、ギリシャのドリス式の雰囲気（プレイヴァー）がありありと感じられるのである。これらの教会堂の魅力は、視覚的なところによりも知的なところにある。というのは、これらの教会堂は、ここを訪れる人々に対して、外壁の魅力が無情にも無視されてしまった、荷重を担った部分からなる建築を、石でもって重々しく表現することを主に目論んでいるような印象を与えるからである。

　　　ペールとド・ヴァイイ

　スフロのあと、マリー＝ジョーゼフ・ペール（1730-85年）が、18世紀古典主義の流れ（ユース）にもっとも大きな影響を与えた建築家たちのひとりであった。1753-6年にペールは、ローマのフランス・アカデミーで学び、当地で彼は、ディオクレティアヌス帝やカラカラ帝の公共浴場、ティヴォリのハドリアヌス帝のヴィラ〔別荘都市〕といった、もっとも重要な考古学的な遺跡の実地踏査（サイト）を行なった。これらの古代の規範的原型（プロトタイプ）に鼓舞された、新しい記念碑的な建築をつくり上げようという彼の目的は、広大な、対称形をした列柱廊やドームや柱廊玄関（ポルティコ）を備えた、アカデミー、宮殿、大聖堂といった設計案（デザイン）の数々が収められた、その著作『建築作品集（Oeuvres d'architecture）』（1765年）において明らかにされた。これらの設計案（デザイン）は、ブレやルドゥーやデュランによるのちの計画案（プロジェクト）にいくらか有害な影響を与えたところの、誇大

573　マサチューセッツ州議会議事堂、ボストン（1795-8年）、ブルフィンチによる

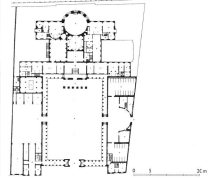

574 サルム邸館(オテル)の入口凱旋門(アーチ)と列柱廊(コロネード)、パリ(1783年)、ルソーによる　575 サルム邸館(オテル)の平面図、ルソーによる

576 アカデミーの断面図および立面図、ペールの『建築作品集』(1765年)から

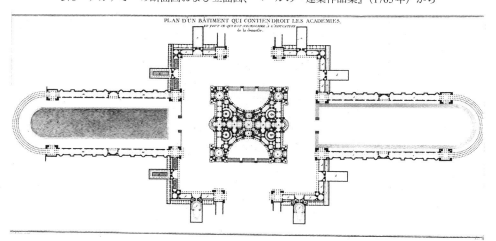

577 同、平面図

第8章　18世紀の古典主義

妄想的な規模と石のように無表情な実行不可能性とを特徴としていた。これは、このような計画案(プロジェクト)が公刊された最初の例であったが、こうした様式(スタイル)は、フィリッポ・ユヴァッラ、カルロ・マルキオンニ〔1702-86年〕、そしてカルロ・フォンターナの甥のカルロ・ステーファノ・フォンターナ〔ローマのサン・クレメンテ教会堂の新たなファサードの建築(1719年)で知られる〕といったような建築家たちがこぞって参加した設計競技(コンペティション)を主催した、ローマのアッカデーミア・ディ・サン・ルーカで、この世紀〔18世紀〕の始まりの時代にすでに確立されていたものであった。

　近づきがたい〔不気味な〕ファサードの、パリのオデオン座(1767-82年)を除けば、ペールはほとんど重要な建物を建てることはなかった。しかしながら、ルイ15世〔ワトキンはこう書くが、ルイ16世(1754-93年)と思われる〕の従弟(いとこ)のコンデ公〔ルイ5世ジョーゼフ・ド・ブルボン　1736-1818年〕の宮殿用に、ペールが1763年に設計した注目すべき作品は、実現することがなかったものの、ピエール・ルソー(1751-1810〔1829〕年)によって、1780年代初期に、サルム=キールベルグ〔キールブール〕のフレデリック公〔1745-94年〕のために建てられたサルム邸館(オテル)〔現在のレジオン・ドヌール宮〕の着想源となったのである。フレデリックは、フランスの様式と文化を愛でた多くのドイツの諸公のひとりであった。そして、彼の場合は特殊なのだが、母国にフランスの建築家たちを引き入れることよりもむしろ、自らがパリに住むことを選んだ人物なのであった。疑いようもなく彼は、自らの情熱のために大金をはたいた。なぜならば彼は、サルム邸館(オテル)の奢侈・放縦によって財政破綻をきたしただけではなく、結局のところ断頭台(ギロチン)の露と消えてしまったからである。

　古代ローマ人たちの住居建築について、ペールが利用しうるものは乏しい資料(エヴィデンス)しかなかったため、ペールは、その手になるコンデ公の宮殿のなかに、古代世界の公共建築と宗教建築双方に特有な特徴の数々を組み入れることになった。これと同じ問題に、ジェームズ・ペインとロバート・アダムが、1年かそこら前に、ケドルストンで直面していたのであった。ここで彼らは、「マルスの神殿」によって鼓舞されたホール、「パンテオン」によって鼓舞された大広間(サルーン)、そして「コンスタンティヌス帝の凱旋門(アーチ)」によって鼓舞された庭園正面を備えた、当代風の邸宅(ハウス)をつくり上げたのである。ペールはかくして、中庭の周りに取り集められた伝統的なパリっ子の邸館(オテル)すなわち都市住宅(タウン・ハウス)に対して、古代ローマの公共建築の威厳と華麗さを付与したのである。中庭は、凱旋門(トライアンファル・アーチ)によって中心を強調した広々とした列柱廊によって、通りから隔てられ、その一方で、邸館そのものの入口柱廊玄関(ポルティコ)から直接、荘厳な円形ホールへと続いたのである。このホールは、神殿を思い起こさせるものの、階段室を仕切る、独立して建つ円柱群がつくる環で豊かに装われていたのであった。

　これらの特徴のいくつかを、サルム邸館(オテル)のなかに組み込む際にルソーは、ペールに恩恵を受けたもうひとつの建物である、ジャック・ゴンドアン〔ゴンドゥアン〕(1737-1818年)の手になる、パリの「外科学校(エコール・ド・シリュルジー)」(1769-75年)にその着想源を求めることができた。多くの同時代人たちによって、古典主義の傑作と認められた、この際立った建物は、ペールによって、

561

578 ゴンドアンによる、外科学校〔エコール・ド・シリュルジー〕内の解剖学用の階段教室、パリ（1769-75年）を描いた版画。ドームの〔天辺の〕開口部は現在では埋められている

「わが国の教会堂群のどれよりも神殿〔の存在〕を感知させる［ところの］記念建造物（モニュメント）」と記述された。確かにこの建物は、1個の独立した職業団体として認識されることを望んだ外科医たちの高まりゆく要求に対して、効果的で雄弁な支援を与えた。〔南側の〕通り（ストリート）正面に沿った、堂々としたイオニア式の列柱廊は、その間断のない水平のエンタブレチャーの存在と、フリーズ〔帯状装飾〕からの因襲的な蛇腹〔刳り形〕（モールディングズ）の大胆な排除とのゆえに、虚飾を好まない様相を呈している。主要な柱廊玄関（ポルティコ）のすぐ背後にある、名高い解剖学用の階段教室（シアター）は、古代の劇場の半円形平面を、「パンテオン」の、頂点から光を採り入れる格間状のドームと組み合わせている。この、建築的想像力の魅力的な一撃（ストロウク）は、19世紀における、議会内の討論議場のデザインに広く真似された内部空間を、生みだしたのである。

外科学校と同様に賞嘆されたもうひとつの建物は、ボルドーの豊かで拡大しつつある都市（タウン）の、ヴィクトール・ルイ（1731年-1807年頃〔1800年〕）によって、1772-80年

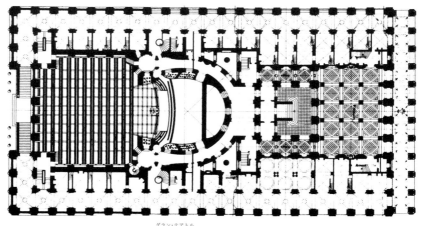

579 大劇場（グラン・テアトル）の平面図、ボルドー

第8章　18世紀の古典主義

に建てられた劇場であった。これは、フランスにおいて建てられた、第二の単独で建つ劇場にほかならなかった。というのも、この規模の劇場群は、18世紀の革新的な建物であり、その最初の例は、スフロの手になる、1754年のリヨンの劇場であった（これはその後、再建された）。入口正面の全長いっぱいに拡がった12本のコリント式円柱群からなる、その壮麗な列柱廊(コロネード)のある、ルイの手になる神殿風の外観は、ここを訪れる人々を、内部の華麗な階段室へと誘(プリペア)う。もっとも高貴な建築資材と常に見なされてきた石で出来たこの、広々とした列柱廊からなる2階廊と、石造りの傘のようなヴォールトがある、大きな四角いホールは、16世紀および17世紀のフランスにおける、ルネサンスおよびバロックの石造りの階段室の伝統を、新古典主義風にアレンジした翻案物である。劇場の設計において

580　ルイ：ボルドーの劇場(テアトル)の階段室(ステアケイス)（1772-80年）

新しかったものとは、聴衆(オーディトリアム)が席に座る前であっても、劇的な見世物(スペクタクル)をつくり上げようとしてルイが行なった、階段室と動線空間(サーキュレイション・スペース)に対する注目すべき強調であった。ここでは、繁栄を謳歌するボルドー市民たちが、以前には国王(キング)や諸侯(プリンス)の宮廷と結び付いていたこの種の壮麗な情景を背に、散策することができたのであった。ルイの業績は、ケンブリッジのフィッツウィリアム美術館（1834-75年）における、ジョージ・バーセイヴィ〔1794-1845年〕やチャールズ・ロバート・コッカレル、そしてエドワード・ミッドルトン・バリーによる階段室、およびパリのオペラ座（1861-75年）におけるシャルル・ガルニエによる階段室といったような、豊かに彩られた19世紀の階段室に影響を与えたのである。

マリー＝ジョーゼフ・ペールとシャルル・ド・ヴァイイ（1730-98年）は、1767-70年に設計され、1779-82年に建てられ、以後一部が改築された、彼らのテアトル・フランセ（のちのオデオン座、現在はフランス座）の階段室と列柱廊からなるホワイエにおいて、ルイの考えと同様の考えを表現していた。ド・ヴァイイは、その協働設計者(パートナー)のペールのような、あるいはゴンドアンのような建築家たちの、より厳格な散文体調の流れにあったというよりもむしろ、より詩的な雰囲気を導入した人物であった。ヴォワイエ邸館(オテル)（1760年頃）における、そのギリシャ復興(リヴァイヴァル)調の円柱群に見ることができるように、最近の考古学的探究の成果に関心を抱いていたド・ヴァイイは、弓柱群やヴォールトの架かったアーチ群、そして鏡面群からなる

563

581 ド・ヴァイイによる、デイジョン近郊のモンミュザールの城館外観（1764-72年；現在は一部が取り壊されて存在しない）。J.-B.〔ジャン＝バティスト・〕ラルマン〔1716-1803年〕による絵画から

582 ラ・ペピニエール（現在のド・ボエシー）通りの、ド・ヴァイイ自邸の断面図、パリ（1776-9年）

第8章　18世紀の古典主義

ピラネージ風の集会場(アセンブリー)を備えた、ジェノヴァの、パラッツォ・スピノーラ(現カンパネッラ)(1772-3年)内の、彼の手になる贅を尽くした大広間(サルーン)に見るごとく、バロック的なドラマになおも敏感〔御執心〕であった。旅行愛好家、文人、そしてブルゴーニュ高等法院の法院長(パルルマン)(プルミエ＝プレジダン)であった、ド・ラ・マルシュ公爵(マルキ)〔クロード＝フィリップ・フィヨー　1694-1768年。もしくはその息子のジャン＝フィリップ・フィヨー　1723-72年〕のために1764-72年に建てられた、ディジョン近郊のモンミュザールにある、ド・ヴァイイの手になる城館(シャトー)では、2つの要素が共存している。

　モンミュザールは、フランスにおける、もっともピクチャレスクな様相を呈した古典主義的な建物のひとつであった。というのも、その入口正面から飛びだした部分(プロジェクティング)が、直接の先例を見いだしがたい、広々とした〔開放的な〕半円形状の列柱廊(コロネード)であったからである。実際は、この度肝を抜く列柱廊(コロネード)は、この城館(シャトー)固有の円形の広々とした中庭(コート)を完成へと導くものにすぎなかった。ド・ヴァイイは、このドリス式円柱のある中庭のことを、「アポロンの神殿」と記述し、またこれに続く円形の部屋のことを、「ムーサたちの大広間(サルーン)」と記述し、その結果、この建物は、神殿として捧げられることになった18世紀フランスにおける最初の世俗建築と主張されてきたのである。スフロの手になる巨大なパリの教会堂〔パンテオンのこと〕さえも、「サント＝ジュヌヴィエーヴの神殿」として知られており、さらには、ゴンドアンの手になる外科学校もまた、ひとつの神殿にたとえられていたのであった。

　モンミュザールに特徴的なこの種の複雑さと驚きは、1776-9年における、パリのラ・ペピニエール(現ボエシー)通り(リュ)の、ド・ヴァイイの手になる一群をなす5軒の住宅に繰り返された。これらの住宅のうち2軒だけが完成したが、そのうちの1軒はド・ヴァイイその人のためのものであり、もう1軒は彫刻家のオーギュスタン・パジュー〔1730-1809年〕のためのものであった。しかし双方ともに、現在は取り壊されて存在しない。とはいえ、ある程度は、18世紀の庇護制度が拡張したおかげで、建築家が、以前には貴族や財政家としか結びついていなかった規模で、都市内の宮殿(パレス)を自ら建てるのに十分なほどの富を獲得できたのであろう。ド・ヴァイイの自邸を訪れる人々は、噴水と、ギリシャのドリス式円柱群の環(リング)をひとつずつ備えた、円形の玄関間まで、〔四輪の〕馬車で入ったのである。そして、この玄関間に続いて、天井から採光された円形の階段室が置かれ、高台と冬の庭園のあいだにある、2階に1列に並んだ主要な住戸群(アパートメンツ)へと行くことができたのである。もうひとつある階段は、この邸宅(ハウス)のまさしく天辺に置かれた、パリとその周辺の田園地帯の景色を見おろす見晴らし台へと続いていた。かくして、1770年頃までに、伝統的なパリの邸宅(ハウス)は、大変革を受け、ド・ヴァイイは、自らの本質的に生きいきとした想像力を駆使して、古代ローマの浴場と別荘(ヴィラ)に由来するさまざまなモチーフの目録〔一覧表〕に、新しい生命を吹き込むことができたのである。彼の邸宅(ハウス)にもっともよく似たのが、ルドゥーの手になる1778-83年のテリュソン邸館(オテル)であり、これは、明らかに半分が埋もれたローマの凱旋門をとおして中に入るよう設計された、劇的な大建築物(パイル)であった。

565

ルドゥーとピクチャレスクなるもの

　ド・ヴァイイの邸宅(ハウス)とテリュソン邸館(オテル)を特徴づけている、発明の才や驚嘆と、非対称形にほぼ近い様相とは、また、とりわけ庭園の意匠(デザイン)に表現されたような、ピクチャレスクな動きの主導的な特質群のなかの特徴(サム)でもあった。これは本質的には、イングランドでの動きではあったものの、その方途(ウェイ)はこのイングランドでの動きのために、フランスにおいて、哲学者ジャン=ジャック・ルソー（1712-78年）の影響力のあった著作群——たとえば、その1750年と1754年に出版された2冊の論考(ディスクール)〔順に、『学問芸術論』と『人間不平等起源論』〕——によって用意されていたものであった。人間が元々は自由で徳をもち、幸福であったものの、社会と都市生活によって腐敗してしまったという議論によってルソーは、人間が自然と調和した単純な生活に立ち還るべきという、叙情的かつ感傷的な主張を行なったのであった。この態度を最初に視覚的に表現したもののひとつが、パリ近郊のエルムノンヴィルの有名な庭園であった。その数多くのピクチャレスクな庭園建築群をもったこの庭園は、1760年代から、ジラルダン侯爵〔ルネ=ルイ・ド　1735-1808年〕によって設計されたが、彼は、エルムノンヴィルで暮らしたあとここの湖に浮かぶ島に埋葬されたルソーその人の、友人であった。ジラルダンは、J.-M.〔ジャン=マリー・〕モレル〔1728-1810年〕と画家のユベール・ロベール〔1733-1808年〕の協力を得ており、とりわけ後者は廃墟となった建築群のロマン主義的局面を描くのを専門にしていたのである。1777年にジラルダンは『風景構成論 (*De la composition des paysages*)』を出版したが、そのなかで彼は、ルソーに鼓舞されて、諸々の感覚と魂とに訴えかける風景の力を強調した。建築と風景の連想によって生ずる混交への、この新しいアプローチが含意するものの数々が、1780年にニコラ・ル・カミュ・ド・メジエールによって刊行された1冊の本『建築精髄：あるいはこの芸術とわれわれの諸感覚作用との類比 (*Le génie de l'architecture, ou l'analogie de cet art avec nos sensations*)』のなかで明確に示されていた。

　建物の個々の性格に固有に対応する感情の数々を喚起するべく、表出的な形態群をル・カミュが採択したことは、1780年代と1790年代において、エティエンヌ=ルイ・ブレ（1728-99年）の幻視の、非現実的計画群(スキームズ)において繰り返された。誇大妄想的規模からなる、ブレの図書館、美術館、墓廟、ピラミッド、そして塔門は、不思議な光と影の〔あわいの〕なか(ストレインジ)にゆったりと浸り、魂をゆり動かすような、初等幾何学の形状——立方体(キューブ)、円筒(シリンダー)、角錐(ピラミッド)、そしてとりわけ球(スフィア)——がもつ力(パワー)に対するロマン主義的な信頼感(ビリーフ)を言祝いだ。この〔ブレという〕建築家は今や、新し

583　ルドゥー：テリュソン邸館(オテル)、パリ（1778-83年）

第8章　18世紀の古典主義

い世界をつくりだすことのできるようなひとりの幻想家(ヴィジョナリー)、すなわち人間の心情(ハーツ)を変化させることのできるようなひとりの司祭(プリースト)となったわけである。ひとりの建築家にとっては、これは採択することの危険きわまりのない役割であった。実際のところ、ブレは、この新しい世界を実現しようとは決して試みなかったのである。この試みをなしえた唯一の建築家が、〔ブレよりも〕実践的かつ野心的であったクロード＝ニコラ・ルドゥー（1736-1806年）〔ワトキンは生年を1735年としているがこれは誤り〕であった。

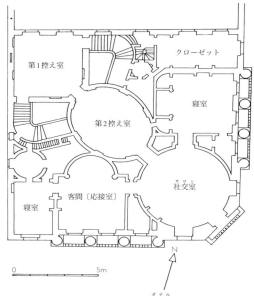

584　ルドゥー：モンモランシー邸館(オテル)の２階平面図、パリ（1769年）

　1789年の大革命のほんの数年前には主導的なフランスの建築家であったルドゥーは、われわれが本章でこれまで踏査してきたどの建築家たちよりも、大きな「画布(キャンヴァス)」の上で仕事をこなしたのである。極めつけの優雅さを備えた数多くの都市住宅群やわずかの数の城館(シャトー)の設計に加えて、ルドゥーは、ブザンソンの有名な劇場、アルク＝エ＝スナンの製塩工場〔アルケ＝スナンの製塩所〕、エクスの監獄、パリの市門すなわち徴税所群(トール・ハウゼズ)、そしてショーにおける理想都市のための幻想的計画案をつくりだした人物であった。ルドゥーは、以下に述べる３つ

585　ブレ：ニュートン記念堂計画案（1784年頃）

の重要な点で、彼の同時代を生きた建築家たちの大半と一線を画していた。まず、ルドゥーは、パリの生まれではなかった。次に、彼は、ローマのフランス・アカデミーでその職業上の修業を積んだわけではなかった。というのも、ローマ大賞(ブリ)を勝抜くことは不運にも叶わなかったからである。そして最後に、彼はローマ、すなわちイタリアに一度も旅したことがなかったのであった。これらの事実を、ルドゥーの建築的独創性や、ピラネージの版画群に見られる古代ローマの発掘へのルドゥーの依存、そして自然に対するルドゥーの感受性に関連づけようとする誘惑に駆られる。

　ルドゥーのかなりわずかな残存する建物のなかでも、もっとも初期の例のひとつが、〔古代〕ローマの前庭(アトリウム)のような空間を形づくっている庭園内のトスカーナ式〔もっとも簡素なオーダー〕の列柱廊がある、パリのアルヴィル邸館(オテル)（1766-7年）である。ピクチャレスクな仕掛

567

586　ルドゥーによる、ギマール邸館の正面入口、パリ（1773-6年）を描いた版画

けによって、この列柱廊は邸館(オテル)の背後の通りに面する壁面に描かれた壁画と繋げられることになっていた。今は取り壊されたが、ルドゥーのモンモランシー邸館(オテル)（1769年）は、誇張のない〔落ち着いた〕新古典主義のファサード群の背後に、ロココ的な複合性と創意工夫の妙を備えた間取り(プランニング)をもって、角地を才気縦横に処理した見事な例であった。ここに見られる、壁に取り付けられたイオニア式の円柱群のある〔南面と東面の〕2つの主要なファサードは、まったく同じ形をしており、明らかにモンモランシー公とその妃を同列に扱うというモンモランシー家の要求に対応したものであることが分かる。公と妃のそれぞれのひと続きをなす部屋にはかくして、建築的な表現がきっちりと与えられているのである。

　このモンモランシー邸館の近くにルドゥーは、有名な踊り子のマリー＝マドレーヌ・ギマール嬢〔1743-1816年〕のために、1773-6年に魅惑的な1階建ての邸宅(ハウス)を建てた。これは2人の彼女の愛人の費用で建てられた。通りに面した塊り(ブロック)には、小さな劇場が置かれていたが、〔劇場のうしろの〕中庭を横切ったところに建つこの邸宅(ハウス)の主要部分(メイン・ボディ)は、舞踏の女神であるテルプシコラの神殿として知られた。その新たな古代風の趣きを強調した入口正面は、アプス〔半円形〕状の、格間飾りの壁龕(ニッチ)を仕切って建つ、1列をなすイオニア式円柱群を誇っていた。これはすなわち、〔古代〕ローマの浴場や、ウェヌスとローマの神殿から抽きだした諸要素を組み合わせたものであり、早くも1731年に、ウィリアム・ケントによって、彼の手になるストウのヴィーナス〔ウェヌス〕の神殿においてすでに活用されていた。ルドゥーは、イングランドに旅したことが知られているが、当地で彼は、ストウを訪れたか、もしくはロバート・アダムによる内部空間群にある同じ様な円柱群による仕切り壁(スクリーンズ)を目にしていた可能性がある。これよりも荘厳な雰囲気を醸しだそうとしてルドゥーは、ブザンソンに劇場を建てた（1775-84年）。その驚くべき独創的な内部空間においてルドゥーは、従来の何層ものます席群(ボックスィズ)を打ち棄て、その代わりに好んだ、古典的な円形劇場を思い起こさせる、整然と並んだ半円形状の列をなす、座席群(バンク)を置いた。これらの座席群の上方では、溝彫りのないギリシャのドリス式円柱群による列柱がひとつ、この観客席(オーディトリアム)の周りをめぐっており、これはおそらく、どのフランスの建物においてよりも、この〔ドリス式という〕オーダーをもっとも有効に活用した例であろう。

　ブザンソンからそう遠くはないところに、ルドゥーは、D字型の平面をしたアルク＝エ＝スナンの製塩工場を、1775-9年に建てた。曲線を描いた区域〔弧〕の中心に、原初的な洞窟(グロット)を

第8章　18世紀の古典主義

収めたドリス式オーダーの入口門が位置し、ここからまっすぐに延びた道の〔円の直径と交わる〕中心には、幻想的なルスティカ仕上げの、監督官の館が建っている。これらの建物群がもつ力と頑強さは、ジューリオ・ロマーノのマニエリスム様式を思い起こさせるが、これらの建物の〔本来の〕機能にとっては度を越したもののように思われるかもしれない。しかしながら、死刑という罰が塩の密醸造に対する償いであり、また、塩にかかる税から不正に逃れる〔脱税〕ことが、密輸入と強奪の増大へと繋がった時代においては、ルドゥーの建物群のあからさまな防御の構えという特質は、いくらか詩的〔創造的〕ではあるものの、それなりの正当さをもっていると判断されていたといえるかもしれない。

587　ブザンソン近郊、アルク＝エ＝スナンの製塩工場の監督官の館（1775-9年）、ルドゥーによる

これと同じ攻撃的な雰囲気が、1784-7年にルドゥーの設計案を基にして建てられた、50を数えるバリエール（*barrières*）〔市門、入市税徴収所〕すなわち関税事務所群をも特徴づけている。これらのものは、18世紀のあいだに増大していった新しい区域をも含んだ、パリ全体を取り囲んでいる新しい〔城〕壁の役

588　ルドゥー：ラ・ヴィレットの市門〔入市税徴収所〕、パリ（1784-7年）

割を担っていたのである。これらの建物の建設は、密輸入が広く行き渡ってしまって関税が意味をなさなくなるのを回避する手段として、税関機構の「徴税請負事務所」から委託された。これらのバリエールの建設は、当然のことながら、パリの全住民のあいだに、はなはだしい恐怖心を引き起こした。実際のところ、これらのバリエールは、「大革命」のさなか、旧体制（*ancien régime*）〔アンシャン・レジーム〕の象徴として、破壊のために攻撃されたのであった。とはいえ、これらの建物がもっていた力強い独創的な様式は、20世紀においては、「革命的」なものとして記述されてきたのであった〔要するにワトキンは、政治的「革命」と建築的「革命」が相対立しているという皮肉をここで強調しているのである〕。悲劇的なことに、今日では、これらの彫刻風につくられた傑作群のうちのたった4件——ラ・ヴィレット、オ

569

ルレアン〔ダンフェール゠ロシュロー〕、トローヌ〔ナシオン〕、そしてモンソーの各バリエール——が残存するのみである。しかし、これらのうち、どれかひとつでも訪れてみれば、ルドゥーの建築的想像力の威圧的とも言いうる壮大さに、すぐに気づくことになるにちがいない。余計な装飾が明らかにないこと、そしてあらゆる部分の誇張された大きさ(スケール)の感覚によって、これらの建物を観察する者たちは、自分たちの意見が何の意味もなさないことに気づくのであった。1784年に、派手好みのイングランドの著述家兼収集家であるウィリアム・ベックフォードが、これらの「税関用の宮殿群(カスタム゠ハウス・パレスィズ)」に注目し、それらが「重々しい墓のような性格をもつゆえに、〔生きた〕都市の入口門というよりも、ネクロポリス、すなわち死の都市の入口門に見えてしまう」と述べた。これらのものはフランスにおいては模倣されることはほとんどなかったものの、これらのもつ修辞的な効果を狙った厳格さは、ジリーやヴァインブレンナーのようなドイツの建築家たちを鼓舞し、ドイツ建築におけるひとつの新しい局面をつくりださせたのであった（本書580、674頁）。

　われわれに残された、踏査すべきルドゥーの最後の計画案は、そのショーの理想都市である。様式上は、彼のバリエールの抽象的な幾何学から発展したものである、この非現実的な計画案は、アルク゠エ゠スナンにおける彼の製塩工場を幻視の目で具象的(フィジィカリー)に拡張させたものであった。ルドゥーは〔現実の〕製塩工場の半円形平面を2倍にして、木を植えた1本の〔環状の並木〕大通りに囲まれた円形をなす中心(センター)をかたちづくろうとした。そしてこの大通りを越えて森の多い田園地帯のなか深く拡がってゆく、今まで目にすることのなかった連続して建てられた公共の建物群が並ぶのである。これらの建物群には、病院や劇場や市場や美術館は含まれてはいないものの、形態が独創的であるのと同じ様に、機能上も先例のないものである。これらの建物には、以下のような建物群が含まれている。すなわち、喧嘩〔や口論〕が平和的に解決されることになるであろう一種の理想化された法廷たる、「パシフェール〔調停所〕」。勃起した男根像に似た平面図をもった、性教育の館(ハウス)たる、「オイケマ」すなわち「愛の神殿」。16世帯の家族のための共同体たる、「セノビウム」すなわち「幸福の聖域(アサイラム)」。「教育の館(ハウス)」。「パナレテオン」すなわち「美徳の神殿」。「記憶の神殿」。キリスト教の儀式よりももっと秘密主義めいた儀式のために明らかに用意された、広大な窓のない構造物たる教会堂。そして巨大な球のかたちをした畏怖の念を起こさせるカタコンベたる、墓地である〔詳しくは、訳者（白井）による編著『ルドゥー「建築論」註解Ⅰ・Ⅱ』（1993-4年）を参照されたい〕。これよりもっとつつましい構造物群は、同様の象徴的なやり方で扱われていた。すなわち、炭焼き人たちの家は、木の幹の上に載ったドーム状の建物であり、樽の金輪(たが)をつくる人々の家は、同心円群に内接する立方体であった。その一方、これよりずっと奇怪な、河川管理人(ウォーター)のための家は、巨大な配水管のような中を刳り貫かれた(オープン)円筒形であり、その中心を、ルー川が滝のように突進して流れていたのである〔これらについても前掲書『ルドゥー「建築論」註解Ⅰ・Ⅱ』を参照されたい〕。

　はっきりと言えることだが、ルドゥーはこういった類いの建築が実際に建てられることを

第8章　18世紀の古典主義

589　ルドゥーによるショーの町（1780年頃の設計）の、透視図法による眺望の版画（1804年に出版）

決して期待していたはずはない。本質的に、こうした建築は、ルソーの著作群に鼓舞されて、この世紀の半ばからフランスに流布していたところの、社会的、哲学的、そして道徳的なさまざまな考えのいくつかを、思わず釣り込まれるような視覚的〔見た目〕形態で現わしだす寓喩(アレゴリー)なのである。ルドゥーの設計案群、そしてルドゥーがこれらのものに添えた感傷的なまでに修辞的なテクスト〔文章〕は、建築が人類平等主義的な社会改革のひとつの手立て(インストゥルメント)と見なされるような、詩的な構想(ヴィジョン)を構成している。こうした手立ては建築にとっての新しい役割ではあるが、建築では持続させることがほぼ不可能なものであった。

そのルソー的な造形言語(ランゲージ)にもかかわらず、ルドゥー自身は、政治的な革命家ではなかった。実際のところ、ルドゥーは、1793-4年に王党派の人物として投獄されたが、これは、ルドゥーが貴族によって雇われていたことや、現実に地所を所有していたこと、そして人民によって嫌悪されていた、彼の手になったバリエールといった、ささいな理由のためであった。しかし、まさしくこの投獄のあいだにこそ、ルドゥーはその死の2年前の1804年に、『芸術、風俗、法制との関連のもとに考察された建築（*L'Architecture considérée sous le rapport de l'art, des mœurs et de la législation*）』と呼ばれた豪華本のなかで世に問うた(プリゼント)、ショー用の自らのユートピア的な非現実的計画案を、完成させたのであった。この著作をルドゥーは、幻視的な思想家の誰かにではなく、専制君主で建築の庇護者であったロシア皇帝アレクサンドル1世〔1777-1825年、在位1801-25年〕に献呈した。当時この皇帝はまだ、ナポレオン〔1769-1821年、在位1804-14、15年〕と同盟を結んでいたのであった。

571

ヨーロッパの他の国々における古典的伝統

イタリア

　ローマにおけるピラネージとヴィンケルマンの存在〔プレゼンス〕は、われわれが見てきたように、この都市をもう一度、建築的かつ知的な活動の焦点の地とするのに役立った。その後は、ローマの重要性は衰退したものの、われわれは、ヴァティカン宮における古代遺物の管理者〔キーパー〕としてのヴィンケルマンの後継者たる、ジョヴァンニ・バッティスタ・ヴィスコンティ〔1722-84年〕が、ヴァティカン宮の大部分をピーオ＝クレメンティーノ美術館として知られる有名な施設に変貌させる計画を始めたということに注目すべきである。建築家のミケランジェロ・シモネッティ（1724-81年）とピエトロ・カンポレーゼ（1726-81年）が、パンテオンのようなサーラ・ロトンダ〔円堂の間〕や、サーラ・デッレ・ムーゼ〔ムーサたち（ミューザズ）の間〕、サーラ・ア・クローチェ・グレーカ〔ギリシャ十字形の広間〕、そして壮麗な半円筒形のヴォールトが架かった格間飾りの階段室を供給した。これらの様式は、ラファエッロ・ステルン（1774-1820年）によってさらに継続され、彼は、1817-22年に、ブラッチョ・ヌオーヴォ〔「新しい

590　シモネッティおよびカンポレーゼ：サーラ・デッレ・ムーゼ〔ムーサたちの間〕、ピーオ＝クレメンティーノ美術館、ヴァティカン宮殿（1773-80年）

第8章　18世紀の古典主義

腕」の意〕として知られる堂々とした、天井から採光された長廊下(ギャラリー)の間を付け加えたのである。驚くにはあたらないのであるが、これらの名声のある内部空間は、ヨーロッパは勿論のこと、ヨーロッパをも越えて広範な影響を及ぼすよう運命づけられていた。

　ローマ以外の、ほかのイタリアの中心都市においては、フランスのすべてのものに対する熱狂が、エンヌモン゠アレクサンドル・プティトー（1727-1801年）に帰結した。彼は、スフロの弟子であり、ローマのフランス・アカデミーの 元(フォーマー) 給費留学生 (*pensionnaire*)〔パンショネール〕であり、1753年にパルマ大公の宮廷に建築家として招喚されたのであった。これは、ケーリュス伯爵の推薦によるものであった。伯爵は、影響力のあった古物研究家であり、収集家であり、『エジプト、エトルスク、ローマの古代遺物集 (*Recueil d'antiquités égyptiennes, étrusques et romaines*)』（全7巻、1752-67年）の著者であった。プティトーの実施に移された作品群は、その著作群をとおして、また1757年に彼が創設したアカデミーをとおして、ロンバルディア地方の建築の発展に彼が及ぼした影響に較べてみると、それほど大きく貢献したわけではない。シチリアでは、これと同じ様な影響がレオン・デュフルニー（1754-1818年）によって行使されたが、彼はル・ロワとペールの弟子であり、1787年以降この島に6年間留まったあいだに、シチリアのバロックを終焉へと最終的に到らしめた人物であった。

　18世紀のヴェネツィアでは、その大半が冒険心を欠いたパラーディオ様式の復活に的の絞られた、〔他の地方とは〕異質な建築的伝統の展開が見られた。この伝統の初期の記念碑は、ジョヴァンニ・スカルファロット（1690年頃-1764年）による、サンティ・シメオーネ・エ・ジューダ（1718-38年）である。これはパンテオンに鼓舞された教会堂で、スカルファロットの甥で弟子だった、トンマーゾ・テマンツァ（1705-81〔89〕年）によって1748年に設計され、1760年代に建てられたサンタ・マリア・マッダレーナという名の教会堂——その形態において古代の源泉のより「忠実な(コレクト)」翻案物(ヴァージョン)——がこれに続いたのである。テマンツァは、フランチェスコ・ミリーツィア（1725-98年）の友人であったが、このミリーツィアこそは、1768年に、その著作『あらゆる民族、あらゆる時代のもっとも有名な建築家たちの生涯 (*Le Vite de'più celebri architetti d'ogni nezione e d'ogni tempo*)』を出版した、初期の建築歴史家として重要な人物であった。ミリーツィアの合理主義かつ新古典主義の偏向は、革命的な、ヴェネツィアの理論家カルロ・ロードリ（1690-1761年）に由来するものであった。ロードリの考えは、彼の2人の追随者であった、アルガロッティ伯爵（1712-64年）とアンドレア・メンモ（1729-93年）によって記録された。ペローとコルドモワの著作群に見られたさまざまな示唆に鼓舞されたロードリは、古典的な建築上の語彙(ごい)をその大方が装飾的なものであるとして暗に拒絶した、建築への厳格な機能主義的アプローチを展開したのであった。こうした考えは、1750年代にロジエによって取り上げられ、さらに1800年頃にはデュランによってもっと徹底的に推し進められたのであった。

　オーストリアの統治のもとにあった、ミラノにおける建築的情景は、ジュゼッペ・ピエールマリーニ（1734-1808年）によって差配された。彼は、1750-68年に、ローマとカセルタに

573

591 パラッツォ・セルベッローニへの入口部分、ミラノ（1775-94年）、カントーニによる

おいて、ヴァンヴィテッリのために働いた人物である。ピエールマリーニは、そのパラッツォ・レアーレ（1769-78年）やスカーラ劇場（テアートロ）（1776-8年）に見られるように、いくらか無味乾燥な新たなパラーディオ風の様式で、幅広く活躍した。ピエールマリーニの作品は、ミリーツィアに批判されたが、ミリーツィアは、シモーネ・カントーニ（1739-1818年）の手によって1775年に設計され、1779-94年に建てられた、ミラノのパラッツォ・セルベッローニの方が、自らの好みに合っていると思ったのかもしれない。この宮殿に見られる珍しい中央の3つの柱間は、連続した人物像が彫られた水平帯（フリーズ）が背後に走っている、独立して建つイオニア式の円柱群を誇っており、ベランジェによるパリの都市住宅群によって鼓舞された構成のなかにギリシャ的な特徴を刻印している。ピエールマリーニの弟子である、ルイージ・カノーニカ（1764-1844年）とレオポルド・ポラック（1751-1806年）は、ピエールマリーニのパラーディオ主義と当時のフランス建築から抽きだした諸要素を混交させた、より活発な様式をもって活動した。ポラックは、その主要な作品である、ミラノのヴィッラ・レアーレ＝ベルジョイオーゾ（1790-3年）を、精巧なつくりのピクチャレスク庭園で取り囲んだ。これは、イタリアにおけるこの種のものとしては最初の例のひとつである。もっとも、マルカントーニオ・ボルゲーゼ公〔1730-1800年〕のための、ローマのヴィッラ・ボルゲーゼに見られるバロック庭園群の改造が、これに先行してはいた。このヴィッラ・レアーレ＝ベルジョイオーゾは、1782-1802年に、アントーニオ・アスプルッチ（1723-1808年）とその息子のマリオ（1764-1804年）が、スコットランド出身の風景画家ジェイコブ・モア〔1740-93年〕の助けを借りて、神殿や池や廃墟の数々を付け加えたのであった。

ドイツ

1806年まで、ドイツは300を超える領地すなわち公国からなっており、そのすべてが神聖ローマ皇帝に、名目だけの忠誠を帰していた。すなわち、14世紀以来神聖ローマ皇帝は、オーストリアの諸公国を統べるハプスブルク家の統治者であると同時に、ボヘミアおよびハンガリーの国王であり続けたのである。ロンドンやパリのような単独の文化的ないしは政治

第8章　18世紀の古典主義

的中心を欠いていたことは、この時期のドイツ建築の歴史に一貫性がないことを意味している。その代わり、ここには、個々の庇護者たちに依存した全体としては〔互いに〕何の繋がりももたない建物群が存在しているのである。これらの建物はしばしば〔ドイツに〕連れてこられたフランス人の建築家たちによって設計され、実質的には何の影響も行使してはいない。

592　クノーベルスドルフ：ドイツ国立オペラ・ハウス（1741-3年）とベルリンのオーペルン広場（プラッツ）（元はフォルム・フリーデリキアーヌム）に建つザンクト・ヘドヴィヒ教会堂（1747-73年）

　18世紀の半ばと末頃まで、中央および南ドイツは、アザム兄弟やノイマン、フィッシャー、そしてツィンマーマンによって支配されていた。彼らは、ヨーロッパのほかの地域で〔すでに〕打ち棄てられてしまったあとも永く、バロック様式の壮麗な、遅ればせながらの全盛を生みだしたのであった。国外に目をやった〔対外志向〕政策群の結果として、また同時に、プロシア国王のフリードリヒ大王（1712-86年〔在位1740-86年〕）のフランスとイングランドに対する賞嘆の結果として、古典主義的理想の数々が北ドイツにやってきたのは、この世紀の中頃のベルリンとポツダムにおいてであった。1740年にフリードリヒは、その友人である建築家のゲオルク・フォン・クノーベルスドルフ（1699-1753年）に、ベルリンのオペラ・ハウスを設計するという委託を行なった。これは、一種の文化的な国王広場 (place royale) である新しいフォルム・フリーデリキアーヌム〔フリードリヒ大王広場〕の片側を形づくることを意図したものであった。クノーベルスドルフの新たなパラーディオ風のオペラ・ハウスは、フリードリヒ自身が1部所有していた『ウィトルウィウス・ブリタ〔ン〕ニクス』に図解された、コリン・キャンベルの手になるウォンステッド（1714年頃-20年）に似た建物群に鼓舞されていた。イングランドのデザインに対するフリードリヒの関心の結果、フリードリヒの友人であったイタリア人の理論家フランチェスコ・アルガロッティ伯爵（1712-62〔64〕年）が1751年にバーリントン卿に手紙を書き、そのなかで、フリードリヒを「この世紀〔時代〕に真の建築を復活させる人物」と記述しており、アルガロッティはバーリントンにバーリントンの建物群の図面をフリードリヒ宛てに送るように依頼したのであった。

　1747-8年にクノーベルスドルフは、パンテオンのミニチュア版といえる、ベルリンのザンクト・ヘドヴィヒのカトリック教会堂を設計した。同じ様に新たな古代風の設計案をこの教会堂のために同じ時期に起こしたのが、ずば抜けた才能の持ち主であったフランス人の建築家ジャン＝ロラン・ル・ジェ（1710年頃-86年頃）であった。彼は、1737-42年に、ローマのフランス・アカデミーの給費留学生 (pensionnaire) であった人物である。1756年にフリードリヒは、このル・ジェを、王室建築家に任命し、この役職のもとでル・ジェは、1763年にポツ

575

593　エルトマンスドルフ：デッサウ近郊のヴェルリッツ城館（シュロス）内にある、ヴィッラ・ハミルトン〔再現物〕の内部（1790年頃）

ダムで〔王宮の〕附属建物群（コマン）を設計した。この附属建物群は、新しい宮殿（ノイエス・パレ）の正面に建つ、広大な付帯設備（サーヴィス）のある翼館（ウイング）であり、ドームが架かった、柱廊玄関のある一対の小館（パヴィリオン）を両脇に従えた、半円状の列柱廊のかたちをしている。これは、1740年代におけるフランス＝イタリア古典主義の理想の数々を驚くべきかたちで実現したものであったが、実のところ、こうした理想は、1745年のポツダムのサン・スーシ城館（シュロス）〔無憂宮〕前面のクノーベルスドルフの手になる列柱廊に見られるように、ドイツではすでに到来していたのであった。

フリードリヒ大王のフランスとイングランドに対する熱中は、フランツ・フォン・アンハルト＝デッサウ公（1740-1817年）も共有しており、彼の、フランス啓蒙主義の理想の数々に対する関心は、彼をして、デッサウ〔エルベ川とムルデ川の合流点。ベルリンの南西〕近郊のヴェルリッツに、「自由」の表現としてフランスにおいて賞嘆された類いの、英国式の風景庭園（パーク）を設計させることになったのである。実際のところ、1782年に、この庭園（パーク）は、パリ近郊のエルムノンヴィルの風景式庭園（ガーデン）にあるルソーの墓を含んだ、ポプラが植えられた島を再現（リ＝クリエーション）していたのであった。ヴェルリッツの湖水風景は、その中心に、フリードリヒ・ヴィルヘルム・フォン・エルトマンスドルフ（1736-1800年）によって、チェインバーズのダディングストン（本書540頁）を思い起こさせる様式で1769年に設計された新たなパラーディオ風のカントリー・ハウスがある。1765-6年に、フランツ公と彼付きの建築家が、ともにイタリアに旅行し、当地でクレリソーやヴィンケルマン、そしてサー・ウィリアム・ハミルトンに会い、その際にフランツ公は、のちに影響力をもった、ギリシャの絵が描かれた壺の収集を行なったのである。エルトマンスドルフは引き続いて、ヴェルリッツに、ナポリ近くのヴィッラ・ハミルトンの並外れた再現物を、精妙に描かれストゥッコ仕上げされた内部装飾と新たなギリシャ風の家具とを備えて、つくり上げた。この近くには、煙を吐きだすことのできる、およそ80フィート（24m）の高さがある人工の円錐状の岩山といった、ヴェスヴィオ山のミニチュアがあった。かくして、ヴェルリッツの庭園（パーク）は、ティヴォリのハドリアヌスのヴィッラ（本書上巻〔I〕103頁）に、ハドリアヌスがギリシャ、イタリア、エジプトのさまざまな箇所で賞嘆してきた、広範囲にわたる建物の数々を様式的に真似たものが含まれていた場合と幾分か似たようなものとして、「グランド・ツアー」の一連の土産物〔思い出の品々〕の場所となったわけである。

第8章　18世紀の古典主義

ヴェルリッツのあとの、ドイツにおけるもっとも愛らしい庭園のひとつは、マンハイム〔ドイツ南西部。ライン河とネッカー川の合流地〕近郊の、シュヴェツィンゲンであり、ここでは、バロック的な配置が、ニコラ・ド・ピガージュ（1723-96年）によって、1761-95年につくられた新古典主義の庭園によって高められていた。これは、1742年からプファルツ選帝侯となり、1778-99年にはバイエルンの選帝侯であったカール・テオドール〔1724-99年〕のためのものであった。ピガージュは、ロレーヌ地方のリュネヴィルで生まれ、パリでJ.-F.ブロンデルによって鍛えられた人物で、シュヴェツィンゲンの

594　マンハイム近郊シュヴェツィンゲンの庭園内にあるモスク（1778-95年）、ピガージュによる

「浴場」を建てた。これは、目もくらむほどに優雅なルイ16世様式の小館（*pavillon*）〔パヴィヨン〕で、ここから格子細工の通路が、噴水群に取り巻かれた円形状の鳥類飼育場まで誘うようなかたちで続いている。庭園にはさらに、ピガージュの設計したとても大きなモスクが含まれている。この建物の着想源となった、キューでのチェインバーズの塔のように、このモスクは、現実にモスクとして使われることを意図していない、装飾的で感情を呼び起こす特徴を示している。

　1760年代に、ブロンデルのもうひとりのフランス人弟子であった〔ピエール=ルイ=〕フィリップ・ド・ラ・ゲピエール（1715年頃-73年）が、ヴュルッテンベルク公〔1728-93年〕のために、2棟の端麗なパヴィヨン〔小館〕を用意した。すなわち、シュトゥットガルト近郊の丘の上に建つ、「〔ラ・〕ソリテュード」（図570）とルートヴィヒスブルク城館近くの「モンルポ」である。フランス人の建築家ピエール=ミシェル・ディクスナール〔d' Ixnard. 以下ワトキンはIxnard（イクスナール）と表記〕（1723-95年）は、南西ドイツにフランス新古典主義の理想の数々を導入する中心的な役割を任った。彼の傑作は、シュヴァルツヴァルト〔ドイツ南西部の森林地帯：「黒い森」〕にある、ザンクト・ブラジエンなるベネディクト会修道院（1768-83年）である。ここでは、〔ローマの〕パンテオンにかすかに鼓舞された、ドームの架かった修道院付属の教会堂が中心をなしていた。イクスナールは、また、コブレンツにおいて当地の選帝侯用の宮殿を任されていたが、これは、実質的にこの規模のドイツにおける王侯用宮殿群最後のものとして、トリーアの選帝侯のために、1777年に設計されたものである。M.-J.〔マリー=ジョーゼフ・〕ペールよりは有名ではなかった、その弟の、A.-F.〔アントワーヌ=フラ

577

595 ユッソウ：カッセル近郊ヴィルヘルムシェーヘ城館（シュロス）内の、レーヴェンブルクのまがいもののゴシック城郭（カースル）（1790年に設計；1793-1802年に建造）

ンソワ・〕ペール〔1739-1823年〕によって、1780-92年に設計変更されて実施に移されたこの宮殿では、その平穏無事な〔何事（波乱）もなくしれっとしたような〕39もの柱間をもった長いファサードが、フランスの新古典主義建築家の幻視的（ヴィジョナリー）な非現実的計画（スキームズ）の根底にしばしば見受けられる空虚（エンプティネス）と誇大妄想（メガロマニア）とを思い起こさせる威圧的なものとなっている。

　エルトマンスドルフのヴェルリッツ城館（シュロス）とイクスナールのザンクト・ブラジエンのあと、18世紀ドイツにおける新古典主義の理想の数々をもっとも大胆に表明したもののひとつが、1769-79年にシモン＝ルイ・デュ・リィ（1726-99年）によって建てられた、カッセルのフリーデリキアーヌム美術館であった。デュ・リィ一族は、ユグノー〔フランスの新教徒〕の亡命者としてフランスを去っていたが、1685年から1799年まで、ヘッセン＝カッセルの方伯（ラントグラーフ）〔皇帝直属で公爵と同格の領主〕たちお抱えの宮廷建築家を務めていた。シモン＝ルイは、パリでブロンデルの許で修業し、新しい広場（スクエア）たるフリードリヒ広場（プラッツ）の一辺（ワン・サイド）を形づくるために、方伯（ラントグラーフ）フリードリヒ2世〔1720-85年〕のために、このフリーデリキアーヌム美術館を設計したのであった。最初の独立した美術館建築と見なされることもしばしばである、この建物は、キャンベルのウォンステッドに鼓舞された、もうひとつの新たなパラーディオ風の試み（エクササイズ）である。より建築的に興味をそそるような何ものかを求めて、この方伯は、1775年に、ルドゥーに対して、カッセルの都市宮殿（タウン・パレス）の設計を、そしてその10年後にはシャルル・ド・ヴァイイに対して、カッセルから6マイルほど離れた、ヴィルヘルムシェーヘの新しい宮殿の設計を、それぞれ委託したのであった。いずれも実施されることはなかったものの、デュ・リィとその弟子のハインリヒ・ユッソウ（1754-1825年）による設計群から、1786-92年に、ヴィルヘルムシェーヘに建てられた、大きな不気味さの漂う宮殿は、イングランドのパラーディオ風建物の先例に従ったものであった。ヴィルヘルムシェーヘにおいて、特に記憶されるべきものと言えば、

第8章　18世紀の古典主義

巨大な滝の上方にある丘の頂きの敷地に建つ、イタリアの建築家ジョヴァンニ・グエルニエーロ〔1665-1745年〕によって設計されたところの、ヘラクレスの塔（1701-18年）で最高潮に達する数多くの建物がある、バロックの庭園である。これと同じように大きな興味を抱かせるのが、ユッソウが1790年に設計し、1793-1802年に実施に移した、レーヴェンブルク（獅子の砦）として知られる、広大なまがいもののゴシック城郭である。これは、おそらくはユッソウが1780年代にイングランドを訪れた際に目の当たりにしたと思われる、ロバート・アダムの城郭意匠群を現実のものにした建物である。レーヴェンブルクは、中世の騎士道に夢中となった方伯ヴィルヘルム9世〔1743-1821年、1785年から9世〕が生みだした突飛な産物であった。

　われわれがこれまでこの章で見てきたフランスの趣味を拒絶しようとするひとつの動きが、プロシアの国王の座を襲い、1787〔1786〕年から1797年まで在位〔君臨〕した、フリードリヒ大王の後継者フリードリヒ・ヴィルヘルム2世〔1744-97年〕によってなされた。1788年にフリードリヒ・ヴィルヘルム2世は、自らのために、3人のドイツ生まれの建築家をベルリンに招喚し、仕事を命じた。すなわち、デッサウ出身のエルトマンスドルフ、ブレスラウ（現在のヴロツワフ）出身のラングハンス、そしてシュテッティン（現在のシュチェチン）出身のダーフィット・ジリー〔1748-18C8年〕である。ベルリンをドイツ文化の中心地に仕立て上げようとするこの試みによる最初の成果は、この都市への西入口に、1789-94年に、カール・ゴットハルト・ラングハンス（1732-1808年）によって建てられたブランデンブルク門である。アテネのアクロポリスに建つプロピュライア〔入口門〕によって鼓舞された、グリーク・リヴァイヴァル〔ギリシャ復興（様式）〕の先駆的記念碑である、このブランデンブルク門は、ヴィンケルマンによって讃美されたような、古代ギリシャ文化の気高くなりつつある道徳的な力を、新しい世界にはっきりと表現したものとして、当時広く賞嘆されたのであった。ドリス式の様式に対するこうした態度は、機能と感情の双方が、形態の適切な選択をとおして表現されうると主張したところの、1789年にドイツ語に翻訳された、ル・カミュ・ド・メジエールの著作『建築精髄』によって奨励されたのである。

　強力な一服の初期のプロシア民族〔国家〕主義と結びついた、こうした信念の数々は、フリードリヒ大王に捧げる記念碑のために何回か行なわれた設計競技のなかでもっとも重要な、1796年の設計競技において、〔ふさわしい〕表現を見いだしたのであった。この1796年の設計競技に参加した、ラングハンス、エルトマンスドルフ、ヒルト、ハウン、ゲンツ、そしてフリード

596　ブランデンブルク門、ベルリン（1789-94年）、ラングハンスによる

597　ジリー：フリードリヒ大王記念碑のための実施されなかった計画案（1796年）

598　ゲンツ：造幣局、ベルリン（1798-1800年；1886年に取り壊し）

リヒ・ジリー〔ダーフィット・ジリーの息子〕（1772-1800年）といった6人の建築家によって提示された設計案(デザインズ)のなかで、ジリーのものが飛び抜けて優れていた。ルドゥーのバリエールのひとつを思い起こさせる市門(ゲイトウェイ)を通って近づく、聖なる境内の高い基壇の上に置かれた、荘厳なるギリシャ・ドリス式の神殿というジリーが描いた図(イメージ)は、若い建築家たちの世代の想像力を掻き立てた。これらの建築家のなかには、19世紀前半のドイツ建築界の主導者であった、カール・フリードリヒ・シンケルとレオ・フォン・クレンツェが含まれていた。英国〔イングランド〕のピクチャレスクな先達によって鼓舞された水彩画の遠近法で魅力的に描きだされたこの記念碑は、また、ダンスとソーンのめざした効果のいくつかに似た、厳しい無装飾の様式(ストリップト)で設計された、プロシア的秩序(オーダー)の剛直なる象徴(スターン)でもあった。

　このフランス＝プロシア様式において鍵となる記念碑建造物のひとつは、ベルリンの造幣局（1798-1800年；1886年に取り壊し）であった。これは、ジリーの義理の兄である、ハインリヒ・ゲンツ（1766-1811年）によって設計された。その妥協を許さない立方体の形態群は、ジリーによって設計された新たなギリシャ風の人物像が彫られた水平帯(フリーズ)によって活気を添えられており、〔美術史家のアーロイス・〕ヒルト〔1759-1837年〕が、その著作『古代人たちの諸原理に則った建築（*Die Baukunst den Grundsätzen der Alten*）』（ベルリン、1809年）のなかで書き表わしたような、ギリシャのドリス式〔オーダー〕がもつ高尚な雰囲気(トーン)と構造〔構成〕(コンストラクショナル)上の完全さに対するヒルトの信頼(ビリーフ)を、〔建築において〕余すところなく表現したものとなっている。

　ハインリヒ・ゲンツは、ヨハン・ヴォルフガング・フォン・ゲーテ（1749-1832年）によって、ヴァイマール大公国の首都へと連れてこられた一団の建築家たちのひとりであった。ゲーテ

第 8 章　18 世紀の古典主義

は、この都市(タウン)をドイツにおける当時のもっとも注目すべき文化の中心地のひとつにしようと骨折っていたのである。その『ドイツ建築について (Von deutscher Baukunst)』(1773年)のなかで、最初はゴシックを、自然の諸々の力に類似したドイツ民族の様式として擁護していたものの、のちにゲーテは、1787年にシチリアとパエストゥムを訪れたために、ギリシャのドリス式〔オーダー〕を褒めちぎることになった。ゲーテは、芸術における最初の源泉へと還ることを主張し、ギリシャとゴシックという対(つい)をなす極(ポール)において精神的に表現されるような、ドイツの魂に対する詩的な像(ヴィジョン)を有していた。ヴァイマールの城館(シュロス)すなわち宮殿(パレス)は、ゲーテの手引きのもとに、1789年以降、ゲンツやニコラウス・フリードリヒ・フォン・トゥーレ (1767-1845年)、そしてヨハン・アウグスト・アーレンス (1757-1806年) による新古典主義的理想の数々を表明するものとして、改築されていったのである。トゥーレとアーレンスは双方ともに、パリで修業を積んだが、後者はド・ヴァイイの許にいた。〔ヴァイマールの〕城館(シュロス)におけるもっとも人目を惹く内部空間は、ゲンツの手になる堂々とした、ギリシャのドリス式〔オーダー〕の階段室 (1800-3年) である。その一方で、この庭園内に、アーレンスは、ザクセン=ヴァイマールのカール・アウグスト大公 (1757-1828年) のための隠退所となる場所として、1791-7年に、いわゆる「ローマ人の家 (Roman House)」を建てたのであった。その名称にもかかわらず、この建物はギリシャのドリス式様式での独創的な試み(エクササイズ)であり、そこには浅い弓形アーチを支える、ずんぐりとしたパエストゥムのドリス式円柱群が建つ地階入口、すなわち地下回廊(クリュプト=ポルティクス)が含まれていた。ルドゥーから抽きだされたこの力強い原始主義は、フリードリヒ・ジリーに重要な影響を及ぼした。ジリーは1798年にヴァイマールを訪れた際に、この地下回廊をスケッチしていたのであった。

　　　　　ポーランド

スタニスワフ・アウグスト・ポニャトフスキ〔1732-98年〕(在位1764-95年)は、1795年のポーランド分割前の、最後のポーランド王であったが、数多くのフランスおよびイタリアの画家たちや彫刻家たちを、自らの宮廷に呼び寄せて、自らの国にフランス啓蒙主義の建築をもたらすという重責を担った。まさしくこの国王こそが、〔ベルナルド・〕ベッロット〔1720-80年〕によるワルシャワの有名な景観図群を委託し、1754年にパリを訪れた際、才気縦横な若き建築家ヴィクトール・ルイ〔1731-1800年〕と出会って、彼を、1765年に〔お抱えの〕建築家としてワルシャワに連れて行った人物なのであった。ルイは、その大傑作たる、ボルドーの劇場(本書563頁)の様式を予知させる、ピラネージやペールに依存した様式で、ワルシャワの国王城館(カースル)改築用のひと揃いの壮麗な設計案(デザインズ)をつくり上げた。まったく予想外のことではあったが、これらの設計案は、ポーランドの一世代を画した建築家たちに影響を及ぼしたのであった。これらの建築家には、1773年以降宮廷建築家となった、イタリア生まれのドメーニコ〔ドミニク〕・メルリーニ (1731〔1730〕-97年) と、彼とともに、1776-85年に卓越した一連のルイ16世様式の内部装飾で、ワルシャワにある国王の城館(カースル)の内部を飾り立てた、ヤン・ク

581

599　メルリーニ：ワルシャワ近郊ウヤズドゥフ城館〔カースル〕、ワジェンキ宮殿〔パレス〕の南面ファサード（1775-93年）

リスティアン・カムセッツァー（1753-95年）がいた。ワルシャワ郊外のウヤズドゥフにある国王城館〔カースル〕の、広大な庭園低層部は、以前には動物園であったが、1774年以降、数多くの庭園建築やパヴィリオン群を伴ったピクチャレスクな庭園として改造された。これらの庭園建築には、メルリーニの手になるミスレヴィチ宮殿〔パレス〕（1775-7年）と、国王の湖畔に建つ夏の離宮である、同じメルリーニによるより成功したワジェンキ宮殿〔パレス〕（1775-93年）が含まれている。元々は17世紀の浴場であった、このワジェンキ宮殿〔パレス〕は、1775年から1793年にかけて、スタニスワフ・アウグストのために、何段階かを経て拡張された。壮麗な2階建ての舞踏の間を用意したカムセッツァーによって1788年に拡大されたこの宮殿は、ガブリエルとアダムに何がしかを負っている、広々とした列柱廊群をもった祝祭用の建物である。ワジェンキ・パーク内のほかの場所で、カムセッツァーは、1790-1年に、半円形状の、新たな古代風の劇場を用意した。ワジェンキ宮殿〔パレス〕よりもパラーディオ風なものが、ワルシャワにある、メルリーニの手になるクルリカルニャ〔うさぎハウス〕（1782-6年）であり、これはイオニア式の柱廊玄関〔ポーチコ〕とドームが架かった円堂〔ロトンダ〕の間を中心とした邸宅〔ハウス〕である。建築家スタニスワフ・ザワツキ（1743-1806年）は、そのルボストロンの新たなパラーディオ風の邸宅（1795-1800年）において、同様の集中式平面構成を生みだした。その一方で、ザワツキの手になる、シミェルフにある邸宅（1797年）は、4分円〔四分円〕〔クワドラント〕によって繋がったパヴィリオン群を従えた中央塊〔ブロック〕を有している。

　教会堂の意匠〔デザイン〕における新古典主義的理想の数々を採択した例は、シモン・ボグミウ・ズク（1735-1807年）による、ワルシャワのルター派教会堂（1777-81年）をもって始まった。ズクは、ドレスデンの生まれで、1762年にワルシャワに移り住んだのであった。ベルリンにあるザンクト・ヘドヴィヒのカトリック教会堂と同様に、このワルシャワのルター派教会堂〔三位一体プロテスタント教会堂〕は、遠まわしな表現〔ディスタント・トリィ〕ながらも、パンテオンに鼓舞されている。とはいえ、その著しく目立った4柱式の柱廊玄関〔ポーチコ〕は、ギリシャのドリス式の翻案物〔ヴァージョン〕である。これよりずっと印象的なものが、ヴィルノ（ヴィリニュス、現在のリトアニアの首都）の大聖堂であり、これは、ローマとパリで修業を積んできたヴァジェニツ・グツェヴィチ（1753-98年）による設計を基に、1777-1801年に改築された。西正面にある、その6柱式のドリス式柱廊玄関〔ポーチコ〕や、列柱廊からなる側面ファサード、そして古代神殿の正面のように扱われた主祭壇背後の飾り壁〔リアダス〕があるこの大聖堂は、新古典主義の「円柱愛〔スタイロフィリー〕」の完璧な範例である。1780年代にグツェヴィチは、ヴィルノの市庁舎とマサルスキ司教の邸館〔パレス〕を、双方ともに、〔先の大聖堂と〕同様に妥

第8章　18世紀の古典主義

協を許さない新たな古代風の手法で改築したのであった。

　ポーランドは、英国式庭園（*jardin anglais*）〔ジャルダン・アングレ〕を熱狂的に受け容れたが、これはサー・ウィリアム・チェインバーズの影響や、ポーランドの庇護者たちによるイングランド見物の影響の結果として、1770年頃にやって来た流行であった。最初の〔英国式〕庭園はおそらく、イザベラ・チャルトリスカ公爵夫人（プリンセス）（1746-1835年）のため、ちょうどワルシャワの北に配置された、ポヴォンスキのそれであろう。チャルトリスカ公爵夫人は、1768年、1772-4年、そして1789-91年と、3度もイングランドを訪れていた。ポヴォンスキは、S.B.〔シモン・ボグミウ・〕ズクとフランスの画家ジャン＝ピエール・ノルブラン〔ド・ラ・グルデーヌ〕〔ヤン・ピョートル・ノルブリン 1745-1830年〕の作品であった。——公爵夫人の夫がノルブランをポーランドに連れてきて、ノルブランは当地に30年間留まったのである。ズクは、〔クリスティアン・カイ・ロレンツ・〕ヒルシュフェルトの影響力をもった『造園術の理論（*Theorie der Gartenkunst*）』（第5巻、1785年）〔全5巻、1779-85年刊〕に、ポーランド庭園を記述した1章を寄稿した。その一方でイザベラ公爵夫人は、『庭園植栽に関する考察（*Reflections or, the Planting of Gardens*）』（初版、1805年）と呼ばれた、評判のよい手引書（ハンドブック）を出版した。ポヴォンスキは、今は郊外の墓地になっていて、その18世紀の味わい（フレイヴァー）は何も残ってはいない。しかしながら、ワルシャワの南、ナトリンでは、1軒〔戸〕の魅力的なパヴィヨン（*pavillon*）〔小館（パヴィリオン）〕が、ズクの設計案（デザインズ）を基に建てられて、残存している。

600　ワルシャワ近郊、ナトリンのパヴィリオン〔パヴィヨン〕外観（1780-2年）、ズクによる

　イザベラ・チャルトリスカの義理の姉であった、イザベラ・ルボミルスカ〔1736-1816年〕のために、1780-2年に建てられたナトリンのこの建物（パヴィリオン）は、入念につくられた庭園建築に似ている。というのも、この建物の重要な卵形内部は、ド・ヴァイイの手になる1764年のモンミュザールを真似た考案物たる、イオニア式の円柱群がなす曲線を描いた仕切り壁（スクリーン）をとおして、庭園へと開かれているからである。その内部装飾は、ヴィンチェンツォ・ブレンナ〔1745-1820年〕によって、建築と風景とを主題にすると同時にアラベスク模様で美しく描きだされていた。1799年に、この建物は、イザベラ・ルボミルスカの娘アレクサンドラの結婚によりポトキ家の所有となった。帝政様式のさらなる装飾が今は導入されており、入口正面は、ギリシャのドリス式オーダーをもって改築された。

　ズクはまた、適切にもアルカディア〔田園的理想郷〕と呼ばれた、もっとも見事なポーランドのピクチャレスク庭園の設計にも携わった。これは、1777-98年に、イザベラ・チャルトリスカの親しい友人で定期的に手紙をやりとりしていた、ヘレーナ・ラジヴィウ公爵夫人（プリンセス）（1745

〔1753〕-1821年)のため、ニェボルフのラジヴィウ家所有地に配置された。ニェボルフの主要な宮殿からおよそ2マイル〔3.2km〕離れた、アルカディアの庭園は、かくして、敷地上に邸館を実質必要とせず、さまざまな用途に使うことができたのであった。これは、幻想的な建物群や廃墟が詰まった湖水風景であり、導水橋、玉石によるアーチ、司祭長の館、ゴシック様式の礼拝堂、そしてエルムノンヴィル〔パリの北郊。J.-J.ルソーの終焉の地〕の島によって鼓舞された〔ジャン゠ジャック・〕ルソー島がつくられていた。それらのなかでも最良のものが、曲線や円形からなる内部空間の複合的な平面をもった、湖の先端に建つ、イオニア式のディアーナの神殿(1783年)であった。アルカディアの全体的効果は、ポーランドにおけるすべての「英国式」庭園の効果と同様に、幾分窮屈なものであり、ひと続きをなす舞台装置に似ている。これは疑いもなく、フランス式庭園が、きわめてしばしば、英国の庭園についての知識を伝達する窓口であったためと考えられる。

チャルトリスカ家の主要な地所である、プワヴィに、1770年代に構想されたロマンティックな庭園は、イザベラ・チャルトリスカ公爵夫人のために、彼女の英国の庭師長であったジェームズ・サヴェイジとアイルランドの庭師デニス・マックリアの協力を得て、1790年代に大きく拡張された。1790-4年には、クリスティアン・ピョートル・アイグナー(1756-1841年)が、プワヴィにマリンスカ宮殿を増築したが、これは〔ジャン゠フランソワ・〕ヌフォルジュ〔1714-91年〕によって鼓舞された本格的な別荘であった。またアイグナーは、1798年に一連のピクチャレスクな建物群を建てはじめたが、これらのなかには、ゴシック風の邸館や中国風の小館、そして〔ローマ近郊の〕ティヴォリの有名な、ウェスタないしはシビュラの神殿に鼓舞された、シビュラの、丹念につくられた神殿が含まれる。

18世紀までの庭園群は、精巧につくり上げられた歴史的な建物群で豊かに飾り立てられ続けて、順調に19世紀へと継承されていった。このことは、たとえば、イタリア人のエンリーコ・マルコーニ(1792-1863年)による、1834-8年につくられたナトリンの「ギリシャ・ドリス式」の神殿や、ヤークプ・クービッキ(1758-1833年)によって設計された、ワルシャワの「ベルヴェデーレ庭園」内にある、イオニア式の神殿やエジプト風の神殿を見れば明らかである。

スカンディナヴィア

スウェーデンとデンマークは、18世紀半ばのフランスの新しい様式をいちはやく採択した。1754年に、ケーリュス伯爵の推挙により、ルイ゠ジョーゼフ・ル・ロラン(1715-59年)――1740年から1748年に到るまでローマのフランス・アカデミーで、影響力をもった給費生・学徒であり続けた――が、以前にフランス大使を務めたカール・グスタフ・テッシン伯爵〔1695-1770年〕のために、ストックホルムからおよそ60マイル〔96km〕離れたエケロにある自邸のカントリー・ハウスの食堂を設計した。ル・ロランの幻想的な壁面装飾は、スウェーデンの地元のとある装飾家によって、1754年以降にカンヴァスの上に描かれたが、彫刻や泉水が

第8章　18世紀の古典主義

601　アマリエンボルグ〔アマリエンボー〕宮殿〔パレス〕、コペンハーゲン（1750-4年）、エイトヴェドによる

含まれた壁龕〔ニッチ〕によって区分けされた、1列に並んだイオニア式の円柱群をもって明確な表現がなされていた。これは、どこのものよりも初期の、新古典主義様式の内部装飾のひとつである。もっとも、これは、1722年のケンジントン宮殿のウィリアム・ケントによる丸天井〔クーポラ〕の部屋〔ルーム〕（本書528頁）に、雰囲気が似てはいる。同じ年の1754年に、デンマーク国王フレデリク5世〔1723-66年〕（在位1746-66年）は、王家の教会堂であるフレデリクスキルケの設計課題解決のため、ニコラ＝アンリ・ジャルダン（1720-99年）をコペンハーゲンに招聘した。ル・ロランの友人であったジャルダンは、1741年に〔ローマ〕大賞〔グラン・プリ〕を獲得し、1744-7年を、ローマのフランス・アカデミーで過ごした。当地でジャルダンは、ピラネージに大きく影響されたのであった。

　ニールス〔ニコライ〕・エイトヴェド〔1701-54年〕は、後期バロックに共感した建築家であり、1752年にフレデリクスキルケのための設計案をつくり上げたが、その後、ジャルダンがこれらの案を、フランスやローマ的な精細な装飾を施して実現する方向にもってゆこうと試みた。ジャルダンの手になる設計案〔そのもの〕は、実施されることはなかったものの、ハースドーフ〔次頁参照〕からの援助を受けて、のちに実施された、そのコリント式の玄関柱廊〔ポーチコ〕のある、ドームが架かった教会堂は、アマリエンボルグ〔アマリエンボー〕の宮殿広場〔パレス・スクエア〕における、支配的な特徴〔アクセント〕となっている。この八角形の国王広場 (place royale) は、1750-4年に、エイトヴェドによってバロック様式で設計されたものである。この広場を形づくっている4つの同じ形をした建物のひとつは、今日ではアマリエンボルグ〔アマリエンボー〕宮殿〔パレス〕であるが、元々はA. G.〔アダム・ゴットロブ・〕モルトケ伯爵〔1710-92年〕の都市邸館〔タウン・ハウス〕であった。1755年にモルトケがジャルダンに依頼して、食堂を設計させ、これが1757年に、イオニア式の付け柱群や金箔を被せた武器飾り〔トロフィー〕や壺飾り〔アーン〕で、白色や金色に彩られて建造されたのである。エ

585

602 エーレンスヴェルド：カールスクローナの海軍工廠入口門の模型（1785年）

ケロにおけるル・ロランの食堂と同じように、これは、新古典主義の内装デザインにおける画期的(マイルストーン)な作品なのである。

ジャルダンは、フランスのアカデミーを真似て1754年に創設された、コペンハーゲンの「王立美術アカデミー」の初代教授であった。彼のもっとも才能ある弟子は、カスパー・フレデリク・ハースドーフ〔ハルスドルフ〕(1735-99年)であり、彼はこのあとパリで、J.-F.ブロンデルの許で勉学に励んだ。ハースドーフの主要な作品は、1763年に設計され、1774-9年に実施された、ロスキレ大聖堂内の、フレデリク5世の王家の埋葬礼拝堂であった。ローマのマクセンティウス帝のバシリカに由来する八角形の格間(コファリング)で飾られた天井のある、その簡素な内部空間(チェイスト)は、ハースドーフの設計案を基に、弟子のC.F.〔クリスティアン・フレデリク・〕ハンセン〔1765-1845年〕によって、1825年に完成を見た。これは、当時のヨーロッパにおいて新古典主義様式の定義上、きわめて「進んでいた(アドヴァンスト)」ものであった。しかしながら、これよりもっと人目を惹く新たなギリシャ風の雰囲気は、カール・アウグスト・エーレンスヴェルド（1745-1800年）によって導入された。この注目に値すべき人物は、スウェーデン海軍の大佐であり、軍事建築を学ぶ学生であり、芸術家であり、素人(アマチュア)の建築家であった。彼はその海軍での経歴を打ち棄てて、1780-2年にイタリアに旅行し、当地で、パエストゥムのギリシャ・ドリス式の神殿群がもつ力と活気に、深い感銘を受けたのであった。イタリアから本国に戻って、1782年に彼は、エジプトのピラミッドをドリス式神殿と組み合わせた、ストックホルムのグスタフ・アドルフ・スクエア〔広場〕に建つ記念碑を設計した。実際のところ彼の、スカンディナヴィアの風景のなかに建つドリス式建築を描いた、美的な雰囲気が漂う水彩画のスケッチには、エジプト的もしくは原ドリス的な性格をもつまでに遡った円柱群が含まれていた。このことはまた、1785年の模型のかたちで残存している、カールスクローナ〔スウェーデン南東部の軍港〕の海軍工廠〔造船所〕の入口門用のその力強い設計案についても当てはまるのである。

もうひとりの、フランスの「革命派」に共感した建築家が、ルイ＝ジャン・デプレ（1743-1804年）である。彼はブロンデルの弟子であり、1776年に〔ローマ〕大賞(グラン・プリ)を獲得し、1784年からその死去まで、スウェーデンで生きた人物である。スウェーデンの国王グスタフ3世〔1746-92年〕（在位1771-92年）付きの宮廷舞台設計家としてデプレは、ピラネージに由来したやり方で、グリプスホルムやドロットニングホルムの劇場用に、多くの幻想的な舞台設計を行なっ

た。グスタフ3世はまた、フレドリク・マグヌス・ピペル〔1746-1824年〕をも雇い入れたが、このピペルは、スウェーデンに英国式風景庭園を導入したことで重要な役割を果たした。1731年に「スウェーデン東インド会社」が創設されたため、「極東」への道が開かれ、そのため、中国風の庭園の鑑賞が可能になった。1750年代に、カール・エイケベリ〔1716-84年〕が、『中国の農業についての記述（An Account of Chinese Husbandry）』を出版し、ロココ

603 中国式邸宅、ドロットニングホルム（1763-9年）、1753年のものを取り替えて建造

風の中国式邸宅が、ウルリカ女王〔1688-1741年、在位1718-20年〕のために、ドロットニングホルムに建てられた。ストックホルムの王立美術アカデミーで学んだあとピペルは、イングランド、イタリア、そしてフランスで風景式庭園を学ぶための奨学金を得た。彼はイングランドに旅した際、おそらくは、サー・ウィリアム・チェインバーズへの紹介状を携えていたと思われる。そして、1772-6年と1778-80年に、キュー、ストウ、スタウアヘッド、そしてペインシルのような今も残っている庭園のスケッチを描いたのであった。1780年にピペルは、グスタフ3世付きの王室監督官に任命され、彼のために1781年以降ハガのピクチャレスクな湖畔景観を設計した。ハガは、グスタフが国王になる10年以上も前に、田舎の隠れ場〔リトリート〕として購入していた、ストックホルムの真北に位置する地所〔エステイト〕であった。ストックホルム西方の、ドロットニングホルムにある、国王の居館〔レジデンス〕の、さほど野心的とは思われないグスタフ3世の庭園は、1780年に着工された。

ロシア

サンクトペテルブルクは、1703年に、ロシアへの西洋からの影響を受け容れる通関港〔ポート・オヴ・エントリー〕として、ピョートル大帝〔1世、1672-1725年、在位（初代ロシア皇帝）1682-1725年（国政の実権は1694年から）〕によって創設されていた。ここには、イタリア人、フランス人、イギリス人、ドイツ人、そしてロシア人の建築家たちが、次の1世紀半のあいだ〔18世紀～19世紀前半〕ずっと活動しており、国際的な古典主義のもつさまざまな理想に満ちた世界において、もっとも魅力的な言明のひとつを発する都市をつくり上げようとしていた。女帝エリザヴェータ〔1709-62年〕の統治のあいだ（1741-62年）、華やかなロココが流行し、この様式でイタリア人建築家のバルトロンメオ・〔フランチェスコ・〕ラストレッリ伯爵（1700-71年）が、サンクトペテルブルクからおよそ15マイル（24km）離れたところに、ツァールスコエ・セロー〔「皇帝の町」の意。現在のプーシキン〕の宮殿（1749-56年）を、また、サンクトペテルブルク自体に、広大な冬の宮殿〔冬宮〕〔ウィンター・パレス〕（1754-62年）〔のちに一部がエルミタージュ美術館に組み入れられた〕

604 J.-F.ブロンデルおよびJ.-B.-M.ヴァラン・ド・ラ・モト：美術アカデミーの川側正面、サンクトペテルブルク（1765年）。ネヴァ川越しに見る

を建てた。エリザヴェータの姪、エカチェリーナ〔2世〕大女帝〔1729-96年〕（在位1762-1796年）の、この様式に対する反発は、かのヴォルテール〔1694-1778年〕の友人であり、影響力をもったイヴァン・シュワロフ伯爵〔1727-97年、美術アカデミーの初代総長〕によって予期されており、早くも1759年に彼は、ジャン＝バティスト＝ミシェル・ヴァラン・ド・ラ・モト（1729-1800年）をサンクトペテルブルクへ招聘し、自らがJ.-F.ブロンデルに委託していた設計案に沿って「美術アカデミー」を建造するため、その工事をヴァラン・ド・ラ・モトに監督させたのであった。伯爵の従兄弟であった、このブロンデルの弟子ヴァラン・ド・ラ・モトは、「美術アカデミー」（1765年）に、パラーディオ、ガブリエル、そしてブロンデルに基づいた様式を導入した。とはいえ、ヴァラン・ド・ラ・モトは、ブロンデルの原案を相当に変更したのであった。また、エカチェリーナ大女帝によって、冬の宮殿からの隠れ家〔草庵〕としてつくるよう、最初のエルミタージュ、すなわち旧エルミタージュ（1764-7年）を委託され、ここでも彼ら3人の建築家に基づいた様式を採り入れた。ヴァラン・ド・ラ・モトはまた、1761-82年に、サンクトペテルブルクのネフスキー大通り〔ニェーフスキー・プラスピェークト〕にあるゴスチーヌイ・ドヴォール（大商店街）を建て、さらには新しいオランダ運河への堂々としたドリス式の入口門（1765年）を、壮大なフランスのアカデミー的手法で建てた。

ヴァラン・ド・ラ・モトの影響は、2人の若いロシア人建築家、ヴァジリ・イヴァノヴィチ・バジェーノフ（1737-99年）とイヴァン・エゴロヴィチ・スターロフ（1743-1808年）を生みだした。彼らは、ド・ヴァイイの許で修業するために、1760年代初期にパリに派遣された。2人とも以前はサンクトペテルブルク・アカデミーで修業を積んでいたが、フランスでの教育を積み重ねたことで、たとえば、サンクトペテルブルクにおけるバジェーノフの手になる新しい造兵廠（1769年）や、これよりもっと大きな規模の、実現はしなかったものの、クレムリンを広大な三角形の古典主義様式の宮殿として、1772年頃に再建する彼〔バジェーノフ〕の設計案が生みだされたのである。エカチェリーナによってバジェーノフに依託された、もうひとつの主要な未完の計画案が、モスクワ近くのツァリーツィノ宮殿（1787年頃）であった。バ

第8章　18世紀の古典主義

ジェーノフは、これを、新たなゴシック様式で設計したが、この様式は、政治的かつ愛国的な目的をもった国家的様式群の19世紀における復活の数々を、予見させてくれるものであった。バジェーノフよりも恵まれていたのが、スターロフであった。彼は、1774-6年に、ニコルスコエにおいて、ガガーリン公（プリンス）のための1軒のカントリー・ハウスと、巨大な独立して建つ円形の鐘塔が中心を占める教会堂を建てた。この教会堂は、新古典主義的な幾何学形態の、円柱で囲まれた習作（エクササイズ）である。サンクトペテルブルクでスターロフは、アレクサンドル・ネフスキー大修道院（ラヴラ）内の、威厳ある聖三位一体（トロイーツキー）の大聖堂（1776年）と、彼の傑作といえるタヴリーダ〔タヴリーチェスキー〕宮殿（パレス）（1783-8年）を建てた。後者は、エカチェリーナによって、その愛人〔寵臣。「真の伴侶」〕のグリゴリー・ポチョムキン〔1739-91年〕のために委託されたものであり、エカチェリーナは、ポチョムキンがクリミア〔黒海とアゾフ海のあいだの半島。別名（古称）タヴリーダ〕を征服したのち、彼にタヴリーダ〔原著ではTaurisとなっているので、この地方（クリミア）の古代ギリシャ名タウリケに由来するタウリカ（タウリス）が正しいと思われるが、ここでは一般的なTauride（タヴリーダ）の名称を採る〕公爵（プリンス）の位を授けたのであった。タヴリーダ宮殿の厳格な雰囲気を醸しだす13個の主間（ベイ）は、トスカーナ式の柱廊玄関（ポーチコ）と、丈の低いドームを有し、四角い玄関間を通って、パンテオン・ホールへと続いており、さらに進むと、両側に18組の対をなす溝彫りのな

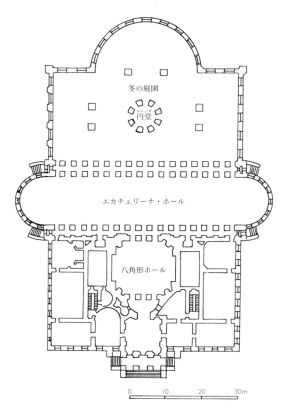

605　タヴリーダ宮殿（パレス）、サンクトペテルブルク（1783-8年）の平面図、スターロフによる

606　エカチェリーナ・ホール、タヴリーダ宮殿、サンクトペテルブルク

589

607 シェレメーチェフ宮殿(パレス)の外観、モスクワ近郊オスタンキノ（1790年代）、クァレンギによる

いギリシャのイオニア式円柱群が並んだ、きわめて長大な「エカチェリーナ・ホール」がある。次にこのホールは、中央に置かれた〔集中式平面の〕小さな円堂(トロス)すなわち円形状の列柱群のある、囲いで仕切られた冬の庭園に通じている。このタヴリーダ宮殿がそのロシア版(パラレル)といえるようなケドルストン（本書532頁）での、ペインとアダムによって達成された効果の数々を凌駕する、古代の詩情がここには存在した。

　イングランドの新たなパラーディオ主義は、実際のところ、イタリア人建築家ジャーコモ・クァレンギ（1744-1817年）によって、ロシアへ導入された。クァレンギは、ベルガモとローマで、画家として修業した人物であった。彼は、1779年にエカチェリーナによってロシアに招聘されたが、当地での彼の数多い作品のなかには、1780年代の、ペーターホーフのイングリッシュ・パークにおける記念碑的な新たなパラーディオ風のイングリッシュ・パレス〔英国風宮殿〕や、サンクトペテルブルクでのエルミタージュ劇場、国立銀行(ステイト・バンク)、そして科学アカデミーが含まれる。次の10年間にクァレンギは、同じ様な様式で、〔ニコライ・ペトロヴィチ・〕シェレメーチェフ伯爵〔1751-1809年〕のために、モスクワ近郊のオスタンキノに宮殿を建てた。このシェレメーチェフ宮殿(パレス)は、その列柱廊からなる内部空間が織りなす明暗の対比(キアロスクーロ)による、新しいピクチャレスクな快活さを有しており、内部にはさらに、豊かに装飾された劇場が、そして庭園には、イタリア的な小館(パヴィリオン)とエジプト様式と呼ばれる小館(パヴィリオン)が含まれている。シェレメーチェフ宮殿(パレス)の施工は、マトヴェイ・フェオドロヴィチ・カザコフ（1733-1812年）によって監督されたが、彼はモスクワに、多くの公共建築や教会堂、そして私的な邸館群(パレス)を、記念碑的な古典主義様式をもって供給した人物であった。そのなかでもっとも重要なもののひとつは、一部はバジェーノフの計画案を実施したものの、1771-85年にクレムリンに建てられた、彼による巨大な三角形の上院の建物〔元老院。旧ソヴィエト連邦省庁評議会〕(セナート・ビルディング)である。

第8章　18世紀の古典主義

608　キャメロン：キャメロン・ギャラリーの外観、ツァールスコエ・セロー（1782-5年）

　ヨーロッパからロシアへ招来されたもっとも洗練された建築家は、スコットランド生まれのチャールズ・キャメロン〔1743年頃-1812年〕であった。彼は1760年代にロシアで活動し、その印象的な著作『テクストと図版からなるローマの公共浴場——修正と改善を試みたパラーディオによる復元案付き（*The Baths of the Romans explained and illustrated, with the Restorations of Palladio corrected and improved*）』の執筆を行なった。これを彼は1772年に、英語とフランス語の対訳テクスト付きで出版した。キャメロンがエカチェリーナ大女帝の目にとまったのは、おそらくこの書のせいであろう。キャメロンは1779年にエカチェリーナ付きとなり、残りの人生を宮廷建築家として送った。1773年にエカチェリーナはクレリソーを招聘してツァールスコエ・セローの地所に建てるべく、古代様式の邸館(ハウス)の設計を付託した。しかし、エカチェリーナは、クレリソーの手になる壮大にすぎる宮殿然とした提案にとまどいを見せた。これに比して、より現実主義的なキャメロンは、1779年以降ラストレッリの手になったツァールスコエ・セローに対して、一連の目もくらむほどに見事な住戸群(ダズリング)を付け加えたのである。1782-5年に、これらの住戸群に隣接する「冷水浴場(コールド・バスス)」、「アガテ〔瑪瑙(めのう)〕・パヴィリオン」、そして「キャメロン〔カメロン〕・ギャラリー」がさらに付け加えられたことで、このツァールスコエ・セローは、その創意工夫に富んだ新古典主義様式の才気縦横さのゆえに、ヨーロッパにおいて凌駕するものがない存在となった。これらの奇想を凝らしたストゥッコ仕上げの彩色された内部装飾は、アダムの作品を彷彿させつつもそれを凌駕した、生きいきとした才気に溢れており、一方、瑪瑙(アガテ)、青銅(ブロンズ)、孔雀石、陶磁器、そして成形グラスのような異国風の材料がもつ多色性の使用は、のちにピーター・カール〔カルル・グスタヴォヴィチ〕・ファベルジェ〔1846-1920年〕の宝石類に現われることになる、キラキラ輝く小さな装飾品に対するロシア人の熱狂に対する反応を示している。キャメロン・ギャラリーの南側正面に見られる長

591

い開放的な列柱廊は、1760年代の、バッキンガムシャーのウェスト・ウィコンブ・パークにある列柱廊に鼓舞されたように思われる。その一方、南端部の池(レイク)に降りてゆくための、曲線を描いた階段は、傾斜した敷地がもたらす諸問題に対する素晴らしい返答である。

　イングランドの先例は、エカチェリーナの息子であったパーヴェル大公(グランド・デューク)〔1754-1801年、ロシア皇帝（パーヴェル1世）在位1796-1801年〕のために、キャメロンによって建てられた、パヴロフスクの宮殿において、再び想起される。ここには、1781-5年に、ケドルストンのものに明らかに鼓舞された、列柱が並ぶホールと円堂(ロトンダ)が見られるからである。パヴロフスクのピクチャレスクな庭園は、門を構えた典型的な都市(パーク)の様相を呈しているが、少なくとも60はある庭園建築群が点在しており、そのなかでもっとも印象的なものが、キャメロンの手になる「友愛(フレンドシップ)の神殿」（1779-80年）である。16本のドリス式円柱群で囲まれた、このドームが架かった円堂は、ロシアにおけるギリシャ・リヴァイヴァル〔ギリシャ様式復興〕の最初の記念碑であった。

アメリカ合衆国における古典主義の興隆

　アメリカの建築は、ヴァージニア州の州都として新しく建設されたウィリアムズバーグの、1699年以降における公共建築群の登場(エレクション)と軌を一にして、1700年頃に国際的な関心をいかほどかもたらすものへと発展しはじめる。「州議事堂(キャピトル)」、「総督の館(ガヴァナーズ・ハウス)」、そして「ウィリアム・アンド・メアリ・カレッジ」は、しかしながら、これらのものが結局のところは拠り所とした、レンおよびその協力者たちによる建築群と比較すれば、きわめてつつましいものである。ヴァージニア州チャールズ・シティ・カウンティ〔郡〕にある、ウェストオーヴァーとして知られている赤煉瓦の住宅（1730-5年）は、なおもウィリアムズバーグの伝統に則ってはいるが、住居建築に与えた英国風パラーディオ主義の衝撃は、まず最初に、サウス・カロライナ州チャールストンの、ドレイトン・ホール（1738-42年）において感じ取られる。これは、モンタニャーナのパラーディオの手になるヴィッラ・ピサーニを真似ておそらくは、この家の所有者たるジョン・ドレイトン〔1715年頃-79年〕によって設計されたものであろう。この種のパラーディオ主義とジェームズ・ギッブズの大いなる影響との組み合わせは、リッチモンド・カウンティのマウント・エアリー（1758-62年）において類型化されている。これは、2つの脇に建つ翼屋へと続く4分円〔四分円〕の拡がりの部分の付いた別荘(ヴィッラ)建築である。この建物は、ギッブズの『建築書(*Book of Architecture*)』（1728年）に載っていた2つの設計案に基づいている。

　このときまでに、アメリカは遂に、イングランド生まれではあったものの、ひとりの建築家を手にしたのであった。彼は、イングランドの範型とは独立した、ギッブズ＝パラーディオ風のやり方(マナー)で作品をつくることができたと思われる。彼の名は、ピーター・ハリソン（1716-75年）であり、清教徒の両親の許、ヨークで生まれ、1740年にアメリカに移住した。ハリソ

第8章　18世紀の古典主義

609　キングズ・チャペルの内部、ボストン（1749-54年）、ハリソンによる

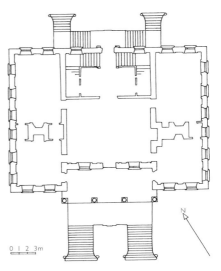

610　ドレイトン・ホールの外観および平面図、チャールストン、サウス・カロライナ州（1738-42年）、おそらくその所有者ジョン・ドレイトンによって設計された

611 ファースト・バプティスト・ミーティング・ハウス〔最初のバプティスト派教会堂〕、ロード・アイランド州、プロヴィデンス（1774-5年）、ブラウンによる

ンは最終的には、1748年頃に、ロード・アイランド州のニューポート近郊に居を構えた。当地で彼とその兄弟は、イングランドやサウス・カロライナや西インド諸島とのあいだで奢侈品を取り引きしていた。ハリソンの最初の建物である、ニューポートのレッドウッド図書館（1748-50年）は、稜角を削り取った石のルスティカ仕上げに巧みに似せた造りの木造建築である。ドリス式の柱廊玄関(ポーチコ)があるこの建物は、当時のアメリカでは非常に珍しい(アンユージュアル)、堂々とした神殿のような雰囲気を醸しだしている。これはバーリントン風の古典主義建築作品であって、若者ハリソンが、ヨークで建設中のバーリントンの舞踏会用社交場(アセンブリー・ルームズ)（本書528頁）を目の当たりにしていたにちがいないと思わせるのに十分なものである。マサチューセッツ州のボストンにある、ハリソンの手になるキングズ・チャペル（1749-54年）は、彼の次の建物であり、彼が職業人として報酬を手にした唯一のものであるが、ギッブズのセイント・マーティン＝イン＝ザ＝フィールズにかすかに鼓舞された内部空間と、さらには、ギッブズとイニゴー・ジョーンズへの参照物を組み合わせたようなペディメントのない手摺り付きの柱廊玄関(ポーチコ)や塔

のある西正面を有している。職業上の建築の修業を積んではいなかったものの、ハリソンは、自ら集めた建築書からなる優れた蔵書を大いに利用した。彼の現存している公共建築群——そのすべてが同じ様な造りの、創意工夫を凝らしたパラーディオ＝ギッブズ風の様相を呈している——は、ともにニューポートにある、植民地アメリカにおける最初の公共のユダヤ教会堂、トゥアロウ・シナゴーグ（1759-63年）と煉瓦造りの市場（ブリック・マーケット）（1760-72年）、そして〔マサチューセッツ州の〕ケンブリッジにあるクライスト・チャーチ（1760-1年）である。イングランドの教会堂用にギッブズが考えた設計案群は、その大半が、それらの宗教的な名称とは関わりなく、あらゆる植民地教会堂の範型となったために、ジョーゼフ・ブラウンによって1774-5年に設計された、ロード・アイランド州のプロヴィデンスにある、「ファースト・バプティスト・ミーティング・ハウス〔最初のバプティスト派（幼児の洗礼を認めないで、自覚的信仰告白による浸礼を主張するプロテスタント）教会堂〕」は、ギッブズの著作『建築書』に載っていた、セイント・マーティン＝イン＝ザ＝フィールズ用の翻案のひとつに鼓舞された、木造の尖塔（スパイア）〔頂塔〕が偉容を誇っていたのである。

トマス・ジェファーソン

　アメリカ建築は、トマス・ジェファーソン〔ジェファソン〕（1743-1826年）をもって初めて、疑問の余地のない国際的な意義を帯びることになる。ジェファーソンは、新しく確立された共和国のもろもろの価値を象徴するような建築を自ら追求するに際して、フランスの新古典主義に影響されたのであった。もう一度フランスは、イタリア、ドイツ、ポーランド、そしてスカンディナヴィアにおける18世紀の発展にとって果たしたような、大きな重要性を担った。国家指導者（ステイツマン）、政治家（ポリティシアン）、弁護士、著述家、教育者、そして建築家であったジェファーソンは、第一諸原理への回帰という観点から、建築を客観的に考察した最初のアメリカ人であったと言えよう。このことは、米国の「独立宣言」を起草することになる人物にふさわしいのみならず、当時のヨーロッパの新古典主義の理論家や建築家たちのさまざまな理想と、完全に調和していてもいたのである。1784年の大ブリテン島〔イングランド・ウェールズ・スコットランドからなる英国〕に抗（あらが）った「独立戦争」の結果として、ジェファーソンは、パリ在住のアメリカ大使に任命され、当地では自らの大使館として、J.-F.-T.シャルグランの手による、きわめて優雅なランジャック邸館（オテル）（1780年頃）を借りて住んだ。ジェファーソンは、ヨーロッパに4年間留まり、そのあいだに、イタリアとオランダに旅行し、1786年には、風景式庭園術を学ぼうとして、イングランドを訪れたのであった。

　パリで彼は、新古典主義の、年長の中心的人物（ステイツマン）であるクレリソーと会った。クレリソーの著作『南フランスの古代遺物（*Antiquités du Midi de la France*）』（1778年）をジェファーソンは買い求めた。その結果ジェファーソンは、素晴らしく保存状態のよい初期ローマ帝国時代の神殿である、ニームのいわゆる「メゾン・カレ」を訪れた。この神殿に対して彼は、情熱的な感嘆の念を抱いたのであった。実際のところ、1785年に彼は、この神殿を、クレリソーの協

力を得て、リッチモンドの州議会議事堂(ステイト・キャピトル)を設計する際の手本としたのである。ジェファーソンの提案により、リッチモンドは、大ブリテン島〔英国〕の統治の最後の痕跡を一掃するために、ウィリアムズバーグから遷都されて、ヴァージニア州の首都になっていた。古代以降、程度はどうであれ神殿形式をした最初の公共建築として、この州議会議事堂は、イングランドの建築の先例を拒絶し、高い改革の理想の数々を計画的に遂行することを言明したものなのであった。

ヴァージニア州シャーロッツヴィル近郊のモンティセロ〔モンティチェロ(「小さな山」の意)〕にあるジェファーソンの自邸は、1771年に、ロバート・モリス〔1703-54年〕の著わした『建築選集(Select Architecture)』(1755年)に載った平面図を基にして、1771年に着工されたが、そのファサードは、パラーディオの『建築四書(Quattro Libri)』に載ったものを援用していた。これは、フランスのパヴィヨン(pavillon)〔小館〕のつつましい翻案物(ヴァージョン)として構想されたのである。しかしながら、1793-1809年に、ジェファーソンは、この自邸を拡張・改築して、八角形のドームが架かった中央部と、〔東西〕両面に正面をもった低層の翼館群(ウイング)とがある、複合した別荘(ヴィッラ)建築に変えた。この建物は、パラーディオによる先例のように建物本体(ハウス)の前にではなく、背後の庭園側に添えられた、大きなU字型をした優美な付属の建物群によって、背景と巧みに繋がっている。ジェファーソンの法律事務所と地所管理事務所(エステイト・オフィス)のある小館群で限られた、低層の長い付属の翼館群(ウイング)は、眺望が遮られないように、丘の斜面に配置(セット・イントゥー)されている。これらの翼館は、ティヴォリのハドリアヌス帝のヴィッラ〔別荘都市〕や〔小〕プリニウス〔61/2年-113年頃〕のラウレンティヌム荘(ヴィッラ)のようなローマ時代の建物に見られた地下回廊(クリュプト=ポルティクス)を思い起こさせる半地下の通路で、本館と繋がっている。

612　ジェファーソン：モンティセロの庭園側〔西側〕正面、シャーロッツヴィル近郊（1771年着工；1793-1809年改築）

第8章　18世紀の古典主義

1801年から1809年まで、合衆国第3代大統領としてのジェファーソンの任期のあいだに終了した、モンティセロの改築によって、この自邸そのものは、古代ローマのヴィッラ群もしくは、ジェファーソンが自身の言葉で「激しく魅せられた」と述べた、パリの、ルソーの手になるサルム邸館(オテル)（1783年）のような当代の新たな古代風の邸宅群(ハウザズ)に似た、1階建ての建物の効果を与えられた。その、当時のパリの状況に由来した、公けの部屋と私的な部屋の明確な仕分けを伴った、入り組んだ平面計画は、非対称形であ

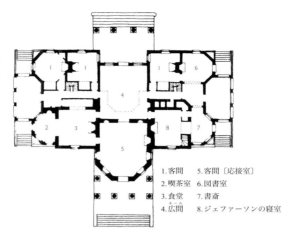

613　ジェファーソンによる、モンティセロの平面図〔上方が東側〕

1. 客間　5. 客間〔応接室〕
2. 喫茶室　6. 図書室
3. 食堂　7. 書斎
4. 広間　8. ジェファーソンの寝室

り、ジェファーソンに、寝室、私用の小部屋、そして図書室からなるL字型の素晴らしいひと続きの部屋を用意した。これは、実質的にはひとつの連続した空間を形づくっていた。少なくともアメリカの業界では先例のない、この内部の間取りの新しさは、絶えず訪問者たちの注意を引いた数多くのちょっとした仕掛けと競い合っている。すなわち、一方が開いているときにもう一方が自動的に開くように考案された二重になった扉。寝室の周りにあるヴェネチアン・ブラインド〔紐で上げ下げや採光を調整する板すだれ〕。天井に風向計〔と繋がる目盛板〕が付いた入口柱廊(ポーチ)と、天井下方の壁に掛けられた、〔——農園の労働者が遠くから見るために、東側の入口柱廊(ポーチ)に掛けられた、時針（短針）しかない（第1の）文字盤と表裏一体になった——〕ホール側では第2の文字盤(セカンド・フェイス)がある時計〔要するに、壁に置かれた外側（東側）と内側（西側、すなわちホール側）にそれぞれ文字盤をもつ掛け時計のこと。これは、ジェファーソンの設計に基づいて、ピーター・スピラックが1792年頃につくり上げたもので、「大時計」（Great Clock）と呼ばれている。ホール内側の文字盤が第1のものともされ、ここでは時針・分針・秒針がそろっている〕。そして、地下室からワインを運ぶように設計された、食堂のマントルピース側面に隠して置かれた回転棚付き食品台(ダム・ウェイター)、である。これらのものは、物事をみずから考え抜くことを決心した若い時のクリストファー・レンのような、実験科学者の奇癖を思い起こさせる。

モンティセロについてとりわけ気にかかるものは、山脈のなかの太陽で照らされた高い台地の上という自然環境が見せつける、驚くべき抒情性(ポエトリー)〔詩情〕である。これは、ジェファーソンの同時代人をあっと言わせた配置の選択であった。労働者が働く農場と私有地の中心に位置したモンティセロは、ウェルギリウス〔紀元前70-19年〕、キケロ〔紀元前106-43年〕、ホラティウス〔紀元前65-8年〕、ウァッロ〔紀元前116-27年〕、あるいは小プリニウスの著作群に喚起されたような、古代ローマの農場や別荘での生活を思い起こさせる。ジェファーソンは明らかに、秩序と調和と勤勉の象徴としてのモンティセロを、詩的かつ機能的、古典的かつ現代

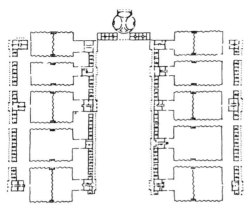

614 ヴァージニア大学の平面図、シャーロッツヴィル（1817-26年）、ジェファーソンによる

615 ヴァージニア大学のジェファーソン図書館、シャーロッツヴィル（1817-26年）

的、ローマ的かつアメリカ的、といった風な施設として構想した。それにもかかわらず、モンティセロは、ひとりの個人がつくりだしたものなのであった。ジェファーソンは、いつもずっと初めから、公教育が自らの新しいアメリカ社会像(ヴィジョン)を現実のものにするのに必要であると考えてきた。早くも1779年に提案した、彼の「知識のより広範な普及のための法案（Bill for the More General Diffusion of Knowledge）」は、「中央〔単科〕大学（Central College）」設立のための法案が、1816年にヴァージニア州議会を通過したことで花開いた。この、シャーロッツヴィルにあるヴァージニア大学は、1817-26年のジェファーソン自身の手になる設計を基に建てられたのであった。

　この大学の建築形態は、ジェファーソンが1804-10年に展開していたところの「アカデミックな村」に対するさまざまな理念に根ざしていた。建設されたとき、これは、列柱廊によって繋がり、講義室群と10人の教授たち用の宿泊施設を含んだ、2列に並ぶ、〔各列〕5棟ずつの小館(パヴィリオン)からなっていた。これらの小館は広大な芝生をはさんで互いに向い合って建っている。建築家ベンジャミン・ヘンリー・ラトローブによる示唆に従って、この建物群の構成の首座(ヘッド)では、パンテオンを範型にして、1823-7年にジェファーソンの設計案に基づいて建てられた、大きな円形の図書館が際立った存在感を発揮していた。このようなやり方で計画されてきた大学は以前にはなかったものの、小館の配置に関しては、ルイ14世のマルリーの城館の特異な配置に示唆されていたと言えるかもしれない。ジェファーソンは、パリに滞在中に、この城館を訪れていたのである。大革命以前のフランスの、この典型的な絶対主義の記念碑は、自由〔意志〕論者(リバータリアン)たるジェファーソンにとっては皮肉なことに、まさしくひとつの模範なのであった！　小館(パヴィリオン)群そのものは、みなそれぞれ異なった風に設計されており、正確な古代の細部を伴ったパラーディオを源泉とした、優雅で機知に富んだ翻案(ヴァージョン)となっている。これらのうちのひとつ、第9の小館(パヴィリオン)は、上の部分が丸くなった〔上部に半ドームが架かっているという

こと〕エクセドラ〔半円形の(後方への)張り出し〕の前面に建つ、円柱群の仕切り壁(ス クリーン)からなっており、まさしく、1770〔1773-6〕年のパリにおける、ルドゥーの手になるギマール嬢の邸館(オテル)に鼓舞されているように思われる〔本書568頁の図586に見られる、正面入口上部の半円形の窪みを参照されたい〕。屋根の架かった通路として機能する、〔小館群を〕繋ぐ円柱列の背後には、さまざまな部屋すなわち学生用の共同寝室がある。さらにその背後には、蛇状の曲がりくねった壁面で隔てられた庭園があり、ここで教授たちが野菜を栽培していた。このように、ジェファーソンは、瞑想と勤勉が、さらには経験に基づくものの深遠なまでに古典主義的な建築が、特殊なかたちで入り混じり、建物群と庭園群のあいだの完璧なる空間上の繋がり——これはまさしく、モンティセロでのジェファーソンの私的な楽園を特徴づけていた——を伴う、ひとつの理想的なアカデミックな共同体をつくり上げたのであった。

ブルフィンチとラトローブ

いまだ幼稚なる共和国の高尚な道徳〔精神〕的目的の象徴としての記念碑的な公共建築を求めるジェファーソンの願いは、彼をして、新しいワシントン連邦区における「合衆国連邦議会議事堂」と「大統領官邸」のため、1792年の設計競技を告知させることになった。

新しい連邦議会議事堂の建物は、1827年までは完成に到らなかった。また、リッチモンドでのジェファーソンによる州議会議事堂のあとに建てられた最初の立法府用の建物群は、コネティカット州ハートフォードの州議会議事堂(1792-6年)と、マサチューセッツ州ボストンの州議会議事堂(1795-8年)であった。双方ともに、チャールズ・ブルフィンチ(1763-1844年)によって設計された。ブルフィンチは、独学の、家柄のよい建築家であり、ジェファーソンとはちがって、1770年代および1780年代におけるイングランドの趣向(テイスト)を思い起こさせるものなども、すなわち植民地独立後のアメリカ人たちの革命以前の先人たちが望んでいたものを、まさしく彼らアメリカ人たちに与えることに満足感を抱いていたのであった。ブルフィンチは1785-7年におけるそのヨーロッパ旅行のあいだ、イングランドを訪れ、そのせいで、彼は、チェインバーズ、アダム、ワイアット、そして〔ロバート・〕メルンの影響が、マサチューセッツの州議会議事堂も含めた、彼の作品すべてに明白に現われている。この記念的な建物(図573)は、一部にはチェインバーズのサマセット・ハウスに鼓舞されており、ワイアットのパンテオンを真似た、見事な出来の下院議場〔ハウス・オヴ・リプレゼンタティヴズ・チェインバー〕が収められている。ブルフィンチは、ボストンに、ひとつの劇場やいくつかの教会堂、そして優雅なアダム風の傑作トンチン・クレセント〔三日月形広場・集合住宅〕(1793-4年)を含む、自らのもっとも魅力的な、列をなして、あるいは段状に並んだ住宅群の多くを供給した。このトンチン・クレセントは、この種のものとしてはアメリカで最初のものであり、バースにあるものと比較されえた。もっともロンドンには当時これに匹敵しうるものはなかった。ボストンにある、ブルフィンチのニュー・サウス・チャーチ(1814年)は、尖塔(スティープル)が載った、ギリシャ・ドリス式の趣きがうっすらと漂う柱廊玄関(ポーチコ)が前に建つ、新古典主義の

八角形の身廊といった、折衷的な取り合わせを試みている。この尖塔は、建設委員会の要請で、ギッブズの模範型に従ったものである。これよりも出来がよいのが、マサチューセッツ州ランカスターの、彼の手になるランカスター・ミーティング・ハウス〔ファースト・チャーチ・オヴ・クライスト〕(1816-7年)である。これは、入口ロビーの垂直的な矩形の量塊の上に必然性をもって載せられた、簡素なイオニア式のクーポラ〔丸天井〕のある、明瞭で無装飾かつ優雅な幾何学的構成をした教会堂である。この建物の前面には、彫刻などが施されていない薄い煉瓦造りの3つの高いアーチを区切る、ストゥッコ仕上げの付け柱がある、特異なドリス式の柱廊玄関が建っている。

616 ソーントン、アレ、ハッドフィールド、ラトローブ、そしてブルフィンチ：連邦議会議事堂の外観、ワシントン（最初の建造：1792-1827年；ドームと〔南北の大きい方の〕翼館群〔これらのものは、ウォルターによる〕：1851-65年）

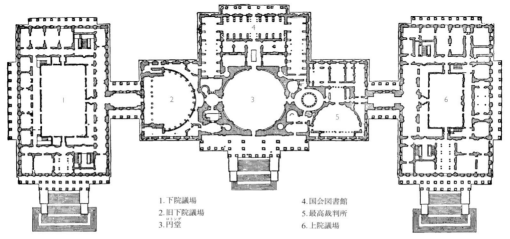

1. 下院議場　　4. 国会図書館
2. 旧下院議場　5. 最高裁判所
3. 円堂　　　　6. 上院議場

617 連邦議会議事堂の平面図、ワシントン

第8章　18世紀の古典主義

　ブルフィンチこそは、ワシントンの連邦議会議事堂を1827年に第1期の完成にまでもっていった人物であった。この議会議事堂と大統領官邸のために、1792年にジェファーソンが行なった設計競技においては、後者（すなわち未来のホワイト・ハウス）の委託は、ギッブズの『建築書（Book of Architecture）』に載った1例に鼓舞された、アイルランド人の建築家ジェームズ・ホーバン（1762年頃-1831年）による、古風な設計案が勝ち取っていた。議会議事堂のいくらか一貫性のない設計案は、ウィリアム・ソーントン（1758-1828年）、フランス人のエティエンヌ（スティーヴン）・アレ（1760年頃-1825年）、ジョージ・ハッドフィールド（1763-1826年）、ベンジャミン・ラトローブ（1764-1820年）、そしてブルフィンチのあいだの問題だらけの協働作業の結果であった。今日、そのもっとも記憶に残る外面の特徴群である、巨大なドームと、階段（ステップス）の広大な登り（フライト）を上がって辿り着く列柱の並ぶ幅広い〔南北両側の大きな〕翼館とは、エイブラハム・リンカーン〔1809-65年〕の大統領在職中の1851-65年に、トマス・U.〔アスティック・〕ウォルター〔1804-87年〕によって付け加えられたのであった。この建物のもっとも見事な特徴群といえば、ラトローブ——彼の経歴については、このあとすぐに詳細に立ち入ることになる——による設計案から、1814年の火災以降につくりだされた内部空間群である。

　ひとりの大いなる輝かしい才能をもったデザイナーであり、アメリカで仕事をした、最初の十全なる職業建築家であったラトローブは、同世代のなかでもっとも影響力をもった建築家であった。彼はヨークシャーのリーズ近郊で生まれたが、彼の父親は、イングランドのモラヴィア会衆派〔18世紀にモラヴィアによって設立されたプロテスタントの一派〕の指導的聖職者であり、サミュエル・ジョンソン〔1709-84年〕やチャールズ・バーニー〔1726-1814年〕の友人であった、教養の高い人物であった。ラトローブの母親は、おそらくはラトローブの将来の経歴にとっては〔父親によるよりも〕ずっと有意義なことに、ペンシルヴェニアの出身であり、彼女は1794年のその死の年に、ラトローブをアメリカに上陸させたのであった。モラヴィア派の学校のシステムのおかげで、ラトローブは、イングランドとドイツのシレジア〔シュレージエン。現在はチェコ東部とポーランド南西部に属する〕において、古典、現代語、歴史、神学、生物学、そして地質学といった優れた総合教育を受けた。彼は、有能な水彩画家であり、父親と同様に、音楽家であった。1780年代にラトローブは、工学技術を学び、1789年頃-92年には、建築家S. P.〔サミュエル・ピープス・〕コッカレル〔1754-1827年、チャールズ・ロバート・コッカレルの父〕の弟子であった。サセックスでラトローブは、1790年代初めに、ハマーウッド・ロッジとアシュダウン・ハウスといった2つの邸宅を建てたが、これらはともに、ソーンやルドゥーによって影響された強烈な幾何学的様式のものであった。ラトローブの最初の妻は、1793年に出産の際に亡くなったが、ナポレオン戦争のあいだはイングランドで有意義な建築の委託を見いだしえなかった彼は、1795年11月に、15週間の旅行の予定で、北アメリカへと出発した。ここで1797-8年に彼は、その最初のアメリカでの建物である、ヴァージニア州リッチモンドの、州立〔重罪犯〕刑務所を建てた。これは、ジリーやソーンの設計案を彷彿（ほうふつ）させる、恐ろしい、彫刻装飾の何もないアーチ道を通って中に入る、

601

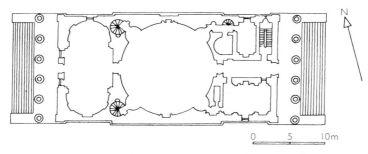

618　ペンシルヴェニア銀行の平面図、フィラデルフィア（1798-1800年）、ラトローブによる

広大な半円形の建物であった。アメリカでの最初の近代的な刑務所である、この〔意匠〕設計は、刑罰改革についての、ジェファーソンによる長演説の見解に同意したものであった。

　リッチモンドの堅苦しい生活に次第に飽きてきたラトローブは、1798年にリッチモンドから身を引き、ジェームズ川の滝の近くにある、80エーカーの島を買い求めて、とある友人に、次のような内容の手紙を書いた。「〔私は〕文学、農業、友情、そして私の子供たちの教育のために私の時間を捧げるために、私の島にわが身を閉じ込めた」と。このとき、すなわち1798-9年に、ラトローブは、水彩画法を、スーザン・スポッツウッドという名の若い女性に教えるために、「着色図面で説明する風景画についての試論」を用意した。彼のアプローチとテクニックは、ハンフリー・レプトンのそれを思い起こさせる。ラトローブは、ウヴデイル・プライス〔1747-1829年〕とペイン・ナイトによって定義されたごときピクチャレスクの伝統を完璧に受け入れていたものの、後者の詩篇『風景（*The Landscape*）』（1794年）については、「優雅なるものの、ひねくれた悪しき性格をもつもの」と評していた。ラトローブはまた、この頃は、フィラデルフィアで、ペンシルヴェニア銀行（1798-1800年）での仕事に携わっていた。フィラデルフィアは、1790年から1800年にかけて国家の首都となり、アメリカ最大の都市であった。この銀行〔の建物〕は、その合理主義を基盤とした経験主義というジェファーソンの根源的な取り組み(アプローチ)を思い起こさせる。すなわち〔長軸方向の〕両端にそれぞれ、ギリシャのイオニア式オーダーからなる柱廊玄関(ポーチコ)をもち、神殿のように見えつつも、〔両〕側面の壁には一切オーダーを用いてはいないのである。大理石で建てられたこの銀行は、アメリカにおいて最初の、全体が石造のヴォールト架構の建物であり、それゆえ必然的に、中央の四角いドームが架かった銀行業務用のホールが中心をなしている。この銀行のあと、1799-1801年には、フィラデルフィア上水道事業のポンプ室(ハウス)が続いた。ラトローブはこの事業局の技師なのであった。この建物は、がらんとした空(から)の円堂(ロトンダ)が上に載った矩形のギリシャ・ドリス式の建物であり、おそらくはルドゥーの手になる、あのラ・ヴィレットの市門(バリエール)に鼓舞されたものだと言えよう。ラトローブのもっとも見事な残存する建物は、メリーランド州のボルティモアに建つ、セイント・メアリーズ・ローマン・カトリック大聖堂であり、これは、1804-8年に設計され、1809-18年に施工された。十字形平面、巨大な入口の柱廊玄関(ポーチコ)、そして簡素な

第8章　18世紀の古典主義

619　セイント・メアリーズ・ローマン・カトリック大聖堂、ボルティモア（1804年設計；1809-18年建造）、ラトローブによる

壁体表面群は、スフロのサント＝ジュヌヴィエーヴに示唆されていたと言えるかもしれない。しかし、弓形のアーチ群の上に載って空(くう)を舞う同じく弓形のドームとともに漂っているような感じがする内部空間は、ラトローブが知っていたにちがいない、イングランド銀行にあるソーンの手になるホール群に雰囲気が非常に近い。鐘塔群の玉ねぎ形の頂部は、1832年に付け加えられたものの、これはラトローブの設計によるものではない。しかし、1890年に拡張された内陣(クワイア)は、ラトローブの元々の意図を反映したものであった。

　1803年にジェファーソンによって与えられた職である、公共建造物監督官(サーヴェイヤー)としてのラトローブの能力が遺憾なく発揮されてなったワシントンの連邦議会議事堂での、ラトローブの仕事ぶりは、ソーンがもう一度呼び戻されたかのようである。このときまでに、上院議場を含んだソーントンの手になる設計の北側翼館(ウイング)は建設を終了していた。そして、これと釣り合うようなかたちの、下院用に使われるはずの、南側翼館(ウイング)が、着工されていた。これら南北の翼館〔これらの翼館は、図617に見られる大きな下院議場（1）や、大きな上院議場（6）ではなく、図617の（2）の部分がここでいう南側翼館で、（5）のある部分が北側翼館を指している〕のあいだの大きな円堂は、最終的にはブルフィンチによって建てられたが、このときはまだ工事が始まってはいなかった。今やラトローブは下院を、リュシクラテスの合唱隊優勝記念碑（本書上

603

620　ラトローブ：連邦議会議事堂内の最高裁判所法廷(チェインバー)、ワシントン（1815-7年）

巻〔Ⅰ〕の58頁）の柱頭を範とした柱頭の付いた、24本のコリント式円柱が周りをめぐる楕円形の議場として、1811年に完成させたのであった。1809年にはラトローブは、1806-7年に自らがつくった計画案に基づいて、北側の翼館の上院の議事堂下に、最高裁判所の法廷を建てた〔図617で見るように、最高裁判所の法廷（5）は、大きな上院議場（6）の南側にある。ここでの記述は、北側の大きな上院議場を増築する前のことである〕。これは、1814年に火災によって損害を蒙ったが、ラトローブによって再建され、1975〔1817（?）〕年に完全に修復された。中途半端な形をした砂岩からなるギリシャ・ドリス式の円柱群に支えられた3つのアーチと、その奇妙な丸い突出部のある傘のような半ドームとを備えた、この摩訶不思議な内部は、ダンス、ルドゥー、ソーン、ジリーの作品や、〔ヨハン・アウグスト・〕アーレンスの手になるヴァイマールの「ローマ人の家」にある地下回廊(クリュプト・ポルティクス)〔本書581頁参照〕にのみ、比較されうるものである。この法廷に隣接する低くなった玄関階段室にラトローブは、下院議員たち〔原文ではcongressmen（下院議員たち）とあるが、位置関係からいえば、senators（上院議員たち）のようである。広く「国会議員たち」という意味かもしれない〕から「トウモロコシの穂軸の柱頭」とあだ名された、トウモロコシの葉の形をした柱頭というアメリカ式オーダーで円柱群を飾ったのである。これらの柱頭やこの建物のなかのほかの場所で用いられたタバコの葉を象った柱頭が醸しだす、国民的とも言うべき趣き(フレイヴァー)は、その著作『建築所見 (*Observations sur l'architecture*)』

第8章　18世紀の古典主義

(1765年) のなかで、古典主義建築の新しいオーダー〔様式〕を主張したロジエによって、予示されていたのであった。

ラトローブの作品の大半は、1814年8月に、英国艦隊(ブリティッシュ・フリート)によって損害を蒙った。このときこの艦隊が連邦議会議事堂と大統領官邸に火を放ったのである。1812年にその監督官職を辞していたラトローブは、1815年に連邦議会議事堂の再建のために再び招喚された。今回ラトローブは、1803年という早い時期から自らの好んだ解決法としていた、半円形の劇場というかたちで、南側の翼館にある下院議場〔図617での旧下院議場(2)のこと〕を改築したのである。北側の翼館では彼は、2階建ての、ドームが架かった円形の玄関広間〔図617での(5)の左上にある場所〕

621　ラトローブ：連邦議会議事堂内の、トウモロコシの葉形の柱頭がある玄関階段室、ワシントン (1815-7年)

を形づくった。この玄関広間は、ラトローブのものと実質的に同時代の作品、「国立債務償却局 (National Debt Redemption Office)」のような、ソーンの手になる内部空間と、密接な並行関係にある。1816年にラトローブは、この〔玄関広間の〕素晴らしい空間について、次のようにジェファーソンに書き送った。

> その数16本の、円堂(ロトンダ)に建つ円柱群は、イオニア式オーダーに許されるよりももっと細身なものでなければならない。そして、コリント式であってはならない。なぜならば、議場そのものが、イオニア式のオーダーからなっているからである。私は、それゆえ、タバコの木の葉っぱや花々を模した柱頭を組み上げた。タバコの木は、コリント式オーダーに近い効果と、さらには古代の水時計(クレプシドラ)ないしは風神たちの神殿〔塔〕の簡素さを保持する、仲立ち的効果とをもっているからである。

最後にわれわれは、〔ジェファーソンが書いた〕1812年のラトローブ宛ての手紙から引用することになろう。この手紙のなかでジェファーソンは、連邦議会議事堂を「人民の主権に捧げられた最初の神殿」として記述することによって、また、「アテネの運命の数々をはるかに越えた未来を思い描く国家の行方(ゆくえ)を、アテネ的趣向(テイスト)で美しく飾り立てている」〔建物である〕と評することによって、この建物の意義と、自分と自分の建築家〔ラトローブ〕とのあいだにある奇跡のような同一性(アイデンティティ)とを要約しているのである。

605

都市計画

フランス啓蒙主義の貢献

　包括的な〔広範囲にわたる〕都市計画は、進歩改善の時代における啓蒙主義の思考の所産として、〔18〕世紀半ばに現われている。これは、君主たちや高位聖職者たちが、このような事態に以前には果たしていた中心的な役割に対する反動として生みだされたものである。18世紀のもっとも重要な都市の発展のなかには、バースのもの、エディンバラのもの、リスボンのもの、そしてこの一団のなかで唯一元々首都として創設された都市の、サンクトペテルブルクのものが挙げられる。われわれがこれまで見てきたものは、主として、既存の町のなかに、計画された諸要素を挿入するやり方であった。バロックの計画化と啓蒙主義の全体を見据えた計画化(プランニング)とのあいだの移行期を表わしているのが、ロレーヌ地方の首都たるナンシーである。われわれがすでに見てきたように、ここではエマニュエル・エレ・ド・コルニーが、旧市街と新市街を繋ぎ合わせる、ひと続きをなす対照的な形状(シェイプ)の、3つの互いに連繋した広場(スクエア)を1752-5年につくり上げていた。

　そうこうするうち、ヴォルテール〔1694-1778年〕が、はるかな未来を見据えた影響力ある論考、「パリの美化（The Embellishments of Paris）」を1749年に公けにした。このなかでヴォルテールは、パリを、もっと健康的で利便がよく、効率的に機能する都市にするための提案を行なった。彼のさまざまな考えは、建築家のピエール・パット（1723-1814年）によって取り上げられ、パットの著作『ルイ15世の栄光を称えるべく、フランスに建てられた記念建造物の数々（Monumen[t]s érigés en France à la gloire de Louis XV）』（パリ、1765年）には、いく人かの建築家たちによるパリの改善のための計画案が含まれていた。この都市の1枚の地図上に重ね合わされた、これらの計画案(プラン)は、息をのむような規模での全体的な再計画化(リプランニング)を示していた。これらの戦略的計画案(スキーム)にパットは、都市衛生に関わる多様な問題群についての議論を付け加えた。都市衛生はすなわち、パットがその〔別の〕著作『建築のもっとも重要なことどもについての覚え書（Mémoires sur les objets les plus importan[t]s de l'architecture）』（パリ、1769年）のなかで一層深く展開した話題であった。ここでは、裁判所、刑務所、市庁舎、市場、木々の並んだ並木道からなる改良された街路網、市場が開かれる広場、病人と死人との隔離、そして自由大学の課程さえもが提案されていた。パットは実質的に、マスタープランを要求したのであり、これはこの用語を、近代的な意味で最初に用いた例のひとつであった。

ロンドンにおける理論と実践

　18世紀のイングランドでは、教会と国王の権力がヨーロッパ大陸においてよりも、はるかに限定されていたため、ロンドンでは、誇りうる、大きな記念建造物も王宮も教会堂も個人邸宅も公共の噴水も、さらにはバロック都市に特徴的な整然と計画化された都市整備案(スキームズ)も、

第 8 章　18世紀の古典主義

ほとんど見いだすことができなかった。その代わり、1700年あたりからロンドンは、次第に居住者向きの広場〔周辺連続住宅〕を特化させてゆき、これは1631-3年のコヴェント・ガーデン広場においてイニゴー・ジョーンズが先駆者となり、引き継がれていった伝統であった。

622　レヴァートン：ベッドフォード・スクエア〔周辺連続住宅〕、ロンドン（1782年）

この都市での住居化はしばしば、大きな土地を所有する一族や力のある機関によって、投機目的で発展していった。長期間の賃貸契約による借地所有権のゆえに、彼らは、フランスの国王広場のような、堂々とした均一なデザインに合わせるようなことは稀であった。部分的ではあるがひとつの例外が、メイフェアのグロヴナー・スクエアによって供給された。これは、1725年以降にサー・リチャード・グロヴナー〔1689-1732年〕が委託した、初期の大変大規模な開発であった。コリン・キャンベルの入念に考えられた提案を単純化してつくられた、北側と東側の住宅群のデザインは、ペディメントが1個付いた中央部分の飾りのある宮殿のような建物をそれぞれ1棟示しており、残りの両側〔南側と西側〕は、これよりも不規則な基盤を基に展開されていた。これらの住居のどれも今日では残存してはいないものの、1782年にトマス・レヴァートン（1743-1824年）の手によって、統一されたデザインで完成に到った、ブルームズベリーのベッドフォード・スクエア〔周辺連続住宅〕は、今もなお当時のままの姿を残している。

そうこうするうち、ジョン・グウィン（1713-86年）は、個人住宅のレヴェルをはるかに越えでた、広範な提案を行なったが、これは19世紀以前にはほとんど実現されることはなかった。自らがその正統性を認めた範例としてのパリに倣って、グウィンは、ロンドンの現存する街路のパターンを取り上げて、それを、新しい広場や宮殿や公共建築群を備えたかたちに改造した。グウィンの著作、『改善されたロンドンとウェストミンスターの平面図集。公共の壮麗さに関する論考の序文付き（*London and Westminster Improved. Illustrated by Plans. To which is prefixed a Discourse on Publick Magnificence*）』（ロンドン、1766年）において公けになったこれらの計画案の多くは、結局のところ、1811年から25年のジョン・ナッシュの仕事に取り上げられて、絶頂を迎えたのである。

バース、ダブリン、エディンバラ

田舎の豪壮な邸宅が、もっともよく知られた英国の18世紀建築への貢献であるとすれば、ジョージ国王〔1-4世〕時代〔1714-1830年〕の都市住宅群と都市計画は、ほとんどこれに劣らぬほどに有意義なものである。改革の中心地は、バースなる都市であった。ここはこの〔18世紀という〕世紀をとおして、ロンドンの社交界が夏の数ヶ月のあいだに〔避暑地として〕引き込

むことになっていた温泉として好評を博していったところであった。ジョン・ウッド（1704-54年）は、1729-36年にクイーン・スクエアを建てたが、ここでは、北側の統一がとれた宮殿風のファサード群が、壁面に埋め込まれた円柱群とルスティカ仕上げの〔荒々しい〕基礎階の上方にある、中央の1個のペディメントを誇らしげに明示している。このように、個々人の住宅群を記念碑的な図式（スキーム）で取り込むやり方は、イングランドでは何かしら新しさを感じさせるものであった。もっとも、それはほぼ同時期のロンドンの、グロヴナー・スクエアで試られつつあったものであり、おそらくその大元は、〔アルドゥアン＝〕マンサールの手になるパリのヴァンドーム広場（プラス）（1698年着工）に由来していると言えよう。ローマ帝国のブリテン島において重要な都市であり続けた〔イングランドの〕ひとつの都市〔バース〕に、ローマ風の雰囲気を再びつくりだそうと決めたウッドは、一連の視覚的な繋がりをもった中心群を提示し、それらの中心にはそれぞれ、「国王のフォルム（Royal Forum）」、「大サーカス〔円形広場〕（Grand Circus）」、そして「帝国の屋内競技場（Imperial Gymnasium）」といったロマンティックな名称を与えた。クイーン・スクエアの北にウッドは、1754年以降に、自らザ・サーカス（the Circus）と呼んだものを構想した。このサーカス〔円形広場状の連続住宅〕は、クイーン・スクエアにある住宅群と同様に、記念碑的に扱われたファサード群を構えた33戸の住宅群からなる、あたかもコロッセウムを裏返しにしたような〔すなわち、正面外構が凹面状になっている〕荒々しくも創意工夫に富んだ翻案物（ヴァージョン）であった。ここでもう一度、〔アルドゥアン＝〕マンサールが1685年にパリで、円形状のヴィクトワール広場（プラス）を建てたことを思い出しておくべきである。ウッドの手になる「サーカス」は、3本の街路（ストリート）から入るのだが、これらの街路は互いに向い合って置かれていないため、円形のもたらす効果をひどく破壊することになってはいない〔街路が向かい合っていると、円の場合は、遠廻りに迂回することになって交通の効率が悪くなる〕。このことは、ル・ノートルによる庭園に見られた〔いくつかの道の集まる〕円形広場（rond point）〔ロン・ポワン〕の類いを思い起こさせる。ウッドは実際のところ、ヨークシャーのブラマム・パークにある整形式庭園群を配置する仕事に、1720年代に関わっていた。この庭園群はしばしば、ル・ノートル自身が設計したものとされてきたのであった。

　ウッドの息子である〔同名の〕ジョン（1728-81年）は、アセンブリー・ルームズ〔社交場〕（1769-71年）とロイヤル・クレセント〔国王（三日月形）広場〕（1767-75年）を付け加えることで、バースに対する彼の父親の壮大な目論見（スキーム）を成就させた。とりわけ後者は、広々とした田園（カントリー）の眺望を望むことのできる30戸の住宅群が曲線をなして1列に並んだ集合住宅である。その唯一無二の半楕円形は、一種の半（デミ）＝コロセウムであり、クレセント〔という三日月広場〕のイギリス建築最初の例である。この形の広場は、19世紀に入って、バース、バクストン、ロンドン、ヘイスティングズ、ブライトン、そしてとりわけエディンバラといった具合に、広範に模倣されることになった。エディンバラでは、後期ジョージ国王時代の都市理想に関して、バースよりもずっと拡がったかたちで実現したと論証しうるものが存在する。バースにおいて、建築家のジョン・パーマー（1738年頃-1817年）は、ランズダウン・クレセント（1789-93

第8章　18世紀の古典主義

623　ランズダウン・クレセントの上空からの眺望、バース（1785-93年）、パーマーによる

年）を付け加えた。これは、前述のロイヤル・クレセントから丘を登ったところに位置していて、このロイヤル・クレセントのもつピクチャレスクな特質の数々を一層強く推し進めたものである。〔図623に見るように〕この広場（クレセント）は、その丘の斜面という敷地の優しく波打つ様に自然なかたちで対応しているように見える、凸面‐凹面‐凸面といった平面に従っている。古典〔主義〕的な理想とピクチャレスクな理想を混ぜ合わせることで、この広場〔周辺連続住宅〕は、18世紀のイギリス建築の支配的な主題（テーマ）の数々を完璧に要約しているのである。

　エディンバラでは、中世の「旧市街」が、〔エディンバラ〕城（カースル）下方にある尾根〔山稜〕に建つ壁面内に押し留められていた。渓谷を横切った隣の尾根上に新市街を建設することが決められたとき、沼地は排水され、これら2つの尾根が橋によって繋がれた。新市街のために1766年に催された設計競技が、地元の建築家ジェームズ・クレイグ（1744〔1739〕-95年）によって勝ち取られたが、その案は、中央大通りによって2つの広場（スクエア）が繋がれた格子状の平面からなっていた。これは創意に富んだ計画案（プラン）ではなかったものの、外側には一切建物のない街路〔通り〕群によって限られていて、片方に旧市街の、もう片方に広々とした田園地帯の素晴らしい景色を望むことができたのであった。これはひょっとしたら、バースにおける息子（ヤンガー）のウッドの仕事（ワーク）に鼓舞された発想なのかもしれない。

　1660年における王政復古後のダブリンで始まっていた公共建築群の伝統は、その1729年の議事堂（パーラメント・ハウス）〔1801年からアイルランド銀行〕といった作品に見られるサー・エドワード・ロヴェット・ピアス（1699年頃-1733年）によって印象的なかたちで推し進められた。この新しい都市的活力はまた、サックヴィル（現在のオコンネル）・ストリートのような、1740年代後半からの発展にはっきりと現われでていた。この大通り（ストリート）は、啓蒙主義の理想主義の並々ならぬ影響

609

力ある成果と言える、ワイド・ストリート・コミッショナーズ〔街路拡張委員会〕の1757年における創設へと導いたのである。上階に住居用施設、1階に店舗を置いた新しい建物群に対する厳格な統制を行使することで、この委員会は、既存の街路の幅員を98フィート（30m）ないしそれ以上に拡大し、さらには新しい街路をつくったのである。ジェームズ・ガンドン（1742-1823年）はさらに、このダブリンを、裁判所（フォー・コーツ）（1786-1802年）を含んだひと続きの公共建築を以って変容させた。この裁判所こそは、ガンドンがそれを〔リフィー〕川と結び付ける際に示された感性をはっきりと浮かび上がらせた、重要な存在なのであった〔本書541頁参照〕。

サンクトペテルブルクとリスボン

　サンクトペテルブルクは、1703年にピョートル大帝によって、ロシアを西ヨーロッパに政治的、経済的、そして文化的により近づけようとする試みとして、創建された。3つの放射状に延びる街路（ストリート）は、われわれが見てきたように、ヴェルサイユのものに鼓舞されている。その一方、この都市そのものではまた、ピョートル大帝がアムステルダムで目にしていたものを真似た、木々で限られた運河群が横切っていた。その広大な敷地に建設された、サンクトペテルブルクという無防備な都市は、都市としての姿を具現化するのに数10年かかり、実際のところ、1725年のピョートル大帝崩御の際には、ほとんど打ち棄てられ、その大半の部分は、エカチェリーナ大帝〔女帝〕の統治時代（1762-96年）に付け加えられたのであった。そ

624　サンクトペテルブルクの眺望

れにもかかわらず、この都市は近代化のあるべき姿（ヴィジョン）を表わすきわめて印象的な都市と見なされ、啓蒙主義時代の指導的な人物たちは、サンクトペテルブルクを、改善改良の時代を凱旋するものと歓呼して迎えたのである。ヴォルテールなどは、その著作『習俗論（*Essai sur les mœurs*）』（1750年）のなかで、自ら「文明化に向かうロシアの行進（マーチ）」と呼ぶものを褒め称えたのであった。

　地震によるリスボン中心街の、1755年の破壊は、「神の摂理」に対して多くの人々が抱いていた伝統的な〔昔からの〕確信（ビリーフ）に打撃を与え、ヴォルテールはこの沈滞した雰囲気を、その『リスボンの災害についての詩篇（*Poème sur le désastre de Lisbonne*）』（1756年）や『カンディード（*Candide*）』（1759年）の

625　コメルシオ広場（プラサ）、リスボン（1755年以降）

第8章　18世紀の古典主義

なかで大きく扱った。しかしながら、この災害は結果的には、この都市リスボンを大々的な再開発へと導いたのであった。すなわちここでは、啓蒙主義の都市計画のさまざまな理想が実現されたのである。国王の主立った大臣であり、のちに貴族に列せられたポンバル侯爵は、軍事技師のエウジェーニオ・ドス・サントス・デ・カルヴァーリョ（1711-60年）と、ハンガリー人のカルロス・マルデル〔1696-1763年〕の協力を得て、経済、都市計画、そして建築における合理主義の範例として、安全性や経済性や水道や衛生設備にのみならず地震に耐えうる建造物にも十分な注意を払って、この都市の20ヘクタール（50エーカー）を計画したのであった。

　都市の中心部では、広大なアーケード状のコメルシオ広場がつくられたが、これは国王広場ではなく、機能的でありつつも大きな空間をもち、広場の南側に面するテージョ川から入る広場であった。この広場の側面には、港湾管理局や政府の各機関、そして商業組合用施設が入った建築群が、建てられていた。北側では、凱旋門が1基建ち、格子状の街路へと通じており、これらの衙路には、マンサード屋根の架かった3階建てのほぼ均一な形の住戸棟が建ち並び、それらの1階は商店になっていた。

北アメリカ

　英国人はアメリカに格子状平面からなる植民地都市群を創設した。もっとも、ニュー・イングランドの町々の多くは、穏当で系統的な道筋で成長していった。ひとつの例外が1638年のコネティカット州ニュー・ヘヴンであった。ここでは、中心に共有緑地のある、9つの完璧に等しい正方形区画を核として町が計画・配置された。これは、おそらくウィトルウィウスの先例に何がしか倣ってつくられた、ニュー・イングランドにおけるこの種のものとしては最初の計画都市であった。ペンシルヴェニア州における、ウィリアム・ペン〔1644-1718年〕の手になる新しい入植地、フィラデルフィアが、1681-3年に格子状平面をもって、これに続いた。これと対照的に、メリーランド州のアナポリスは、1694年に総督のフランシス・ニコルソン〔1655-1728年〕の手によって、円形広場群〔環状交差路〕（rond points）〔ロン・ポワン〕や放射状に延びる並木大通り群といった、バロック的効果の素晴らしい装いを目一杯に施して設計・設置された。もっとも、こうした内容に釣り合わないほどの小規模なものではあった。もうひとつのパターンは、ジョージア州のサヴァナで1733年に採択された。ここでは、巨大なチェス盤のごとき平面が、何ら境界を設けず、また何ら中心をなす広場ももたず、実施に移された。その代わり、ここは、互いがそれぞれの小

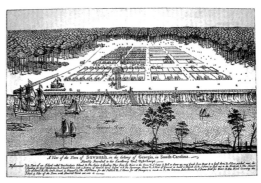

626　サヴァナの眺望、ジョージア州

611

さな広場をもった小さな区割り群を表わす伸長可能な格子〔状平面〕からなっていた。

　もっとも新しく魅力的な町のなかのひとつが、1699年以降ヴァージニア州の首都であったウィリアムズバーグである。ここでは、中心をなす建物群の主要な環状大通り〔ブールヴァード〕に対する関わり方に、新たな重点が置かれた。主要な眺望の先には、もはやヨーロッパの都市群に見られる宮殿や教会堂ではなく、大学や立法府の建物群があったのである。

　アメリカの18世紀における計画都市の絶頂は、ジョージ・ワシントン〔1732-99年、大統領1789-97年〕が、アメリカの新しく独立した国家の首都用に、ポトマック川岸の敷地を、1790年に選択したことで到達された。〔その名も〕ワシントンという新しい町を設計・設置するという課題は、ジェファーソンの忠告に従ったひとりのフランス人、ピエール〔＝シャルル〕・ランファン少佐〔メイジャー〕（1754-1825年）に託された。連邦議事堂〔フェデラル・ハウス〕（のちの連邦議会議事堂〔キャピトル〕）と大統領官邸〔プレジデンツ・ハウス〕（のちのホワイト・ハウス）から放射状に延びる、ランファンの手になる並木大通り〔アヴェニュー〕群は、しかしながら皮肉なことには、この民主主義の本拠地〔ホーム〕において、絶対王政のヴェルサイユの大通りを真似ていたのであった。敷地に対する新しい対応の仕方で、連邦議会議事堂と大統領官邸は、ポトマック川の眺望を満喫していたのである。

627　ウィリアムズバーグの平面図（1699年以降）

628　ワシントンの眺望および平面図

第9章　19世紀

　1789年のフランス革命は、ヨーロッパおよび北アメリカをとおして、傍観者たちに衝撃を与えたのみならず、大きな刺激をも与えた。政治的生活においては、当然のごとく何ものも、今までのように、当然なるものとして扱われることは叶わなかったし、革命の暴力のあとに続いた80年のあいだ、フランスでは、急速な変化を繰り返した政治体制に、はっきりと不安定な状態(インスタビリティ)が現われでていた。これらの政治体制とはすなわち、独裁政権、2つの帝政、〔ブルボン王朝を擁護する〕正統主義君主制、選挙に基づく君主制、そして3つの共和政が含まれていた。1815年まで終焉を迎えることのなかった長い戦争のあいだ、ナポレオンに抗って団結していた国々では、保守的な君主制による政府への回帰というかたちが、まず最初の反動としてとられたのであった。とはいえ、1830年、そしてとりわけ1848年には、多くの国々で、さまざまな革命が引き起こされたのである。

　これらの革命は、政府にあって物申す意志のある中産階級の構成員たちによって導かれたものである。というのも、1780年代にイングランドで始まった産業革命が、新興の裕福で自信に満ちた中産階級のみならず、これまた新たな存在である貧しい都市労働者階級をも、生みだしたからである。哲学者であり政治的活動家でもあったカール・マルクス(1818-83年)は、その『共産党宣言(*Communist Manifesto*)』(ロンドン、1848年)のなかで、歴史の〔正反交互に生ずる〕弁証法的過程(プロセス)の結果として、プロレタリアートがもうすぐ勝利を収めることになるといった、誤った予言をしていたけれども、それにもかかわらず、19世紀は労働者階級の生活条件とか伝統的な社会秩序に対するキリスト教の関わりとかいったような、この時代の問題(トピックス)についての活発な論争によって印づけられていたのである。これと同様に、なかなか答えの出ない問いの数々が、新しい工業世界(モダーン)での建築の実践における伝統的様式の役割について、発せられたのである。

フランス

ペルシエおよびフォンテーヌからヴィオレ＝ル＝デュクまでの合理主義の伝統

　フランスでは、公けの建築教育は、急速な政治上の変化の時期にあっても驚くべきほどに何ら変わらないままに留まるという、文化的な安定性の一要素を供給していた。19世紀のフ

ランス建築は、ほかのヨーロッパの国では較べるもののないようなやり方で、唯一のアカデミックな教育機関であるエコール・デ・ボザール（〔国立高等〕美術学校）の、知的で視覚的な理想の数々によって、いろどられていた。このエコール・デ・ボザールは、1819年に設立されたが、それは、1671年にコルベールによって創設されたものの、1793年に革命政府による公会（コンヴェンション）によって消滅した「王立建築アカデミー（L'Académie Royale d'Architecture）」が運営していた、有名な建築学校を引き継いだものであった。この学校の教育プログラムは、記念碑的な公共建築群の設計を供給するものとして本質的に構想されており、1720年から1968年まで、ほとんど途切れることなく、催されてきた「ローマ大賞（Le Grand Prix de Rome）」を獲得する設計競技で、絶頂を迎えた。この設計競技の課題設定（プログラム）は、美術アカデミーによって決定され、また、応募作品も同じ美術アカデミーによって審査された。このアカデミーは、「フランス学士院」を含む4つのアカデミーのうちのひとつとして、1803年にナポレオンのもとで創設されていたのであった。ヨーロッパで唯一無二の建築教育システムがもつ、威厳と連続性と高度の真摯さによって、フランスは、18世紀と19世紀のあいだずっと、建築についての知的な論争にとって当然至極な中心地となっていたのである。

　建築に与えたナポレオンの衝撃は、フランスの政治的、文化的諸機関全般の発展に対して与えた衝撃に較べれば、わずかなものでしかなかった。シャルル・ペルシエ（1764-1838年）とピエール＝フランソワ＝レオナール・フォンテーヌ（1762-1853年）の才能を見いだしたのは、実際のところ、ナポレオンの最初の妻であったジョゼフィーヌ〔1763-1814年〕であった。ペルシエとフォンテーヌは、1801年に、ジョゼフィーヌの夫の公認の建築家となる運命にあった。両者ともにA.-F.ペールの弟子であり、1780年代後半に、ローマのフランス・アカデミーで一緒に研鑽し、当地ローマで彼らは決して無理に結婚することのないよう、永遠の友情を誓い合ったのである。ペルシエとフォンテーヌは、互いに信頼関係を保ち続け、ペール＝ラシェーズ墓地の同じ墓のなかに埋葬されたのである。

　1799年、すなわちナポレオンが第一執政となった年に、ジョゼフィーヌはペルシエとフォンテーヌに、マルメゾンの、彼女が新しく購入した邸館（ハウス）の再建に従事させた。マルメゾンにおいて彼らは、1800-2年に広範囲にわたって装飾をやり直したのである。彼らが採択した様式は、「アンピール様式」〔第一帝政様式〕として知られるようになった。とはいえ実際にはこれは、ペルシエがかつてその許で働いていた、ベランジェやP.-A.〔ピエール＝アドリヤン・〕パリス（1745-1819年）のような建築家たちによって、革命の前夜に確立された新たな古代風の装飾様式を、もっと勢いあるかたちで目立たせ華やかにした翻案（ヴァージョン）であった。フランソワ＝ジョーゼフ・ベランジェが、パリのバガテルでアルトワ伯爵〔1757-1836年。のちのシャルル10世、在位1824-30年〕のために、1777年に設計した天幕（テント）を張った寝室は、今や、現実の織物の襞や模造された襞〔衣紋〕で飾り立てられた数多くの内部空間の範型（モデル）となり、たとえば、マルメゾンにおけるジョゼフィーヌのフランボワヤン様式の寝室を生みだした（図709）。その手法（テクニック）は、軍隊の従軍天幕（キャンペーン・テント）との連想によって、帝政時代のあいだ新たに流行していったのであ

614

第9章　19世紀

629　ペルシエとフォンテーヌ：リヴォリ街、パリ（1802年以降）

る。ペルシエとフォンテーヌのアンピール様式の特徴(マーク)は、ロバート・アダムの装飾様式と同様に、すぐそれと分かるものであり、ルーヴル宮およびテュイルリー宮の内装において、また、コンピエーニュやサン゠クルー、そしてフォンテーヌブローの、国主の城館群(シャトー)において、はっきりと印づけられていた。ナポレオンと彼の親族はまた、この様式を、何か軍事上の勝利を示すもののようにして、ドイツ、イタリア、スペイン、オランダ、そしてスカンディナヴィアにまで及ぶ、全ヨーロッパに拡めた。さらには、ペルシエとフォンテーヌによる、彼らの著作『内部装飾集（*Recueil de décorations intérieures*）』（1801年）の刊行によって、彼らの作品群は、広範な同じ職業人たる追随的支持者(オーディアンス)の関心を大いに惹いたのであった。

パリにおいてペルシエとフォンテーヌは、ロンドンでのナッシュほどには手広く建物を建てたわけではなかったものの、都市の組織化という観点では、彼ら2人は、新しい道路、市場、噴水をつくったり、屠殺場と墓地を郊外へと移動させるといった、ナポレオンの政策(スキームズ)の実現に大いに貢献したのであった。1811年に彼らは、ヴェルサイユよりも広大なシャイヨーの巨大(ジャイギャンティック)な宮殿を計画したが、これは、ナポレオンの息子である幼な児、「ローマ王」〔1811-32年〕のためのものであった。この宮殿は、セーヌ河をはさんで、エコール・デ・ボザール、大学、そして公文書保管所を含むアカデミックな建物群からなる、同じ様に誇大妄想的な複合体(メガロマニアック・コンプレックス)と向き合うことになるはずであった。ルドゥーおよびデュランの幻視の計画案群(ヴィジョナリー・プロジェクツ)を思い起こさせる、この実施に移されることのなかった非現実的な計画の恐ろしいまでの規模は、われわれに、ペルシエとフォンテーヌが1785年と1786年に、それぞれ

615

630 ペルシエとフォンテーヌ：カルーゼルの凱旋門、パリ（1806-8年）

「大帝国の君主たちのための埋葬記念廟」や「3つのアカデミーをまとめた建築」といった計画案をもって、〔ローマ〕大賞(グラン・プリ)を獲得した人物であったことをわれわれに思い出させてくれる。ルーヴル宮とテュイルリー宮とを結ぶという彼らの提案は、アーチ列からなるリヴォリ街や、このリヴォリ街と1802年以降に繋がったピラミッド街の建設という結果を生みだした。19世紀パリの大いなる都市変貌の第一段階であるこの試みは、細部の豊かさをとおしてではなく、極端な長さと希薄な装飾をとおしてこそ、その成果がなし遂げられている。これらの通りはかくして、今は取り壊〔破壊〕されて現存しないものの、ナポレオンの主要なパリの住居であったところのテュイルリー宮殿への入口門として、1806-8年に、ペルシエとフォンテーヌによって建てられた「カルーゼルの凱旋門(アルク)（Arc du Carrousel）」と、見事な対照を見せているのである。ローマの「セプティミウス・セウェルスの凱旋門(アーチ)（Arch of Septimius Severus）」を範型としたこの凱旋門(アルク)は、多色の豊かに彫り刻まれた作品(オブジェクト)であり、家具および室内装飾のデザイナーとしての巧みな技(スキル)をもった建築家たちが生みだした、真の傑作である。

　カルーゼルの凱旋門(アルク)は、皇帝ナポレオンが、その統治と軍事的な業績の数々とに対する記念碑として1806年に委託した、ローマ帝国の公共建築群を想起させるさまざまなもののひとつにほかならなかった。この年にナポレオンは、アウステルリッツの戦いを終えて、その権力の絶頂にあったのである。さてこれらの〔ローマ帝国を〕思い起こさせるものとしては、A.

-F. -T. シャルグラン（1739-1811年）による〔エトワールの〕凱旋門、また、ベルナール・ポワイエ（1742-1824年）による下院議場〔シャンブル・デ・デピュテ〕の、12本の円柱が並ぶ、幅広い巨大なコリント様式の柱廊玄関、そして、不朽なる〔(あるいは)世俗の〕「栄光の神殿（Temple of Glory）」としてのラ・マドレーヌ寺院〔教会堂〕の、A. -P.〔アレクサンドル=ピエール・〕ヴィニョン（1763-1828年）による完成が挙げられる。いささか生気がないにしても堂々とした、ヴィニョンの手になる外観は、ローマのコリント式神殿の外観である。その一方、豪華絢爛な内部は、1825-45年に J. -J. -M.〔ジャン=ジャック=マリー・〕ユヴェ（1783-1852年）によって設計され、実施に移されたが、これはローマ帝国の公共浴場を範としたものである。

631　ラ・マドレーヌ寺院〔教会堂〕、パリ：ユヴェによる内部（1825-45年）（外観については、図568を参照されたい）

　古代という過去を、様式的には冒険することがないにしても大胆に真似たこれらの試みは、18世紀における合理主義的なフランスの建築思想の絶頂を表わすひとつの教義を伴っていた。この教義が今や神聖なるものとして大事にされて収められた主要な著作が、ジャン=バティスト・ロンドレ（1734〔1743〕-1829年）による『建てる術における理論と実践の論考（*Traité théorique et pratique de l'art de bâtir*）』（1802-3年〔全7巻、-1817年〕）と、ジャン=ニコラ=ルイ・デュラン（1760-1834年）による『王立理工科学校での建築講義要録（*Précis des leçons d'architecture données à l'Ecole royale polytechnique*）』（1802-5年）であった。ロンドレは、スフロの弟子であり、エコール・スペシアル・ダルシテクチュール〔私立建築学校〕で、さらにそのあとでは1806-29年に、エコール・デ・ボザール〔国立高等美術学校〕で、切石法〔截石法〕の教授を務めた。一方デュランは、〔幻視の建築家〕ブレのお気に入りの弟子であり、理工科学校において、1795年のその創設時から1830年まで教鞭を執った。そのとてつもなく大きな影響を与えた講義においては、この2人の人物は、建築を、その要素の2つに還元したのである。すなわち、構造と形式幾何学である。ロンドレは、建築が個々の実践的問題の数々に対する機械的な解決策にほかならないと論じていた。この〔無愛想で〕直截的な唯物論的かつ機械論的アプローチはオーギュスト・ショワジー（1841-1909年）の著作群に繰り返された。たとえば、『ローマ人における建てる術（*L'Art de bâtir chez les Romains*）』（1873年）、『ビザンティ

ン人における建てる術（*L'Art de bâtir chez les Byzantins*）』（1883年）、『エジプト人における建てる術（*L'Art de bâtir chez les Egyptiens*）』（1904年）という3部作の著作、そしてその『建築の歴史（*Histoire de l'architecture*）』（全2巻、1899年）である。エコール・デ・ポンゼショセ〔国立土木（橋梁と道路/堤防）学校〕の際立った工学技師のショワジーは、ヴィオレ＝ル＝デュクにとりわけ賞讃された人物であった。

　1816年から1839年まで、美術アカデミーの終身書記を務めたA. -C.〔アントワーヌ＝クリゾストム・〕カトルメール・ド・カンシーの活発な支援を得て、E. -H.〔エティエンヌ＝イポリット・〕ゴド〔1781-1869年〕、L. -P.〔ルイ＝ピエール・〕バルタール〔1764-1846年〕、L. -H.〔ルイ＝イポリット・〕ルバ〔1782-1867年〕、そしてA. -H.〔アルフォンス＝アンリ・〕ド・ジゾール〔1796-1866年〕といった、デュランとロンドレの追随者たちは、ひとつの定式（フォーミュラ）を確立し、それをもって、ナポレオン以降のフランスの拡大していく町々に、数限りない公共の建築群を供給した。彼らは、教会堂、市庁舎、病院、裁判所、学校、兵舎、監獄、そして避難所を、公共の高潔さと社会秩序を雄弁に語る引き締まった古典様式で建てたのである。

　こうした業績がいかに印象深いものであろうとも、その美的かつ知的な内容の無難といってよい性質は、遠からず、これを果敢に克服する試みに挑まれる運命にあった。予期せぬまま多色彩飾についての論争の中心に祀り上げられた新しい強調点は、ジャック＝イニャス・イトルフ（1792-1867年）によって与えられた。イトルフはケルンに生まれたが、1811年からエコール・デ・ボザールでペルシエの許にあって、パリで修業を積み、そのあとは、F. -J.〔フランソワ＝ジョーゼフ・〕ベランジェとともに働いた。1822年にイトルフは、イタリアへ旅立ち、当地において、英国の建築家トマス・レヴァートン・ドナルドソン（1795-1885年）に会った。この建築家が最初にイトルフに、古代のギリシャ建築が彩色されていたという考え（ノーション）をたきつけたのである。事の真相を求めてイトルフは、シチリアを訪ねた。この地で、セリヌスの石灰石造りの神殿群に彩色されたストゥッコ仕上げの痕跡があることを発見したイトルフは、調査を続けて、最終的に『セリノントスのエムペドクレス神殿の復元、あるいはギリシャ人における多色塗り建築（*Restitution du temple d'Empédocle à Sélinonte, ou l'architecture polychrôme chez les grecs*）』（1851年）なる著作を刊行した。1827年にイトルフは、カール・フォン・ツァント〔1796-1857年〕とともに、その『シチリアの古代建築（*Architecture antique de la sicile*）』を出版し、さらには1829-30年に、ギリシャの神殿群が元々は黄色く塗られており、明るい赤〔鮮紅色〕や青、緑、金色の図柄や割り形、そして彫刻の細部で飾り立てられていたことを主張する、説明文（レクチャー）とこれを示した図面群（ドローイングズ）を、パリ〔のボザール〕に送りつけたのであった。

　ギリシャ芸術を純粋で中立なる（カラーレス）ものとしたヴィンケルマンの考え（コンセプション）（本書523頁）を、イトルフが打破したことによって、当然のことながら、おびただしい論争が引き起こされた。しかしそうはいっても、幾人かのドイツやイギリスの学者と建築家たち――そのなかには、〔チャールズ・ロバート・〕コッカレル、ウィリアム・キネアード、クレンツェ、そしてオットー・マグヌス・フォン・シュタッケルベルク〔1786-1837年〕が含まれる――は、多色彩飾（ポリクロミー）

第9章　19世紀

〔多彩色装飾〕に気づいており、折り折りに、自分たちの研究成果を公刊していたのである。古典的伝統を色彩で生き返らせようとするイトルフのもっとも初期の試みの数々は、パリのシャンゼリゼ大通りでなされた。ここに彼は、鉄とガラスからなるその集中式平面の建物群のうち、2棟の柱廊玄関（ポルティコ）に、鮮やかな彩色を施したのであった。これらの建物のひとつは、パノラマ館なる円堂（ロトンダ）（1838-9年；1857年に取り壊し）であり、ここには、ナポレオン戦争の際の「モスクワの戦い」を描いた絵があり、またもうひとつの建物とは、国立曲馬・曲芸場（シルク・ナショナル）（1840年）であり、これは6,000人の見物客が座ることのできる、公けの催し物〔見世物〕を行なう中心施設であった。

　イトルフの大きなチャンスは、サン・ヴァンサン・ド・ポールなるパリの教会堂の装飾とともに訪れた。この教会堂はラファイエット広場〔ラファイエットはアメリカ独立戦争で活躍した、フランスの軍人・政治家。1757-1834年〕（現在のフランツ・リスト広場〔リストはハンガリーの作曲家。1811-86年〕）上方に置かれた、曲線状の階段の大きな登りから近づく、見晴らしのよい敷地の上に、イトルフの設計によって1830-46年に建てられていた。コッカレルのハノーヴァー・チャペルのファサードを思い起こさせる四角い双子の塔群が支配する、その力強いファサードの背後には、木材のトラス（ティンバー・トラスト）が架かった広々とした屋根を支える2層の列柱廊（コロネード）が両脇に建つ、二重の側廊（アイル）群からなる豊かなバシリカ式の内部空間がどんと構えている。1849-53年には、この教会堂の身廊とアプスが、〔大画家〕アン

632　イトルフ：国立曲馬・曲芸場（シルク・ナショナル）の多色彩飾ファサード、パリ（1840年）

633　イトルフ：サン・ヴァンサン・ド・ポールの西正面、パリ（1830-46年）

619

634　イトルフ：北駅（ガール・デュ・ノール）の外観（1861-5年）

635　デュバン：エコール・デ・ボザールの正面広場前の立面、パリ（1832-58年）

第9章　19世紀

グルの追随者たるフランドラン〔1809-64年〕とピコ〔1786-1868年〕の手によって、パルテノン神殿のフリーズに彫り刻まれた行列と同じ様な行列の模様が、フレスコ画で描かれた。その一方で、主として赤色と黄色のステンドグラスが、イトルフによって図案を描かれ、マレシャル〔1801-87年〕とギュニオンによって、1842-4年に実施に移されたのであった。円柱群は黄色の人造大理石からなり、エンタブレチャー群と割り形群には、金箔が被せられていた。その一方で、屋根の結構（トラスイズ）と天井の格間（コファーズ）は、明るい青と赤で彩色され、シチリアの、モンレアーレやその他の教会堂に見られる12世紀の装飾を真似て、黄金が点々と貼り付けられていた。イトルフは、こうした装飾が古代ギリシャの多色彩飾の当世風の表現であると想像することを好んだ。このピカピカ光る内部は、1844年のファサードに対してイトルフが提示した驚くような扱い方と、その豊かさにおいてまさしく拮抗しうるものであった。柱廊玄関（ポルティコ）の壁面は、アントワーヌ＝ジャン・グロ〔1771-1835年〕の弟子の、ピエール＝ジュール・ジョリヴェ〔1794-1871年〕の手になる、13枚の大きな、彩色されたエナメルの板絵（パネル）で覆われることになっていた。これらの板絵（パネル）のいくつかは、いったん取り付けられたものの、聖職者たちの命令で取り払われてしまった。彼らは、ここに描かれていたアダムとイヴの裸の姿に衝撃を受けたのであった。イトルフの最後の大きな作品は、19世紀半ばの時代にとって有意義な、鉄道駅舎であった。すなわち、パリの北駅（1861-5年）である。ここでイトルフは、多色彩飾によってではなく、建築部材の勢いある彫刻的処理によって、自らが古典〔主義〕建築において望んだ動きと活力を達成した。

　イトルフは彼より幾分若い一群の建築家たち——ジルベール、デュバン、ラブルースト、デュク、そしてヴォードワイエ——にとって、ひとかどの人物として重要な存在に見えたのである。なぜならば、イトルフの抱いた古代の多色彩飾という捉え方（ヴィジョン）が、広く受け入れられていた古典主義の正統性を疑い、それゆえ、新しい建築への道を切り拓いたからであった。のちに、いくらか不正確にではあるが、ネオ＝グレック（Néo-Grecs）〔新たなギリシャ人たち（ニュー・グリークス）〕と呼ばれた、これらのロマン主義的な急進論者たちは、社会改革家たる、C.-H.〔クロード＝アンリ・〕ド・R.〔ルヴロワ・〕サン＝シモン〔伯爵〕（1760-1825年）やシャルル・フーリエ（1772-1837年）のさまざまな著作において表わされた、ユートピア的社会主義の理想の数々によって影響されたのであった。彼ら急進論者は、かくして、道徳的、社会的理想の数々が建築の形態と性格を具体化させることによって、建築のもつ〔人々を〕活気づける特質の数々を高めることに、関心を抱いたのである。デュランの弟子の、エミール＝ジャック・ジルベール（1793-1874年）の経歴は、病院や監獄、そして収容所、たとえばパリ近郊のシャラントンの精神病院（1838-45年）に捧げられた。この病院では、明るく彩色された内部空間を派手に使ったギリシャのドリス式の礼拝堂が、その中心に位置している。ペルシエの弟子の、フェリックス＝ジャック・デュバン（1797-1870年）は、エコール・デ・ボザールそのものを設計した。1832-58年に、ボナパルト街〔通り〕のはずれ〔一番北のはし〕に建てられた、〔正面広場（クール・ドヌール）前の〕この建物〔パレ・デゼテュード〕のアーチが架かったファサードには、凱旋門、コロセ

621

ウム、そしてカンチェレリーアを含んだ、ローマの古代とルネサンス時代の建物群を控え目ながらも参照した跡が見られる。この建物のなかの〔ガラス屋根付きの〕中庭〔クール・ヴィトレ〕には、1795年以降アレクサンドル・ルノワール〔1761-1839年〕が、その「フランス記念建造物博物館（Musée des Monuments Français）」用に、フランスのさまざまな地方から〔破壊から守ろうとして〕奪還した、中世とルネサンスの細部のずっと折衷主義的な混合物が、組み入れられていた。

　この一団をなす「ロマン主義的急進論〔者〕的」建築家たちのなかで、もっとも際立った存在は、ピエール゠フランソワ゠アンリ・ラブルースト（1801-75年）であった。ラブルーストは当時、その給費留学生（pensionnaire　パンショネール）であったアカデミーに、1828年ローマから、パエストゥムに残存する3つのドリス式神殿の復元研究案を送りつけることで、このアカデミーそのものに衝撃を与えた。この復元案のなかで彼は、これらのうちのひとつである、ヘラの第一神殿が、実は神殿ではなく、市民の集会場であったと主張したのであった。彼は、この神殿すなわち集会場が、大きな絵画や戦勝飾りや碑文、そしてグラフィッティ〔岩や壁や陶器の表面に彫りつけられた絵や文字、模様のこと〕で通常は飾り立てられていたことを、「私が想像するに、柱廊玄関の壁面もまた、1冊の本として役立つように描かれた告示文で覆われていたであろう」という説明文を添えて、示したのである。ラブルーストはさらに、この建物に、寄せ棟屋根〔四方向に傾斜する屋根〕を付け加え、もちろんのこと多色彩飾の装飾で復元した。アカデミーにとって不都合に思われたのは、この建物を、理想的な記念碑としてではなく、建築は社会的な抱負の数々を反映するものだというラブルーストの信念に合致するように、現実的に使用されているようなかたちで再現したということである。ラブルーストの手になる復元がもつもうひとつの受け入れ難い言外の意味は、以下のような彼の主張であった。すなわち、植民地イタリアにおけるこれら3つのギリシャの建物のなかで、建築的にもっとも初期のものとされたパエストゥムのいわゆる「バシリカ」〔ヘラの第一神殿〕が、想定されていた事態とはちがい、もっとも初期のものではなく、もっともあとのものであるということ、そして、この建物が、ギリシャの神殿群から時節を見計らってもっとも遠方に移動された、植民地における末裔的存在でしかないということが、この建物の原初的ないしは不完全なドリス式造形言語の理由であるといった論点である。この主張は、アカデミーの人々を動揺〔警戒〕させた。なぜなら、それは、建築の諸形態がある特定の時期や場所や生活様式に大そう深く根づいているため、これらの諸形態が他の時代や国々に移されることなどありえないということをほのめかすことによって、古典主義の〔普遍的な〕造形言語という根本諸概念に一撃をくらわしたからである。

　アカデミーの人々が〔これらのラブルーストの主張を〕自分たちの理想の数々に対する猛烈な攻撃と見なしたという事実の紛れもない証拠として、彼らは、ラブルーストがほぼ10年間、何ら大きな委託を受けないよう画策したのである。そのうえ、ラブルーストのアトリエ（atelier〔ボザールではアトリエ単位で学生の教育が行なわれていた〕）に配属された学生たち

の誰一人として、〔ローマ〕大賞(グラン・プリ)を授かることはなかった。とはいえ、学生たちは、ラブルーストが1830年から1856年にかけて運営したアトリエ内では、ラブルーストを〔大いに〕崇拝したのであった。ラブルーストの大きなチャンスは、1838年にやって来た。このとき彼は、パンテオン近くの、新しいサント＝ジュヌヴィエーヴ図書館のための建築家に任命されたのである。彼が1838-9年に設計し、1843-50年に建てたこの図書館は、常に、19世紀建築の最大傑作のひとつと見なされてきた。たとえば、この建物に対する過度ともいいうる讃辞は、

636　サント＝ジュヌヴィエーヴ図書館の入口正面、パリ（1838-9年設計；1843-50年建造）、ラブルーストによる

自分たちの手になるボストン公共図書館（1887-95年）のための模範としてこの建物を参考にしたアメリカの建築家たち、マッキム・ミード・アンド・ホワイト〔事務所〕によって贈られている。ラブルーストの図書館は、妥協を許さない急進的な新しさを備えている。ほとんど功利主義的な雰囲気(フレイヴァー)をもった、簡潔で単調なこの矩形の建物は、円柱や柱廊玄関(ポルティコ)やペディメントなどで一切飾り立てられてはいない。浮き彫りは、1848年に決定されたのだが、モーセ〔モウザス〕からスウェーデンの化学者ベルセーリウス（〔1779-〕1848年）まで、年代順に配列された810人の著作者の刻み込まれた名前をファサードに印づけるという、とてつもない考え(ディヴァイス)によって供給されている。これは、ユダヤ教から現代科学にまで到る世界の歴史を要約するためのものである。この計画(プログラム)は、オーギュスト・コント（1798-1857年）の著作群によって鼓舞されたものであるが、コントは、実証的諸事実と観察できる諸現象にもっぱら頼る、「実証主義」哲学体系の創始者であった。この計画(プログラム)は、理工科学校(エコール・ポリテクニック)でデュランによって提起された建築教義に匹敵するものであり、この理工科学校においてコントは、学生として、のちには教師として活躍したのである。〔この建物の2階の〕硬直した円柱あるいはパネル部分に彫り刻まれた7,000の〔人名〕文字がある〔入口側の〕ファサードは、1枚の新聞用紙に時々たとえられてきた。その一方で、簡素な装飾用の彫刻(カーヴィング)は、表面に印刷されたもののように見える。実際のところ、1階のフリーズ〔水平帯〕にある花綱を支えている鋳鉄製のパテラ〔皿に似た丸い装飾物〕群には、パリの守護聖女たるサント＝ジュヌヴィエーヴのSとGなる〔アルファベットの〕大文字が絡み合わさった印である、この図書館のモノグラム〔氏名の頭文字などを図案化した組み合わせ文字〕と蔵書印(ブック＝スタンプ)(インプレスト)が、押し付けられているのである。

　この図書館の〔入口側〕ファサードに見られる、こうした見慣れない機能の表示は、明らかにラブルーストの信念に関連している。すなわち彼は、建物とは古典の各種オーダーの理想的な美を指し示すものであるよりもむしろ、人間の活動に対する枠組みであるという信念

623

637 サント゠ジュヌヴィエーヴ図書館の主読書室〔閲覧室〕内部、パリ

であり、これは、ラブルーストがパエストゥムのバシリカ〔第一ヘラ神殿〕の壁面の扱いにおいて、これらの壁面の「1冊の本として役立つように描かれた告示文」をもって表現していたところの信念にほかならない。さらには、この図書館を、ラブルーストと密接な繋がりをもっていたヴィクトール・ユゴー〔1802-85年〕による、『パリのノートル゠ダム（Notre-Dame de Paris）』の第2版（1832年）に表現された建築上の理想の数々の反映と見ることが可能である。ユゴーは、建築が元々は、文学のようにコミュニケーション手段である文書（ライティング）のかたちとして展開していたと主張した。かくして、建築は、それが最大級に発展した時代において、ギリシャとゴシック〔のままに留まり、これら〕を守ったのであった。

サント゠ジュヌヴィエーヴ図書館のアーチのあるファサードは、厳格な様相ではあるが、リーミニのアルベルティによるテンピオ・マラテスティアーノや、ヴェネツィアの〔ヤーコポ・〕サンソヴィーノによる〔マルチャーナ〕図書館、そしてケンブリッジの2つの図書館、すなわちレンによるものとコッカレルによるものといったような、初期ルネサンス以降から続く、大きな建物群の拡がり（レインジ）を思い起こさせる。内部では、この建物の上方部分全体が中央の円柱列によって分かたれた、2つの半円筒形ヴォールトからなる単一の広大な読書室〔閲覧室〕にあてがわれている。この見慣れない中央の背骨（スパイン）は、たとえば、パリの旧サン゠マルタン゠デ゠シャン修道院のものと同様な中世の大食堂を思い起こさせる。この修道院は、ヴォードワイエがまもなく、「フランス国立工芸院（Conservatoire des Arts et Métiers）」用の図書館へと改築することになったのである。この〔サント゠ジュヌヴィエーヴの〕読書室に関して

第9章　19世紀

638　ラブルースト：主読書室〔閲覧室〕、国立図書館（ビブリオテーク・ナショナル）、パリ（1859-68年）

特に注目すべき点は、細身の円柱群と、これらの円柱群が支える優美に装飾されたアーチ群とが、鋳鉄の独立したシステムを形成していることである。これは、記念碑的な公共建築における、この〔鋳鉄という〕材料のもっとも初期の使用例のひとつであった。ラブルーストは、このように、自らの建物を、合理主義的であると同時に詩的でもあるやり方で、当時の工業化社会に関連づけているのである。

ラブルーストは、その創始者C.-H. ド・R. サン＝シモンにちなんでサン＝シモン主義（Saint-Simonisme）として知られる人類平等主義の社会哲学に影響されていた。サン＝シモン主義〔というこの社会哲学〕は、科学者たちや産業資本家たちが、政府内にあって、土地所有者たちや軍人たちや司祭たちの〔享受していた〕利益を取り戻すべきであるという提案を行なった。サン＝シモン主義者たちは、彼らのパンフレットである『芸術家諸君へ：美術の過去と将来について（Aux artistes:du passé et de l'avenir des beaux-arts）』（1830年）のなかで、ユゴーのように、建築の2つの、以前の理想的もしくは「有機的」な段階〔様相〕、すなわちペリクレス以前のギリシャと中世のゴシックを明確に理解していた。ラブルーストは、自らの手になるサント＝ジュヌヴィエーヴ図書館が、これらの理想的な段階〔様相〕から発展した第3の段階〔様相〕を生みだすであろうと期待したのであった。ところで、これらの段階〔様相〕は、「有機的なるもの」と信じられていたが、その理由は、これらの段階〔様相〕が社会的な理想の数々と宗教的な信条〔信仰〕とを併せもつ首尾一貫した統一体を表現していたからである。さらには、19世紀建築の不十分さを説明してくれるのが、まさしく、こうした一元的な見方のまったくの欠如にほかならなかったのである。それゆえに、ユートピア的社会主義、宗教、あるいはラブルーストの場合に見るように、コントが1842年以降発展させた人道教（the religion of humanity）〔超自然的なことを排斥して人間の幸福と安寧を得ようとする宗教〕、といったいくつかの課題をとおして、建築を再生しようという試みがあったわけなのである。

　ラブルーストは、続けて、もうひとつの大きなパリの図書館である国立図書館の、書籍室（salle des imprimés）すなわち主読書室〔閲覧室〕を設計した。この不思議な空間のなかでは、これ以上ないほどの細身の鉄の円柱群が、生きいきとした葉叢の柱頭を頂きつつ、ふさ状になった9基の、ガラスと磁器からなるドームを支えている。この空間は、ポンペイ様式で豊かに装飾され、リュクサンブール宮殿の庭園を写した絵が描かれたルネット〔丸天井が壁に接する部分の、半円形壁面〕を含んだ、外側枠のアーケード〔アーチ列〕によって囲まれ、結果、学生たちにとってお気に入りの読書地点となっている。この建物には野心的な外構面が欠けており、そのために、19世紀半ばのパリにおけるサント＝ジュヌヴィエーヴ図書館に対するもっとも壮大な古典主義様式の対抗物は、ルイ＝ジョーゼフ・デュク（1802-79年）の手になる「裁判所」であり、とりわけ入口広間である「アルレーの間」〔アルレー Harlay は前の通りの名。これは「重罪院控えの間」ともいわれる〕を含んだ、1857-68年につくられた堂々とした入口区域である。われわれは、ペルシエの弟子であり、ローマのフランス・アカデミーでラブルーストの同僚の給費留学生（pensionnaire）であったデュクが、この建物を、サント＝ジュヌヴィエーヴ図書館に対する、讃辞と〔その反対の〕矯正の双方を表わすものとして設計したことを知っている。アルレー通りに沿って建つ、力強く彫り刻まれた、いかり肩をしたファサードは、サント＝ジュヌヴィエーヴ図書館の場合と同じく、上方部分にガラスが嵌められ、下方には碑文が表示された、柱間群に分かたれている。しかし、デュクは、その柱間群を、彫刻的性格を前面に出し、荷重を支えてはいない、重々しい、実地に即したかたちの

第9章 19世紀

639 デュク：裁判所内の「アルレーの間」〔待合ホール〕、パリ（1857-68年）

ドリス式オーダーの円柱群で分断したのである。表現的なものを、建築の機能的な構成要素から分かとうとするデュクの希望を通した結果、これらのドリス式オーダーの円柱群は、ドリス式オーダーの存在を、建築的表現の最高度の形態として、詩的に言明するものとなっている。これとは対照的に、内部の大きな入口広間（ホール）に見られる仕組みすぎともいえる石造りのヴォールト架構が、この建物の実質的に作動している各部分を、通常には見られない劇的なやり方で強調している。主導的な19世紀フランスの建築家ヴィオレ゠ル゠デュクによって、「あらゆるものがまとまっていて、あらゆるものがひとつの明確な思想によって結び付けられている」建物として賞讃されたこの建物は、さらにデュクに、第二帝政をとおして生みだされた最良の芸術作品として、1869年にナポレオン3世からの、10万フランの賞を授けたのであった。

　1830年代におけるラブルーストを巡る仲間たち（サークル）によって考案されたロマン主義的折衷主義について、ここでわれわれが語ることのできる最後の例は、レオン・ヴォードワイエ（1803-72年）によるマルセイユ大聖堂（1845-93年）である。この〔色彩が〕あくどく、いささか不格好な、ドームの架かった大建築（エディフィス）は、フランス・ロマネスク風の東端部をもった平面からなる、

627

ビザンティン、フィレンツェ、そしてカイロの形態群の、驚くべき多色彩飾な寄せ集めである。地元(ローカル)の材料で建造され、地中海の特徴と北ヨーロッパの特徴を組み合わせた様相は、これらの文化のあいだを繋ぐ海港としてのマルセイユの役割を象徴的に表わしている。その結果、この建物は、意味を欠いた折衷主義としてではなく、その時代と場所を考えさせる梗概(サマリー)として、当時は見られていたのであった。

そうこうするうち、古典建築の目的と意味に対するラブルーストの急進的な再評価が、ゴシックへの同様の調査研究と比較対照されてきたのである。18世紀における新古典主義の理論家たちによるゴシックの構造に関する合理主義的解釈は、A. -L.〔オーバン゠ルイ・〕ミラン〔・ド・グランメゾン〕〔1759-1818年〕の著わした『国家の古代遺物、もしくはフランス帝国の総括的かつ詳述的歴史に役立つ記念建造物集（*Antiquités nationals, ou recueil de monumen*

640　ヴォードワイエ：マルセイユ大聖堂の西正面
　　　（1845-93年）

〔*t*〕*s pour servir à l'histoire générale et particulière de l'empire français*）』（全6巻、1790-6年）なる題目に典型的に示された、ロマン主義的民族意識(ナショナリズム)に受け継がれた。フランスの中世の歴史に対するこの関心は、学者兼古物収集家のアレクサンドル・ルノワールが1795年に、現在のエコール・デ・ボザールの一郭をなす、旧プティゾーギュスタン修道院内に創設した、一風変わった「フランス記念建造物博物館（Musée des Monuments Français）」において花開いたのであった。ここでルノワールは、ピクチャレスクなまでに喚起的な〔想像力を掻き立てる〕寄せ集めというかたちで、大革命のあいだに破壊された建物群から救いだされていたところの、中世建築の断片や彫刻、そしてステンドグラスを集めて整理した。その哀調に満ちた雰囲気は、フランソワ゠ルネ・ド・シャトーブリアン〔1768-1848年〕に影響を与え、彼の著わした試論(エッセー)『キリスト教精髄(ジェニー)（*Le Génie du Christianisme*）』（1802年）は、まもなくイングランドにおいて、ピュージンによってさらに熱心に強調されてゆくことになるようなやり方でカトリック教会の信仰をゴシック様式と同一視させたのである。

われわれは、ヴィクトール・ユゴーの『ノートル゠ダム・ド・パリ（*Notre-Dame de Paris*）』（初版、1831年）に与えたルノワールの衝撃の跡を辿ることができる。ルノワールはまた、大

革命以降続いていた、古代の建物群の破壊行為に対する、ユゴーの憤怒の情の背景として存在している。中世建築復元〔復原〕の必要に対する意識は、1830年の、「歴史的記念建造物総監督局 (the office of Inspecteur-Général des Monuments Historiques)」の創設へと到った。これは、当時の国王ルイ＝フィリップ〔1773-1850年、在位1830-48年〕によって首相に任命された、歴史家兼国家指導者(ステイツマン)のフランソワ・ギゾー（1787-1874年）によるものである。これに続いて1837年には、「歴史的記念建造物委員会(コミッション)（のちに局(サーヴィス)）」が発足した。これは、歴史に残る(ヒストリック)建物群を分類すると同時に、それらの復元を監督し、資金を供給するという課題を任っていた。これは、ヨーロッパ全土に設立された同様の機 関 群(インスティテューションズ)に対する範型(モデル)となったのである。

　1834年に、ロマン主義の小説家であり、考古学者かつ歴史家でもあったプロスペル・メリメ（1803-70年）が、「歴史的記念建造物総監督官 (Inspecteur-Général des Monuments Historiques)」に任命された。彼は、才気縦横の若き建築家兼理論家のウジェーヌ＝エマニュエル・ヴィオレ＝ル＝デュク（1814-79年）を、歴史に基づく(ヒストリカル)修復〔復元／復原〕の世界へと導いた責任を任うことになった。1840年に、メリメの要請に応じて、ヴィオレは、〔ブルゴーニュ地方の〕ヴェズレーのロマネスク教会堂〔ラ・マドレーヌ〕の修復活動を開始した。さらには、パリのサント＝シャペルの修復を手がけていたJ.-B.-A.〔ジャン＝バティスト＝アントワーヌ・〕ラシュス（1807-57年）との協働作業に加わった。1844年に、再びラシュスと協働して、ヴィオレは、〔パリの〕ノートル＝ダムそのものの修復に取りかかり、新しい参事会会議場(チャプター・ハウス)建設の準備も行なった。たとえば、1844年にそこを訪れたピュージンによって大いに賞嘆された、サント＝シャペルの修復に見られる、彼ら2人の協働作業がもたらした豊かな多色彩飾は、イトルフとその仲間たちのそれ(サークル)に匹敵しうるものであった。しかしながら、ヴィオレは、ラブルーストのようなロマン主義的古典主義者たちがなしたよりもずっと強力に、因襲的なアカデミックな審美眼(テイスト)〔好み〕との断絶を成し遂げたのである。ヴィオレは、エコール・デ・ボザールに入学することを拒否し、その生涯をとおしてずっと、エコール・デ・ボザールと〔その母体の〕アカデミーの、そしてこれらのものが味方したと自らが思ったものすべての、敵であり続けた。ますます外見上は社会主義者で無神論者となっていったヴィオレは、自らの最愛のゴシックを、カトリック主義〔カトリック教信仰〕の表明としてではなく、物質的な諸問題の機能主義的な解決として表わすことを決めた。これこそが、その多くの著作のなかでももっとも有名な著作『11世紀から16世紀までのフランス建築の合理的〔理論的解釈〕事典（*Dictionnaire raisonné de l'architecture française du XIe au XVIe siècle*）』（全10巻、1854-68年）において、彼が行なったことである。このなかで彼はまた、ギリシャ建築とビザンティン建築を、同様の用語で説明していた。この著作は、人々の心を強くそそることもなく登場し、かくして、たとえば1860年代のサン＝ドニやアイヤン＝シュール＝トロン〔ブルゴーニュ地方〕の教会堂群のような、そのほとんど故意に不恰好につくった建物と並行するかのごとき存在なのである。それはすなわち、攻撃的な、馬鹿気てはいない〔ごく真っ当な〕〔ヴィオレの〕やり方(アプローチ)の結果にほかならないのである。

ヴィオレは、鉄のような新しい材料群の採択と一緒くたになった、構造と組織化の合理的な体系へのこだわりこそが、19世紀にとって独占的な新しい建築造形言語(ランゲージ)の誕生に帰着すると信じた。その著作『建築講話(*Entretiens sur l'architecture*)』(1858年と1872年刊)のなかで彼は、この新しい建築がどのように見えるか、そのイメージをスケッチすることまでした。彼は、われわれに、1866年頃設計された、多面体のコンサート・ホールを示してくれる。これは、傾斜したストーヴの煙突のような、優雅さのない鉄の〔隅に建つ〕支柱(ストラッツ)〔圧縮材〕に支えられた、鉄と煉瓦で出来たヴォールト架構された天井のある建物である。これと同様の不器用さが、V字型の棒(ポール)〔柱〕に支えられた天井のあるマーケット・ホール用の、もうひとつの実施に移されることのなかった計画案を特徴づけている。事実、ルイ゠オーギュスト・ボワロー(1812-96年)が、サントゥジェーヌというパリの、全体がゴシック様式の教会堂(1854-5年)を建てたが、ここでは、円柱群、トレーサリー、そしてリブ群が鉄で出来ており、同時に、ヴォールト群さえもが、金属製の薄板(シーツ)で覆われていたのであった。

641 ヴィオレ゠ル゠デュク:コンサート・ホールのための設計案(1866年頃)、『建築講話』1858-72年より

　その頑迷な合理主義的手法(アプローチ)によって自らとヴィオレ゠ル゠デュクとが知的に結びついていた、古典主義に対する共感に満ちていたひとりの建築家が、多産なジョーゼフ゠オーギュスト゠エミール・ヴォードルメール(1829-1914年)であった。サン゠ピエール・ド・モンルージュ(1864-72年)と、ノートル゠ダム・ドートゥイユ(1876-80年)という、2つのパリの教会堂のために、ヴォードルメールは、厳格なロマネスク的手法を選んだが、これは疑いもなく、アメリカの建築家H. H. リチャードソンに影響を与えた。おそらく、ヴォードルメールのもっとも特徴的な業績は、その学校群であり、とりわけリセ・ビュフォン〔ビュフォン高校〕である。これは、1887-9年に、ヴォージラール並木大通り(ブールヴァール)に建てられた広大な建物である。ここで彼は、3つの中庭をめぐる対称的なボザール流の平面を、軽量の黄色い煉瓦と石灰石からなり、ピンク色の煉瓦と緑色のタイルで模様をつけられた、一種の機能主義的ルネサンス様式のファサード群と結びつけたのであった。中庭(コートヤード)の数々は、広々とした2階の柱廊群(ギャラリー)がある回廊(クロイスター)のごとく表わされており、これらの柱廊(ギャラリー)では、コンクリート製の柱頭のある石造の円柱

群が、鉄製の屋根を支えている。この渋い〔趣きがある〕建築は、材料群の「合理的な」使用が行なわれ、構造的ないろどり(ポリクロミー)が添えられていて、〔結果、〕ゴシック様式でも古典様式でもない。なんとかしてエコール・デ・ボザールの理想の多くを、ヴィオレ=ル=デュクの理想と組み合わせようとすることで、この建築は、フランスの都市群および町々をとおして、無数の施設関係建築のデザインに影響を与えたものの、その歴史はいまだに書かれてはいないままなのである。

第二帝政から1900年のパリ博覧会まで

　ヴォードルメールは、われわれがヴィオレ=ル=デュクを置き去りにした1850年代および1860年代を越えたところまで、われわれを運んでくれた。われわれは、ヴィオレの共感から遠く離れた系譜に沿って、パリの顔を変えようとする組織立った計画案(スキーム)の誕生を目撃するために、これらの数10年間に立ち戻るべきである。この遠大な計画を有機的につくり上げる天才は、変わらずに信奉するボナパルト主義の忠節心をもった、パリのプロテスタントの中産階級(ブルジョワ)一家に生を得た、ジョルジュ=ウジェーヌ・オスマン男爵(1809-91年)のそれであった。1848年の革命のあと、オスマンは、ルイ=ナポレオン〔1808-73年〕の大義(コーズ)を支持した。彼は皇帝ナポレオン3世〔在位1852-70年〕として、1853年6月に、オスマンを、セーヌ県知事に任命したのであった。この同じ月に、ナポレオン3世は、オスマンをサン=クルーに呼びだし、彼にパリの地図を1枚見せた。そこにはナポレオンが心に抱いていた建築計画案群が、優先権の順位を示すため、異なった色のクレヨンで、すべて印づけられていた。この歴史に残る都市を近代化するという皇帝の野望の数々は、錯綜したものではあったものの、この都市をそれに相応しい公共記念建造物群で満ちた、壮麗なる帝国の首都――なおかつ同時に、増大する人口を収容することができ、また、商業、産業そして輸送機関における新しい発展の数々を切り拓くことのできるような首都――へと変貌させようとする願い(ウィッシュ)が含まれていた。皇帝はまた、スラム街を取り壊すことによって、自らの主題群(サブジェクツ)がもつ現況の問題点を改善しようという、嘘いつわりのない願望によって突き動かされていたのである。もちろん、これらのまさしくスラム街が、狭い入口をさえぎるにわか造りのバリケードを易々と組み立てることのできる革命グループの温床に、1780年代以降なり続けていることに、皇帝自ら注意を怠ることはなかった。

　オスマンは、1870年まで自らの地位を保持したが、そのあいだずっと彼は、バロックの先例から由来する伝統的なフランスの都市計画に基づいた記念碑的な系譜に沿って、この都市全体を大改築したのである。規則正しい古典主義的なファサード群が並ぶ大きな通りや〔環状〕並木大通り(ブールヴァール)が、ロン=ポワン(*ronds-points*　環状の交差路)まで続き、ここで、大きな公共建築群や教会堂群が、眺望を結ぶために建てられたのである。こうしたことのすべてにわたって、セーヌ河によりもむしろ新しくつくられた導管〔暗渠〕のなかへ放出される地下の下水道がある、近代的な排水システムや、新たな上水道、ガス灯による照明、そして公共の噴

631

642　オペラ座の上空からの眺望〔俯瞰〕、パリ、ガルニエによる。オスマンによって配置された環状並木通り〔ブールヴァール〕を見る（1854-70年）

643　アルファンとダヴィウー：ビュット＝ショーモンの公園、パリ（1864-7年）、採石場〔石切場〕の敷地につくられた

水が伴っていた。新しい橋の数々が、セーヌ河に架け渡された。ブローニュの森や、ヴァンセンヌの森、モンソー公園、そしてビュット＝ショーモンの公園といったような新しいさまざまな公園が配置された。新たな劇場の数々が建てられ、有名なパリの「中央市場」〔アール・サントラール〕を含んだ新しい市場も同じく建設された。

　この広大な建設計画の課題を実行に移すために雇われた建築家の面々は、J.-C.-A.〔ジャン＝シャルル＝アドルフ・〕アルファン（1817-91年）、ヴィクトール・バルタール（1805-74年）、H.-M.〔エクトール＝マルタン・〕ルフュエル（1810-80年）、G.-J.-A.〔ガブリエル＝ジャン＝アントワーヌ・〕ダヴィウー（1823-81年）、そしてもっとも才能に恵まれていた、ジャン＝ルイ＝シャルル・ガルニエ（1825-98年）であった。アルファンとダヴィウーは、新しい公園群の責任者の立場にいたが、なかでは、ビュット＝ショーモンの公園（1864-7年）が、もっとも生気に溢れている。この公園は、18世紀の庭園のように、高い岩山の上に置かれた神殿があ

第9章 19世紀

るピクチャレスクな構成をしている。しかし、18世紀のものとはちがって、現実逃避の楽園として構想されているわけではなかった。むしろそれは、工業化された都市の社会生活の一部となっており、この公園から、まさしくこうした都市の印象的な眺望を見渡すことになるのである。

　1854-70年にパリの「中央市場(アール・サントラール)」を建設したバルタールは、1833年にエコール・デ・ボザールにおいて、ローマ大賞(グラン・プリ)を授かった。そして、彼は大画家J. -A. -D.〔ジャン゠オーギュスト゠ドミニーク・〕アングル（1780-1867年）の子飼い(プロテジェ)という存在であった。バルタールは、アングルのために、その作品『アンティオコスとストラトニケ』〔1840年〕用に多色彩飾の背景を描い

644　サントーギュスタンの外観、パリ（1860-71年）、バルタールによる

633

645　ダヴィウー：サン＝ミシェルの噴水、パリ（1858年）

たのである。バルタールの趣向は、石で建てられた市場群であった。しかし、工学技師のエクトール・オロー〔1801-72年〕に影響されたオスマンは、バルタールに、その「中央市場(アール・サントラール)」を形づくっていた、屋根のある通りで連結された14棟のパヴィリオン〔パヴィヨン〕を、鉄とガラスのものに切り替えるよう強要したのであった。これらのパヴィリオンは、1973年に心得違いの立案者(プランナー)たちによって取り壊されてしまった。バルタールの手になる、サントーギュスタン教会堂（1860-71年）は、そのざわついた、いくらか消化しにくい奢侈と、鋳鉄製の円柱群と組み合わされた、その自信に満ちた折衷主義の様式とを兼ね備えた第二帝政の雰囲気を、上手に要約している。実際のところ、仰々しい装飾が表面に散りばめられた、サントーギュスタンの盛り上がったような形態群は、当時の御婦人たちの衣裳を、まさしく石で表現したもののように見えるのである。

　ルーヴル宮殿とテュイルリー宮殿を最終的には結びつけようとする、ルフュエルの手になる壮麗なる拡張計画は、フランスとアメリカ合衆国に影響を与えることになる型式(パターン)を用意した、高いパヴィリオンの屋根をもって、1854年に着工された。この4年後に、ダヴィウーは、生涯に手がけた4つの入念につくられた建築的な噴水のなかの最初のもの、サン＝ミシェルの噴水を設計した。これは、オスマンによってつくられたサン＝ミシェル並木大通り(ブールヴァール)の起点を印づけるバロック様式の記念碑である。

　ひとつの大きな都市〔パリ〕が、かくも熱狂的な活動力をもって、かくも短いあいだに、かくも山ほどもある彫り刻まれた石と装飾用ストゥッコをもって、変貌しえたという事実は、稀なことである。この都市は、ヨーロッパ中、いやヨーロッパを越えて、ローマ、ウィーン、ブリュッセル、リヨン、そしてトゥールーズのような主要な都市群の発展に甚大なる影響を与えた。しかしながら、パリにおいては、個々の建築群のうち、ただひとつのものだけが、第一級の序列に位置する傑作として問題なく挙げられるという事実を、正直に告白しなければなるまい。それは、1862-75年に、ガルニエの設計案を基にして建てられたオペラ座である。これらの設計案はきわめて帝国色の強い壮麗さを帯びていたため、当の建築家自身が、ウジェーヌ皇后〔1826-1920年〕に対して、これらの様式を、「ナポレオン3世様式（style Napoléon III）」と要約してみせたほどであった。1871年、1878年、そして1881年に出版した

著作のなかで、ガルニエは、自らの目的が、——建物のあらゆる部分がこの建物を訪れる人々の経験に寄与するような、そして彼らが多様であるという事実のままに、第二帝政の社会全体を表現するような場所としての——オペラ・ハウスを生みだすことであったことを明らかにしている。ガルニエはオペラ座にやってくる人々の利便と喜びを考慮して、この建物の動線を取り決めた。彼はこれらの人々を4つのカテゴリーに仕分けしたのであった。すな

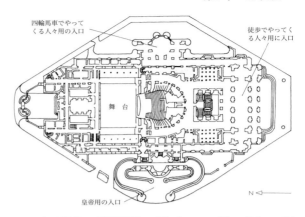

646　オペラ座の1階平面図、パリ（1862-75年）、ガルニエによる

わち、四輪馬車でやってくる人と、徒歩でやってくる人。そしてこれらの人々を、さらに、切符をすでにもっている人と、これから買う〔切符をもっていない〕人とに分けたのである。オペラ座にやってくる人々は、華やかさの度合いの異なる、入口や玄関廊を別々にあてがわれ、その一方、皇帝にはオペラ座の側面に建つ円堂を取り囲む独立した四輪馬車用の斜路が用意されていた。しかし事実は、ナポレオン3世が1870年に権力の座から失脚し、そのため、皇帝用のパヴィリオンは、もはや必要なくなり、今日に到るまで未完成のまま放置されているのである。

　ガルニエは、オペラを、人間のもっとも原初的な本能を儀礼的に具現化したもの、すなわち、夢の数々と想像することどもを一緒に分かちあうための儀式の到来と見なしていた。観客たちは、そこでは、見る存在であると同時に、見られる存在でもあったのである。観客たちはまた、俳優たちでもあった。かくして、オペラ座での夜会という劇〔ドラマ的状況〕は、観客席においてではなく、主要な玄関広間で始まるのであり、ここでは御婦人たちが、壮大・荘厳な階段を昇る前に自らの美装を整えることができるよう、円柱のあいだに置かれた鏡の数々があったのである（図701）。あらゆる時代をとおしてもっとも独創的な建築についての叙述のひとつのなかで、ガルニエはわれわれに、ボルドーの劇場（1773-80年）（本書563頁）でのヴィクトール・ルイに鼓舞された、階段室の、大理石やシャンデリアやアーチが架かった列柱廊が、晴れやかさに満ちた内部の雰囲気——華麗な衣装をまとった観客たちが、その顔の表情や活気に満ちた挨拶で、知人に応える——をつくりだすために、いかに用いられているかを教えてくれているのである。この階段室を取り囲むロビーやコリダー〔廊下、通廊〕、そしてホワイエは、その多くのものが階段室に通じており、彫刻や金箔や彩色で豊かに飾り立てられ、以前につくられたどの劇場のものよりも大きかった。さまざまな施設が、広範な多様性に溢れた活動のために調達されており、たとえば、男性用の喫煙室や女性用のアイスクリーム・パーラーが置かれているのである。

647　エッフェル：エッフェル塔、パリ（1889年）

多色彩飾による装飾もまた、外部の特徴であったが、これは黄金のモザイクと金箔を被せた装飾的な細部で豊かに飾り立てられていた。入口正面の記念碑性とほぼ穏健といってよい様相とは、意図的にバロックの過剰さを避けており、われわれに、ガルニエが、エコール・デ・ボザールでルバの弟子として古典主義のフランス建築教育を受けていたことを思い起こさせる。エコール・デ・ボザールでガルニエは、1848年に〔ローマ〕大賞（グラン・プリ）を獲得していた。ローマでガルニエは、トラヤヌスの円柱とウェスタの神殿の研究を行ない、そのあと、シチリアへ旅行し、1852年にはギリシャへ向かったのである。ガルニエがのちに説明したように、まさしくギリシャにおいてこそ彼は、「生まれて初めて、芸術のもつ魔術的な力（マジカル）と古代建築の荘厳さとを理解した」のであった。もちろん彼が見た偶像（ヴィジョン）は、ヴィンケルマンがかつて理解していたであろうようなギリシャのそれ（ヴィジョン）では、もはやなかった。なぜなら、それは本質的に、イトルフ以後の多色彩飾的な理想像の産物であったからである。ガルニエが1852年に行なった、アイギナ島のユピテル・パンヘレニオスの神殿に関わる復元研究は、C. R.〔チャールズ・ロバート・〕コッカレルとF. C.〔フランシス・クランマー・〕ペンローズ〔1817-1903年〕の調査に基づいていたが、最終的に1860年にコッカレルによって公けにされた復元研究（本書647頁）と同様に、多色でぞくぞくするほど豊かに彩られていた。

　1889年のパリ万博は、建築とデザインにおけるフランスのダイナミズムの、全体として〔従来と〕異なった側面を示した。このことに関連した2つの恒久的な構造物が、ヨーロッ全土からの訪問者たちの称讃を引き寄せた。すなわち、工学技師のギュスターヴ・エッフェル（1832-1923年）によって設計された、「300メートルの塔」〔エッフェル塔〕と、建築家のフェルディナン・デュテール（1845-1906年）によって設計され、工学技師の、〔ヴィクトール・〕コンタマン〔1840-93年〕、ピエロン、シャルトンの援助を得て建てられた機械館（パレ・デ・マシーン）（1886-9年；1910年取り壊し）である。双方の建物ともに、鉄道の橋梁や駅舎を伴って元々は発展していった、金属の構造物における技術に基づくものであった。デュテールは、エコール・デ・ボザールの卒業生（プロダクト）であり、1869年に大賞（グラン・プリ）を獲得していた。デュテールによる機械館の大きな矩形ホールは、20基の横向きの、3点蝶番（ヒンジ）のある鉄製アーチを使って、単一の空間（スパン）をなす屋根が架けられ

ていた。当時の建築書に載せられたこの建物のどの写真にも、完成前でしかない簡素なまでに機能的な鉄とガラスしか写ってはおらず、そのためにこの建物には、それを包んでいる彩色ガラスや絵画、モザイク、そして陶磁器の煉瓦が欠けている。〔実際のところ、〕こうした装飾品は、当時の人々に期待されていたものであった。ギュスターヴ・エッフェルは、自らの名前をつけることになった有名な塔の建築家であったが、ディジョンで生まれ、パリの「中央工芸学校（Ecole Centrale des Arts et Manufactures）」で学んだ。ここでエッフェルは、金属構造物を専門としたのであった。彼はフランス、ヨーロッパ、南アメリカで、数多くの鉄道橋を鉄でつくった。たとえばそのひとつに、堂々とした構えの〔オーヴェルニュ地方の〕ガラビ高架橋（1885-8年）があるが、これは、あの、古代ローマの工学技術の傑作であるポン・デュ・ガールと、さほど違いのあるものではなかったと言える。エッフェル塔は、力強く、軽量であって風に対する抵抗力がある、多くの小さな部分からなる燦然と輝く想像力に富んだ集合体であり、忘れがたい相貌を見せるひとつの記念碑的な全体像をつくり上げていた。そのデザインは技術的ではない審美的〔美学的〕な配慮に支配されている。たとえば、この塔の足元を繋いでいる、大きな曲線を描く巨大なアーチ群は、塔の重みを支えるのに役立っているかのように見えるが、〔実際に〕荷重を支えることに失敗しているのである。というのも、これらのアーチは上部構造から吊るされた装飾的な相貌を見せつけているからである。

　これらの技術上の革新にもかかわらず、ガルニエのオペラ座がその大そう目もくらむほどに豊かな表現をなしえたところの、古典主義の伝統が、19世紀の末頃に次第に消えうせていったと考えるべきではない。そうではなく、オペラ座がその当時から今日に到るまで、フランスで建てられたどの単一の建築に対しても、芸術作品として較べようもないほどの〔素晴らしい〕存在であり続けたということをはっきりと述べておかねばならないのである。ガルニエの模倣者たちの多くが真似たバロック的奢侈を、意図的に避けて、ボザールの理想の数々を、初期20世紀へともたらした数多くの建築家として、E. -G. コッカール（1831-1902年）、P. -G.〔J.が正しい〕-H.〔ピエール=ジェローム=オノレ・〕ドーメ（1826-1911年）、H. -A. -A.〔アンリ=アドルフ=オーギュスト・〕ドグラーヌ（1855-1931年）、P. -R. -L.〔ポール=ルネ=レオン・〕ジナン（1825-1908年）、C. -L.〔シャルル=ルイ・〕ジロー（1851-1932年）、V. -A. -F.〔ヴィクトール=アレクサンドル=フレデリック・〕ラルゥー（1850-1937年）、P. -H.〔正確には、H. -P.（アンリ=ポール）〕ネノ（1853-1934年）、そして J. -L.〔ジャン=ルイ・〕パスカル（1837-1920年）が挙げられる。これらの古典主義的建築家たちの技量や知識や影響については、20世紀の批評文献では、黙殺の申し合わせが幅を利かせたままなのである。

　コッカールとドーメは双方とも、デュクの裁判所の華麗な内部空間を設計した。それに加えて、ドーメは、シャンティイの城館（1875-82年）を再建し、大いなる視覚的ドラマを演出する見事な階段室を付け加えた。ジナンは、L.-H. ルバの弟子であったが、1852年に大賞を獲得し、イタリア滞在中には、タオルミナのギリシャ劇場の復元研究を行なった。彼のもっとも顕著な建物は、〔パリの〕サン=ジェルマン並木大通りに建つ医学校（1878-1900年）であ

648　ラルゥー：オルセー河岸の駅舎（ガール）の外観、パリ（1896年頃-7年設計；1898-1900年建造）

り、これは、デュクに大半を負っている、巧妙なヘレニスティック時代のギリシャ建築再生の試みである。パスカルは、48人ものアメリカ人留学生を含む、ボザールの学生たちに甚大な影響を及ぼした教育者であった。ボルドーの医学部・薬学部（1880-8年）において、パスカルは、ジナンと同様の非の打ちどころのない古典主義を展開した。彼の弟子であるネノは、当時のパリでもっとも大規模な公共建築群のひとつ、新ソルボンヌ〔ソルボンヌ大学新校舎〕（1885-1901年）を設計した。エコール・デ・ボザールの平面計画に関する理想の数々を、いくらか仰々しいかたちではあったものの壮麗に実現した作品（プロダクト）であるこのソルボンヌ大学校舎は、アメリカに影響を及ぼし、当地ではたとえば、マッキムやミードやホワイトといった建築家たちが、彼らの〔マッキム・ミード・アンド・ホワイト〕事務所にこの建物の図面を枠に入れ、壁に掛けて飾っていたのであった。

われわれが1900年に近づくにつれて、より大きな充溢が、とりわけラルゥーやドグラーヌやジローの作品において、目立って現われてくる。ラルゥーは、その2つの鉄道駅舎、すなわちトゥールの駅舎（1895-8年）とパリのオルセー河岸の駅舎（ガール）（1896年頃-7年に設計；1898-1900年に建造）のゆえに、記憶に残る存在である。オルレアン＝パリ間を結ぶ路線（ライン）のパリ側終点の華やかなファサードは、泡のような装飾のあるスカイラインの下方に、7基の大きなアーチが備えられていて、ラブルーストの手になる国立図書館（本書626頁）のさまざまな主題のいくつかをより大きな規模で展開する、卓越した多くのドームが架かった玄関間を、正面に据えている。パリの心臓部へと入る壮麗なかたちの入口は、1900年のパリ万博との繋がりから建てられた3つの恒久的な構造物のうちのひとつであった。他の2つが、セーヌ河を横切って向かい合う大小の宮殿、グラン・パレとプティ・パレである。これらはガルニエの様式に対する敬意を表わすものとして、1895-1900年に建てられた。これら双方の宮殿（パレ）は、石造の華麗な古典様式の外観と、当時はボザールの理想の数々がもつ活力の証（あかし）として認められていた極端に複雑化した平面とを兼ね備えている。ドグラーヌ、〔ルイ＝〕A.〔アルベール・〕ルーヴェ〔1860-1936年〕、そしてA. -E.〔正確にはF.〕-T.〔アルベール＝フェリックス＝テオフィール・〕トマ〔1847-1907年〕によって設計されたグラン・パレは、ふくらんだドームが頭に載った、ひと際目立つ鉄とガラスの内部空間を含む、列柱が並んだ石造りの外観を誇っている。これは、従来からの造りに則った〔紋切り型の〕美術館の内部に置かれた「機械館」（パレ・デ・マシーン）として記述されてきており、それゆえ19世紀フランスの建築上かつ理論上の理想の多くを神聖なものとして扱っているのである。19世紀はまさしく、西洋建築の歴史において、もっとも知的な挑戦が行なわれた時代のひとつなのであった。

第9章　19世紀

649　新ソルボンヌの階段室、パリ（1885-1901年）、ネノによる

650　ドグラーヌ、ルーヴェ、そしてトマ：グラン・パレの外観、パリ（1895-1900年）

イギリス〔大ブリテン島〕

摂政時代〔1811-20年〕と初期ヴィクトリア朝時代〔1832年頃-48年頃〕

　ナポレオンに対して苦しみながらも勝ち得た勝利のあとの、国家的誇りに意気揚々とし、産業革命の急速な成長によって次第に豊かになり、全体としては理想像をつくり上げることに、個々には内部のデザインに取り憑かれたひとりの君主——摂政皇太子、1820年以降はジョージ4世〔1762-1830年〕——によって統治された、イギリスは、1815年以降の爆発的な建設ブームの時期を申し分なく、謳歌した。中心をなすロンドンの改善の重要な第一歩は、1811年に、メリルボン・パークの、永い貸借期間ののちの、国王への返還とともにやってきた。これは、開発の機が熟していたロンドンの中心部の、まさしく北のはずれに位置した、500エーカーを越えた一帯であった。建築家ジョン・ナッシュ（1752-1835年）が、現存している田園的な特徴をいくらか残すような、ピクチャレスクな風景をした公園のなかと周辺に、一戸建ての別荘群と住宅棟（連続住宅）を建設するという注目すべき計画を提供した。ナッシュはさらに、ここと、ウェスト・エンド〔ロンドンの中央部、西よりの地域〕を結び、また、「リージェント・ストリート」として知られる、北から南へ走る新しい大通りをつくることによって、ペル・メル街にある、摂政皇太子のカールトン宮殿とも繋げることを提案した。摂政皇太子は、1811年にこの計画案の概略が述べられた際に、この案に歓喜し、「これはナポレオンの顔色なからしめるに十分なものとなろう」と言い切った。1815年に続く10年

651　カンバーランド・テラス、リージェンツ・パーク、ロンドン（1825年）、ナッシュによる

第9章　19世紀

間に大がかりに建てられたこの計画案(スキーム)は、このような規模においては初めて都市の環境(セッティング)にもたらされることになった、ピクチャレスクな理想の数々の勝利を表わしたのであった。ナッシュは、パーク内の別荘群が、「どの別荘も他の別荘から見られることなく、しかも互いがこのパーク全体を所有しているように見えるような」やり方で、互いの関わりと、さらには、木立ちの群れとの繋がりとが、いかに注意深く考えて配置されたかを記述していた。ナッ

652　パーク・ヴィレッジ・ウェスト（1824-8年）の眺望(ヴュー)、ナッシュによる

シュはまた、このような「個別性と多様性に溢れたデザインが……遍く大そう賞嘆されているオックスフォード本通り(ハイ・ストリート)と同様の効果を通行人の目にもたらすよう」要求することによって、新しい通りに意図的に不揃いなかたちで建ち並ぶ建築群を正当化したのであった。

　ナッシュは以前の協働者(パートナー)であったハンフリー・レプトン（1752-1818年）と連繋して、建築のデザインに対する風景的要素を加味したアプローチを発展させた。レプトンは、この国における主要な造園家(ランドスケープ・ガーデナー)として、ケイパビリティ・ブラウンの跡を継いだ人物であった。ナッシュとレプトンは協働して、数多くの田舎の住宅や別荘を設計したが、これらのものは自然と建築とを、驚くべき自由度をもった非対称的な全体へと融合させていた。ナッシュは別荘設計の先駆者のひとりである、サー・ロバート・テイラー（1714-88年）の弟子であった。テイラーの事務所でナッシュは、大きな地所の中心である〔住宅群〕よりもむしろ、財産の現実の源が地方ではなく都市にあるような裕福な商人たちや銀行家たちのための、現実逃避用の田舎の隠れ家であった住宅群〔の方に〕に対する需要に、よく通じていたと思われる。

　おそらく、ナッシュとレプトンによるこのタイプのもっとも愛らしい住宅は、銀行家チャールズ・ホー〔1767-185?年〕のための、デヴォン〔イングランド南西部〕州のラスクーム・カースル〔城郭〕（1800-4年）であろう。人里離れた青々とした樹木の茂った渓谷に位置するこの住宅は、中心部分の円形のロビー〔図653の2〕から外側に向かって爆発的に拡がっているように見える、粗い十字形平面をしている。くせのある特徴は、八角形の客間(ドローイング・ルーム)から外に開かれているヴェランダである。これは、夏には庭園に繋がっているが、冬にはガラス戸群で閉じられてしまう。これによって、フランク・ロイド・ライトのものを予知させる（本書781-98頁を参照されたい）空間的自由度をもって、内部と外部の境界があいまいになるのである。小規模な城郭(カースル)として、ラスクームはまた、ヘレフォードシャー〔イングランド西部〕のダウンタウン・カースル（1772-8年）という、18世紀の非対称形の城郭風の〔胸壁のようなぎざぎざのある〕(カステレイティッド)カントリー・ハウス群の最初の例において確立された定式を、中産階級の住宅(レジデンス)

641

653 ラスクーム・カースル、デヴォンの平面図、ナッシュによる

1 ホール
2 内部のホール〔円形のロビー〕
3 〔昼間、家族のいる〕居間
4 配膳室
5 ヴェランダ
6 客間〔応接室〕
7 図書室

群にとってはぴったりな小さな規模にまで、縮小させたことで重要な存在なのである。これは、不整形な風景と混ざり合った、これまた不整形な建築の発展における画期的な試みであった。ナッシュは、この〔ダウンタウン・カースルという〕先駆的な建物も、その所有者かつ設計者の、影響力のあったピクチャレスクの理論家、リチャード・ペイン・ナイト（1750-1824年）もともに知っていた。リージェンツ・パークの北東のはずれに、1824-8年に自らが建てた、いわゆるパーク・ヴィレッジの、2つの小さな通りにおいて、ナッシュは、ひと続きをなす控え目な住宅群において、さらに小さな規模で、ラスクームの主題を繰り返した。ここでナッシュは、20世紀へと良好なかたちで継承されるような、郊外の発展にとって魅力ある範型を供給したのであった。

　ともに摂政皇太子から委託された、ナッシュの主要な仕事のなかでも〔次に挙げる〕2件こそは、とりわけ幻想の達人〔名匠〕たる〔ナッシュという〕ひとりの建築家の腕の見せ所にほかならない。すなわち、それは現存する建物の完璧な改築となる、ブライトン・パヴィリオン（1815-21年）とバッキンガム宮殿（1825-30年）であった。見応えのある奇術を用いてナッシュは、1780年代にヘンリー・ホランドによって上品な古典〔主義〕様式で皇太子のために建てられた、ブライトン・パヴィリオンを、ヨーロッパで匹敵しうるもののないような新たな東洋風の狂態物へと変容させたのである（図705）。元々は1702-5年に建てられた、バッキ

654　ナッシュ：ラスクーム・カースル、デヴォン（1800-4年）（1862年のサー・ギルバート・スコットによる礼拝堂を前面に見る）

第9章　19世紀

ンガム宮殿は、ナッシュによって大都市に相応しい宮殿へと変貌したものの、その出来はあまり成功したとは言いがたい。なぜならば、おそらく、ナッシュには、これほど広大な規模で、古典〔主義〕的造形言語を首尾一貫したかたちで組織化する訓練が不足しており、加えて、その70代半ばという大そうな年令のため、いまさらこうした訓練には耐えられなかったからであろう。

655　ワイアットヴィルによって拡張・改築された、南から見たウィンザー城〔カースル〕（1824-40年）

建築家サー・ジェフリー・ワイアットヴィル（1766-1840年）は、1824-40年に、ウインザー城を、重々しい中世風の様式で拡張・改築することで、ジョージ4世に対して、英国の君主政治の、より壮快な視覚的な象徴物を供給したのであった。ずんぐりとした12世紀のラウンド・タワーによって与えられたスカイラインでは、自らがこの城の他の部分を高くしたために、見晴らしが不十分なものとなったことに気づいたワイアットヴィルは、首飾りのかたちをした補助的な頂部〔天守〕を付け加えることによって、このラウンド・タワーをおよそ30フィート（9m）高くした。これはまさしく、ピクチャレスクの教義に完全に合致した、大胆ではあるものの風景に関しては風格ある一撃〔ストロウク〕にほかならない。

ロンドンでは、サー・ジョン・ソーン（1753-1837年）は、1820年代には、現在ではすべて取り壊されてしまったものの、ウェストミンスターとホワイトホールでの公的生活の儀式に相応しい背景〔セッティング〕の数々をつくることに多忙であった。ここでのソーンの仕事は、自らが1790年代に確立した個性的な様式（本書546頁を参照されたい）で、建設局〔オフィス・オヴ・ワークス〕付きの3人の「連携せし建築家（Attached Architects）」のひとりとしての立場から実施に移されていた。この称号は、ソーンが、ナッシュやスマークとともに、1813年に獲得した、国王の命によるものであった。

サー・ロバート・スマーク（1780-1867年）は、ソーンやナッシュよりも一世代若かったが、イングランドの建築の歴史に新しい要素を導入した。もっとも、それは、われわれが19世紀のフランスにおいてすでに探求した要素ではあった。神殿群や教会堂群、宮殿群、そして主要な市民建築群が、古代世界から18世紀末までを述べたわれわれの今までの各章において支配的であった。新しい建物の類型〔タイプ〕が今や、産業革命によって、さらには、新興の富裕な中産階級〔ブルジョワジー〕への権力の移行に伴った民主的な機関群の増大によって、つくりだされたさまざまな要求の結果として、興隆したのである。スマークの幅広い経歴は、この広範に拡がった機会を反映している。すなわち、ギリシャやゴシックの様式での、数多くの教会堂やカントリー・ハウスを建てることのほかに、スマークは、ロンドンにおいて、1808年と1836年のあいだ、大英博物館〔ブリティッシュ・ミュージアム〕、中央総合郵便局〔ジェネラル・ポスト・オフィス〕の建造と、さらには王立造幣局〔ロイヤル・ミント〕とミルバンク刑務所〔ペナテンシャリー〕の完

643

656　スマーク：大英博物館の入口正面、ロンドン（1823-46年）

成、また、税関所（カスタム・ハウス）、コヴェント・ガーデン劇場、王立医科大学、キングズ・カレッジ、ウィトモアズ銀行、エクワタブル・アシュランス・カンパニー社屋（オフィス）、ユナイテッド・サーヴィス・クラブ、ユニオン・クラブ、そしてオックスフォードおよびケンブリッジ・クラブといった、再建の数々、これに加えて、イナー・テンプル法学院内の法廷弁護士用住宅群の増築といった〔大きな仕事を〕いくつも抱えていたのである。これだけで、普通に認識される近代的都市用の「処方箋」も同然である。この「処方箋」は、都市中心部での行政用の建物群が、郊外に建てられた屠殺場や墓地のような施設群で、一新されてゆく町や都市のために、1815年以降、ヨーロッパ全土で繰り返し用いられることになった。

　公けの建築家としてのスマーク自身の活動は、決してロンドンに限られてはいなかった。スマークは、英国全土（ブリテン）にわたって、カントリー・ハウス群やさまざまな町での州の会館群のみならず、刑務所や病院、市場、橋梁を供給した。この建築種類群（タイプ）が示す広範さは、その現実的な建築的表現よりも、九分どおりもっと重要なもののように思われる。実際のところ、そのファサードを構成するギリシャのイオニア式円柱群の、果てしなく続くように見える誇示の様相が、記憶にいつまでも残る、大英博物館（1823-46年）は例外としても、スマークの建築造形言語（ランゲージ）は、ソーンとダンス双方の弟子であった者にとっては、非常に想像力を欠いたものである。極力抑（ミニマム）えた装飾的細部や、ギリシャ的な抑制の雰囲気をもった、スマーク

644

第9章　19世紀

のお徳用(サーヴィサブル)の様式は、広く模倣されたが、その理由は、彼の手になる建築群が、極端に費用が嵩むわけでも、朽ちたり、漏れたり、あるいは崩れたりしないことが、よく知られていたからである。スマークはまた、石灰コンクリート〔lime concrete.粘土質の石灰石を焼成し、その塊を粉砕して粉としたセメント〕を用いた荷重を担う基礎部分の使用や、公共および私用の建築への、鋳鉄製の梁の導入における先駆者でもあった。鋳鉄はずっと、工業建築群の特徴であり続けた。たとえば、シュロップシャーの、ディザリントンにある、〔ジョン・〕マーシャル〔1765-1845年〕、〔トマス・〕ベニアン〔1764-1833年。もしくはその弟のベンジャミン・ベニアン 1767-1834年〕、そして〔建築家のチャールズ・〕ベイジ〔1751-1822年〕の手にな

657　王立医科大学の外観、エディンバラ（1844-6年）、ハミルトンによる

る製粉所（1796-7年）、ダービイシャーの、ベルパーにある「ノース・ミル」（1804年）、そしてグロスターシャーの、キングズ・スタンリーにある「ザ・クロース・ミル」（1812-3年）がこれに当たる。これらの、煉瓦と鉄による革命的な耐火製の建物群は、木材の使用を避けることで、鉄による枠組みからなる構造を十全に発展させる、まさしく途上にあったわけである。

　スコットランドでは、ギリシャ復興(リヴァイヴァル)〔様式〕が、堂々たる様相のもとで公共建築群に採択され、都市エディンバラ〔スコットランドの首都〕は、その本来の立地条件がもつ劇的な状況も加味されて、まさしく、北方のアテネとして知られるようになった〔エディンバラの中心には、カールトン・ヒルなる小高い丘があることや、旧市街と新市街の美しい町並みがアテネを連想させるのであろう。カースル・ロックなる岩山の上に建つエディンバラ城がアクロポリスに建つパルテノンを思い起こさせもするのであろうか。また、18-19世紀には文化的中心地として栄えたことも見逃せない。さらには、アテネ出身のジャイルズがエディンバラの守護聖人である〕。トマス・ハミルトン（1784-1858年）によるギリシャ復興(リヴァイヴァル)〔様式〕の大胆な試みとして、ロイヤル・ハイ・スクール（1825-9年）と、もっと折衷主義的な王立医科大学(ロイヤル・カレッジ・オヴ・フィジシャンズ)（1844-6年）が挙げられ、その一方で、ウィリアム・ヘンリー・プレイフェア（1790-1857年）は、〔ハミルトンのものと〕ほとんど等しく堂々としたロイヤル・インスティテューション〔王立スコットランド・アカデミー〕（1822-6年）とこれに隣接するナショナル・ギャラリー・オヴ・スコットランド〔スコットランド国立美術館〕（1850-7年）を供給した。おそらく、19世紀の前半における、ギリシャおよびローマの連続した衝撃の記念となるべき、もっとも見事な英国(ブリティッシュ)の記念碑は、リヴァプールのセイント・ジョージズ・ホールであろう。拡大しつつある工業都市の市民の誇りが生ん

645

だ、この壮麗なる作品には、2つの裁判所、広大な半円筒形のヴォールトが架かった集会場〔社交場、大ホール〕、そしてコンサート・ホールがある。この建築は、1839-40年に、若きハーヴィー・ロンズデイル・エルムズ（1814-47年）によって設計されたが、彼はそれまで、海外に旅したことはなかった。とはいえ、1842年に彼は、ドイツを訪れて、当地でシンケルとクレンツェの手になる記念碑的な古典〔主義〕様式の建物群を目の当たりにしたのである。これらの建物は、図版をとおしてではあったが、すでにエルムズに大きな印象を与えていたのである。セイント・ジョージズ・ホールの建設は、1847年のエルムズの〔早すぎる〕死去のあと、工学技師のロバート・ローリンソン〔1810-98年〕によって引き継がれ、最終的には、C. R.〔チャールズ・ロバート・〕コッカレルによって完成をみた。コッカレルは、1851-4年に、

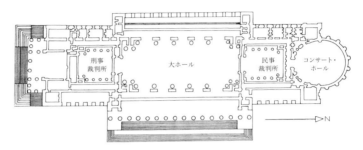

658　セイント・ジョージズ・ホールの平面図、リヴァプール（1839-40年設計）、エルムズによる

659　セイント・ジョージズ・ホールの外観。ペディメント内の彫刻は取り去られてしまった

美しい楕円形のコンサート・ホールの内部空間を設計したが、これは、女人像柱群(カリアティッド)が支えた、ひと続きの波打つバルコニーによって囲まれている。

チャールズ・ロバート・ニッカレル（1788-1863年）は、英国(ブリテン)において、当時、もっとも才能に溢れた見識のある建築家であった。その才能の数々は、疑いもなく、フランスにおいて、より十分(プラ)な表現を見いだしたことであろう。〔実際のところ、〕当地でコッカレルが、パリの記念碑的な公共建築の設計に取り組みつつ、エコール・デ・ボザールで教えている姿を想像することは、困難ではない。1810年から1817年に到る、常識を越えた永い期間のグランド・ツアー〔大陸大巡遊旅行〕の途中で、コッカレルは〔アテネの〕パルテノンの円柱群のエンタシスに注目し、これを計測したが、これは彼が最初に行なったことであった。その一方、バッサイおよびアイギナ島でのギリシャ建築と彫刻の、自身による見応えのある発見の数々によって、コッカレルはまた、ギリシャのデザインの彫刻的な基盤として自らが目にしたものに対する、特別な感受性を培うことになったのである。好みがむずかしくて自己批判的な建築家であったコッカレルは、われわれに、1821-32年のあいだの日記を遺してくれた。われわれは、1822年のその日記から、「ロココの豊饒さとギリシャの雄大さと美点」という言い方(フレイズ)を引用することで、コッカレルが建築的な統一感(ユナイティング)をつくり上げるために、自らの唯一無二の知識を新しい(モダーン)デザインに適用しようという試みをためらいながらも推し進めていたことを跡づけることができるのである。

自らの師(マスター)であった、ロバート・スマークや、自らのライヴァルであった、ウィリアム・ウィルキンズ（1778-1839年）に対し、彼らが建物を設計する際にもっぱらギリシャの範型(モデル)群にあ

660　コッカレル：アシュモリアン博物館に隣接するテイラー図書館のファサード、オックスフォード（1839-45年）

647

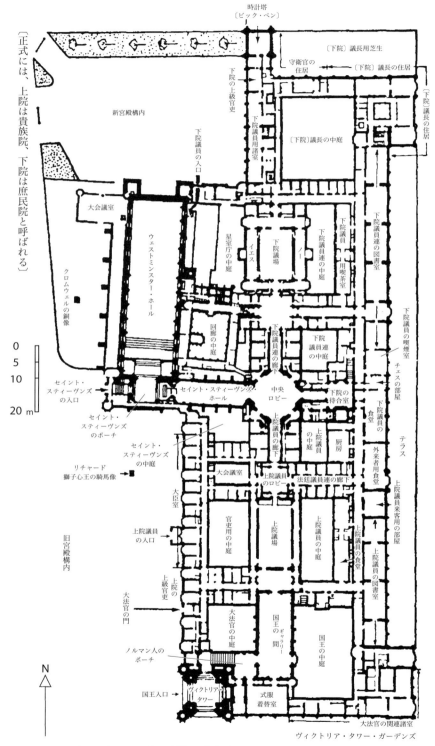

661　ウェストミンスター宮殿の平面図、ロンドン（1840-70年）、バリーによる

第9章　19世紀

662　ウェストミンスター宮殿と国会議事堂の上空からの眺望〔俯瞰〕。前方にウェストミンスター・アビイ、中央にセイント・スティーヴンズ・ホールを見る（〔本書上巻の〕第5章を参照されたい）

まりに厳格に固執している姿に不満を抱いていたコッカレルは、あらゆる時代の古典〔主義〕建築群からの影響を快く受け容れる度量を備えていたのであった。コッカレルは自分自身を、建築の古典〔主義〕様式の造形言語の小さな、あるいは特権的な部分のみを受け継いだ者ではなく、まさしくこの造形言語全体の継承者と見なしていた。彼の手になる、オックスフォードのアシュモリアン〔美術・考古学〕博物館〔エライアス・アシュモール（1617-92年）のコレクション寄附により創設〕とテイラー図書館（インスティテューション）（1839-45年）や、ケンブリッジの大学図書館（現在の裁判官法律図書館、1837-40年）のような建物には、ギリシャの円柱群を、ローマのアーチ群と大胆に結び合わせようとする意図が現われている。これらのものには、スケールの大胆さ、線描の洗練された様、そして決して消化不足に陥ることのない様式上のさまざまな参照物の折衷の幅広さが見られる。コッカレルはこれらの様式上の参照物のなかで、ギリシャ人たちのアーチの起拱線と、イタリアのマニエリスムの豊かな表面の織り合わせの数々と、さらにはヴァンブラとホークスムアのようなイングランドのバロック建築家たちの量塊がつくりだすドラマを組み合わせているのである。その成果は、イトルフやデュクやラブルーストの作品に匹敵しうるイングランド唯一無二の作品となっている。コッカレルの業績は、フランスにおいて認められ、当地でコッカレルは、美術アカデミーの8人の外国人准会員のうちのひとりになったのである。

　イタリアの16世紀の建築からインスピレーションを授かるといった、コッカレルの目立った傾向は、サー・チャールズ・バリー（1795-1860年）による、ずっと明白なやり方と比較さ

649

れた。というのもバリーは、ペル・メル街のトラヴェラーズ・クラブ（1829-32年）の形態において、さらにはこれと並んで建つ、もっと完成度の高い、改革〔自由党〕クラブ（1837-41年）において、ロンドンの大通りに、イタリア・ルネサンスのパラッツォ建築をもたらすという快挙をなしたのである。イタリア的主題（テーマ）は、いくつかの点で、18世紀のグランド・ツアーの絶頂を表わしている施設〔機関〕と言いうる、このトラヴェラーズ・クラブにとって、相応しいもの

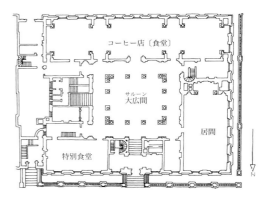

663　改革〔自由党〕クラブの1階平面図、ロンドン（1837-41年）、バリーによる

のであった。なぜなら、この施設の機能のひとつが、イングランドの貴紳たちを海外で温かく迎えてくれた外国人たちに対して、今度は自分たちがお返しに歓待するような場所を提供することであったからである。改革〔自由党〕クラブに対する範型（モデル）として、〔ローマの〕パラッツォ・ファルネーゼを選んだことは、象徴としては、さほど相応しい事態であったとは言いがたかった。改革クラブは、新しい産業界の成金（リッチ）たちにまで選挙権を拡大した、1832年の選挙法改正案に引き続いて、急進派およびホイッグ党派の党員〔議員〕たちによって創設されたものだからである。建築的に言うならば、バリーの手になるこの建物は大成功を収めたものである。すなわち、2階廊（ギャラリー）に取り囲まれた、大きな中央の中庭を中心に組織化された高貴な内部空間をもち、イングランドの気候を考慮して、ガラスの屋根で覆われているのである。この首尾一貫した、そして明晰な空間の分節化を、暖房や採光や換気といった分野でのもっとも進んだ機械設備と組み合わせたこのクラブは、〔セザール・〕ダリー〔1811-93年〕やイトルフのようなフランス建築思想界の指導者たちによって賞嘆された、数少ない同時代のイングランド建築のひとつであった。

バリーは、産業革命によって百万長者〔大富豪〕に変貌した庇護者（パトロン）たちのために、一連の見応えあるカントリー・ハウス群を供給した。これらのなかには、第2代サザーランド公爵〔1786-1861年〕が含まれるが、彼のためにバリーは、スタッフォードシャーのトレンタム、およびバッキンガムシャーのクリヴデンを、それぞれ1833-49年、1850-1年に改築した。とりわけ後者は、カプラローラの、ヴィニョーラの手になるパラッツォ・ファルネーゼのような、16世紀のイタリアの典型的な建物を思い起こさせる見事なファサード群（ブラウド）を有している。サザーランド公爵の弟である、初代エルズミア伯爵〔1800-57年〕のために、バリーは、ロンドンで宮殿のようなブリッジウォーター・ハウスを建てた（1846-51年）。しかし、ロンドンでのバリーの主要な作品は、もちろん、ウェストミンスター宮殿と国会議事堂である。バリーは、1836年の設計競技において、この名声ある委託を勝ち取った。そして、これは1840-70年にバリーの設計案を基に建てられたのである。最後の10年間の建設の際には、バリーの息

第9章　19世紀

664　同、主要大広間(メイン・サルーン)

子のE. M.〔エドワード・ミッドルトン・〕バリー〔1830-80年〕が工事を監督した。この設計競技の要綱は、新しい建物が「ゴシック様式かエリザベス様式」のいずれであるべきかというものであり、これは、英国(ブリティッシュ)の議会制度(システム)の歴史的な継続性を強調せんがための、ロマン主義的な意思表示(ジェスチャー)なのであった。バリーは、ルネサンス時代のイタリアの範例(モデル)を好んでいたのであろう。テムズ〔テームズ〕河側の正面は、そのために、完璧な対称形となっているのである。その重々しさ(マス)と表情(パターン)とは、イニゴー・ジョーンズの手になる、ホワイト宮殿のための、実施されることがなかった計画案群を思い起こさせる。もっとも、ピュージンの手によって設計された、その細部は、正当なゴシックの範例(モデル)を基にしていたのであった。

651

ゴシック・リヴァイヴァル

　オーガスタス・ウェルビー・ノースモア・ピュージン（1812-52年）は、バリーの気乗りのしない協働者であったが、ゴシックの狂信的な信奉者であった。ピュージンによる、他のあらゆる建築の時期に対して中世が優位であることの、情熱的な確信は、イングランドのみならずイングランドを越えて、19世紀の建築に深遠なる衝撃を及ぼすことになったのである。『対比(コントラスツ)、すなわち14世紀および15世紀の高貴な大建築物と、今日の同様な建築とのあいだの類比。趣味の今日的衰退を示す (Contrasts; or, a Parallel between the Noble Edifices of the 14th and 15th centuries, and similar buildings of the Present Day; Shewing the Present Decay of Taste)』（ソールズベリー、1836年）といった妥協を許さない題名をもった著作に始まる、一連の論争的な、図版付きの著作群のなかでピュージンは、ゴシックの建築とデザインを、それらがあたかも、自らが1834年に改宗したところのローマ・カトリック教会の教義の数々がもつ、議論の余地のない権威と恒久不変性を所有しているものとして記述したのであった。特定の時代の文化において神聖なるものとして扱われた、ひとつの包括的な道徳的秩序といった彼が抱いたイメージは、奇妙なことに、ヴィンケルマンによって普及したギリシャの神話化（本書523頁）に近しいものであった。このイメージはまた、ドイツにおけるフリードリヒ・シュレーゲル〔1772-1829年〕や、フランスにおけるフランソワ＝ルネ・ド・シャトーブリアンの、19世紀初期の著作群に現われた、ゴシックに対するロマン主義的なアプローチによって特徴づけられていたといえるかもしれない。このアプローチはただちに、善き道徳的な性格の持ち主のみが、良き芸術作品群をデザインしうるといった信念へと到った。これはまさしく、ジョン・ラスキンがまもなく、次のような警句(アフォリズム)をもって信奉することになる見解(ヴュー)であった。すなわち「愚かな人間は、馬鹿気た風に建て、賢明な人間は、分別よく建てる。有徳の士は、美しく建て、悪徳な輩は、卑劣な具合に建てるのだ」（『空の女王 (Queen of the Air)』1869年）と。

　「様式ではなく原理である」との理由で、ピュージンが自ら選び採った様式を擁護する姿には、ゴシックが素材を正直に使用した成果であるがゆえに「真実」であるとの主張が含まれていた。すなわち、この素材の正直な使用においてこそ、構造があからさまになり、それゆえ機能が明示されるのである。この種の建築的思考法は、イングランドではまったく新しいものであったが、フランスにおいては、われわれが見てきたように、それは18世紀以来、古典〔主義〕建築とゴシック建築の双方を解釈する標準的な方法であり続けたのである。ロジエの諸著作に見られるように、極端な場合、この思考法は、荷重を支える部材群を除いたすべてのものを取り去ることによって、建築の古典主義造形言語を完全に破壊したのである。ロジエの狂信的行為(ファナティシズム)が、サー・ウィリアム・チェインバーズによって非難されたのとちょうど同じ様に、ピュージンのそれも、コッカレルによって非難されたのであった。コッカレルは、ピュージンの教義の数々に含まれた建築的可能性の領域の狭さのもつ危険性をはっきりと感じていた。コッカレルは、たとえばピュージンの分析が、中世の建物群の解釈に適用

第9章　19世紀

されたときですら偽りのものであることを、疑いもなく実感していたのである。すなわち、イーリー大聖堂の14世紀の八角堂（オクタゴン）は、われわれが第5章で見たように（本書上巻〔I〕246頁）、贋（シャム）ものヴォールト群と、隠された、荷重を支える支持体群とに頼ることによって、その詩的な効果の数々を達成しているのである。

　ピュージンはいくつものカトリックの教会堂をつくりだした、多産な建築家であった。しかし、完全なカトリックの解放が、ごく最近の1829年になって漸く認可されていたという、このプロテスタントの国では、ピュージンの実践活動は、必然的に、裕福な庇護者の不足によって妨げられたのである。特記に値する例外は、第16代シュローズベリー〔シュルーズベリー〕伯爵〔1791-1852年〕であった。彼はピュージンの手になる、スタッフォードシャーのチードルに建つ、豪華な多色彩飾でいろどられた内部（図706）のある、セイント・ジャイルズなる、新たな14世紀風のカトリック教会堂（1840-6年）に対して資金を調達したのであった。さらにこの伯爵は、同じスタッフォードシャーのオールトンに建つ、セイント・ジョン病院を委託したのであった。1840年頃-4年に、礼拝堂、学校、そして村の公会堂を組み合わせた私設救貧院（アームズ＝ハウス）として建てられたこの病院は、ヴィクトリア朝時代のイングランドにおける、キリスト教の復興とそれに伴うゴシック・リヴァイヴァルの根底にあった、社会的信条（ゴスペル）をよく表わしている。しかしながら、建物の集まりとして見た場合には、この病院は、1847-51年にピュージンによってシュローズベリー卿（ロード）のために建てられた、隣接するオールトン城（カースル）の存在によって、影が薄くなっている。このそびえ建つ新たな中世風の大建築物は、要するに、何ら実際的用途に役立ちようのない、領主の形式的な存在誇示（ジェスチャー）でしかなかった。なぜなら、この敬虔なる伯爵は、近くのオールトン・タワーズに住まいを構えていたからである。

　イングランドの教会は、19世紀の初めに、精神的（スピリチュアル）な復興を経験した。このとき、ゴシックへの回帰こそが、ピュージンの場合に見られたごとく、キリスト教の正統性へと回帰することの証（あかし）と見なされたのである。カトリック教徒よりも数が多く、かつ富裕であった英国国教会派の教徒は、ピュージンの諸原理を実践へと推し進めることがより可能な存在であった。ピュージンの同時代人であった、サー・ジョージ・ギルバート・スコット（1811-78年）は、ロンドンのカンバーウェルに建つ、セイント・ジャイルズ（1842-4年）を皮切りに、無数のゴシック教会堂を供給した。しかし、彼はまた、世俗建築群の専門家でもあり、『過去と現在の、世俗建築と住居建築についての所見（Remarks on Secular and Domestic Architecture, Past and Present）』（1857年）を出版し、ゴシックがこの目的に完璧に相応しいものであることを説明しようとした。全体的に教会的な趣向（フレイヴァー）が、ロンドンのケンジントン・ガーデンズに建つ、スコットの手になるアルバート・メモリアル〔アルバート公記念碑（メモリアル）〕（1863-72年）の全体を統べている。これは、ヴィクトリア女王〔1819-1901年、在位1837-1901年〕の夫君への国家的記念碑（メモリアル）であり、夫君の座像の上方に、驚くべき高さの、豪華絢爛な祀堂すなわち天蓋（バルダッキーノ）が建っている。夫君であるアルバート公〔1819-61年〕は、ある種、世俗化した聖人として――フィレンツェのオルサンミケーレ教会堂にある、14世紀半ばの、オルカーニャ〔1308年頃-68年〕の手にな

665 スコット：アルバート・メモリアル、ケンジントン・ガーデンズ、ロンドン（1863-72年）

る記念碑と同様に——ゴシックの天蓋付壁龕(タバナクル)によって鼓舞された、このあからさまに宗教色の強い記念碑のなかに、適切にも神聖視されて収められたのである。スコットの手になる、ロンドンのセント・パンクラス〔駅構内〕の、尖塔(スパイア)や小尖塔(ピナクル)の付いたミッドランド・グランド・ホテル（1868-74年）は、この建築家自身が、駅構内のホテルとしてひょっとしたら、「その目的に対して有効でありすぎる(too good)」存在と考えたほどのデザインをしており、それは、ある意味では、英国外務省でのスコットの失望を埋め合わせるものなのである〔このホテルは、1935年以降閉鎖されて駅舎事務所として使われていたが、その後規模を拡大し、2011年にセント・パンクラス・ルネサンス・ロンドン・ホテルとして新たにオープンした〕。彼の外務省のデザイン群は、旧式な考えをもったホイッグ党の首相、〔第3代〕パーマストン卿(ロード)〔子爵、ヘンリー・ジョン・テンプル。1784-1865年。首相1855-8年、59-65年〕によって、その雰囲気(トーン)があまりに高教会派的で高トーリー党的なものと感じられてしまったため、パーマストンは、スコットに対し、イタリア・ルネサンス様式で、この建物をもう一度設計しなおすよう無理強いしたのであった。それにもかかわらず、バリーの手になる、とあるカントリー・ハウスのように、ピクチャレスクな趣きを見せて修景されたセント・ジェームズ・パークを眺める隅の塔を、非対称に置くことで、スコットの外務省（1862-73年）は、彼のもっとも巧妙(ハッピー)な建物のひとつになっているのである。これは〔皮肉にも〕パーマストンのおかげなのである。

　スコットは、非常な成功を収めた経歴をもつ、自分の腕一本でたたき上げた職業人であり、こうした経歴を重ねるあいだに、1,000件を越える建物に従事し、ゆるぎないほどの財産を蓄積したのであった。スコットよりも強い、芸術的な貢献に対する仮借ない感覚が、バターフィールドとストリートの両者の経歴を特徴づけており、エドワード・バックトン・ラム〔1806-69年〕、サミュエル・サーンダズ・テューラン〔1812-73年〕、ウィリアム・バージェス、そしてジェームズ・ブルックス〔1825-1901年〕と協働した、彼ら2人の作品では、1850年から1870年まで続いた、高期ヴィクトリア朝様式の動きとして知られているものが支配的であった。ゴシック・リヴァイヴァルのこの攻撃的な様相の初期の記念碑は、あくどい多色彩飾と独断的なたくましい輪郭(アウトライン)と細部(ディテール)によって印づけられている、ロンドンのマーガレット・ストリートに建つオール・セインツ（1849-59年）である。これは、正しい(コレクト)、すなわち中世の(ミーディヴァル)、

第9章　19世紀

666　キーブル・カレッジ、礼拝堂の外観、オックスフォード（1867-83年）、バターフィールドによる

　教会建築と典礼式の復活を促すために、「ケンブリッジ・カムデン協会」として1839年に創設された、影響力のある「教会建築学協会」の代表的な教会堂として、ウィリアム・バターフィールド（1814-1900年）の手によって建てられたものである。バターフィールドは、ホルボーンのセイント・オールバン（1859-62年）や、デヴォン州のバッバクームの、オール・セインツ（1865-74年）のような一連の大家(マスター)に相応しい教会堂において、自らの多色彩飾を用いた煉瓦積み〔さまざまな色の煉瓦を使った積石造〕のゴシックを発展させ、さらにこれを、オックスフォードのキーブル・カレッジ（1867-83年）やウォリックシャーのラグビー・スクール（1858-74年；礼拝堂1870-2年）のような教育関係の建物に、一貫して展開したのであった。

　ジョン・ラスキン（1819-1900年）が、『建築の七燈（The Seven Lamps of Architecture）』（1849年）や『ヴェネツィアの石（The Stones of Venice）』（全3巻、1851-3年）のような著作のなかで、ゴシック・リヴァイヴァルを支持しはじめたのもまた、1850年あたりであった。彼の七つの燈(ランプ)には、建築が芸術的な努力を必然的に伴うがゆえに必要であり、物質的な問題を機械的に解決するだけではない「犠牲の燈」、「偽り」の素材や隠された支持体、そして機械によって生みだされたものを回避することを要求する「真実の燈」、量塊(マス)と陰影(シェイド)の統御によって意味が生まれる「力の燈」、建物群が、時の流れと歴史的な連想の獲得をとおして、偉大なものとなるほかないゆえに、未来のために建てることの必要を説く「記憶の燈」、そして、新しい形

655

態の熱狂的な探求でなく、過去の形態に対する忠実さを説く「従順の燈」が、含まれていた〔この他に「美の燈」と「生命の燈」がある〕。ラスキンは、まず第一に、その著作にみられる道徳律の強調がヴィクトリア様式の外観におけるある特定の雰囲気に合致していた点で、次には、建築が激烈なまでに重要な何ものかであることを確信をもって記述した点で、そして最後に、本書のヴェネツィアのサン・マルコ大聖堂の記述においてわれわれがすでに引用した例に見るごとく（本書上巻〔Ⅰ〕146頁）、その散文がもつ壮大さと詩情の存在という点で、大きな影響力を行使したのであった。ラスキンその人が、あらゆる時代のなかで、建築についてのもっとも魅惑的な著述家であると言ったにしても、誇張しすぎた物言いということにはならないであろう。かくして、ラスキンの、『ヴェネツィアの石』における、この都市の文化的かつ芸術的意義の叙情的な記述は、必ずしも彼にとって満足のゆくものではなかったにしても、イングランドの建築におけるヴェネチアン・ゴシック・リヴァイヴァルの進展を助長したのである。『ヴェネツィアの石』のなかの１章「ゴシックの性質について（On the Nature of Gothic）」には、中世芸術の美は、それをつくり上げる際に職工が感じた喜び(プレジャー)の所産であるとの主張が見られる。これは、アーツ・アンド・クラフツ運動と、生まれつつあった、社会主義の諸理論との理想の数々を正当化するために、ウィリアム・モリス（1834-96年）によって用いられたのであった。

　ラスキンに共感した人々のなかに、ジョージ・エドマンド・ストリート（1824-81年）がいた。彼は極度の信仰家であり、よき建物は、キリスト教が目指すものを分かち合う、建築家と庇護者によってのみ生みだされうるものであると信じていた。その著作、『中世における煉瓦と大理石：北イタリア旅行記（*Brick and Marble in the Middle Ages: Notes of a Tour in the North of Italy*）』（1855年）のなかで、ストリートは、真実と純粋の建築を現代に求めることについては、イタリアのゴシックが、価値あるインスピレーションを与えてくれると主張した。なぜなら、イタリアのゴシックでは、主要な材料である、煉瓦と大理石が、装飾と構造の双方に用いられているといった、建て方をしているからであった。ストリートは、この本来的にはほとんどゴシックとはいいがたい素材を断固として用いて、数多くの教会堂を建てた。しかし、彼の最大の建物は、ゴシック・リヴァイヴァル様式での最後の国家的な記念碑として、1874-82年に建てられた、ロンドンの裁判所(ロー・コーツ)であった。ストランド通り側の幅広い入口正面は、紛れもない力強さと説得力をもった建築である。この建物の軽やかな動きをなす尖塔がついたシルエットと、力強い非対称形とは、まさに１個のオブジェを形づくっており、それが、狭い通りに記念碑的な建物をいかに成功裡に配置するかということを、教えてくれる存在となっているのである。しかしながら、内部の平面配置(プランニング)は、不器用であり、際立って教会的な相貌を示そうとして、広大なヴォールトの架かった大広間(ホール)をつくったために、利便性を犠牲にしてしまったのであった。そのため、せっかくのこの大広間(ホール)もほとんど〔宗教的な〕象徴的な要素を欠き、無論のこと、実践的な機能など皆無なのであった。

　1866年に開催された、裁判所(ロー・コーツ)の設計競技におけるもっとも魅惑的な参加作品は、おそらく、

第9章　19世紀

ウィリアム・バージェス（1827-81年）によるものであったろう。バージェスは、18基の、雲を頂いた塔群や、空中通路群、そして橋梁群が付設された中世都市の夢のような姿（ヴィジョン）と、335フィート（102m）の高さに及ぶ〔ギザギザの〕狭間が付いた、トスカーナ様式の鐘楼（カンパニーレ）とを生みだしたのである。その溢れんばかりの空想によって、多くの、より若い建築家たちが、19世紀半ばの、より堅固しい雰囲気やより単純な量塊性から立ち退く勇気を得たのであった。バージェス自身は、第3代ビュート侯爵（1347-1900年）のなかに、すなわちあのヴァーグナー〔1813-83年〕を賞嘆した、バイエルンの「狂（マッドキング）」王

667　ストリート：裁判所（ロー・コーツ）、ストランド通り、ロンドン（1874-82年）

ルードウィヒ2世と共通する奇矯さをいくらか備えた庇護者に、自分の適所を得た。ビュート侯爵は、カトリックへの改宗者であり、産業による財産を受け継ぎ、それゆえ、世界で一番の金持ちとの評判を得ていた人物であった。バージェスはこの侯爵のために、カーディフ城（カースル）（1868-81年）と、これよりさほど遠くない場所にある、キャステル・コッホ（1875-81年）〔本書684頁を参照〕を、完璧に再建した。双方の建物はそれぞれ、〔ラファエッロ以前のイタリアの巨匠を範とする〕ラファエル前派の画家たちの作品を思い起こさせる、象徴主義と物語風芸術（ナラティヴ・アート）〔言語的要素と視覚的要素とを用いた芸術形態のこと〕で豊かに飾られた、華やかな内部空間を備えていた（図712）。これらのヴァーグナー的な夢のような城郭（カースル）の外観は、重々しい無装飾の壁面を、細身の尖頂群（スパイア）が頂きに載った、石落とし（マチコレイション）〔出し狭間（アーチ状の持送りで支えられた城壁最上部の突起部、またはその底穴）〕の付いた塔群と組み合わせており、ヴィオレ＝ル＝デュクの著作『11世紀から16世紀までのフランス建築事典 (*Dictionnaire de l'architecture française du XIe au XVIe siècle*)』（1854-68年）に載っている、フランスの中世城郭（カースル）の再建に〔その多くを〕負っている。「われわれがみな、ヴィオレ＝ル＝デュクから剽窃している」ことをバージェスは公然と認めていた。「とはいえ、おそらくはこの本を買った10人のうちのただのひとりもこの事典の文章を読んではいないが」とも。しかしながら、バージェスは、1873年に、ヴィオレの手になる、ピエールフォン城館（シャトー）の、ナポレオン3世用に再建された鯨飲馬食する巨人のごとき建物（1858-70年）を訪れたとき、大いに失望したのではあった。というのも、ヴィオレの手になる建物が描くスカイラインは、遠くから見ると印象的なのだが、中庭（コートヤード）の立面群は混乱したものであり、内部空間にはまったく生気がないからである。バージェス自身は、コネティカット州のハートフォードに建つ、トリニティ・カレッジ構内のアメリカ監督教会員たち用の、複数の塔からなる建物群（1873-82年）に、自らの重々しい形態を導入したことによって、

657

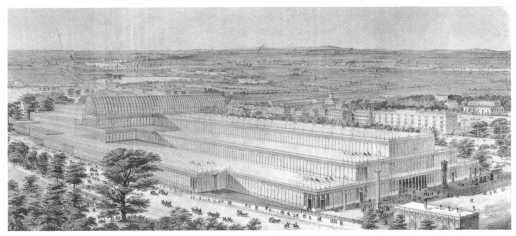

668　パクストンによるクリスタル・パレス、ハイド・パーク、ロンドン（1851年）のリトグラフ

19世紀末頃のアメリカ建築の発展に影響を与えたのであった。もっとも、これらの建物はバージェスが自ら設計したものの、一部しか実施には移されなかった。

　バージェスと彼の同時代人たちは、彼らの庇護者たちと同様に、産業革命の抑制されていない潮流が、その結果としてもたらしつつあったところの、物質万能主義やあさましさに対して反抗したのであった。ラスキンはおそらく、新しい工業技術の非人間的な結果の数々を非難した人々のなかで、もっとも影響力のあった人物であろう。ピュージンと同様に、ラスキンは、これらの技術の結果のなかに、クリスタル・パレス〔水晶宮〕を数え入れた。これは、サー・ジョーゼフ・パクストン（1801-65年）による設計案を基にして、1851年の大博覧会を収容すべく、ハイド・パークに建てられたものであった。鋳鉄、錬〔鍛〕鉄、そしてガラスで出来たこの驚くべき構造物は、3段の長い列状の建物に、これより高さのある、半円筒状のヴォールトの架かった袖廊が交差するといったかたちで建っていたが、近代建築への途上にある革命的な段階を示すものとして、時には歓呼して迎えられてきたのである。事実、この建造物を、1830年代および1840年代に確立された温室や鉄道の駅舎の伝統の絶頂点とみなすことが、より相応しいとも言えよう。鉄とガラスは、まさに用途の限られた建物の類型にしか向いてはおらず、どう考えてみたところで決してほかの用途に相応しい素材ではなかったのである。パクストン自身このことを知っていた。そして彼が、ロスチャイルド一族の構成員たちのために1850年代および1860年代に建てた、——バッキンガムシャーのメントモア、パリ近郊のフェリエール、そしてジュネーヴ郊外のプレニィといった——費用が嵩む城館のために、新たなエリザベス朝様式すなわち新たなルネサンス様式を選択したのであった。パクストンは、これらの素材〔鉄とガラス〕が、暖房や人工的な換気の総合的なシステムと具合よく組み合わされるならば、クリスタル・パレスの場合と同じ様に、これらの素材の機能にとって相応しいものとなることを自覚していた。

このクリスタル・パレスを単に、実践的な問題の技術的な解決策と見なすこともまた、間違いであろう。これは、その曲線を描く屋根が架かった袖廊がもつ詩的雰囲気や、内外ともに見られる装飾的な木の枠組みの適用、そして、その内部の丹念に考え抜かれた多色彩飾のゆえに、審美的にも記憶に残すべきものなのであった。オーエン・ジョーンズ（1809-74年）によって考案された、この内部の多色彩飾は、白によって分けられた、赤と黄と青の大胆な縞模様からなっていた。ギリシャ神殿群の多色の装飾に関する最近の発見の数々に刺激され、原色のみがもっとも偉大な、芸術の諸時代に用いられたと信じたジョーンズの目的は、一種の建築的景観〔景観建築〕をつくり上げることによって、広大さと明るさという印象を高めることであった。ラブルーストと同様に、コントの「功利主義的実証主義」（本書623頁）に影響されたジョーンズは、色彩がもつ、科学的諸法則や明確に予言しうる諸効果の存在を確信していた。彼は、これらの考えを、その重要な、権威ある著作、『装飾の文法（*Grammar of Ornament*）』（1856年）のなかで明細に説いたのである。

ショーと後期ヴィクトリア女王時代の人々

とかくするうち、高期ヴィクトリア朝時代の、厳粛さや道徳的観点からの考察、そして重々しい教会組織的な風潮に対する反感が次第につのってきていた。その指導的な人物は、リチャード・ノーマン・ショー（1831-1912年）であった。彼は、意義深いことに、教会堂群よりも住宅〔邸館〕群の建築家として知られている。ショーは、「オールド・イングリッシュ」様式として知られる建築造形言語を考案した。この様式は、タイル張りやハーフ゠ティンバー〔木骨漆喰（煉瓦、石）造り〕の壁面、背の高い煙突、急勾配の屋根、そして、鉛枠から光が入る中方立ての窓といったような、田舎風の土着的な技術の数々を組み入れたものである。これは、ゴシック様式や、貴族風の、もしくはイタリア風の様式で建てられた19世紀最初期の派手な、あるいは教会風の効果の数々と対比をなす、くつろいだ、気取りのない、ゆったりとしたものをつくることを意図したものであった。19世紀の半ばから、商業によって財産を蓄積していった人々が、汽車に乗って、自分たちの都市の仕事場から、産業社会前の生活の面影を残すことのできた田舎の隠れ家〔別荘〕へ、逃避しはじめることが可能となったのである。

「オールド・イングリッシュ」様式の最初の例と考えられるもののひとつは、サセックス州〔イングランド南東部〕のリーズウッドであった。これは、1866-9年に、ノーマン・ショーによって、そのいとこのウィリアム・テンプルのために建てられた。テンプルは、ショー・サヴィル運輸会社の富裕な重役であった。自らのデザインを、熟練したピクチャレスクな技巧をもって、急勾配の斜面をなす敷地に適合させることで、ショーは、中庭の三方の周りにばらばらに拡がった不規則なかたちの邸館を供給した。この中庭は、荘館の回廊式中庭を思い起こさせるものであり、ドイツの中世都市の入口門に見られるような高い塔を通って、このなかに入ってゆくのであった。1870-2年にショーは、ロンドン近郊のハロウ・ウィールドに、

669 ショーによるリーズウッド、サセックス（1866-9年）の外観の彫刻画

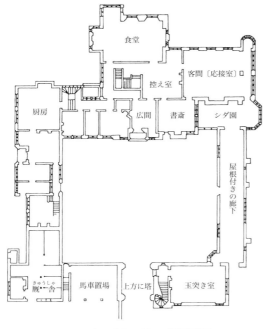

670 リーズウッドの1階平面図

風俗画家のフレデリック・グデイル〔1822-1904年〕のために、グリムズ・ダイクと呼ばれた、同じ様な邸館(ハウス)を建てた。これは、曲がりくねった階段によって繋がれた、〔中2階のある〕乱平面(スプリット=レヴェル)の邸館であり、この階段の踊り場から、この邸館の他の部屋に対して斜めの角度で置かれた、この芸術家の仕事場(アトリエ)がある補助的な翼館(ウイング)に辿り着けるように出来ていた。ヴィオレ=ル=デュクは、その『現代の住まい（*Habitations Modernes*）』（1875年）のなかで、この邸館を、何世紀ものちに続く成長を示唆する、その付加的な平面のゆえに、称讃していた。建築における成長と変化がもたらす効果の数々を賞嘆することは、ピクチャレスクの理論と、ラスキンによる、生きた歴史としての建築の理論の双方にとって基本をなしたのであった。ショーはこの主題(テーマ)を、百万長者の軍備製造者、科学者、そして発明家であった、サー・ウィリアム・アームストロング（のちの初代アームストロング卿(ロード)）〔1810-1900年〕のために、ノーサンバーランドのクラッグサイドで、「崇高を現出させるための試み」として自ら建てた邸館において徹底的に追求した。クラッグサイドは、1869年と1884年のあいだに、丘陵の斜面上に、その庇護者〔アームストロング〕が元々意図していなかったようなやり方で、成長し続ける終わりのない切妻群、ゴシック様式のアーチ道群、そびえ建つ煙突群、そして実施に移されることはなかったものの、ハーフ=ティンバー工法でつくられることになっていた一帯を、拡張していったのである。

この議論を呼ぶ表情豊かな建築が、さほど適合するようには思われなかった、都市的状況のために、ショーは、「クイーン・アン」として知られるようになった様式を考案した。この名の由来である当の君主〔クイーン・アン 1665-1714年〕は、1702年から1714年まで統治したが〔1707年にスコットランドと合同し、グレートブリテン連合王国の国王となる〕、新たないわ

第9章　19世紀

ゆる「クイーン・アン」様式は、17世紀の源泉と18世紀初期の源泉を同程度に利用したものであった。きらめく白い木材工芸、装飾用のヴェランダ、手摺り、そしてバルコニーによって引き立てられた、その彫り刻まれた赤い煉瓦とくっきりとした切妻のある、この「クイーン・アン」様式はたちまち人々のあいだで好評を博し、ウィリアム・エデン・ネスフィールド〔1835-88年〕（1866-8年にショーの協働者として、この様式の考案に関わった人物）、〔ジョージ・フレデリック・〕ボドリー〔1827-1907年〕、〔ジョン・ジェームズ〕スティーヴンソン〔1831-1908年〕、アーネスト・ジョージ〔1839-1922年〕、G.G.スコット・ジュニア〔1839-97年〕、〔エドワード・ウィリアム・〕ゴドウィン〔1833-86年〕、そして〔バジル・〕チャンプニーズのような建築家たちによって取り上げられたのである。ショーは、この様式を、ショー・サヴィル運輸会社用のシティ・オヴ・ロンドン街の事務所であった、ニュー・ジーランド・チェインバーズ（1871-3年）に、

671　チャンプニーズ：ニューナム・カレッジの外観、ケンブリッジ（1874-1910年）

672　クラッグサイドの邸宅と庭、ノーサンバーランド（1869-84年）、ショーによる

またロンドンのハムステッド、エラデイル・ロード6番地の自邸（1874-6年および1885-6年）に、さらにはケンジントンのロウザー・ロッジ（現在の「王立地理学協会」、1875-7年）に、そしてチェルシーのテムズ河北岸通りに建つスワン・ハウス（1875-7年）に、それぞれ用いたのであった。〔また、〕ロンドンのベッドフォード・パークでショーは、1877-80年に、1軒の宿屋、複数の店舗、そして例外的と言えるほどに教会と関わりあるようには見えないような教会堂を完備した、ひとつのまとまった村落を、この様式で建てた。高度の教育を受けた中産階級のなかでも芸術的精神をもった人々が、今までになかった最初の田園郊外住宅地と主張しうるような場所に住もうと群れをなしてやって来たのであった。ベッドフォード・パークの若い女性たちは、「クイーン・アン」様式のあらゆる記念建造物のなかでも、もっとも見事な出来であることが間違いない、ケンブリッジのニューナム・カレッジで、教育を受けるに十分なほどの幸福に恵まれていたといえよう。この上品な、四方八方に拡がった建物は、バジル・チャンプニーズ（1842-1935年）による設計案群を基に、ケンブリッジの第二の、女性用の学寮として、1874年から1910年にかけて建てられた。

661

その変わりやすい芸術的気質によって、ショーは、自らの土着的かつ「クイーン・アン」という見せかけの世界に対する不満を露わにしたのであった。たとえば、アーツ・アンド・クラフツ運動の建築家J. D.〔ジョン・ダンドウ・〕セディング〔1838-91年〕に宛てた、1882年の手紙のなかで、ショーは、「第一に、昔の作品の方が現実（*real*）であり、第二に、われわれの作品は現実のものではなく、ただ現実のように見えているだけである」ことに気づいていると吐露した。ショーはかくして、現実なるものを求めて、古典〔主義〕的伝統へと回帰した。というのも、自らの新しい土着の建築は贋作ものにすぎず、クラッグサイドのハーフ＝ティンバー造りが、かろうじてではあるものの、ノーサンバーランドという土地固有の技術に間違いないと、確信したからであった。この古典主義の採択は、まず第一には、ロンドンでの都市住宅群の建築家としての自らの増大しつつある役割によって、第二には、1880年代に自らが受け入れた、ハートフォードシャーのムーア・プレイスのような、18世紀のカントリー・ハウス群の思いやりに溢れた改築という委託によって、一層推し進められたのであった。こうした動向は、ドーセットの、巨大なブライヤンストン（1889-94年）〔現在は学校〕において絶頂に達した。これは、複合して網状に組み合わさった、鉄と鋼の大梁と中央管理暖房用の導管とを隠した、あざやかな赤色の煉瓦造りの、豪華絢爛な折衷様式からなる新たなレン風の宮殿であり、煉瓦には、贅沢なポートランド石〔ポートランド島産の建築用石灰石〕の化粧仕上げが施されていた。この建物の庇護者は、第2代ポートマン子爵〔1829-1919年〕であったが、彼は、このような建物によって予見された生活様式が、建物が完成した、まさしく20年後に終わりを迎える運命にあることなど、まったく考えていなかったと思えるような人物であった。

673　ショー：ニュー・スコットランド・ヤード〔ロンドン警視庁〕の外観、テムズ河北岸通り、ロンドン（1886-90年）

　ショーによる国内産の古典主義のもっと見事な例は、ノーサンバーランドのチェスターズとして知られた邸館の、1890-4年の再建であった。この邸館には、西正面の中心に、威厳のある新たな古代風の佇まいを見せる、大胆な4分円〔四分円〕状の列柱廊があった。この様式はまた、3基の巨大なルスティカ仕上げのアーチ群からなる1階部分のある、ロンドンのセイント・ジェームズィズ・ストリートに建つ、アリアンス・アシュランス・オフィスィズ（1901年）のような商業施設群に現われた。最後に、その晩年にショーは、帝国バロック様式で、1904-11年に、ナッシュの手になるリージェント・ストリートの建て替え用の

第9章　19世紀

674　スタンデンの庭園側正面、サセックス（1892-4年）、ウェッブによる

設計案群をつくり上げた。ここでは、ショーに特徴的な芝居っ気〔興行手腕〕によって、エドワード7世〔1841-1910年、在位1901-10年。ヴィクトリア女王の長男〕時代の壮大なる手法が、あっという間につくり上げられたのであった。

　リチャード・ノーマン・ショーの影響力ある天分を要約しようとする際にわれわれは、彼がかつて、自らの目的が「コッカレルとピュージンという2人の互いに矛盾した天才の資質」をひとつにまとめ上げることであると宣言した事実を思い出すべきである。この一見不可能に思われる野望は、おそらく、ロンドンのテムズ〔テームズ〕河北岸〔河の畔〕通り〔遊歩道〕に建つ、1886-90年のショーのデザインから建てられた、ロンドン警視庁の、ニュー・スコットランド・ヤードにおいて実現されたといえよう。この重々しい真四角の建物は、バロックの細部と組み合わされた、円形の隅部の塔や背の高い切妻〔破風〕壁があることで分かるように、ネーデルランド〔ト〕のルネサンスの範型（モデル）に従っている。様式的に分類することの困難なこの建物は、ある時代の復活作品（ア・ピース・オヴ・ピアリアド・リヴァイヴァル）にように見えるのではなく、その全体にわたる量塊性（マス）とその素材の著しく目立った使用——すなわち、低層部分では花崗岩、上層部分では、ポートランド石〔灰石〕がなす帯で〔すじ状の〕縞模様を付けられた赤煉瓦——によって、効果を狙っているのである。この建物はきわめて異例なものであるため、第一原理の数々から案を起こして作業するひとりの建築家によって設計されていたという印象を与えてくれる。

　ニュー・スコットランド・ヤードは、ショーがフィリップ・ウェッブ（1831-1915年）の作品にもっとも近づいた建物である。ウェッブは、ヴィクトリア朝時代のデザインを向上さ

675 ウェストミンスター大聖堂の鐘塔(カンパニーレ)とファサード（1894-1903年）、ベントリーによる

せるという希望をもって、芸術家であり社会改革者であったウィリアム・モリスによって設立された、「モリス商会」なる会社の設立者仲間(メンバー)のひとりであった。ウェッブは、彼の渋味があるとしても実用的であった邸宅群(ハウザズ)をもって、19世紀の様式をめぐる戦いから一歩抜けだそうと試み、こうした邸宅群において尖頭アーチ群や切妻壁といった中世風の特徴を、木製の上げ下げ窓のような便利な18世紀の特徴と組み合わせたのである。1890年代までに、ウェッブは、当時流行していた装飾上の細部の大半を打ち棄ててしまっており、サセックス州のスタンデンにあるような小さな邸宅(ハウス)（1892-4年）において、真の建築は、機能と素材から自然に成長するということを証明しようとしたのであった。16世紀と18世紀のあいだの、地元(ローカル・カントリー)の建物群がもつ土着的な伝統に由来した、スタンデンのような邸宅群(ハウザズ)は、ウェッブの同時代人たちやその追随者たちによって、完全無欠なるものの模範(モデル)として、大いに賞嘆された。しかしながら、ウェッブがもつ個人としての力量(ハンド)は、その構成上の技術にあると言われることが、しばしばある。しかし、これこそは、安易に生みだせるピクチャレスク的魅力を回避しようとする彼の固い決心の結果であるものの、〔それゆえ却って〕不器用かつちぐはぐなものになってしまう恐れのあるものなのだ。

　この時代の主要なひとつの公共建築が、「現実の(リアル)」建築を探求する人々によって熱狂的に受け入れられた。それは、ウェストミンスター大聖堂（1894-1903年）であり、ジョン・フランシス・ベントリー（1839-1902）の傑作である。一部にはウェストミンスター・アビイとの競合を避けたいという思い(ウィッシュ)のゆえに、ウェストミンスターのこの新しいカトリック教会堂には、「イタリア＝ビザンティン」様式が選択されたが、これは、ウィリアム・モリスの影響下に成長していった、アーツ・アンド・クラフツのデザイナーたちの特徴をすでに表わしていた、ビザンティン建築や職人の技能、そして象徴主義に対する趣向(テイスト)と調和していた。この選択はもちろんのこと、サン・マルコの大きなビザンティン教会堂が統べる都市であるヴェネツィアに対する、ラスキンの執着から当然のごとく発展していった結果であった。W. R.〔ウィリアム・リチャード・〕レサビイ（1857-1931年）は、ショーの風変わりな弟子であっ

たが、今や『コンスタンティノープルのハギア・ソフィア教会堂。ビザンティン建築の一研究（*The Church of Sancta Sophia, Constantinople, a Study of Byzantine Building*）』（ロンドンおよびニューヨーク、1894年）を出版した人物であったが、このなかでレサビイは、「健全で常識的な建物や満足のゆく職人の技芸のなかにもう一度、建築の根（ルート）を見いだすことの必要性を確信することが、われわれのハギア・ソフィア研究の最終的な結論として、変りなくある」と結論づけた。その詩情と、その高度な真摯さにおいて、また、その宗教的意味と、職人の技芸がもつほとんど道徳的といってよい価値に対するその強調とにおいて、ウェストミンスター大聖堂は、ヴィクトリア朝イングランドのもっとも深遠なる関心事の多くを表現しているのである。ピュージン、ヴィオレ＝ル＝デュク、そしてショワジーのような19世紀の理論家たちの教訓に従うなら、この大聖堂は、隠された鉄や鋼の補強材に頼らずに荷重を支えるさまざまな部分からなる、「真実の」建物なのである。帯状をなす石で縞模様を付けられた赤煉瓦からなる、ベントリーによるこの大聖堂のごてごてした外観は、その多くを、ショーとウェッブに負っている。とりわけ前者の手になる同じ様に色彩豊かなニュー・スコットランド・ヤードに負っている。しかし、もっとも感動的な部分は、モザイクと大理石できらめいている薄暗い内部であり、ここでは、化粧張りされない生（なま）の煉瓦の支柱（ピア）群が、身廊の上空高く浮かんでいる、3基の浅いコンクリート造りのドームを支えるところまで延び切っている。レサビイが言ったように、「内部で瞬時に感じる印象とは、現実、理性と力、晴朗と平穏、の印象である。これはすなわち、自然の感覚——構造の自然な法則——のことを、ほぼ指し示しているのである」。

ドイツ、オーストリア、そしてイタリア

シンケルとクレンツェ

19世紀のフランスおよびイングランドの建築界で生まれた、知的でなおかつ道徳的ですらある、この高いレヴェルの〔様式に関わる〕論争は、ドイツにおいては、カール・フリードリヒ・シンケルやハインリヒ・ヒュプシュ、そしてゴットフリート・ゼンパー〔ゼムパー〕といった多種多様な人物群によって反映された。その勢いは、プロシアから押し寄せてきた。ここでは、国家の独自性（アイデンティティ）に対する高揚感が、1806-8年のナポレオンによるベルリン占拠によって喚起されたのであった。1809年にベルリン大学を創設した、政治的著述家であり国家指導者（ステイツマン）のヴィルヘルム・フォン・フンボルト〔1767-1835年〕は、ジャン＝ジャック・ルソーのような哲学者たちや、ヨハン・ヨアヒム・ヴィンケルマンのような学者たち、そしてヨハン・フリードリヒ・ペスタロッチ〔1746-1827年〕のような教育の改革者たちのさまざまな著作に表現された、18世紀啓蒙主義の新たな人文主義的理想の数々に沿って、プロシアの教育システム全体を改革したのである。国家は、教育に対する全権を任され、教育はあらゆる階層の人々に開かれることとなった。ギリシャ文化とドイツの歴史とのあいだを比較対照するよう

665

な、〔教育〕課題が、ギリシャ語、ラテン語、ドイツ語、そして数学に集約され、宗教はほとんど強調されることがなかった。プロシアの皇太子、〔のちの〕フリードリヒ・ヴィルヘルム〔4世〕（1795-1861年、在位1840-58〔正確には61〕年）は、建築家と自ら名乗り、その生涯をとおして、影響力のある建築の庇護者であった。彼の野心は、ギリシャやゴシック、そしてチュートニック〔ゲルマン的〕といった諸要素を、統一されたドイツというひとつの理想に融合させることであった。彼は、ドイツを「トイッチュラント（Teutschland）」と綴ったが、これは、1813-5年の、ナポレオンに抗った「解放戦争（the Wars of Liberation）」のあいだに拡がった愛国という流行に従ったゆえのことであった。プロシア国家の哲学的理想主義に対し、それに相応しい表現を与えた建築家は、皇太子の建築の家庭教師であり友人でもあった、カール・フリードリヒ・シンケル（1781-1841年）であった。1810年の、ヴィルヘルム・フォン・フンボルトによる、「公共建設事業局（Department of Public Works）」付きの建築家としての、シンケルの任命は、文官としての経歴の始まりであり、この職のもとでシンケルは、プロシアにおいて、30年を越える期間、建築の発展を支配する立場にあった。

　シンケルは、フリードリヒ・ジリー（本書580頁）によって、とりわけ、フリードリヒ大王への記念碑に関する1796年の設計競技へのジリーの応募案によって、深く影響を受けた場所である、ベルリンの建築学校で教わったが、その最初の非常に重要な建物は、ナポレオンに抗したプロシアの戦いに特に一体感を抱いていたルイーゼ王妃〔1776-1810年。プロシア王フリードリヒ・ヴィルヘルム3世（1770-1840年、在位1797-1840年）の妃。フリードリヒ・ヴィルヘルム4世の母〕のための、1810年の霊廟であった。この霊廟は、ベルリン近郊のシャーロッテンブルク城館の庭園内に置かれたが、厳格なギリシャ・ドリス様式の神殿である。この様式は、国王によって選ばれたが、なおも同年にシンケルは、ベルリン・アカデミーで、説明文を添付して丹念に構想されたゴシックの霊廟用の図面というかたちで、亡き王妃の思い出に対する、〔大王への記念碑よりも〕もっとロマンティックな捧げ物を展示した。ちょうどジリーがフリードリヒ大王に捧げる、そのギリシャ・ドリス式の記念碑を、プロシアの秩序の象徴と見なしていたように、シンケルは国家的精神を具現化するものとして、ゴシックを支持したのであった。A. W.〔アウグスト・ヴィルヘルム・〕フォン・シュレーゲル〔1767-1845年〕から、2つの極としてのギリシャとゴシックという考えを抽きだしたシンケルは、それぞれが他のものによって改善されるであろうような、新しい様式で、これら双方を統合しようという大望を構想したのであった。シンケルは、ジリーによって、そのフリードリヒ大王記念碑のために提案された、ベルリンの敷地の上に建つ、国家的大聖堂用の1815年の設計案において、この大望を公けにした。「解放戦争」を記念するよう意図されたこの大聖堂は、皇太子の心情に近い計画案であった。シンケルの大聖堂は、様式上はゴシックではあったものの、その内陣の頂きにはドームが載っており、これは、ピサのロマネスク様式の洗礼堂に架かった、13世紀のゴシックのドーム（本書上巻〔Ⅰ〕206頁を参照されたい）において予示されたさまざまな形態の統合なのである。このピサの洗礼堂をシンケルは1804年にピサを訪れた際に、図面に

描いていたのであった。1811年、シンケルはその絵画『夕べ(Abend)』の中心(フォーカス)に、これと同様の建物を表わしていた。

こうした経歴の始めからあった、ゴシックに対するシンケルの熱狂的な態度は、ただ単に高い理想の数々の表現であっただけではなく、フランスの新古典主義理論に対するシンケルの共感の一部でもあった。このフランスの新古典主義理論においては、ギリシャとゴシックが、ローマ建築と較べて、それらが構造的な正直さをもっている

676 シンケル：シャオシュピールハオスの東側ファサード、ベルリン（1818-21年）

がゆえに、賞嘆されていたのである。シンケルのもっとも重要な初期の建築群のひとつは、ベルリンのシャオシュピールハオス（劇場、1818-21年）であり、これは、実質的に割り形のない支柱(ピア)群によってのみ隔てられた、連続した窓からなる帯をもった、一種の楣式構造の古典的な格子(グリッド)状の建物として構想されている。この軽快な枠組みには、ほとんどゴシック的な透かし細工(フレイヴァー)の趣きが感じられる。ノイエ・ヴァッヘ（〔新〕衛兵所、1816-8年）、アルテス・ムゼウム〔古博物館〕（1823-33年）、そして大聖堂の改築（1820-1年）とともに、このシャオシュピールハオスは、ベルリンに建つ一群の公共建築のひとつであったが、シンケルはこれらの建物において、プロシアの新しい文化的かつ政治的野心の数々を表現したのである。これらの建物すべてに、明白なギリシャ的性格が溢れている。

年代順にかつ教訓を与えるように配列された展示物(コンテンツ)のある、アルテス・ムゼウムの〔ような〕規模をもった公共博物館という革命的な発想(アイデア)は、ベルリンにおいて、1800年代あたりに最初に登場したものであった。これは、建築学校(バウアカデミー)でシンケルを教えた哲学者のアーロイス・ヒルト〔1759-1837年〕による提案に基づくものであった。この考え(アイデア)は、建築が公衆に、彼ら自身が何者なのかという意識(センス)を喚起させることによって、彼らを教育し改善させるべきであるといった、シンケルの信念と、具合よく調和していた。このアルテス・ムゼウムのために、シンケルは、中央のパンテオン風の円堂(ロトンダ)と横に長く延びた入口の列柱廊(コロネード)のある、デュランの『講義要録(プレシ)(Précis)』に載っていた平面に鼓舞された平面を選んだ。この建物は、野心的な建築の表示ないしは見栄えするペディメント群で印象づけ〔感銘を与え〕ようとはしておらず、ヘレニスティック時代のストアによく似た都市〔市民〕秩序を真摯に言明しているのである。ファサード全体を構成している18本のギリシャ・イオニア式円柱群の威圧的な並びは、一見して外界からこの建物を防護しているように見える。しかし、ここを訪れる者は、この建物に近づくにつれて、この建物への入場が実は、列柱廊の奥に位置する、非凡な造りの広々とした階段室によって誘(いざな)われていることを発見するのである。内部と外部の双方の空間のあいだの障害(バリアー)をこのように取り除いている様は、この階段室の図面で、シンケルによっ

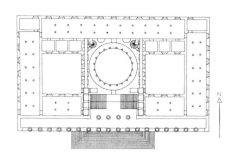

678　アルテス・ムゼウムの平面図

677　シンケル：アルテス・ムゼウムの列柱廊の背後にある階段室、ベルリン（1823-33年）

679　アルテス・ムゼウムの入口正面の列柱廊

て見事なまでに強調されている。この図面では、ベルリンの市街(シティ)を眺める半野外〔露天〕の高台として訪問者たちに利用されている、人々で溢れた踊り場が描かれている。訪問者たちは、「ルストガルテン」——その北端にある埋め立てられた沼地に、シンケルがこの博物館を置いたときに、新たな威厳を与えられた公共の広場(スクエア)——のずっと向こうの端に建つ国王の城館(シュロス)をかなたに望むといった、円柱群のイオニア式柱頭によって興味をそそるように枠づけされた遠近法的眺望(ヴューズ)を楽しんでいるのである。

　この博物館から見る眺望と、この博物館そのものを見晴かす眺望とを考慮して、シンケルがこの博物館を注意深く配置したことは、まさしく、都市のものであれ田舎のものであれ、自らの手になる建築群と、それらの背景(セッティング)との関連に、シンケルが絶えず関心を抱いていたことを、特徴的に示している。かくして、シンケルが、『建築図面集（*Sammlung architektonische Entwürfe*）』（1819-40年）として出版した、彼の作品の版画集に見られる、たとえば、アルテス・ムゼウムの階段室の図版で彼は、自らの建築群の環境全体に対する寄与を強調するため、遠近法的な眺望(ヴューズ)を懸命に取り入れていたのであった。

　この周囲に対する関心という点では、シンケルは当時のフランスの建築家たちの理想によりも、ジョン・ナッシュの理想の方に近いと言える。ナッシュが、ロンドンの都市計画に対

第9章　19世紀

して、建築と自然を混ぜ合わそうとするピクチャレスクな手腕をもたらしていたのとちょうど同じ様に、シンケルは、1806年以降の数年間で、建築的構成における背景に関わる要素を理解する術を手に入れていたのであった。この1806年に、占領下にあったベルリンでほとんど建築の委託がなかったため、シンケルは、回転画(パノラマ)や透視画(ジオラマ)用の、さらにのちには、舞台用の背景〔道具立て〕の設計者になったのである。シンケルはまた、多くの油彩画を生みだした。とりわけ

680　シンケル：シャーロッテンホーフ城館(シュロス)、サン・スーシ、ポツダム（1826-7年）

技巧の才気縦横さや雰囲気を醸しだす効果という点で、C. D.〔カスパー(ル)・ダーフィト・〕フリードリヒ〔1774-1840年〕の作品に匹敵するような、ロマンティックな風景のなかに佇む建築を描いたのであった。

　ピクチャレスクな計画者(プランナー)としてのシンケルの腕の良さは、彼が、国王〔フリードリヒ・ヴィルヘルム3世〕の息子のうちの3人用に建てた、3軒の現存するカントリー・ハウスにおいて最良のかたちで評価される。すなわち、カール王子〔1801-83年〕用の、ベルリンの、クライン・グリーニッケに建つグリーニッケ城館(シュロス)（1824-6年）。皇太子〔のちのフリードリヒ・ヴィルヘルム4世〕用の、ポツダムのサン・スーシに建つシャーロッテンホーフ城館(シュロス)（1826-7年）。そして、ヴィルヘルム王子〔のちのヴィルヘルム1世。1797-1888年、プロシア王1861-88年。初代ドイツ皇帝1871-88年〕用の、ポツダム近郊に建てられたバーベルスベルク城館(シュロス)（1833-5年）である。これは、ナッシュとワイアットヴィルの新たなゴシック風のカントリー・ハウスに直接鼓舞された様式で建てられた。つつましい既存の邸宅を当世風の非対称形な新古典主義的構成へと、才気縦横なやり方で変貌させることで、グリーニッケは、ナッシュがとりわけ熟達していた、奇術のような種類の技の成果をなしている。廐舎のある翼館の上には、全体的にゆるやかな群れをなした構成に対して、要(かなめ)を形づくっているイタリア風の塔が、載っている。シャーロッテンホーフでは、両脇に水路が置かれた、段状をなす庭園からなる傾斜した敷地において、細長いパーゴラが、主屋のギリシャ・ドリス式の柱廊玄関(ポーチコ)を、庭園のずっと端の、軸線の果てにある半弓形の園亭と繋いでいる。全体の配置は、皇太子によって提案されたが、その明快な、創意に富んだ相貌はすべて、主屋と庭園と公園の形式張らない相互の連結を示す、いくつかの回転画的な眺望(ヴューズ)を用意したシンケルによるものであった。この主題(テーマ)は、シャーロッテンホーフ城館(シュロス)の構内に、1829-40年に建てられた庭園内の建物群による複合体において、ずっと見事な巧妙さをもって表現された。すなわち、「宮廷庭師」(コート・ガーデナー)の家、お茶を飲む休憩所、そしてローマ風の浴場(バス＝ハウス)がなす、古典様式ならびにイタリア風の土着様式に分類されるような、この非対称形の一団は、開廊(ロッジア)、通路、階段、ブドウの木で覆われた棚(トレリス)、水路、

681 シンケル:建築学校(バウアカデミー)の外観、ベルリン(1831-6年)

そして非対称形をなす水の拡がりと、相互に浸透し合っており、この様相はまさしく、「建築とは、自然の建設するという活動を引き継ぐ、自然の延長物なのである」というシンケルの信念を、雄弁に表明しているのである。

イタリア風の塔のある、「宮廷庭師(コート・ガーデナー)」の家は、J. B.〔ジョン・ブオナロッティ・〕パップワース〔1775-1847年〕による『田舎の邸宅群(*Rural Residences*)』(1818年)に載った、ある芸術家の邸宅(レジデンス)として設計された「別荘(ヴィッラ)」を描いた図版によって鼓舞されたものと言えよう。しかしながら、表面上は、最新の美術館の意匠(デザイン)や表示(ディスプレイ)のためのさまざまな技術についての情報を収集するために、シンケルが1826年に英国(ブリテン)を長期間訪問したとき、彼は、ナッシュやソーンやスマークのような当時の〔代表的〕建築家たちの古典主義様式の、あるいはピクチャレスクな作品には感銘を受けることはなかった。シンケルをもっとも強く感動させたものは、工場群、倉庫群、造船所〔繋船渠〕群、そして橋梁群の設計という、産業革命の建築上の衝撃なのであった。シンケルは、耐火性の内部枠組みを形づくる鉄の梁と柱と階段〔室〕を備えた、巨大な赤煉瓦造りの製粉所や工場とのあいだの、愛憎相半ばする結びつきを拡大させていった。彼は、ベルリンに戻った際には、この建造方式を採択して、自分にとって建築の本質的部分である、審美的ないしは詩的な内容を加えることによって、この方式(フォーム)を洗練させることを心に決めたのである。ある、テラコッタ〔粘土の素焼〕装飾、煉瓦、そしてストーヴの製造業者のために建てられた、シンケルのファイルナー・ハウス(1828-9年;1945年頃取り壊し)は、イトルフとその仲間たちが1830年代と1840年代に盛んに取り組んでいたのと同じ類いの、建設上の多色彩飾(ポリクロミー)の独創的な試みなのであった。そのファサードには、彩色されていない〔無染色・無漂白の〕生地(ベージュ)のままのテラコッタと、赤と紫の2色の煉瓦が組み入れられており、石積みの継ぎ目を真似て切れ目を入れられたストゥッコ仕上げのファサード群に当時〔目が〕慣れていた都市において、このファサードは、何ら違和感(フランクリー)なくその存在を示していたのである。今までの見慣れた風景(ドメスティック)のなかに、工業材料をもっとずっと大胆にさらした(イクスポウジャー)例が、皇太子〔フリードリヒ・ヴィルヘルム4世〕の弟である、アルブレヒト王子〔1809-72年〕のための宮殿として、ベルリンのヴィルヘルム通りはずれに建つ、シンケルの手になる邸館(マンション)の改築(1830-2年;1946年取り壊し)の際に現われた。この建物の主要な階段室は、鋳鉄製の広大な丹念につくられた構造物であり、シンケルがイングランドの製粉所群で目の当たりにした構造物を真似ていたが、新たなポンペイ様式ともいえるへり飾り(フリル)で優雅に装飾されていた。

シンケルがファイルナー・ハウスに導入したさまざまな主題(テーマ)は、彼のお気に入りの、新しい建築学校(バウアカデミー)(1831-6年;1961年取り壊し)となる運命にあった建物において、もっと十分なかた

670

第9章　19世紀

ちで活用された。この建物は、盛名を馳せたベルリンの建築学校と、シンケルが1815年以降主任建築家を務めていた「公共建設事業局」それぞれの本部(ヘッドクォーターズ)であった。シンケルの持ち場には、プロシア全土に及ぶすべての国家建築計画案(スキームズ)を検証する仕事が含まれていた。つまりこれは、19世紀初期の北ドイツにおける公共建築群にとって、一貫した様式を確立することを意味したのである。建築の六義(コーズ)および新しいプロシアの大いなる目標に対する、シンケルの献身は、建築学校(バウアカデミー)内に住まうという、1836年のその決心によって強調された。建築学校(バウアカデミー)内にシンケルは、その5年後の死のときまで留まった。この建物は、いくらかイタリア・ルネサンスのパラッツォに似た、独立して建つ立方体をしており、それぞれが8つの柱間(ベイ)という幅をもった4つのファサードからなる、4階建ての建物であった。各柱間(ベイ)は、内部の垂直方向の仕切り(ディヴィジョン)におおよそ対応した支柱群(ピア)によって分けられていたが、これらの垂直方向の仕切りは、イングランドの製粉所群の場合と同様に、煉瓦の頂部ヴォールト群を支える弓形の煉瓦のアーチ群であり、水平方向の鉄製の梁群と繋がっていた。各ファサードは、生地のままのテラコッタと施釉した(グレイズド)紫色のタイルで装飾的に縁取られた、赤と紫の煉瓦であり、古代からルネサンスに到る建築の歴史が彫り刻まれた、テラコッタのパネル〔壁板〕を組み入れていた。このようにシンケルは、その経歴のとば口で心を奪われたギリシャとゴシックの、融合した姿をいくつかの点で表現している、機能的な建物を教化の対象にしようと努めたのである。

われわれは、建築学校(バウアカデミー)と同時に、1979年まで公刊されることのなかった、包括的な建築の教則本(テクストブック)を書こうとしてシンケルが残した、多くの注記(ノート)のことを考察すべきである。このなかで彼は、デュランとロンドレの機能主義が十分なものではないという信念を強調していた。すなわち、「ギリシャ建築の原理は、建造物を美しくすることであるが、このことは、建造物に関して、継続して原理として留まらなければならない」と。建築は高い理想の数々の表現なのであり、歴史や詩や美の要求するものに対する考察が、常に行なわれなければならないのである。

これらの考察は、彼の生涯の最後の頃に生みだされた、幻想的な宮殿用の、2つの実施されることのなかった設計案に影響を与えていた。そのうちのひとつは、新しいギリシャの国王として選ばれた、前の王子、オットー・フォン・ヴィッテルスバッハ〔オソン1世。1815-67年。初代ギリシャ国王1833-62年〕のための、アテネのアクロポリスに建つ予定の1834年の計画案であり、もうひとつは、その4年のちの、ロシア皇妃、前のプロシア王女シャルロッテ〔1798-1860年〕のための、クリミア〔黒海とアゾフ海のあいだの半島〕のオリアンダの宮殿計画案であった。この皇妃の兄、プロシアの皇太子(クラウン・プリンス)〔フリードリッヒ・ヴィルヘルム4世〕が、シンケルを説き伏せて、これら双方の計画案をつくらせようとした。そして、これらの計画案の華麗な装飾的手法(ラッシュ)は、部分的にはこの皇太子の影響によるものと言えよう。パルテノンそのものがほとんど庭園の添え物(オーナメント)という状態に陥っていたようなアクロポリスに建つはずだった宮殿は、アテネ人ステュアート（本書531頁）の手になる、1758年のハグリーに建つギリシャ・ドリス

671

式の神殿をもって始まった伝統の頂点をなしているように思われる。この宮殿の中央ホールは、ギリシャやローマ、中世、そして近代の産業、といったさまざまな主題(テーマ)を非凡な力量をもって組み合わせたものであり、異国風の庭園をなす中庭に通じており、ありあまるほどの多色彩飾の装飾を施されていた。オリアンダの宮殿は、これと同様の理想の数々をさらに一層贅沢に表現している。黒海上方にある、海岸の崖の頂きという敷地に沿って走る長い水平線は、白い神殿によってのみ中断されている。この神殿は、ジリーの手になるフリードリヒ大王の記念碑の遅ればせながらの所産であり、この宮殿の上方に、奇跡のように浮かんでいるように見えるのである。断面図を見ると、この神殿が、彫刻美術館を含んだ高い基壇の上に、どのように高く置かれているのかが分かる。この神殿は、宮殿内部の庭園中庭(ガーデン・コート)の中心に建つのである。

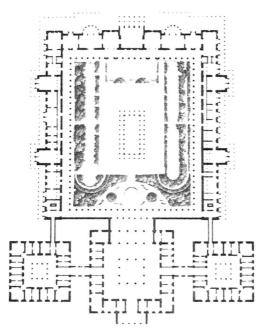

682　オリアンダの宮殿の平面図、クリミア（1838年）、シンケルによる

683　オリアンダの宮殿の庭園中庭(ガーデン・コート)用のデザイン、シンケルによる

第9章　19世紀

　使命感と対になった、シンケルの作品の拡がりと多様さは、彼の死後の世代に対する、とりわけベルリンにおけるその幅広い影響を確かなものとするのに役立った。シンケルの信奉者には、フリードリヒ・アウグスト・シュテューラー（1800-65年）とヨハン・ハインリヒ・シュトラック（1805-80年）がいた。シュテューラーは、ノイエス・ムゼウム〔新博物館〕（1843-50年）を、隣接して建つシンケルの手になるアルテス・ムゼウム〔古博物館〕に同調した様式で建てた。また、かつての皇太子（クラウン・プリンス）として、シンケルと非常に近しい関係にあった〔プロイセン〕国王フリードリヒ・ヴィルヘルム4世によるスケッチに従った、近くに建つナツィオナール・ガレリー〔国立美術館〕（1865-9年）を、シュトラックと協働して増築したのであった。堂々とした階段の登りの上に建てられた、このナツィオナール・ガレリーは、ジリーの手になるフリードリヒ大王記念碑への、いま一度の捧げ物（トリビュート）である、コリント式の神殿なのである。

　シンケルの衝撃はまた、ボンやアーヘン、エルバーフェルト、ケルン、そしてデュッセルドルフのようなプロシアが統治していた都市群において強く感じられた。もっとも、ハノーファのゲオルク・ラーヴェス〔1788-1864年〕、ヴァイマールのクレメンス・ヴェンツェル・クードレー〔1775-1845年〕、そしてハンブルクのカール・ルートヴィヒ・ヴィンメル〔1786-1845年〕、フランツ・フォルスマン〔1795-1878年〕、アレクシス・ド・シャトーヌフ〔1799-1853年〕といった建築家たちもまた、シンケルに強く影響されたのであった。南ドイツでは、新古典主義が、ヴァインブレンナーによってカールスルーエに、ゲオルク・モラー〔1784-1852年〕によってダルムシュタットに、ニコラウス・フリードリヒ・フォン・トゥーレ〔1767-1845年〕とイタリアからの移民ジョヴァンニ・サルッチ〔1769-1845年〕によってシュトゥットガルトに、

684　シュテューラーとシュトラック：ナツィオナール・ガレリーの外観、ベルリン（1865-9年）

そしてフィッシャーとクレンツェによってミュンヒェンに、それぞれもたらされたのであった。フリードリヒ・ヴァインブレンナー（1766-1826年）は、カールスルーエのバロック様式の宮廷都市を、ナポレオン以降の市民〔都市〕建築群を最大限に備えた、19世紀の中産階級（ブルジョワジー）の都市へと変貌させたがゆえに、1800年から1826年に到るまで、重要な人物であった。1790年代の初頭に、ヴァインブレンナーはベルリンでダーフィット・ジリーと会い、その後ローマで学び、当地でヴァインブレンナーは、ルドゥーに鼓舞された、フリードリヒ・ジリーの革命的な抽象化の試みに近い、幻視（ヴィジョナリー）のフランスおよびプロシア様式で、数多くの設計案を生みだした。カールスルーエに戻ってからは、より因襲的といえるデュラン風の様式を採択することを強いられた。とはいえ、彼の手になるマルクト広場（プレイス）〔中央広場、市の立つ広場〕やシュロス＝シュトラーセ（今日のカール＝フリードリヒシュトラーセ）に建つ建築群は、フランスの先達よりもナッシュに近い、気紛れな非対称的なやり方で一団をなして置かれている。マルクト広場（プレイス）では、初等学校（グラマー・スクール）が脇に建つ、プロテスタントの教会堂の柱廊玄関（ポーチコ）（1806-20年）が、反対側に建つ市庁舎の柱廊玄関（1807-14年）と向き合っているものの、正確に反復〔再現〕したものではない。シュロス＝シュトラーセはマルクト広場から、V字形の平面をした辺境伯（マルクグラーフ）の宮殿（1803-13年）がある八角形のロンデル広場（プラッツ）まで、南方向に延びている。この眺望（ヴィスタ）は、今は取り壊されてしまったエットリング門（ゲイト）（1803年）で限られていた。この門（ゲイト）は、あのベルリンのラングハンスの記念門（プラパラン）〔ブランデンブルク門〕に鼓舞された、ギリシャ・ドリス式の記念門（プラパラン）であった。この隣りには、ヴァインブレンナーの自邸（1801年；1873年取り壊し）があったが、これは野心的な建物であり、ここで彼は有名な建築学校を経営し、ヒュプシュ、モラー、そしてシャトーヌフのような、次世代の指導的な建築家たちを鍛えていたのであった。ナッシュは自分自身の設計した新しい通りで、卓越した地位を維持したまま生活し仕事をするという、自身の模範的な理想に従ったが、それに対してシンケルは、同じ様に、建築の学校で生活をするという生き方を選んだ。カールスルーエの他の場所においてヴァインブレンナーは、宮廷劇場、美術館、首相官邸、ユダヤ教会堂（シナゴーグ）、社交集会場、店舗、そしてザンクト・シュテファンなるカトリックの教会堂（1808-14年）を設計した。この教会堂は、ナポレオン1世時代の、バーデン公国（ダッチー）の宗教的寛容の成果である、パンテオンに鼓舞された建物である。ヴァインブレンナーはまた、あらゆる階級の人々のために、規範となる住宅群（ドウェリングズ）を設計したが、そのなかのいくつかのものは、つつましいテラス（ロウ）・ハウジング〔連続住宅群〕として施工された。シンケルおよびクレンツェと同様に、ヴァインブレンナーは、一連の図版入りの大型（ヴォリューム）の書物のかたちで自分自身の手になる設計案を公刊することによって、自らの影響を拡げていった。

　バロックの宮廷都市から近代的な首都（キャピタル・シティ）へという、ミュンヒェンの変貌は、レオ・フォン・クレンツェ（1784-1864年）によって実行された。彼は、シンケル以後に登場した、19世紀最大のドイツの建築家であり、その経歴は〔シンケルと〕密接な並行関係をなしていた。シンケルの場合がそうであったように、クレンツェを熱くさせたのは、ジリーの手になる、フ

リードリヒ大王に捧げられた記念碑の設計案を目の当たりにしたことであった。これによってクレンツェは、建築家になって、高い理想主義という雰囲気を反映し、かつ刺激する記念碑の数々を創造しようという野望を抱いたのである。皇太子ルートヴィヒ（1786-1868年、〔のちの初代〕バイエルン国王〔ルートヴィヒ1世〕1825-48年）のなかにクレンツェは、シンケルの場合のプロシア皇太子〔のちのフリードリヒ・ヴィルヘルム4世〕と同様に建築的な野心をもち、なおかつより多くの、財源と権力のある庇護者を見いだしたのである。バイエルンとナポレオンの同盟に従い、1806年にひとつの王国が誕生した。ミュンヒェンを、王国の首都へと拡大するために、今やさまざまな計画が練られたが、その一部は、建築家カール・フォン・フィッシャー（1782-1821〔1820〕年）によって実施に移された。彼の手になる、カール王子宮殿（1803-6年）と、パリのオデオン座に範を取った劇場（1811-8年）は、ミュンヒェンにおける最初の新古典主義様式の建物であった。ミュンヒェン・アカデミーが1814年に出した、陸軍病院、ドイツ国家〔国民〕の記念碑（ヴァルハラ）〔偉人の霊廟〕、そして古代彫刻のための博物館（グリプトテーク）の設計競技の告知には、皇太子ルートヴィヒが抱いていた文化的野心の数々が反映されていた。ルートヴィヒは、早くも1811年に、イタリアの建築家ジャーコモ・クァレンギに、さらにはドイツの考古学者カール・ハラー・フォン・ハラーシュタイン（1774-1817年）に、彫刻美術館（ギャラリー）用の設計案を要請していた。1815年にルートヴィヒは、クレンツェを励まして、1809年以降公式の宮廷建築家であったフィッシャーの計画案（スキーム）に代わる案を捻出するよう促した。結果、クレンツェの設計案は1816年に選出され、この年にルートヴィヒは、クレンツェを宮廷建築家に任命し、グリプトテークのために、さらなる彫刻を獲得するために、彼をパリへと派遣したのである。

　ベルリンでジリー親子の許で最初に修業を積んだあと、クレンツェは、パリで、デュランおよびペルシエの弟子となっていた。まさしく、デュランの『講義要録（*Précis*）』から、クレンツェはその、上方からと高い側面の窓から採光された、1階建てのヴォールトが架かったギャラリーのあるグリプトテークの総体的な形態を借り受けたのであった。1816-30年に、世界最初の公共の彫刻美術館として建てられたこのグリプトテークは、よそよそしい大理石の外観で出来ており、これは内部の豊かな多色彩飾の装飾とは対照的な印象を与えている。この内部には、彩色された人造大理石細工や、白色と金色のストゥッコ、ルートヴィヒ・ミヒャエル・シュヴァンターラー〔1802-48年〕による彫り物の数々、そしてペーター・コルネリウス〔1783-1867年〕とその弟子たちの手になる、ギリシャの神話や歴史から採られたさまざまな情景を描いたフレスコ画があった。この建物が、戦争時の爆弾による損傷のあと、1960年代に修復されたとき、内部の装飾はもとどおりのものとはならず、そのために、この建物はもはや、大そう活力に満ちた、建築と装飾の機能という新古典主義的な概念の一部であった内容物（コンテンツ）との、あの生きいきとした対話に入り込むことはないのである。グリプトテークに収納されたもっとも有名な芸術作品は、アイギナ島の神殿から取ってきたペディメントの彫刻群であるが、これは、コッカレルおよびハラーシュタインを含む、国際的な考古学者と学

685　フェルトヘルンハレ〔陸軍元帥の記念堂〕、ミュンヒェン（1840年）、ゲルトナーによる

者の一団によって、1811年に発見されたものであった。彫刻の背後の壁面に、クレンツェは、古代ギリシャの多色彩飾の建築に関する、イトルフとツァントによる革命的とも言える調査研究に先んじた、彩色された、神殿の再現図を描いていたのであった。

クレンツェの手になる〔アルテ・〕ピナコテーク（1822年設計；1826-30年実施）——これは、イタリア絵画を収蔵することが目的の大半をなす絵画美術館（ピクチャー・ギャラリー）である——においては、ファサードの扱い方は、〔ローマの〕カンチェッレリーアとヴァティカン宮のベルヴェデーレの中庭（コートヤード）によって鼓舞されているが、新しく、かつ影響力をもった平面では、〔とりわけ2階部分では〕小さ目の絵画群用の居心地のよい部屋が片面にいくつか置かれて、上部から採光された、7つの広い展示室（ラージ・ギャラリー）が〔ひと続きに〕配置されており、それぞれの展示室は互いに繋がりつつもみな、〔両端の〕主要な展示室（ギャラリー）へと開かれているのである。この、ルネサンス様式への移行（シフト）は、それほど適切なかたちではないものの、ルートヴィヒシュトラーセに建つ、新たなクワ〔ッ〕トロチェント（quattrocento）〔15世紀〕風の住居建築群に模倣されたが、この通り（シュトラーセ）は、「レジデンツ」から旧市街の壁面の外側まで、北に向かって延びる長くて幅の広い通り（ストリート）であり、1817年以降にクレンツェが設置したものである。歴史に残る都市の中心に付け加えられた完全に新しい通り（ストリート）として見ると、これは、シンケルの手になるベルリンの通りや、ペルシエとフォンテーヌの手になるパリの通りなどよりも大胆なものであり、ナッシュの手になる、ロンドンのリージェント・ストリートくらいしか比較の対象とはなりえないものである。これは年月を経るにつれて、歴史上のさまざまな出来事（スヴニール）が異例なまでに連続して起きた通りとなり、あるいは、デュランの著わした『古今のあらゆる種類（ジャンル）にわたる建築物の比較集成 (Recueil et parallèle des édifices de tout genre ancien〔t〕s et modernes)』（パリ、1800年）の図版を実施に移したかのような、一種の〔感情を失った〕凍れる「グランド・ツアー」となった通り（ストリート）なのである。かくして、この通りは結局のところ、1840年に、フリードリヒ・フォン・ゲルトナーによって設計された、〔南北の〕両端に建つ以下の2つの建物で〔巧みに〕閉じられたのであった。すなわち、南端では、フィレンツェにある14世紀の「ロッジア・デイ・ランツィ」を真似た、「フェルトヘルンハレ（陸軍元帥の記念堂）」が、そして北端では、コンスタンティヌス帝の凱旋門（アーチ）を範とし、パリ、ロンドン、そしてミラノに建つ凱旋門群（アーチズ）に対抗する、「ジーゲシュトーア」（勝利の門）が建っているのである。

　同じ様な課題（プログラム）が、クレンツェの手になる、マックス・ヨーゼフ・プラッツ〔広場〕に刺激を与えた。この広場（プラッツ）でクレンツェは、1826-35年に、北側には、ルートヴィヒ〔1世〕のため

第9章　19世紀

に、フィレンツェのパラッツォ・ピッティとパラッツォ・ルチェッライに鼓舞された、「レジデンツ」なる「国王宮殿(ケーニヒスバウ)」を建て、南側には、ブルネッレスキの捨て子養育院を基にし、多色彩飾の装飾を組み入れた、「中央郵便局(メイン・ポスト・オフィス)」（1836年）を建てたのである。1825年に、バイエルン国王ルートヴィヒ1世として王位を襲ったこの国王のために、クレンツェはまた、1826-37年、「レジデンツ」に、同様に折衷様式的な「万聖節(アラァ・ハイリゲン)」宮廷礼拝堂(コート・チャペル)を用意した。これは、この国王の要請に応じて、パレルモの12世紀のパラティーナ礼拝堂(チャペル)〔カッペッラ・パラティーナ（王宮内礼拝堂）〕を範としていた。この〔ルッジェーロ2世の個人的な宮廷〕礼拝堂を、国王は1823年にクレンツェとともに訪れていたのである。クレンツェは、元々はシチリアの範例(モデル)に見られたムスリム〔イスラーム教徒〕のハチの巣状の屋根を、ヴェネツィアのサン・マルコによって鼓舞された、ひと続きをなす浅いドーム群に取って代えた。このサン・マルコもまた、1817年に、クレンツェとルートヴィヒとが〔一緒に〕訪れていたのであった。この礼拝堂の外観は、北イタリアのロマネスク様式ではあったが、黄金の下地の上に描かれたフレスコ画や、貼られたモザイク画は、この壮麗な祀堂の内部に、より豊かなビザンティン風の雰囲気を付与したのである。ルンドボーゲンシュティール(ノート)（Rundbogenstil）〔半円アーチ様式、円弧様式〕という折衷様式を使う試みという点でこの礼拝堂は、クレンツェの、ギリシャ建築の諸原理は丸いアーチ型の様式のかたちで生き続けてきた(リヴド・オン)、という珍妙なる信念を明示するものであった。この信念にもかかわらず、クレンツェは、その出版した著作群のなかで、シンケルよりもはるかにひたむきに、ギリシャの建築造形言語(ランゲージ)とその現在の需要(ニーズ)への適用の双方がもつ、永遠の価値の数々を支持していた。

　クレンツェは、4つの記念碑的な公共建築の設計に際して、自らの古代信仰を表現する機会を与えられるといった幸運に、十分なほどに浴していた。これらの建物はみな、ルートヴィヒによって委託されたものである。まず、レーゲンスベルク近郊の「ヴァルハラ」〔偉人霊廟〕。次に、ケルハイム近郊の「ベフライウングスハレ（解放〔の〕記念堂〔殿堂〕）」。そして双方ともにミュンヒェンにある、「ルーメスハレ（英傑記念堂）」と「プロピレーエン（プロピュライア）」〔入口門〕である。これら4つの記念建造物は実践的な機能を欠いてはいるが、あるひとつの観念を表現している。つまりこれらの記念建造物は、建築とは一国家〔国民、民族〕の道徳〔精神〕的な意識を形に表わしたものであるべき、という信念の開花を表現しているのである。ヴィンケルマンにほのめかされたこの信念は、1790年代以降プロシアで力強い表現を与えられた。実際のところ、〔ナポレオンに〕占拠されていたベルリンを1807年に訪れているあいだにおいてこそ、バイエルンの皇太子ルートヴィヒが初めて、汎ドイツ統一体(ユニティ)の象徴としての、ひとつの偉大なるドイツ国家〔国民、民衆〕の記念建造物(モニュメント)たる「ヴァルハラ」——これは、チュートン〔ゲルマン〕民族の神話に登場する偉人〔英雄〕たちの集う場(ホール)——という考え(アイデア)を思いついたのであった。1809-10年に、カール・フォン・フィッシャーは、パルテノンとパンテオン双方の特徴を組み合わせた、ドイツ人たちのパンテオン〔万神殿〕用の2組の設計案を提出した。1814年に公表された、公けの設計競技には、クレンツェやシンケル、ゲルト

677

686 クレンツェ：ヴァルハラ〔偉人霊廟〕、レーゲンスブルク近郊、ドナウ河越しに見る（設計1821年；建造1830-42年）

687 クレンツェ：ベフライウングスハレ〔解放の記念堂〕、ケルハイム近郊（1842-63年）

688 クレンツェ：国王広場(ケーニヒスプラッツ)への入口を印づける入口門(プロピレーエン)、ミュンヒェン（1846-60年）

ナー、そしてオールミュラーを含んだ総計50人以上の建築家が応募した。とりわけ、オールミュラー〔1791-1839年〕は、ギリシャ神殿〔様式で〕とはっきりと明記されていた事実にもかかわらず、入念に練られたゴシック様式の記念建造物(モニュメント)案を提出したのであった。1819年に、ルートヴィヒは、〔結局は〕クレンツェの新しい設計案を選んだのだが、これは1821年に最終的に〔正式に〕承認され、1830-42年に、ドナウ河の上方300フィート（90m）の目もあやなる丘陵斜面の敷地において実施に移された。外観ではこの建物は、洗練されていない灰色の大理石で覆われた、雲のたれこんだような量塊にすぎなかったが、その内部は華やかな多色彩飾であった。すなわち、豊かな大理石模様(マーブリング)が並び、偉大なるドイツ人たちの肖像胸像群が点在し、1837年にはマルティン・フォン・ヴァーグナー〔1777-1858年〕によって彫られた図像からなる水平帯(フリーズ)がひとつつくられた。この水平帯(フリーズ)にはキリスト教化するまでのドイツの初期の神話的な歴史が描かれている。この国家的祀堂の道徳〔精神〕上の目的は、次のように公言したバイエルン国王ルートヴィヒによって十分に言い尽くされていた。すなわち、「ヴァルハラは、ドイツ人がこの場を立ち去ったとき、ここに来たときの自分よりもずっとドイツ人的になって、よりよい存在となるように建てられたのであった」と。

ヴァルハラと同様に、プロピレーエンとルーメスハレもまた、ギリシャのドリス式の様式で建てられた大規模な課題演習(エクササイズ)である。しかし、ベフライウングスハレは、これらよりも独創的な構想化の賜物である。これは、ナポレオンに抗った「解放戦争」に捧げ

られた、もっとも野心的なドイツの記念建造物として、1842-63年に実施に移された。元々は、ゲルトナーによって、凝りすぎたルントボーゲンシュティール(Rundbogenstil)の手法で設計されたものが、クレンツェの手で完全に変更されたのである。クレンツェは1847年にゲルトナーが歿したあと、この仕事を引き継いだ。この建物の円筒状の量塊は、ラヴェンナにあるテオドリック大王の霊廟の、当惑させるほどに仰々しい翻案物(ヴァージョン)のように見えるが、〔実際のところは〕痛烈な、抽象幾何学による作品であり、窓は一切ないもののドイツの各地方を表現するよう、ヨハン・ハルビッヒ〔1814-82年〕によって彫られた、高さ20フィート(6.5m)の18体の女人像がなす環で活気づけられているのである。豊かな多色彩飾の内部は、シュヴァンターラーの手によってカッラーラの大理石から彫られた、34体の天使像、すなわち有翼の勝利の女神像に取り巻かれている。これらの像は、円形の青銅の盾と盾のあいだに、恐怖心を抱かせるほど、本当に生きているかのような格好(ポスチャー)で立っている。

ミュンヒェンとウィーンにおける、ゲルトナーとゼンパー

クレンツェの主要な好敵手(ライヴァル)の、フリードリヒ・フォン・ゲルトナー(1782-1847年)は、フィッシャー、ヴァインブレンナー、デュラン、そしてペルシエの、引き続いての弟子となり、ミュンヒェンで、ルントボーゲンシュティール(Rundbogenstil)〔半円アーチ様式〕の手法で広範囲に仕事をこなした人物であった。この手法は、たとえばルートヴィヒ通り(シュトラーセ)に互いに隣り合って建つ、彼の手になるルートヴィヒスキルヒェ〔ルートヴィッヒ教会堂〕(1829-44年)と国立(ステイト)図書館(1832-43年)に見られる。もうひとりの影響力があったルントボーゲンシュティール(Rundbogenstil)の宣伝者は、ハインリヒ・ヒュプシュ(1795-1863年)であった。彼は、その師であったヴァインブレナーの、カールスルーエにおける建築家としての後継者である。ヒュプシュの有名な1828年の小論(エッセー)『われわれは、いかなる様式で建てるべきか(*In welchem Stil sollen wir bauen?*)』は、ヨーロッパ中の建築家たちが、この世紀〔19世紀〕を思い出させるがゆえに過度に苦しむことになる問いを投げかけたのであった。ヴァインブレナーやヒルト、そしてクレンツェのドリス式による理想主義を拒絶することで、ヒュプシュは、フランスのラブルーストの場合と同様に、ギリシャ建築はあまりにも深く、往時の〔その時代の〕社会的かつ経済的条件に根づいているがために、19世紀においては範型(モデル)としては役立ちえないと主張した。ヒュプシュは、ビザンティンやロマネスクやロンバルディア地方の、そして初期イタリア・ルネサンスの建築群からのさまざまな特徴を、合理的かつ経験に基づいたやり方で組み入れることになるような、煉瓦ないしは小さな石でつくられた、アーチとヴォールトが架かった新しい建築を展開させることを望んだ。彼は自らの理論の数々を、バーデン・バーデンの温泉にある、トリンクハレ(鉱泉水飲み場(ポンプ・ルーム)、1837-40年)で明示した。これは、印象深く独創的な建物であったが、さほど大した様式でもないのに〔二流(セコンド・レート)の様式(サマリー・ハンドズ)にもかかわらず〕、例のルントボーゲンシュティール(Rundbogenstil)が、意外に早く、かろうじて歴史に基づく復活様式となってしまったのであった。

689 ゼンパー：オペラ・ハウス、ドレスデン（1871-8年）

　こうした事態は、クレンツェの弟子のゴットフリート・ゼンパー（1803-79年）の新たなチ・ン・ク・エ・チ・ェ・ン・ト・（*cinquecento*）〔16世紀〕風かつ新たなバロック風の作品に見ることができる。ゼンパー〔ゼムパー〕は、19世紀ドイツのもっとも重要な建築理論家である。彼は、第一諸原理への回帰を熱望する、建築に関する才気縦横かつ影響力のある著述家としてのみならず、いくらか活気を欠いた特質の建物を自らつくり上げ〔てしまっ〕た建築家としてもまた、ヴィオレ゠ル゠デュクとかなり似通った人物である。ドレスデンにおける彼の主要な建築群は、そのすべてがイタリア・ルネサンス様式のものであるが、オペラ・ハウス（1837-41年）、とある銀行家のためのオッペンハイム・パレス（1845年）、そしてバロック様式のツヴィンガー宮の、今まで空地だった4番目の側面〔辺〕を埋めた絵画館（ピクチャー・ギャラリー）（1847-54年）である。1871-8年に、火災のあと、ゼンパーはオペラ・ハウスを再建したが、これは、彼がウィーンのその最後の建築群にも採択したところのバロック的手法（マナー）でつくられた。ここでいうウィーンの建築とは、すなわち、1872-81年の、美術史美術館と自然史〔誌〕博物館という2つの同じ形（アイデンティカル）の建物と、宮廷劇場（ホーフブルク・テアーター）（1874-88年）である。

　ゼンパーの主要な刊行物は、『建築術の四要素（*Die vier Elemente der Baukunst*）』（ブラウンシュヴァイク、1851年）と、『様式論――技術的芸術と構造〔結構〕的芸術、もしくは実践的美学における（*Der Stil in den technischen und tektonischen Künsten, oder praktische Ästhetik*）』（〔フランクフルト・アム・マインおよびミュンヒェン、〕全2巻、1860-3年）であった。このなかで彼は、建築芸術と手工芸の起源において意義のあるものは何であれ、これを、4つの根本をなす、ものをつくる過程（プロセス・オヴ・メイキング）とこれらの過程と結びついた材料とに還元したのであった。すなわち、編む〔織る〕こと（ウィーヴィング）（weaving）、鋳造すること〔型に入れてつくること〕（モウルディング）（moulding）、材木で建てること（ビルディング・イン・ティンバー）（building in timber）、そして石で建てること（ビルディング・イン・ストーン）（building in stone）である。これら

680

4つのものをつくる過程(プロセス・オヴ・メイキング)は、住宅(ハウス)の4つの要素からなっていた。〔ゼンパー曰く、〕「最初のもっとも重要な、建築の道徳的〔精神的〕要素〔道義〕とは、中心としての炉(ハース)」であった。次に「テラスとして杭細工(パイルワーク)によって取り囲まれた土で出来た台地、そして円柱(支柱)(ピラー)群の上に載った屋根、最後に、空間の仕切りすなわち壁として使われる、編んでつくった竹の敷物(マット)(囲い)(フェンス)である壁面(ケイム)」が生まれた。ゼンパーが心に描いていた特定の範型(モデル)は、トリニダード〔西インド諸島南東部の島〕の「スペイン港」近くの〔アリマ〕村からもたらされたカリブ人の竹で出来た小屋であった。これは、ロンドンのクリスタル・パレスでの大博覧会に展示されており、ここでゼンパーは、さまざまな陳列品のいくつかを配列するのを手助けしていたのであった。ゼンパーの複合した、常にさほど明晰とは限らない主張の数々には、型を基にしたものづくり(パターン・メイキング)が、構造上の技術に先行しているがゆえに、装飾(オーナメント)〔模様、文様〕を、ある意味では、構造(ストラクチャー)よりも基本的なものと見なすことが正当〔論理的〕であるという考えが含まれていた。しかしながら、装飾(オーナメント)〔模様、文様〕は、それ自体が高い理想の数々を象徴的に表わすものであった。この点をゼンパーは、『様式論(Der Stil)』の序文を書く際に、人間のもっとも初期の装飾(オーナメンタル)〔文様〕的かつ構築的(コンストラクティヴ)な創造物であると自らが主張したところの、葬儀用の花輪の図版を示して強調したのであった。ゼンパーは、もっとのちの時代になって、宗教的かつ政治的な理想の数々もまた、いかに建築を形成しえたかを、明確に示すという段階にまで進み、ピュージンのごとく、「建築の記念碑の数々に、事実として、社会的、政治的、そして宗教的な仕組み〔機構〕(インスティテューションズ)を、美的に表現したものにほかならない」と公言したのであった。

　数少ない基本的な型(タイプ)から組み上げられて、永い期間を越えて連続した過程として捉えられた建築の観念とは、パリの植物園においてキュヴィエ男爵〔1769-1832年〕が行なった、前史時代の動物群の分類がゼンパーに対して示唆したものなのであった。キュヴィエの分類は、動物群の見た目の類似点に従うのではなく、動物群の各肢体の機能や作用(ファンクショニング)を基盤として行なわれていたのである。ゼンパーは、かくして、『種の起源(The Origin of Species)』(1859年)におけるダーウィン〔1809-82年〕の考えに匹敵する解釈の方法を、提供しているように思われたのである。これは、彼の作品を、ネーデルランド〔ネーデルラント、オランダ〕のヘンドリック・ペトルス・ベルラーへや、ウィーンのオットー・ヴァーグナー、そしてシカゴのルイス・サリヴァンおよびフランク・ロイド・ライトといったような建築家たちにとって非常に魅惑的なものにした、ゼンパーの考え方のもつさまざまな局面のひとつであった。しかしながら、ゼンパーが進化論的なダーウィン流のアプローチを提示していたと思い込むことは誤りであろう。なぜなら、ゼンパーは、翼手竜に戻ることなど考えようもないことではあるが、もっと初期の建築様式が復活して現われることは、いつでも起こりうる(オールウェイズ・フィーザブル)と実感していたからである。かくして、ゼンパーは、個人的にはゴシックとバロックは非なるものとしたのではあるけれど、バロックこそは、帝都ウィーンの中心にあって、「人民の宮殿群」たる公共の美術館群にとって、象徴的な表現を採るに相応しいものであると信じて、これら双方の様式で設計案をつくり上げたのであった。

ゼンパーのウィーンに対する著しい貢献の数々は、ナポレオン3世のパリの系譜に沿って、自らの広大な帝国の古色蒼然とした首都を変貌させるという自らによる課題の中心として、皇帝フランツ・ヨーゼフ（〔1830-1916年、〕在位1848-1916年）によって委託されたものであった。旧市街を取り囲んでいる要砦群が、1857年に取り壊され、翌年には、ルートヴィヒ・フェルスター（1797-1863年）が、自由にまとめられた公共建築群が建ち並ぶ記念碑的な〔環状の〕並木大通りである、リングシュトラーセ〔環状道路〕のための設計競技を勝ち取った。この大通りに、これら公共建築が特定の位置を取って建てられることになったのである。この配置は、オスマンによるパリの場合に較べ、緑をより多く取り入れ、より広々としており、〔並んで建つ〕記念建造物群の様式は、より多様であった。実際のところ、さまざまな様式からなる美術館として構想された最初の都市たるミュンヒェンこそが、壮大な公共建築群のこの折衷的な集まりの、ひとつの模範を提供したのであった。

　ウィーンにおける主導的な建築家は、デンマーク人のテーオフィールス〔テーオフィール〕・ハンセン〔ハンゼン〕（1813-91年）であった。彼は、その義理の父、フェルスターと協働して、多色彩飾のビザンティン様式で、陸軍博物館（1849-56年）を、そして〔単独で〕国際的なギリシャ復興様式〔という手法〕で、のちの記念建造物の、広大な国会議事堂（1873-83年）を供給した。国会議事堂と大学のあいだには、フリードリヒ・フォン・シュミット（1825-91年）によって設計された、ラートハオス（市庁舎、1872-83年）が建っている。これは、イングランドの、スコットと〔アルフレッド・〕ウォーターハウス〔1830-1905年〕による、同時代の作品群の様式に類似した、ぎこちない対称形のゴシック様式という、相変わらずの第3の様式である。19世紀における様式の解釈という長い伝統が、この極端な折衷主義の背後には存在していた。すなわち、ルントボーゲンシュティール（*Rundbogenstil*）の翻案としてのビザンティン様式は、軍事用の目的に適合した、便利な近代的様式と見なされたのであった。また、国際的なギリシャ復興〔様式〕は、健全な政府の公明正大なる叡智に相応しい表現であった。その一方で、ゴシック様式の市庁舎群は、ヨーロッパの、歴史に残る都市群を誇る市民になじみ深い象徴なのであった。

　ベルリンでは、シンケルの規制的な影響は、この種の豊かな帝国の堂々とした誇示が、この〔19〕世紀の末頃まで延長されて続くという結果を招いた。この新たなチンクエチェント（*cinquecento*）〔16世紀〕風の、そして新たなバロック風の手法の典型をなす重々しい範例は、パウル・ヴァロット（1841-1912年）による「ドイツ帝国議会議事堂」（1884-94年）、ユリウス・ラシュドルフ（1823-1914年）による〔ベルリン〕大聖堂（1888-1905年）、そしてエルネスト・フォン・イーネ（1848-1917年）による「フリードリヒ皇帝（のちのボーデ）美術館」（1896-1904年）である。これらのものよりもはるかに生きいきとした作品が、奇矯なる国王ルートヴィヒ2世（1845-86年〔在位1864-86年〕）によって、バイエルンにおいて委託された。ルートヴィヒ2世は、その祖父ルートヴィヒ1世のヴィッテルスバッハ家伝統の建築狂を満腔に受け継いだ人物であった。自らの私的な空想の数々を現実のものとするのに十分なほど財力が豊か

第9章　19世紀

690　リングシュトラーセを示す、ウィーンの上空からの眺望〔俯瞰〕(1858年以降)。2つの美術館(中央より右側)と、新しい王宮(ホーフブルク)(中央やや左側)は、1870年代に、ゼンパーとハーゼナウアーによって着工された(写真撮影：ルフトレポルターゲン・ハオスマン、ウィーン)

691　国会議事堂(パーラメント・ハウス)の外観、ウィーン(1873-83年)、ハンセンによる

683

であったこの国王は、ゲオルク・フォン・ドルマン（1830-95年）に命じて、ガルニエに鼓舞された新たなロココ様式の楽園である、リンダーホーフ城館〈シュロス〉（1870-86年）と、ヴェルサイユを真似た、ヘレンヒエムゼー城館〈シュロス〉を建てさせたが、後者は1878年に着工されたものの、決して完成することはなかった。まったく異なった雰囲気をもったのが、エドゥアルト・リーデル（1813-85年）による設計案を基に、この国王のために、1869年に着工されたヴァーグナー風のノイシュヴァンシュタイン城館〈シュロス〉であった。この空に向かってそびえ建つ、中世の夢のような城郭〈カースル〉の折衷的な内部（図713）は、ヴィオレ＝ル＝デュクのピエールフォン城の内部よりも成功してはいるものの、バージェスの手になるカーディフや〔その近郊にある〕キャステル〔カースルのウェールズ語〕・コッホ〔「赤い城」の意〕に見られる輝き〈ブリリアンス〉と首尾一貫性〈コウビアランス〉を欠いている。

イタリア

中世とルネサンスの時代以来イタリアに存在していた、文化的かつ芸術的統一性の感覚は、19世紀の初期においては、政治的な独立と統一に対する情熱を伴っていた。この情熱は、一部には、フランス革命の、そしてナポレオン時代の、さまざまな理想によって鼓舞されたものであった。この時期イタリアは、なおまだ個々に独立した国家の数々の集合体のままであり、そのなかのいくつかは、ヴェネツィアやイストリアやダルマティアのように、オーストリアの統治のもとにあった。リソルジメント（risorgimento）〔イタリア国家統一運動〕として知られた、自由を求めての動きは、とりわけサルデーニャ〔島〕からやって来たのだが、ここの君主〔国王〕ヴィットーリオ・エマヌエーレ2世〔1820-78年。サルデーニャ王1849-61年〕が、オーストリアとサルデーニャのあいだの永きにわたる軍事上の戦いののち、1861年にイタリアの〔初代〕国王となった。1866年にヴェーネト〔国〕を手に入れたヴィットーリオ・エマヌエーレは、今や新しいイタリア国家の首都となったローマを併合することによって、1870年に統一体〈ユニフィケーション〉の過程を完遂したのであった。

19世紀のイタリアでは、われわれがフランスやイングランドやドイツにおいて踏査した人物と同等の資質〈ステイタス〉をもった、建築家も建築の思想家も皆無であった。しかしながら、断固たるギリシャ復興〈グリーク・リヴァイヴァル〉の趣き〈フレイヴァー〉をしばしば伴った、高度な質の、後期新古典〔主義〕様式の建築が多く存在したのであった。彫刻家のアントーニオ・カノーヴァ〔1757-1822年〕のための、大きな神殿風の霊廟が、1819-33年に建てられたが、これは、その大半がカノーヴァ自身の設計案を基にしたもので、ポッサーニョ〔ヴェーネト洲レヴィーゾ県の自治体〈コローネ〉〕を見おろす山並みを背景にしている。パルテノンおよ

692 カノーヴァとセルヴァ：カノーヴァの霊廟〈マウソレウム〉、ポッサーニョ近郊（1819-33年）

第9章　19世紀

びパンテオンの双方からの主題(テーマ)をまとめ上げたこの建物は、レーゲンスブルク近くに建つヴァルハラのための、実施に移されることのなかった計画案のいくつかを真似ている。カノーヴァが、このデザインに関して意見を訊いた建築家のひとりが、〔ヴェネツィアのフェニーチェ劇場を設計した〕アントーニオ・セルヴァ（1751-1819年）であった。セルヴァの弟子のジュゼッペ・ヤッペッリ（1783-1852年）は、イングランドに〔その師よりも〕馴染んだタイプの、折衷主義的ロマン主義の建築家であった。は、実際のところ、親英派の人物であり、そのことは、彼の名を有名にした奇怪(ビザール)な作品である、パードヴァの「カッフェ・ペドロッキ」において明らかである。ここにヤッペッリは、1826-31年に、人目を惹くギリシャ・ド

693　カッフェ・ペドロッキの外観、パードヴァ（ギリシャ・ドリス式オーダー翼館(ウィング) 1826-31年；ヴェネチアン・ゴシック翼館(ウィング) 1837-42年）、ヤッペッリによる

リス式からなる翼館(ウィング)を建て、次に、1836年のイングランド訪問のあとの1837-42年に、「ペドロッキーノ」と呼ばれるヴェネチアン・ゴシックの翼館(ウィング)を増築して、前の翼館と並べたのであった。エジプトやムーアやゴシックやフランスのアンピール〔帝政様式〕などのさまざまな様式を対比させて用いた、色彩豊かな内部は、一部は、トマス・ホープ〔1769-1831年〕の作品についてヤッペッリが学んだことに影響されていると言えよう。

　ナポリでは、ピエトロ・ビアンキ（1787-1849年）が、1817年に、〔プレビシート広場で、〕王宮(ロイヤル・パレス)に向かい合って建つサン・フランチェスコ・ディ・パオラ教会堂の外観を改める(リデザイン)仕事を委託された。この教会堂は、レオポルド・ラペルータ〔1771-1858年〕とアントーニオ・デ・シモーネ〔1759-1822年〕による設計案を基にして、〔ナポリが〕フランスに占領されているあいだの1808年に、〔フランス人〕ジョアシャン・ミュラ〔1767-1815年。フランスの軍人、ナポリ王国の国王（ジョアッキーノ1世）。在位1808-15年〕のために着工されたが、この教会堂の両脇には、サン・ピエトロ広場(ピアッツァ)におけるベルニーニの列柱廊(アーケード)に鼓舞された、4分円〔四分円〕状の列柱廊(アーケード)が置かれた。ビアンキは、この教会堂を、18世紀フランスの〔ローマ〕大賞(グラン・プリ)の競争者たちによる幻視(ヴィジョナリー)の計画案群を思い出させるような、窓がなく背の高い円胴(ドラム)〔穹窿胴〕を付けたパンテオンの模倣物(エコー)にしたのであった。ルドゥーの模倣物(エコー)の数々が、アントーニオ・ニッコリーニ（1772-1850年）の手になる、ナポリのサン・カルロ劇場(テアートロ)のファサードの、威圧的なルスティカ仕上げと外観上何処までも続くように見えるイオニア式の円柱群（1810-1年）に、感じ取ることができる。

685

円柱で囲まれドームの架かった、誇大妄想的な空想的作品である、インヴェリーゴ〔ロンバルディア州コモ県の村〕のヴィラ・ダッダ・カニョーラ〔アッダ・カニョーラの別荘〕が、1813年に、ルイージ・カニョーラ侯爵（1762-1833年）による自分自身の邸宅として着工された。カニョーラは、ナポレオンによる占領時代に、ミラノを変貌させるという任務の大半を負った建築家であった。カニョーラは、当時ウジェーヌ・ド・ボアルネ〔1781-1824年。ジョゼフィーヌの息子〕の統治下にあったミラノに、パリのルドゥーによる市門（barrières）〔入市税徴収所〕を、その様式的な創意においてではなく、衝撃的なまでの大胆さにおいて模倣した、一連の堂々とした古典〔主義〕様式の門を建てたのであった。そのなかで最大のものが、ローマの「セプティミウス・セウェルスの凱旋門」に範をとった、カニョーラの手になる「アルコ・デル・センピオーネ」（もしくはアルコ・デッラ・パーチェ〔平和の（凱旋）門、1806-38年）である。カニョーラの手になる教会堂群としては、パンテオンの堂々とした模倣物である、ギザルバ〔ロンバルディア州ベルガモ県の村〕に建つ、通称、「ラ・ロトンダ〔円堂〕」として知られるサン・ロレンツォ（1822-3年）がある。彼はまた、1824-9年に、ウルニャーノ〔ギザルバ近郊〕の教会堂に、途方もない鐘塔を付け加えた。この5層からなる円形の塔の天辺には、ドームを支える環状に並んだ女人像柱が載っており、これはジョーゼフ・マイケル・ガンディーによる素晴らしい想像力に富んだ空想の産物のごときものである。ミラノのサン・カルロ・アル・コルソの堂々とした教会堂（1836-47年）は、カルロ・アマーティ（1776-1852年）の主要な作品であった。パンテオンの多くの模倣物のなかでも、もっとも見事でもっとものちのもののひとつであるこの建物は、両脇に配置された建物群を繋ぐ列柱廊のかたちをしたコリント様式の柱廊玄関を、何とか存続させようとしており、かくして、古代ローマの神殿群による列柱で囲まれた都市情景のような、〔舞台装置的な〕景観をなす前庭をつくりだしているのである。

　アレッサンドロ・アントネッリ（1799〔1798〕-1888年）は、1836-57年にトリーノの建築の教授を務め、ピエモンテ地方のトリーノとノヴァーラの各都市に多大な貢献をなした、多産な後期古典主義の建築家であった。アントネッリの巨大な、円柱形に取り憑かれた建築は、双方ともにナヴァーラにある、大聖堂の改築（1854-69年）と、サン・ガウデンツィオ教会堂（1858-78年）によって十分に明示されている。しかし、彼のもっとも注目すべき建物は、トリーノに建つ、高さ536フィート（163.35m）の、いわゆるモーレ・アントネッリアーナである。ユダヤ教会堂として1863年に着工されたこの建物は、その非常なまでに人目を惹く印象深さが話題となり、建設中にもかかわらずトリーノ市に買い取られ、市立美術館として使われることになった。そして、ようやく1900年に、アントネッリの息子、コスタンツォ〔1844-1923年〕によって完成したのである。ともに、そびえ建ったドームと尖頂のある、サン・ガウデンツィオとモーレ・アントネッリアーナは、それぞれの都市〔ノヴァーラとトリーノ〕の主要な象徴物として受け入れられることになった。

　ローマは、19世紀の新古典主義の建築には恵まれていない。最良の作品は、おそらく、

ヴァティカン宮殿内のブラッチョ・ヌオーヴォ（1817-22年）であろう。これは、教皇ピウス7世によって命ぜられた彫刻美術館であり、ラファエッロ・ステルン（1774-1820年）によって設計された。このこと自体は実際のところ、本書の第8章で論じられた、1770年代のピーオ・クレメンティーノ美術館（ムゼーオ）において確立されたさまざまな主題（テーマ）を、継続延長した結果であった。結局のところ、ナポレオンの失脚後の、1816年に権力の座に返り咲いた、この同じ教皇ピウス7世はまた、ポーポロ広場（ピアッツァ）と、その隣りに位置するピンチョの丘——これは1811年、ナポレオンの管理下において、失業状況の救出用課題の一部として囲い地にして耕作されていた——を改善するために、ヴァラディエル〔ヴァラディエ〕の手になるさまざまな計画を継続した。ポーポロ広場は、鉄道が登場する前は、北からローマに入る主要な入口であった。1816-24年に、ジュゼッペ・ヴァラディエル（1762-1839年）は、この広場を、2つの大きな半円形〔の建物〕で囲み、丘に登るための斜路と馬車道の付いた、段状の庭園をピンチョの丘の上につくり上げた。丘を登り切ったところ（サミット）に、ヴァラディエルは、人目を惹く造りのカジーノ・ヴァラディエル（1816-7年）、すなわち入口正面とテラス側正面と残りの側面で異なった立面をもった、果敢にも独創性を前面に押しだしたデザインのコーヒー゠ハウスを建てた。これは、機能的でもありピクチャレスクでもある。というのも、まったく装飾のために独立して建つイオニア式円柱群の載った、ギリシャのドリス式円柱が並ぶ開廊（ロッジア）と、イオニア式円柱群が不規則なかたちでドリス式のトリグリフのある水平帯（フリーズ）と組み合わされている、曲線状の入口柱廊玄関（ポルティコ）とが、並存しているからである。豊かに装飾された内部は、ヴォールト群とドーム群、そして新たな古代風のフレスコ画群からなり、外構と同様の複合した様相を呈している。

ヴァラディエルはまた、1819-20年の、ティトゥス帝の凱旋門とコロッセウムの修復および、数多くの別荘（ヴィッラ）建築の設計に対して責を負っていた。後者においてもっとも野心的なものは、以前のカジーノ〔小別荘〕・トルローニアから改築されたヴィッラ・トルローニアである。その背の高い柱廊玄関（ポルティコ）群と、周りを取り囲むギリシャのドリス式円柱群をもって、ヴィッラ・トルローニアは再び、1840年頃-2年に、二流のローマの建築家兼画家、ジョヴァンニ・バッティスタ・カレッティ（1803-78年）によって改築され、さらにはヤッペッリによっても、変更を加えられたのであった。ヤッペッリは、おそらくは、ピクチャレスクな大庭園に点在する、異国風の庭園内の建築群と廃墟（バーク）をつくり上げたと思われる。

1861年のイタリアの政治的統一化に結実した興隆しつつあった愛国意識（ナショナリズム）〔民族主義〕と、この9年後に首都としてローマが選ばれたことは、一方では、パリでのオスマンに鼓舞された、新たなルネサンスの復興（リヴァイヴァル）を、他方では、イタリア自身のゴシック時代という過去に対する、新たな熱狂を促すことになった。この新たなルネサンス趣向（テイスト）を、鉄やガラスのような新しい材料の使用と組み合わせた結果生まれた、もっとも独創的で成功した作品群（プロダクツ）は、大きなギャラリー〔ガッレリーア〕すなわちショッピング・アーケードである。その最初の例が、ミラノの「ガッレリーア・ヴィットーリオ・エマヌエーレ2世」であった。これは1861年に、ジュゼッペ・メンゴーニ（1829-77年）によって設計され、1865-7年に実施に移された〔施工された〕。

687

半円筒形ヴォールト状のガラスの屋根とミラノ風のルネサンス趣味(テイスト)の入念なストゥッコ装飾のある、この十字形のギャラリー〔ガッレリーア〕は、イングランドの企業家たちによって促進され、イングランドから輸入された金属とガラスを組み入れていた。このようなギャラリーは、ナポリやジェノヴァ、そしてトリーノで、といった具合に、イタリア各地で広く模倣された。

　1870年以降のローマの再興は、パリおよびウィーンの再興とほぼ同じだけ著しいものであった。『ドン・オルシーノ（*Don Orsino*）』（1892年）のような小説のなかで、イタリア生まれのアメリカの作家フランシス・マリオン・クロフォード（1854-1909年）は、旧名家と新しい富者たちとのあいだの、また諸侯と資産を増大させた者たちとのあいだの、そして歴史に残る教皇権の支持者と横柄な君主制の支持者とのあいだの、ここ数年の騒動を起こした活動、闘争、そして相互の影響を巧みに伝えた。この時期の不動産ブームによる主要な受益者のひとりが、内気なものの、住宅や商業建築を多産した建築家のガエターノ・コッホ（1849-1910年）であった。ローマの情景のなかに完璧に溶け込んでいる新たなチンクエチェント（*cinquecento*）〔16世紀〕風の様式で建てられた、コッホの手になる誇張(バー)のない感受性(センシティヴ)の鋭い作品の典型は、以下に挙げるような建物であり、すべてが1880年代のものである。すなわち、近くのペルッツィによるパラッツォ・マッシーミのように、通りの繊細な曲線(カーヴ)に沿って建つパラッツォ・パチェッリ。ディオクレティアヌス帝の浴場を基にしてつくられたミケランジェロによるサンタ・マリア・デッリ・アンジェリに気高くも相対峙する、4分円〔四分円〕のファサード群のあるエセドラ広場〔ピアッツァ・デッレセドラ〕。そして、パラッツォ・ファルネーゼを範とした、巨大なパラッツォ・ボンカンパンニ（のちのパラッツォ・マルゲリータ。今日のアメリカ大使館）である。様式的には何ら革新的ではないがゆえに、西洋建築の記述からは省かれてしまう傾向のある、もうひとりの感受性(センシティヴ)の強い建築家は、ピーオ・ピアチェンティーニ（1846-1928年）である。彼は、地元の材料──トラヴァーティン、石竹色(ピンク)の煉瓦とストゥッコ──を用いた建物を、ローマ市内に広く建てた。その手始めとなったのが、ファサードの極点(クライマックス)として凱旋門を〔中心に堂々と〕据えた展示館(エキシビジョン・ビルディング)、すなわち「パラッツォ・デッレ・エスポジツィオーネ（Palazzo delle Esposizione）」（1878-82年）である。

　グリエルモ〔グッリエルモ〕・カルデリーニ（1837-1916年）は、この新たなルネサンス造形言語(ランゲージ)に対して、ずっと豊かな装飾上の扱い方をもたらした。これは、イタリアの第2代国王、ウンベルト1世（〔1844-1900年〕在位1878-1900年）にちなんで、「スティーレ・ウンベルト（*Stile Umberto*）」〔ウンベルト様式〕として知られるようになったものである。彼の、この様式に則った最初の大きな作品は、サヴォーナ〔イタリア北西部リグーリア州の海港〕に建つ、17世紀初頭の大聖堂用の、新しいファサードであった。1880-6年に建てられたこのファサードは、ヴィニョーラによるイル・ジェズー教会堂をたくましく成長させたものである。ガルデリーニの主要な記念建造物と言えば、ローマのテーヴェレ河の河岸に建つ、広大なパラッツォ・ディ・ジュスティツィーア〔裁判所〕（1888-1910年）であった。これは、ボザールの平面手法(プランニング)

第9章　19世紀

694　メンゴーニ：ガッレリーア・ヴィットーリオ・エマヌエーレ2世、ミラノ（設計 1861年；建造 1865-7年）

695 カルデリーニ：裁判所の外観、ローマ（1888-1910年）、テーヴェレ河越しから見る

を、なおもチンクエチェント（*cinquecento*）〔16世紀〕風に由来し、バロックの源泉とは無縁の、壮麗な表面という質感（テクスチャー）と組み合わせている。

スティーレ・ウンベルト（*Stile Umberto*）のもっともよく知られた作品（プロダクト）は、1885-1911年の、ヴィットーリオ・エマヌエーレ2世に捧げられた巨大な（ガルガンチュアン）記念建造物である。これは、無数の、階段の登りの頂点に載った、背の高いコリント式の列柱廊にほかならず、カピトリウム〔カンピドリオ〕なる丘の麓の拡大されたヴェネツィア広場（ピアッツァ）に位置する人工の丘といった、その〔壮大なる〕存在から、ローマを見おろして〔統べて〕いるのである。イタリア統一が成就されたときの国王に捧げる、この記念建造物に対する最初の設計競技では、「この国の歴史を要約し、同時に新しい時代の象徴であるような」デザインが規定・要求された。1880年に告知されたときには、フランス人のポール＝アンリ・ネノがこの設計競技を勝ち取った。しかし、きわめて愛国主義的な記念建造物にとっては、イタリア人の建築家が望ましいように思われたために、2回目の設計競技が1882年に催され、最終的には、1884年の3回目の設計競技において、ジュゼッペ・サッコーニ伯爵（カウント）（1854-1905年）が優勝したのであった。サッコーニのデザインは、広大な建築物を背景にして〔国王の〕騎馬像の記念碑を置くというものであったが、これは、ゼウスの記念碑的な大祭壇があったペルガモンのヘレニスティック時代のアクロポリスによってのみならず、丘陵の斜面を登る、高台群（テラス）や斜路群（ランプ）や列柱廊群（コロネード）がある、プラエネステのローマ共和国時代のフォルトゥーナ神殿に対するルイージ・カニーナ〔1795-1856年〕の修復によってもまた、鼓舞されたものである。ヘンリー＝ラッセル・ヒッチコック〔1903-87年〕は、サッコーニの大胆きわまりない記念建造物が「この〔19〕世紀の終末に向かって、ヨーロッパにおいて継承されてきた古典主義の規範が、全体として退廃してゆく様相を例証している」といった苦言を呈していた。しかしながら、この建物は確かなことに、各種オーダーを表現するその手際のよさに関しては、見事な習作なのである。また、疑問視されている趣向（テイスト）そのものについても、歴史上きわめて重要な情景（セッティング）のなかで、自らの存在を主張（アサーティヴネス）しているのである。よりやわらかなローマのトラヴァーティンの代わりに、ブレッシャ〔イタリア北部ロンバルディア地方〕の白大理石を選

第9章　19世紀

696　ヴィットーリオ・エマヌエーレ2世に捧げる記念建造物、ローマ（サッコーニによる設計　1884年）

択したのは、サッコーニによるものではなかった。そのうえ、設計案自体が、サッコーニの死後に、コッホやマンフレーディ〔1859-1927年〕やピアチェンティーニといった、実施を受けもった建築家たちによって、相当変更されたのであった。

　19世紀の建築家にとって利用しうる、広範な歴史上の各様式が提起したさまざまな問題に対して、われわれがイングランドやフランスやドイツにおいて目の当たりにした知的な対応の仕方と同種のものが、イタリアの建築界（サークルズ）には、遅れて到来したのであった。その中心人物といえば、ヤッペッリの弟子のピエトロ・エステンセ・セルヴァーティコ（1803-80年）、そしてこのセルヴァーティコの信奉者（ディサイプル）のカミッロ・ボーイト（1836-1914年）である。セルヴァーティコは、モンタランベール伯爵〔1810-70年〕やピュージン、そしてヴィオレ゠ル゠デュクからさまざまな発想（アイデア）を吸収し、『中世から現在に到る、ヴェネツィアの建築と彫刻について（Sulla architettura e scultura in Venezia, dal Medio Evo sino ai nostri giorni）』（ヴェネツィア、1847年）を出版した。この著作によって彼は、ラスキンに匹敵しうる、ちょっとしたイタリア人となった。イタリアにおけるゴシック復興者（リヴァイヴァリスツ）たちのエネルギーの大半は、中世の教会堂群の未完成なままのファサード群を完成させるという課題に集中していた。セルヴァーティコは、フィレンツェの大聖堂（ドゥオーモ）の西正面用に、エミーリオ・デ・ファブリス（1808-83年）による設計案を最終的に選出した委員会において、顕著な役割を果たした人物であった。1867-87年に建てられた、この華麗な多色彩飾の大理石による構成物は、ジョットの手になる隣接する鐘塔（カンパニーレ）と調和がとれていた。

　この選定委員会にはまた、ヴィオレ゠ル゠デュクと、彼を信奉するボーイトも加わっていた。ボーイトは、ミラノのブレラ・アカデミーで半世紀近くも教鞭を執っており、ヴィオレに大きく影響された『イタリアにおける中世の建築——「イタリア建築の将来の様式について」

697　エミーリオ・デ・ファブリス：フィレンツェ大聖堂の西正面（1867-87年）

なる序文付き(*Architettura del Medio Evo in Italia, con una introduzione 'Sullo stile futuro dell' Architettura italiano'*)』（1880年）なる著作を刊行した。ボーイトの手になる、ミラノの北のガッララーテに建つ1871年の病院は、ヴィオレ゠ル゠デュクによるもっとも合理主義的手法に則った果敢な試みであるが、パードヴァでは、そのパラッツォ・デッレ・デビーテ（1872年）と市立美術館（1879年）においてボーイトは、スティーレ・ボーイト（*Stile Boito*）〔ボーイト様式〕として知られることになり、イングランドの高期ヴィクトリア朝ゴシック〔様式〕に匹敵するものと見なされうる、豊かな北イタリアもしくはヴェネチアン・ロマネスク様式を採択したのであった。スティーレ・ボーイトによる彼のもっともよく知られた作品は、その経歴の最後に到来した、ミラノのカーサ・ヴェルディ（1899-1913年）である。この建物には、作曲家ジュゼッペ・ヴェルディ〔1813-1901年〕のオペラ台本作家アッリーゴ・ボーイト〔1842-1918年〕、すなわち当の建築家ボーイトの弟の、多色彩飾の〔地下〕埋葬室がある。この建物からは、スティーレ・フロレアーレ（*Stile Floreale*）なる、われわれが次の章で踏査することになる、「アール・ヌーヴォー」のイタリア版〔の様式〕の形跡がわずかながら感じ取られる。

スカンディナヴィア、ロシア、そしてギリシャ

スカンディナヴィアとフィンランド

スカンディナヴィアの国々は、その卓越した都市建築と都市計画のゆえに、後期新古典主義の物語における重要な存在である。もっとも、ほかのヨーロッパの国々と同様に、これらの国々は、ルントボーゲンシュティール（*Rundbogenstil*）やゴシックといった幅広い表現様式を、相次いで採択したが、これは、民族的ロマン主義として知られているものによって時々鼓舞されて、なされたのであった。国際的ギリシャ復興様式で、スカンディナヴィアの各首都を改造した指導的な建築家たちは、デンマークのクリスティアン・フレデリク・ハンセン（1756〔1765〕-1845年）とミカエル・ゴットリープ・ビルクナー・ビンデスベル〔ビンデスボ（ー）ル〕（1800-56年）、ノルウェーのクリスティアン・ハインリヒ・グロシュ（1801-65年）、そしてフィンランドの、ドイツ生まれのカール・ルートヴィヒ・エンゲル（1778〔1788〕-1840年）である。ハンセンはコペンハーゲンを、中世とバロックの都市から新古典主義の都市へと変革した。彼の手になる、一団をなす市庁舎、裁判所、そして監獄（1803-16年）は、〔主要な通りから入る〕脇の通りを横切る〔ま

698　ハンセン：アーチ道で繋がった、コペンハーゲンの市庁舎、裁判所、そして監獄（1803-16年）

たぐ〕2つの大胆なアーチ道によって繋がっており、ジリーがルドゥーから発展させたフランス゠プロシア様式での、記憶に残すべき試みとなっている。ハンセンはまた、1811-29年に、コペンハーゲンの「聖母マリア」の大聖堂、すなわちヴォル・フルーエ・キルケを再建

699　ビンデスベル：トルヴァルセン美術館の中庭、コペンハーゲン（1840-4年）

した。1808-10年に設計されたこの大聖堂には、〔幻視の建築家〕ブレが計画した「国立図書館」を思い起こさせるような、高貴な半円筒形ヴォルトの内部が見られる。

　ハンセンの弟子ビンデスベルは、ヨーロッパにおいて当時もっとも注目に値すべき建物のひとつ、コペンハーゲンの「トルヴァルセン美術館」をつくりだした。既存の構造物を改築したこの美術館は、1840-4年に実施に移されたが、ビンデスベルは、

700　トリニティ・チャーチ、ボストン（1872-7年）、リチャードソンによる

第9章　19世紀

1834年というもっと早い時期に、すでに設計を行なっていた。これは、新古典主義の彫刻家ベルテル・トルヴァルセン（1768-1844年）の彫刻と収集品を収蔵するために建てられた。トルヴァルセンは、これらの収蔵品を自らの母国に寄贈したが、彼自身は、1798年以降41年ものあいだ、ローマで暮らして作品をつくり続けたのであった。トルヴァルセンの冷ややかな感じがする新たな古代風の彫刻は、ヴィンケルマンの理想の数々を表現するカノーヴァの彫刻と拮抗している。しかし、この美術館は、ヴィンケルマンのギリシャの幻想(イメージ)を終焉

701　パリ・オペラ座の大階段室（1862-75年）、ガルニエによる

させるような多色彩飾（ポリクロミー）の発見をしるす、驚くべき記念碑なのである。厳格なシンケル風の趣味（テイスト）を見せつける古典〔主義〕様式のファサード群をもって中庭（コートヤード）の周りに建てられたものの、隅切〔斜角〕（スプレイド）にした〔戸口の両壁が内側に向かって拡がっていること〕エジプト様式の戸口枠組み（ドア・フレイムズ）のある、この美術館は、その外壁面に、漆喰の寄木象眼（プラスター インタルジア）を施した活気に富んだ壁面装飾群（ミュラルズ）を誇っている。地上の高さにまで降りてきた帯状装飾（フリーズ）に似たこれらの壁面装飾は、ローマからコペンハーゲンへの、彫刻の輸送を描いている。かくしてこれらは、この建物を、人間活動のための象徴的な枠組み（フレイムワーク）——すなわち、ラブルーストによってちょうどこのときに共有されていた野望——とするのに役立っている。ビンデスベルは1822年にパリを訪れていたが、当地で彼は、フランツ・クリスティアン・ガウ〔1790-1853年〕の許で学んだ。ガウは、多色彩飾を好んだ人物のひとりであった。トルヴァルセン美術館は、色鮮やかな装飾で豊かに飾り立てられ、この彫刻家の墓が収められた中庭（コートヤード）では、壁面は明らかに、オークやヤシ〔シュロ〕、そしてゲッケイジュを描いた壁面装飾群（ミュラルズ）によって消し去られているのである。これはまさしく、ラブルーストの手になる国立図書館や、サント＝ジュヌヴィエーヴ図書館の玄関間に見られた、建築のなかへ、描かれた自然が入り込んでいる状態と同じものであった。

　その生涯の終焉にあたって、ビンデスベルは、1基のドームの周りに建つ、ひと続きをなすガラス屋根の小館群（パヴィリオン）といった、コペンハーゲンの大学図書館の設計案を用意した。しか

702　セナート広場（スクエア）、ヘルシンキ（1818年以降）：大学と大学図書館（〔奥〕中央）、上院（セナート）（手前）、大聖堂（右）、みなエンゲルによる

696

第9章　19世紀

しながら、この仕事は、彼の信奉者ヨハン・ダーフィット・ヘルホルト（1818-1902年）に委託された。彼の手になる煉瓦造りのルントボーゲンシュティール（*Rundbogenstil*）の図書館は、1855-61年に、19世紀後期のデンマーク建築の民族的ロマン主義の伝統の展開における、ひとつの重要な指標（ランドマーク）として建てられた。

　1814年にデンマークから分離したノルウェイでは、クリスティアニア〔1624年の大火のあと、クリスティアン4世が創設〕（オスローのこと）での新しい首都の創建によって、ハンセンの弟子のハインリヒ・グロシュ〔1801-65年〕が、以下に挙げる3つの端麗なギリシャ復興（ハンサム・グリーク・リヴァイヴァル）の建物を設計することができた。すなわち、「取引所」（1826-52年）、「ノルウェイ銀行」（1828年）、そして「大学」（1841-52年）である。1809年に大公国（グランド・ダッチー）としてフィンランドがロシアに組み入れられたあとの3年後、フィンランドの首都がヘルシンキに設立された。このヘルシンキで、ヨハン・アルブレヒト・エーレンストレム（1762-1847年）が、都市計画（シティ・プラン）を提案し、カール・エンゲル〔1788-1840年〕が、主要な公共建築（パブリック・ビルディング）群と同時に、多くの私的な邸宅（プライヴェイト・ハウゼズ）群を設計した。上院広場（セナート・スクエア）は、ヨーロッパの新古典主義の大掛かりな「独立したステージセット群」のひとつであり、ここは、力強い階段の登りに載った、丈の高い、ドームの架かった、ルター派の大聖堂が〔全体を〕統べている。1818年以降に設計され、1830-51年に建てられたこの大聖堂の両脇には、「上院議場（ゼナート）」（1818-22年）と「大学」（1828-32年）が置かれ、双方ともに、ギリシャのドリス式円柱が並ぶ壮麗な階段室がある。エンゲルの手になる、「大学」に隣接した「大学図書館」（1833-45年）には、八角形の格間造りのドームが1基と、見事な列柱廊のある閲覧室〔読書室〕がある。

ポーランドとロシア

　1815年のウィーン会議ののち、ロシア皇帝がポーランド国王を兼務した。ポーランドは、1795年にその独立国家としての立場をすでに失っていたのであった。サンクトペテルブルクに似せた、新古典主義の首都としての、1815年以降に見られたワルシャワの発展は、〔ドメーニコ・〕メルリーニの弟子、ヤークプ・クービツキによって、1818-22年における、ベルヴェデーレ宮殿の改築をもって始まった。しかし、主導的な建築家は、フィレンツェ生まれのアントーニオ・コラッツィ（1792-1877年）であった。コラッツィは、スタシッツ宮殿（1820-3年、今日のポーランド科学アカデミー）、シンケル風のヴィエルキ〔・オペラ〕劇場（1826-33年）、そしてジェルジンスキー広場（スクエア）の、1823-30年に建てられた、驚くべきまとまりを示す、双方ともに、列柱廊（コロネード）と柱廊玄関（ポーチコ）の付いた宮殿群――今日の財務省とポーランド銀行――を供給した。とりわけ後者は、2層をなす丸いアーチの開口部群からなる、広大な曲線を描いてまがる隅部（コーナー）に、特徴がある。

　ロシア皇帝アレクサンドル1世（〔1777-1825年〕在位1801-25年）とその弟のニコライ1世（〔1796-1855年〕在位1825-55年）は、その公共建築群の輝くような華麗さのゆえに比類のない首都として存在するサンクトペテルブルクの確立を、決定的なものとすることによって、エ

703 ヴォロニーヒン：カザンの「聖母」大聖堂（1801-11年）、サンクトペテルブルク

704 旧商品・証券取引所（現海軍中央博物館）の外観（1805-16年）、ド・トモンによる

カチェリーナ大女帝の範に倣おうと決心したのであった。19世紀の初めの数年間に、古典主義様式の数々が幅広く、サンクトペテルブルクで採択されたが、これは、ヨーロッパ建築における発展の数々に追い付こうという試みにほかならなかった。こうしてつくりだされた建物として、18世紀半ばの国際古典主義のもの、ルドゥーによって鼓舞された新たなギリシャ様式のもの、そして壮大なパラーディオ主義のものが挙げられる。アンドレイ・ニキフォロヴィチ・ヴォロニーヒン（1760-1814年）は、自分の主人によって、建築を学ぶために海外へ送りだされた、農奴から身を起こした人物だが、パリでド・ヴァイイの弟子であった。ヴォロニーヒンの手になるサンクトペテルブルクにある、カザンの「聖母」大聖堂（1801-11年）は、4分円〔四分円〕の列柱廊群が添えられた、ドームの架かった中央部分があり、これはまさしく、ド・ヴァイイの協働者（パートナー）であったペールが1765年に出版した「大聖堂の幻視的計画案」を実現させたようなものであった。しかしながら、ヴォロニーヒンはまもなく、その「鉱物アカデミー」（1806-11年）用に、当時もっとも流行っていたギリシャ復興〔様式〕（グリーク・リヴァイヴァル）へと方向を変えた。このアカデミーは、パエストゥムのドリス式円柱群からなる堂々とした10柱式（デカスタイル）の表玄関廊（ポーチコ）が全体を統べている。

　フランス人の建築家トマ・ド・トモン（1754-1813年）は、ルドゥーの弟子であったかもしれないが、ペールとド・ヴァイイによるパリのテアトル＝フランセを範例（モデル）にして、「グランド（ボリショイ）劇場」（1802-5年；1813年に取り壊し）を設計した。ヴォロニーヒンと同様に、彼は、次の大きな建物である「商品・証券取引所」（1805-16年、今日の海軍中央博物館〔1939年以降〕）のためにギリシャ様式へと向かった。この建物は、彼の傑作であり、列柱廊の上方にある半円形の窓群によって採光される、半円筒ヴォルトの架かったホールを囲い込む、周柱式のギリシャ・ドリス式神殿である。ド・トモンが直接知っていたパエストゥムの神殿によって鼓舞された、その強壮なドリス式のオーダーをもって、神殿を商業用施設へと才気縦横に適用した、こうした例は、ラトローブによるフィラデルフィアのペンシルヴェニア銀

第9章　19世紀

705　ロイヤル・パヴィリオン、ブライトン、ナッシュによる改築（1815-21年）：大広間の外観

行（1798-1800年）と、シャルグラン〔これは誤り。アレクサンドル゠テオドール・ブロンニャール（1739-1813年）が正しい〕によるパリの取引所(ブルス)（1808-15年）の双方よりも優れている。ロシア生まれのアドリアン・ドミトリエヴィチ・ザカロフ（1761-1811年）もまた、1782-6年にシャルグランの弟子としてパリで修業を積んだが、新しい海軍省（1806-23年）の建設の任にあたった。これは〔ネヴァ川に沿って〕4分の1マイル〔400m〕の幅(ロング)があり、世界で一番大きな新古典主義の建物であるといえるかもしれない。既存の構造物の改築であり、そのもっとも魅力的な特徴は、ネヴァ川に面している中央の小館(パヴィリオン)である。ここでは、おそらく、ルソーの手になるパリのサルム邸館(オテル)の入口門(エントランス)によって鼓舞されたと思われる、重々しい凱旋門の上に、四角形をなすイオニア式の列柱廊が載り、さらにこの列柱廊の上に、この敷地に以前あった

706 セイント・ジャイルズ、チードル、スタッフォードシャーの礼拝堂に見られる多色彩飾の装飾（1840-6年）、ピュージンによる

建物の、丈の高い金箔を被せた尖頂(スパイア)が載っている。ストゥッコ仕上げのファサード群は明るい黄色で彩色され、白いストゥッコ装飾が表面にちりばめられている。これは、この雪に閉じ込められた北方の首都において、最大限の輝き(ブリリアンス)に達するために考案された、地元の伝統に従ったものである。

多産なカール・イヴァノヴィチ・ロッシ(1775-1849年)は、その手になる、アレクサンドル1世によって、その一番下の弟〔ミハイル・パヴロヴィチ 1798-1849年〕の邸宅(ハウス)として委託された「新ミハイル宮殿」(1819-25年、現ロシア美術館)〔これは正確には「旧ミハイル宮殿」。「新ミハイル宮殿」は、ネヴァ川沿いに建ち、建築家シタシケンシネイデルが1861年に設計した。現在は科学アカデミー東洋学研究所〕のような建物群において、ギリシャ復興様式から、より順応性があるものの、それでもなお誇大妄想的なパラーディオ主義への逆行的な移行(シフト・アウェイ)を成し遂げた。これと同様に壮大なのが、同じく彼の手になる陸軍参謀本部とこれに隣接するアーチ群

707　ザカロフ：新しい海軍省、サンクトペテルブルク(1806-23年)、以前の建物から保存された尖頂(スパイア)を見る

(1819-29年)であった。これらのものは、1750年代にバロック様式で、〔バルトロメオ・フランチェスコ・〕ラストレッリ〔1700-71年、本書587頁〕によって設計された「冬の宮殿」(ウィンター・パレス)前の「宮殿広場」(パレス・スクエア)において、〔弓なりに連なり〕広大な半円を形づくっている〔全長600m〕。この広場の中心には、ペルシエの許で修業した、フランス人の建築家オーギュスト・リカール・ド・モンフェラン(1786-1858年)が、1829年に、アレクサンドル1世柱を建てたが、これは世界最大の花崗岩〔赤大理石〕の一本石(モノリス)であると主張されてきたドリス式の円柱である〔台座と塔上部分を含めて32mの高さ〕。モンフェランはまた、ギリシャ十字形の平面で、4つのコリント式の柱廊玄関(ポーチコ)のある、巨大な聖イサーク大聖堂〔イサーキエフスキー・サボール〕(1817-57年)を建てた。これらの柱廊玄関のうち2つのものの上には、記念碑的な中央ドームと窮屈そうな繋がりを見せる、このドームより〔かなり〕小さな一対の小塔上のドーム(クーポラ)が〔対称形に〕載っている。内部は、新古典主義の理想の数々から脱けだした(シフト・アウェイ)様相を呈している。というのも、内部が、多色大理石や斑岩(ポーファリ)や〔緑の〕孔雀石(マラカイト)や青金石(ラピスラズリ)を含んだ、絵画、モザイク、そして彫刻でふんだんに飾り立てられているからである。この大聖堂の金箔を被せられた大きなドー

701

708 国立歴史博物館の外観、モスクワ（1874-83年）、シャーウッドによる

ムは、スフロの手になるサント＝ジュヌヴィエーヴのドームによって鼓舞されたものであるが、鋳鉄製の壁体骨組み〔仕切り壁〕で支えられており、これは、鋳鉄という材料を、これほどの規模の建物においてロシアで一番最初に用いた例であった。

ヴァシーリ・ペトロヴィチ・スターソフ（1769-1848年）は、1808年以降モスクワで広範囲に仕事をこなしていたが、1817-22年に、サンクトペテルブルク近郊のツァールスコエ・セロー〔現在のプーシキン〕にあるピクチャレスクな中国風村落を完成させた。また、1826-31年には、ニコライ1世の陸軍の軍事行動を記念すべく、サンクトペテルブルクの郊外に、モスクワ門（1834-8年）を建てた。驚くべきことに、鋳鉄で建造されたこの重々しいギリシア・ドリス式の記念門は、古代世界と現在とを力強くまとめ上げていた。サンクトペテルブルクにおけるイタリアとフランスの影響は、結局のところ、ドイツに道を譲ることとなった。これはおそらくは、19世紀の皇帝たちの多くが、ドイツ人の皇后をめとっていたという事実によって促進された移行と考えられよう。1837年の12月に、「冬の宮殿」で火災が起こったため、レオ・フォン・クレンツェが、この宮殿と、「エルミタージュ劇場」のあいだの、ネヴァ川の岸辺に「新エルミタージュ美術館」を設計するために、ニコライ1世によってミュンヒェンから招喚された。シンケルに鼓舞されたような、楣式ファサード群をもって、1842-51年に3つの中庭の周囲に灰色の大理石で建てられたこの記念碑的美術館は、その多様にわたる翼館や各階の非対称的な平面計画にゆえに、注目に値するものとなっている。すなわち各翼館や各階のそれぞれが、個々の収蔵物——絵画、彫刻、書籍、印刷物と図面、硬貨とメダル、鎧兜、壺と実用諸美術——〔ごとに仕切られて〕これらを取り巻いたかたちで配置されているのである。

一方、雰囲気的には、サンクトペテルブルクよりも厳格で、さほど世界主義的でもないモスクワでは、19世紀初頭の主要な建築家といえば、イタリア生まれのドメーニコ・ジラルディ（1788〔1785〕-1845年）、アファナシ・グリゴリエフ（1782-1868年）、そしてオシップ・ボーヴェ（1784-1834年）であった。彼らが中心となって、モスクワの公共建築群や私的邸宅群、そしてギリシャ復興を強調したやり方で囲辺の田園地帯をつくり上げたのである。そのなかの、ジラルディとその父親のジャーコモ〔ジョヴァンニ・バッティスタが正しい〕による、「ウィドウズ・ハウス」〔「寡婦の家」の意〕（1809-18年）と「警護評議会建物」（1823年）は、独特な趣きをもった範例である。ボーヴェは、1812年の悲惨な火災ののち、モスクワの再建を指揮したが、サンクトペテルブルクやヘルシンキ、ミュンヒェン、そしてベルリンにつくられ

た劇場と、華麗さにおいてひけを取らない、自らの手になる新しいボリショイ劇場（1821-4年）の周りに、2つの広場(スクエア)をつくったのである。

　ドイツ人とロシア人の混血の建築家コンスタンティン・アンドレーヴィチ・トン（1794-1881年）は、混乱した後期古典主義様式で、大クレムリン宮殿（1838-49年）を建てたが、同じモスクワにある、彼の手になる「贖い主教会堂」（1839-93年）は、ロシア＝ビザンティンの趣きがあり、それゆえこの教会堂は、19世紀末頃におけるロシア建築の、民族主義的スラヴ・リヴァイヴァル(レイター)の、一番最初の意義深い記念建造物となっているのである。1840年代以降、いく人かの学者たちが、初期のロシア建築を踏査し始めたが、ほかのヨーロッパの国々の場合と同様に、彼らの出版物には、これらの歴史主義的様式でつくられた新しい建築群が添えられていた。この動きは、19世紀のあいだ全ヨーロッパをとおして、民族主義が絶えず力強く成長していったことの成果の一部であった。国際的な新古典主義の建築から、民族的ロマン主義としてしばしば知られているものへ、といったこれに付随した方向転換(ターン・アウェイ)は、1900年あたりの数年間、フィンランドやスカンディナヴィアの国々において、とりわけ著しかった。スラヴ＝ロシア＝ビザンティン復興(リヴァイヴァル)におけるもっとも重要な初期の記念建造物のひとつが、モスクワの「国立歴史博物館」（1874-83年）であった。これは、イングランド系の建築家ウラディーミル・オッシポヴィチ・シャーウッド（1832-97年）によって設計された、ロシア的な16世紀のモチーフ群をかなり過剰に集めた、風変わりな(ファンシフル)建物である。キエフのサンクト・ウラディーミル大聖堂は、1862年に、ロシア国家の建国千周年を記念するために(マーク)

709　皇后ジョゼフィーヌの寝室（1812年）、マルメゾンの城館(シャトー)、ペルシエとフォンテーヌによる

着工された。1876-82年に、アレクサンドル・ヴィケンティエヴィチ・ベレッティ〔1816-95年〕による設計案を基に建てられたこの大聖堂は、ロシア=ビザンティンの様式を、より歴史的に忠実に写し取った翻案物であり、この様式に十分に適合した内部装飾が施されている。A. A.〔アルフレッド・アレクサンドロヴィチ・〕パルランド〔1842-1919年〕の手になる「血の上の救い主教会堂〔スパース・ナ・クラヴィー大聖堂〕」(1883-1907年) は、アレクサンドル2世〔1818-81年、在位1855-81年〕が暗殺された〔1881年3月1日〕場所を記憶に残すために建てられ、あの豊かな生きいきとしたスラヴ様式をサンクトペテルブルクへともたらしたのであった。とはいえ、当地は全体的に新古典主義様式の都市であったため、この教会堂は、豊かな中世の過去があるモスクワに建つ場合と比べて、それほど適切とは言えないものなのであった。

ギリシャ

古代ギリシャの理想の数々がドイツの土壌で再生しつつあるという信念のもとに、ヴィンケルマンの時代以降に育てられてきたドイツ人たちにとっては、1833年に、ドイツの王子オットー・フォン・ヴィッテルスバッハ〔オソン1世〕が、トルコの支配から解放されたばかりの新しく創設されたギリシャ王国の、王座を与えられることになるという事実はあまりにも喜ばしいことであり、本当のこととは思えなかったようである。その結果、当時は1万人に満たない数の住民しかいなかったつつましい都市のアテネが、ちょうどミュンヒェンがオットー国王〔オソン1世〕の父親の、バイエルン国王ルートヴィヒ1世によってそうなったのと同じ様に、歴史的に適切な相貌をもった建築群のある、模範的な新古典主義の都市へと変貌したのであった。クレンツェとシンケルによる宮殿群と公共建築群に対する野心的な計画案は、クレンツェのライヴァルのフリードリヒ・フォン・ゲルトナーによる、新しい都市計画と王宮のための設計案の方が好まれたために、拒絶された。ゲルトナーの作品はしかし、2人のデンマーク人のものよりも質的に劣っていたのであった。この2人とはすなわち、1834年に王室付きのギリシャの建築家に任命された、ハンス・クリスティアン〔H. C.〕ハンセン(1803-83年)と、その弟の、1838年にアテネにやって来たテオフィルース〔テオフィル〕・エドゥアルド〔T. E.〕・ハンセン(1813-91年)であった。彼らの厳格なギリシャ復興様式は、水晶のような明晰さをもった細部に特徴があるが、ゲルトナーの手になる軸線をなす主要な通りに建つ、3つの公共建築がなす高貴な一団において、もっともよいかたちで体験される。すなわち、大学 (H. C. ハンセン、1839-50年)、科学アカデミー (T. E. ハンセン、1859-87年)、そして国立図書館 (T. E. ハンセン、1885-1921年) である。H. C. ハンセンはまた、考古学者でもあり、アクロポリスの発掘に参加した。アクロポリスでH. C. ハンセンは、ニケ・アプテロス〔アテナ・ニケ〕の神殿を修復したのであった。フランス人の建築家F. -L. -F〔フランソワ=ルイ=フロリモン・〕ブランジェ〔1807-75年〕とともに、T. E. ハンセンは、〔アテネ国立庭園(エスニコス・キポス)南の〕ザッピオン〔出資者ザッパス兄弟(近代オリンピックのアテネ開催に尽

第9章　19世紀

力した）の名にちなむ〕（1874-88年）を建てたが、これは、イオニア式の列柱廊によって囲まれた当世風(スタイリッシュ)の円形状の中庭がある〔国際会議場・〕展示場であった。もうひとりの多産な建築家が、ハンセンの弟子、エルンスト・ツィラー（1837-1923年）であったが、彼は、1890年に、高名な考古学者ハインリヒ・シュリーマン〔1822-90年〕のための邸宅〔イリオン・メラトロン（トロイの宮殿を意味する）〕（今日の最高裁判所〔正確には貨幣博物館〕）を建てた。このときまでに、19世紀初頭のギリシャ復興(グリーク・リヴァイヴァル)は、流行遅れで、的外れなもののように思われるようになっていた。シュリーマンは、ミュケナイの、あるいはギリシャの固有の持物さえも再現(イフェクツ)しようとはしなかった。そのため、ツィラーはシュリーマンに対して、広々としたアーケードのある開廊(ロッジア)付きの、イタリア風ルネサンス様式(マナー)で、快適な現代風(モダーン)の邸宅を用意したのであった。

　そうこうするうち、ハンセン兄弟は2人とも、アテネを去り、テオフィルースは1846年にウィーンに向かい、またハンスはそのおよそ4年後にコペンハーゲンに向かった。ギリシャのビザンティン建築を学んだ地であるギリシャでの経験によって、彼らは、潤沢な多色彩飾のビザンティン様式を展開させることができたのであった。この様式は、その人々の感受性に訴えかける豊かな上部が半円形をした窓(ラウンド・ヘッディッド)の開口部群からなっており、彼らの手になった円柱状のギリシャ復興様式(グリーク・リヴァイヴァル・マナー)よりも、当代の新しい要求の数々に対応しうるように思われたのである。T. E. ハンセンは、われわれがすでに見てきたように、ウィーンの自らの手になる陸軍

710　ハンセン兄弟：（左側から右側へ順に）国立図書館〔中央の階段がある建物〕（1885-1921年）、大学（1839-50年）、科学アカデミー（1859-87年）、アテネ

博物館（1849-56年）でこれを用いた。一方、ハンス〔・クリスティアン〕・ハンセンは、その、コペンハーゲンの病院（1856-63年）で、同じ様にこれを用いたのであった。

ベルギーとオランダ

　19世紀の北海沿岸の低地帯〔ネーデルラント（ド）〕は、後期の新古典主義様式およびギリシャ復興様式から、ロマネスク、ゴシック、そしてルネサンス復興〔様式〕へというお馴染みの変換型に付き従った。際立った特質をもったものはほとんどないものの、ベルギーでは、ただひとつの建築が文字どおり、ほかのすべての建物よりも抜きんでて〔高くそびえて〕いる。これは、ジョーゼフ・プーラルト〔ペレール〕（1817-79年）の手になるブリュッセルの「裁判所（Palais de Justice）」（1862-83年）である。巨大な新バロック様式のこの建築は、19世紀ヨーロッパのもっとも記憶に残る古典主義建築のひとつとして、ガルニエの手になるパリのオペラ座と拮抗している。パリで、J.-N.〔ジャン＝ニコラ・〕ユヨー〔1780-1840年〕およびL.〔ルイ・〕ヴィスコンティ〔1791-1853年〕の許で修業したプーラルトは、1856年に、ブリュッセルの都市建築家に任命された。当地で、6年後に彼は、満足のゆく設計案を生みだすのに失敗してしまった国際設計競技ののちに、「裁判所」の設計の委託を受けたのであった。プーラルトによる「裁判所」は、疑いもなく彼が注意深く学んだところの、パリのデュクによる裁判所と同様に、各種オーダーの、重々しくはあるものの彫刻的な扱い方に、古代インド建築の趣向がほんの少しであるが感じられる。ピラネージ〔の気配〕もまた、この建物の空間上の複合性において思い起こされる。とりわけ、法律の威厳（the majesty of the law）を感覚に訴えかけるように表現している点でそのように言える。実際のところ、「崇高なるもの（the Sublime）」の美学を、巧みに言明している点で、この建物はヨーロッパ建築において、比類なきものなのである。

　オランダでは、19世紀後半における指導的建築家は、ペトルス・ヨゼフュス・フュベルトゥス〔ペーテル・ヨゼフ・ハイベルト〕・カイペルス（1827-1921年）である。カイペルスの、ヴィオレ＝ル＝デュクに対する賞嘆の念——まさしくカイペルスはオランダのヴィオレ＝ル＝デュクである——は、彼をして、早くも1849年にパリを訪いせしめた。カイペルスの手になる、ありのままに晒けだされた煉瓦細工の数多くの建物は、ヴィオレによるものと同じ様な醜い性格をもってはいる。その一方で、中世の教会堂群の修復において彼は、ヴィオレと同様に、あらゆる二次的な付加物を取り去

711　プーラルト〔ペレール〕：裁判所、ブリュッセル（1862-83年）

第9章　19世紀

ることによって、推定上ではあるが、純粋な原初の状態へとこれらの教会堂を復元することに関心を抱いたのである。アムステルダムで彼は、その「レイクスムセーム」〔帝国美術館〕（1876-85年）と「中央駅」〔東京駅のモデルである〕（1881-9年）において、丈の高い切妻壁があるオランダ・ルネサンス様式で事を運んだ。しかし、彼が生みだした建物は、主として、落ち着きのあるカトリックの教会堂群からなっていた。たとえば、アイントホーフェン、ア

712　カーディフ城内のチョーサー・ルームの暖炉棚（1877年頃-90年）、バージェスによる

707

713 シンガーズ・ホール、ノイシュヴァンシュタイン城館(シュロス)、バイエルン、リーデルによる(着工1869年)

第9章　19世紀

ムステルダム、レーワルデン、そしてヒルフェルスムの各教会堂がそうである。これらの教会堂のために、カイペルスは、その手になる世俗建築群の新たなルネサンス様式とは対照的な、ゴシック・リヴァイヴァル様式を選んでいた。カルヴァン主義の国における、この爆発的なカトリックの建築活動は、1853年のカトリックの聖職位階制〔教権制度、聖職政治〕(ハイアラーキー)の復興の結果であった。この前年に信心深いローマ・カトリック教徒のカイペルスは、教会用の調度品や彫刻品を製作する、「カイペルスとストルテンベルグのアトリエ〔スタジオ、仕事場〕」を起こした。これは、モリスが自身の商会を、そしてジョージ・ギルバート・スコット・ジュニアがワッツ商会を、まもなく立ち上げることになったのと同様の事態であった。手工芸(クラフツ)に、そして材料の「偽りのない(オネスト)」使用に力点を置くことで、カイペルスは、イングランドにおけるピュージンやモリスと密接な並行関係をもち、さらにまた、〔同じオランダの〕H. P. ベルラーへの重要な先駆者にもなったのであった。ベルラーへの作品については、われわれは、アール・ヌーヴォーに割り当てられた別の章（第10章）で踏査してゆくことになろう。

アメリカ合衆国

〔19〕世紀半ばまでのギリシャとゴシック〔の各様式〕

アメリカは、ミラノやヘルシンキ、カールスルーエやエディンバラといった異なった都市群でわれわれが見てきた型(パターン)に従っていたが、これらの都市群は、国際的な後期の新古典主義様式での公共作品群をつくりだすという課題(プログラム)によって、19世紀の初期に、威厳と権威という新しい様相(アピアランス)を与えられていたのである。〔紀元前〕5世紀のアテネの民主政治は、市民的秩序と厳格さという理想を表わしていたが、この理想に、アメリカ人たちは素早く同化することになり、その結果、ギリシャ復興(グリーク・リヴァイヴァル)の権勢(ドミナンス)が、どのヨーロッパの国においてよりも、このアメリカにおいて完璧なかたちをとったのである。われわれが見てきたように（本書601頁）、ベンジャミン・ラトローブ（1764-1820年）こそが、一般に是認された職業上の地位(ステイタス)を、建築の実践に対して与えるという責務の大半を負い、なおかつ、新しい民主政治の公共建築群用の、合理主義的かつ古典主義的造形言語(ランゲージ)をつくりだすことにも、大きく貢献した人物なのであった。ラトローブの弟子の2人、ロバート・ミルズ（1781-1855年）とウィリアム・ストリックランド（1788-1854年）が、この世紀の半ばまで建築界(シーン)を支配した。とはいえ、彼らには、ラトローブがもっていた才気縦横なる想像力は欠けていた。

ミルズは、アメリカで生まれ修業を積んだ最初の建築家であることを意識し、その建築の実践においてイングランドのスマークとよく似ていた。スマークのごとく、商業建築、工業建築、そして政府機関の建築といった、広範に及ぶ新しい建築の諸類型(タイプス)によって提示されたさまざまな問題に素早く対応したのである。ミルズの手になる、フィラデルフィアのワシントン・ホール（1809-16年）は、ルドゥーによるギマール嬢の邸館(オテル)に鼓舞されたファサードの背後に、6,000人近くの人々を収めることのできる、間仕切りのない大空間を備えていた。ミル

709

714 「財務省」の外観、ワシントン（1836-42年）、ミルズによる

ズのほかの公会堂群(オーディトリア)には、主として機能上は教会用であったが、ヴァージニア州リッチモンドの「モニュメンタル・チャーチ」（1812年）が含まれていた。これは、ベルリンでのゲンツの手になる手法(マナー)を思い起こさせる、純然たるギリシャ復興様式(グリーク・リヴァイヴァル・マナー)で建てられた、八角形平面(オクタゴナル)の建物である。1822-7年にミルズは、同じ様式で、サウス・カロライナ州の彼の生まれ故郷であるチャールストンに、「郡登録局（the County Records Office）」（今日の「サウス・カロライナ歴史協会」）を建てた。その縦溝のないギリシャのドリス式円柱群と簡素な造りのエンタブレチャーのあるこの建物は、「耐火ビル（Fireproof Building）」として知られている。なぜなら、これは、最初から耐火材料を用いることが構想されていた、一番最初のアメリカの建物だったからである。すなわち、壁面、仕切り間、交差ヴォールト用に煉瓦、窓枠とシャッター〔鎧戸（雨戸）〕用に鉄、階段室用に石が用いられていたのである。1830年にミルズは、ワシントンに居を移し、当地で、この6年後に「ワシントン記念碑（Washington Monument）」の設計競技を勝ち取った。ミルズは1833年にはすでにこの記念碑を設計していたのであった。1888年までには完成することはなかったものの、この記念碑は、555フィート（170m）の高さがある巨大なオベリスクである。1836年に彼は、連邦区の公共建築群の建設を任され、その結果、「財務省（the Treasury Building）」（1836-42年）、「特許局（Patent Office）」（1836-40年、現在の国立肖像画館）、そして「旧郵便局（Old Post Office）」（1839-42年、現在の国際貿易委任局）建造の責(リスポンシブル)を負ったのである。これらの柱廊玄関(ポーチコ)付きの列柱廊(コロネーディッド)からなる建築群の印象的なスケールは、ただちにワシントンに、偉大なる首都の紛れもない刻印(スタンプ)を押し与えたのであった。その内部空間の処理においてもまた、ミルズは、自身が、ラトローブの尊敬に値すべき後継者であることを示した。ラトローブの手になる、連邦議会議事堂の最高裁判所法廷が、「特許局」の入口ロビーにおいて思い起こされるからである。このロビーでは、デロス島のドリス式オーダーのずんぐりとした円柱群が、1基の交差ヴォールトを支えており、このヴォールトの周りには(アラウンド)、〔左右〕対になった、曲線状の腕のようなかたちの片持ち梁の階段〔原文はthe twin curved arms of the cantilevered staircase. 要するに、a curving double staircase ないしは a grand double curved staircase すなわち、両側から登ることのできる、（外側に大きく）湾曲した左右対称の（一対をなす）大階段のこと〕が建っている(ライズ)。

ウィリアム・ストリックランドによる最初の大きな作品は、フィラデルフィアの「合衆国第2銀行」（1818-24年）であった。これは、パルテノンを範とした、ギリシャ・ドリス式の柱廊玄関(ポーチコ)をもった長方形の建物であり、短辺の端全体にこの柱廊玄関(ポーチコ)が拡がっている。これ

710

と対照的な長辺側は、全体が無柱式である。列柱廊のある、半円筒形の銀行業務用ホールは、この建物全体の神殿のような効果をそこなわないよう、外構の表現は極力抑えられているのである。ワシントンにおいて、ストリックランドによる合衆国海軍収容所(ネイヴァル・アサイラム)(1826-33年)と合衆国造幣局(ミント)(1829-33年)は、ミルズによる円柱群の壮大な使用を予知したのだが、ストリックランドの手になるフィラデルフィアのマーチャンツ取引所(イクスチェンジ)(1832-4年)は、もっと想像力豊かに構成されている。ここでは、三角形の敷地の頂端は、丈の高い円形状の頂塔(ランターン)が天辺に載った、端麗な半円状をなすコリント式円柱群で目一杯に占められており、この頂塔(ランターン)は、アテネにあるリュシクラテス合唱団長の記念碑(本書上巻〔Ⅰ〕58頁)に範を取っているのである。ストリックランドの建

715　マーチャンツ取引所の入口正面、フィラデルフィア(1832-4年)、ストリックランドによる

物に大そうしばしば見受けられるように、細部は〔みな〕、ステュアートとレヴェットが著わした『アテネの古代遺物(Antiquities of Athens)』から直接採用されている。1838年にストリックランドは、ヨーロッパを旅し、ロンドン、リヴァプール、パリ、そしてローマを訪れた。帰国後彼は、自らのもっとも野心的な建物である、自らの生まれ故郷のテネシー州ナッシュヴィルの州議会議事堂(ステイト・キャピトル)(1845-59年)を設計したが、これは、建物の両端にそれぞれ、巨大なイオニア式の柱廊玄関(ポーチコ)があり、中央にはリュシクラテス風の頂塔(ランターン)が載っていた。ナッシュヴィルはまた、ストリックランドによる第1長老派教会堂(プレズビテリアン)〔カルヴァン主義に則り、長老が支配する教会堂〕(1848-51年)を誇っているが、この教会堂は、重々しい新たなエジプト様式の大きな記念建造物であり、この様式は、ヨーロッパにおいてよりも1830-50年のアメリカにおいて、広範に採択されたのであった。アメリカ人の庇護者たちにとって、この様式は、新奇性と不変性と同時に、近代(モダーン)ヨーロッパのものよりも深遠なる叡智をも訴えかけたのであった。かくして、全般的に言えば必ずしも、教会堂や住宅には適しているとは思われなかったものの、この様式は、墓地の入口、監獄、そして裁判所にしばしば用いられ、エジプト文化の永遠なる禁域(エンクロージャー)と不滅とを暗示したのであった。この様式は、秘密主義を暗に意味しているため、フリーメイソンやモルモン教徒たちの神殿群に採用されることになった。そして、エジプト人たちのナイル河に基づいた文明が、水力学に関心を抱いていたため、その様式は、貯水池や橋梁に相応(ふさわ)しいもののように思われたのであった。

　アメリカにとって、とりわけ離れ難く結びつくことになった新しい建物の型(タイプ)は、大きなホ

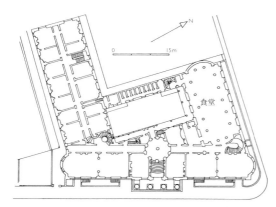

716 ロジャーズ：トレモント・ハウスの平面図、ボストン（1828-9年）

717 オハイオ州議会議事堂（ステイト・キャピトル）の外観、コロンバス（1838-61年）、ウォルター、コール、そしてロジャーズによる

テルであった。アメリカでは、ヨーロッパの場合と同様に、これらのホテルは、旅行に出ているあいだ大きな自邸に出入りすることができない富裕な、あちこちと移動する中流階級に歓迎された。そのうえ、アメリカのような新しい民主主義国家では、こうしたホテル建築は、ヨーロッパの王族の宮殿群がもつ妖しい魅力（グラマー）の代替物のごときもの（サムシング）を供給する、建築の類型（タイプ）なのであった。これの最初の重要な例が、多産な建築家アイザイア・ロジャーズ（1800-69年）による、ボストンのトレモント・ハウス（1828-9年；1894年取り壊し）であった〔図716〕。その冷淡なドリス式の外構の奥には、機能的でありながらも優雅な、新しい平面が隠されており、〔各部屋の〕側面にある廊下が、ドームの架かった円形状の入口ロビーに集中し、このロビーの脇にフロント（レセプション・オフィス）が置かれているのである。浴室、水洗便所、そしてガス燈による採光された公けの部屋部屋があるこの建物は、大きなホテル群が19世紀のあいだに先導してゆくことになった分野（フィールド）である、機械設備の新しい標準の数々を整えたのであった。ロジャーズは、引き続き、ニューヨークとボストンの、マーチャンツ取引所（前者は1836-42年、後者は1841-2年）を建てたが、前者はおそらく、シンケルのベルリンに建つ、シャオシュピールハウスに鼓舞されたものであろう。もうひとつのシンケル風の高貴な作品は、コロンバスのオハイオ州議会議事堂（ステイト・キャピトル）（1830-61年）である。これは、付け柱群（ピラスター）に取り囲まれ、ドームを欠いた円形の穹窿胴（ドラム）〔1基〕が、溝彫りのないギリシャのドリス式円柱群からなる長い列柱廊の上方にそびえ建った建物である〔図717〕。ルドゥーのもの〔ラ・ヴィレットの市門〕と言うに足るほどに記念碑的なこの建物は、シンシナティのヘンリー・ウォルター〔1851年歿〕が設計競技で勝ち取った結果出来たものだが、最終的なデザインは、その大半を、トマス・コール（1801-48年）とアイザイア・ロジャーズによる貢献に負っていた。

ストリックランドの2人の弟子、アレクサンダー・ジャクソン・デイヴィス（1803-92年）とイシアル・タウン（1784-1844年）は、1829年から1835年まで協働していたが、ハートフォードのコネティカット州議会議事堂（ステイト・ハウス）（1827-31年）やニューヨーク市の合衆国税関（1833-42年）

——これらは双方ともに、パルテノンに鼓舞されていた——のような数多くの公共建築を、ストリックランド流のやり方(スタイル)を引き継いで建てていた。ストリックランドのもうひとりの弟子、トマス・アスティック・ウォルター（1804-87年）は、アメリカでのもっとも美しい後期新古典主義記念建造物のひとつ、フィラデルフィアの「孤児のためのジラード・カレッジ」（1833-48年）を設計した。このカレッジ

718　孤児のためのジラード・カレッジのファサード、フィラデルフィア（1833-48年）、ウォルターによる

の主要な建物である、創設者(ファウンダーズ)のホールは、煉瓦造りの耐火性ヴォールト架構からなる12の教室を含んだ、機能的な3階建ての内部空間を巧妙に隠している、周柱式のコリント式神殿となっている。鉄で補強された、建物全体は、大理石で覆われている。1850年にウォルターは、ワシントンの、ギリシャ様式からはほど遠い合衆国の連邦議会議事堂に翼館群と1基の新しいドームを付け加えるという課題に、大いなる自信(アプラン)をもって応えたのであった。1855-6年に、鋳鉄からなる大きな網目(ウェブ)の上に建設された、この、セイント・ポール大聖堂のレンによるドームと、サンクトペテルブルクのサンクト・イサーク大聖堂のモンフェランによるドームとの、記念碑的な模倣物(エコー)（1857年に完成）は、新世界から旧世界へのすべての建築的な貢ぎ物のなかでもっとも記憶に残るべきもののひとつである。

　同世代の多くのアメリカ人建築家と同様に、ウォルターは、測り知れないほどの実践的才能に恵まれた人物であり、大きな工学技術的計画案にも手を染めえたのであった。たとえば、1843-5年のベネズエラに建設した港湾がそうである。ウォルターはまた、フィラデルフィアの北、15マイルのところにある、「アンダルシア」として知られるカントリー・ハウスに、1835-6年、大きなギリシャ・ドリス式の柱廊玄関(ポーチコ)を付け加えた住宅建築家でもあった。これは、国家指導者(ステイツマン)、著述家、そして銀行家のニコラス・ビドル〔1786-1844年〕の地所(エステイト)であったが、彼は、その世代のアメリカ人にしては異例な人物で、ギリシャ建築を直接その目で見て研究していたのであった。アメリカにおけるギリシャ様式復興(グリーク・リヴァイヴァル)の影響力が大きな人物であったビドルは、ウォルターの手になるジラード〔ジラール〕・カレッジの形態に関して大半の責任を負っていた。クエーカーを先祖にもつビドルには、「この世には2つの真理しかない——聖書とギリシャ建築だ」という座右銘(モットー)があった。真理に対するこの献身にもかかわらず、「アンダルシア」の柱廊玄関(ポーチコ)は、アテネのテセイオンから正確に模写したものではあったものの、全体が木で建てられた。その一方、この邸宅の周りに配置されたピクチャレスクな庭園(パーク)で、ウォルターは、ビドルのために、ゴシックの廃墟を建てたが、これは、アメリカにおけるこの種のものとしては最初の例のひとつと考えられている。

　アメリカにおけるギリシャ様式復興(グリーク・リヴァイヴァル)は、イングランドの建物群とイングランドの考古学関

719　アップジョン：トリニティ・チャーチの塔と尖頂〔頂塔〕、ニューヨーク市（1841-6年）

係の刊行物によって鼓舞されたものであるが、常に、ヨーロッパから新世界への、成功した移植例として賞嘆され続けてきた。この様式は、民族意識の色彩に富んだ説得力ある表現として、公共建築と私的な建築の両方で、全体的に新しい風土に慣らされていったのである。1840年代および1850年代には、ギリシャ様式復興（グリーク・リヴァイヴァル）の興隆が、ギリシャ語と同様に、イングランドによって影響されていたのを目の当たりにしたのではあるが、様式復興の方は、ギリシャ語の復興よりもはるかに成功からほど遠いものであった。ギリシャ、ゴシック、テューダー、イタリア、エジプトの各種様式のピクチャレスクな崇拝が、19世紀初期の、アメリカおよびイングランドの双方で猛威を揮っていた。しかし、ほかのどの建物よりも、ゴシック復興（リヴァイヴァル）に、正確さという新しい基準を設定した建物は、ニューヨーク市のトリニティ・チャーチ（1841-6年）であった。これは、リチャード・アップジョン（1802-78年）によって設計されたが、彼は、1829年にイングランドからアメリカへ移住した、プロテスタント監督教会〔米国聖公会〕（エピスコパル・チャーチ）の熱心な信者であった。この教会（チャーチ）は、ゴシック復興（リヴァイヴァル）をほどなく方針として採り入れたところの、「英国国教会」（チャーチ・オヴ・イングランド）のアメリカ版〔同系統の教会〕（カズン）と言えるものであった。トリニティ・チャーチは、イングランドの「垂直式（パーペンディキュラー）ゴシック」の入念な試みであり、明らかにピュージンがその著作『尖頭アーチ〔建築〕もしくはキリスト教建築の、真なる原理の数々（True Principles of Pointed or Christian Architecture）』（1841年）のなかで公表した、理想的な教会堂の展望（パースペクティヴ）に鼓舞されたものであった。それは、40近くの数の教会堂を設計したアップジョンの経歴のまさしく始まりであった。しかし、これらの教会堂は必ずしもすべてがゴシック様式であったわけではない。というのも、ドイツの、アップジョンと同時代の人々の多くと同様、彼はピュージンとはちがい、ルントボーゲンシュティール（Rundbogenstil）を採択したからである。この様式を、まず何よりも先に、〔ゲオルク・〕モーラーの『ドイツ・ゴシック建築の記念碑（Memorials of German Gothic Architecture）』〔原著はDenkmäler der deutschen Baukunst. 1815-21年刊。この英訳書は1836年刊〕とホープの『建築史試論（Historical Essay on Architecture）』（1835年）といったような著作から学び、次に、1850年のヨーロッパ訪問を基にして彼は、引き続いてメリーランド州のボルティモアに、セイント・ポール教会堂

第9章　19世紀

(1854-6年) を、ロンバルディア・ロマネスクの試みとして建てたのであった。こうした様式の選択は、恣意的なものではなかった。というのも1859年にアップジョンは、ピュージンでは決して考えられなかったことなのだが、自らのゴシックに対する献身にもかかわらず、自分が「もっとも印象深いキリスト教の記念建造物の多くがゴシックではなかったことを認めざるをえなかった」と告白する心構えでいたからである。アップジョンは、「ロンバルディアやその他のロマネスク様式」、そしてローマのパンテオンでさえも、自らには、宗教建築の範例として深く印象づけられたことを強調した。

　アップジョンは、建築という職業の興隆と、プロテスタント監督教会〔米国聖公会〕の増大しつつある富と影響力とに結びついた、尊敬に値すべき著名な人物であった。彼は、1836年にT. U.〔トマス・アスティック・〕ウォーターによって失敗に終わった試みのあと、1857年に創設される運びとなった「アメリカ建築家協会」の初代会長に就任した。これはまさしく、「英国建築家協会」の創設の2年後のことであった。

ハントからリチャードソンに到る、新しい理論と新しい方向の数々

　ゴシック教会堂の建築家としての、アップジョンの主たるライヴァルは、ジェームズ・レンウィク〔レニック〕(1818-95年) であった。彼は、ニューヨーク市において、アングリカン・グレイス・チャーチ〔英国国教会恩寵教会堂〕(1843-6年) およびローマ・カトリックのセイント・パトリック大聖堂 (1858-79年) に対して、責任ある立場にいた。アップジョンと同様に、彼は、ルントボーゲンシュティール (Rundbogenstil) へと転じたが、このことはたとえば、ワシントンの「スミソニアン協会」(1847-55年) を見ると分かる。この建物は、数多くの繊細に委曲を尽くしてつくられた塔群のある、ピクチャレスクに配置されたロマネスク様式の修道院のかたちで、褐色砂岩を用いて建てられた。その経歴の後半、銀行家兼美術収集家のウィリアム・コーカラン〔1798-1888年〕とともに、1855年のパリ万国博覧会を見物したことを契機として、レンウィクは、フランス第二帝政様式で建てられた2つの建物によって、アメリカ建築のまったく新しい様相の到来を告げたのであった。それは、ワシントンにあるコーカラン（現在レンウィク）美術館 (1859-71年) と、ニューヨーク州のパキプシーに建つヴァサ・カレッジ (1861-5年) である。ヴァサ〔・カレッジ〕は慈善家のマシュー・ヴァサ〔1792-1868年〕のために建てられたが、彼は、パリの16世紀のテュイルリー宮殿を範とするよう〔レ

720　レンウィク〔レニック〕: スミソニアン協会、ワシントン (1847-55年)

721　ギルマンとブライアント：市庁舎、ボストン（1862-5年）

ンウィックに対して〕規定したのであった。

　もっと垢抜け、もっと影響力があった第二帝政様式の記念建造物は、アーサー・ギルマン（1821-82年）とグライドリー・ブライアント（1816-99年）による、1862-5年の、ボストン市庁舎である。ギルマンは、これらのパリ風に鼓舞された公共建築群のなかでもっとも大きなもののひとつ、ワシントンの国務省・陸軍省・海軍省ビル（1871-85年；現在の「旧行政局ビル群」）の設計において、アルフレッド・B.〔バルト・〕マリト（1834-90年）の相談相手となった人物である。第二帝政期パリの新たなルネサンスの表現形式(イディオム)はすでに、リチャード・モリス・ハント（1827-95年）に衝撃を与えていた。ハントは、パリのエコール・デ・ボザールで教育を受けた最初のアメリカ人であった。ハントは、1846年にこのエコールに入学し、エクトール・ルフュエル（1810-80年）のアトリエに加わった。ルフュエルの許で彼は、1854-5年のルーヴル宮の拡張に取り組んだ。ハントの手になるもっとも印象深い作品のひとつである、ニューヨーク市のレナクス図書館（1870-5年；1912年取り壊し）は、デュランとラブルーストから引き継いだ、アーチ形の様式であった。もっとのちになって、彼は、アメリカの商業的貴族政治用の城館(シャトー)や都市住宅(タウン・ハウス)において、ブールジュにおけるジャック・クールの邸宅（本書上巻〔Ⅰ〕231頁）のフランス中世後期の荘館様式(マノーリアル・スタイル)を採択した。たとえば、ニューヨーク市のW. K.〔ウィリアム・キッサム・〕ヴァンダービルト・ハウス（1878-82年；1920年頃取り壊し）、そして、ジョージ・W.〔ワシントン・〕ヴァンダービルト〔2世。1862-1914年〕のための、ノース・カロライナ州アッシュヴィルの、巨大なビルトモア・ハウス（1888-95年）である。ロードアイランド州ニューポートの、かつての質素(モデスト)な夏のイギリス植民地で、ハントは、4つの宮殿のような隠れ家(リトリート)を用意した。そのなかでもっとも有名なものが、ザ・ブレーカーズ（1892-5年）〔と呼ばれる夏の別邸〕で、これはコーネリアス・ヴァンダービルト2世〔1843-99年〕のためのもので、2階建てのホールを中心とした、華麗に装飾立てられたジェノヴァ風のチンクエチェント(cinquecento)〔16世紀〕風の宮殿(パラッツォ)であった。1890年代に彼は、シカゴの万国博覧会(ワールズ・フェア)のドームが架かった管理棟(アドミニストレーション・ビルディング)（1891-3年）の設計のため、さらに、これよりあとの、ニューヨーク市のメトロポリタン美術館の入口部分(レインジ)（1894-5年）のために、自らがかつて修業を積み学んだところの、ボザール流古典主義へと回帰した。非常なほどに多産

第9章　19世紀

722　ハント：ザ・ブレーカーズの大広間(サルーン)、ニューポート、ロードアイランド州(1892-5年)

であったハントは、その生涯を通じて、アメリカ建築家協会の創始者メンバー兼会長として、さらに、自分自身のアトリエで弟子たちを体系立てて職業教育〔訓練〕させたひとりの建築家として、大いに尊敬されたのであった。アメリカやヨーロッパの自分と同時代の人々の多くとはちがって、ハントは、建築に道徳〔精神〕的な属性のごときものをあれこれと賦与することはなく、また、建築を、社会改革のための手段と見ることもなかった。このためにハントは、その様式の多様さと相まって、20世紀をとおしてほとんどずっと、何はともあれ流行遅れな人物とされてしまったのである。

　ゴシック復興(リヴァイヴァル)の展開を振り返ってみることで、われわれは、1860年代までにそれが、イングランドにおける高期ヴィクトリア朝ゴシック様式と比較しうる、そして実際のところこれによって鼓舞された、ひとつの様相へと変動していったことを理解することができる。アメリカにおけるラスキンの著作群の圧倒的な人気を考慮すれば、ヴェネツィアのドージェの宮殿(パレス)を範型とした、ピーター・B.〔ボネット・〕ワイト（1838-1925年）による、ニューヨーク市の国立デザイン・アカデミー（1863-5年）や、これと同等に人目を惹く、エドワード・

717

723　ポッター：ノット記念図書館_{メモリアル・ライブラリー}（現在のアラムナイ・ホール）、ユニオン・カレッジ、スキネクタディ、ニューヨーク州（1858-9年および1872-8年）

　ポッター（1831-1904年）による、ニューヨーク州、スキネクタディ、ユニオン・カレッジのノット記念図書館（メモリアル・ライブラリー）（現在のアラムナイ〔「卒業生」の意〕・ホール）（1858-9年および1872-8年）といった建物を説明するのに役立つ。ノット図書館は、ピサの洗礼堂に鼓舞されてはいるものの、その多色彩飾なアーチの並んだ外皮（スキン）の背後にある鉄の骨組みが、むきだしになっている。真理と率直といった理想が中世の建築と現代の材料において神聖視されるという情熱をもって抱かれた信念の、思わず釣り込まれそうになるハッとする表現として、この建築は、同時代のイングランドの作品である、オックスフォード大学の大学博物館との比較対照を誘う（いざな）うのである。サー・トマス・ディーン〔1792-1871年〕、その息子〔のトマス・ニューアナム・ディーン 1828-99年〕、そして〔ベンジャミン・〕ウッドワード〔1816-61年〕によって、1853年に設計され、ジョン・ラスキンからの支持を得て1855-60年に施工された、この大学博物館には、イタリアのゴシックに鼓舞された石造りの外構の奥に、鉄とガラスによる内部空間が含まれているのである。イングランドから輸入されたテラコッタが、ジョン・スタージス（1834-88年）とチャールズ・ブリガム（1841-1925年）によって、マサチューセッツ州、ボストンの野心的な美術館（ミュージアム・オヴ・ファイン・アーツ）（1870-6年；取り壊されて現存しない）において用いられた。アメリカ最初の公共美術館であるこの建物は、オックスフォードの大学博物館への参照と、ロンドンのサウス・ケンジントン（現在のヴィクトリア・アンド・アルバート）美術館への参照を、組み合わせていた。後者は、技師長（キャプテン）フランシス・フォウク〔1823-65年〕によって、北イタリアのルネ

サンスの特質である淡黄褐色(ヴェイン)のテラコッタ(バフ)装飾を、大々的に使用するといった特徴をもった、ドイツのルントボーゲンシュティール（*Rundbogenstil*）の試みとして、1859年に着工されたのであった。

　あくどい多色彩飾を施され、ウェストミンスターの、ストリートの手になるセイント＝ジェームズ＝ザ＝レスにあるような鐘塔(カンパニーレ)のある教会堂が、ニューヨーク市のホーリー・トリニティ〔聖三位一体〕（1870年および75年；取り壊されて現存しない）である。これは〔南北大通りの〕マディソン・アヴェニュー〔街(がい)〕と〔東西大通りの〕42丁目(ストリート)の交差するところに建っていた。そのラスキン流の外観にもかかわらず、この教会堂の内部は、オーディトリウムのように配置された楕円状であった。これは、この教会堂が監督教会派(エピスコパル)〔米国聖公会〕の教会堂であったにもかかわらず、祭壇にではなく説教壇に注意を集中させようとした牧師の、極端な福音主義的趣向に合わせたものであった。この建築家は、レオポルド・アイドリッツ（1823-1908年）であり、彼はプラハ生まれで、1843年にニューヨークへ移住し、イングランド起源のものよりもしばしば大陸起源のものからなる数々の中世様式を幅広く用いて、多くの教会堂を設計した。アイドリッツのものに負けず劣らず進取の気性(アグレッシィヴ)に富み、なおかつ断固とした高期ヴィクトリア朝のゴシック様式の建物が、ウィリアム・ウェア（1832-1915年）とヘンリー・ヴァン・ブラント（1832-1903年）による、マサチューセッツ州ケンブリッジの、ハーヴァード大学構内のメモリアル・ホール（1865-78年）である。これは、大聖堂のように見えるが、実際は、アプス〔円形の突出部〕と、身廊の形をした食堂と、袖廊の形をした、普通に往来する領域(エリア)を形づくっている劇場からなっている。多産な建築の著述家であったヴァン・ブラントは、1875年に、ヴィオレの著作『〔建築〕講話（*Entretiens*）』の第1巻を翻訳したが、それにもかかわらず、1880年代以降のアメリカ建築におけるボザール流の古典主義への方向転換には好意的であった。

　表現豊か(エクスプレッシヴ)で嘘偽りのない(トルゥースフル)ゴシック建築に対するラスキンの訴え(プリー)〔祈り〕に、もっと独創的に対応したのが、フランク・ファーネス〔ファーニス〕（1839-1912年）であった。彼もまた、レオポルド・アイドリッツの理論的な著作群に大いに影響されていた。ファーネスの成熟した様式での初期の作品は、フィラデルフィアのペンシルヴェニア美術アカデミー（1871-6年）である。これは、彫刻的な様相をし、対比が際立つがゆえに質感(テクスチャーズ)が豊かではあるものの、ずんぐりとした塊りをつくる荒々しい処理を施されている、対称形のファサードの背後に、天辺から採光された細長い展示場群(ギャラリーズ)を備えていた。その著作『芸術の性質と機能（*The Nature and Function of Art*）』（1881年）に明示された、アイドリッツの、身体的な動作(ジェスチャー)を刺激させるものとして建築造形言語(ランゲージ)を捉える考え(コンセプション)は、ファーネスの手になるもっとも有名な建物――今は取り壊されて存在しない、フィラデルフィアの、プロヴィデント・ライフ・アンド・トラスト・カンパニー〔貯蓄保険・信託会社〕（1876-9年）――において、爆発的な表現を与えられていた。巨大な花崗岩の塊りがいくつもあるその重々しいファサードは、建築において荷重を担う(ロード＝ベアリング)ことが自然における動物的強さに類似しているという主張を意図的に誇張して明

724 ペンシルヴェニア美術アカデミーの入口部分、フィラデルフィア（1871-6年）、ファーネスによる

725 ファーネス：プロヴィデント・ライフ・アンド・トラスト・カンパニー、フィラデルフィア（1876-9年；取り壊されて現存しない）

示するために取り集められたように見える、過剰な仕組みの支持体群によって統べられていた。この建物はかくして、「筋肉の、そして神経の作用(ファンクション)という……さまざまな行為(アクツ)を成し遂げる」ことができる建築を求めたアイドリッツの願いを、叶えたのであった。この建物の勇猛果敢な気質(アグレッシヴ・トーン)は、ヴィオレ＝ル＝デュクがその著作『建築講話（*Entretiens sur l'architecture*）』において、新しい合理主義的建築のために示した提案の数々と大いに共通している。一方、〔この建築の〕内部においては、新しい材料群がヴィオレにもまた訴えかけたであろうようなやり方で、開陳されていた。主要なホールの壁面には、緑と白のタイルが図柄(パターーンド)を描いて並べられており、また屋根には、多色彩飾(ポリクロマティック)を施された鉄の大梁(ガーダー)〔桁〕が支える天窓群(スカイライツ)があったのである。

ラスキンとヴィオレ＝ル＝デュクのそれぞれの影響は、建築ジャーナリストのモンゴメリー・スカイラー（1843-1914年）の影響力の大きな著作群において提案された、「有機体論(オーガナシズム)」と「真実性(リアリティ)」なる一対(ツイン)の理想において目の当たりにすることができる。スカイラーは、これらの特質の理想的表現を、アメリカ建築の歴史に新しい局面を切り拓いた、ヘンリー・ホブソン・リチャードソン（1838-86年）の作品のなかに見いだした。アメリカの建築家たちがインスピレーションの源泉としたのは、もはやイングランドではなく、フランス、とりわけ、エコール・デ・ボザールであった。リチャードソンは、その後に国民的〔国家的〕となった個性的な様式をつくり上げ、また、ヨーロッパの建築家たちに影響を与えた、最初のアメリカ人建築家であった。リチャードソンの創造的な折衷主義は、ロマネスク・ヨーロッパの順応性ある半円アーチ様式に依存した、統合的〔全体にまとまっている〕でありつつも変化しやすい〔ヴァリエーション豊かな〕様式を生みだしたのである。

1859-62年にエコール・デ・ボザールで修業を積んだリチャードソンは、引き続いて、1865年にアメリ

第9章　19世紀

カに戻る前に、ラブルーストおよびイトルフの各事務所で働いた。彼の初期の作品群は、イングランドにおける当時のゴシック復興(リヴァイヴァル)の作品を真似ている。次の10年間には、しかしながら、彼は岩のような表面(フェイスト)をしたロマネスクを採択した。これは、フランスが起源であったが、ラブルーストにではなく、ヴィオレ＝ル＝デュクの合理主義者の弟子、ヴォードルメールに負っていた。この様式は、ボストンで、彼の手になるトリニティ・チャーチ（1872-7年；図700）の表面〔仕上げ〕に現われた。この教会堂の重々しい彫刻的な立体感のある形態

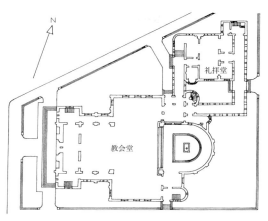

726　リチャードソン：トリニティ・チャーチの平面図、ボストン（1872-7年）

群は、スペインおよびフランスのロマネスク建築群と同時に、コンスタンティノープルおよびヴェネツィアのビザンティン建築群をも思い起こさせる。しかし、勢いのある処理の仕方と、とりわけ強壮な土臭い材料群(トリム)――褐色砂岩で飾った粗々しい表面をしたピンク色の花崗岩――が、建築全体を、人を納得させるような〔力強い〕まとまりを示している。そのうえ、折衷的な細部が単なる寄せ集めに堕していないのである。内部では、ギリシャ十字形平面がそのまま、イングランドのバージェスの作品によって鼓舞された二重の曲面(ダブル＝カーヴド)を描いた木材の天井(ルーフ)〔断面でいえば、両端の4分円の上に、大きな半円が載っている状態。これを片側だけ見ると、大小の曲面状円筒形ヴォールトの半分（4分円）が2つ、上下斜め方向に重なっている〕にまで達している。壁面群および天井(ルーフ)は、バージェス自身が望んでいたと思われるような多色彩飾の装飾で彩られている。これは、ジョン・ラ・ファルジュ〔1835-1910年〕の作品であり、彼は、袖廊北側、および〔この教会堂の〕南側〔ワトキンはこう書くが、図726の平面図を見ると北東側〕にある礼拝堂に、モリスと〔エドワード・〕バーン＝ジョーンズ〔1833-98年〕によって〔、それぞれ〕1880年と1883年につくられたものは別であるものの、〔その他に見られる〕ラファエル前派様式のステンドグラスを担当してもいた。

　リチャードソンの手になる、ハーヴァード大学構内にあるセヴァ・ホール（1878-80年）において、彼は、自らが慣例的に用いてきた花崗岩と褐色砂岩をやめて、ハーヴァード・ヤード〔大学構内〕に、これと隣接して建つ18世紀の建築群に見られるもっと温和な赤煉瓦(レインジズ)を代わりに用いたのであった。その結果は、ヴォードルメールの手になるリセ(lycée)〔高校〕様式と同価値をもつものであり、しかもこれを〔ただ単に〕模倣したものとは言い難い作品となっている。しかしながら、ハーヴァードにおける、彼の手になる1880-4年のオースティン・ホール（その後ロー・スクール〔法学部〕）で、リチャードソンは、トリニティ・チャーチの力強い様式へと回帰した。彼はまた、マサチューセッツ州、クウィンシィの、クレイン

721

727 リチャードソン：クレイン記念図書館、クウィンシィ（1880-2年）

728 リチャードソン：エイムズ・ゲイト・ロッジ、ノース・イーストン、マサチューセッツ州（1880-1年）

記念図書館（1880-2年）のために、この様式の翻案を採択した。この頑丈な建物は、リチャードソンが1870年代と80年代に設計した5つの小さな公共図書館の一団のなかでもっとも独創的なものである。これらの図書館は、様式的には、マサチューセッツ州ノース・イーストンの、彼の手になるエイムズ・ゲイト・ロッジ（1880-1年）に関連している。この建物はおそらく、有機的効果をつくりだすために、壁面の建造用に丸石〔玉石〕を用いた、もっとも人目を惹く例であろう。この通常とは異なった委託は、エイムズ一族の地所への実質的な入口の小屋のためのものであったが、門番の住まいであると同時に、一族の若者たちが友人をもてなすようなバッチェラー・ホール〔独身男子用集会場〕としてもつくるよう要求された。リチャードソンは、ごつごつした建物を用意したが、これは、フランク・ロイド・ライトの手になる、のちの「プレーリー・スタイル〔様式〕」（本書784頁を参照されたい）のように、大地から成長するかのような建物である。

リチャードソンの2つのお気に入りの建物、ペンシルヴェニア州ピッツバーグにある、アリゲニ郡裁判所と監獄（1883-8年）およびイリノイ州シカゴにあった、マーシャル・フィールド卸し売り商会（1885-7年；1930年取り壊し）は、双方ともに、切り出されたばかりの粗面の花崗岩で施工された、アーチ形の〔開口部群からなる〕構成をしている。しかしながら、これらの建物は、エコール・デ・ボザールでのリチャードソンの修練を反映した対称形を重んじており、彼のもっと初期の作品がもつピクチャレスクな効果の数々を回避している。アリゲニ郡裁判所は、ヴォールト群がアーチ群に支持されている壮麗な階段室がある、特徴的なボザール的配置をしている。鋳鉄の円柱群が建物の建造に組み入れられているにもかかわらず、石造の壁が、なおも荷重を担っていた。このような事態が終焉を迎えるまでに、新しいさまざまな技術がシカゴで発展しつつあり、〔その結果〕外構をなす壁面の重みが

第9章　19世紀

729　ウォッツ・シャーマン邸の外観、ニューポート、ロードアイランド州（1874-5年）、リチャードソンによる

内部の金属の枠組みに支えられることが可能となったのである。

　住宅建築に目を向けると、われわれは、産業革命のさまざまな成果に対抗した〔米英共通の〕反応と、ノーマン・ショーとその仲間たちの作品において1870年代にイングランドで起こった、産業〔革命〕前の時代の土着的伝統への〔米英共通の〕回帰を見いだすことになる。ショーとネスフィールドによる「旧式のイングランドの」手法を用いたアメリカ版翻案(ヴァージョン)の最初の記念建

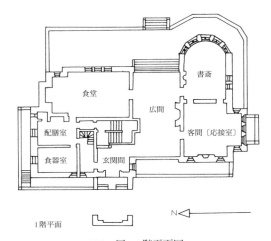

730　同、1階平面図

造物は、ロードアイランド州のニューポートにある、ウォッツ・シャーマン邸（1874-5年）であった。この邸宅は名目上はH. H. リチャードソンによって設計されたことになっているが、疑いもなく、彼の助手のスタンフォード・ホワイト〔1853-1906年〕に多くを負っていた。そのデザインにおいて、ショーの荘館(マノーリアル・ハウゼズ)群およびロンドン市中にある、彼のニュー・ジーランド・チェインバーズに関する、『イングランドの建築新報（*English Building News*）』と『建造者（*Builder*）』において公刊された、透視図や平面図に影響された、このウォッツ・シャーマン邸は、ハーフ＝ティンバー構法〔木骨(もっこつ)石造・煉瓦造〕、大きく拡がった切妻壁、丈の高い煙突、長い帯のような開き窓、出窓、そして彫刻されたヒマワリを、派手(スポーティング)に使った、不規則に配置された構成をしている。屋根や壁の上に葺かれたイングランド瓦〔焼成タイル(タイル)＝ハンギング〕の

723

代わりに、この邸宅ではアメリカの木板によるシングル構法〔スギ・ナラを割って薄板をつくり、それをうろこ状に張り上げること。シングル（木瓦、木板）葺きの大壁造り。ちなみにこれと対置されるのが、構造体である軸組を化粧として、ファサードのデザインに採り入れた、（木骨を強調した真壁造りの）スティック・スタイル（1856-75年）である〕を導入している。これを境にして、当世風の呼び名「シングル・スタイル（Shingle Style）」が流行した。この新しいタイプの住宅建築に、これは用いられたのであった〔繰り返しになるが、シングルは「木瓦」、「屋根板」、あるいは「柿板」と訳される〕。ウォッツ・シャーマン邸には階段に通じ、平面の奥一杯にまで拡がる、居間のような広間があり、これが自由な〔間仕切りのない〕平面をもった住宅へと向かう傾向の一部として、シングル・スタイルにおいて発展することになった特徴である。非常に暑い夏や非常に寒い冬といった気候を考えて設計されたシングル・スタイルの住宅群には、それらとよく似たイングランドの住宅よりも内部の扉が少なくて済んだ。なぜなら、これらの住宅は、冬にはセントラルヒーティングが備えられ、その一方夏にはそよ風を送りだすことが望ましいとされたからである。1876年のフィラデルフィアでの〔アメリカ独立宣言〕百周年記念博覧会での日本館の登場は、強い水平線、幅広い軒〔ひさし〕、格子細工、建設作業や職人の技能に重きを置くこと、そして周りの情景との内密な繋がりをもった、空間的に流動的な住宅群に対する好みを促進させた。この新しく起こった熱狂の成果のひとつが、エドワード・モース〔1838-1925年〕の図版入りの著書『日本のすまい・内と外（*Japanese Houses and their Surroundings*）』（ボストン、1886年）であった。一方、間仕切りのない内部の平面は、のちに、フランク・ロイド・ライトの住宅群の顕著な特徴になった。

そうこうするうちに、マッキム・ミード・アンド・ホワイトの事務所は、1880年代にすべてのシングル・スタイルのなかでもっとも見事なものをいくつか設計した。たとえば、彼らの手になる、ニュージャージー州のエルブロンに、1880-1年に建てられたH. ヴィクター・ニューカム邸である。ここには格子窓、格子戸ないしは引き戸によって隔てられた、卓越した自由な平面の内部空間が備わっていた。また、ロードアイランド州ニューポートのアイザック・ベル邸（1883年）が挙げられる。さらに、同じロードアイランド州ブリストルのウィリアム・G. ロウ邸（1886-7年；1955年頃取り壊し）があった。これは、建物全体が、140フィート（43m）近くの幅がある、単一の広い切妻壁の下にすっぽりと包まれており、すべてを覆う屋根の道徳的な表現の豊かさに対するラスキンの信念を要約したものとなっていた。

サリヴァンと摩天楼の起源

マッキム・ミード・アンド・ホワイトの経歴は、シングル・スタイルとは随分と異なった経路に沿って発展した。しかしそのことの精査を続ける前に、われわれは、シカゴへ戻るべきである。シカゴでは、1871年の破壊的な火災のあと、耐火材料で急速に再建する必要があり、建築家兼工学技師のウィリアム・ル・バロン・ジェニー（1832-1907年）が、摩天楼〔skyscraper. scrapeは「こする」の意で、スカイスクレイパーは、「天をこするもの」を意味する〕な

る建造物として知られることになったものの発展へ向けての第一歩を踏みだすよう推し進めたのである。1871年は、また、完全な客用のエレヴェーターをもって計画された、最初の事務所ビルの、ニューヨークでの完成を見た。もちろん、シカゴにおける摩天楼(スカイスクレイパー)建造の発展を可能にするよう橋渡しをしたのはまさしく、1850年代および1860年代における、ニューヨークでのエレヴェーター技術の進歩(サブシークェント・ディヴェロップメント)であった。その手になる最初のライター・ビルディング（1879年）でこの方向への第一歩を踏みだしたあと、ジェニーは、自らのもっともよく知られた作品である、10階建てのホーム・インシュランス・ビルディング（1884-5年；1931年取り壊し）を生みだした。これは、鋳鉄製の棚(シェルヴズ)がボルトで締められた、鋳鉄と銅鉄製の梁と錬鉄製の大梁(ガーダー)（桁）とからなる骨組みを組み入れていた。これらのものは、外構の石造りの外装材の重みを最大限支えていたが、こうした外装は審美上は、いささか不体裁なデザインをさらしていた。ジェニーの見た目を気にしないやり方は、1853-6年におけるパリの「中央工芸学校」(エコール・サントラル・デザール・エ・マニュファクチュール)〔原語は本書637頁参照〕におけるその修業時代に影響されていたものであると言えよう。この学校では、デュランの効用〔主義〕的教義がいまだに幅を利かせていたのであった。ウィリアム・ホラバード（1854-1923年）とマーティン・ローチ（1853-1927年）――彼らは双方ともに、ジェニーの事務所で働いていた――が、これもシカゴにあった、タコマ・ビルディング（1887-9年；1939年取り壊し）に対する任を負っていた。ここで彼らは、ホーム・インシュランス・ビルディングで切り拓かれたさまざまな技術を、もっと徹底(コンシステント)して用いるようにしたのである。そして、シカゴの砂質の土壌やぬかるんだ土壌において、安定要素群としての価値をもつ、鉄筋(リーインフォースト)コンクリートのべた基礎からなる新しい基礎工事を導入したのであった。タコマ・ビルディングは、また、ホーム・インシュランス・ビルディングよりも調和のとれたファサードで覆われていた。何層にもわたる張り出し窓(ベイ・ウインドウ)で大部分が構成されているこのビルは、ダニエル・バーナム（1846-1912年）とジョン・ルート（1850-91年）による、シカゴのリライアンス・ビルディング（1890-5年）に影響を与えた。

　ルイス・ヘンリー・サリヴァン（1856-1924年）は、1870年代にシカゴへ移り住んだ、いまひとりの建築界の巨人であった。この当時、シカゴは、〔アメリカ合衆国〕中西部の新興の中心都市であった。ジェニーの弟子であり、そのあとはパリでのヴォードルメールの弟子であったサリヴァンと、その協働者(パートナー)のダンクマール・アドラー（1844-1900年）は、重々しいシカゴ・オーディトリウム・シアター・アンド・ホテル・ビルディング（1887-9年）を設計したが、これは、アメリカ全土のなかでもっとも大きく、もっと複合した建物のひとつであり、劇場とホテルに加えて、事務所棟(ブロック)を組み入れていた。サリヴァンの最初の提案は、出窓(オリエル)、小塔(タレット)、尖頂(スパイア)、そして屋根窓(ドーマー)をもって幻想的に成長してゆくファサード群を思い描いたものであったが、最終的に彼は、リチャードソンの手になる、マーシャル・フィールド卸し売り商会(ホールセール・ストア)に見られるアーチを用いた処理法に鼓舞された、たくましく丈夫な岩のような表面仕上げの構成を選択したのである。サリヴァンのファサード群は、花崗岩と石灰岩を表面に貼り付けた、荷重を担う煉瓦造りからなっているのに対し、劇場の床、ヴォールト、そして屋根の荷重は、鋳鉄

731　サリヴァンおよびアドラー：ウェインライト・ビルディング、セイント・ルイス、ミズーリ州（1890-1年）

732　サリヴァンおよびアドラー：ギャランティ・ビルディング、バッファロー、ニューヨーク州（1894-6年）

製および錬鉄製の際立った枠組みに支えられている。4,000人以上の観客を収容するこの劇場は、完璧な舞台への視線(サイトライン)と音響を備えている。その内部のため、またそのホテル、とりわけロビーやバーや食堂〔レストラン〕の内装のため、サリヴァンは、植物の形態に鼓舞された、金箔を被せたプラスターの浮き彫りというかたちで、豊富かつ優美でなめらかな装飾付け(オーナメント)を考案した。

　ミズーリ州セイント・ルイスのウェインライト・ビルディング（1890-1年）や、ニューヨーク州バッファローのギャランティ・ビルディング（1894-6年）のような有名な事務所ビルにおいて、サリヴァンとアドラーは、その荷重を担う石造の壁面と内部の鉄の枠組みをもった、シカゴ・オーディトリウムの建造システムがもつ二元性(デュアリティ)を拒絶した。その代わりに、彼らは、すべて鋼鉄の骨組みからなる構造(フル・スチール・スケルトン・コンストラクション)を採択した。これは、審美上説得力ある手法で外観が覆われた、最初の例であった。摩天楼構造物の語彙(ヴォキャブラリー)から、表現力(エクスプレッシヴ)溢れた造形言語をつくりだす必要を意識していたサリヴァンは、〔雑誌掲載の論文〕「芸術的に考察された丈の高い事務所ビル」（1896年）のなかで次のように書いた。すなわち、「それは、徹頭徹尾、誇り高くそびえ建つ(ソアリング・シング)ものでなければならない。底面から天辺までそれは、ただのひとつも異なる線をもたないまとまりを示すという、まったき歓喜のなかで建ち上がるものでなければならない」と。ウェインライト・ビルディングにおいて、サリヴァンは、煉瓦で覆われた鋼鉄製の

ファサードにある構造的な支柱群(ピア)のあいだに、偽りの(フォールス)、すなわち荷重を担わない煉瓦の支柱群を置くことで、この垂直性のイメージに対して、詩的な表現を与えたのであった。このファサードはかくして、同一の煉瓦による支柱(ピア)もしくは中方立て(マリオン)からなる格子(グリッド)という姿を見せている。しかし、〔実際には〕これらの支柱もしくは中方立てのまさしく半分は、構造上の現実(リアリティ)に対応している〔実際の構造を形づくっている〕のである。これらの存在(プレゼンス)は、1896年にサリヴァンが書いた「そびえ建つもの(ソアリング・シング)」を特徴づける垂直方向の強調をつくりだすために要請されている。ギャランティ・ビルディングでは、もうひとつの垂直方向を強調したデザインとして、支柱群(ピア)が天辺でアーチ群と繋がっており、そこには〔ウェインライト・ビルに較べて〕はるかに強調されることのない水平帯(コーニス)があり、その結果、目はほとんど何ものにも妨げられることなく、上昇線を辿るのである。しかしながら、この建物は「ウェインライト・ビルディング」よりも、豊かに飾り立てられている。すなわち、繊細な幾何学文様で浅浮き彫りとして彫り刻まれた、テラコッタからなる外装材で覆われているのである。ファサード群によって生みだされた効果は、奇妙なことに、そのバウアカデミー〔建築学校〕のために、とりわけ1835年のその実施されることのなかったベルリン図書館のために、シンケルが考案した「詩的工業(ポエティック・インダストリー)」様式に近いものである。

サリヴァンは、その手になるシカゴの、カーソン・ピリー・アンド・スコット・デパートメント・ストア（1899-1901年および1903-4年）に、著しい水平的な律動感(リズム)を与えたが、これは、ウェインライト・ビルディングとギャランティ・ビルディングといった、垂直に積み重なった事務所ビルとは対照的な、平坦な売り場フロアを強調するためであった。白いテラコッタでまとめられた、その帯状の窓群のある上階は、もっとも低層の2つのフロアの入念な装飾的扱いとは対照的である。ここでは、店舗の窓群が、絵画の額縁としての役割を果たしており、こうした額縁〔枠組み〕は、ヨーロッパにおける同時代のアール・ヌーヴォーのデザイナーたちの図柄(パターン)と並行関係にある、ダイナミックな曲線状の図柄(パターン)を描いた、どんな形にもなる鋳鉄製の装飾(オーナメント)から構成されていた。この種の陽気で異国風の装飾(オーナメント)に対する好み(ラヴ)にもかかわらず、サリヴァンは、その著作、『幼稚園でのおしゃべり (Kindergarten Chats)』（1901年）のなかで、建築装飾(デコレイション)を一時的に禁止することを要求した。これは、サリヴァンが、19世紀がうんざりするほどに繰り返された歴史的に鼓舞された装飾(オーナメント)に喘ぎ苦しんできたと、確信していたからである。サリヴァンの前途は、アメリカの民主主義の実験と調和がとれているような新しい様式を精力的に探求することにかかっていた。必然的な発展と進歩に対するサリヴァンの信頼は、種の進化に関するチャールズ・ダーウィンの理論との文化的な類似点にまで到達していたのである。

マッキム・ミード・アンド・ホワイトと古典主義への回帰

1893年にサリヴァンは、シカゴの「万国コロンブス博覧会 (the World's Columbian Exposition)」用の「交通館 (the Transportation Building)」を設計した。この博覧会は、〔クリストファー・〕コ

ロンブス〔クリストフォロ・コロンボ（クリストバル・コロン）1451-1506年〕による「新世界（the New World）」の発見400周年を記念した万国博覧会であった。これは、15回目の万国博覧会（ワールド・フェア）（アメリカでは〔フィラデルフィアに続いて〕2回目の開催）であり、第1回目は、1851年にロンドンで開かれた「大博覧会（the Great Exhibition）」であった。シカゴ博覧会においては、その当時までで最大のものであった、大胆な色彩を塗られたサリヴァンのこの建物は、豊かな抽象的装飾（オーナメント）をもった巨大な入口アーチが、中心をなしていた。この建物〔交通館〕は、サリヴァンにとっては迷惑千万なことに、ひと続きをなして広範に建っている壮大なボザールの古典主義の建物から突きでて建っていたのであった。歴史家たちは時に、シカゴおよび西部地方は、新しいタイプの建築で実験を試みていたのに対し、ニューヨークおよび東部地方は、「シカゴ派（School of Chicago）」を終焉へともたらすのを促進し、結果アメリカ建築の流れを変えてしまった、万国博覧会（ワールド・フェア）での堂々とした躯体を見せつけた古典主義に、回帰してしまったと主張している。事実上、この話はもっと複雑である。なぜなら、この「博覧会（フェア）」の建築局長（チーフ・オヴ・コンストラクション）のダニエル・バーナムは、彼自身が「シカゴ派（Chicago School）」の主導者であったからである。われわれはすでに、1890年代初期の彼の手になる鋼鉄枠の「リライアンス・ビルディング」に注目していた。しかし、この「博覧会（フェア）」のためにバーナムは、記念碑的な建築群が並んで建つ潟湖（lagoon）を中心とした広大な「栄誉の中庭（Court of Honour）」〔誉れの庭〕を計画したのであった。これらの建物群は、1870年代および1880年代のフランスの、存分なまでに古典主義であるボザール様式で建てられた。現実には、これらの建物は、白く塗られ

733　「栄誉の中庭」、シカゴ万国博覧会（ワールズ・フェア）（1893年）、バーナムによって計画され、マッキム・ミード・アンド・ホワイト、ハント、そしてアトウッドによって建物群が建てられた

た付け柱のあるファサード群が前面に置かれた、〔内部の構造が〕鉄とガラスの、一時的な展示会場であった。夜には電気で採光された、この、ドームや凱旋門、列柱廊の集合体(アセンブリー)は、どぎもを抜くような衝撃を与えたのである。これにかかわった建築家の名を挙げれば、マッキム・ミード・アンド・ホワイト、ハント、そしてチャールズ・アトウッド（1849-95年）であり、アトウッドはこの「博覧会(フェア)」と関連するただひとつの常置の建築物、美術館(パレス・オヴ・ファイン・アーツ)を建てた。博覧会(エキシビジョン)全体の計画もまた、軸線を強調するボザールの方針に沿って構想され、20世紀初期のアメリカの都市計画に、広範な影響を及ぼしたのであった。

　この万国博覧会(ワールズ・フェア)に尽力したもっとも重要な建築家を挙げれば、それは、マッキム、ミード、そしてホワイトであった。彼らは、1870年と1920年のあいだに、1,000件近くもの仕事を委託され、世界中でもっとも数多くの建築実践を享受したのであった。チャールズ・フォレン・マッキム（1847-1909年）は、若い頃、ラスキンの高い建築的理想の数々に影響され、なおかつ1867-70年に、パリのエコール・デ・ボザールでも学んだ。ここでは、P.-G.-H.〔正確にはG.ではなくJ.（Pierre-Jérôme-Honoré）〕ドームのアトリエに入っていた。1873年頃まで、H. H. リチャードソンの事務所でずっと働いたあと、マッキムは、ウィリアム・ラザフォード・ミード（1846-1928年）との、そしてそのあと1879年には、スタンフォード・ホワイト（1853-1906年）との協働体制を確立した。ホワイトもまた、リチャードソンとともに働いていたのであった。初期の広々とした平面をもった「シングル・スタイル」の住宅群(ハウザス)のあと、彼らは、公共建築群へと転じたが、この分野で彼らは、古代ローマの時代以降世界中の何処かで達成され続けてきたどんなものよりも広範な、市民〔公民〕的秩序〔都市的秩序〕(シヴィック・オーダー)なるものの像(イメージ)を供給したのであった。

　こうした事態は、マッキム・ミード・アンド・ホワイトの、より若い同時代人であるフランク・ロイド・ライトによって、「邪悪な都市（wicked city）」という概念のなかで示され、支持〔是認〕(アプヘルド)された、ジェファーソン流〔民主主義〕の農地改革論〔土地均分論、農業振興運動〕のロマン主義的伝統を、維持していることでよく知られた国における、驚くべき展開であった。マッキム・ミード・アンド・ホワイトは、新しい公共建築と商業建築の需要によって供給されたさまざまな機会に対応し、総じて、彼ら3人が不調和な都市空間群を生みだすものと紛れもなく見なしていた摩天楼(スカイスクレイパー)を、拒絶したのであった。サリヴァンがハッとさせるような独創性をもった個性的な記念建造物群を建てたのに対し、マッキム・ミード・アンド・ホワイトは、ギリシャ人たち以降大半の文明において、壮大さ、安定性、そして喜びなる理想の数々を表現するのに使われ続けてきた、共通の、古典主義造形言語から、都市環境をつくりだそうとしたのであった。かくして、彼ら3人は、サリヴァンやライトとはちがって、理論に関心をもたなかったけれども、ほとんど疑いなく、彼らの建築的理想主義は、ラスキンの著作『建築の七燈 (*The Seven Lamps of Architecture*)』において神聖視されたもろもろの価値に何がしかを負っていた可能性があったのである。地元の伝統や素材の数々を尊重することで、マッキム・ミード・アンド・ホワイトは、異なったカテゴリーの建物のために、異なった古

典主義の源泉を採択しようとする傾向があった。すなわち、公共建築には、彼らは古代ローマやイタリアの高期ルネサンスの記念建造物群に視線を向け、ニューヨーク市の彼らの手になるマディソン・スクエア・ガーデン（1887-91年；1925年取り壊し）のような、さほど厳格な機能を必要としない建築には、スペインないしは北イタリアの喜びに溢れた〔生きいきとした〕

734　マッキム・ミード・アンド・ホワイト：ヴィラード・ハウザズの外観、ニューヨーク市（1882-5年）

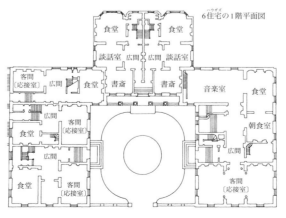

735　同、平面図

ルネサンス様式を見据え、さらに、教育用の建物や住宅には、たとえば、マウント・ヴァーノンにあるジョージ・ワシントンの生家に鼓舞された、コネティカット州のファーミントンにある、A. A.〔アルフレッド・アトモア・〕ポープ〔1842-1913年〕用の彼らの手になる住宅（1898-1901年）のような、植民地アメリカのジョージ王朝時代の伝統を見定めていたのである。

　彼ら〔3人〕の最初の大きな作品群は、1882年にやって来た。その後の彼らの手になるかなり多くの建物と同様、双方ともにニューヨーク市にある、ヴィラード・ハウザズ〔ハウズィズ〕(the Villard Houses)とアメリカン・セイフ・ディポジット・カンパニー・アンド・コロンビア・バンク〔アメリカ貸金庫会社兼コロンビア銀行〕である。後者は、ルスティカ仕上げの砂岩で覆われた2つの低層部分の階という、サリヴァン風の構成をしている。さらには、煉瓦造の上層階の窓群と、列柱廊をなす開廊の付いた屋階(アティック・ストーリー)のあいだには、テラコッタの壁板(パネル)が嵌め込まれている。鉄道と航行路の実力者で実業家のヘンリー・ヴィラード〔1835-1900年〕によって委託された、ヴィラード・ハウザズ〔ハウズィズ〕(1882-5年)は、マディソン並木大通り(アヴェニュー)に建つセイント・パトリック大聖堂の背後に面した、開かれた中庭(コートヤード)の周りに、5階建てのU字型の塊(ブロック)をなす、各階に6住戸(レジデンサズ)を備えた建物であった。唯一無二の〔単独で建つ〕記念碑的なパラッツォに似たこれらの住戸(レジデンサズ)は、ローマのカンチェッレリーア（本書上巻〔I〕314頁）のような、ブラマンテ風の建築言語(ランゲージ・オヴ・ビルディングズ)に範をとった、威厳ある街なか建築(ストリート)の構成をつくり上げている。

　新しいアメリカの古典主義の象徴としてただちに挙げられる建物は、彼らの手になるボストン公共図書館（1887-95年）であった。この単調な白い花崗岩の堂々とした記念建造物(ブレイン)は、蔵書70万冊、そしてコプリー・スクエアの反対側に、リチャードソンの手になるトリニティ・チャーチの目もあやな生きいきとした様相と対置して建つ、その静かなる気高さをもって、ボストンを、西洋文化の中心地として確実なものとした。マッキムは自らの範型(モデル)としてラブルーストによるナント＝ジュヌヴィエーヴ図書館を選ぶ前に、パラッツォ・ファルネーゼ、ルーヴル宮の隅部館(パヴィリオン)、デュバンによる、パリのエコール・デ・ボザールを考察していた。パリ派の範型とは異なり、ボストン図書館は、〔ともにローマにある〕カンチェッレリーアないしはパラッツォ・ヴェネツィアに見られる四辺〔をなす棟群〕のように、魅惑的な回廊(クロイスター)を形づくる中庭(コートヤード)のを囲む四辺をなす建物として配置されている。図書館の多岐にわたる機能の数々をそれぞれ収めた部屋部屋は、軸線によるボザール方式に従わずに、これらの拡がりのなかで、経験的かつ機能的に配置されている。この建物は、荷重を担った壁面のある伝統的な構造をしているものの、書籍群の重みを支えるため、各床面は、新しい薄いコンクリートの曲面板に似た、平坦な瓦(タイル)からなるヴォールトの上に載っている。図書館の内部は、ジョン・シンガー・サージェント〔1856-1925年〕やエドウィン・オースティン・アビイ〔1852-1911年〕やピエール・ピュヴィス・ド・シャヴァンヌ〔1824-98年〕による壁画と、オーガスタス・セイント＝ガーダンス〔1848-1907年〕による彫刻で豊かに飾り立てられていた。建築家、画家、彫刻家のあいだのこのような協働作業は、アメリカの建築においては新しいこと

736 マッキム・ミード・アンド・ホワイト：ボストン公共図書館（1887-95年）

であった。しかし、その後は広く真似られ、とりわけ、ジョン・スミスマイヤー（1832-1908）とポール・ペルツ（1841-1918年）によって1873年に設計された、ワシントンの「国会図書館」が、そのもっとも顕著な例となっていた。とはいえ、これは、1886-97年まで、建てられることも、それゆえ装飾されることもなかった。

　ロードアイランド州議会議事堂(ステイト・キャピトル)（1891-1903年）は、マッキム・ミード・アンド・ホワイトが、秩序立てられ人道にかなった政府を象徴的に表現した記念建造物であった。レンとスフロに多くを負った1基のドームが冠せられ、ラトローブによって鼓舞された厳格な古典主義の内部で出来た、このジョージア王朝風の連邦主義者の記念物(スーヴニール)は、新しい州議会議事堂群に広範に真似された形式(パターン)を定めることになった。——すなわち、キャス・ギルバート（1858-1934年）による、ミネソタ州議会議事堂（1895-1905年）を皮切りに、ヴァージニア、フロリダ、アラバマ、サウス・デコタ、ペンシルヴェニア、アイダホ、そしてユタの各州の州議会議事堂が続いたのである。マッキム・ミード・アンド・ホワイトは、アカデミックな建物群の分野においても、同様の劇的な衝撃を与えた。彼らの手になるニューヨーク大学（1892-1903年）そしてコロンビア大学（1894-8年）は、それぞれの大学において、大きなドームが架かった図書館をひとつずつ中心に据えて拡大した、文化的環境をつくり上げた。こうした環境〔周囲の様相〕は、ジェファーソンによるヴァージニア大学の、そして万国博覧会(ワールズ・フェア)の「栄誉の中庭」の構成(レイアウト)を思い起こさせる。ニューヨーク大学での集中式の台皿状ドームが架かる図書館は、高い基壇の上に載った周りをめぐる列柱廊が環をなしている、急峻な斜面をなす敷地の上に建っている。この記憶に残るようなダイナミックな構成において、「名声の間」(ホール・オヴ・フェイム)として使われる広々とした列柱廊が、図書館の片側に建つ「言語の間」(ホール・オヴ・ランゲージ)へと通じており、さらには、

732

この反対側に建つはずだった、決して実施に移されることのなかった「哲学の間(ホール・オヴ・フィロソフィ)」へと通じることになっていた。

　ニューヨーク州ウェストポイントの合衆国陸士官学校(ミリタリー・アカデミー)において、ホワイトは、その協働精神が生みだしたかつての作品のなかでも、もっとも厳格な建物のひとつとして、カラム記念ホール（the Cullum Memorial Hall）を設計した。軍事力というものの、思わず釣り込まれるほどのこの表現はなるほど、最小限の窓割りしか行なわれておらず、また、1列をなして建つ、壁に埋め込まれているものの、荷重を担っているイオニア式の円柱群によってのみ、荘厳に飾られているのである。これと対照的に、ハーヴァード大学のより柔軟な雰囲気に合うよう、マッキムは、ハーヴァード・ユニオン〔ハーヴァード大学学生会館〕（1899-1901年）のために、赤煉瓦造りの連邦主義様式(フェデラリスト)〔古典的様式〕的なジョージ王朝期様式を選び採った。その一方、ニューヨークの5番街(フィフス・アヴェニュー)という都市を背景にして建つ、マッキムによる大学クラブ(ユニヴァーシティ)（1896-1900年）は、巨大なフィレンツェ風のパラッツォである。マッキム・ミード・アンド・ホワイトの人文主義的理想の数々と合致した、このクラブのもっとも重要な内部は、細長い、交差(グロイン)ヴォールト〔十字円天井〕の架かった図書館であり、これは華麗に飾り立てられているため、ヴァティカン宮殿から迷いでてしまったもののように感じられるのである。実際のところ、この図書館の装飾の扱い方は、ヴァティカン宮殿内のピントリッキオ〔1454-1513年〕の手になる「ボルジアの間（Borgia Apartments）」〔ボルジアは、ローマ教皇アレクサンデル6世（在位1492-1503）のこと〕を範にしており、H.〔ハリー・〕シドンズ・モウブレイ〔1858-1928年〕によってローマで描かれた、画布を貼った壁板(パネル)を組み入れていた。

　5番街(フィフス・アヴェニュー)ではまた、1903年のホワイトによる2つの建物があった。双方とも、現在では取り壊されて存在しないが、サリヴァン流のパラッツォ建築の、ゴーラム・カンパニー・ビルディングと、ティファニー・ビル〔1903-6年〕であった。後者では、アメリカでもっともよく知られた宝石商のきらめき(スパークル)を表現するため、ホワイトは、その範型として、ヴェネツィアのサンミケーリの手になるパラッツォ・グリマーニを採択したのである。同じ年、ニューヨーク市の、マディソン街(アヴェニュー)〔南北大通り〕のはずれにある36丁目(ストリート)に建つ、マッキムによる堂々とした壮麗なモーガン図書館が建てられたが、これは、新たなメディチ家風の銀行家兼収集家のJ.〔ジョン・〕ピアポント・モーガン〔1837-1913年〕のためのものであった。ローマのヴィラ・ジュ〔ー〕リアにあるアンマナーティの手になるニュンファエウムに鼓舞されたこの建物は、紀元前5世紀のアテネの建物群の場合と同様に、モルタルで接合することなく、見事に切り出された大理石で建設されていた。「アメリカ人民(ピープル)の教育と楽しみのために永久に利用しうる」ように意図された、この建物とその内容物は、新しい民主主義における貴族的な古典の学識を要約しているのである。

　ニューヨーク市の彼らの手になるペンシルヴェニア・ステーション（1902-11年）とともに、彼ら3人の事務所(ファーム)は、絶頂期の業績を成し遂げた。すなわち、古代世界の華麗さの数々を、新しい(モダーン)輸送手段と新しい(モダーン)建設技術がもたらす利便の良さに結びつけたのであった。かく

733

して、ここでは一般の待合室が、「カラカラ帝の浴場」の微温浴室(テピダリウム)に範を採り、しかもすべての部分をこれの20％増しの大きさでつくりだされたのであった。この駅舎(ステーション)は、ティヴォリ近くで切り出された、ローマのトラヴァーティンで覆われ、プラスターを塗ったヴォールト群が吊るされた鋼鉄製の枠組みを、隠していた。これと同等ほどにハッとさせるようなものが、〔待合室に〕隣接する中央ホールであった。これは、〔待合室とは〕対照的に全体が鋼鉄(スティール)とガラスからなるが、待合室と同様に、3基の高さのある交差(グロイン)ヴォールトで仕切られていた。広大な建物の全体をめぐっている動線通路(サーキュレイション・ルーツ)は、8エーカー〔1エーカーはおよそ4046.8m²〕近くの敷地を覆っており、見た目にもかなり印象深いやり方で処理されていた。もっとも、これらの通路は、よりコンパクトなニューヨーク市のグランド・セントラル・ステーション（1903-13年）よりもずっと多くの歩行空間を、内包していた。この駅舎は、〔チャールズ・A.〕リード〔1858-1911年〕と〔アレン・H.〕ステム〔1856-1931年〕〔の事務所(ファーム)〕、そして〔ホイットニー・〕ウォレン〔1864-1943年〕と〔チャールズ・〕ウェットモア〔1866-1941年〕〔の事務所(ファーム)〕によるもので、ペンシルヴェニア・ステーションと同様に、高貴なボザール流の中央ホール(コンコース)を誇っている。ペンシルヴェニア・ステーションは、おそらく、古典主義造形言語(ランゲージ)が世俗的な活動を気高いものとするために用いられた、工学技術と組織化の勝利として、比肩しうるものがこれまで決して登場してこなかった建築であるといえよう。〔しかしながら〕1963-5年におけるこの駅舎の恥ずべき取り壊しは、アメリカ建築の履歴(ライフ)における最下点を印づけてしまったのである。

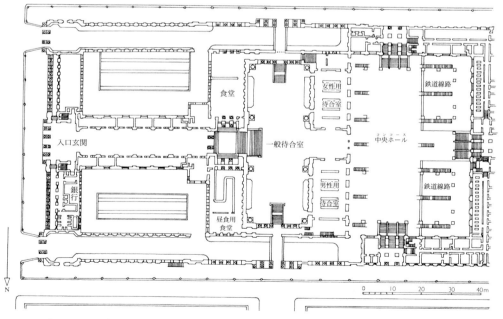

737 マッキム・ミード・アンド・ホワイト：ペンシルヴェニア・ステーションの平面図、ニューヨーク市（1902-11年）

第9章　19世紀

738　ペンシルヴェニア・ステーション列柱廊の外観、マッキム・ミード・アンド・ホワイトによる

739　マッキム・ミード・アンド・ホワイト：ペンシルヴェニア・ステーション構内の中央ホール(コンコース)

都市計画

18世紀の遺産

　17世紀および18世紀の都市計画は、19世紀の都市群に対して力強いイメージの数々を提供した。ナポレオンは、自分自身を、帝国のみならず都市の、ダイナミックな創造者と見なしていたが、自らの手になるパリの改造において、支配的な柱廊玄関(ポルティコ)群のある閉じた眺望(ヴィスタ)というバロック時代の因襲を利用した。ガブリエルの手になる、現在はコンコルド広場と呼ばれるルイ15世広場を横切る眺望(ヴィスタ)は、南側では、ブルボン宮殿に付け加えられた巨大な柱廊玄関(ポルティコ)によって、また北側では、ピエール・ヴィニョンによる1807年のマドレーヌの新しい教会堂の柱廊玄関(ポルティコ)によって限られていた。ヴィニョンのデザインはとりわけナポレオン個人の好みにより選ばれたものであった。

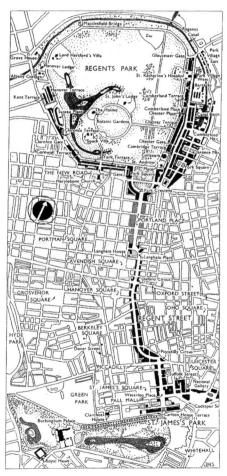

740　ロンドンの平面図（1812-33年）、ナッシュによる

　エディンバラの拡がり〔発展〕は、1768年のクレイグによるニュー・タウンの厳格な格子状の平面が、三日月形広場(クレセンツ)や連続住宅(テラサズ)をもって拡張されたとき、まさしく、バースによって、さらにはナッシュによるロンドンによって影響されたのであった。これらの住宅群の発展は、1822年頃から1830年頃にかけて、ジェームズ・ガレスピー・グレイアム（1776-1855年）によるデザインから配置(レイアウト)された、マリ伯の所有地で最高潮に達した。この見応えあるピクチャレスクな都市計画の範例において、ランドルフ三日月形広場(クレセント)〔街路・低層連続住宅〕は、楕円形のエインズリ広場(プレイス)へと繋がり、この広場を通り抜けると12角形をなすマリ広場(プレイス)へと通じていたのである。

　ドイツでは、公共建築群を市民の美徳の表現として強調する、啓蒙主義の理想の数々が、1800年頃から1826年までのフリードリヒ・ヴァインブレンナーによるカールスルーエの都市計画や、カール・フリードリヒ・シンケルとレオ・フォン・クレンツェにそれぞれよるところの、1816年から1840年代までの、ベルリンとミュンヒェンの都市計画において、実を結んだ。この王家を中心とした理想主義は、ドイツにおいては、フリードリヒ大王

第9章　19世紀

(1712-86年)にまで遡るが、美術館、学校、劇場、教会堂、そして宮殿を組み入れた、人間味溢れた都市の基本構造(ファブリック)を生みだした。ジョン・ナッシュによる、1812-33年の摂政時代(リージェンシー)のロンドンは、18世紀のピクチャレスク理論によって影響された、この伝統への、イングランドならではの(エッセンシャリー)貢献なのであった。

大陸においては、アテネとパリといった、互いに随分と離れた都市での広場の都市計画が、バロック的実践手法に則って継続していた。すなわち、レオ・フォン・クレンツェによる、一部のみが実施

741　ランドルフ・クレセント〔三日月形広場・連続住宅〕、エインズリ広場(プレイス)、そしてマリ広場(プレイス)、エディンバラ（1822年頃-30年）

に移された、アテネの新しい市街地用の1834年の放射状計画は、新しい王宮とは一直線上に並ばず、考古学的に価値のある一帯(ゾーン)については敷地を手つかずのままの状態にしてはいたが、明らかにヴェルサイユ〔の構成〕に依存したものであった。オスマン男爵による、1853年から70年までのパリに対する甚大なる寄与は、ナポレオンの〔エトワール〕凱旋門から放射状に延びている星形の並木大通り(エトワール・アヴニュー)といった特徴をもつものの、教皇庁のローマが確立した伝統群に対しては、その増大したスケールの大きさ以外には、都市計画上は、何ものも付け加えることがなかったといえよう。

典型的な工業都市群

ここに記述されてきた発展は、19世紀をとおしてずっと脅威に晒されてきたのである。すなわち、人口が巨大な拡がりを見せ、不良住宅地区という状況がしばしば拡まってゆく、無計画につくられた都市に、とりわけ人口が集中していったためにである。この甚だしい都市の成長は、同じく甚だしい規模で新しい問題の数々を提示してきた。その大半が手工芸(クラフト)を基盤とした、商業や管理、そして産業を相手にしていた既存の手はずでは、製造工業(インダストリアル・マニュファクチャリング)に次第に支配されてゆく世界に対処できなくなっていったのである。この、伝統的なヨーロッパ都市の生命と形態に対する脅威は、今日にまで続いているものであり、19世紀と20世紀の都市計画の歴史は、その大部分が、こうした脅威に対する反動の歴史なのである。

早くも1800年に、社会改革者たるロバート・オーエン（1771-1856〔1858〕年）は、自らの綿紡績工場(コットン・ミル)を中心として、学校、病院、市民文化会館(コミュニティ・センター)、協同組合の店舗、そして生活施設があるひとつの共同社会(コミュニティ)として、スコットランドのニュー・ラナークを創設した。これは、利益を優先させるためにではなく、労働者たちのための良き条件を供給するためにつくりだされた社会として、たいそう大きな関心を惹いた。その結果、1825年に、オーエンは、〔アメリ

737

742　オーエン:「協同組合集団村落」のためのデザイン（1800年以降）

743　ゴダン：ファミリステール、ギーズ、フランス（1859-70年）

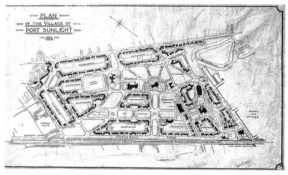

744　ポート・サンライトの平面図（1889年以降）

カの〕インディアナ州、ニュー・ハーモニーで1,200人の人々のために、第二の典型的な工業都市を提案することができたのである。これは、連続住宅群（テラスト・ハウザズ）に取り囲まれた大きな矩形の囲い地となるはずであった。〔もし実現していれば〕これらの住宅群は、周囲を取り巻く田園地帯や農地——これらのものはのちに、緑地帯（グリーンベルト）と呼ばれることになる——といった外の眺望を見晴らすことができたのであった。

これよりもずっと野心的な、ショーの理想都市用の計画案を1804年に練りだしたC. -N. ルドゥーは、広大な、計画的な工業都市を示唆した最初の建築家のひとりであった。とはいえ、ショーもまた、意義深いことに、田園都市であった。ルドゥーは、シャルル・フーリエ（1782-1827年）に影響を与えたが、フーリエは、哲学者兼社会批評家であったものの、建築家ではなかった。彼は、自らがファランステール（*phalanstère*）と呼んだ理想的共同社会を、1822年に提唱した人物であった。大規模な自立した組織である、この共同社会は、宮殿と病院とを混合したようなものに思える巨大な建物を必要とした社会共同体（ソシアル・コレクティヴ）であった。

これに鼓舞されて、J. -B.〔ジャン＝バティスト・〕ゴダン〔1817-88年〕は、1859-70年に、フランスのギーズ〔ピカルディ地方〕に、彼の鉄鋳造場を中心としたファミリステール（*familistère*）を建てた。自分たちの労働の成果を分かち合うような400世帯の家族のために企図されたこの施設は、ストーヴ製造工場として建てられ、それ自体、およそ1世紀のあいだ存続したのであった。工業共同社会の父親的温情主義的伝統が、ヨークシャーのシップリー近郊の、ソールテアなるイングランドの模範都市（モデル・タウン）において、ずっと完全な表現を見いだしたのであった。この都市（タウン）は、1854年から1872年まで、サー・タイタス・ソルト〔1803-76年〕によって発展したが、ソルトは、自らの製造工場を、ブラッドフォードから広々とした田園地方の新しい敷

地へ移転させることを決めた、ブラッドフォードの羊毛製造業者であった。建築家の〔ヘンリー・〕ロックウッド〔1811-78年〕とモーソン兄弟〔ウィリアム 1828-89年；リチャード 1834-1904年〕によって、碁盤目状平面で配置された、ソールテアは、ひとつの広大な新しい製造工場と、これに関連した労働者たち用の地所からなっており、彼らの良好な住居群は、工場関係の建築群とは離れて建てられていた。これに加うるに、ここには、学校がひとつ、会衆派とメソジスト派の教会堂がそれぞれひとつずつ、病院、洗濯場群、そして会館（インスティテュート）があったが、酒場や質屋店舗はなかった。道徳的、社会的に改善することを目的とするこの場所では、工業上の発展が、無計画に、成り行き任せになっていてはならず、きちんと計画されうるものであるということが示されたのである。そのうえに、このことが、フランスの理論家たちが想定していたような、既存の社会的、政治的、経済的構造を革命を起こしてひっくり返すことなく達成されうる、とされたのであった。

　会社町〔企業町〕は、ヨーロッパのほかのところでも採択された。ここでは、スラム街に労働者たちを住まわせないよう、また、もっと容易に彼らを管理しうるよう、アレフレート・クルップ〔1812-87年〕が、1873年に、ドイツのエッセン近郊のクローネンベルクを建設したのであった。これよりもっと野心的なものが、チェシャーのポート・サンライトの典型的な工業都市（タウン）であった。これは、初代リーヴァヒューム子爵、ウィリアム・リーヴァ（1851-1925年）によってつくられ、建築家のウィリアム〔1846-1910年〕およびシーガル〔1874-1929年〕の両オーエンとその他の人々によって、1889年から1922年にかけて建てられた。元々は、不整形な村落の計画案であったものが、軸線を強調するボザール的構成（レイアウト）が重なり、一方の端に建つリーヴァー石鹸工場が、他方の端に建つアート・ギャラリーと釣り合い、石鹸と芸術（アート）の双方が「あなた方に利益をもたらす（ドゥ・ユー・グッド）」ことを示唆しているのである。ポート・サンライトの社会改善という目的は、図書館、学校、社会センター、特定宗派のない教会堂、そして酒を出さない旅館（ホテル）といった、新たなテューダー朝の建物群（ハウザズ）からの供給によって、一層のこと強調されたのであった。

アメリカ合衆国

　1811年のマンハッタン用の新しい計画（プラン）は、ニューヨークの測量技師カシミア・ガールクによる1796年の計画（プラン）に密接に基づいていたが、19世紀のもっとも記憶に残る素晴らしいもののひとつであった。全長11マイル（18km）の、この〔マンハッタンの〕半島全体が、12本の〔南北〕主要幹線並木大通り（アヴェニュー）〔街を表わす〕とこれに〔直角に〕交差する150本のより狭い〔東西の〕通り（ストリーツ）〔丁目を表わす〕を組み入れた格子状平面で覆われたのである。小さな個々の区画（ロッツ）が、できる限り多くの住民に、河岸に接近することを可能にしたのであった。というのも、海運業は元々、都市環境の急所（ヴァイタル・パート）なのであるから。通りの数々は60年間も完成には到らなかった。そのうえ、ニューヨーク市にそのもっとも特徴的な形姿（フォーム）を与える摩天楼群（スカイスクレイパーズ）は、1890年になって漸く登場したのであった。実に、この都市のイメージにとって中心をなすものは、「セント

739

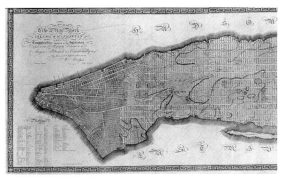

745　マンハッタンの平面図（1811年）、ガールクによる

746　セントラル・パークの透視法による眺望、ニューヨーク市（1858年）、オルムステッドおよびヴォークスによる

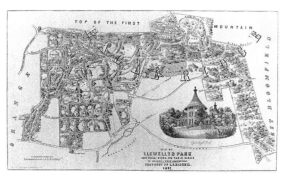

747　ルーエリン〔ルーエラン〕の平面図、ニュージャージー（1853-7年）、デイヴィスによる

ラル・パーク」であった。もっとも、これもまた、その利用法をめぐる政治的な闘争や論争によって遅延したのであった。

　みんなのための公園〔という発想〕は最初、クロード＝アンリ・ヴァトレ〔1718-86年〕やクリスティアン・ヒルシュフェルト〔1742-92年〕といったような、フランスとドイツの庭園理論家たちによって、18世紀の啓蒙主義において提示されたものであった。彼らは、以前には国王たちや君主〔諸侯〕たちにのみ許された禁猟地であった風景式庭園を、一般の人々にまで拡げ〔開放し〕ようとしたのである。これらの公園は、サー・ジョーゼフ・パクストンによる1843-7年のチェシャーのバーケンヘッド・パークの場合のように、人口が過剰になり、煙で汚染されたスラム街を埋め合わせるためのひとつのやり方として、19世紀の都市群に、すぐに好評を博して迎え入れられるようになった。ほかと較べてまったく壮麗な規模のものであった、セントラル・パークのための設計競技は、1858年に、双方ともにパクストンの作品を賞嘆していた、フレデリック・ロー・オルムステッド（1822-1903年）と、イングランド生まれの建築家兼景観建築家カルヴァート・ヴォークス（1824-95年）が勝ち取った。その840エーカー（350ヘクタール）の敷地の上に、セントラル・パークは、1863年から1880年頃までかけて設計されたが、人工の、丘陵群や湖や森林地をつくり、橋やトンネルや排水溝を用いて、商業用とレクリエーション用の乗物のための道路を、同時に、歩行者用と馬に乗る人々用の道路も、新たに別々に設けていたのであった。中心にある、広大な水をたたえた地帯は、この都市に水を供給する、「クロトン・アクアダクト〔導水渠〕」の貯水池

第9章　19世紀

であった。セントラル・パークは、その周りにそびえ建つ摩天楼群(スカイスクレイパーズ)とともに、マンハッタンのもっとも記憶に残る特徴を見せつけ続け(リメイン)てい(シン)る(ズ)。これに、アメリカの都市群にある多くの公園の最初のものであったが、そうした公園のなかの、サンフランシスコのゴールデン・ゲイト・パーク（1871-6年）は、ウィリアム・ハモンド・ホール（1846-1934年）によるもので、もっとも人気の高い公園のひとつである。

1853-7年に、アレクサンダー・ジャクソン・デイヴィス（1803-92年）は、ピクチャレスクな郊外として、ニュージャー

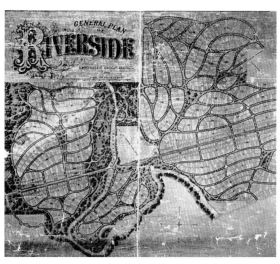

748　リヴァーサイドの全体平面図、シカゴ（1869年）、オルムステッドおよびヴォークスによる

ジー州ウエストオレンジの、ルーエリン・パークの先駆的な構成(レイアウト)を計画した。起伏のある、350エーカー（140ヘクタール）の敷地は、曲がりくねった道路によって繋がった大きな立地群に建つ、60戸の別荘からなる、居住用の共同社会となった。アメリカにとっては新しいものではあったが、このパークは、居住用の郊外と公けのオープン・スペースの組み合わせとして、〔イングランドの〕バーケンヘッド・パークによって予知されていたのであった。さらにそのあとの1868年に、シカゴから7マイル南西の、リヴァーサイドの郊外が、これを設計したオルムステッドとヴォークスの手によって続いた。シカゴそのものが1880年までに、終りがないように思われる格子状平面の上に、100万人の住民たちが住む都市へと成長していた。ここ〔シカゴ〕では、1880年代および1890年代に、最初の鋼鉄の枠組みによる摩天楼(スカイスクレイパー)が登場した。これらの摩天楼の進取の気性に富んだ高層建築(スカイスクレイパー・アグレッシヴ)という様相は、ニューヨークやそのほかのアメリカ大都市群の都市の性質(グレイン)を変貌させることになった現代性(モダニティ)を、まさしく、象徴するものなのであった。それにもかかわらず、こうした象徴は、19世紀アメリカの都市計画の核心にあって、一方にある、格子状の区割りと、他方にある、格子状平面に意図的に対抗するようつくりだされた、公園(パーク)ないしはピクチャレスクな郊外とのあいだの、二分法を強調してしまうことになったのである。実際のところ、オルムステッド自身は、公園(パーク)は、「人々をして、通常の都市生活(タウンライフ)の与害な影響の数々によりよく対抗させ、なおかつ彼らがこうした影響から失うものを取り戻させることを可能にする、ひとつの直接的な治療法」であると主張していたのであった。

町や都市(タウン)(シティ)での生活条件を改善させようとするさらなる動きは、早くも1850年代において、ニューイングランド〔アメリカ北東部〕でのさまざまな都市改善協会の創設を導いたのであった。これらの協会は結局のところ、1893年のシカゴでの、「万国コロンブス記念博覧会」や、

741

1903年の、チャールズ・マルフォード・ロビンソン（1869-1917年）による著作『モダーン・シヴィック・アート、あるいは美しくなった都市（Modern Civic Art, or the City Made Beautiful）』の刊行によって影響された、20世紀初頭のアメリカの各都市において、栄えていったのであった。

ヨーロッパにおける発展の数々

　19世紀のパリにおいて、われわれは、バロック的都市計画(プランニング)に鼓舞された遺産として、オスマンの業績(ワーク)を目の当たりにしてきた。そしてまた、ウィーンやローマのような都市でのオスマンの影響にも触れてきた。新しい考え方(シンキング)が、スペインにおいて、イルデフォンソ・セルダ（1815-76年）という、スペインはカタルーニャ地方出身の建築家兼工学技師によって登場したのである。セルダは、科学的諸原理について考えられたことを、都市的(アーバン)および田園的(ルーラル)双方の計画(プランニング)に対して適用しようと試みた最初の人物であった。その影響力の甚大であった著作、『都市計画に関する一般理論（Teoría general de la urbanización）』（1867年）において、彼は、「都市化（urbanization）」なる言葉を広く知らしめた。その一方、早くも1859年には、彼は2つの、対角線状に交差する並木大通り(アヴェニュー)がある格子状平面で、巨大に拡がってゆくバルセローナを計画した。人類平等主義的かつ功利主義的な、究極の碁盤目状平面であるこの計画は、このバルセローナという都市がもつ歴史に残る基本構造(ファブリック)を無視したものであった。この計画は、中心をなす緑の空間を配置しようとはしたものの、この空間はその後、〔建物で〕ふさがれてしまったのであった。

　セルダの発想(アイデアズ)の数々は、マドリッドやビルバオのようなほかのスペインの都市で真似られ、都市を田園風にし、田園地帯を都市化するといった「帯（線）状都市（linear city）」というかたちで、アルトゥーロ・ソリア・イ・マータ（1844-1920年）によって展開された。彼は、この考えを、1894年以降、マドリッドの「シウダッド・リネアル（Ciudad Lineal）」で実践へと移した。その一方、彼の手になる定期の刊行物『ラ・シウダッド・リネアル（La Ciudad Lineal）』（1897-1932年）――これは都市デザインを専門とした最初のものであった――が、フランク・ロイド・ライトに影響を与えた。

　ドイツでは、セルダの理論と並行した都市デザインの理論が、リヒャルト・バウマイスター（1833-97年）と、『都市住宅（Der Stadtbau）』（1890年）の著者であり、さらには、とりわけケルンとデュッセルドルフといった、多くのドイツの都市の発展に貢献したデザイナーの、ヨーゼフ・シュテューベン（1845-1936年）によって、促進された

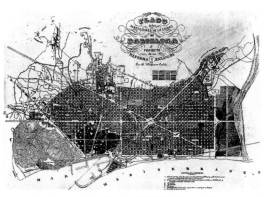

749　バルセローナのための計画案（1859年）、セルダによる

第9章　19世紀

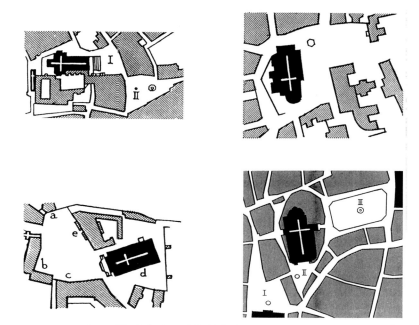

750　カミロ・ジッテ『都市計画――芸術的諸原理による』から引用した、都市広場に関する4つの平面群（グループ）

のであった。この都市計画の、仮定的な科学的基盤や幾何学的な均一性は、オーストリア＝ハンガリー〔二重帝国〕の建築家カミロ・ジッテ（1843-1903年）によって、その広く影響を与えた1889年の著作――これは『都市計画――芸術的諸原理による（*City Planning According to Artistic Principles*）』として翻訳出版され、しかも20世紀になってもしばしば再刊された――のなかで批判された。一連の、歴史に残る都市群（ヒストリック・タウンズ）についての〔手応えある〕有効な図式（ダイヤグラム）での説明のなかで、オープン・スペースと不整形性の役割を強調したジッテは、「都市景観（タウンスケイプ）」として知られるようになったものによって鼓舞された、より柔軟かつより適合しやすい形態の数々が、〔従来の〕格子状平面に取って代わることを推し進めたのであった。

第10章　アール・ヌーヴォー

　19世紀のヨーロッパをとおして、建築界に見られた、支配的な視覚的かつ知的な重大関心事の多くは、1900年あたりに、フランス、ベルギー、英国(ブリテン)、そしてアメリカ合衆国(ユー・エス・エー)における「アール・ヌーヴォー」として知られる、色彩豊かな建築造形言語(ランゲージ)というかたちで表現されたのであった。これは、ドイツ、オーストリア、そしてスカンディナヴィアでは「ユーゲント・シュティール（*Jugendstil*）」〔若々しい様式（青春様式）の意〕、また、イタリアでは「スティーレ・フロレアーレ（*Stile Floreale*）」〔「花模様の装飾様式」の意。あるいは、ロンドンのLiberty商会の名にちなんでStile Liberty（リバティ様式）とも呼ばれる〕と呼ばれた。アール・ヌーヴォーの建築家たちは、19世紀の主導的な野望のいくつかを実現させた。こうした野望のなかでも中心をなしたのが、様式上の袋小路(アンパッス)から脱けだすひとつの方途としての、新しい様式の探求であった。これは、われわれが、早くも1828年に、ドイツのヒュプシュの著作群において表現されるのを目の当たりにしてきた関心事にほかならない。アール・ヌーヴォー建築群の形態もまた、ロンドンの「クリスタル・パレス」やパリの「機械館(パレ・デ・マシーン)」の形姿(シェイプ)を助長した、鉄とガラスのような「新しい」素材の使用に対する19世紀の強調によって、しばしば影響されたのであった。ヴィオレ＝ル＝デュクによる構造上の正直さへの要求や、サリヴァンによる有機的デザインへの要求もまた、アール・ヌーヴォーの建築家たちによって表現されたのであった。これらの建築家たちは、このことに加えて、ラスキンやカイペルスのような人々が抱いていた、職人の熟練技能(クラフツマンシップ)の復活の必要性に対する信念を共有していたのである。

　おそらく、英国(ブリティッシュ)のアール・ヌーヴォーに対してではないにしろ、大陸のアール・ヌーヴォーに対して、もっとも重要な独自の影響を与えたのは、ヴィオレ＝ル＝デュクがその『〔建築〕講話（*Entretiens*〔*sur l'architecture*〕）』の第2巻（1872年）において要求したところの、より軽量構造物を成就するために鉄を組み入れた、「筋骨たくましい」建築の実現であろう。これは、ヴィオレが賞嘆した、とある新しい建物において予知されていた。すなわち、ジュール・ソルニエ（1828〔1817〕-1900〔1881〕年）によって、1871-2年に建てられた、パリ近郊のノワジエル＝シュール＝マルヌ地方の「ムニエ・チョコレート工場群」であった。これは、多色彩飾の煉瓦と瓦(タイル)で覆われた金属の枠組みからなっていたのである。この工場群よりも広範に鉄とガラスを用いたために、もっと重要な存在となったのが、影響力を発揮した、パリの2つの百貨店(デパートメント・ストア)であった。すなわち、L. -C.〔ルイ＝シャルル・〕ボワロー〔1837-1914年〕とエッフェルによる、「ボン・マルシェ」（1869-79年）と、ポール・セディーユ（1836-1900年）によ

745

る「オ・プランタン」（1881-3年）である。これらの百貨店の外壁は、非常に大きな窓が組み入れられているにもかかわらず、なおも石積みの建造物ではあったが、内部はというと、できるだけ売り場の邪魔にならないよう、その大半が細身の鉄の中方立て〔縦仕切り〕によって置き換えられた、様式化された仕切り間からなる、鉄骨構造となっていたのである。

ベルギーとフランス

アール・ヌーヴォーのデザイナーたち、そして彼らの庇護者たちを特徴づけている、新しいものに対する鋭敏な感覚は、ブリュッセル、バルセロナ、トリーノ、そしてミラノといった急速に変貌しつつあった雰囲気の都市群の一部をなしていた。これらの都市は実際、1880年代および1890年代に近代的な工業技術によって変貌したのであった。産業人や職業人のなかの新しい指導者たちには、新しさという衝撃をみなぎらせた様式の住宅や芸術作品を手に入れることで、自らのダイナミックな創造性や、旧態依然とした貴族政治からの分離を表現しようと試みた、美的感性の持ち主たちが数多く含まれていた。この新しい様式は、ブリュッセルのポール＝エミール・ジャンソン通りで、1892-3年のタッセル邸において登場した。これは、建築家のヴィクトール・オルタ（1861-1947年）によるものであった。この邸宅は、ブリュッセル大学で数学を教えていた〔エドモン・〕タッセル教授のために建てられた。彼はその職業上の繋がりから、これまたオルタの重要な庇護者となった工業化学者のソルヴェー家と懇意であった。1878年以降18ヶ月のあいだパリで学んだあと、オルタは、このパリという都市のもつ記念碑的で古典的な都会的雰囲気や、パリに建つボン・マルシェ百貨店のような、鉄とガラスの新しい建物群に深く印象づけられたのであった。オルタは、これらのパリがもつ伝統の数々のなかの最善のものを、ブリュッセルにもたらそうと心に決めた。タッセル邸の優しい曲線を描くファサードは、石とガラスと鉄の唯一無二なる並置であり、ここに見られる、盛り上がった幅広い中央の弓形の張り出し窓は、〔2階と3階にしかないが〕上層のものほど大きくなっており、細い鉄の中方立てによって分割

751　ヴァン・エートヴェルド邸、ブリュッセル（1895-8年）、オルタによる

第10章　アール・ヌーヴォー

され、一番上には、むきだしの鋳鉄製の梁が載っている。内部では、主要をなす応接部分が、流れるようなT字形の空間(ゾーン)となっている。すなわち、この居間の部分は、〔段差があるため〕食堂部分からの視線をさえぎることができ、この食堂は、庭園のなかへ突き出た張り出し窓(ベイ・ウィンドウ)〔出窓〕で限られている。興味が集中するのは、まさしく、一種独特の優美でなめらかな階段室(ステアケイス)である〔図769〕。水中植物にも似た、むきだしの鉄細工(アイアンワーク)による、この叙情的ともいえる構成は、大量の花のような装飾感覚(オーナメント)を組み入れており、この装飾感覚(オーナメント)は、あざやかな色彩で描かれた装飾物(デコレイション)となって周囲の壁面群に拡がっているのであった。

オルタの手になるもっとも野心的な階段室は、ブリュッセルのパーマーストーン並木大通り(アヴェニュー)に建つ、エドモン・ヴァン・エートヴェルド邸(ハウス)のそれである（1895-8年）。これは、もろい鉄の円柱群の環(サークル)で取り巻かれた、八角形の空間(オクタゴナル・スペイス)〔八角堂〕である。これらの円柱は、巻きひげのような形をして、天辺まで芽をだしているように見える。実際のところ、これらの形は階段室上方のガラスが嵌まったドームの一部を形成している彩色ガラスの図柄そのものなのである。この自然を模倣したような内部において電気燈が投げかけるガラスの影さえもが、花苧の形をしているのである。オルタの手になる、ブリュッセルでのもっとも見事な個人邸宅(ハウス)は、ソルヴェー家の構成員(メンバー)用として、ルイーズ並木大通り(アヴェニュー)に、1894-1900年に建てられた、ソルヴェー邸(オテル)である。石と鉄とガラスの曲面状のファサードの背後には、互いに流れ込んだかのような、ガラスの間仕切り——そのなかのいくつかは取りはずすことができる——で隔てられ

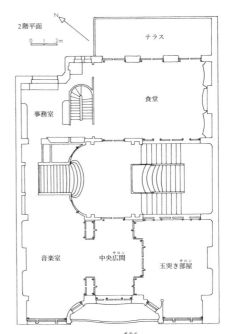

752　オルタ：ソルヴェー邸(オテル)の平面図、ブリュッセル（1894-1900年）

753　同入口正面

747

754 オルタ:「人民の家」の外観、ブリュッセル (1895-1900年;取り壊されて現存しない)

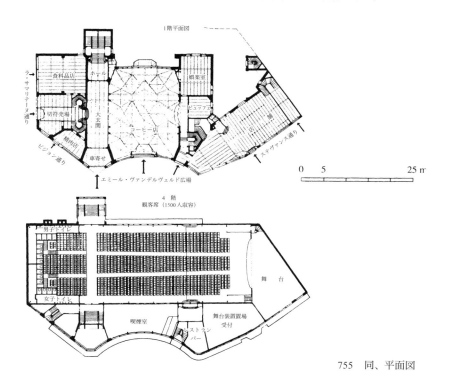

755 同、平面図

第10章　アール・ヌーヴォー

た、ひと続きをなす応接室がいくつも並んでいる。これらの儀式ばった空間は、パリの18世紀に見られた個人邸館(hôtel particulier)の場合と同様、堂々とした〔荘厳な〕平面の階段室から入ってゆくのである。ソルヴェー邸は、実際のところ、豪華絢爛な素材——縞瑪瑙、大理石、金箔を被せた金属、象眼細工の寄せ木の床、ブロケード〔朱子の地組織に多様な意匠(線模様)を浮き織りした紋織物〕——を組み入れた豪壮な邸宅であり、ここでは、曲線を描くドアの取っ手や蝶番から、照明器具類に到るまでのあらゆる細部が、見事に統制がとれた美的想像力の所産として存在しているのである。

　オルタの庇護者たち——資本家、工学技術者、そして事業家——は、進取の精神に富んだ政治的見解をもって事業に取り組むことができるほど十分に裕福であった。とりわけ、彼らは、1885年に創設された、ベルギー人の「労働者党(Workers' Party)」を支持し、この党の人々のためにオルタは、ブリュッセルに「人民の家(Maison du Peuple)」を設計した(1895-1900年；1964年に取り壊し)。この仕事は、オルタのソルヴェー邸の設計〔を含むソルヴェー家〕との繋がりをとおして得られた委託であった。この建物は、エミール・ヴァンデルヴェルドなる円形広場のなかの、奇妙なV字形をした敷地の平面に従って建てられた。その非常に大きな〔幅広い〕曲面を描いたファサード群は、煉瓦、石、金属、そしてガラスを、ほとんど意図的としか思われないようなぎこちなさ〔傍点は訳者による。原語はclumsiness〕で組み合わせたものであった。こうしたぎこちなさは、ヴィオレ゠ル゠デュクの、その著作『〔建築〕講話(Entretiens)』における、構造上の正直さの試みの数々を思い起こさせてくれる。〔オルタによるこの建物の〕傾斜した金属の支持物が添えられた、バルコニーの付いたオーディトリアムのデザインは、その対称性のゆえに、調和という点ではすぐれていたものの、その音響に関しては貧弱で、この建物の最上階に立つとほとんど何も聞き取れなかったのである。オルタの革新的な時期は短命であった。オルタはほどなくボザール流の古典主義へと回帰した。まさしく彼はパリや、ブリュッセルのアカデミーで、こうした古典主義を教え込まれてきたのであった。オルタは、こうした古典主義の方が、ソルヴェーやエートヴェルド、そしてタッセル家の人々が耽溺しそうになった、費用の嵩む幻想よりも、20世紀のさまざまな目的に適合させうるものであると感じたのであった。

　オルタはベルギーのアール・ヌーヴォーの、主導的な建築家であったけれども、オルタだけがそうだったわけではなかった。われわれは、ポール・アンカール(1850〔1859〕-1901年)に注目すべきである。ブリュッセルのドファクツ通りに建つ、1893年の彼の自邸は、アール・ヌーヴォー様式の建物であり、日本に鼓舞された木製のはざま飾り(トレーサリー)を派手に使った窓群に特徴があった。オランダでは、われわれは、オルタもしくはアンカールのダイナミックな曲線群が、直線に取って代わられているのを見いだす。それにもかかわらず、われわれはなおも、根本原理(ファンダメンタルズ)の数々に対するロマンティックな探索や、主導的なオランダの建築家、ヘンドリック・ペトルス・ベルラーヘ(1856-1934年)の作品における手工芸の強調に、アール・ヌーヴォーの理想の数々が現前しているのを感じることができるのである。

われわれは前の章で、ヴィオレ＝ル＝デュクの友人であり賞嘆者でもあった建築家のペトルス・カイペルスが、オランダ建築の再生を成し遂げるのにいかに役立った人物であったかを目の当たりにしてきた。カイペルスの追随者であったベルラーへは、1875-8年に、チューリヒ理工科学校で建築を学んだが、ここでは、1855-71年に教師を務めていたゼンパーの影響が、なおも根強く残っていた。社会改革に対する動きの数々や激しい宗教論争があった1880年代および1890年代の、オランダの知的環境(クライマット)に反応したベルラーへは、ゼンパーとヴィオレ＝ル＝デュクについての自らの研究に多くを負っていた、大きな力をもちつつも抑制の利いた新しい建築造形言語(ランゲージ)を発展させた。その要(かなめ)となった建物は、白色と黄色に施釉された煉瓦積みに取り巻かれたずんぐりとした原初的な階段室のある、アムステルダムの、「ダイヤモンド採掘労働者組合会館」(1898-1900年)と、1884-5年および1896年の初期のデザインが、より因襲的な歴史主義的な様相を呈していた、「アムステルダム〔株式〕取引所」(1898-1903年)であった。1897-8年に設計し直されたこの取引所は、ごつごつとした大半が無装飾の煉瓦造(ラフ)や、大胆な時計塔、そして方立てで仕切られた窓群のある大きな公共建築で、歴史主義的な復興主義の造形言語を抜けでて、新しい世紀へと向かうに相応しい、力強い、時代を超えた土着的なものへと向かう方途(ウェイ)を見いだしたかのように思われた。それゆえベルラーへはこう考えたのであった。すなわち、この取引所は、時代時代の様式群の使用が中産階級(ブルジョワ)の個人主義の表現として非難されるであろう社会主義の時代にとっても、適切な存在となるであろうと。要するに、金持ちたちは絵画を収集するかのようにさまざまな様式をとり集めるであろうが、しかし、平民の時代にあっては、平々凡々な様式こそが流布すべきである、と。ベルラーへの手になる取引所は、1920年代にまで広範に、大陸の建築に影響を及ぼすことになった。この建物の内部では、3つの取引用のホールが、ヴィオレ＝ル＝デュクの気に入ったであろうような煉瓦と鉄とガラスの合理主義的な建造方法のよき教訓(レッスン)であった。もっともその構成は、ヴィオレ＝ル＝デュクがなしえたと思われるもの以上に、調和がとれている。

フランスでは、支配的なアール・ヌーヴォーの建築家は、エクトール・ギマール(1867-1942年)であった。彼は、エコール・デザール・デコラティフ〔装飾美術学校〕で、次に1885年以降はエコール・デ・ボザールで、それぞれ修業を積んだ。1889年にエコール・デ・ボザールを、免状(ディプロマ)を手にすることなく去ったのは、建設会社で働くためであった。ギマールの手になる、パリのエコール・デュ・サクレ＝クール(1895年)は、ヴォードルメールや〔アナトール・〕ド・ボドー〔1834-1915年〕の作品に直接鼓舞されたものであるが、ギマールは、エコール・デ・ボザールで、彼らに教えられたのであった。この建物の上層階は、ヴィオレ＝ル＝デュクの『〔建築〕講話(Entretiens)』にあった図版から抽かれた鉄製のＶ字形支柱に支えられている。しかしながら、ギマールは、1895年のブリュッセル訪問の際に、オルタの作品を目の当たりにしたことに、深く影響され、そのため、「カステル・ベランジェ」(1894-9年)として知られた、パリのラ・フォンテーヌ通り(リュー)に建つ、豪奢なひと棟のアパートのための設計を早速、変更してしまったのであった。これは、鉄とガラス煉瓦〔ガラス・ブロック〕とファヤンス焼き

第10章　アール・ヌーヴォー

〔彩色を施した陶器〕からなる金属性のカゴとして設計された、ひと際目立った階段室ホールをもって登場したが、この階段室へは、錬鉄と銅で出来た、記憶に残るような入口門を通って入るのであった。そして、この入口門は、ゴシック、ロココ、そして日本的な効果の数々を何とかひとつにまとめた、陽気な雰囲気の構成を見せつけているのである。ファサードには、「手細工でつくり上げられた」材料群に対する、かなり熱の入った広告のように、多彩な煉瓦、荒石、石臼、砂岩、そして施釉された陶磁器タイルが含まれている。この土着的なロマン主義は、フランスでその頃の数年間非常に人気があり、「カステル・ベランジェ」のファサードは、1898年に、パリ市から賞を授かったのであった。この同じ年に、ギマールはこの建物の図版を65枚含んだアルバムを出版し、さらには、自らの仕事場を、ここに移動させたのであった。

1900年のパリ万国博覧会は、新しく完成した、パリの地下鉄「メトロポリタン」〔「大都会の市民」の意〕の駅への入口の建設と軌を一にした。ギマールは1898年の設計競技に登録することはなかったものの、パリの「都市審議会〔都市協議会〕」の議長を務めた、とある友人の後援をとおして、駅入口群の委託を

756　カステル・ベランジェの外観、パリ（1894-9年）、ギマールによる

757　ベルラーヘ：〔株式〕取引所、アムステルダム（1898-1903年）：外観細部

受けたのであった。ギマールの手になる、とんぼの翅のような保護用のガラスの天蓋と、触角のような緑色に塗られた茎状飾りとが付いた、奇妙な鉄の「メトロ」の駅群は、イナゴの大群のごとく、1900-13年に〔パリの〕都市に落ち着いた〔舞い降りた〕のであった。時が経つにつれてこれらの駅舎は、伝統的なパリの情景の本質的な部分のように思われていった。しかし、これらの駅舎はあくまでも、当時のボザール古典主義への意図的な侮辱として設計されたのであった。3つの基本をなすタイプを基にして、これらの駅舎は、金属とガラスの交換可能な組み立て方式から建設された。1907年に、ギマールは、バルコニーのための渦形装飾、ベルの押しボタン、そして通りの番号を含んだ、広範囲にわたる多様な機能のために、建築的細部用の鋳物のカタログを発行した。ギマールは実際のところ、「素材にうそ偽りなく」と

758 ギマール：メトロ〔地下鉄〕駅への入口、パリ（1900年頃）

いうアーツ・アンド・クラフツ運動の教義には関心を抱いてはいなかったし、また、彼の優美でなめらかなデザインの数々は、どのような素材を用いても実施に移されえたものであったように思われる。

　ギマールの手になる、短命に終わった、パリのサル・アンベール・ド・ロマン〔なるコンサート・ホール〕（1897-1901年；1907年取り壊し）は、いささかぎこちない石のファサードの背後に、8本の金属製の支柱をもった注目すべきコンサート・ホールが置かれていた。これらの支柱は、マホガニーで覆われており、黄色のガラスの丸天井(クーポラ)を支えるため、ジャングルの木々のごとく内側にかしいでいた。この奇妙な雰囲気の洞窟のような空間(ルーム)は、一部はゴシック的、一部はアール・ヌーヴォー的で、サン＝サーンス〔1835-1921年〕によって管理されたオルガンが備えられ、いわば「神聖なりし芸術の学校(スクール・オヴ・ディヴァイン・アート)」の中心をなすものとして設計されたのであった。これは、自らの教会の上司たちの許可なくこの学校を開いた、とあるドミニコ派の司祭(プリースト)の独自の考えであった。しかし、ほどなくしてこの司祭(プリースト)は、フランスから追いだされてしまったのである。もっと成功しているファサードがある建物は、ギマールの手になるメゾン・コワイヨー（1898-1900年）である。これは、とある陶磁器商人のために、リールに建てられた住宅兼店舗であった。緑色にエナメルの塗られた溶岩の塊りで正面を飾ったこのファサードは、心臓切開の外科手術の写真のごとき、きわめて衝撃的な効果を生みだそう

として、木材と陶磁器からなる曲面上の膜組織(メンブレイン)の背後にある、上層部分に引き込んでいるのである。アール・ヌーヴォーの建築家たちすべてのなかで、もっとも成功を収め、もっとも人気のあった人物のひとり、ギマールは、数多くのアパート棟や別荘住宅(ヴィッラ)を設計した。これらの建物が見せる曲線状の窓、フランボワヤン様式の持送り(ブラケット)、ふぞろいな荒石積み、そして張り出した軒庇によって、これらの建物はみな、あまりに単純に見えて却って真似できないものであったことを明らかにしている。

パリにおけるギマールの数多いライヴァルたちを挙げると、シャルル・プリュメ（1861-1928年）、ジュール・ラヴィロット（1864-1924年）、フランツ・ジュールダン（1847-1935年）、ジョルジュ・シェダンヌ（1861-1940年）、そしてグザヴィエ・シェルコプフ〔1869-1911年〕である。彼らが絶頂期のとき、彼らは、ギマールよりも洗練された様式で作品をつくった。すなわち、彼

759 メゾン・コワイヨーのファサード、リール（1898-1900年）、ギマールによる

らの力強い石造りのファサードに、有機的な細部を巧みに混ぜ合わせて、19世紀のパリの並木大通り(ブールヴァール)の敷地平面や通りの直線を華やかに飾り立てたのであった。その見事な例のひとつが、クールセル並木大通り(ブールヴァール)29番地に建つシェルコプフの手になるアパート棟(ブロック)〔パリ8区〕（1902年）である。ここには、管理人(コンシェルジュ)用の、独立して建つ円形状の小屋(ロッジ)があり、これを〔柔かく〕包み込むような形で半円状の通路が置かれ、この通路へと、〔インゲン豆(アリコ)のような形をした、幻想的な〕階段室が通じているのである。プリュメは、パリ第16区 (arrondissement)〔アロンディスマン〕の、多くの類似したアパート棟や個人邸館群 (hôtels particuliers) の建設を担った人物であった。その一方、ラヴィロットは、ラップ並木大通り(アヴニュー)29番地のアパート棟（1900-1年）や、ヴァグラム並木大通り(アヴニュー)34番地（1904年）のセラミック邸館(オテル)のために、彫刻された釉薬をかけた〔施釉した〕煉瓦を用いて、活気に溢れんばかりのより豊かな様式を採択した。ジュールダンの手になる、有名なサマリテーヌ百貨店(デパートメント・ストア)（1904-7年）は、その鉄製の枠組みによる内部をもち、明らかに、セデノーユの手になるプランタン百貨店(ストア)〔オ・プランタン〕（1882-3年）から派生したものである。

パリとは別の、フランスにおける主要なアール・ヌーヴォーの中心地と言えば、ナンシーであった。ここはまさしく、ひらひら舞うような、また流れるようになめらかな非対称形の様式たるロココの18世紀の故郷(ホーム)の地であり、アール・ヌーヴォーと相通じる部分が多くある

753

ことで、まさしく非の打ちどころのない都市であった。ナンシーは、ドイツ〔支配〕のロレーヌ地方の首都として、1871年のメスのドイツへの併合によって商業的に利権を得ており、相当な都市の拡がりを経験していたのであった。しかしながら、1894年から1914年までの、いわゆるナンシー派における主導的な人物たちは、建築家ではなく、エミール・ガレ（1846-1904年）やルイ・マジョレル（1859-1926年）のような、ガラス工芸家や家具工芸家であった。建築家としては、彼らほどには成功しなかったものの、エミール・アンドレ（1871-1933年）、ウジェーヌ・ヴァラン（1856-1922年）、そしてリュシアン・ヴァイセンブルガー（1860-1929年）が挙げられる。とりわけヴァイセンブルガーは、リオネ通り24番地（1903-4年）とクロード＝ル＝ロラン河岸60-62番地（1902年）の建物をつくった中心人物であった。

スコットランドおよびイングランド

イングランドでは、有意義なアール・ヌーヴォーの建築はほとんど見当たらない。とはいえ、アール・ヌーヴォーの装飾形態や主導的な考えの多くは、1880年代以降、イングランドのデザイナーや著述家たちによって、とりわけ書籍のデザインや織物の分野において、発

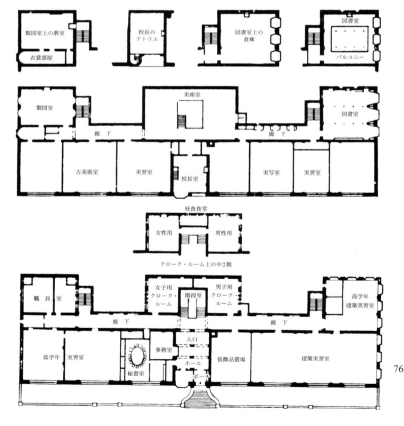

760　グラスゴー美術学校の平面図（1906-10年）、マッキントッシュによる

第10章　アール・ヌーヴォー

展してきたのであった。スコットランドでは、対照的に、建築家チャールズ・レニー・マッキントッシュ（1868-1928年）が、とりわけ内装のデザインと家具調度品において、国際的な評価を獲得していた。マッキントッシュの生まれた都市グラスゴーは、古典主義建築の華やかな伝統がある、富裕な工業中心地であり、この建築は、パリのエコール・デ・ボザールで修業を積んできたサー・ジョン・ジェームズ・バーネット〔1857-1938年〕によって導かれていた。また、これに劣らず興味深いスコットランドの新たな土着風の様式は、とりわけ建築家ジェームズ・マクラレン〔1843-90年〕と結びついていた。マッキントッシュは、古典主義の造形言語(ランゲージ)を拒絶したものの、スコットランドの城郭(カースル)や、男爵風(バロニカル)の〔スコットランドの地主館のような小塔のある〕伝統として知られた荘館様式に深く影響されていた。こうした伝統は、ピュージンやラスキンの著作群によって、さらには、著作『建築、神秘主義、そして神話（Architecture, Mysticism and Myth）』（1891年）における W. R.〔ウィリアム・リチャード・〕レサビイ〔本書664頁参照〕の、手工芸と象徴主義へのこだわりによるものであった。レサビイの友人ハーバート・マクネア〔1868-1955年〕および2人の妹と姉、フランシス・マクドナルド〔1873-1921年〕およびマーガレット・マクドナルド〔1864-1933年〕とともに〔758頁にも出てくる、いわゆる4人組（The Four）〕、マッキントッシュは、1893年以降に、アール・ヌーヴォー様式で、グラフィック・デザイン、ポスター、装飾用パネル、そして〔裏からたたいて浮き出し模様を打ちだした〕レプッセー金属細工をつくりだしていた。これは、ベルギーのヤン・トーロップ〔1858-1928年〕やノルウェーのエドヴァール・ムンク〔1863-1944年〕といった大陸の象徴主義芸術家や、イングランドのオーブリー・ビアズリー〔1872-98年〕とジェームズ・マクニール・ホイッスラー〔1834-1903年〕の作品と、大いに共通点をもったものであった。

1896年に、〔ジョン・〕ハニーマン〔1831-1914年〕・アンド・〔ジョン・〕ケッピー〔1862-1945年〕商会(ファーム)——ここで1889年以降マッキントッシュは助手を務めていた——が、マッキントッシュひとりの手でなされた注目に値すべきデザインをもって、新たな「グラスゴー美術学校(スクール・オヴ・アート)」の設計競技を勝ち

761　マッキントッシュ：図書室の内部、グラスゴー美術学校

755

762　マッキントッシュ：グラスゴー美術学校の西面すなわち図書室のファサード

第10章　アール・ヌーヴォー

取った。花崗岩からなる主要エントランスがある翼館(ウィング)は、1897-9年に建てられた。その巨大な北向きのアトリエ〔studio（ストゥーディオ）　図760の実習室（school）のこと〕の窓群は、妥協を許さない機能主義の有り方を示唆している。とはいえ、実際には、入口柱間(ベイ)の詩的な非対称性と彫刻的な陰影の深み(モデリング)によって、さらには、抽象的でありつつもなお植物のような頂部装飾群(フィニアル)へと急速に生長する、錬鉄製の持送りと欄干(レイリング)によって、この機能主義はその硬い単調さをほぐされている。入口柱間(ベイ)の造形的な特質は、ロンドンにある2つの非凡な建物に鼓舞されているように思われる。すなわち、ベイズウォーターのパレス・コート10番地および12番地の、マクラレンの手になる建物（1889-90年）と、1895年に設計され、その年の雑誌『ザ・ストゥーディオ〔アトリエ〕』に掲載され、1897-9年に施工された、チャールズ・ハリソン・タウンゼンド（1850-1928年）の手になる、ホワイトチャペル・アート・ギャラリーである。マッキントッシュの建物は、劇的な〔芝居がかった〕斜面をなす敷地の上に建っており、彼はこれを、何かスコットランドの中世の城郭(カースル)のようにそびえ建った短い東側の立面に活かしたのであった。これは、まばらに置かれた非対称の窓割りと、小さな規模でランダムに積まれた切石の使用によって、その効果が高められている。1906年に、学校当局は、図書室を含んだ西側の端部を建てることによって、この学校を迅速に完成させようとした。マッキントッシュはこのとき、1896年の自らのデザインを変更して、東端部よりもずっと様式化された抽象的な、そびえ建つような西端部を用意したのである。このひと目見たら忘れられなくなりそうな独創的なデザインは、1906-10年に実施に移され、図書室を採光する、3つの25フィート（7.5m）の高さがある、張り出した〔多角形の縦長の〕窓群(オーリエル・ウィンドウズ)が著しく目立っている(ドミネイト)。これらの窓の脇に付いている、石で出来た奇妙な半円筒形は、元々は、ここに人物像が彫られるはずであった。もっとも、結局は何も彫られなかった状態から言うと、これらの半円筒形は、〔この部分一帯の〕構成の一種独特な幾何学〔的雰囲気(マナード)〕を増すのに貢献している。図書室の内部は、ピュージンの理想の数々を想像力を縦横に駆使して実現した、木材構造による真実(リアリティーズ)の姿をいかんなく見せつけている。もっとも、日本の格子細工(ラティスワーク)の雰囲気が少し感じられはする。木材による天井は、木材の〔支〕柱群(コラムズ)によって支えられ、これら〔支〕柱から、水平方向の梁(ジョイスト)〔根太〕が、この部屋の周りをめぐるギャラリーを支えるために、縦横(ラン・バック)に走っている。まさしく、空間を自在に拡がって支持するという、この主題(テーマ)は、これらの梁〔根太〕(ジョイスト)の天辺(トップ)から建ち上がっている、機能のない〔飾りだけの〕面取りされた〔かどをそがれた〕、すなわちホタテガイ状の〔波形の縁取りの付いた〕手摺り子群(バラスター)によって、一層のこと強調されているのである。こうした空間的な複合性は、マッキントッシュがグラスゴーのキャサリン・クランストン嬢〔1849-1934年〕のために設計した、数多くの喫茶室(ティー・ルーム)のなかでも最高の出来の、「ウィロウ・ティー・ルームズ」（1903-4年）に繰り返されているのである。

　グラスゴーの以外では、マッキントッシュは、2つの住宅(ハウス)を建てた。すなわち、キルマッカムの「ウィンディヒル」（1899-1901年）、およびこれよりも野心的なヘリンズバラの「ヒル・ハウス」（1902-3年）である。これらの住宅は、単純化されたスコットランドの土着的な伝統

757

に則ってつくられた。つまり、風雨に耐え続けるように、伝統的な〔貝殻・小石の混ざった〕外壁プラスター塗り、すなわち荒塗りで覆われた砂岩の壁で出来ていたのである。これと対照的に、内部には、藤色と緑色の繊細なステンシル〔板金や紙や皮革などに切り抜いた刷込み型〕で刷り上げた模様のある、きわめて新鮮な雰囲気の、白くて明るい部屋の数々があり、これらの部屋には、白いエナメルが塗られた木工品や一風変わった細長い家具が備わっていた。これらの内部は、ドイツとオーストリアに大きな影響を与えたが、「ウィンディヒル」の方は、ダルムシュタットの雑誌『装飾芸術（Dekorative Kunst）』の、1902年3月号に図版入りで紹介され、また、「ヒル・ハウス」と「ウィロウ・ティー・ルームズ」は、『ドイツの芸術と装飾（Deutsche Kunst und Dekoration）』誌の1905年、3月および4月号に掲載された。とかくするうちに、マッキントッシュと彼の仲間たち、すなわち、いわゆる「4人組（The Four）」は、1901年のウィーンでの「ゼツェッション〔分離派〕展覧会」で、とある部屋を装飾し、家具を備えるために、招聘された。1901年にマッキントッシュは、ダルムシュタットの『内部装飾雑誌（Zeitschrift für Innendekoration）』によって開催された、「芸術愛好家のための家」の設計競技で2等賞を獲得した。マッキントッシュは、そのグラスゴーの住宅群に近しい、驚くべきデザインで応募したのだが、このデザインはまさしく、1等賞を授与された、イングランドの建築家ヒュー・マッケイ・ベイリー・スコット（1865-1945年）によるデザインよりも、ずっと独創的なものであった。

ドイツ、オーストリア、そしてイタリア

ベイリー・スコットは、C. F. A.〔チャールズ・フランシス・アネスリー・〕ヴォイジー（1857-1941年）のものと同様な大胆で広い軒のある新たな土着的住宅群を設計した、多産で影響力のある人物であった。しかし、フランク・ロイド・ライトの平面群によく似た、実験的で自由な〔間仕切りのない〕平面群を組み入れることをしばしば行なってもいた。ベイリー・スコットとヴォイジー双方の住宅群は、一部は、『ザ・ストゥーディオ』なる雑誌での掲載のおかげで、国際的に知られるようになった。海運力と工業力において、すでにイングランドの強敵ならんと決したドイツは、ショーやウェッブのようなイングランドの建築家や、彼らの数多い追随者たちが、住居建築の、うらやましい程に開放的な様式を発展させたことを、とりわけ意識していた。このことは、イングランドの建築や住宅建設における最新の展開を学ぶため、建築家のヘルマン・ムテジウス（1861-1927年）が、1896年から1903年まで、ロンドンのドイツ大使館と、奇妙に結び付いていたことに繋がっていた。結果としてムテジウスは、イングランドの建築についての本を何冊か出版したが、そのなかでもっとも重要なものは、3巻からなる研究書『イングランドの住宅（Das englische Haus）』（ベルリン、1904-5年）であった。

この書の出版以前にも、ベイリー・スコットとC. R.〔チャールズ・ロバート・〕アシュビー

〔1863-1942年〕が、1897年に、ヘッセン大公のエルンスト・ルートヴィヒ〔1868-1937年。ヘッセン大公としては1892-1918年在位〕によってダルムシュタットに招聘されていたが、これは、新たなバロック様式の大公の宮殿内に、新しい応接室〔客間〕と食堂を設計するためであった。もっと重要なことには、エルンスト・ルートヴィヒが、1899年に、ダルムシュタット近郊の丘陵、マチルダの丘に、芸術家村を創設し、この同じ年にこの村

763 エルンスト・ルートヴィヒ・ハオスの主要入口、ダルムシュタット芸術家村（1899-1901年）、オルブリッヒによる

に、ウィーンの建築家ヨーゼフ・マリア・オルブリッヒ〔オルプリヒ〕（1867-1908年）を招喚したのであった。リングシュトラーセの主要な建築家であった、カール・フォン・ハーゼナウアー〔1833-94年〕のウィーン美術アカデミーでの弟子であったオルブリッヒは、デザイナーとしても個人としても、楽天的で派手な性格の人物であった。マチルダの丘に彼は、1901年の芸術家村の展示会を収容するための、全住民が参加するアトリエの建物である、「エルンスト・ルートヴィヒ・ハオス〔ハウス〕」（1899-1901年）を建てた。「ドイツ芸術の一資料」なる題目のもとに催されたこの展示会は、自意識の強い改革の使命を担った芸術家たちの手で、20世紀初期において全ヨーロッパで開催された、多くの展示会の最初のものであった。「エルンスト・ルートヴィヒ・ハオス」は、象徴的装飾物で豊かに飾り立てられ、男性と女性の2つの巨大な像が両脇に立つ、ものものしいアーチ状の凹所を通って、中に入るが、これは、「工房の殿堂（Temple of Work）」としての建物の役割をまさしく表現しているのである。オルブリッヒは、遊び心に溢れたアール・ヌーヴォーの宝石である、1899年の自邸を含んだ、数多くの芸術家たちの住宅を、この村のなかに建てた。1907年に彼は、ここに、奇妙な〔見慣れない〕ホッホツァイツトゥールム（Hochzeitsturm）すなわち「結婚式の塔」を付け加えたが、この塔の頂点は、オルガンのパイプのような、5つの頭部の丸い突起物で飾られていた。これらの突起物は、北ドイツの中世後期における煉瓦造りの建物群が見せる段状の切妻壁を思い起こさせるが、この建物は疑いもなく、マッキントッシュの手になる「グラスゴー美術学校」での、同時代の西翼館を印づけているあの抽象的な性格に何がしか到達しているのである。

オルブリッヒは、この種の新奇さを、都市環境のなかのもっと世俗的な建物群に適用するつもりはなく、デュッセルドルフの機能主義的で新たなゴシック様式のティーツ・デパートメント・ストア（1906-9年）と、ギリシャ・ドリス式の列柱をもった、ケルンの、優雅で新古典主義風のヨーゼフ・ファインハルス〔1867-1947年〕の別荘住宅（1908-9年）を設計したのであった。オルブリッヒがダルムシュタットに招聘されたときに、もっともよく知られていた

759

764 ヴァーグナー：帝国兼王立郵便局・貯蓄銀行〔郵便貯金局〕、ウィーン（1904-6年および1910-2年）

765 ザンクト・レオポルド教会堂の主祭壇、シュタインホーフ精神病院内、ウィーン近郊（1905-7年）、ヴァーグナーによる

建物は、ウィーンのゼツェッションの建物（1897-8年）であった。これは、アカデミーの官製の趣味に抗っていた、建築家、彫刻家、そして画家の新しく創設された一団のための、展示会場兼クラブ・ハウス〔会館〕であった。立方体状の構成や彫り刻まれた花の装飾物のあるこの建物は、ハリソン・タウンゼンドの手になる「ホワイトチャペル・アート・ギャラリー」に〔その多くを〕負っているように思える。とはいえ、ここでは、金箔を被せられた錬鉄で出来た月桂樹の葉叢の、きわめて独創的でロマンティックな透かし細工が、その頂きに冠せられているのである（図773）。これは、芸術の殿堂としてのこの建物の役割を象徴しており、ここから、「ウェル・サクルム（Ver Sacrum）」（「聖なる春」）──ゼツェッションの機関誌の題目──〔と名付けられた刊行物〕が発行されたのであった。この建物へは、オーストリアの後期印象派〔正確には印象派以後〕の芸術家グスタフ・クリムト〔1862-1918年〕の手になる青銅の扉口群を通って中に入るのである。そして、この扉口の上を見ると、次のようなものものしい碑銘──「時代にはその時代の芸術を、芸術にはその芸術の自由を」〔図773にあるように、独原語は、Der・Zeit・ihre・Kvnst・/ Der Kvnst・ihre・Freiheit・である。ワトキンの英訳では、To the Age its Art; to Art its Freedom〕──が、目に入るのである。

オルプリッヒは、主導的なウィーンの建築家、オットー・ヴァーグナー（1841-1918年）の弟子であった。ヴァーグナー

は、1870年以降リングシュトラーセに、自由なルネサンス様式で大量に建物を建てた。しかしながら、1894年における、「ウィーン美術アカデミー」での教授の任命に際してヴァーグナーは、さまざまな歴史主義様式の放棄を大々的に宣言するという演説を述べる道を選び採ったのである。これは、ヴァーグナーがその著作『近代建築 (Moderne Architektur)』(1895年)において念入りにつくりだした、自らの立ち位置にほかならなかった。ヴァーグナーは、その信念の数々を、ウィーン都市高速鉄道〔環状線電車、市街鉄道〕のための、鉄とガラスで出来た地下鉄の駅舎群(1894-1901年)や、その抒情的なマヨリカハオス〔Majolikahaus〕において、実践に移したのであった。この後者の建物は、ファサードを活発に横切って流れる、色彩豊かな植物の形態で飾り立てられた陶磁器のタイルで表面仕上げされた1898年のアパート棟である（図774）。もっと誇張のないものが、ヴァーグナーの手になる巨大な、「帝国兼王立郵便局・貯蓄銀行（Imperial and Royal Post Office Savings Bank）」〔郵便貯金局〕であり、これは1903年の設計競技で勝ち取ったもので、1904-6年と1910-2年という、2つの時期に分けて、建てられた。その上層の4階分は、むきだしになったアルミニウムのボルトでファサードにしっかりと固定された、白大理石の飾り板で覆われている。入口正面は、彫刻家のオトマール・シムコヴィッツ〔1864-1947年〕の手になる2体の流行の衣裳を着た天使——これもまたアルミニウム製だが——がその頂上に載っている。この新鮮ではあるが〔装飾を避けた〕控え目なファサードは、急速な乗り物の動きにともなって、もはやリングシュトラーセの個々の特徴を強調し活かす造形的なファサード群が支配することがないという、近代都市に関するヴァーグナーの公刊された見解と、軌を一にしている。中央の銀行業務用ホールは、軽やかな、リヴェットで留められた鉄の枠組みに支えられた、ガラスの屋根と、ガラス・ブロック〔ガラス煉瓦〕の床面をともなっていて、常に変わらず、新しい材料群の論理的かつ調和のとれた利用の好例として、賞嘆され続けてきたのである。

　ウィーン近郊のシュタインホーフ精神病院の礼拝堂として使われる、ヴァーグナーの現代風のザンクト・レオポルド教会堂〔キルヒェ・アム・シュタインホーフ〕の設計において、ヴァーグナーはまさしく、自らの弟子オルブリッヒの手になるゼツェッション館のもっと幻想的な様式に立ち戻った。ヴァーグナーの手になるドームが架かった十字形の教会堂は、展示用の建物に見られるどこかしらお祭り風の雰囲気を醸しだしており、ドームの丸天井とリブ群と同様に、すべてが金箔を被せられた銅で出来た、シムコヴィッツの手になる〔4体の〕天使像やいくつもの花輪模様や彫像台群とリヒャルト・ルクシュ〔1872-1936年〕の手になる〔2体の〕聖人像群をもって、強調されている。郵便貯金局の場合と同様に、外観は、金属のリヴェットで固定された大理石で覆われることによって、軽快さを獲得している。ドームはもっぱら外観の効果を高めていて、内部については何ら役割を果たしてはいない。内部においては、色彩としては圧倒的に白が優勢ではあるものの、ルドルフ・イェットマール〔1869-1939年〕によるモザイクと、コロ・モーザー（1868-1918年）によるステンド・グラスで飾られているのである。明快かつ活気に満ちた職人技の及ぼす全体的な効果は、ヨーゼフ・ホフ

マン〔1870-1956年〕とコーロ・モーザーによって1903年に創設された手工芸アトリエである「ウィーン工房（Wiener Werkstätte）」のさまざまな理想を、完璧に表現しているのである。このコーロ・モーザーはまた、1897年の「ゼツェッション」の創設者でもあった。「ウィーン工房（ヴェルクシュテッテ）」の財政を握った理事兼銀行家は、ウィーンの実業家フリッツ・ヴェルンドルファー〔1868-1939年〕であったが、マッキントッシュは彼のために、1902年にウィーンにおいて、空想を刺激するようなアール・ヌーヴォーの音楽室をつくりだしていた。

　ハーゼナウアーによって、またヴァーグナーによって、ウィーンの美術アカデミーで修業を積んだヨーゼフ・ホフマンは、ラスキンの著作群やモリスのデザイン群や1888年にC. R. アシュビーによって創設された「手工芸同業組合（ハンディクラフト・ギルド）」において表現されたような、職人技（クラフツマンシップ）と結びついた建築のイングランド的な理想の数々を賞嘆するようになった。「ウィーン工房」創設の準備の際に、ホフマンは、1902年イングランドを訪れ、当地において、ヘルマン・ムテジウスと会合したのであった。ホフマンの傑作、ブリュッセルの「ストックレー邸（ハウス）」（1905-11年）は、20世紀の、もっとも洗練された豪奢な個人邸宅のひとつである。富裕な銀行家であり美術収集家の、アドルフ・ストックレー〔1871-1949年〕のために建てられたこの建物は、「芸術愛好家のための家」に1901年に催された設計競技でのマッキントッシュの応募案に明らかに鼓舞されている。しかし、そのきらめく壁面は、ヴァーグナーによって導入された、洗練されたさまざまな技術を真似ている。かくして、壁面群は、ノルウェー産の白い大理石で出来た薄い板（シーツ）で仕上げられており、また、壁面の縁（エッジ）は、金箔を被せた金属で装飾的に縁取りされて輪郭がくっきりと示されているために、この建物には、量塊と彫刻的な形態という、より伝統的な性格よりもむしろ、平坦かつ線条的な、現実性を取り去った性格が付与されているのである。奇妙な非対称形に置かれた塔の天辺には、よく知られてはいない〔古代エジプトの〕神官を表わした、4体のヘラクレス〔ヘーラクレース〕のような彫像が載り、さらには、オルブリッヒの手になるゼツェッション館のそれを小型にして真似た、金属製の花で飾られたドームが冠せられている。

　きらびやかな大理石、モザイク、縞瑪瑙（オニキス）、黄金、ガラス、チーク材、そして革で輝いている、ストックレー邸の内部は、古代や東洋、そして現代の、芸術作品の、ストックレーによる秘教的（エゾテリック）な収集品を、完全に引き立たせていた。内部にはまた、多くの輝かしい泊まりがけの一団（ハウス・パーティーズ）用の様式を凝らした背景が用意されていた。こうした一団には、ストラヴィンスキー〔1882-1971年〕とディアギレフ〔1872-1929年〕のようなロシア・バレエの卓越した人物や、コクトー〔1889-1963年〕、パデレフスキ〔1860-1941年〕、アナトール・フランス〔1844-1924年〕、そしてサシャ・ギトリ〔1885-1957年〕といった人物たちも含まれており、彼らの名は、1冊の銀色のカヴァーが架かった客用宿泊簿（ゲスト・ブック）に記録されたのであった。彼らは、グスタフ・クリムトの手になる、渦を巻く型にはめられた木の形の、ちらちら光るモザイク画の下で晩餐（ディナー）を取り、さらには2層からなる柱廊形式の大きなホール——これは、キラキラ輝く大理石という点で、グラスゴー美術学校での、マッキントッシュの手になるもっと素朴で

第10章　アール・ヌーヴォー

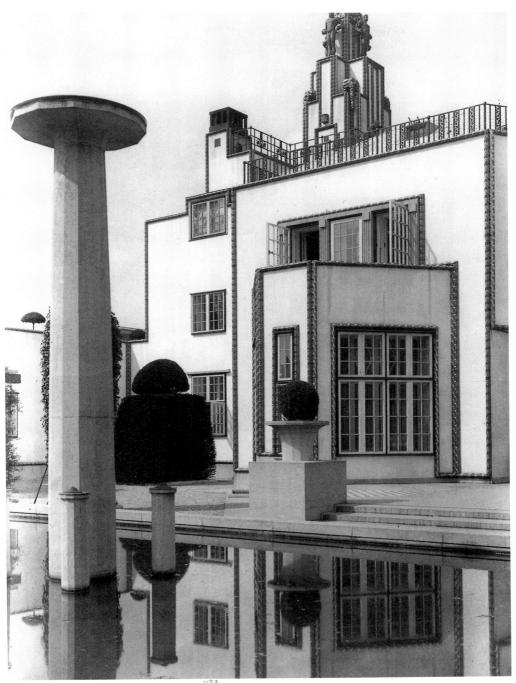

766　ホフマン：ストックレー邸(ハウス)の南面、ブリュッセル（1905-11年）、噴水とともに

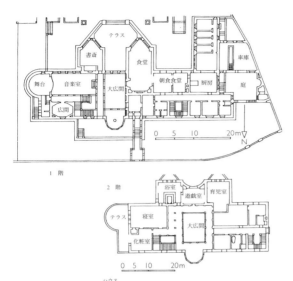

767　ストックレー邸(ハウス)の1階および2階の平面図（1905-11年）、ホフマンによる

768　ストックレー邸(ハウス)の食堂

飾らない図書室に比肩しうるものである――に座したことであろう。家具類、グラス、磁器(チャイナ)、そしてカトラリー〔食事用ナイフ・フォーク・スプーン類〕のすべてが、ホフマンによってデザインされ、「ウィーン工房」によって製作されたのであった。実際のところ、とある訪問者の観察するところによれば、「常に単一の色の花々が食卓の上に飾られ、ストックレー氏のネクタイは、彼の妻の衣裳と完璧な調和をなしていた」のであった。この邸宅(ハウス)は、それゆえ、現代的な動向の先駆をなすものというよりも、ジョリス=カルル・ユイスマンス〔1848-1907年〕の〔小説『さかしま』の主人公〕デゼサントや、オスカー・ワイルド〔1854-1900年〕の〔小説の主人公〕ドリアン・グレイといったような小説の英雄たちに典型的に示されたような、1880年代および1890年代の耽美主義運動〔「芸術のための芸術」を唱えた芸術至上主義運動〕の絶頂〔を表わすもの〕であったといえるのである。ホフマンは、空論家の近代主義者(モダニスト)ではなかったし、また、新しい技術的な発展にも興味を抱かなかった。ホフマンの、耽美主義運動に対する近しさは、彼がアール・ヌーヴォーと慣例的に結び付いた曲線群でよりもむしろ、直線的な様式で設計を行なったという事実によっても、減ぜられるようなものではなかった。自らの世代の多くの人々と同様に、ホフマンは、1905年頃以降は、より穏やかで、より古典主義的な造形言語(ランゲージ)に立ち返ったのである。そして、1938年の「第三帝国」へのオーストリアの併合後は、自ら勧んで、オーストリアの美術・手工芸を束ねる者として、ドイツ政府のために働いたのであった。

　ドイツは、建築におけるアール・ヌーヴォーよりも、織物(テキスタイル)、宝石類、そして家具におけるアール・ヌーヴォーの中心地として重要であった。スイス生まれの、ヘルマン・オプリスト（1863-1927年）は、1894年にミュンヒェンへ移ったが、当地で彼は、1897年の「ミュンヒェン手工芸連合工房（Munich Vereinigten Werkstätten für Kunst im Handwerk）」の創設に手を貸した。こ

第10章　アール・ヌーヴォー

769　タッセル邸の階段室(ハウス ステアケイス)、ブリュッセル（1892-3年）、オルタによる

770 エンデル：エルヴィラ写真館のファサード、ミュンヒェン（改築 1896-7年；取り壊〔破壊〕されて現存しない）

　の種の手工芸工房(ワークショップ)に鼓舞されて最終的に登場したのが、イングランドの芸術家兼社会改革者のウィリアム・モリス（1834-96年）が、1861年に創設した〔モリス〕商会(ファーム)であった。オプリストの手になる刺繡のデザインは、いわゆる「鞭紐(むちひも)(whiplash)」曲線をしばしば組み入れていたが、1896-7年にミュンヒェンで建てられた、今は取り壊されて〔第２次世界大戦で破壊されて〕存在しない、エルヴィラ写真館(ストゥーディオ)のファサードを改装した、アウグスト・エンデル（1871-1924年）に影響を与えた。エンデルはこの建物のファサードに、赤と青緑で彩られた巨大な海馬(シー・ホース)〔海神の車をひく馬頭魚尾の怪物〕に似た、プラスター仕上げの驚くほどに力強い半抽象的な浮き彫りを添えたのであった。この人をとらえて放さぬ意匠(デザイン)は、感情移入(エンパシー)の芸術的な意義に対する、エンデルの信念を表現したものであった。この感情移入とは、すなわち、個々の芸術作品において伝えられる〔示唆される〕生命(life)の特定の性質と、この作品を見る者とが同一化するということにほかならない。この信念は、エンデルがオプリストと共有したものであるが、テオドール・リップス（1851-1914年）の美学的な心理学における影響力ある教えの数々から、抽きだされた。リップスの許でエンデルは、1892年からミュンヒェンで、哲学と美学を学んでいたのであった。エンデルは1901年に、生まれ故郷のベルリン市へ戻ったが、その７年後に、『大都市の美しさ（*Die Schönheit der grossen Stadt*）』を出版した。

第10章　アール・ヌーヴォー

　アール・ヌーヴォーは1897年に、ドレスデン展覧会用に、アンリ・ヴァン・ド・ヴェルド〔ヘンリ・ヴァン・デ・ヴェルデ〕（1863-1957年）によって設計された部屋の公開をもって、ドレスデンに到来した。ヴァン・ド・ヴェルドは本質的に国際的な人物であったが、それはちょうど、18世紀のヨーロッパのさまざまな宮廷で活躍した、ロココのデザイナー、ペーター・アントン・フォン・フェアシャフェルト（1710-93年）のような存在であった。アントワープに生まれたヴァン・ド・ヴェルドは、当地で、またパリではカロリュス・デュラン〔1837-1917年〕の許で、画家としての修業を積んだが、パリで彼は、象徴主義者や後期印象派の一団に参加した。しかしながら、モリスとヴォイジーの影響を受けて、彼は、1893年以降、建築と装飾美術、とりわけ活版印刷と書物の装幀へと転じた。1895-6年に彼は、自分自身と自分の若い家族のために、ヴィッラ・ブローメンヴェルフ〔ブルーメンウェルフ〕を、ブリュッセル近郊のイクル（Uccle）に建てたが、これは、半分がイングランドのアーツ・アンド・クラフツ、半分がフランドル地方の土着といった体の立面からなる、粗っぽい六角形平面の建物であった。彼は、この別荘の、家具や調度品、カーペット、銀器、カトラリー、さらには自らの妻の衣服——蛇のモチーフで飾り立てられた、流れるような着物——を含め、ありとあらゆるものをデザインしたのであった。彼は、妻が用意した食べ物のいろどりの構成にまで口を出したのであった。この別荘には、かのトゥールーズ゠ロートレック〔1864-1901年〕や、ハンブルクの美術商のジークフリート〔本名はサミュエル〕・ビング〔1838-1905年〕が訪れ、その素晴らしさを賞嘆したのであった。ビングは1896年に、パリの自らの店舗である、「メゾン・ド・ラール・ヌーヴォー（Maison de l'Art Nouveau）」用に、内装を設計してもらおうと、ヴァン・ド・ヴェルドを招き入れた。まさしく、この店舗が、〔アール・ヌーヴォーという〕運動全体に、その〔店舗の〕名〔Art Nouveau〕を授けたのであった。1898年に、ヴァン・ド・ヴェルドは、ベルリンに移り、当地で、5件の物惜しみしない贅沢な内装を手がけたのであった。そのなかには、ハヴァナ・シガー・カンパニーの店舗（1899-1900年）と、1901年の皇帝付きの理容師、〔フランソワ・〕ハビイ〔1861-1938年〕のための店舗が含まれる。次に彼はヴァイマールへと移り、当地で1906年に、マッキントッシュの手になる「グラスゴー美術学校」を思い起こさせるような大きな窓割りのある、ザクセン大公国〔正確には、ザクセン゠ヴァイマール゠アイゼナハ大公国〕の「アーツ・アンド・クラフツ」学校〔ヴァイマール大公立工芸学校〕を設計した〔本書321頁を参照されたい〕。ヴァン・ド・ヴェルドはその2年後にこのヴァイマール〔工芸学〕校の校長となり、その精力の大半を、職能別組合と企業経営のあいだの、実り多い連繋関係を確立することに捧げたのである〔この学校の公式の開校は、1907年10月7日で、偶然にも下記の「ドイツ工作連盟」の設立総会の翌日のことであった〕。1914年の、「ドイツ工作連盟（Deutscher Werkbund）」——これは、ムテジウスのさまざまな理想と合致させることで、工業デザインの質を改善するために、1907年にミュンヒェンで創設されていたものである——の会合で、ヴァン・ド・ヴェルドとエンデルが、標準化を推し進めるというムテジウスの要求に反対して、デザインにおける個人主義をはっきりと標榜したのであった。

国際的な展覧会〔万国博覧会〕といった流行を意識した世界で、アール・ヌーヴォーが鬼火〔すべてをなめ尽くす火〕のように拡がっていった。実際のところ、ぞんざいに釘で叩きつけてつくったような、安価な木材で出来たマッキントッシュの手になる内装や家具のいくつかは、あたかもそれらがひとつの首都から別の首都への、輸送用の包装箱で送られるのに都合がよいようにデザインされたごとく、粗末な質で、実質が欠けた様相を呈しているのである。もっとも影響力のあった博覧会〔展覧会〕のひとつが、1902年にトリーノで開催された、「装飾美術万国博覧会（International Exhibition of Decorative Arts）」であった。ここでは、オルタとマッキントッシュによる内装が陳列された。この博覧会は、貧しい人々の生活を改善することが、楽観的に期待されたような、新しい工業技術の数々が

771　ダロンコ：装飾美術万国博覧会の中央円堂（ロトンド）、トリーノ（1902年）

772　パラッツォ・カスティッリオーニのファサード、ミラノ（1901-3年）、ソンマルーガによる

第10章　アール・ヌーヴォー

夢を振りまいていた。〔この博覧会の中心的な〕建築家は、ライモンド・ダロンコ（1857-1932年）であった。このときの彼は、コンスタンティノープルのオスマン帝国の統治者たちのもとで仕事をしており、トルコ風の土着的なものを復興させることに自分自身が取り込まれていたのであった。ダロンコの手になる、トリーノ博覧会での中央円堂——これを彼は、ハギア・ソフィアによって鼓舞されたものと主張した——は、流動的な溢れんばかりにほとばしりでるデザインであり、人物像の彫刻と象徴的な装飾物がこぼれんばかりに大量に見られるものであったが、疑いもなく、これはダルムシュタットにおけるオルブリッヒの作品に多くを負ったものであった。イタリアのアール・ヌーヴォーの建築群はほとんど、これほど極端なまでには、可塑性〔立体感〕を推し進めはしなかった。ダロンコ自身はこの可塑性を、ウーディネの自らの手になる市庁舎（1908-32年）のために、たっぷりと用いた。ここでダロンコは、歴史的な背景を考慮して、賢明にも、新たなルネサンス風の流儀を採択したのである。

773　ゼツェッション館、ウィーン（1897-8年）、オルブリッヒによる：金属の網目模様ドームがある入口の細部

774　マヨリカハオス、ウィーン、ヴァーグナーによる：大通り側ファサード（1898年）

第10章　アール・ヌーヴォー

　ジュゼッペ・ソンマルーガ（1867-1917年）は、オットー・ヴァーグナーに大きく影響されたが、その手になるミラノのパラッツォ・カスティッリオーニ（1901-3年）において見事に提示されたような記念碑的な様式をもって、作品をつくり上げた。とある成功した工学技師のために建てられた、この壮大な記念建造物は、オーストリアのバロックに鼓舞されているが、アール・ヌーヴォー的手法で扱われた重々しい彫刻的な装飾が表面にちりばめられている。アール・ヌーヴォーが、非常に影響力をもっていたことが証明されたのである。ソンマルーガの最後の大きな作品である、ヴァレーゼ〔ロンバルディア地方の都市〕近郊の、カンポ・デイ・フィオーリ〔「花の広場」の意〕にあるトレ・クローチェ邸館（1907-12年）は、非凡なV字形の平面をなしており、突出部が深く、アーチが架かった、ピラネージ風の張り出し玄関が際立っている。

スペイン

　スペインのアール・ヌーヴォーは、カタルーニャ地方において1880年代に起こった文化的かつ政治的な復興に、容易に抜けだしえないほど激しく巻き込まれていた。この地方は、もう4世紀以上も前に、カスティリャ人たち〔カスティリャはスペイン中部から北部にかけての地方で、スペインの中心地〕に対し自らの独立を明け渡してしまっていたのである。復活のための、またカタルーニャの〔カスティリャからの〕分離主義のための、この多くの切子面〔相〕がある動きは、バルセローナを中心に展開され、「再生」として知られていた。この動きには、カタルーニャ語の復興や、地元の歴史と土着の美術と手工芸の研究が含まれていた。このような動きがどのような種類の建築を促進させることになるかを予知しようと試みる前に、まず、カタルーニャ地方の民族主義者たちが、きわめて雑多であることを記憶しておくべきである。すなわち、彼らには、カトリック教徒もいれば、マルクス主義者もおり、さらには政治上の右派と左派の双方もいたのである。ほかの国々と同様に、ラスキンとヴィオレ゠ル゠デュクの著作群が、新しい建築の創造に対する力強い刺激として作用していた。たとえば、われわれは、スペインの主導的なアール・ヌーヴォーの建築家であった、アントニ・ガウディ・イ・コルネット（1852-1926年）が、学生のときに、ヴィオレ゠ル゠デュクの『〔建築〕講話（*Entretiens*）』の第2巻に注を付けており、さらにはラスキンを翻訳で読んでいたということを知っている。

　アントニ・ガウディは、ゴシック復興主義者として始まったが、その溢れんばかりの豊かさが特徴的な、バルセローナの、ドン〔スペイン語の敬称〕・マヌエル・ビセンス〔1895年歿〕のためのカサ・ビセンス（1883-5年）という、一部は新たなゴシック様式、一部は新たなムーア様式といった別荘においては、その柵群と門群に、初期のアール・ヌーヴォーの趣きが見て取れるのである。ガウディの手になる、バルセローナのグエル〔グエイ〕邸（1885-9年）は、織物界の実力者ドン・エウゼビオ・グエル〔エウゼビ・グエイ　1846-1918年〕のための邸宅で

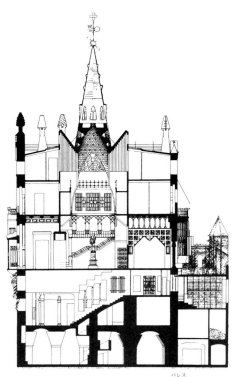

775　ガウディ：グエル〔グエイ〕邸の断面図、バルセローナ（1885-9年）

あるが、ここへは、華麗なアール・ヌーヴォーの金属細工格子群がある、一対をなす放射線状のアーチが架かった門扉(ゲイトウェイ)を通って入るのである。ガウディの父親は銅細工師であり、自らの息子に、金属細工の技術の修業をさせたのであった。尖頭アーチあるいは半円形アーチと対置される、この放射線状アーチの使用はまた、ガウディに特有のやり方となるのであった。ガウディは、こうしたアーチ群を、それらのもつ新奇な輪郭(プロフィール)のためだけでなく、静的な特質のゆえに選んだのであった。グエル(パラウ)邸の屋根の景色は、色の付いたガラスや瓦(タイル)やモザイクで表面仕上げされた、煙突頭部に付けた通風管や通風管(ヴェンティレイターズ)で抽象的な彫刻的構成を形づくっており、これもまた、ガウディがしばしばあとで用いることになったものの先例をつくった。内部に見られる、空間的な多様性と複合性は、そのピクチャレスクな効果から、サー・ジョン・ソーンの美術館に匹敵しうるものであるが、中央のドームが架かったホールにおいて絶頂に達している。このホールは、建物の天辺(トップ)にまで達しており(ライズィズ)、六角形の瓦(タイル)が並んで張られ、星々のような数多い小さな開口部(アーパーチャー)で強調された1基の丸天井(クーポラ)によって、採光されている。この内部が見せつけている魔術的な効果は、ちょっとしたアルハンブラ宮殿の雰囲気以上のものを醸しだすことで、グァリーニのようなバロックの建築家たちのつくり上げたものをいくつも思い起こさせてくれる。

　バルセローナのはずれに、ガウディは、1900-14年に、私有地(エステイト)たるグエル公園を設置した。これは、イングランドの田園郊外都市を思い起こさせるようにつくられていた。住宅群(ハウザズ)は決して建てられず、現在残存しているのは、いくらか風変わりな18世紀の景観を主とした公園内に建つ庭園建築を真似た、洞窟(グロット)や玄関廊(ポーチコ・ウィアド)の気味悪い集合体である。ここの主要な建物は、ギリシャ風の劇場なのだが、これは、波打つような〔曲線を描く〕エンタブレチャーが上に載った、傾いたギリシャのドリス式の円柱群からなっている。このエンタブレチャーは、型に入れてつくられた陶磁器で飾り立てられており、屋上テラスを限るベンチとしても機能しているのである。円柱群は、排水のために、中が空洞になっており、ガラス・モザイクと施釉された瓦(タイル)の断片群が表面に張られた、平坦(フラット)なヴォールト群を支えている。明るい色彩を塗られた陶磁器の瓦(タイル)群の使用は、イベリア半島の長年にわたる伝統であり、当地では元々これは、アラブ人たちによって導入されたものであった。

第10章　アール・ヌーヴォー

776　ガウディ：カサ・ビセンスの外観、バルセローナ（1883-5年）

777 サグラダ・ファミリア大聖堂、バルセローナ、ガウディによる：「キリスト生誕」の袖廊の細部（1903-30年）

第10章　アール・ヌーヴォー

778　チャンディガールの州議事堂、インド（1951-65年）、ル・コルビュジエによる

779　ガウディ：グエル邸のドームの架かった中央広間、バルセローナ（1885-9年）

780　ガウディによるカサ・バトリョの外観、バルセローナ（1904-6年）

　バルセローナの市内で、ガウディは〔己れの〕信念を精一杯に奏功させた、曲面状のファサード群と、流れるような有機的な平面計画とを見せつける、2つのアパート用住宅設計の任にあたった。これらのアパートは、完全に曲線を描く壁面からなる内部を誇っており、現実に何人もの買い手を見つけることのできるものであったこと、そのことこそが、バルセローナの富裕な中産階級の一部に、新しいカタルーニャ建築に対する驚くべき信頼感を抱かせたことの証なのである。さて、これら2つのアパートメント・ハウスのうちのひとつが、既存の建物を改装した、カサ・バトリョ（1904-6年）である。そのファサードは、色彩的には弱い青色が全体を統べた、でこぼこの陶磁器の、虹色に輝く断片群が張られており、天辺には、猫背の〔中央が盛り上がった〕屋根が載っている。菱形の瓦と、棟飾りの付いた輪郭をもったこの屋根は、竜に似ている。この奇怪な相貌は、おそらく、カタルーニャ民族主義の神話の重要な部分をなす、〔カタルーニャの守護聖人〕サン・ジョルディ〔聖ゲオルギオス〕と〔彼に退治された〕竜の伝説をほのめかしたものであろう。屋根の天辺の片方には、十字架

776

第10章　アール・ヌーヴォー

781　ガウディ：グエル公園内のギリシャ劇場、バルセローナ（1900-14年）

と、「聖家族」の黄金の頭文字とが頂きに付けられた小塔が建っている。このアパートメント・ハウスの「ピアーノ・ノービレ（piano nobile）」〔主要階。ここでは2階部分〕は、彫刻されたクモの巣状のもので枠づけされているが、これはまさしく、コンクリートで出来た〔このクモの巣状の、カーテンウォールのような枠組みは、実際は、バルセローナ市南西のモンジュイックの丘から採られた砂岩で出来ている〕、骨の数々によく似ている〔それゆえ「カサ・バトリョ」は、「骨の家」と呼ばれる〕。

　ガウディは、これよりずっと大きく、まとまりのあるカサ・ミラ（1906-10年）において、より自由に設計を進めた。ガウディは、カサ・バトリョが建つのと同じ通り、すなわち当世風の〔おしゃれな〕グラシア大通り〔広い並木道〕に、この建物を、〔図782にあるように〕2つのほぼ円形〔といってもひとつはかなり楕円形に近いが〕の中庭を囲むようにして建て

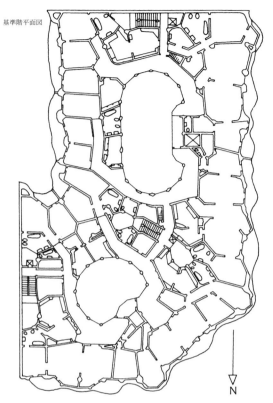

782　ガウディ：カサ・ミラの平面図、バルセローナ（1906-10年）

たのであった。ここでは、波打つようにうねる建物の全体が、融解した溶岩、ないしは風や雨の衝撃によって浸食されて出来た岩のかたちのように見える。実際のところ、これは「ラ・ペドレラ（La Pedrera）」（石切り場）として一般に広く知られており、その崖のような特徴は、「モンセラート（Montserrat）」（のこぎりの歯状のギザギザの崖）をほのめかしていると言えよう。「モンセラート」とは、「モンセラートの聖母マリア」の、参詣者の多い〔ベネディクト派の〕修道院がある、カタルーニャ地方の山脈〔バルセローナの北西の山〕のことである。カサ・ミラの石造りのファサードは、ねじれた錬鉄〔鍛鉄〕のバルコニー群で活気を添えられている。これは、絶えずゆれている海草〔海藻〕のキラキラ輝くふさの数々に似せてつくられたものであり、おそらくは、ほかのどれと較べてみても、もっとも生きいきとしたといえるような、アール・ヌーヴォーの金属細工であろう。〔カサ・ミラの〕幻想的なスカイライン〔空を背景とした輪郭〕は、ガウディが、カサ・ビセンスにおいて始めていたところの主題の数々を発展させている。

　バルセローナにおける、ガウディのもっとも知られた作品、「聖家族贖罪教会堂」（サグラダ・ファミリア）は、複雑な建設の経緯を辿っている。若い頃はだて男であったガウディは、

第10章　アール・ヌーヴォー

783　カサ・ミラの大通り側のファサード群、バルセローナ

のちの人生では、非常に敬虔なカトリック教徒になった。そして、「サグラダ・ファミリア」は、ガウディの宗教的信仰の、そして故郷カタルーニャの精神的な若返りへの自らの確信の、さらには建築における象徴主義と詩と神秘に対する自らの愛の、唯一無二なる個人の記録なのである。ガウディは、ゲーテとラスキンを読むことによって、自然の形態群を正確に再現しようという願望が、自らのなかで助長されていったのであった。ガウディは、自分の周りに、自然や動物の、形態や骨組み、そして生きた人々を撮った写真を置いたが、なおもそのうえ、彼の力強い想像力は、彼が、奇怪で、時々悪夢のごとき性格をもった、装飾上の図案群（スキームズ）を考案させるように促したのであった。「サグラダ・ファミリア」は、1882年に、フランセスク・デ・パウラ・デル・ビリャール・イ・カルモナ〔1860-1927年〕による、因襲的な十字形のゴシック教会堂としてのデザイン群から着工された。ガウディは、この翌年に、ビリャールの跡を継ぎ、1887年までに、大半がビリャールのデザインのままで地下祭室（クリュプタ）を完成させた。1891-3年にガウディは、ビリャールのものよりももっと自由なゴシック様式で、後陣（シュヴェ）〔内陣の奥廊〕の外壁を建てた。しかし、大きな変化は、1893-1903年に建てられ、「キリスト生誕（Nativity）」に奉げられた、東側（聖餐式は南側〔の後陣〕で行なわれる）袖廊正面用のガウディ

779

のデザイン（図777）とともにやって来た。1903-30年に、「キリスト生誕」の袖廊〔東側〕は、鍾乳石に似せた切妻壁を伴い、塔群〔タワー〕、および——色彩の施されたでこぼこのタイル張りからなる〔頭足類の〕触腕〔テンタクル〕のような頂華〔ブローチ〕〔切妻・尖頭の頂部装飾〕群が載った——驚くほど高い、透かし細工の円錐形尖頂群〔スパイア〕が付加されて、完成に到った。「〔キリストの〕受難〔パッション〕」に捧げられた、これと釣り合いをとる西側の袖廊は、1917年のガウディによるデザインに従って、1954年以降建てられた。工事はなおも身廊部分がゆっくりと続けられているが、これは、構造的に、教会堂全体のもっとも独創的な部分であり、1898年と、1926年の、この教会堂の外での路面電車の交通事故によるその死とのあいだに、ガウディによって作成された実験的な図面〔デザインズ〕群を基にして行なわれている。ガウディは、支柱群〔ピア〕を木の幹のように扱い、これらを内側に傾けて、何らかの小道具すなわちフライイング・バットレス——ガウディはこれらを「松葉杖〔クラッチャズ〕」として退けた——に頼ることなく、ヴォールトの推力〔スラスト〕〔横圧力〕を打ち消そうとした。

　ガウディは、彼の同時代人たちを引き離したけれども、彼自身は、世紀の変わり目のカタルーニャにおける建築の革新者として孤立していたわけではなかった。われわれは、彼の生涯の友人で協力者であった、フランセスク・ベレンゲル・イ・メストレス（1866-1914年）と、わけても、ルーイース・ドメネク・イ・モンタネール（1850-1923年）のことを思い起こすべきである。後者は、1892年、分離主義者の政治的運動「ウニオ・カタラーナ」〔カタルーニャ地方の統一（カタルーニャ同盟）〕の初代議長〔プレジデント〕に就いたのであった。ドメネクの傑作は、規模〔スケール〕において壮大かつ細部において異国風であるが、バルセローナのサン・パウ病院（1902-10年）と、カタルーニャ音楽堂（1905-8年）である。前者は、イングランドの田園都市のような、広大な配置〔レイアウト〕を示している。

　アール・ヌーヴォーの建築は、本質的にヨーロッパ的現象であった。しかし、われわれのこの建築の記述において、われわれはついでながら、アメリカにおけるサリヴァンとフランク・ロイド・ライト双方の作品に言及した。内部装飾とガラス製品の分野において、アメリカが才気縦横なるデザイナー、ルイス・コンフォート・ティファニー（1848-1933年）を誇りうると言い添えることもまた、価値あることである。われわれが前章で注目した、サリヴァンの手になる表面装飾は、明らかに、アール・ヌーヴォーに類似していた。その一方、ライトの建物群もまた、ヨーロッパにおける同時代の作品から独立したかたちで比較対照しうる資質を、構成していたのであった。遂に、われわれの注意を、ライトの個々の業績に向けるべきときがやって来たのである。

第11章　20世紀

1939年までのアメリカ合衆国

　アメリカが、世界における主要な政治上の、また工業上の強国として、大ブリテン〔イギリス〕に追い付き追い越したのは、まさしく、20世紀においてであった。しかしながら、この時代をとおして、アメリカの建築家は、ただひとりフランク・ロイド・ライトがいたのみであった。ライトは、万人共通の同意によって、第一級の序列に置かれる人物である。この他のすべての点では、第2次世界大戦までの歴史物語（ストーリー）は、その大半がヨーロッパの影響のそれである。まず第一には、パリのエコール・デ・ボザールの影響であり、ここでかなり多くのアメリカの建築家たちが修業を積んだ。そして第二には、シンドラー、ノイトラ、グロピウス、そしてミース・ファン・デル・ローエのような、オーストリアやドイツから移住（エミグレ）してきた建築家たちの影響である。事実、あらゆるモダニティ〔近代主義〕のイメージのなかでもっとも影響力があったもののひとつは、そのそびえ建つゴシック的詩情を備えたウルワース・ビルディングのような摩天楼において、ニューヨークで早くも1913年につくりだされていたのであった。しかしながら、1920年代には、とりわけグロピウスやル・コルビュジエといった、ヨーロッパの建築家たちは、この〔詩情ある摩天楼という〕構想〔展望〕（ヴィジョン）を、アメリカとヨーロッパ双方の都市群に対して不幸な影響を及ぼしたところの、ひと揃いの厳然たる高層建築用の範型（モデル）に取り替えてしまったのであった。

フランク・ロイド・ライト

　1893年のシカゴ万国博覧会は、ボザール流の古典主義を、アメリカ建築における主流として強化したのであった。この伝統は、1940年代まで残存した。もっとも、どの古典主義の建築家も、マッキム・ミード・アンド・ホワイトほどは、一貫した才気縦横さを示すことはなかった。彼らの最良の作品は、1910年までになされていたのである。ホラス・トラムバウアー、ポール・フィリップ・クレ、そしてジョン・ラッセル・ポウプのような建築家たちが、古典主義様式で記念碑的な公共建築群を生みだし、クラム、グッドヒュー、そしてロジャーズが、ゴシック様式で教会堂群や大学群を建てていたかたわらで、住居用（ドメスティック）の建築は、フランク・ロイド・ライト（1867-1959年）によって、新たな情況の、たとえ風変わりであるにしても高質な洗練さを増していったのである。近代アメリカのもっとも個性的な建築家であり、

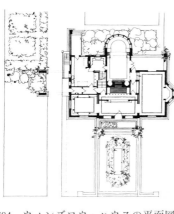

784　ウィンズロウ・ハウスの平面図、リヴァー・フォレスト、イリノイ州（1893年）、ライトによる

785　同、外観

　もっとも派手な人格をもった人物のひとりであるライトは、非常に長い経歴を享受し、きわめて多様かつ生産的な作品数を誇っているために、ひとりの人間というよりもむしろ、ひと続きになった動きを表現した人物群のように思えてくる。ライト自身の意見によれば、彼の種々多様な業績は、1908年以降50年間、首尾一貫して繰り返し言われ続けてきた、自らがひとつの「有機的」建築をつくり上げているという〔固い〕信念によって、ひとつにまとめられていたのである。

　巡回するバプティスト派〔幼児洗礼ではなく、自覚的信仰による浸礼を主張するプロテスタントの一派〕の聖職者と、ウェールズ地方〔大ブリテン南西部〕から移住してきた母親の息子であったライトは、自らの少年時代の大半を、ウィスコンシン州、マディソンにある、叔父〔伯父〕たちの農場で過ごした。ライトは正式な教育をさほど受けてはいなかったものの、幅広く読書をし、たとえば、ラスキンや、とりわけ〔ラウル・ウォルドウ・〕エマソン〔1803-82年〕をよく読んだ。エマソンが力説した、自らを恃むこと、個人主義、そして楽観主義は、ライトに大きな影響を与えたのであった。1887年にライトはこの地を離れてシカゴへと向かい、建築家ジョーゼフ・ライマン・シルスビー（1848-1913年）の事務所に入った。シルスビーは東部発祥の「シングル・スタイル」を、中西部に普及させた人物である。ライトはまもなくここを去って、当時シカゴのオーディトリアム・ビルディングを建設中であった、サリヴァンとアドラーの助手となった。「有機的な」基盤をもったサリヴァンの新しい建築の探求に深く影響されることになるライトは、その初期の作品においてシルスビーとサリヴァンの双方に大きく負った。1889年の自らの結婚に際して、シカゴのオーク・パークに自ら建てた住宅は、日本的な響きを伴った、「シングル・スタイル」の控え目な試みである。これと対照的に、シカゴのチャーンリー・ハウス（1891-2年）やイリノイ州リヴァー・フォレストのウィンズロウ・ハウス（1893年）は、サリヴァン風の手法（マナー）からなるテラコッタ飾り（トリム）を施された、ローマ風煉瓦からなる、すっきりとした対称形をなす箱群（ボックサズ）である。これらの整形な幾何学は、古典

第11章　20世紀

様式の細部が一切欠如しているにもかかわらず、これらの建物を古典様式風のものに見せている。

　1893年にライトは、個人的な「密売された(ブートレッグド)」委託〔事務所の設計業務以外にアルバイトで他の設計を行なった背信行為〕を行なったかどで、サリヴァンによって解雇されたが、その10年後までにライトは、記憶に残るべき高度な素養を伴った自身の造形言語(ランゲージ)を発展させていた。結果的に言うと、それは、ピクチャレスク的な乱雑さをもった「シングル・スタイル」が、幾何学や明晰さ、そして首尾一貫性に対するライトの強烈な思い(フィーリング)によって置き換えられたということであり、この思い(フィーリング)は、相互に交わる壁面群と量塊群の、直線的な遊動(リニア アブレイ)を生みだすことになった。この構成方法に対するライトの好みは、〔フリードリヒ・ヴィルヘルム・アウグスト・〕フレーベル〔1782-1852年〕の教育方法の一部として子供のときにライトが遊んだ際のメープル・ブロック〔カエデ材でつくったブロック（木片）〕にまで遡る。ライトは、「シングル・スタイル」の、独立した仕切り壁(スクリーンズ)として扱われる内部の壁がある〔ものの〕開放的な平面を採択したけれども、ドーマー窓や丈の高い煙突、地下室や屋根裏部屋は極力避け、扉口や小さな窓群によって遮断される部分をできるだけ少なくした長い水平線を重視し、それによる効果を狙ったのである。この個性的な造形言語(ランゲージ)は、ライトの手になる、イリノイ州リヴァー・フォレストの、「リヴァー・フォレスト・ゴルフ・クラブ」（1898年）と、イリノイ州カンカキーの、「ウォーレン・ヒコックス・ハウス」（1900年）に現われている。これは、ライトが1901

786　ウォーレン・ヒコックス・ハウス、カンカキー、イリノイ州（1900年）、ライトによる

年に『レイディーズ・ホーム・ジャーナル』誌に発表した、「プレーリー・タウンにおけるとある住宅(ホーム)」と題されたデザインにちなんで、「プレーリー・スタイル」〔(大)草原様式〕として知られたものである。ライトの手になるこの様式の住宅では、「X字型」、「T字型」あるいは「L字型」といったかたちの平面を目にすることができ、しばしば乱平面の〔中2階の(スプリット=レヴェル)〕、すなわち二重の段差(ハイト)がある〔1階と2階と中2階の、3層に分かれている〕居間空間(エリア)を伴うが、通常は、互いに繋がって1列に並び、また、背後にサーヴィス空間(エリア)を伴う内壁付きの暖炉に繋ぎ留められた、食堂、居間、書斎を伴っていた。

　ライトは、これらの住宅における自らの業績を果てしなく自己礼讃(ハウザズ)して記述したが、その際ライトは、「箱物(ボックス)を壊して新たに開拓する」ものとして要約したのであった。事実、こうした過程(プロセス)は、イングランドにおけるナッシュの手になるピクチャレスクな邸宅群や、アメリカにおけるシングル・スタイルにすでに予知されていたのであった。ライトの手になる数多くのプレーリー・ハウス群のなかでもっとも見事なものとして、イリノイ州ハイランド・パークのウォード・ウィリッツ・ハウス(1901年)、ニューヨーク州バッファローのダーウィン・D.マーティン〔1865-1935年〕・ハウス(1904年)、イリノイ州リヴァーサイドのエイヴァリー・クーンリー・ハウス(1908年)、そしてシカゴのオーク・パークにある、フレデリック・C.〔カールトン・〕ロビー・ハウス〔ロビー邸〕(1909年)が挙げられる。「プレーリー・スタイル」という用語の使用は、もちろん、ロマンティックな郷愁である。というのも、これらの住宅は、新しい産業による富裕階級の受益者もしくは蓄積者たちのために建てられた郊外の別荘だからである。これらの住宅にある卓越した炉床の数々はまた、ライトが中央暖房方式を強調したという見地から考えれば、機能的なものというよりもむしろ、象徴的なものなのであった。住宅が密集した郊外に位置したこのロビー邸は、自転車(バイシクル)および自動車(オートモービル)製造業者のフレドリック・ロビー〔1879年生〕のために建てられた。〔ヘンリー・〕フォード〔1863-1947年〕による最初の自動車(カー)は、1896年につくられ、フォード・モーター・カンパニーは、1903年に創設された。ロビー邸に見られる3台の車が入る車庫という設定は、この住宅をちょっとした先駆的存在(パイオニア)にしている。これと同時に、この住宅はまた、すべてを庇護する屋根という道徳的な価値に対するラスキンの確信を、新たに雄弁に語るものなのである。とはいえ、この住宅は、20フィート(6m)の突出部がある、空を舞うような片持ち梁になった屋根を実現するためのものではあったが。ライトは、もっとも先駆的な鋼鉄の梁〔根太(ジョイスト)〕を組み入れていた。ロビー邸全体に使われた素材群は、高価であり、ただ単に鋼鉄だけではなく、ほぼ1フット(0.3m)の長さがある、特別につくられた薄いローマ風の煉瓦もまた使われていたが、構成全体のもつ水平線の数々を強調するために、こうした垂直方向の継ぎ目は巧妙に隠されていたのであった。

　ライトの手になるプレーリー・スタイルに比肩しうる、生彩ある建物は、カリフォルニアの輝かしい太陽に溢れた気候のなかでつくり上げられた。この地において、チャールズ・サムナー・グリーン(1868-1957年)とヘンリー・マザー・グリーン(1870-1954年)の兄弟が、20

第11章　20世紀

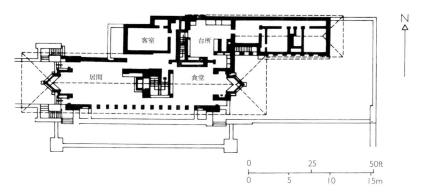

787, 788　ライト：ロビー・ハウスの平面図と外観、オーク・パーク、シカゴ（1909年）

世紀の最初の10年間に、一連の木構造の豪奢な「バンガロー」〔屋根裏部屋があることが多い、比較的小さな平屋建ての家〕を生みだした。おそらく、これらの西海岸住宅群(ウエスト・コースト・ハウザズ)のなかでもっとも見事なものは、1908-9年に建てられた、パサデナ〔ロサンジェルス北東に隣接する都市〕にあるデイヴィッド・B.〔ベリー・〕ギャンブル〔1847-1923年〕・ハウスであろう。これは、〔石鹸〕製造業で財をなしたギャンブル家の一員用のものである。その劇的なまでに強調された垂木と軒のあるこの住宅は、1個の巨大な高級木工家具の作品のように組み立てられており、な

785

789 デイヴィッド・B.〔ベリー・〕ギャンブル・ハウス外観、パサデナ（1908-9年）、グリーン兄弟による

かには、ティファニーのガラス製品のみならず、グリーン兄弟の手によって特別にデザインされた家具も備えられていた。構造に対する同様の強調は、パリのエコール・デ・ボザールで修業を積んできたバーナード・メイベック（1862-1957年）の作品の大半を特徴づけている。エコール・デ・ボザールでメイベックは、ヴィオレ゠ル゠デュクの諸理論にかなり影響を受けていたが、それは、メイベックの中世に対する共感からのみならず、むきだしの構造や新しい材料、そして各種技術に対するメイベックの関心からもまた、明白である。しかしながら、メイベックは、様式的には、ヴィオレよりも進取の気性に富んでいた。そのことは、メイベックの傑作、カリフォルニア州バークリーの「第一科学者キリスト教会堂」（1910年）を仔細に目にしてみれば分かる。日本の様式からなるパヴィリオンの屋根群や古典様式の支柱（ピァ）群のような外観の特徴の数々が、内部に見られるゴシックのトレーサリーと矛盾しないで共存しているのである。なぜなら、顕著な視覚的要素が、むきだしの状態を強調された、鉄筋コンクリートや重々しい木材の梁からなる、構造上の諸要素によって、到る所に供給されているからである。

　この頃のライトによる、2つの新しい住居用ではない作品は、ニューヨーク州バッファローの、とある通信販売業用に設計されたラーキン管理棟（ビルディング）（1904年；1949-50年に取り壊し）と、シカゴのオーク・パークに建つ、ユニテリアン派教会堂である、ユニティー教会堂（テンプル）（1906年）である。事務棟（ブロック）と教会堂といった双方の建物において、窓による変化の妙がほとんど見られない、単調で堅固な彫刻のごとき外観は、記念碑的な内部空間へと通じている。すなわち、前者〔ラーキン〕では、ガラスの天井からという〔天辺からの〕採光（トップ゠リット）があり、後者〔ユニティー〕では、建物の各隅部（コーナー）にある塔門群（パイロン）に隠された階段室から近づくギャラリー〔壁面から張り出した座席のこと〕に取り巻かれているのである。双方の建物の内部は〔ともに〕、とりわ

790　ライト：ユニティー教会堂〔テンプル〕、オーク・パーク、シカゴ（1906年）

け空調システムがあるラーキン管理棟〔ビルディング〕のそれは、外の世界から孤立した祀堂のごときものであった。ラーキン管理棟〔ビルディング〕が煉瓦で化粧仕上げされた鉄筋コンクリート造であるのに対し、ユニティー教会堂〔テンプル〕の壁面は、床のような屋根群と、鉄筋コンクリートからなる内部ギャラリー〔座席〕とがある、重々しい、流し込まれたコンクリート造なのである。この教会堂〔テンプル〕の外観は、コロンブス〔のアメリカ大陸発見〕以前のマヤの建築を思い起こさせる。ところが内部は、ウィーン工房による同時代のデザイン群に比肩されるような、矩形の輪郭と装飾からなっている。この類似性は、内曲した〔凹角の〕隅部、2層からなるギャラリー、そして幾何学性を強調した照明器具類がある主要な講堂〔オーディトリアム〕において、とりわけ近しい。すなわち、これらのものはみなまとまって、空間〔スペース〕と線〔ライン〕が連結し合う、線条的〔リニア〕な網状組織〔ウェブ〕を形づくっているのである。

　オーストリアとの類比は、われわれに、ライトが1909年に、ドイツの出版業者エルンスト・ヴァスムートから、自らの作品を載せた2冊の本を、ベルリンで刊行するという提案を申し入れられたことを思い起こさせる。これらの本は、『フランク・ロイド・ライトの完成した〔施工された〕建築群と計画集（*Ausgeführte Bauten und Entwürfe von Frank Lloyd Wright*）』（1910年）、および『フランク・ロイド・ライト：完成した建築群（*Frank Lloyd Wright：Ausgeführte Bauten*）』（1911年）である。このうち後者には、イギリスのアーツ・アンド・クラフツのデザイナー、C. R. アシュビーによる序文が付けられ、しかも、前者の本ほど豪華な造りではなかったにもかかわらず、ベルラーヘやグロピウスを含んだ、とりわけオランダとドイツの建築家たちに、前者の本よりも幅広い影響を及ぼしたのであった。

　1909年という、その生涯における危機の年に、ライトは、シカゴでの成功に終わる〔はずの〕実施〔プラクティス〕をあきらめ、自らの以前の施主のひとりであった人物の妻、ママー・ボースウィック・チェイニー〔チーニー〕とともに、ヨーロッパへと駆け落ちした。ヨーロッパから戻った

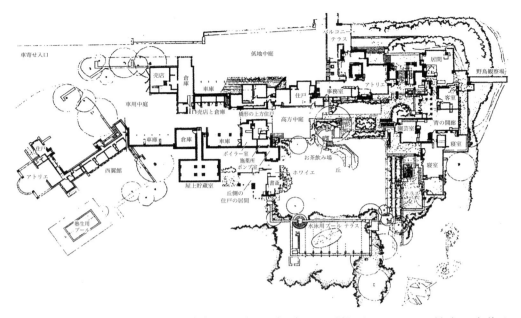

791　ライト：タリアセン・イーストの平面図、スプリング・グリーン近郊、ウィスコンシン州（1911年着工；1930年代再建）

際に、ライトは、ウィスコンシン州スプリング・グリーン近郊の農場、タリアセン〔タリエシン〕へと引き籠った。そして1911年に、自分の母親のために住宅を1軒設計したが、これはまもなく、自分自身とチェイニー夫人のために拡張された。タリアセンとは、ウェールズ語で「輝く額(ひたい)」を意味したが、これは、起伏ある風景に沿った、四方八方に拡がった非対称形の構成をしており、地元の粗石〔自然石〕から「有機的に」建造された。幅の広い軒、人目につかない中庭、壁で囲われた庭、池、そして木立のある、この低層に拡がりを見せる建物の一群は、近代の工業都市との同調を次第に欠いていったことの代替物(パート)としてライトが創設した、農村生活を送りつつ手工芸を行う定住地の最初のものであった。これは、ライトの料理人が起こした火災によって、1914年に半壊した。この料理人は、難をのがれようとした、チェイニー夫人と5人のほかの人間たちを斧で殺してしまったのであった。まずは1914-5年に、続いて、1925年のもうひとつの大きな火災のために再建を繰り返し、結局は1930年代に、ライトが1932年に創設したタリアセン・フェローシップ〔建築塾〕のために、この場所は拡張されたが、それでもなお、1911年に定められたのと同じデザイン原理の数々に従っているのである。これは、住宅であるのみならず、タリアセン・フェローシップの門弟〔塾生〕たちのために、図面用事務所、農場、そして住居地区を結びつけてもいる。これは、タリアセン・イーストとして知られるようになったが、さらに1938年にライトは、自分自身とフェローシップのために、冬の隠れ家として、アリゾナ州のフェニックス近郊の砂漠に、タリアセン・ウエストを着工し始めた。タリアセン・イーストの平面から発展した散漫に拡がった三角形の平面を基に配置された、タリアセン・ウエストの紫色と黄褐色の火山岩からなる低

第11章　20世紀

層の傾斜した壁面群と、そのルーヴァー〔よろい(鎧)窓〕と帆布(キャンヴァス)の仕切りがある木造の屋根群(スクリーン)とは、神秘的な原始的アメリカインディアン建築がもつ力強いイメージをつくりだした。ライトの死後、空調設備が導入されて、帆布(キャンヴァス)は、繊維ガラスに取って代わられた。

　1932年までにライトは、タリアセン・イーストにおいて、その後の人生においてずっと変わらずにいたもの、すなわち、比類のない自己中心癖(エゴイズム)をもった饒舌な指導者(グル)、つまりはアメリカを文化的、政治的、道徳的、そして経済的に整頓するための、実効が疑わしいものの、永遠に続く新たなエマソン的妙薬を手にする、生半可な教育を受けた哲学者兼建築家になったのである。学生〔門弟、塾生〕たちには、正式な建築教育はほとんど与えられなかったものの、ライトが毎晩学生たちの前で、文字どおり教壇に座すことで、その色とりどりの服装をしたライトなる人間存在(パーソン)から放射される、天才と有機的全体性という雰囲気を吸収することが、学生たちに対して目論まれたのであった。ライトの3番目の妻、オルジヴァンナ・ミラノフは、モンテネグロ〔ヨーロッパ南東部バルカン半島の国。旧ユーゴスラヴィアの構成共和国。1910-8年は王国であった〕出身の離婚(ディヴォルセ)経験者で、1928年にライトと結婚したが、タリアセンの、千年至福説信奉者が放つやや神秘的な雰囲気を増長させるのに大いに貢献した。というのも、彼女は、1920年代の初期に、〔フランスの〕フォンテーヌブローにあった同じ様な施設、「人間の調和のとれた発展のための協会(the Institute for the Harmonious Development of Man)」の学生だったからである。この施設は、ロシアの催眠術師、薬物治療者、そして秘術(オカルト)の指導者であった、ゲオルギイ・ノヴァノヴィチ・グルジエフ（1874-1949年）によって経営されていた。

　ライトに、タリアセンでの晩年の、自己礼讃的な雰囲気があるからといって、彼の「有機的」建築が現実に有していたさまざまな利点、とりわけその直後に続いた「プレーリー・ハウス」以降の様相における利点から、われわれは目をそらすべきではない。このことは、第1次世界大戦の開始近くに設計された、2つの注目に値する建物、すなわちシカゴのミッドウェイ・ガーデンズ（1913-4年；1929年に取り壊し）と、東京の帝国ホテル（1915-22年；1967年に取り壊し〔一部は別の場所（博物館明治村）に移築〕）において明示されている。ミッドウェイ・ガーデンズは、レストランと広大な中庭(コートヤード)からなっており、この中庭には、半円形(シェル)のオーケストラ席とダンス・フロアが付いた、屋外のカフェがあった。これは、対称形の平面上に、煉瓦と模様のあるコンクリート・ブロックとからつくりだされたが、奇想を凝らした隅の塔群の頂きには、抽象的な線条の構造物が載っていた。この時代のヨーロッパ絵画に見られた抽象化の傾向を真似する意図があったためである。ライトは、西洋からの訪問客や高位の人々をもてなすためのものとして、日本の皇室によって委託された、その帝国ホテルにおいて、ミッドウェイ・ガーデンズに見られたけばけばしい派手さや仰々しさに、もっとずっと自由な表現を与えたのであった。ミッドウェイ・ガーデンズと同様に、このホテルは軸線を重視したボザール的平面に基づいて設計(レイド・アウト)され、ひとつの池と2つの中庭庭園を、奥の1,000席ある劇場で閉じる〔囲い込む(エンクローズ)〕といった、粗々しい「H字」型を形づくっていた。強くて弾

789

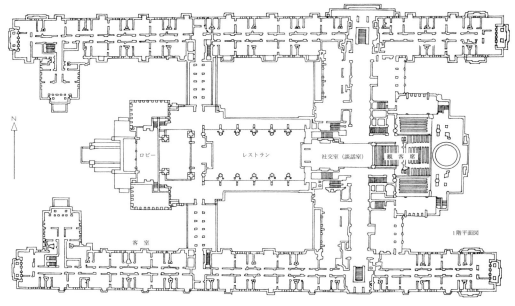

792 「帝国ホテル」の平面図、東京（1915-22年）、ライトによる

性のある緑がかった黄色の溶岩が、重々しく抽象的で装飾的な細部をなした、煉瓦造りのこのホテルは、16世紀の日本の軍事建築〔城郭〕の重々しい効果の数々を思い起こさせた。その基礎部分は、工学技師ポール・ミューラーの助力をもって設計された、コンクリート杭群から片持ち梁で支えられた、宙に浮かんだベタ基礎であった〔いわゆる「浮き基礎」〕。これは、この建物が、1923年に東京の大きな地区の数々を荒廃させた大地震〔関東大震災〕に抗うことを可能にしたのである〔実際は、この（「浮き基礎」という）「耐震設計」は効果がなく、この「浮き基礎」による不同沈下が、この建物の取り壊しを決定的にしたとされる〕。とはいえ、このホテルが、衝撃を受けた地域の周縁部に建っていたという事実を指摘しておくべきである。もっとも予想外な特徴は、地元のどっしりとした溶岩から乱暴に削り取られてつくられた、コロンブス以前〔の時代〕の性格をもった、狂騒的で押しの強い内部の装飾であった。

　溶岩にではなくコンクリートに見られた、抽象的な彫刻っぽい装飾物は、ライトが1920年頃に設計した、南カリフォルニア地方の、一群をなす5軒の才気縦横な創意に富んだ住宅群に繰り返されている。穴のある幾何学的な図柄が刻印され鋼鉄製の棒でひとくくりにされた成型済みのコンクリート・ブロックから建てられた、これらのひと塊りの様と装飾物とは、明らかに、コロンブス以前〔の時代〕のマヤ文明の趣を呈している。これらの住宅のなかでもっとも贅沢な、ホリーホック・ハウス〔立葵の家〕は、芸術庇護者兼社会改革者のアリーン・バーンズドール〔1882-1946年〕のために、1919-20年に、ロサンジェルスのオリーヴ・ヒルに建てられた。ゆるい縦勾配の低い壁面群、奇妙な東洋風の小尖塔群、中庭庭園、屋上テラス群、プール群、噴水、開廊、そしてパティオ〔スペイン風中庭、もしくは庭の家寄りにある

第11章　20世紀

食事用テラス〕が、魔術的な混交を見せることで、この住宅は、ミノア〔クレタ〕人の宮殿とマヤ人の砦のあいだにある何ものかを思い起こさせる、夢想的な特質を与えられているのである。その空間上の複合性、その環境景観との見事な対応関係、そしてその現実逃避的もしくは幻視的な性格というさまざまな点において、この住宅は、ライトとは正反対の人物である、イングランドのエドウィン・ラッチェンスによる、カースル・ドローゴ〔ドローゴ城郭、本書874頁〕のような同時代の住宅に比肩するものである。しかしながら、このホリーホック・ハウスや、もうひとりの中年の女性、アリス・ミラードのための芸術的な〔美的感覚の鋭い〕隠れ家〔別荘〕として建てられた、パサデナのラ・ミニアトゥーラ〔ミラード邸〕(1923年) のような住宅を、ライトが明らかに大きな関心を寄せていた近代住宅のより広範な問題群に対する解決策と見なすことは、ほとんど不可能であろう。実際のところ、ライトは1920年代半ばから30年代半ばまで、同時代の建築界から次第に孤立していったように思われた。これらの時期に彼は、ヨーロッパの主導的な現代建築家たちに対する、とりわけル・コルビュジエの不毛な工場美学と見なしたものに対する攻撃に、かかりっきりであった。

　ライト自身の経歴は、この時期に終わりを迎えてしまったものと、広く決め込まれていた。しかし、1936年に、すなわち70歳〔正確には69歳か〕の年に、ライトは、自らをもう一度現代デザインの表舞台に立たせた2つの建物を設計したのであった。すなわち、ウィスコンシン州ラシーンの、S. C. ジョンソン・ワックス工場用の管理棟と、ピッツバーグのカウフマンズ・デパートメント・ストアのオーナーであった、エドガー・カウフマン〔1885-1955年〕のための、豪奢な週末用の住宅、ペンシルヴェニア州ベア・ランにある落水荘である。

　落水荘は、国際的な近代様式に対しての、見応えのある公然たる侮辱と解釈することができる。その特徴的な白いコンクリート造のスラブ〔平板〕群を、ライトは、ロマンティックなやり方で滝の上方に片持ち梁として置くことによって、また、粗々しい石細工からなる壁面をもって、自然のままの岩にしっかりと繋ぎとめることによって、ライト自身の「有機的」手法で処理したのである。国際的な近代主義の飾り気のない〔冷徹な〕純白さに対するさらなる拒絶として、ライトは、失敗に終わったものの、外観をなすコンクリート表面を黄金〔山吹色〕の葉で覆うことを試みた。しかし、結局のところライトは、〔この試みの代わりに〕明るい黄土色で塗られた耐水性のセメントを受け入れざるをえなかったのである。このときまでにライトは、片持ち梁の構造で用いられた鉄筋コンクリートがもつ表現上の可能性の数々を、自らが久しいあいだ提唱し続けてきたところの有機的建築の本質と見なすようになったのである。ライトは、自らの最初の鉄筋コンクリート造住宅である、落水荘の場合よりも大胆に、素材を用いることは決してなかった。とはいえ、技術的な不完全さによって、この建物には、早くも1953-5年に、また1976年に再び、きちんとした修復を施す必要が生じたのである。

　ライトは、第2次世界大戦前のアメリカには、それほど大きな影響を及ぼさなかった。しかし、われわれはここに、2人の例外を言い添えるべきである。すなわち、ともにウィーン出

身の建築家ルドルフ・シンドラー（1887-1953年）とリチャード・ノイトラ（1892-1970年）である。彼らは、それぞれ順に、1913年と1923年にアメリカへ移住し、ロサンジェルスに定住する前の7年間を、タリアセン・イーストで過ごした。彼らは、シンドラーの手になる、カリフォルニア州ニューポート・ビーチの、コンクリート枠組みのラヴェル・ビーチ・ハウス（1922-6年）や、ノイトラの手になる、ロサンジェルスのハリウッド・ヒルズの、鉄骨造によるラヴェル・「ヘルス・ハウス」（1927-9年）といったような国際的な近代運動(モダーン・ムーヴメント)の、白くなったコンクリート様式の住宅群(ハウザズ)を専門にしていた。ライトの近代主義と同時に、デ・ステイルにも影響された彼らは、グロピウスやミース・ファン・デル・ローエを受け入れるための道を用意したのであった。グロピウスとミースがもたらした衝撃は、〔第2次世界大〕戦後になって漸く広く感じられたのである。

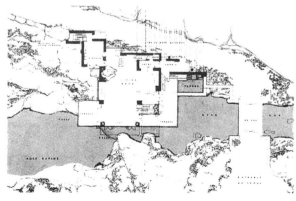

793, 794　落水荘(フォーリングウォーター)の外観と平面図、ベア・ラン、ペンシルヴェニア州（1936年）、ライトによる

第11章　20世紀

　ライトが「有機的」と記述したやり方で用いられた鉄筋コンクリートは、1936年の彼のほかの傑作、ジョンソン管理棟(ビルディング)の顕著(ホールマーク)な特徴である。これは、中央の事務ホールの詩情豊か(ポエティック)な内部のゆえに、有名である。このホールでは、30フィート（9m）の高さがある、〔下方に〕先細になって、天辺では浮葉(リリー・パッズ)〔水に浮かんだ大きなスイレンの葉〕のような鉄筋コンクリート造りの円盤(ディスク)の形に拡がった、キノコのような形をした60本もの円柱群が全体を統(す)べている〔図795参照〕。これらの浮葉のあいだの空間群は、散光を放つパイレックス・ガラス〔耐熱ガラス〕の管群で埋められている。その結果、ここを訪れる者は、浮葉の下で上方を見ている、プールのなかの自分の姿を想像してしまうのである。これらの細身のコンクリートの円柱群は、屋根からの雨水を逃がすために、中が空洞になっているのではあるが、構造的には必要のないものであって、円柱上の天辺の浮葉のほかには何も支えていない。床下式暖房、空調、オーディトリアムすなわち劇場、そしてスカッシュ〔四方を壁で囲まれたコートで、柄の長いラケットとゴムボールで行なう球戯のこと〕・コートといった設備や施設が、ここでは、近代の工場労働者たちのための、心地好い環境を供給(ブリージング)するのに役立っているのである。ユニティー教会堂(テンプル)以降のライトの手になる作品群の多くと同様に、この管理棟(ビルディング)は、それが建つ都市に背を向けており、共同体といった感覚を促進するよう意図された、内面を見つめ、外部からの影響

795　S.C.ジョンソン・ワックス工場の管理棟(ビルディング)の内部、ラシーン、ウィスコンシン州（1936年）、ライトによる

を受けない、隔離された雰囲気をつくりだしているのである。

　旧式の極端に父親的温情主義的（パターナリスティック）なやり方で経営された、とある会社に委託されたこの建物は、1935年にライトが、その「ブロードエーカー・シティ」において提案した理想の数々のいくつかを、実現した。これは、1932年のライトの著作『消滅する都市（*The Disappearing City*）』において最初に公表された都市の脱中心化〔集中排除〕用のライトの設計課題（プログラム）の一部をなすものであった。この新しい改革された、もしくは選択を迫られたアメリカの社会——ライトはそれを促進しようと試み続け、人生最後の25年間をこれに費やしたのである——に対してライトが付けた名称は、ユーソニア（Usonia）であった。ブロードエーカー・シティは、100平方マイル（260km²）にまで拡張する可能性をもち、それぞれの家族に対して1エーカーの附属建物付きの農場からなり、これらの農場に公共の建物群や小さな工業地帯（エリア）が混ざり合った都市になるものであった。建築家たちに、もっとも高度な段階で彼らの芸術を練磨する機会を与えるものと、多くの人々が見なせるような、それとはっきり認識しうる都市の中心という性質を欠いていたために、ブロードエーカー・シティは、個性のない郊外地に向かっている既存の漂流者たちを、そこそこ施設に収容するという類いのもので終わってしまったのである。ライトは、ユーソニアンという用語（ターム）を、一連の、主として小さな低価格の住宅群（ハウゼズ）に対して用いたのだが、ライトは、こうした住宅を、その最初の、ウィスコンシン州マディソンの、ハーバード・ジェイコブズ・ハウス（1936年）から始めて、生涯の終わりまでずっと建て続けたのである。総じて平屋建ての、召使いを雇えない家族のために設計されたこれらの形式張らない住宅は、木材と煉瓦からなる構造に依存しており、漆喰塗りや壁紙張りを避け、また、食事室（ルーム）の代わりに台所兼用の食事室（エリア）を置いたのであった。ライトはこれらの住宅の平面を練る際（シェイプ）には、2×4フィート（0.6×1.2m）の単純なモデュールすなわちグリッドに頼っていた。

伝統的な諸様式の建物群

　1940年代および1950年代のライトによる数多くの公共建築群は、〔以前よりも〕ずっと造形中心で表現主義的なものになったが、これらの建物については、本章のもっとあとの方でほかのことと関連させて述べることになるであろう。さしあたりわれわれは、総じて伝統的な諸様式に忠実なままであった、第2次世界大戦までのアメリカ建築の主要な流れに立ち戻るべきである。

　「都市美運動（City Beautiful movement）」が、今や、アメリカのルネサンスと呼ばれてきたものへと成熟していった。すなわち、この運動は、実質的に、アメリカの建築家たちを修業させるべく、パリのエコール・デ・ボザールへと送り込むといった慣習が導いた結果なのであった。マッキム・ミード・アンド・ホワイトによって、またそのニューヨーク公共図書館（1897-1911年）における〔ジョン・マーヴェン・〕キャレール〔1858-1911年〕と〔トマス・〕ヘイスティングズ〔1860-1929年〕とによって、確立された古典主義の造形言語（ランゲージ）は、ハーヴァード大学のワイドナー記念図書館（1914年）やフィアデルフィア美術館（1931-8年）を手がけた、

ホラス・トラムバウアー（1868-1938年）のような建築家たちによって、また、1906年の大地震後にサンフランシスコを再建する責務を負った建築家たちによって、継続されていた。ここ〔サンフランシスコ〕では、堂々とした市民センターが、十字路に建つ5つの主要な建物というかたちで配置されていた。ジョン・ゲイリン・ハワード（1864-1931年）によるシヴィック・オーディトリアム（1913-5年）、そしてジョージ・W.〔ウィリアム・〕ケラム（1871-1936年）による公共図書館（1915-7年）を含むこれらの建物のなかで、ジョン・ベイクウェル（1872-1963年）とアーサー・ブラウン（1874-1957年）による、ローマのサン・ピエトロ大聖堂のそれに鼓舞されたドームがある市庁舎（1912-3年）が、全体の中心をなしていた。

　ハワード、ベイクウェル、そしてブラウンはみな、エコール・デ・ボザールで修業を積んでいた。ポール・フィリップ・クレ（1876-1945年）もまた同様であった。1903年にアメリカへ移住した、リヨン生まれのフランス人のクレは、ペンシルヴェニア大学の建築の教授になり、1937年までこのポストに就いていた。クレの手になるワシントンのパン・アメリカン・ユニオン（1907年）、インディアナポリス公共図書館（1914年）、そしてデトロイト芸術学院（1922年）は、新たなギリシャ的およびルネサンス・イタリア風の細部をもった、抑制されたボザール流のファサード群と組み合わされた彼の明快な平面形式を典型的に表わしている。彼の、コネティカット州ハートフォードにある、ハートフォード・カウンティ・ビルディング〔ハートフォード郡庁舎〕（1926年）は、スカンディナヴィア、フランス、イタリア、そしてとりわけドイツにおいて、1920年代および1930年代に流行った余分な装飾を一切省いた古典主義手法でつくられた、四角い断面の支柱群が並ぶといった、歯切れよく表現されたファサードを有している。クレに、この記憶に残すべき個性的表現を、フランスの〔ピカルディー地方エーヌの〕ティエリー城館にある、自らの手になるアメリカ軍の戦争〔第1次世界大戦〕霊廟記念堂（1928年）、およびワシントンにある同じく自らの手になるフォルジャー・シェイクスピア図書館〔ヘンリー・クレイ・フォルジャー（1857-1930年）の創設〕（1929年）に与えた。とはいえ、後者には、シェイクスピアの時代を思い起こさせる、豪華きわまりない新たなジャコビーアン〔ジェームズ1世時代（1603-25年）風の〕様式の内部が見られる。

　マッキム・ミード・アンド・ホワイトの助手として働いていた、ヘンリー・ベイコン（1866-1924年）は、池の上方に浮かぶ白大理石造のドリス式神殿である、ワシントンのリンカーン記念堂（1911-22年）に対する責務を負っていた。この輝かしい、夢のように美しいものは、ナショナル・モール国立公園（the Mall）の西側への拡張を狙った軸線上に建っている。この公園は元々、フランスの工学技師、ピエール＝シャルル・ランファン（1754-1825年）によって、1790年代に設計・配置されたものであった。ランファンの提案は、マッキムとバーナムの手によって、1901年から展開されたが、彼ら2人による、モール国立公園を南側に拡張させる計画は、最終的には、ジョン・ラッセル・ポウプ（1874-1937年）の傑作である、ジェファーソン記念堂（1934-43年）で限られたのであった。〔ここで〕ポウプは、パンテオンを自らの範型として選んだものの、パンテオンのがっしりしたコリント式オーダーの代わりに、列柱廊

795

796　ジェファーソン記念堂の俯瞰図、ワシントン（1934-43年）、ポウプによる

797　ヴィッラ・ヴィースカーヤの俯瞰図、マイアミ（1914-6年）、ホフマン、シャルファン、スアレスによる

第11章　20世紀

のかたちで円堂の外構の周りに巻きつけた上品なイオニア式オーダーを置いたのである。その結果、18世紀のフランス人建築家たちの幻視的な〔ローマ〕大賞の受賞設計案群の、遅ればせながらも完璧な現実化が、ここに生まれでたのである。ポウプは、1897-9年に、ローマのアメリカ・アカデミーと、パリのエコール・デ・ボザールで修業を積んでいたが、ニューヨーク市、ニューヨーク州、そしてワシントンで、非常に数多くのアカデミック系の〔正統的な〕古典主義建築群を生みだした。マッキムのもっとも有能な弟子としての、ポウプの洗練されたワシントンでの作品には、憲法会館（コンスティテューション・ホール）（1929年）、国立古文書館（アーカイヴズ・ビルディング）（1933-5年）、そしてナショナル・ギャラリー・オヴ・アート〔国立美術館〕（1937-41年）が挙げられる。

　もちろん、これらの時代の建築作品のすべてが、木々が並び、軸線上に配置された大通り（ブールヴァード）に建つ、列柱で囲まれた公共建築群からなっていたわけではない。アメリカの建築家たちは今や、富裕な中産階級の施主たちの一家族用住宅を、彼らが今まで決して越えでることのなかった、快適さと便利さと優雅さのレヴェルにまで引き上げたと主張されうるであろう。1918年から1933年まで、アディソン・マイズナー（1872-1933年）は、フロリダ州パーム・ビーチに、モデル都市と周辺の別荘群を建てた。これは、建築史家たちによってまだ十分に評価されていない、輝かしい都市構想である。これよりもっと贅沢なものが、フロリダ州マイアミのヴィッラ・ヴィースカーヤ〔ビースカーヤ：「スペイン北部ビスケー湾沿岸の県」の意。これは「バスク」諸県のひとつを指す〕（1914-6年）である。すなわち、F.〔フランシス・〕バラル・ホフマン（1884〔1882〕-1980年）とポール・シャルファン（1874-1959年）によって、生産業者〔産業資本家〕ジェームズ・ディアリング〔1859-1925年〕用の冬の別宅として建てられたものである。これは、ストゥッコ塗りの鉄筋コンクリート造の気前よく金を使って建てたイタリア風パラッツォ建築で、ディエーゴ・スアレス（1888-1974年）とポール・シャルファンによる設計を基にして、1923年に完成した、段状の池や流れをあしらった庭園群（テラスト）のなかに置かれている。イングランドのテューダー王朝およびジョージ王朝様式からアメリカの植民地様式（コロニアル）までの広範な様式群で、より現実に則した住宅を供給することができる、無数の建築家や工芸家や造園家（ガーデン・デザイナー）がいた。そのなかの典型的人物が、ジョン・F.〔ファンツ〕ストウブ（1892年生〔1981年歿〕）とフィリップ・トラメル・シューツ（1890年生〔1982年歿〕）であり、彼らの実践行動は、それぞれ、テキサス州のヒューストンと、そしてジョージア州のアトランタを基盤としていた。シューツのもっとも見事な作品は、おそらく、アトランタのスワン・ハウス（1926-8年）であろう。これは、イングランドの新たなパラーディオ様式の邸宅（マンション）という主題（テーマ）に則った折衷的な交響曲

798　シューツ：ヒーブルー・ベネヴォラント・コングレゲイション教会堂（テンプル）、アトランタ（1931-2年）

を思わせる、調和がとれたものであり、イタリア・バロック風の庭園内に置かれている。アトランタ市において、シュッツは「ヒーブルー・ベネヴォラント・コングレゲイション」〔ヘブライ人の善意の信心会〕教会堂(テンプル)（1931-2年）や医学アカデミー（1940年）といったような、今風の(スタイリッシュ)新古典主義の公共建築群を供給した。

ゴシックは、教会や大学からの委託にとって、また、驚くべきことに摩天楼にとっても受けがよい様式であった。指導的な教会建築学と中世学の研究者は、ボストンの建築家、ラルフ・アダムズ・クラム（1863-1942年）であった。彼は敬虔なピュージン流のアングロ＝カトリック派〔英国国教会内また聖公会内の高教会派〕の信徒であり、1892年から1914年にかけては、グッドヒューと、また1899年以降はファーガソンと協働関係(パートナーシップ)にあった。ク

799　セイント・ジョン・ザ・ディヴァイン大聖堂の身廊、ニューヨーク市：1911年以降のクラムによる作品

ラムは1880年代にイングランドを訪れたが、当地で彼は、〔ジョージ・フレデリック・〕ボドリー〔1827-1907年〕と〔ジョン・ダンドウ・〕セディング〔1838-91年〕の洗練された垂直式(パーペンディキュラー)のゴシックを賞嘆したのであった。クラムは、その、ボストンのアシュモントに建つ、オール・セインツの力強い初期の教会堂（1891年）や、その、ニューヨーク〔市〕の5番街に建つ、セイント・トマス教会堂（1905-13年）において、彼ら〔ゴシック様式の主導者〕の力強さと自由さといった特質を、グッドヒューの手になる豊かな細部を添えて、真似たのである。クラムの主要な建物は、ニューヨーク〔市〕のセイント・ジョン・ザ・ディヴァイン〔福音書記、聖ヨハネ〕大聖堂（1911-42年）であり、これは、高くそびえるフランス・ゴシックの試みである〔未完成〕。クラムとファーガソンは、ニュージャージー州のプリンストン大学の、ユニヴァーシティ・チャペルとグラデュエイト・カレッジ〔寄宿制大学（院）〕（1911-37年）を、重々しい〔厳粛な〕垂直式(パーペンディキュラー)のゴシックで設計した。この様式は、コネティカット州ニュー・ヘヴンの、イェール大学で再び現われた。すなわちここでは、ジェームズ・ギャンブル・ロジャーズ（1867-1947年）が、その、メモリアル・クァドラングル〔「記念碑的な中庭」の意〕と〔このなかに建つ〕ハークネス・タワー（1916-9年）を手始めとして、広範囲に活動したのである。

ロジャーズよりも興味深い人物が、クラムの協働者(パートナー)バートラム・グロヴナー・グッドヒュー（1869-1924年）であった。彼は、ニューヨーク市のウエストポイントにある合衆国

第11章　20世紀

800　グッドヒュー：ネブラスカ州議会議事堂、リンカン（1916年設計；1920-32年建造）

陸軍士官学校内のカデット・チャペル（1903-10年）に見られる、背の高い角張った諸形態をつくった当の人物であった。グッドヒューの手になる、ニューヨーク〔市〕の、セイント・ヴィンセント・フェラーのカトリック教会堂（1914-8年）は、ジャイルズ・ギルバート・スコットのリヴァプール〔英国国教会〕大聖堂（本書882-3頁）の影響を反映している。この大聖堂をグッドヒューは、1913年のイングランド訪問の際に、建設中に目にしていたのであった。セイント・ヴィンセントの高いヴォールト群は、グッドヒューが、フライイング・バットレスなしで済ましたり、支持体の支柱群の体積を小さくしたりするのを可能にした、〔ラファエル・〕グアスタヴィーノ〔1842-1908年〕の軽量のタイル群で出来ていた。大胆さと高さがまた、シカゴ大学内の、グッドヒューの手になるロックフェラー・チャペル（1918-28年）の特徴である。その一方、同じく彼による、ニューヨーク〔市〕のセイント・バーソロミュー教会堂（1914-9年）は、ロンドンのウェストミンスター大聖堂における、ベントリーの手になる、ビザンティンとイタリア・ロマネスクの形態の組み合わせに鼓舞されている。〔次に挙げる〕グッドヒューの傑作は、ある意味では、彼の教会堂群よりも独創的であった。これはすなわち、1916年に設計され、1920-32年に施工された、リンカン市にあるネブラスカ州議会議事堂である。これは、4つの中庭の周りに有機的につくられた十字形のボザール流平面に基づいて建ち上げられたものであり、これらの中庭の中心には、ブルフィンチによるボストン

799

の州議会議事堂以降、慣例であり続けたドームではなく、塔が建っているのである。ゴシックないしは古典主義として分類することが不可能な、大いなる力と繊細さを併せもったこの記念建造物は、グッドヒューが賞嘆した、エリエル・サーリネンによるヘルシンキ鉄道駅舎（1904-14年）の塔がもつ、基本原理をなす特質をどこかしら漂わせているのである。

摩天楼(スカイスクレイパー)

　事務所建築に、大聖堂のような特質を何かしら与えることによって、摩天楼(スカイスクレイパー)に詩情をもたらしたがゆえに有名になった建築家は、キャス・ギルバート（1859-1934年）であった。彼の手になる、高さ760フィート（232m）の、ニューヨーク市に建つウルワース・ビルディング（1910-3年）は、20年ものあいだ、世界でもっとも背丈の高い事務所建築であり続けた。ロンドンの国会議事堂にある、バリーの手になるヴィクトリア・タワーの輪郭にいくらかを負っている、中央の塔に統べられた、このウルワース・ビルディングは、目方の軽い〔（金属表面に他の金属を被膜する、クラッディングで出来た）合わせ金属の〕被覆(クラッド)〔外装〕材、耐火用テラコッタで覆われ、垂直式のゴシック細部で豊かに飾り立てられていた。ゴシック様式の垂直方向の推力〔押圧力〕によって、ギルバートがこうした細部を適用した鋭い美的感覚が、これほどの大きさ(スケール)と機能をもった建物に対してさえも、適切なものであると思わせたのであった。

　常にニューヨークに対抗心を燃やしてきたシカゴにおいて、「世界でもっとも美しい事務所建築」のための設計競技が、1922年、シカゴ・トリビューン社によって告知された。260件を越える設計案(デザインズ)が、この名高い設計競技に提出された。そのうちの100件は、ヨーロッパの建築家たちからのものであり、ヨーロッパでは、摩天楼は、非常にロマンティックな挑戦(ディープリー)を表現していた。なぜなら、これまでは誰も摩天楼を建てたことがなかったからである。エリエル・サーリネンの手になるシカゴ・トリビューン・タワーのための、「有機的な」ゴシック様式のデザインは、2等賞を授けられたが、幅広く賞嘆された。とりわけ、老齢になったサリヴァンによって。ドイツ人のマックス・タウトによる応募案とグロピウスとマイヤーによる応募案は、背筋の凍る思いをさせるような角張った(スクエア)やり方で表現されており、これは、次の70年間に世界中で絶え間なく模倣され、「輸送用包装箱」としての多くの近代的な事務棟に当然のごとく浴びせられることになった非難を、生みだしたのである。ニューヨーク市のウルワース・ビルディングのゴシック様式によって鼓舞された、勝利を得た設計案(デザイン)は、レーモンド・フッド（1881-1934年）とジョン・ミード・ハウエルズ（1868-1959年）によるものであった。フッドは、クラム、グッドヒュー、そしてファーガソンの事務所で製図工(ドラフトマン)を続けていたが、その後、1905年にパリのエコール・デ・ボザールに入学した。そのシカゴ・トリビューン・タワーの成功によって、次に彼は、ニューヨーク市のアメリカン・ラジエーター・ビルディング（1924年）〔現在のブライアント・パーク・ホテル〕を建てたが、ここでは、鋼鉄の枠組みが、金箔を被せた石に彫り刻まれた、天辺(トップ)に向かう単一になったゴシックの装飾上の特徴群(フィーチャーズ)で包まれており、黒い煉瓦で表面が覆われていた。この建物は芝居がかった様で投

第11章　20世紀

801　ギルバート：ウルワース・ビルディング、ニューヨーク市（1910-3年）：初期の頃の写真

802　アメリカン・ラジエーター・ビルディング、ニューヨーク市（1924年）、フッドによる

光照明灯によって照らされ、それゆえ夜には、その所有者たちによって売られた暖房装置の象徴として適切にも光を放つ、広告掲示板（ビルボード）になったのである。フッドの手になるニューヨーク市のマグロー・ビルディング（1930-2年）は、摩天楼デザインにおける国際様式へと移行するための道を切り拓いた。

　建築家や庇護者たちは、第1次世界大戦以後の、アメリカにおける商業主義ブームに相応しい建築造形言語（ランゲージ）を探し求めていたが、このブームは1929年の株価大暴落（ストック・マーケット・クラッシュ）まで続いたのであった。これほどの潤沢に比肩しうる事態は、ここ何年間もヨーロッパではまったく見られず、アメリカにおける資本主義と民主主義の勝利は、西ヨーロッパにおいて高度な勢力をもった前衛的な近代主義（モダニズム）とも、また伝統的な歴史上の様式群とも、同様に関わりがないように思えた。〔アメリカとヨーロッパを合体させるために〕採択された解決法とは、アメリカによる然るべき考案物たる摩天楼のデザインに対して、流線型様式をもたらすことであったが、その異形のひとつはペルツィヒやヘーガーのようなドイツ表現主義の建築家たちの作品において、また別様には1925年のパリ万国博覧会で好評を博したアール・デコ様式において、現われていたのであった。アール・デコ様式の摩天楼の成長におけるひとつの重要な部分は、ラルフ・トマス・ウォーカー（1889-1973年）によって果たされた。ウォーカーはのちに、アンドルー・C. マッケンジー（1861-1926年）、スティーヴン・F. ヴーアリーズ（1878-1965年）、そ

801

してポール・グメイリーン（1859-1937年）と協働して、ニューヨーク市（シティ）に、ニューヨーク・テレフォン（バークレー゠ヴィージィ）・ビルディング（1923-6年）を設計した。これは、1916年のニューヨーク市（シティ）のゾーニング法の成果として特徴的なピラミッド状の輪郭をもっていた。この法律は、通りの数々にもっと光を採り入れることができるよう、ある程度の高さを越えたところ〔区画線（ロット・ライン）〕からセット゠バック〔上階を下階より（階段状に）引っ込めること〕を要求した。イーリー・ジャック・カーン（1884-1972年）は、1920年代と1930年代における、かなりの数のアール・デコ様式の摩天楼を任された人物であった。もっともよく知られているのは、レーモンド〔ワトキンはこう書くが、正確にはリッチモンド〕・シュリーヴ（1877-1946年）、〔ウィリアム・フレデリック・〕ラム〔1895-1952年〕・アンド・〔アーサー・ルーミス・〕ハーモン〔1878年生〕の手になるエンパイア・ステート・ビルディング（1930-2年）であるが、もっとも生きいきとしたものは、ウィリアム・ヴァン・アレン（1883-1954年）の手になる、ニューヨーク市のクライスラー・ビルディング（1928-30年）である。これは、広告にかかわる象徴として記憶に残るだけではなく、形態においても独創的なものとして、次第に小さくなってゆくひと続きのメロンの薄切り（スライス）のような、入れ子式（テレスコーピィング）のアルミニウム製の天辺（トップ）が一番上に載っているのである。

　流線型様式もしくはアール・デコ様式は、本質的に、商業用事務所、銀行、商店、ホテル、アパートメント棟、そしてマスメディアの本局に対して即時に伝達（コミュニケーション）する手段の都市的様式であった。この様式は、きわめて多様な様式で、時に、同じ建築家の手によって設計された、きわめてさまざまな建物を伴って、並行して拡がった。かくして、産業上のダイナミズムと社会上の保守主義の、典型的にアメリカ的な組み合わせにおいて、これらの歳月を牛耳った、とあるひとりのビジネス界の大御所は、新たなテューダー朝様式の郊外邸宅（マンション）に住み、アール・デコの摩天楼で働き、週末には新たなジョージ朝様式のカントリー・クラブを訪れ、自分の息子たちを新たなゴシック様式の大学（カレッジ）で教育を受けさせるといった生活を送ったのである。これらの建物はみな、1920年代に建てられたものであった。この時期の建築家たちのなかでもっとも多岐にわたって活躍した人物のひとりが、アルバート・カーン（1869-1942年）であった。カーン自身のたたき上げた企業家としての経歴は、最終的には、自らの事務所で、600人を超えるスタッフを使っており、この拡張主義の時代に特有なものであった。カーンの手になる住宅作品のなかでも典型的なものが、ミシガン州グロス・ポイントの、エドスル・B.フォード・ハウス（1926-7年）であり、これは、とある主導的な自動車製造業者のための、コッツウォルド〔イングランド南西部の丘陵〕風の新たなテューダー朝様式で設計されていた。アカデミックな背景のなかで、カーンは、その手になる、アン・アーバーのミシガン大学にある、ブルネッレスキ風の開廊（ロッジア）が付いた、ウィリアム・L.クレメンツ図書館（1920-1年）の場合と同様に、抑制された古典主義を選び採った。しかしながら、彼の手になる数多くの工場、たとえば、ミシガン州ディアボーンの、フォード・ガラス工場（プラント）（1922年）において、カーンは、全体的に機能的な造形言語（ランゲージ）を展開したのであった。彼は、1929年と1932年のあいだ、USSR

第11章　20世紀

〔ソヴィエト社会主義共和国連邦〕での500件を超える工場を含んだ、無数のこうした工場群に対する責任を担っていたのではあるが、こうした工業的様式が住居や施設を目的とした建物には不向きであると主張した。

　同時代のヨーロッパの国際的な近代様式(モダーン・スタイル)が、アメリカにおける摩天楼の事務棟群(オフィサズ)に受け入れられることを可能にした建物は、ジョージ・ハウ（1886-1955年）とウィリアム・レスカーズ〔レスケイズ〕（1896-1969年）の手になる、ペンシルヴェニア州フィアデルフィアの、「フィアデルフィア・セイヴィングズ・ファンド・ソサイアティ」〔フィアデルフィア貯蓄基金協会〕（1929-32年）であった。ハウは、この建物のデザインに対して、パリのエコール・デ・ボザールの学生として獲得していた、諸機能の論理的な配分感覚をもたらした。その一方で、スイスの建築家、レスカーズは、ヨーロッパの最近の国際様式の建築群を熟知していた。〔ハウおよびレスカーズによる影響に続く〕第3の影響は、人目をひく(アイ=キャッチング)垂直方向の強調を主眼として設計された、この豪華で名声のある32階建ての塔のファサード群

803　ハウとレスカーズ：フィアデルフィア・セイヴィングズ・ファンド・ソサイアティ、フィアデルフィア（1929-32年）

を所望した、後援者(パトロン)から出たものであった。この後援者〔スポンサー〕は、必ずしもすべてが完全に自分の思い通りになったわけではなかった。なぜならば、ハウとレスカーズは、〔垂直性という〕この種の視覚的効果が、以前の数10年間の摩天楼のデザインに見られるゴシック的趣向(フレイヴァー)を思い出させるがゆえに、非難していたからである。このような垂直性は、この建物の構造的な外形(コンフィギュレーション)とは相容れなかった。というのも、この建物では、水平方向を強調された事務棟の各階(フロアズ)が、鋼鉄製の核部分から、片持ち梁のように一端が飛びだしていたからである。この建物が見た目に愛らしくない〔醜い〕出来だと思う人々がいるとしても、この建物は、複合した、知的な刺激を与える作品なのである。つまりこの建物のさまざまな部分——1階の店舗群、2階の銀行、事務階の数々、そして付帯設備群とエレヴェーター群を含んだ塔——が、明快に表現されており、さまざまな被覆〔外装〕材が用いられ、異なった窓割りの図柄(パターン)が与えられているからである。アメリカにおける、それゆえ世界における第2の、空調装置が完備したこの事務棟はまた、店舗群と公共の層をなすホール群(バンキング・ホールズ)からなる「基壇(ボディウム)」に載った最初の建物なのであった。

803

804　ラジオ・シティ・ミュージック・ホール、ニューヨーク〔市〕、内部（1932年）

レーモンド・フッドは今や、その初期のより装飾性の強かった様式をやめ、デイリー・ニューズ・ビルディング（1929-30年）や、ロックフェラー・センター（1930-40年）といったような、ニューヨーク市(シティ)の摩天楼群において、グロピウスとマイヤーのようなドイツ人の建築家によって鼓舞された、特徴のない平板(ひらいた)〔スラブ〕のような形式〔体裁〕を採択した。ロックフェラー・センターは、新しい公会堂(オーディトリアム)〔劇場〕を望んだニューヨーク・メトロポリタン・オペラ・カンパニーの要求の一部として1928年に建設が始まった。1929年の金融危機の結果として、このオペラ・カンパニーが撤退したあと、これらの地所は、まったく異なった後援者(パトロン)である、「ラジオ・コーポレイション・オヴ・アメリカ」〔いわゆるRCA〕によって引き継がれた。建築家のラインハイトとホフマイスターが、設計の相談役(コンサルタント)としてのハーヴィー・コーベット〔1873-1954年〕とレーモンド・フッドと協働して、今や、その足元にはいささか貧弱な広場を備えた、ラジオ・コーポレイション〔ラジオ会社〕のための、もっとも背丈が高く、かつもっとも薄いものが統べた、塔群の複合体(コンプレックス)を生みだしたのであった。ヴォードヴィル〔歌や踊り・パントマイム・曲芸などを交えたショー。寄席(よせ)〕や映画館用に使うための、6,200人収容の「ラジオ・シティ・ミュージック・ホール」の設計を手伝うため、彼らは、興行主兼ラジオのパーソナリティであったロキシー〔ロクシー〕（サミュエル・L.ロウターフェル）〔1882-1936年〕と契約した。1932年にオープンしたこの劇場(ホール)は、1930年代におけるアメリカン・ライフの大いなる特徴であった、数多くのロマンティックな、あるいは「美的な雰囲気のある」映画館兼劇場のなかで、もっとも眩惑的で見事な造りの建築のひとつであった。黒ガラス、鏡板(かがみいた)、光沢ある金属、そして金色の天井の下にある照明で豊かに飾り立てられた、140フィート（43m）の幅がある大きなロビーから、訪問者たちは観客席(オーディトリアム)へと向かうのである。ここでは、舞台が、巨大な入れ子式にはまり込んだ、太陽のような図柄(パターン)を表わすアーチ群のなかに設置されており、微妙な照明の助けを借りて、広範な自然っぽい効果の数々を真似ることができるのである。

1939年までのヨーロッパ

20世紀初期のベルリン：メッセルとベーレンス

第2次世界大戦までの20世紀ドイツ建築には、これらの年月のあいだ互いが互いを継承した、極端な多様性を有する、3つの劇的なまでに異なった政治システム〔の影響〕が幾分

感じられた。その第1は、1918年に崩壊したホーエンツォレルン王朝〔1871年から続いた王家〕のドイツ帝国であり、この帝国を構成していた王国や公国、そして大公国が転覆してしまったことである。その次は、ヴァイマール共和国であり、最後は、1933年に確立された国家〔国民〕社会主義である。1890年代の非常に多くのヨーロッパの建築家たちによって導かれた「アール・ヌーヴォー」のための探求とは別個に、ドイツは、この時期には、なおも若々しいドイツ帝国に相応しい様式を見つけだそうとする独自の試みの数々に、取り憑かれていた。この様式が、地中海的な性格よりもむしろ、見覚えのある北ヨーロッパ的な性格を有するべきであることが、重要と思われた。かくして、この20世紀最初の10年間に、ルートヴィヒ・ホフマン（1851-1932年）、アルフレート・メッセル（1853-1909年）、テオドール・フィッシャー（1862-1938年）、そしてフリッツ・シューマッハー（1869-1947年）といった建築家たちが、19世紀末頃の「ヴィルヘルム様式」〔1871-1918年のドイツ皇帝様式。ヴィルヘルミーネ・スタイル〕がもつバロック的な狂想的放縦さを避け、ドイツ・ルネサンスの様相と新古典主義的様相を復活させ、しばしば、南ドイツの土着的な伝統を反復させるような、感受性の鋭い独創的な古典主義造形言語を発展させたのである。

　これらの建築家のなかでもっとも創造的であった人物のひとりが、メッセルであり、彼の手になる、大きな影響力を及ぼしたベルリンの「ヴェルトハイム・デパートメント・ストア」は、以下のように、3つの段階を経て建てられた。すなわち、まず1896-7年にライプツィヒ

805　ヴェルトハイム・デパートメント・ストアのライプツィヒ広場側ファサード、ベルリン（1904年）、メッセルによる

806　メッセル：ドイツ国立銀行の外観、ベーレンス通り（シュトラーセ）、ベルリン（1906-7年）

807　ボナーツ：シュトゥットガルト鉄道駅舎（1911-3年設計；1913-28年建造）

通り（シュトラーセ）のファサードから始まり、次に、1901年にフォス通り（シュトラーセ）のファサードを、そして最後に、ライプツィヒ広場（プラッツ）に面した1904年の著しい個性を放ったファサードという具合に、である。これらのファサードはみな、とりわけ一番最後のファサードは、時々アール・ヌーヴォーないしはゴシックの細部と組み合わされたものの、その大方が変形を加えられた、巨大な方立ての縦格子群（マリオン・グリッズ）によって特徴づけられていた。このデパートメント・ストアの中心をなすホールには、鉄の枠組み、鉄製の階段と階廊（ギャラリー）、そして内部のガラスの壁面があった。魅力的な外観の明確に分節化された表現は、デュッセルドルフの、オルプリッヒの手になる「ティーツ・デパートメント・ストア」（1907-9年）に真似されたほどのものであった。メッセルの手になる、ベルリンのベーレンス通り（シュトラーセ）に建つ「ドイツ国立銀行」（1906-7年）は、ゲンツの様式に倣った、ギリシャ・ドリス式の入口柱廊（ポーチ）と、注目すべき〔同じ〕ギリシャ・ドリス式の内部空間が見られた。その一方で、この銀行のファサードは、1940年までドイツの古典主義に特有であり続けたところの、古典主義要素群の、塊りをつくる〔ずんぐりとした、がっちりした〕、強引な〔押しの強い〕取り扱いが注目に値する。この近代化された、ドイツ民族の新古典主義（チュートニック）を採択した建築家たちのひとりが、ゲルマン・ベシュテルマイヤー（1874-1942年）であった。たとえば、みな、ミュンヒェンにある、彼の手になるルートヴィヒ＝マックス大学の増築（1906-10年）、保険会社本局（1916年）、そして工科大学（テクニカル・ハイ・スクール）（1922年）は、こうした新古典主義様式でつくられた。これと同じ力強い直截的な造形言語（ランゲージ）が、パウル・ボナーツ（1877-1951〔1956〕年）によって採択された。彼の傑作は、1911-3年に設計され、1913-28年に施工された、シュトゥットガルト鉄道駅舎である。

　メッセルに影響された建築家たちのなかでもっとも重要な人物といえば、ペーター・ベーレンス（1868-1949年）であった。彼は、1909年に、メッセルについての感謝に溢れた死亡記

第11章　20世紀

事を書いていた。ベーレンスは、フランク・ロイド・ライトよりもずっと様式上の対照が際立った経歴の持ち主であったが、いくつかの点で、ライトと似た建築家であった。ドイツ帝国、ヴァイマール共和国、そしてナチスの下(もと)で、幸運にも仕事を継続したベーレンスは、著しく多様な様相を呈した建物群を生みだした。すなわち、アール・ヌーヴォー、トスカーナ地方の最初期(プロト)ルネサンスの復興、記念碑的な工業的なもの、余分な装飾を一切省いた古典様式、表現主義、国際的な近代主義、そして第三帝国古典主義、といった具合にである。ベーレンスは、リーグルやヴォーリンガーの美学理論に深く影響されていた。彼らは、素材の条件に対する芸術的意志の優越性を強調する、芸術意欲(ウィル)（Kunstwollen〔クンストヴォレン〕）〔ワトキンの英訳はwill to form（形態への意志）〕や時代精神（Zeitgeist〔ツァイトガイスト〕）〔ワトキンの英訳はthe spirit of the age〕といった概念を中心に論じていたのである。建築を、連続する時代の変遷(チェインジング)する精神の文化的な本質として捉えるといった、自らの理解(アンダースタンディング)〔認識〕の助けによってベーレンスは、さまざまに異なった文化的かつ政治的な目標をもった施主や政権のためにすぐに働ける状態にしておくという心構えが、とりわけできていたのである。

　ベーレンスは、画家として修練を積んだ。そして彼の経歴は、「アーツ・アンド・クラフツ」の改新的な役割に対して、ほぼ神秘的なまでに確信を抱いた、「ダルムシュタット芸術家村(コロニー)」のロマンティックな世界において始まった。1899年にベーレンスは、この〔芸術家〕村における草創期の7人の芸術家のひとりとなり、この〔芸術家〕村で、翌年に彼は、きわめて審美的な〔美感を意識した〕小さな自邸を建てたが、これは、強烈なアール・ヌーヴォーの趣き(フレイヴァー)があり、さらには、オーク・パークでの1889年における、フランク・ロイド・ライト自身の邸宅の平面と比較され続けることになった、一部開放的な平面を併せもっていた。1902年に彼は、トリーノでの「装飾美術万国博覧会」用にハンブルク〔館の〕玄関ホールを設計したが、これは、ギマールの作品を思い起こさせる、詩的な雰囲気をもった洞窟のような内部を有していた。

　この翌年にベーレンスは、ダルムシュタットの芸術家村(コロニー)を去り、デュッセルドルフの「アーツ・アンド・クラフツ学校（Kunstgewerbeschule）」〔gewerbeschuleは実業（職業）学校のこと〕の校長(ディレクター)になった。ここでは産業資本家たちと接触するようになり、1907年に、AEG(アー・エー・ゲー)（総合電気〔機〕会社）〔独語では、Allgemeine Elektricitäts-Gesellschaft. ワトキンはこれをGerman Electricity Companyと英訳しているが、GermanでなくGeneralが正しい〕から最初の仕事の依頼を受けた。このデュッセルドルフへの移住に伴って、ベーレンスは、自らの初期の頃の手法とはまったく対照的な手法で、1905-6年に、一団(ア・グループ)の建築群を設計した。11世紀と12世紀の、トスカーナ地方に見られた最初の(プロト)ルネサンスに際立って類似した、新鮮で新たな古代風の精神(ネオ=アンティーク・スピリット)を放つこれらの建物のひとつが、ハーゲン〔ドイツ西部のノルトライン=ヴェストファーレン州の工業都市〕近郊のデルステルンに、1906-7年に建てられた火葬場(クレマトリウム)であった。一団の建物のなかでもっとも有意義なこの建物は、フィレンツェの、サン・ミニアート・アル・モンテ（本書上巻〔I〕206頁）によって鼓舞されたものである。この建物には、ベーレンスが、プロシアにおける最

807

808　ベーレンス：AEGタービン工場、ベルリン＝モアビット地区（1909年）

809　AEG小型モーター工場のフォルタ通り側のファサード（1909-13年）、ベーレンスによる

初の、そしてそれゆえに議論を呼んだ火葬場としての機能にとって相応(ふさわ)しいものを考えた、秘教的な幾何学(ミスティック)によってつくりだされた雰囲気が浸透している。

　1907年にベーレンスは、力強い、拡張し続ける総合電気〔機〕会社〔AEG〕付きの芸術相談役(コンサルタント)に任命された。この会社のために、メッセルが、1902年から1906年まで働いていたのであった。このAEGのための、ベーレンスの手になるもっともよく知られた作品は、ベルリン＝モアビット地区に建つ、1909年のタービン〔組立て〕工場である。彼は、本質的に鉄とガラスの吊り金物(ハンガー)でしかないものを、帝国ドイツにおいて新しい力がもつ詩情についての、表現豊かな言明(ステイトメント)へと変換することを望んだ。かくしてベーレンスは、矩形の建物の短辺両端に、機能的には必要のないコンクリートのファサードを備え付けたのであった。これらのファサードは、エジプトないしはミュケナイ建築の、ゆるい縦勾配になった塔門(パイロン)のように、傾斜した角度をもって地面から建ち上がっており、これは、1800年頃の、とある市門のための計画案において、ジリーによって呼び戻されたものと同様のものであった。新古典主義時代のベルリンのさらなる模倣は、このタービン工場の側面翼に備えられている。ここでは、シンケルの手になるシャオシュピールハオスの楣式構造による明確な表現(アーティキュレイション)が真似られている。建築家として、ましてや工学技師として、正式な修業を積んではいないベーレンスは、タービン工場の構造に関わる意匠(デザイン)に対しては、工学技師のカール・ベルンハルトに頼らざるをえなかった。しかしながら、まさしくベルンハルト自身が、純粋に視覚的な、また表現上の理由からベーレンスによってすでに選び取られていた、重々しい切妻形の端部に対して、内部の3つの蝶番(スリー・ヒンジド)がある金属製のアーチ群という意匠(デザイン)を適合せざるをえなかったのであった。ター

第11章　20世紀

ビン工場のあとに、AEGの小型モーター工場（1909-13年）という、ベルリンでのもうひとつの「力の神殿」が続いた。ここでは、642フィート（196m）という長さの、フォルタ通り側のシンケル風のファサードが、その65フィート（20m）の高さがある、威圧的に並んだ煉瓦造りの付け柱群をもち、あたかも古代のストアのような様相を呈している。同時代の人々は、その自然力に似た力強さの外観が、パエストゥムないしはストーンヘンジを思い起こさせると感じたのであった。

　小型モーター工場は、ベルリンのヴェディング地区に建つ巨大なフンボルトハイン〔原語はHumboldthain．自然科学者、博物学者、地理学者であったアレクサンダー・フォン・フンボルト男爵（1769-1859年）にちなんで名付けられている。hain（ハイン）は小さな森や神苑、木立を意味する〕の複合体〔ここには公園や高射砲塔跡、駅舎などがある〕の地域において、AEGのために、ベーレンスがつくり上げた3つの巨大な工場群のうちのひとつであった。このうちのもうひとつのものが、1908年の「高張力材工場」であり、この工場は、傾斜した瓦屋根、隅部の塔群、そして隠された鋼鉄の枠組みから張り出した煉瓦造りのファサードを備えていた。これは、その全体の領域が、ガラスと鉄からなる巨大な納屋がある、中世の農耕集落〔定住地〕になぞらえられる近代の工業集落といった印象を、つくり上げるのに役立っている。ベーレンスを後援する組織として、AEGは、「ドイツ工作連盟（der Deutscher Werkbund）」を間接的に支えていたのであった。この「工作連盟」は、製造業者、建築家、デザイナー、そして著述家たちの連合として、1907年にヘルマン・ムテジウスによって創設されていた。彼らの目的は、工業製品のデザインに国民特有の標準型をつくり上げ、国際的な市場において、高品質のドイツ製品の販売を促進させることであった。ベーレンスは、表現に勢いのある、新たなカロリング朝の活字書体の使用という特徴をもった、AEGの刊行物や展示会用の、統一のとれた図示様式をつくり上げた。彼はおそらく工業製品のマーケティング〔市場売買〕に関連させて、法人〔会社〕組織のイメージをつくり上げた最初の人物であったと思われる。こうした野心の数々に関してベーレンスは、ヴァルター・ラーテナウ〔1867-1922年〕という、のちのドイツの外務大臣であり、AEGの理事のひとりで、AEGの創立者の息子でもあった人物に、支持されていたのである。フリードリヒ・ジリーの向こうを張ろうと意図的に奮闘したヴァルター・ラーテナウは、精神的な諸価値に対する信頼を維持し続け、工業技術に振り廻されることがないよう意を決していたのである。

　あらゆる建築的課題に対する適切かつ表現に富んだ解決法を見いだすことへのベーレンスの関心は、彼をして、テオドール・ヴィーガント博士〔1864-1936年〕にとっての理想的な建築家たらしめた。ヴィーガントは、プリエネ、ミレトス、そしてサモスで発掘作業を行なった考古学者であった。1910年に王立プロシア美術館の古代遺物部門の理事〔管理者〕に任命されたヴィーガントは、ベーレンスに卓越した新たな古代風の私邸の建設を委託し、この建物は、1911-2年にベルリンのダーレム地区に建てられた。溝彫りを欠いたドリス式円柱群の周柱廊が付いた、見事に積み上げられた切石でつくられたこの邸宅は、ベーレンスが1904

809

810　ヴィーガント邸のファサード、ベルリン＝ダーレム地区（1911-2年）、ベーレンスによる

年に訪れていた、プリエネやデロスやポンペイの汎ギリシャ的住宅群の、著しくシンケル風な変種といえるものである。不当ではなく、ベーレンスは、自分自身を20世紀のシンケルと見なすようになったのである。実際のところ、ちょうどシンケルが、ヴィンケルマンにまで遡る古代観の頂点をなす人物であったのと同じ様に、ベーレンスは、古典古代の文化を新鮮な感覚で捉え直すことを具現化した人物なのであった。こうした古典古代の文化の具体的な理解は、シュリーマンやヴィーガント、そして〔アドルフ・〕フルトヴェングラー〔1853-1907年〕といったドイツ人の考古学者たちのさまざまな発見によって、また、古代末期の建築や手工芸に対する、リーグルやストジュゴーフスキー〔1862-1941年〕の諸々の調査研究によって、19世紀末頃から可能になっていたのであった。

全体としてはベーレンスの作品の典型とは言い難い、ヴィーガント邸の強烈な考古学的趣きは、おそらくヴィーガント博士によるものであろう。博士はプリエネの住居建築群の復元を行なっていたからである。これよりも特徴ある作品は、ベーレンスの手になる、サンクトペテルブルクの名声あるドイツ大使館（1911-2年）であった。ベーレンスがそのAEG工場群において労働を神聖なものにしたのとちょうど同じ様に、その大使館においてベーレンスは、国家を神聖化したのであった。ベーレンスは、「ドイツの芸術と工学技術は、かくして、その一方の目的である、ドイツ国家の権力をめざして励むことであろう」と主張した。ベーレンスは、そのAEG小型モーター工場の、余分な装飾を一切取り除いた古典主義を踏襲し、サンクト・イサーク大聖堂の隣に建つといったドイツ大使館の堂々とした背景に相応しいやり方で、この古典主義を発展させたのである。その記念碑的な規模は、サンクトペテルブルクの新古典主義の建築群の規模に対して敬意を表しているわけであり、一方、その列柱廊からなる正面は、以前には乗馬姿の一団がその頂きに載っていたが、シンケルの手になる古美術館と、ラングハンスの手になるブランデンブルク門を思い起こさせる。その荒削りの、そしていささか権威主義的な表現手段は、ベルリンのフリードリヒ＝カール＝ウファーに建つ、メッセルによるAEGの事務局棟（1905-6年）のそれを真似ているが、のちに広く、とりわけ、第三帝国の建築群に対して影響を与えることになった。内部では、格天井と、溝彫りが付けられた黒い斑岩のギリシャのドリス式円柱群からなる列柱廊がある入口ホールが、ガラスの扉群をとおして内部の中庭庭園へと続いており、明らかに、シンケルが提案したオリアンダ城館〔宮殿〕における同様な配置に鼓舞されている（本書672頁）。

第11章　20世紀

表現主義の興隆とペルツィヒの作品

　表現力に溢れた様式の探求——これについてわれわれは、ベーレンスの作品にその明証(エヴィデンス)を見いだしていた——は、1813年から1871年に到る、ドイツ統一への歩み(パス)を記念する国家的記念建造物群の建立に同時代の人々が固執したことと並行関係にあった。バイエルン国王のルートヴィヒ1世のような君主(モナークス)たちから、最後の皇帝(カイザー)(在位1888-1918年)〔ヴィルヘルム2世(1859-1941年)のこと。Kaiser Wilhelmと呼ばれる〕によって継承された、この国家主義的神話の結果として、建築家のヴィルヘルム・クライス(1873-1953年)は、その多くのものが、ビスマルク〔1853-1901年〕に捧げられたところの、40件を超える国家的記念碑を、1914年までに生みだしたのであった。クライスの本質をなす好戦的な記念碑的様式は、きわめて表現力に溢れた力を有しており、この力はまた、彼の手になる、ハレ〔塩の取引で知られた、ドイツ中東部、ザーレ川に臨む都市〕の「〔ザクセンアンハルト〕州立先史美術館」(1911-6年)において見事に示されている。すなわちここでは、トリーアにある後期ローマ時代の「ポルタ・ニグラ」〔186-200年〕を思い起こさせるような〔モルタルを用いない〕巨石式(キュクロプス)の石細工と隅の塔群が見られるのである。彼とほぼ同様に多産であったのが、建築家のブルーノ・シュミッツ(1858-1916年)であった。クライスは、このシュミッツから、自らの増大してゆく抽象的な造形言語(ランゲージ)の大半を抽きだしたのである。シュミッツの手になる、皇帝(カイザー)ヴィルヘルム1世(在位1871-88年)に捧げられた帝国記念建造物群としては、ポルタ・ヴェストファーリカ近郊のキフホイザー山上と、コブレンツ近郊のドイッチェス・エックに建つ、1896-7年のものが挙げられる。しかし、シュミッツによるドイツの歴史の栄光を称える行為の絶頂をなすものは、1813年10月の「諸国民の戦い(the Battle of the Nations)」を祝勝するための、ライプツィヒに建つ「フェルカーシュラッハト・メモリアル(Völkerschlacht Memorial)」〔フェルカーシュラッハトは「諸国民の戦い」の意で、これは1813年10月16日から19日まで行なわれたライプツィヒの戦いのこと。連合軍がナポレオン軍を破った〕であった。シュミッツは、1896年に催されたこの記念碑用の設計競技を勝ち取ったが、これは、1900年から1913年にかけてゆっく

811　シュミッツ：フェルカーシュラッハト・メモリアル、ライプツィヒ(1900-13年)

りと建てられたのである。斑岩の花崗岩で表面を仕上げられた鉄筋コンクリート造の記念碑であった。まっすぐに延びた軸線の眺望の果てにある人工の丘陵の上に、威嚇するかのごとく静かに〔辺りを〕覆うように佇む、ずんぐりとした太古を思わせる細部から出来た、この巨大な塔は、それが暴力(ブルート・フォース)を喚起する点でまさしく恐ろしいものである。背の高い、ドームが架かった部屋がいくつもあるこの建物は、表現主義のデザイナーたちに特別な思いを抱かせることになる、塔や洞窟(ケイヴ)といった特質を組み合わせているのである。

「表現主義(expressionism)」なる用語(ターム)を最初に用いた人物のひとりが、マティス〔1869-1954年〕とファン・ゴッホ〔1853-90年〕による絵画との絡み(コンテクスト)で、1911年に〔この用語を用いた〕美術史家のヴィルヘルム・ヴォーリンガー〔1881-1965年〕であった。ヴォーリンガーは、〔アーロイス・〕リーグル〔1858-1905年〕が唱えたところの芸術意欲(Kunstwollen)〔(再録するが、)ワトキンの英訳は、will to form（形態への意志）〕を、北方のドイツに住む人間の心理状態を表わす永遠の力として発展させたのであった。この時期におけるドイツの芸術的思考法に対する、もうひとつの力強い影響は、哲学者のフリードリヒ・ニーチェ（1844-1900年〔ワトキンの1910年は誤り〕）に由来した。暗黒の不合理な様相(ノート)を提供した、その著作群において、ニーチェは、陶酔したダイナミズムといったディオニュソス的イメージを好むがゆえに、ヴィンケルマンやゲーテによって讃美されたような、ギリシャ文化の、アポロン的すなわち均衡のとれたイメージを結局のところ打ち倒してしまったのである。表現主義の運動もまた、ニーチェの「超人(the Superman)」——これは、近代芸術と演劇の自然主義と新たなロマン主義を越えて、自らの意志を確立しようと戦いを挑むような、永遠に続く感情的な興奮状態にある者のことである——なる概念によって彩られていた。ドイツにおける主導的な表現主義者の芸術家たちは、ロシア人の画家ヴァシリー・カンディンスキー（1866-1944年）と、フランツ・マルク（1880-1916年）であった。彼らの爆発的な、象徴的抽象作用の表現の数々は、非＝表象〔再現、描写〕的な、もしくは非＝具象的な芸術のもっとも初期の例として挙げられる。

この様式は、ハンス・ペルツィヒ、エリック・メンデルゾーン、フリッツ・ヘーガー、ドミニクス・ベーム〔1880-1955年〕、ブルーノ・タウトの作品において建築的な並行関係にある。そして、ベーレンス自身による数少ない大戦後の作品、たとえば、フランクフルト＝アム＝マイン〔郊外〕、ヘーヒストのI. G.＝ファルベン〔ヘキスト〕染料工場の事務局本部棟群(ヘッド・オフィスイズ)〔本社〕（1920-1年）、そして1922年にミュンヒェンで開催された「応用美術展覧会」でのドームバウヒュッテ（石工職人たちの小屋(メーソンズ)〔工房、仕事場〕(ロッジ)の大聖堂(カシードラル)）といった作品とさえも、同じ様な並行関係にある。ヘーヒストに建つ〔ファルベン染料工場〕本社事務棟の外観(ビルディング)は、おそらくクラメルとデ・クレルクのアムステルダム派(スクール)に影響されたものであろうが、そこには、重々しいアーチ群や橋、そして正面部分のひとつにゴシック体数字を表わした巨大な時計塔を備え、北ドイツの中世に見られた煉瓦造りの伝統へと回帰した様相が見られるのである。しかしながら、4階からなる入口ホールは、東京の帝国ホテルでの、ライトによる内部の力強さがいくらか感じられるような、多くの側面をもった、持送り積みされた煉瓦細工(ブリックワーク)でつくら

812

第11章　20世紀

812　I.G. = ファルベン染料工場の事務局本部棟群の入口にある天窓(スカイライト)、ヘーヒスト、フランクフルト = アム = マイン（1920-1年）、ベーレンスによる

れているのである。そのギザギザの形をした煉瓦細工(ブリックワーク)は、上階にゆくほど、スペクトル〔プリズムなどに見られる、白色光の分光〕によるさまざまな色を真似ており、天辺に到ると、水晶のように透明な天窓(スカイライト)が見られ、この煉瓦細工は、その『色彩論（Theory of Colours）』におけるゲーテの主張によれば喜びの色である、明るい黄色に変わるのである。この電気仕掛けの抜群な出来の内部(トランセンデント)は、広大無辺な水晶(コスミック・クリスタル)に似ており、第1次世界大戦の政治的大変動の恐怖に対する反動として解釈することができるであろう。というのも、ここに見られる飾り気のないまっすぐな眺望(ビュー)は、戦争で殺害されてしまった600人の工員たち(エンプロイーズ)の名前で限られていたからである。

　表現主義の主要な建築家は、ハンス・ペルツィヒ（1869-1936年）であった。彼は、ベルリンのシャーロッテンブルク地区の有名な「工科大学（Technical High School）」〔Technischen Hochshule〕で修業を積んだあと、1903年にブレスラウ（ブロツワフ）の王立アーツ・アンド・クラフツ・アカデミーの会長(ディレクター)に任命され、1916年までこの地に留まった。彼の任命は、デュッセルドルフでのベーレンス、ベルリンでのブルーノ・パウル〔1874-1968年〕とヘルマン・ムテジウス、そしてヴァイマールでのヴァン・デ・ヴェルデの場合と同様に、応用芸術のもっとも影響力を行使した学校の数々に長として、主導的な芸術家たちを置くといったムテジウスの政策(ポリシー)の結果であった。ペルツィヒの手になるもっとも重要な初期の作品は、シレジアのポーゼン（ポズナン、ポーランド〔西部の都市〕）に建つ貯水塔と展示場(ホール)である。後者は、

813

813 百周年記念ホールの内部、ブレスラウ（1911-3年）、ベルクによる

814 グローセス・シャオシュピールハオスの観客席、ベルリン（1918-9年）、ペルツィヒによる

第11章　20世紀

1911年のポーゼンでの展覧会月にペルツィヒが建てたものである。これは、リーグルによる「形態への意志」〔芸術意欲〕の創意に富んだダイナミックな表現として解釈することができる。このリーグルの概念においては、工業〔産業〕用の建物のタイプに対して、強調された〔力強い〕ゲルマン民族〔ドイツ人〕的な記念碑性が授けられるのである。その七角形からなる鋼鉄の枠組みは、矢筈模様と菱形模様の図柄をした、煉瓦細工の壁板で塞がれており、3層からなる差し掛け〔片流れ〕屋根群によって豊かな様相を呈し、いつまでも記憶に残るような〔印象的な〕輪郭をこの建物に与えているのである。これは、1813年のライプツィヒにおけるナポレオンの敗退を記念して建てられた、多くの建造物のもうひとつのものとして、マックス・ベルク（1870-1947年）による設計案を基に、1911-3年にブレスラウで建てられた「百周年記念ホール（the Centennial Hall）」と比較対照すべきものである。この「百周年記念ホール」の巨大な鉄筋コンクリート造のドームは、225フィート（67〔68.58〕m）のスパンを有しており、これが建てられた当時、世界最大のドームなのであった。内部では、32本のフライイング・リブ群が、4基の大きなアーチ群に支えられた円形状の環をなす梁まで降りていっており、その一方で、4つのアプス群が、横圧力に抗うのを助けているのである。このダイナミックなかたちで露出した構造は、段状の列をなすクリアストーリー〔明かり採り〕の窓割りによって、外観では隠されている。これらの工夫を凝らした造りは、古典主義的な手法で行なわれており、こうした手法こそは、この百周年記念ホールに言祝がれた時代を表現するに相応しい「語る建築（*architecture parlante*）」をつくりだそうとする、ベルクの願望の一部をなしていたのであった。

　ペルツィヒは、才気縦横な興業主〔演出者兼プロデューサー〕、マックス・ラインハルト〔1873-1943年〕のための、ベルリンの自らの手になるグローセス・シャオシュピールハオス〔「大劇場」の意〕（1918-9年）において、全体的に異なった〔種類の〕表現主義的造形言語を採択した。すでに曲芸場として使われてきた市場ホールから改造された、この「5千人劇場（Theatre of the Five Thousand）」は、19世紀末頃の「人民の劇場（People's Theatre）」の成果であった。この一般向きの効果的な表現の目的は、民衆の文化の一部として、あらゆる人々用の「全面的な劇場」を供給することであった。すなわち、この劇場では、舞台と観客席のあいだに境界がなく、ボックス席は皆無で、料金の異なった座席すら存在しなかったのである。ペルツィヒは、内部を、〔何層もの〕連続した環をなす鍾乳石あるいはつららが、驚くような様相で吊り下げられた1基のドームによって限られた、一種の魔法の洞窟ないしは宇宙のイメージとして設計したのであった。おそらくは、当初はイスラームの鍾乳石のヴォールト架構に示唆されたこれらの、〔鍾乳石もしくはつららによる連続した〕環の数々は、隠された人工の採光でロマンティックな輪郭を見せつけていた。この忘我状態に陥らせるような〔恍惚とさせるような〕内部を見る限り、ペルツィヒは、ブルーノ・タウト（1880-1938年）の影響下に入り込んでいたように思われる。

815

ドイツとオランダにおける、ほかの表現主義の建築家たち

きわめて影響力のある、さまざまな発想(アイデア)の伝達者であり、なおかつ空想的な表現主義の設計案のつくり手でもあったタウトは、ガラスの「神話」を確立した。これをタウトは、究極的にこの世界の悪を減少させるのに役立つような取り組み方(アプローチ)を、近代人が新たに自己認識し、鮮明にするよう促すものと見なしたのである。「ガラス館(パヴィリオン)」は、1914年のケルンにおける「ドイツ工作連盟」展覧会でのガラス製造業のために建てられたものであるが、その単純化された水平装飾帯(フリーズ)すなわち胴蛇腹には、「〔鮮やかに〕彩(いろど)られたガラスは憎しみを破壊する」といったようなアフォリズム〔金言、格言、警句〕の数々が刻み込まれていた。これらのアフォリズムは、無政府社会主義者の詩人兼小説家、パウル・シェーアバルト(1863-1915年)によってつくられたが、次にはこのシェーアバルトが、自らの1914年の著作『ガラス建築(Glasarchitektur)』に、タウトへの献辞を記したのであった。「ガラス館(パヴィリオン)」は、長斜方形〔偏菱形〕のプリズム〔角柱〕からなる、パイナップルの形をした多くの側面をもつガラスのドームであり、ガラス煉瓦〔ガラスブロックと同じ。建物の外壁や間仕切りに使われるブロック。採光や防音、さらに美観に対しても有効〕の14辺からなる基礎階(サイデッドベイス)〔図815では、地上からの階段を上がった(2階)部分〕から建ち上がっていた。このプリズムは、万華鏡からの色付き光線群がゆらめく(プレイ)ことで活気づけられた、水の流れ落ちる野心的な小さな滝(カスケイド)がひとつある内部では、色とりどりのガラスが上張りされていた。これよりもはるかに誇張された幻想的(ファンタジー)な様相が、タウトの著作群、『アルプス建築(Alpine Architecture)』〔Alpine Architektur〕(ハーゲン、1919年)や『都市の冠(The City Crown)』〔Die Stadtkrone〕(イエーナ、1919年)、そして『都市の解体(The Dissolution of Cities)』〔Die Auflösung der Städte〕(ハーゲン、1920年)のなかの図版群にみなぎっていた。ここで彼は、ひとつの社会のさまざまな熱望を象徴的に表現する、網状に繋がった(ネットワーク)水晶のようなドーム群や洞窟群を思い描いたのである。こうした熱望とは、すなわち、ユートピア的な社会主義がもつ激しい自己矛盾〔自己撞着〕的造形言語(ランゲージ)で、タウトが明快に述べたものであった。

少なくともひとつの機会において、タウトのそれに似た幻想(ファンタジー)の数々が現実のものとなった。これは、エリック・メンデルゾーン(1887-1953年)によって、表現主義運動のもっとも幻視的かつ抽象彫刻的な建築の記念碑のひとつとして設計された、ベルリンのノイバーベルスベルクに建つ「アインシュタイン塔」(1919-24年)であった。ベルリンでの初期の修業のあ

815 タウト:ガラス館(パヴィリオン)、ドイツ工作連盟展覧会、ケルン(1914年)

第11章　20世紀

とメンデルゾーンは、1910年に、ミュンヒェンの工科大学〔Technishe Hochschule〕でテオドール・フィッシャーの弟子になった。この都市における、表現主義者たちが見せたニーチェ的なダイナミズムは、メンデルゾーンの手になる数多くの小さなスケッチ群に直接反映されており、その多くは、──第1次世界大戦のドイツ戦線における戦いのさなかに──「未来派的」な、すなわち非＝歴史性が強調された響きをもつ、立体感溢れる造形力で構想された建物のために描かれたものであった。

816　ショッケン・デパートメント・ストアのファサード、シュトゥットガルト（1926年）、メンデルゾーンによる

　メンデルゾーンが、これらの野望を実現した場である「アインシュタイン塔」は、ドイツ政府によって、アインシュタイン〔1879-1955年〕のための、天文台および天体物理学研究所として支給された。これは、半分は抽象的であるが残りの半分は、襟首の高い獣が、鉤爪のある前足を拡げてしゃがんでいる姿を彷彿させる、記憶に残るような格好をしている。メンデルゾーンは、未踏の領域の詩情と神秘を表現した、これらの曲線状の形態が、鉄筋コンクリートで施工されることを望んだ。しかしながら、材料群の供給が困難であったために、この建物の大半は、セメントで覆われた煉瓦からなっている。メンデルゾーンによる、ルッケンヴァルデに建つ鉄筋コンクリートおよび煉瓦造の帽子工場（1921-3年）は、その輪郭がぎざぎざした不格好な様の表現主義の建築であり、リオネル・ファイニンガーの同時代のスケッチ群や板目木版画群を思い起こさせる。1920年代半ばから「国際的な近代運動（the International Modern Movement）」の、より穏やかな水平線をつくり上げるのに貢献したあと、メンデルゾーンは、流線型の立体感溢れた造形エネルギーを、シュトゥットガルト（1926年）やケムニッツ〔現在のカール＝マルクス＝シュタット〕（1928-9年）にあるショッケン・デパートメント・ストアに見られるような、この新しい様式の重要な建築群へと吹き込んだのであった。

　オランダでは、「アムステルダム派」として知られるようになった土着的な表現主義が、1915年頃と1930年のあいだに花開いた。これは、北ヨーロッパの中世に見られた煉瓦造りの土着的な建築を復興させようとする試みに繋がった、ベルラーヘと彼の追随者たちの煉瓦に対する強調から成長したものであった。「アムステルダム派」の重要な初期の記念建造物は、海運業会社グループによって事務所群として建てられた、シェープヴァルトハイス〔海運協会本部ビル〕（1912-6年）である。その鉄筋コンクリートの枠組みは、ピート・クラメル（1881-1961年）とミシェル・デ・クレルク（1884-1923年）からの協力を得たヨハン・ファン・デル・メイ（1878-1949年）の設計案を基にした、押しの強いぎざぎざした形の垂直性を示す、見応

817

817 シェープヴァルトハイスの外観、アムステルダム（1912-6年）、メイ、クラメル、そしてデ・クレルクによる

818 メンデルゾーン：アインシュタイン塔、ベルリン＝ノイバーベルスベルク地区（1919-24年）

819 ヘーガー：チリハウス、ハンブルク（1923-4年）

えある煉瓦のファサードで包まれている。クラメルとデ・クレルクは、主導的なオランダの表現主義の建築家となったが、煉瓦の使用を、メンデルゾーンの手になる「アインシュタイン塔」の立体感溢れた形態群に時々対抗した造形上の幻想(プラスティック・ファンタジー)と組み合わせたのであった。アムステルダムはこの時期、政治的および社会的改革によって掻き廻されており、こうした改革は、19世紀末期における都市の急速な工業化のあいだに衰退した、労働者たちの住居(ハウジング)のレヴェルを改善させるために設立された、数多くの社会主義者や共産主義者のグループにおいて、最初に表わされたのであった。デ・クレルクとクラメルの最良の作品は、2つの社会主義者の住宅協会であるデ・ダヘラート(「曙」の意)とエイヘン・ハールト(「われらの健康」の意)のために、1913年と1922年のあいだに実施に移された、労働者用の住宅団地(ハウジング・エステイツ)であった。奇抜な切妻壁、小塔、そして張り出し窓の数々が付いた、図柄模様のある多色彩飾(ポリクロマティック)の煉瓦造りの、これらの重々しい柱棟群(ブロックス)は、新しいレヴェルの、活気や変化や職人の技能(クラフツマンシップ)を、労働者たちの住居(ハウジング)にもたらしたのであった。

　アムステルダム派の趣き(スクール フレイヴァー)をいくらか感じさせるものが、フリッツ・ヘーガー(1877-1949年)による、ハンブルクのチリハウス(1923-4年)という、ドイツにおいてももっとも魅力的(アレスティング)な表現主義の建物群のひとつに見いだされる。これは、煉瓦造りの事務局棟(オフィス・ブロック)であり、煉瓦は伝統的なハンブルクの材料なのであった。平面および輪郭における、その刺すような角張った〔不格好な〕様相は、船のへさきのように急上昇し、海運業会社の建物(シッピング・オフィスィズ ビル)という機能を表現している、その鋭角の隅部(コーナー)で絶頂に達している。教会堂建築の分野は、表現主義の刺激的な形態や空想的(ハイ＝フロウン)〔野心的、仰々しい〕な幻視的(ヴィジョナリー)理想の数々の、明白なはけ口(スコウプ)を提供した。その主要な人物は、プロテスタントのオットー・バルトニング(1883-1959年)とカトリック教徒のドミニクス・ベーム(1880-1955年)であったが、彼らは、ゴシックの構造〔物〕のもつ詩情を、近代的な構造上の技術群がもたらす利益をもって再解釈したのであった。バルトニングの手になる、ステルンキルヒェ(星の教会堂)のための1921年の計画案は、コロニア・グエルにおける自身の教会堂(1898-1915年頃)のためにガウディが考案したのと同種の放物線状アーチ群をもち、タウトの様式に倣った水晶のような構造物である。この実現には到ることのなかった構想(ヴィジョン)は、ケルンのリール地区に建つ、ザンクト・エンゲルバート(1930-2年)のような劇的なコンクリート造の教会堂群において、ベームの手によって実現された。この教会堂は、外観に奇怪な印象(ビザール)を与えている、大きな放物線状の丸い突出部が付いた屋根で覆われた、円形の建物である。ベームは、ミサでの会衆の、目と耳を両方使っての参加を高めることを目的とした、聖饗式における〔人々の〕動きの理想のかたちを表わしだそうと、心を掻き立たせていたのであった。

　1920年代のドイツにおいて、もっとも興味深い複合体(コンプレックス)をなす公共建築のうち2つが、双方ともに共通する部分の多い、アドルフ・アーベル〔1882-1968年〕の手になる、ケルンの出版物博覧会会場建築群(プレス・エキシビジョン)およびスタジアムと、ゲゾレイ〔原語はGesolei(正確にはGeSoLei).1926年にデュッセルドルフで開かれた「健康・福祉・体育大博覧会」のこと。ワトキンはGesolaiと

819

820　グロピウス：ファグス工場、アルフェルト゠アン゠デル゠ライネ、ヒルデスハイム近郊（1911-2年）

821　クライス：ラインハレ、デュッセルドルフ（1925-6年）

誤記している〕博覧会（エキシビジョン）用に、1925-6年にデュッセルドルフのライン河沿岸に建てられた、ヴィルヘルム・クライスの手になる博覧会場建築群および美術館である。後者の眺望（ヴィスタ）の上手（ヘッド）に、クライスは円形状の「ラインハレ」、すなわちプラネタリウムを置いた〔1926年〕が、今日ではコンサート・ホールとして使われている〔1978年以降のこと。2005年にも再び改造された。現在の名称は「トーンハレ（・デュッセルドルフ）」〕。これは、〔頭が逆〕V字形に尖ってギザギザの形に並んだ外構のアーチ群をもち、菱形の図柄を描いた煉瓦細工からなる、表現主義の狂態（イクストラヴァガンザ）〔狂騒曲〕である〔外観は、ブレの計画案「オペラ座」（1781年）にそっくりである〕。そして、巨大なドームの架かった内部は、ベルリンにあるペルツィヒの手になるグローセス・シャオシュピールハオスに見られたそれを思い起こさせる、鍾乳石のヴォールト架構で明快に表現されている。これと対照的に、庭園中庭（ガーデン・コート）に建つ、隅部（コーナー）の広々とした小館群（パヴィリオン）は、余分な装飾（もの）を一切取り除いた古典主義様式であった。この様式こそは、P. L. トローストやアルバート・シュペーアといった、ヒトラー〔1889-1945年。1933年から総統（フューラー）〕お抱えの建築家たちに影響を与えることになったものなのである。

グロピウスとバウハウス

クライスのように、表現主義的局面を通り抜けた建築家たちのなかでは、ヴァルター（Walter）・グロピウス（1883-1969年）ほどよく知られるようになった人物はいない。ベーレンスと同様に——グロピウスは1907年から1910年までベーレンスと協働した——グロピウスは、表現主義者としてその経歴を始めたわけではなかった。ベルリンのシャーロッテンブルク地区の、工科大学（テクニカル・ハイ・スクール）〔Technischen Hochschule〕で修業を積んだ〔これは1906-7年。それ以前の1903年には、ミュンヒェンの工科大学で学んだ〕彼は、建築家ヴァルター（Walther）・グロピウス〔1848-1911年〕の息子であり、この父よりもっと有名な建築家のマルティン・グロピウス〔1824-80年〕の大甥にあたる人物であった。大伯父の彼〔マルティン〕からグロピウスは、シンケルのプロシア流の古典主義に対する崇敬の念を継承したのであった。グロピウスの初期

第11章　20世紀

の工業建築である、ヒルデスハイム近郊のアルフェルト゠アン゠デル゠ライネに建つ、ファグス靴型工場〔シュー゠ラスト〕（1911-2年）〔ファグスとは「ブナの木」の意で、これで靴の「木型」がつくられた〕、そしてケルンにおける1914年の工作連盟博覧会でのモデル工場と事務棟〔オフィス・ビルディング〕は、グロピウスの協働者〔パートナー〕である、神智論者〔シアサフィスト〕の建築家アドルフ・マイヤー（1881-1929年）とともに設計された。これらの建物は、ベーレンスとフランク・ロイド・ライトによって鼓舞された主題群〔テーマ〕をめぐって、注意深く抑制しながら行なわれた試みである。これらの建物に見られる、平坦な屋根、ガラスのカーテンのような壁〔カーテンウォール〕〔ウォーリング〕、そしてガラスを嵌めた隅部〔コーナー〕の、矩形のもの〔ファグス靴型工場〕もあり半円形のものもある階段室は、動きを透けて見えるように表現したもの〔イメージズ〕として、〔第1次〕大戦後の国際近代様式（the International Modern Style）に、広く影響を与えることになったのである。

　第1次世界大戦の悲惨な終結と1918年のドイツ帝国の崩壊に続くドイツの、騒然とした政治的かつ知的生活のただなかにあって、グロピウスは、タウトの過激な幻視的ユートピア主義に鼓舞されるようになった。グロピウスは、「芸術のための運営委員会（Arbeitsrat für Kunst）」や「11月の集団（Novembergruppe）」、そしてタウトによって組織された文士〔レターズ〕たちの意見交換のための集まりである、「ガラスの鎖（Die gläserne Kette）」などのような、左翼系の芸術家集団〔ネットワーク〕に加わった。「運営委員会〔アルバイツラート〕」は、中世の建設小屋〔仕事場〕群〔ビルディング・ロッジ〕の再形成に関心を抱いていたが、グロピウスはほどなくして、タウト風の「住むための山々（Wohnberger）」を設計するのに日々追われることになった。絶頂期は、1919年のグロピウスの宣言とともにやって来た。この宣言のなかでグロピウスは、ヴァイマールの、「美術アカデミー」〔Kunstakademie in Weimar（Weimar Academy of Art）；（ヴァイマール大公立）美術学校（Grand Ducal School of Fine Arts）．画家のフリッツ・マッケンゼン（1866-1953年）が、1918年10月まで、美術アカデミーすなわち美術学校の校長を務めていた〕と、同年〔1919年。1915年には内定していた〕に〔ヴァン・ド・ヴェルドによって、後継者として、グロピウスが〕その校長に指名されていた「アーツ・アンド・クラフツ学校」〔（ヴァイマール大公立）工芸学校（Kunstgewerbeschule; Grand Ducal School of Applied Arts）〕を、「バウハウス（建てることを行なう家）〔ハウス・オヴ・ビルディング〕」へと改編するという自らの提案を公けにしたのであった。バウハウスの宣言書〔マニフェスト〕は、社会主義の大聖堂として描かれた、「未来の大聖堂（cathedral of the future）」の、リオネル〔ライオネル〕・ファイニンガー〔1871-1956〕による表現主義の板目木版画〔ウッドカット〕をもって図解された。グロピウスは、「ひとつの新しい信仰の、水晶のごとく透明な象徴のように、百万人の労働者たちの手から、天国へ向かっていつの日かそびえ建つであろう……未来の新しい構造物群〔ストラクチャーズ〕」について記述したのであった。この種の、中世の大聖堂に比肩しうる近代〔現代〕の構造物群はまた、タウトによってその『都市の冠』のなかで、人間の社会主義的組合〔協会〕〔ブラザーフッド〕に捧げられた水晶のごとき神殿群として構想〔予見〕されたものであった。タウトはまた、一部、バウハウスの宣言書〔マニフェスト〕に漂うギルド的社会主義の雰囲気に対する責任を負っていた。というのもこの宣言書〔マニフェスト〕は、古い大聖堂のように、手工芸の仕事場としての新しき、建てることを行なう家〔バウハウス〕〔ハウス・オヴ・ビルディング〕の姿を見ていたからである。

821

かくして、宣言書はバウハウスのさまざまな目的のひとつとして、「遠大なる目標群をもった包括的なユートピア的デザインの数々——共同体的で崇拝者の集まる建物群——を共同して計画すること」を掲げていたけれども、この学校が登場した最初の数年間は、建築の教育に対してではなく、職人の技能や絵画に対して、力点が置かれたのであった。最初のスタッフに指名された人々は、画家と彫刻家であり、そのなかには、1919年におけるゲアハルト・マルクス〔1889-1981年〕とリオネル・ファイニンガー、1922年のヨハンネス・イッテン〔1880-1967年〕、カンディンスキー、そして〔パウル・〕クレー〔1879-1940年〕がいた。マルクス主義者の建築家、ハンネス・マイヤー〔1889-1954年〕が、新しく設置された建築部門の長に任命されたのは、漸くのこと1927年になってからであった。

1922年までのバウハウスの教育プログラムにおいて、もっとも影響力を行使した人物は、イッテンであった。彼は、必修科目であった「予備課程（*Vorkurs*）」を任されていた。「近代人は完璧な現実の社会をつくり上げる前に、過去なるものを破壊しなければならない」といったバウハウスの素朴な信念に合致した、イッテンの「予備課程」は、西ヨーロッパの文化に共通するあらゆる伝統的な目標と技術を拒絶した。その代わりにイッテンは、学生が自らの既存の知的かつ感性的な障害を取り除くことによって自己発見を行なうようになることを目的とした、一連の実地訓練を提供したのであった。

822　ファイニンガー：「未来の大聖堂」の表紙　板目木版画、バウハウス宣言書から（1919年）

823　グロピウスとマイヤー：ゾンマーフェルト邸の入口正面、ベルリンのダーレム地区（1920-1年）

アーツ〔芸術〕とクラフツ〔手工芸〕とを建築のもとでひとつにまとめるというバウハウスの理想を実現するための最初の機会は、製材所の所有者兼建築請負業者であった、アドルフ・ゾンマー〔ゾマー〕フェルト〔1886-1964年〕の住宅の委託とともにやって来た。ベル

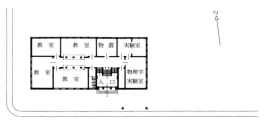

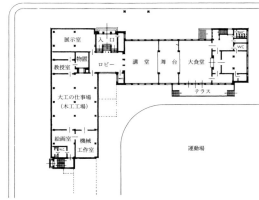

824　バウハウスの1階平面図、デッサウ（1925-6年）、グロピウスによる

第11章　20世紀

リンのダーレム地区に建つゾンマー〔ゾマー〕フェルト邸（1920-1年）は、グロピウスと〔アドルフ・〕マイヤーによって、表現主義者仲間のあいだで流行していた、角張った水晶のような形態をもった小作農の丸太小屋という主題の、表現主義的な翻案物として設計された。そのけばけばしい装飾的細部のいくつか——とりわけ刻み目の付いた梁の両端——は、ライトの手になる、東京の帝国ホテルに雰囲気が似ている。

　抽象画家のテオ・ファン・ドゥースブルフ（1883-1931年）の1921年におけるヴァイマールへの到着は、グロピウスに、オランダの運動である「デ・ステイル（De Stijl）」（ザ・スタイル）〔このグループの創設は、機関評論誌『デ・ステイル』創刊と軌を一にする〕の、カルヴァン主義〔神の絶対性や聖書の権威、そして神意による人生の予定などを強調する〕的な単純性と矩形性との接触をもたらした。この一派は、画家のピート・モンドリアン、建築家のヤコーブス・ヨハンネス・ピーター・アウトとファン・ドゥースブルフ——彼は、「正方形とわれわれの関係は、十字架が初期キリスト教徒たちに対してもっていた関係に等しい」と主張したとされている——によって、1917年にアムステルダムで創設されていた。手工芸になされた表現主義の強調は、疑いもなく、第1次世界大戦の機械でつくりだされた大量殺戮によって、いくつかの特定の地区に引き起こされていた工学技術に対する信頼の欠如によって、助長され続けていた。しかしながら、「デ・ステイル」の幾何学的美学と相俟った、工学技術への信頼回復によって、グロピウスは1923年に、イッテンによる「魔女の調理室」〔魔女が揺り椅子で本を読みながら、調理器具たちを操って料理すること。転じて、イッテンの精神主義を指す〕を打ち棄てて、反表現主義のハンガリー人芸術家、ラースロー・モホリ＝ナジ（1895-1946年）を雇って、「予備課程（Vorkurs）」を担当させるといった、態勢へと移ることが可能になった。イッテンとは対照的に、モホリ＝ナジは、自分がひとりの工場労働者に見えるように、一種のつなぎを身に付けることを選んだのであった。この新しいイメージを支持したグロピウスは、1923年に、「芸術と工学技術——ひとつの新しい統合」と題された重要な講義を行なった。建築的に言えば、この講義は、1911年のそのファグス工場において、グロピウスが率先して切り拓いた工場美学への回帰を意味したのであった。

823

825　バウハウス、デッサウ、渡り廊下〔ブリッジ〕と集団実習室棟〔ワークショップ・ウィング〕

　この様式を強調することへの変更は、ヴァイマールからデッサウへの、バウハウスの実質的な移転に反映されていた。1925-6年においてデッサウでは、グロピウスとマイヤーが、鉄筋コンクリートとガラスのカーテンのような壁〔カーテンウォール〕とからなるバウハウスの新校舎〔ホーム〕を建てたが、この建物の平面と立面は、モンドリアンとファン・ドゥースブルフのような、オランダの抽象画家もしくは新造形主義の画家によって疑いもなく鼓舞されたところの、よく考え抜かれた非対称形で組み立てられていた。工場に似ているこの建物——だからといって、この建物が工場のようだということを、実際に正当だと理由づけるものは何もないのだが——は、次に続く半世紀のあいだ、冷えびえするような影響を、学校や住宅や共同住宅〔フラット〕のような広範囲にわたる建物のタイプに及ぼしたのであった。つまりは、これらの建物もまた、工場のように見えるよう建てられたのであった。この過激な〔最小の構成要素で最大の効率をあげるという〕ミニマリズムの建築は、傾斜した屋根、円柱、装飾物、刳り形、対称形、気前のよさ、そして暖かみといったものを含んだ、「ブルジョワ的」もしくは「不純な」もののすべてを拒絶しようとする試みの結果なのであった。

アドルフ・ロースから国際近代様式まで

　グロピウスの擬似〔プセウド〕工業ミニマリズムへの歩みは、オーストリアのロースや、オランダのアウトとリートフェルト、そしてフランスのル・コルビュジエのような建築家たちによって、一掃されてしまった。アドルフ・ロース（1870-1933）の美学は、彼の論争的な小論〔エッセー〕、「装

824

第11章　20世紀

飾と犯罪（Ornament and Crime）」（1908年）のなかで述べられている。この小論は、ウィーン分離派（ゼセッショニスツ）の面々に対するロースの不満によって誘発された装飾（オーナメント）への攻撃であり、これは疑いもなく、ロースが1893年にアメリカを訪れた際に読んだと思われる、サリヴァンの小論（エッセー）「建築における装飾（Ornament in Architecture）」（1892年）に多くを負っている。ロースは、空漠とした、箱のごとき庭園側正面の、ウィー

826　デュドック：市庁舎、ヒルフェルスム（1924-31年）

ンにあるシュタイナー邸（ハウス）（1910年）のような、白い、陸屋根のある住宅群（ハウゼズ）において、自らの理論の数々を表現したのであった。ロースの住宅群（ハウゼズ）に見られる外観の厳格さにもかかわらず、これらの住宅の内部は、贅沢な素材で優雅に飾り立てられていた。というのもロースは、伝統的な職人の技術（クラフツマンシップ）が生む高価な製品に対する自らの好みと、土着的かつ古典的な範例の数々が近代の中産階級（ブルジョワ）の人間には相応しくないという自らの信念（ビリーフ）とのあいだの二分法（ダイコトミー）を克服することが決してなかったからである。シュタイナー邸（ハウス）のあとには、ロースによる「ラウムプラン（Raumplan）」〔部屋割りを階ごとに平面的には考えず、3次元の立体的な展開において考えること。立体的な部屋割り。すなわち、〈空間中の部屋割り〉ということ。さらに言うなら、部屋割りを、水平・垂直要素を考慮しながら、3次元的に考えることである〕、すなわち「ヴォリューム群からなる平面（plan of volumes）」〔これはRaumplanのワトキンによる英訳〕の概念を発展させた、一連の住宅群（ハウゼズ）が続いた。1920-2年に、ウィーンの集合住宅局（ハウジング・デパートメント）付きの建築家として、ロースが〔その能力を発揮して〕設計したところの集合住宅（マス・ハウジング）において重要な役割を果たしたこの考え（ラウムプラン）は、ウィーンのモラー邸（ハウス）（1928年）のような複合した、中2階のある〔床の高さに段差のある／乱平面の〕住宅群（ハウゼズ）において頂点に達したのであった。これらの住宅群（ハウゼズ）は、ル・コルビュジエの手になる別荘群（ヴィラズ）に、精神上（イン・スピリット）近しいものであった。

　ロースの量産集合住宅計画群（スキーム）は、実施に移されることはなかった。しかし、オランダでは、1918年にロッテルダム市付きの集合住宅建築家に任命されたJ. J. P. アウト（1890-1963年）が、アムステルダム派（スクール）のマニエリスム的諸要素に反発して、フーク・ファン・ホラント〔ロッテルダム近くのオランダ南西部の海岬〕（1924-7年）に、またロッテルダムのキーフフーク住宅団地（エステイト）（1925年）に、労働者用の、白いキュビスム的単純さを備えた集合住宅を建てた。1920年代のオランダにおいて流布した幾何学的厳格さは、一部には、ヨーロッパの他のどこにおいてよりもオランダの建築界において大きなものであった、フランク・ロイド・ライトの初期作品に対する熱狂の結果であった。かくして、その市庁舎（1924-31年）に見られるような、ヒルフェルスムでのウィレム・マリヌス・デュドック（1884-1974年）の手になる建物群は、飾りのない、部分的に重なり合った面（プレーン）や空隙体（ヴォリューム）による、抽象的な煉瓦造りの構成であるが、ライト

825

風であるばかりでなく、主導的な「デ・ステイル（*De Stijl*）」ないしは新造形主義の画家たちの構成方法に近しいものでもあった。その新しい様式を促進させるに際して、これらの画家たちは、「新しい造形性〔可塑性/立体感〕」によって特徴づけられるであろう相互の関係性を供給するために、二次元的な要素の数々を並置させることをめざしていた。ファン・ドゥースブルフは次のように書いた。すなわち、「われわれは、規定の原理から由来している、創造的な諸法則に従ってわれわれの環境を建物で囲むことを要求する。これらの法則は、経済学、数学、工学技術、衛生等々の法則に繋がっており、ひとつの新しい造形的まとまりをもたらすのである」と。用いている言葉は、ほかの多くの20世紀初期の宣言の言葉と同様に、空疎かつ勿体ぶったものではあるが、この言い廻しには、ヘリット・リートフェルト（1888-1964年）の作品にとりわけ結び付いた、ダイナミックな三次元的表現が伴っていた。

家具師〔指物師〕として修業を積んだリートフェルトは、1918年に、有名な「赤と青」の椅子を、また1924年にはユトレヒトのシュレーダー邸を、それぞれ設計したが、双方ともに、互いの交差部で重なり合う面群をもった、滑動する、すなわち可動式の部分から組み立てられているように見える。シュレーダー邸は、ほとんど間断のない単一の空間とするか、もしくはパネル群をすべり込ませて、4つの部屋に分割するかして使うことのできるような、柔軟性のある間取りをもった主要な階があり、これはまさしく、ファン・ドゥースブルフによる『造形的建築の16要点（*16 Points of a Plastic Architecture*）』（1924年）における11番目の提案を実現したものにほかならない。すなわち、

> 新しい建築は、反＝立方体である。すなわち、それはひとつの閉じられた立方体に、さまざまな機能をもった空間房群を固定しようとするものではない。むしろ、それは、立方体の核から遠心力を利用して、機能的な空間房群を（同時にまた、覆いかぶさるように出っ張った面やバルコニーの空隙体等々を）、放り投げるのである。そしてこうすることによって、高さや幅、奥行、そして時間（すなわち、想像上の四次元の存在物）が、開かれた空間群において、全体が真新しい造形的表現に近づくのである。こうして建築は、いわば、自然の重力による働きに抗って作動するところの、多かれ少なかれ浮動的な様相を獲得するわけである。

これらの本質的に20世紀的な野望を実現するに際して、シュレーダー邸は、「国際近代運動（the International Modern movement）」の最初の記念碑であると主張しうるものであるが、この建物は、その全体が伝統的な素材である、木材や煉瓦、そしてプラスターから建てられたのであった。かくして、近代様式とは、鉄筋コンクリート構造の表現として構想されたわけではなく、実践的なことに対する配慮に委細構わず押し付けられた、近代性のイメージにほかならなかったのである。このシュレーダー邸においてもうひとつ注目に値するものと言えば、その単純な、はっと思わせようとする意志である。というのも、この建物は、つつましく並

第11章　20世紀

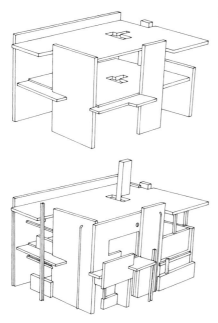

827　シュレーダー邸(ハウス)、ユトレヒト、リートフェルトによる：構成の諸要素（1924年）

828　シュレーダー邸(ハウス)の外観、ユトレヒト

び建つ19世紀の住宅群(ハウザズ)の端に、異様なかたちでくっついた小さな、セミ＝デタッチトな〔一方の仕切り壁が隣家と続いた〕別荘(ヴィラ)だからである。その外観特徴のいくつかを際立たせている、黄・青・赤の各色彩は、まさしく、モンドリアンに大きな影響を与えた神秘的な数学者、スフーンマーケルス博士〔1875-1944年〕によって、「デ・ステイル」のために、原色群として選定されたものであった。スフーンマーケルスは、自らの神秘的な宇宙論の一部として、「新＝造形主義（Neo-Plasticism）」なる用語を考案した。そして、黄色、赤色、そして青色が、「存在する唯一の色彩群である」と断じ(アーギュード)たのであった。なぜならば、黄色は、太陽光線の垂直方向の動きを象徴しており、また、青色は、太陽の周りを廻る地球の運行(コース)であるところの力を表わす水平線を、そして赤色は、〔黄色と青色〕双方の交尾(メイティング)〔めあわせ〕を、それぞれ象徴しているからである。

　「国際近代様式（the International Modern style）」は、労働者用の集合住宅展覧会の一部として、1927年にドイツ工作連盟によってシュトゥットガルトで計画・配置されたヴァイセンホーフジードルング（「白い住宅団地」の意）において、適切にも国際的な表現を与えられた。この住宅団地は、互いに敷地内でいくらかぎこちなく関連づけて置かれた、新たな陸屋根(フラット＝ルーフト)のミニマリスム様式の、連続(テラスト)（列状(ロウ)）住宅(ハウス)や一戸建て(デタッチト)住宅、そして集合住宅(アパートメント)からなっていた。もっとも、1925年の元々の計画案(スキーム)は、建築群をまとまったかたちで有機的に配置する、表現主義的な丘陵上の村(ヴィレッジ)のために用意されたのであった。1927年の〔ヴァイセンホーフジードルングにおける〕建築家として、グロピウス、ペルツィヒ、ベーレンス、ブルーノ・タウト、マックス・タウト、ル・コルビュジエ、アウト、さらには芸術上の「演出家」(ディレクター)としてのルートヴィ

ヒ・ミース・ファン・デル・ローエ（1886-1969年）が挙げられる。1908-11年にミースは、〔ベルリンの〕ノイバーベルスベルクにあったベーレンスの事務所で働いていたが、ここでミースは、当時流行していたシンケル復興(リヴァイヴァル)を吸収したのであった。このことの証(あかし)は、ミースの手になる、ベルリンのツェーレンドルフ地区の新古典主義的なペルルス邸(ハウス)（1911年）やベルリンのノイバーベルスベルク地区のウーアビッヒ邸(ハウス)（1914年）、そしてビンゲン〔・アム・ライン〕のビスマルク記念碑用の、1912年の計画案に見ることができる。

829　ミース・ファン・デル・ローエ：ガラスの摩天楼設計案（1920-1年）

830　ミース・ファン・デル・ローエ：ドイツ・パヴィリオンの内部、国際博覧会、バルセロナ（1929年）

〔第1次〕大戦後ミースは、タウトとその仲間たち(サークル)の、ガラスに対する表現主義的な熱狂に巻き込まれた。1920-1年にミースは、フーゴー・ヘーリングないしはガウディによるものにもまったくひけを取らない曲線美をなす平面の上に、幻視的(ヴィジョナリー)なガラスの摩天楼用の、〔透明な〕水晶のような設計案をつくり上げた。ベルリンのアレクサンダー広場(プラッツ)改築のために、1928年に催された設計競技へのミースの応募案は、単調でつまらない平板の塊り(スラブ・ブロックス)で囲まれた広場を提案したものだが、それはまさしく、近代の都市計画者(プランナーズ)たちが、歴史的な都市の中心部を野蛮な振る舞いでぐちゃぐちゃにする(トリートメント)ことの、不気味な前兆であった。共産党員の、カール・リープクネヒト〔1871-1919年〕とローザ・ルクセンブルク〔1871-1919年〕に捧げられた、ベルリンに建つ1926年の、ミースによる記念碑は、ねじれた〔硬質の〕過焼煉瓦(クリンカー・ブリック)からなる、抽象的な、直線で囲まれた構成であり、ひとつの大きな星のなかに彫り刻まれたハンマーと鎌とが、大きなアクセントをなしていた。この記念碑は、その押しの強い、キーキーとわめくようなあくどさはまさしく表現主義的なのであるが、構成の上では、フランク・ロイド・ライトからの影響をたっぷりと受容した「デ・ステイル」運動の絵画群によっ

第11章　20世紀

て鼓舞されているのである。同じ様な、オランダとライト風の影響の組み合わせは、非対称形に置かれた、ガラスもしくは光沢のある大理石の仕切り壁群(スクリーンズ)によって分割された広々とした内部空間群がある、バルセローナでの国際博覧会におけるミースの「ドイツ・パヴィリオン」〔バルセローナ・パヴィリオン〕（1929年）のような、低層の水平線や自由な平面をもった建物群に充満している。マルセル・ブロイヤー〔1902-81年〕とマルト・スタム〔1899-1986年〕による示唆の数々に基づいた、片持ち梁スチールパイプ式の椅子を、ミースは、ヴァイセンホーフ展覧会のためにデザインしていたが、これは、もっと豪華な造りのバルセローナ・パヴィリオンでは、「バルセローナ・チェア」に取って代わられた。かすかにではあるが新たなギリシャ様式ないしはシンケル風の性格をもった、X形〔の脚と背の〕枠組みからなる、革を張った、ステンレス鋼のこの椅子は、ヨーロッパおよび北アメリカにおける前衛的な(アヴァン=ギャルド)室内家具の顕著な特徴(ホールマークス)のひとつになったのである。ミースは1930年に、バウハウスの〔第3代〕校長(ディレクター)になったものの、国家〔国民〕社会主義体制(ナショナル・ソシアリスト・レジーム)〔国家（国民）社会主義ドイツ労働党（ナチス）による支配〕からの妨害に直面して、その3年後にバウハウスを閉鎖した。1934年における、イングランドへの短期間ではあったが大きな影響力を及ぼした旅行(ヴィズィット)のあと、ミースは、アメリカに定住し、当地で、やがてわれわれが精査することになる、新たな経歴を開始していったのであった。

両大戦間のドイツ、チェコスロヴァキア、そしてスロヴェニアにおける古典主義の伝統

「国際近代様式」が、両大戦間のドイツにおける建築上のひとつの局面のみを表わしていたことを強調しておくべきである。ヴィルヘルム・クライス、エーミール・ファーレンカンプ、ヘルマン・ギースラー〔1898-1987年〕、そしてゲルマン・ベシュテルマイヤー〔1874-1942年〕のような主導的建築家たちは、1920年代および1930年代には、第1次世界大戦の時までに確立されていた、力強い順応性のある造形言語(ランゲージ)をもって仕事をしていた。クライスの手になるヴィルヘルム゠マルクス・ハウス（1922-4年）のような、デュッセルドルフの事務所ビル群(オフィザズ・ブロックス)は、メッセルとヘーガーの煉瓦様式と垂直方向の強調を、ありのままに真似ている。これは、デュッセルドルフとニュルンベルクにあるライン製鉄所のための、1924-7年における建物群の場合と同じである。これらの製鉄所は、デュッセルドルフにおいて建築の教授を務めたクライスの弟子であり、後継者となった、エーミール・ファーレンカンプ（1885-1966）によって建てられたものである。

　国家〔国民〕社会主義(ナショナル・ソシアリスト)によって奨励された建築の取り組み方(アプローチ)は、それが工場群のためには鋼鉄(スチール)とガラスからなる近代的様式(モダーン)の使用を、大きな公共建築群のためには古典主義様式の使用を、そして地方に建つ建物群のためには、一定の範囲内での地域的かつ土着的な諸様式の使用を、それぞれ支持したという点で、部分的ではあるにせよ、本質的に社会的多元主義に則ったものであった。今や、第1次世界大戦前に、ハインリヒ・テッセノウ（1876-1950年）のような建

829

831　テッセノウ：フェスティヴァル・ハウス、ヘレラオ、
　　　ドレスデン近郊（1910-2年）

築家たちの心に取り憑いていた古典主義的な国家様式の探求に、新たな力点が置かれたのである。ドレスデン近郊のヘレラオに建つ、テッセノウの手になるフェスティヴァル・ハウス（1910-2年）の、また、ケルンの「工作連盟展」でのヨーゼフ・ホフマンの手になるオーストリア・パヴィリオン（1914年）の、一切の余分な装飾を除いたドリス様式は、1920年代および1930年代においては、デュッセルドルフにおけるその「美術館」（1925-6年）でのクライスのような建築家たちにとって、また、ミュンヒェンにおけるその「栄誉の神殿群（Temples of Honour）」（1934-5年；1947年取り壊し）でのパウル・ルートヴィヒ・トロースト（1878-1934年）にとって、ひとつの特別なインスピレーションの源泉なのであった。1923年の突発的で一時的な暴動〔一揆〕(putsch)〔プッチュ。これはドイツ・マルクのインフレが極限に達したことに端を発した、失敗に終わったヒトラー一揆のこと〕の際に傷つき倒れた国家〔国民〕社会党員たちを記念して建てられた、これらの適度な大きさからなる開放的な古典主義の霊廟群は、クレンツェの手になる国王広場の記念碑的な背景のなかで、視覚的に妥当な中断点を印づけていたのであった。この時期における、もうひとつの成功した当世風の古典主義建築は、単純なトスカーナ式的ドリス式オーダーの円柱群が、半円形の大きな曲線を描いて並んだ、ザールブリュッケンの劇場である。これは、ザール州〔ドイツ西部〕がドイツへ奪還されたことを記念するために、パウル・バウムガルテン〔1873年-1946年頃〕による設計案を基にして、1938年に建てられた。

　数多くのバイエルンの政府事務局棟や公共建築物は、ベシュテルマイヤーとトローストによって、ミュンヒェンに建てられたが、このなかには、トローストの手になる重々しいシンケル風の「ドイツ美術館」（1933-7年）がある。これらの建物は総体として、この都市ミュンヒェンにおける末期の新古典主義的な雰囲気によく調和していた。しかし、ベルリンでは、テッセノウの弟子のアルバート・シュペーア（1905-81年）が、1937年以降の誇大妄想的な全体計画を一手に引き受けていた。この計画では、凱旋門と、世界最大のドームの下の巨大な「人民の会堂」とを備えた、広大な並木大通り群に沿って並ぶ仰々しくて非現実的な公共建築群が構想されていた。建築の不可能なまでの規模の大きさと、それに伴う、「共同体の経験」がもつ道徳的に強化するという役割についての、一般大衆向きの誇張的な表現の双方が、18世紀末期のフランスにおける、ブレやルドゥーの建築的な考えの発露を、正確に繰り返しているのである。シュペーアの大きな、実施に移された作品は、今は取り壊されてしまって存在しない、ベルリンの新総統官邸（1938-9年）であったが、これは、細長く不便な敷地に巧みに適合された複合的平面からなる、余計な装飾を一切取り除いた古典主義の、より現実

第11章　20世紀

832　新総統官邸入口中庭、ベルリン（1938-9年）、シュペーアによる

的な試みなのであった。ヴェルナー・マルヒ〔1894-1976年〕とアルバート・シュペーアによる、「入口門」、「オリンピック広場」、そして「五月広場」〔May Field. 独語ではMaifeld（マイフェルト）。名称はメーデー（五月祭）・イヴェントにちなむ。スタジアム（陸上競技場）の西側に拡がる、東西300m、南北375mの大きな芝生の広場〕を備えた、ベルリンのオリンピック・スタジアム（1934-6年）〔ベルリン・オリンピックは1936年の8月1-16日に開催された〕の建物群は、古典主義に鼓舞された造形言語を、新鮮かつ赫々たる様相で現代に適用した好例として、しばしば賞嘆されてきたのである。

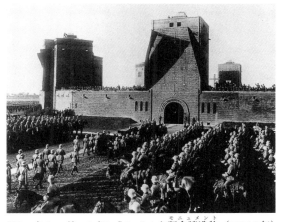

833　クルーガー：タンネンベルク記念建造物（1924-7年）

　ドイツの根深い記念碑狂いは、1930年代および1940年代に、頂点に達した。またしても、1920年代が、ヴァルターおよびヨハンネスのクルーガー兄弟によって設計された、東プロシアのタンネンベルク記念建造物（1924-7年；1945年に取り壊し）という形を取って、この記念碑狂いに相応しい建築的な造形言語を示唆していたのであった。この建物の8基の矩形の花崗岩からなる塔群が見せる気味の悪い環――そこには〔パウル・フォン・〕ヒンデンブルク〔1847-1934年。ヒトラーを首相に任命したヴァイマール共和国（1919-33年）の大統領〕が1935年に埋葬された――は、ロシアの軍隊がドイツによって敗北を喫した1914年8月の「タンネンベ

831

ルクの戦い」を記念して、建てられたのであった。形態と機能において、この建物は、ヴィルヘルム・クライスにとってのインスピレーションの源泉であった。クライスは、1941年以降、ヨーロッパを股にかけて製作・施工を依頼されることになった、「ドイツの犠牲と勝利」を言祝ぐ巨大な抽象的記念碑群のために、〔クルーガーと〕同様に、ブレ風の造形言語(ランゲージ)を採択したのである。これと様式的に関連した建物のタイプが、オルデンスブルク (Ordensburg)、すなわち教団の要砦(シタデル)であった。多くのこうした要砦(シタデル)が、修業(トレイニング)と共同生活の拠点(コミュニティ・センターズ)として、遠く離れた丘の頂上という敷地の上に、1935年に建てられた。ベシュテルマイヤーの、岩のような顔をした半ロマネスク様式が、バイエルン地方のゾントホーフェンのオルデンスブルクのために、ヘルマン・ギースラーによって採択されたが、これは、ケルンの南方のフォーゲルザングに建つ、もうひとつの残存するオルデンスブルクの場合と同様に、ロマンティックな背景と見事に融和しているのである。フリッツ・トート〔1891-1942年。ナチス党員で1940年から軍需大臣を務めた〕の総指揮のもとで、新しいアウトバーン (Autobahn)〔自動車専用高速道路〕を形づくる道路と橋——それらのいくつかは、パウル・ボナーツ〔1956年歿〕の手で設計された——もまた、これらが通り抜けたさまざまな景観が描く大きな曲線との、効果的な調和を見せつけていたのであった。

　スロヴェニア人のヨジェ・プレチニック（1872-1957年）は、プラハで広範囲に建物を建てたが、そのなかには、「聖　心(セイクラッド・ハート)〔キリストないしマリアの心臓〕」教会堂（1928年）と〔プラハ〕城郭(カースル)の増築（1920-30年）が挙げられ、また、〔スロヴェニアの首都の〕リュブリャナでも同様な仕事を残した。プレチニックは、あらゆる20世紀の古典主義者たちのなかでもっとも創意工夫に富んだ人物として、次第に称讃されてきている。

20世紀初期のフランスとルイ16世様式の復興

　第2次世界大戦までのフランスの20世紀建築は、オーギュスト・ペレとル・コルビュジエといった、2人の対照的な天才の存在にもかかわらず、全体として、ドイツの場合よりも興味をひくものはなかったと言える。われわれはすでに、活気に溢れたアール・ヌーヴォーの特徴〔流れ〕(ストレイン)について言及してきた。われわれは今や、フランス建築に見られる、アール・ヌーヴォーに対立したものに目を向けるべきである。こうした対立したものが取った形態のひとつが、ルイ16世様式なのであった。この様式は、建築史家たちにはずっと無視され続けてきたけれども、シャル＝フレデリック・メーヴェスやルネ・セルジャン、ヴァルテル・デタイユール〔1867-1940年〕、そしてグランピエール兄弟といった相当に腕のさえた(ファイネス)建築家たちによって導かれたのである。これらの学究的で洗練された建築家たちは、われわれが本書の第9章で賞嘆した、ラルゥーやジロー、そしてネノから続いて登場した人物たちであり、〔第1次世界〕「大　戦」(ザ・グレイト・ウォー)直前の数年間における上流社会(ハイ・ソサイアティ)の富裕な世界主義的な人々(コスモポリタン・ワールド)——プルースト〔1871-1922年〕の小説群に大そう想像力豊かに記録された世界(ワールド)に住む人々——のための理想的環境〔背景〕(セッティング)を供給したのである。

832

第11章　20世紀

　シャルル＝フレデリック・メーヴェス（1858-1914年）は、イングランドの建築家、アーサー・デイヴィス（1878-1851年）と、1900年に協働関係を結んだが、このデイヴィスは、メーヴェスと同様、エコール・デ・ボザールで修業を積み、同じアトリエで研鑽したのであった。メーヴェスとデイヴィスによる建築の実務を行う事務所は、メーヴェスの死去ののちもずっと継続したが、それは、当時としては、現在考えられるよりもずっと希少な価値をもった、一種の多国籍な事務所であった。イングランドのデイヴィスに加えて、メーヴェスは、ドイツ、フランス、スペイン、そして南アメリカに後継者〔代理人〕たちを抱えていたのである。

　メーヴェスの最良の個人作品と言えば、パリの、デザンヴァリッド並木大通り36番地に建つ、マニエリスム的なジューリオ・ロマーノ風様式の自邸（1888年頃）と、同じくパリの、エリゼ＝ルクリュ並木大通り18番地に建つ、俳優のリュシアン・ギトリィ〔1860-1925年〕のための、才気縦横に計画された小館（*pavillon*）（1908-9年；1960年に取り壊し）である。ダイヤモンド商人兼銀行家のジュール・ポルジェス〔1839-1921年〕のために、メーヴェスは、ランブイエ地方の、ロシュフォール＝アン＝イヴリーヌで、1899-1904年に、巨大な城館を建てたが、こ

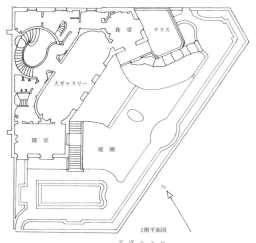

834　エリゼ＝ルクリュ並木大通り18番地の2階平面図、パリ（1908-9年）、メーヴェスによる

835　ヴォワザン城館の西側入口正面、ロシュフォール＝アン＝イヴリーヌ（1903-6年）、セルジャンによる

833

れはかすかにではあるが、〔18世紀〕パリの、ルソーによるサルム邸館に鼓舞されたものであった。デイヴィスとの協働関係の絡みで、メーヴェスは、リッツ・ホテル（1904-6年）やモーニング郵便局（1906-7年）を含んだ、ロンドン中心部に建つ多くの主要建築群の設計を引き受けていた。この〔ロンドンという〕首都に、仕上げのなめらかなルイ16世様式の古典主義のみならず、シカゴから輸入された、もっとも先端的な鋼鉄の枠組み構造をも導入することで、これらの建物は、マッキム・ミード・アンド・ホワイトのアメリカ建築に対する貢献に匹敵しうる偉業とみなすことができるのである。

　ルネ・セルジャン（1865-1927年）の経歴は、メーヴェスのそれと似ていた。1901年と1915年のあいだにセルジャンは、パリでの数多くの豪華な私邸や、近隣の田園地方での城館群、そしてヴェルサイユでのトリアノン・パレス・ホテルを建てた。ロシュフォール＝アン＝イヴリーヌにあるメーヴェスの手になる城館からそれほど遠くないところに建つセルジャンの、ヴォワザン城館は、A.-J.ガブリエル（1698-1782年）の様式を非の打ちどころなく分かりやすく言い換えたものとして、1903-6年に、フェルス伯爵〔1858-1951年〕のために建てられた。フェルスはまさしく、このガブリエルについての学術的研究書を、1912年〔第2版1924年〕に出版することになった人物である。この隔世遺伝的な、18世紀的理想の再形成の頂点は、途方もなく裕福な銀行家一族のひとり、モイーズ・ド・カモンド伯爵〔1860-1935

836　セルジャン：ニッシム・ド・カモンド美術館の大広間、モンソー通り〔街〕63番地、パリ（1910-3年）

年〕のために、パリのモンソー通り〔街〕63番地に、1910-3年にセルジャンが建てた邸宅とともにやって来たのであった。現在では、ニッシム・ド・カモンド美術館として知られたこの邸宅は、フランス家具や装飾芸術品、鏡板〔ボワズリー〕、そして絵画からなる、モイーズの卓越した18世紀の収集品をぐるりと囲んで建てられたのであった。その入口ファサードは、ガブリエルの手になる「プティ・トリアノン」を範としているが、建物そのものは、決して死せる複製品などではない。たとえば、その複合したL字形平面は、本質的に、18世紀以後の概念〔創案〕なのである。

ペレ、ガルニエ、そしてソヴァージュ

　そうこうするうち、古典主義的伝統の飽くなき順応〔融通〕性は、オーギュスト・ペレ（1874-1954年）のきわめて様相を異にする建築に明示され続けていた。ペレの業績は、鉄筋コンクリート構造を、フランスの合理主義的伝統の活動範囲のなかへ引きつけることであった。建設業者〔施工者〕の息子であったペレは、1891年からエコール・デ・ボザールにおいて、ラブルーストの弟子であった〔ジュリヤン・〕ガデ〔1834-1908年〕の許で修業を積んだが、このボザールには、ペレの2年遅れで、その弟のギュスターヴ〔1876-1952年〕が入学してきた。彼らは、その父親が設立した家族経営の会社で、建設工事請負人として実務に思い切り励むため、卒業証書を取得することなくボザールを去った。オーギュスト・ペレは、ヴィオレ＝ル＝デュクやショワジー、そしてガデといった理論家たちによって要求されたような、構造的な完全無欠さは、近年に発明された鉄筋コンクリートの技術を採択することによって実現することができると信じたのである。ギリシャおよびゴシックの建築を、合理主義的な構造物の表現として見るといったヴィオレの信念を受け容れ、表面的にはルネサンスを非としたけれども、ペレは、フランソワ・マンサール以降のフランス古典主義の伝統からの影響は免れえなかった。このことは、木材の構造物の模倣のように見える〔歯ぎれのよい〕明快な楣式構造の建築を形成している、枠付けされ、パネルを嵌めて装飾されたファサード群によって際立たせられていた。これらの堅固な石造りのファサード群は、荷重を担わない付け柱群と、支持するという機能を美的に表現している埋め込まれた円柱〔半柱〕群をもって、明確に分節化されて表現された。しかしながら鉄筋コンクリートの構造物においては、壁体は、荷重を担わない材料群の充填材が埋められた〔とはいえ〕機能的な枠組みなのであり、徹頭徹尾、構造上の現実に対応するものなのであった。

　補強された構造物、すなわち鉄筋＝コンクリートの構造物は、これに引っ張り強さを与えるため、コンクリートに鋼鉄の棒と網目状の編地が通されているのであるが、1850年代にフランソワ・コワニェ〔1814-88年〕によって切り拓かれたものであった。これは、コワニェと、そのあとフランソワ・エンヌビック（1842-1921年）によって、ゆっくりと発展していったが、エンヌビックは1892年に2つの重要な特許を取得したのであった。エンヌビックは主として工業用の建物群に、この技術を用いた。しかし、鉄筋＝コンクリートの最初の多層〔高層〕ア

837, 838
フランクラン通り〔街〕第2の25番地〔に建つアパートの〕ファサード細部（1903-4年）、パリ、ペレによる

1　台所
2　食堂
3　客間〔応接室〕
4　寝室
5　喫煙室
6　婦人の私室

パート建築は、パリのフランクラン〔フランクリン〕通り〔街〕第2の25番地に建つ、ペレによるものである（1903-4年）。ここでは、鉄筋コンクリートの枠組みが、外観にはっきりと表現されている。もっとも、この外観は〔図837に見るように〕、陶磁器のタイル張りによる細長い一片の小板群に覆われており、さらには、〔陶磁器という〕同じ材料が、〔これらの一片の小板のあいだにある、〕荷重を担わないパネルの数々において、魅力的な花びらの図案群を形づくるために用いられているのである。それぞれに窓のある、正面向きの部屋の数をできるだけ多くするために、ペレは、配置することが慣例であった中庭を省き、その代わりに、正面ファサードを内側に傾け〔折り曲げ〕、一種の退化した中庭を、この建物の正面につくり上げた。背後に置いた、階段と浴室からなる塔状の建物のために、ガラス煉瓦〔ガラス・ブロック〕を新たに用いたことによって、ペレは、この敷地いっぱいまで建物を建てることが可能になった。――なぜなら、もし〔面一といった〕今までのやり方にならった〔正面の〕窓の開口方法を採択していたならば、隣人たちの地役権〔他人の土地を通る権利〕を侵害しないため

第11章　20世紀

に、この建物後方の壁面を〔敷地の端から内側へというふうに〕前方に移動する繰り上げを、行なう必要があったからである。事実、この建物は、フランス合理主義の伝統に深く根差していた。それというのも、それぞれの住戸を婦人側と紳士側に分けるといったことも含め、平面がヴィオレ゠ル゠デュクによる平面に鼓舞されていたからである。ペレは、荷重を担った壁面を内部から一掃し、代わりに、細身の要となる支持点すなわち支柱群のあいだに、薄くてしばしば可動式の間仕切り壁の数々を置いたのであった。これこそは、ル・コルビュジエによって採択されることになったひとつの技法であった。

839　ペレ：シャンゼリゼ劇場（1911-2年）

　パリのシャンゼリゼ劇場（1911-2年）において、ペレは、アンリ・ヴァン・ド・ヴェルドによる建物のある意匠に基づいた、より調和のとれた古典主義的なファサードを供給した。鉄筋コンクリートの枠組みは、正面立面と、これに隣接した丸くなった隅部のところでは、灰色の大理石からなる被膜によって覆われている。これは、枠組みを強調するために置かれた、アントワーヌ・ブールデル〔1861-1929年〕による人物彫刻像からなる大きなパネル群を取り込んでおり、その結果、浮き彫りの数々は、ドリス式の帯状の装飾体に見られる、彫刻が施された四角い壁面に似たものとなっている。余分な装飾を取り除いたドリス式の厳格さが、これまた灰色の大理石が張られた、飾りのない内部、たとえばホワイエや階段室にまで行き渡っている。とはいえ、中心をなす観客席を覆ったドームでは、ペレは、モーリス・ドニ〔1870-1943年〕とK.-X.〔ケー゠グザヴィエ・〕ルーセル〔1867-1944年〕による象徴主義の絵画を取り入れて色彩の使用を認めたのであった。

　施釉した土器、陶磁器、そしてモザイクといった素材でコンクリートを豊かに飾ることを選択したほかの建築家として、ミュラー並木大通り95番地の自邸（1912年）を手がけた、ポール・ガデ〔ジュリヤン・ガデの息子 1873-1931年〕と、カンパーニュ゠プルミエール通り〔街〕の自身の手になるアトリエ群（1915-20年）を建てた、アンドレ・アルフヴィドソン（1870-1935年）が挙げられる。パリの北東、ル・ランシーに建つ、ペレの手になるノートル゠ダム・デュ・ランシーの戦争記念教会堂（1922-3年）は、装飾的な外装材で覆われない、むきだしの鉄筋゠コンクリートを、美的に満足がゆくように最初に大々的に使用した建物である。ケンブリッジの「キングズ・カレッジ・チャペル」の現代的翻案物のような、このガラスとコンクリートの籠では、荷重を担わない外壁面が、色ガラスで満たされた、成形済みコンクリート製の、広々としたパネル群による網状になった仕切り壁だけから成り立っている。色ガラスは、入

837

口部分の黄色から、主祭壇の紫色までといった、連続したスペクトル〔分光〕できちんと配列されている。内部では、身廊上方の連続した弓形の曲面版ヴォールト1基と、〔両側の〕狭い側廊上方の〔身廊によって中途が切れた、身廊と直交して〕横断する半円筒ヴォールト群とが、4列〔祭壇部分のも入れれば5列〕をなす高さ37フィート（11m）の独立して建っている円柱群によって支持されている。ペレは、これらの円柱に対して、柱基で17インチ（43cm）の直径が柱の頂きでは14インチ（35.5cm）になるといった、ギリシャ建築の円柱の〔上方の〕先細りやエンタシス〔膨らみ〕の翻案物だけでなく、ゴシック建築に見られる溝彫りの翻案物をも与えたのであった。なぜなら、〔後者に関しては〕円柱群は、ゴシックの複合支柱群のように、畔〔fillets. 円柱の溝と溝のあいだの部分〕や突出物〔ゴシックの細円柱のようなもの。ただしここではあまり目立たない〕をもって鋳造されて〔いくらか立体感を醸しだすよう〕形に表わされたからである。奇妙な見慣れぬ西側〔入口〕の塔も同様にして、そびえ建つゴシックの垂直性がもたらす効果を、〔ギリシャ〕古典様式の円柱群のような〔というか、（ギリシャとゴシックの対比を強調しようとするワトキンの論述を台無しにするようだが）むしろゴシック建築の細円柱のような〕、積み上げられた円筒群の使用と組み合わせている。実際のところ、この教会堂はその存在全体として、スフロがその手になるサント＝ジュヌヴィエーヴ教会堂（パンテオン）において例示したような、合理主義的なギリシャ＝ゴシックの統合のために、ペローの時代以降続いたフランスの建築理論家たちが要求してきたものが、ひとつの最新の成果として表現された、と見ることができる〔周知のように、スフロは失敗に終わったものの、ギリシャとゴシックの融合としてのパンテオンの造営を意図していた。これと同様のことを、ペレがこのル・ランシーの教会堂で（小規模ながらも）試み〔て成功し〕たと、ワトキンは言いたいのである〕。

　ノートル＝ダム・デュ・ランシー〔ル・ランシーのノートル＝ダム〕は、審美上からは満足のゆくものではあるが、構造上の観点からは失敗作であることがはっきりしたのであった。1985年までに、腐蝕した金属の補強材が、内部でも外部でも双方で、この教会堂の大部分において、細かく砕けたコンクリート表面の下に、むきだしになってしまっていたのである。ほぼ解決できない難題を修復者たちに突き付けている、この建物の悲しい運命は、ペレが、請負業者と同時に建築家としても行動することによって、もっとも高度な施工水準を保証すべき、非凡なまでに強力な立場にあるといった、一般に抱かれていた考えと矛盾しているように思われる。この建物が投げかけた教訓は、古代ローマ人たちや、ペレの同時代の批評家たちのいく人かが知っていたように、コンクリートは、理想を言うならば、魅力的で耐久性のある外装材〔表面化粧材〕で覆われるべきものである、ということなのである。

　パリのレヌアール通り〔街〕51-5番地に建つペレによるアパート棟（1929年）には、同じく彼によるフランクラン通り〔街〕第2の25番地のアパートの場合と同様に、ペレ自身用の住戸〔同一階の数室を一戸とした住居のこと〕と同時に、ペレの図面製作用の事務所が置かれていたが、ここで彼は、フランクラン通りの棟の主題を取り上げて、それを、ル・ランシーで彼が用いていた、むきだしの鉄筋＝コンクリートで表現した。楣式構造のファサード群は、

第11章　20世紀

840　ペレ：ノートル゠ダム・デュ・ランシーの内部、ル・ランシー、パリ近郊（1922-3年）、西側を見る

対称形に秩序づけられており、その一方、三角形の敷地によってペレは、ルドゥーがモンモランシー邸館(オテル)（1770〔1769〕年）において享受していた優雅な幾何学的ゲームに耽溺すべく、自らの住戸(アパルトマン)の平面計画(プランニング)を行なうことができたのであった。ペレはまた、いささか奇抜な機能をもった、政府の建物を2件、パリで設計した。すなわち、フランス国家が所有している古い家具類の保管庫である、「国有動産管理局（Mobilier National）」（1934-5年）と、「公共事業博物館（Musée des Travaux Publics）」（1936年）である。後者は、工学技術のモデル群を収めるために設計されたものであり、現在は「経済・社会会議（the Economic and Social Council）」の本部(ホーム)になっている。もっとも現代的なその後に続いた鉄筋コンクリートの建築群と比較すると、ペレの手になる建物群は、それらの、細部の洗練さ、構造体の梁と支柱の注意深い比例調和、見事な彫り刻みを見せつける水平装飾帯(コーニス)や割り形(モウルディング)のゆえに、そして、エンタシスや繊細な柱頭群、ギリシャの溝彫りのような、切り子面〔畦(あぜ)〕がある細身の円柱群のゆえに、注目に値するものである。軸に沿った中庭(コートヤード)の周りに棟群(ブロックス)を、調和がとれ大々的に対称形にして配置したことで、また、重々しい多柱式ホール群によって、「国有動産管理局」と「公共事業博物館」は、建築におけるフランスの論理と秩序の、古典的範例を構成しているのである。不幸なことに、これらの建物は、その本質が、感情よりも知性に訴えるものであって、見た目(ヴィジュアル)を問題としたものではないといった欠点をもっている。かくして、灰色の印象のよくないコンクリートの表面によって生気(ライフ)を奪われているこれらの建物そのものに、じかに視覚的な成果の数々を見ることよりも、建築の歴史書群において、これらの建物のもつ論理性について読むことの方が魅力的なのである。

　ペレの理想(ヴィジョン)をいくらかなりとも共有した、2人の実験的試みを行なった建築家、トニー・ガルニエとアンリ・ソヴァージュのことをここで述べておくべきである。1901-4年に準備され、1904年にエコール・デ・ボザールで展示された、現代都市のユートピア用の、トニー・ガルニエ（1869-1948年）の設計案の数々は、1917年に『工業都市（*Une Cité Industrielle*）』として2巻本で出版された。公園や木立、そして白い鉄筋コンクリートの立方体状の古典様式の建物群がある、この新たなアルカディア的〔牧歌的〕都市の計画・立案(プランニング)は、オスマンがもつ、またボザールの伝統がもつ、形式張った軸性や格子状の配列(パターンズ)を、カミロ・ジッテがその影響力をもった著作、『芸術的諸原理に従った都市建設（*Der Städte-Bau nach seinen künstlerischen Grundsätzen*）』（ウィーン、1889年）——これは1902年にフランス語に翻訳された——において分析したもっと不規則な街路の配置(レイアウト)と、結び付けたものであった。その生まれ故郷の都市リヨンのような工業都市群の、無計画な19世紀的成長に反発することで、ガルニエは、自らの理想都市において、さまざまな機能を分散させることを大いに考察した。その結果、政治〔行政〕、文化、住居、工業、農業といった目的の数々に合わせた建物が、適切に変化した規模の通路群で明瞭に繋がった、さまざまな分離した地帯(ゾーン)を占有するのである。この地帯設定(ゾーニング)は、20世紀の都市群の計画者たち(プランナーズ)にとって不幸な先例を残したのである。なぜなら、これは、私的な建物と公共建築を混ぜ合わすことによって精密につくりだされる、ヨーロッパの歴史

第11章 20世紀

841 トニー・ガルニエ：『工業都市』（1917年）からの住居地区用の設計案

に残る都市群の力強い生命力（ライフ）と著しい対比をなした、死せる行政や店舗の中心地をつくりだしているからである。ガルニエの純朴な「ユートピア主義」は彼をして、理想的な社会主義的都市ではもはや不必要になるといった理由——1804年の、ルドゥーの手になる「ショーの製塩所の理想都市（*Ville idéale des salines de Chaux*）」からまさしく、ガルニエが借り受けることができたと思われる考え（アイデア）——から、教会堂も、裁判所も、警察署も、兵舎あるいは監獄もない、自らの〔思い描いた〕都市を計画せしめたのであった。ガルニエは1905年にリヨンの都市建築家に任命されたものの、どのような実際に役に立つすぐれた建物も、生みだしそこねたのであった。

われわれをまごつかせるほどの曖昧な相貌（アウトルック）を見せるものの、ガルニエよりも手腕のある（ベター）建築家は、アンリ・ソヴァージュ（1873-1932年）であった。彼は、際立って陽気な、アール・ヌーヴォーのデザイナーとしてその経歴を始めたが、最終的には、サンテリーアの「未来派」の計画案に対抗する、階段状のコンクリートからなるジグラット群を提案したのである。ソヴァージュはエコール・デ・ボザールで修業を積み、ここで、ナンシーのアール・ヌーヴォー家具製造者であったルイ・マジョレルの弟〔ジュール・マジョレル〕に会った。その結果、ソヴァージュは、ナンシーのヴィラ・マジョレルを委託され、マジョレル一家とその会社のための本拠地として、1898-1901年に、注目すべき、半分が中世的で残りの半分がアール・ヌーヴォー的である様式で、この別荘（ヴィッラ）を建てたのである。これと対比的な、低価

841

格の中産階級用集合住宅に対する関心が、パリのヴァヴァン通り〔街〕26番地のアパート棟（1912年）を生みだした。この棟をソヴァージュはその協働者シャルル・サラザン〔1873-1950年〕とともに設計した。白と青の彩釉陶器のタイルで気持ち好く表面仕上げされた、その鉄筋コンクリート造りの枠組みからなるこの集合住宅には、段階的に後退した形態が活用された。これは、既存の建築規制内で高さを達成する、ひとつの方法なのであった。ソヴァージュはパリのアミロー通りに建つ、大きなアパート棟（1923-4年）において、この主題にずっと大胆な表現を与えた。この棟は、社会主義者の住宅建設協同組合のためのものであり、その中心には、天窓採光の内部水泳プールが置かれた。階段状の建物へのソヴァージュのこだわりは、1927-31年に

842　ヴァヴァン通り〔街〕26番地の〔アパート棟の〕外観（1912年）、ソヴァージュによる

頂点に達したが、このとき彼は、一連の実施されることのなかった、パリの邸館やアパートメント群を、天空にそびえ建つ新たなバビロンの〔空中庭園のような〕ピラミッド群のかたちで設計したのである。

ル・コルビュジエ

　1920年代のもっとも有意義な文化的イヴェントのひとつは、大戦以降初めての国際的な装飾博覧会として、1925年にパリで開催された、「現代の、装飾美術・産業〔工芸〕美術万国博覧会（Exposition Internationale des Arts Décoratifs et Industriels Modernes）」〔いわゆるアール・デコを普及させた博覧会〕であった。この博覧会の周縁部には、多くの人々によって無視されるかもしくは軽蔑されるかした、建築の時限爆弾があった。すなわち、ル・コルビュジエとその協働者であった従兄弟のピエール・ジャンヌレ〔1896-1967年〕によって設計された、「エスプリ・ヌーヴォー館（Pavillon de l'Esprit Nouveau）」である。その中央を通り抜けて生長する一本の木がある、この純然たる白い箱には、パリのために考えられた、ル・コルビュジエによる「ヴォワザン計画（Plan Voisin）」——この〔パリという〕都市の歴史に残る中心の大半をはぎ取り、その代わりに一団をなす18棟の巨大な摩天楼を置くといった提案——の模型が置かれた別館があった。この「館」も、「プラン・ヴォワザン」も、数年にわたる期間になさ

第11章　20世紀

843　ル・コルビュジエによる、パリの「ヴォワザン計画(プラン)」の模型（1925年）。ルーヴルが左下に見える

れたル・コルビュジエの熟考の成果であった。1887年にスイスのラ・ショー＝ド＝フォンで、シャルル＝エドゥアール・ジャンヌレとして生まれたル・コルビュジエ（彼は1920年以降自分自身をこう呼んだ）は、地元の応用美術学校であった、ラ・ショー＝ド＝フォンの「美術学校(エコール・ダール)」において、画家のシャルル・レプラトニエ〔1874-1946年〕の許で、1900-5年、美術および建築を学んだのであった。レプラトニエが彼に紹介した、ラスキンやニーチェ、ジッテ、そしてアーツ・アンド・クラフツ運動の社会的理想の数々に影響されて、ル・コルビュジエは、1910年に、『都市の建設 (*La Construction des Villes*)』と呼ばれた未完成で未刊の著作を用意した〔1965年のル・コルビュジエの歿後に刊行された〕。これは、ジッテによる、歴史に残る都市(タウン)の分析に基づいた、都市計画についての美的感受性の鋭い研究であった。〔とはいえ〕ジッテの分析は、ル・コルビュジエがその後の経歴や『都市計画 (*Urbanisme*)』（1925年）のような著作群において、全面的に拒否することになるやり方なのであった。

　さらにまた、若い頃のル・コルビュジエに大きな影響を与えたのが、1908-9年にパリで、ペレの事務所において、そして1910-1年にベルリンのノイバーベルスベルクで、ベーレンスの事務所において、それぞれ働いた期間であった。彼らの、さらには、おそらくはフランク・ロイド・ライトの、擬古典様式からの影響は、1911-2年の両親のための郊外(ヴィッラ)の住宅やアナトール・シュウォブのための大邸宅(ヴィッラ)（1916-7年）のような、ラ・ショー＝ド＝フォンにおける初

843

期の作品群に見ることができる。ル・コルビュジエが「ドミノ（Domino）」と呼んだところの、鉄筋コンクリート造りの簡素な低価格住宅群用の、1914-5年の計画案は、ガルニエによる「工業都市」によって、またアドルフ・ロースのミニマリスム的様式によって、鼓舞されたものであった。「ドミノ（Domino）」なる名称は、「ドムス（Domus「家」の意）」〔のDom〕に「イノヴェーション（innovation「革新」の意）」〔のinno〕を加味してつくった造語であった。

　ル・コルビュジエは、この主題を、自らの機関雑誌『エスプリ・ヌーヴォー』（L'Esprit Nouveau「新精神」の意）と、1923年刊行の著作、『建築をめざして〔建築へ〕』（Vers une architecture）〔ヴェルユヌ・アルシテクチュール。「ひとつの建築の方へ」の意〕とにおいて公けにした、1919-22年の「シトロアン（Citorohan）」住宅用の一連の計画案のなかで発展させたのである。「シトロアン」なる名称は、問題とする住宅群が自動車と同じように効率的かつ先端的であることを示唆するために、自動車製造業の「シトロエン（Citroën）」なる名称を、意図的に翻案したものなのであった。因襲にまみれた壁面や部屋を完全に破壊するという、ル・コルビュジエの野心を維持するため、これらの住宅群は、建物の支柱すなわちピロティの上方に浮かぶように、大地から切り離されて建てられ、さらには、屋上テラスと中2階平面を組み入れたのであった。このシトロアン・タイプは、結局のところ、セーヌ＝エ＝ワーズのヴォークレソンにおける、1922-3年の住宅群、そしてパリのレイユ並木大通り53番地の「純粋派」の画家、アメデ・オザンファン〔1886-1966年〕のための住宅や、さらには1925年のパリ万国博覧会〔アール・デコ〕における「エスプリ・ヌーヴォー館（Pavillon de l'Esprit Nouveau）」で、実現を見たのであった。この〔エスプリ・ヌーヴォー〕館は、本質的には、シトロアン・タイプのひとつの住居単位であり、ル・コルビュジエが提案した1922年の「現代都市（Ville Contemporaine）」に見られたアパート棟群のひとつから、一戸分の住宅をひとつ抜き取ったかたちで示されたものであった。これらのいかにも居心地の悪そうな展示物の住宅群のなかでもっとも野心的な例が、「ガルシェの別荘住宅」（1927年）とポワシーの「サヴォワ邸」（1929-31年）である。しかし、この住宅のタイプは、ル・コルビュジエが1925年に事業家のアンリ・フリュージェス〔1879-1974年〕のために設計した、ボルドー近郊のペサックでの労働者用集合住宅において、小規模なかたちで公開されていた。これらの白いコンクリートの住宅群は、しかしながら、その住人たちに受け入れられないことが明らかとなったのである。彼らは、ピロティ群の下の役に立たない空の空間を埋めたり、屋上庭園を傾斜した屋根に取って代えたり、さらには、横に細長い窓を、今までのもっと馴染みのある形に短くしたりして、これらの住宅を、より住みやすい住居とすぐに分かるようなものに変えようとしたのであった。

　ペサックの背後にある考えは、建築が人々に善い事をするべきであり、道徳的かつ社会的改革の手立てとして役立つべきといった、1920年代と1930年代に、前衛グループに流布した信念の一部をなしていた。こうした言い廻しは、ル・コルビュジエの『建築をめざして（Vers une architecture）』に認めることができる。この著作は、機械の美学がもつさまざまな美徳をはっきりと示す、大きな影響力のあるスローガンの集大成であり、こうしたスローガンのな

第11章　20世紀

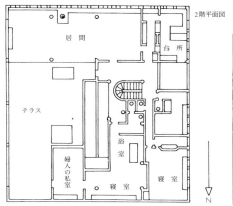

844　サヴォワ邸の平面図、ポワシー（1929-31年）、ル・コルビュジエによる

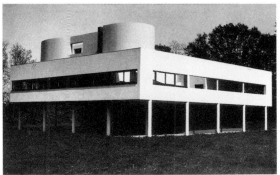

845　同、外観

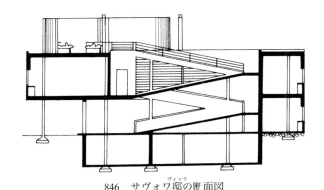

846　サヴォワ邸の断面図

かには、フランスの建築思考における合理主義的伝統の、幾たびとなく繰り返された教義を真似たものや、道徳上かつ衛生上の用語で、〔ル・コルビュジエが〕自ら選んだ建築造形言語（ランゲージ）を正当化したものが含まれていた。ル・コルビュジニの手法（アプローチ）のなかでもっとも極端な表現をもつもののひとつが、モンマルトル〔の丘〕とセーヌ河のあいだにある、パリの中心部の大半を横柄な体で破壊してしまうための、その手になる「プラン・ヴォワザン（Plan Voisin）」〔ヴォワザン計画〕であった。これは、「エスプリ・ヌーヴォー館」に助成金を寄附した、プジョーとシトロエンを含んだ、自動車会社各社のひとつの所有主〔経営者〕たる、ガブリエル・ヴォワザン〔1880-1973年。航空界のパイオニアでもあった〕にちなんで名付けられた。この計画（プラン）では、敷地と地元の慣習の数々とをまったく軽視したがゆえに、これは、いくつかの点で、ボザール流平面計画（プランニング）の「帰謬法（reductio ad absurdum）」〔ある考えの間違いを、それがいかに馬鹿馬鹿しい結果を招くかを示して証明すること〕と見なすことができる。とはいえ、同じ様な失敗の数々が、1950年代のル・コルビュジエによる、チャンディガールの都市にも起こる運命にあったのである。高速交通用の巨大な高速道路群と繋げられて、軸線状に配置された摩天楼（スカイスクレイパー）群のある、「現代都市（Ville Contemporaine）」と「プラン・ヴォワザン（Plan Voisin）」

845

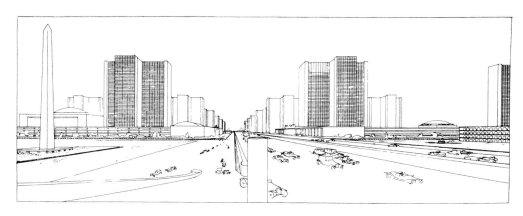
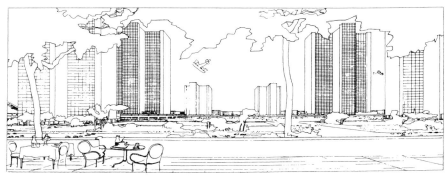

847　ル・コルビュジエ:「現代都市」(1922年)

は、第2次世界大戦後に不幸な結果を伴いつつ、世界中に採択されることになる、見た目には魅惑的なイメージ群を提供した。しかしながら、パリの中心部は、これまでその大半が、こうした処置〔扱い〕を免れてきたのである。ル・コルビュジエがカミロ・ジッテから学んだところの、歴史に関わった美的感受性は、速度と機械類の詩情の崇拝に取って代わられてしまったのである。すなわち、ル・コルビュジエは、「速度のある都市は、成功する」と主張する〔ようになった〕のであった。

　1930年代初めにル・コルビュジエは、自らの著作『輝く都市(*La Ville Radieuse*)』において1933年につくり上げたユートピア都市の提案のいくつかを、パリにおいて、比較的穏当な規模で実現することができた。これらの非常に大きな影響力をもった建物群、世界中の数多くの平板棟群、の元祖として、パリの南部にある「大学都市」内に建つ「スイス学生会館」(1930-2年)や、「難民収容所」(Cité de Refuge)として知られた、救世軍(Salvation Army)〔プロテスタントの軍隊式福音伝道団体。1865年に英国人W. ブースが創設した「東ロンドン伝道会」が始まり。1878年以降、こう呼ばれる〕の難民院(1929-33年)が挙げられる。「スイス学生会館」は、鉄筋コンクリート製の大きなピロティ群の上に載った、鋼鉄枠組みの構造〔鉄骨造〕をした、4階建ての矩形の平板棟であり、学生用の寄宿舎が含まれている。この寄宿舎は、1基

848　ル・コルビュジエ：スイス学生会館の外観、「大学都市」、パリ近郊〔パリの南部〕(1930-2年)

の丈の高い階段塔と1階建ての大きな食堂もしくは社交室〔談話室〕に繋がっており、これらのもの双方は、平面上は凹状をなす、ひと続きの立面を見せつけている。これらの曲面は、この建物のほかの部分を支配している、妥協を許さない矩形の様相を補うよう配慮されたものであった。さらには、食堂の大きな曲面を描く外壁は、荒石〔野石〕積みで覆われており、主要をなす宿舎棟の単調無味な端の壁面上に見られる、再構成された石による無装飾な板群と〔際立った〕対照をなしている。ここに住む人々を、主要な南面のファサードの連続した帯状の窓割りをとおして流れ込む太陽光から護るために、窓にはそれぞれ、連続して、アルミニウム製のブラインド〔日除け〕が据え付けられており、とある建築史家が不満を漏らしたごとく、「かくして、元々あった形態の純粋さを台無しにしている」のである。

　同じような問題の数々が、「救世軍の難民院」を悪しく改変した。この建物にもまた、やはり南向きの、大きなガラスのカーテンウォールがあり、これは密閉された窓群からなっている。これらの窓は、2つの外板のあいだを温かい空気や冷たい空気が循環するといった、二重のガラス窓になるはずであった。しかし、このシステムは採択されなかった。温室効果は、

847

結局は、改良を施された空気調整機と、ファサード全体の前面に、コンクリート製の「ブリーズ・ソレイユ（brise-soleil）」〔日除け〕を建設することによって、軽減されたのである。このことはほかの建築家の手になるものではあったが、1933年にアルジェにおける丈の高い建物群を扱う際にル・コルビュジエによってなされた、いくつものヒントに従ったものであった。近代〔現代〕建築はしばしば、あたかもそれが新しい素材と技術の数々に否が応でも対応しているかのように、記述され、また〔その正当性を〕弁護されてきた。事実、こうした事態は、〔今まで〕存在しないことがしばしばあり、場合によって決して存在してはこなかった、創造のための科学技術〔工学技術〕によって可能となる、まさしく創造するという行為に対して近代〔現代〕性がもつところの、〔過去の〕因襲を打破するといったイメージの所産なのであった。たとえば、ガラスへのこだわり――これはその起源をタウトによる空想的な作品群にもつが――は、1930年代から、マサチューセッツ州ボストンにある、I. M. ペイの手になるハンコック・ビルディング（1972年）までの、一連の機能上に問題を抱えた建物を生みだしてきたのである。

　1937年にパリで開催された万国博覧会において、ル・コルビュジエは、鉄鋼の格子細工からなる垂直の支持体群、伸縮性のある鋼索群、そして垂直線をなして吊り下げられたテント形の帆布屋根のある、「新時代館（Pavillon des Temps Nouveaux）」を設計した。この奇妙な図像は、ル・コルビュジエが『建築をめざして（Vers une architecture）』のなかでひとつの範型として提案していたところの、荒れ野に建つヘブライ風の仮小屋の再建から抽き出されたものであり、同時代の航空術に関わる構築物への参照物と組み合わされていた。この館の政治的な図像学〔図像や彫像によって主題を象徴的に提示する方法〕は、その説教壇のような〔古代ローマ風の〕船嘴演壇上方の碑文において明らかにされていた。すなわち、「ひとつの新しい時代が始まったのだ。結束〔連帯〕の時代が」と。これは、1935年に創立され、1936-7年に首相としてのレオン・ブルム〔1872-1950〕とともにフランスを支配していた――共産主義者、社会主義者、急進〔過激〕諸派の連合であった――「人民戦線」のスローガンであった。実際のところ、この建物は、ル・コルビュジエの著作、『輝く都市（La Ville Radieuse）』において概略を述べられたような、新しい近代主義の信仰の社〔祀堂〕に似ており、説教壇が備えられ、祭壇上方には、その中心軸に沿ってCIAM――「近代建築国際会議（the International Congresses of Modern Architecture）」〔Le Congrès International d'Architecture Moderne〕――によって、1933年に宣言されていた「アテネ憲章（the Athens Charter）」が、あたかも戒律のように、高く掲げられていたのであった。CIAMは、1928年に、ル・コルビュジエと工学技師兼美術史家の、ジークフリート・ギーディオン〔1888-1968年〕とが、中心的な構成員として創立したものである。この組織の文書群のなかでもっとも重要で教条的なものが、この「アテネ憲章」であり、これは、機能主義的な地帯設定や、高層の、広い空間をもったアパート棟群が、都市計画において担う重要性を主張したものであった。

　ル・コルビュジエは、新しい様式における主導的な建築家ではあったけれども、彼の前途

第11章　20世紀

は、ロベール・マレ＝ステヴァンス（1886-1945年）やアンドレ・リュルサ（1894-1970年）、そしてピエール・シャロー〔1883-1950年〕といったような建築家たちと共有されていた。パリのマレ＝ステヴァンス通りに建つマレ＝ステヴァンスによる住宅群（1926-7年）は、立体派的なコンクリートの箱群であったが、その一方、リュルサによるセーヌ県ヴィルジュイフの〔カール・マルクス〕学校（1931年）は、国際様式での注目すべき試みである。B.〔ベルナルド・〕ベイフュート〔1889-1979年〕と協働して設計された、パリのサン＝ギヨーム通りに建つ〔ジャン・〕ダルサス〔ダルザズ〕医師のための、シャローによる住宅〔通称「ガラスの家」(maison de verre)〕は、それがコルビュジエに鼓舞された、「住むための機械（machine à habiter)」という名称を授かるに相応しいだけの、むきだしの鉄とガラスのファサード〔前庭側〕を有している。都市計画のための、ル・コルビュジエの理想のいくつかは、ヴィルールバンヌに出現した。ここは、リヨンの工業地域であり、M.〔モーリス〕-L. ルルゥー〔1896-1963年〕が1932-5年に、M.-R.〔ロベール・〕ジルー〔ワトキンはGirouxと綴るが、正しくはGiroud 1890-1943年〕の手になる、現代風ではあるが余計な装飾を一切取り除いた古典主義の市庁舎を取り囲む、一団をなす摩天楼群を供給した都市なのであった。

両大戦間の伝統的様式に則ったフランス建築

1930年代のフランスの建築界において大きな施設として記述して妥当なもののなかでもっとも特徴的な建物は、ジャック・カルリュ〔1890-1976年〕、ルイ＝イポリット・ボワロー〔1878-1948年〕、そしてレオン・アゼマ〔1888-1978年〕による設計案を基に、1935-7年にパリで建てられた、シャイヨー宮であった。これは、記念碑的な一団をなす常置の〔恒久的な〕構造物として構想されたものであり、展示会場とコンサート・ホール群を収容するため、1937年の「万国博覧会」すなわち「パリ万博」のために建てられた。この一団は、ガブリエルによる「陸軍士官学校」から、「エッフェル塔」まで続く、壮麗な、軸に沿った眺望を限っている。この博覧会用に建てられたもうひとつの野心的な建物が、1925年のパリ万博で確立していたいわゆる「アール・デコ」様式の、角張ったにぎやかな内部空間をもった、ポール・トゥールノン（1881-1964年）による「司教館（Pontifical Pavilion)」であった。トゥールノンは、1925年以降、「エコール・ナショナル・シュペリウール・デ・ボザール」〔（パリ）国立高等美術学校、いわゆるエコール・デ・ボザール〕の教授を務め、1942年にはその校長となった人物であり、両世界大戦のあいだのフランスで指導的な役割を果たした教会用の建物を専門とした建築家であった。

849　1937年の万国博覧会、パリ、カルリュ、ボワロー、アゼマによるシャイヨー宮が見える

1920年代以降、教会堂建設の大きな爆発的(バースト)動きが、第1次世界大戦の惨害によって、北フランスにおいて、一部ではあるが引き起こされ、さらには、「シャンティエ・デュ・カルディナル」〔「枢機卿の建設現場(工事場)(ボディ)」の意〕として知られた団体によって、パリ一帯(エリア)で活性化されたのであった。以前にもよくあったが、新たなビザンティン様式の数々が一般に普及した。しかし、これらの様式は、古典もしくはゴシックの建物と特定な歴史的関わりを欠いているように思われ、それゆえに、一種の中性的な近代主義(モダニティ)を表現するために用いることができたと考えられる。ひとつの印象的な範例が、パリのステファン・マラルメ並木大通り(アヴェニュー)に建つ、J.〔ジャック・〕バルジュ〔1904-79年〕によるサントディール教会堂(1936年)である。

850　バルジュ：サントディール教会堂、パリ（1936年）

1937年の万博に関連した最良の建築家は、ロジェ＝アンリ・エクスペール（1882-1955年）であった。彼は、シャイヨー宮とセーヌ河のあいだの噴水群の配置を推し進めた中心人物(リスポンシブル)であり、同時に、劇的な投光照明(フラッドライティング)の責任者(リスポンシブル)でもあった。投光(ライティング)を建築的に活用することが最初に行なわれたのは、まさしく、公衆の関心をとらえるという、固有の必要性をもった博覧会のためであった。これは、1893年のシカゴの万国博覧会(ワールズ・フェア)で呼び物となったのだが、1930年代に、アルバート・シュペーアによって、もっとも想像力豊かな表現が与えられたのであった。〔ナチスの〕数々の党大会の背景としてつくり上げた「光の大聖堂群（cathedrals of light）」において、シュペーアは、ブレによって18世紀末期に示唆された、「陰影の建築（architecture of shadows）」を実現したのであった。

1925年のグルノーブルでの博覧会における、エクスペールによる「観光旅行館（Pavillon du Tourisme）」は、勢いのあるアール・デコ調の構成をしていた。しかしながら、フランスの南西部にある、アルカションの、1924-7年に建てられた一団の別荘住宅、とりわけヴィッラ(ヴィラ)・テティスとヴィッラ・キュプリスにおいて、エクスペールは、アール・デコ調のかすかな徴候を、装飾を一切取り除いた古典主義的な建築のヴォキャブラリーと組み合わせたのであった。これらの優雅な住宅群(ハウザズ)は、1980年代アメリカの、ポスト・モダニズムの奇妙な前兆を提供してくれる。とはいえ、エクスペールは、デザイナーとしては、グレイヴスやムーアよりも好みのむずかしい〔潔癖な〕人物ではあった。エクスペールによる、ベオグラード〔セルビアあるいは旧ユーゴスラヴィアの首都〕のフランス公使館（1928-33年）は、アルカションでの主題(テーマ)を継続しているものの、より軽快、より古典主義的なやり方でつくられている。その一

850

方で、エクスペールによる、汽船「ル・ノルマンディー」(1931-5年)用の内部のそれぞれは、もっとも当世風(ファッショナブル)でもっとも最新式(ストリームラインド)の、アール・デコ調である。エクスペールの、伝統的でありつつも最新の趣き(モダーン・フレイヴァー)を備えた作品をつくった、多くの建築家のひとりとして、ヴァンセンヌでの「植民地博物館」〔2007年以降、「移民史博物館」〕の設計者である、アルベール・ラプラド(1883-1978年)が挙げられる。

1937年の博覧会で見られたさまざまなパヴィリオン〔パヴィヨン〕の多様さは、第2次世界大戦への悲劇的な兵力増強のあいだの、ヨーロッパにおける極端な政治的分割に対応していた。しかしながら、アルバート・シュペーアが設計し、主要な展示物として、彼による、ニュルンベルクでの党大会用の敷地用の設計案群を収めた、ドイツ館(パヴィリオン)は、ボリス・イオフォンによって設計されたロシア館(パヴィリオン)(892頁を参照されたい)と同様の、余計な装飾を一切取り除いた古典主義様式であった。これら2つの建物は、〔こののち〕戦場においてあっけなく現実のものとなった〔対決を予知するごとく〕劇的な対峙を見せつけながら、互いに向かい合って建っていたのであった。

スカンディナヴィアとフィンランド

スカンディナヴィア建築およびフィンランド建築は、1880年代と1890年代の文化的かつ政治的環境に現われた民族主義的ロマン主義を、20世紀の初期に、絶頂(クライマット)へともたらした。このことは、19世紀半ばと後期〔末頃〕の建築に特徴的であった、広範囲なヨーロッパの歴史上の様式群を恣意的に再現することから、土地固有(インディジナス)の様式群をもっと洗練されたかたちで再解釈する方向へと向かう反動を意味した。最初のもっとも見事な成功例(イクザンプル)のひとつが、マルティン・ニイロップ(1849-1923年)による、コペンハーゲンの市庁舎(タウン・ホール)(1892-1902年)である。もっとも、市議会(ミュニシパル・カウンシル)は当初、このデザインが一般に是認された伝統的な様式群のどれとも合致しないことに悩まされていたのであった。オランダないしは北方ルネサンスの窓割りと組み合わされた、その狭間を備えたギザギザの形のゴシック的スカイラインをなし、濃い赤色の煉瓦や、スティーブンス〔・クリント〕石灰岩とボルンホルム〔バルト海のデンマーク領の島〕の花崗岩といったような地元の材料を用い、さらには見事な熟練した職人技と結びついたこの建物は、水ぎわにロマンティックな佇いで配置された、ストックホルム市庁舎で絶頂に達した事例の〔栄えある〕先例をなしたのであった。1908年にラグナー〔ル〕・エ

851　エストベリ:ストックホルム市庁舎(1908年設計、1911-23年施工)

852 クリント:グルントヴィ教会堂(1913年、1921-6年)、コペンハーゲン、隣接する住居群(ハウジング)とともに

ストベリ(1866-1945年)によって設計され、1911-23年にいろいろな変更を伴いながらも実施に移されたこの市庁舎では、神秘的な民族の過去を優雅に喚起することによって、〔水の都〕ヴェネツィアの総督宮殿(パラッツォ・ドゥカーレ)へのさまざまな参照物が、スウェーデンのロマネスクおよびルネサンスの響き(オウヴァートーン)と混ぜ合わされたのであった。「最近のもの(モダーン)」と認識できるような明瞭な線条と組み合わされた、その細部の手の込んだ洗練された様相(マナード)は、この市庁舎が、いやいやながらも「国際近代様式(the International Modern Style)」を受け入れた、両大戦間を生きたヨーロッパの建築家たちに、広範な影響を及ぼすことを可能にしたのであった。

　古臭い外観ながらも、放物線状の煉瓦アーチ群のある印象的な内部をもった、ラーシュ・イスラエル・ヴァールマン(1870-1952年)の手になる、ストックホルムのエンイエルブレクト〔エンゲルブレクト〕の教区教会堂(1906-14年)は、民族主義的ロマン主義のもうひとつの初期の記念碑的(モニュメント)建築である。その一方、コペンハーゲンでは、ペーダー・ヴィルヘルム・イエンセン゠クリント(1853-1930年)による、グルントヴィ〔ークス〕教会堂(1913年、1921-6年)が、表現主義の用語を用いたバルト諸国ゴシックの、より驚くべき再生となっている。オルガンのパイプ管のような外形をした巨大な高さをもつ、その段状〔のギザギザのある〕ファサードは、感情を最高の緊張状態にまでもってゆくのである。それと同時に、この教会堂は、1940年に、息子のコーア・クリント(1888-1954年)によって完成された、周りを囲むように建つ住宅群(ハウザズ)と見事な繋がりを見せつけている。いくらかアール・ヌーヴォー的な響き(オウヴァートーン)をもった、これよりも初期のより有機的な様式は、イェーテボリ〔ヨーテボリ〕のマストフッグ教会堂(1910-4年)を手がけたジークフリート・エリクソン(1879-1958年)によって採択されたのであった。港のそばの不毛な岩に沿って走るように建つこの教会堂には、丸太小屋のような丈の高い木造の屋根が架かった暖かな内部空間がある。その同時代の多くの人々と同様に、

852

第11章　20世紀

エリクソンは、その後は、洗練さを増した古典主義を採択した。

　フィンランドにおいてほど、民族主義的（ナショナル・）ロマン主義（ロマンティシズム）に、有機的で力強い表現が与えられたところはなかった。ここでは、とりわけラーシュ・ソンク（1870-1956年）とエリエル・サーリネン（1873-1950年）との関わりが深い。彼らの作品は、スカンディナヴィアの中世建築や、大陸のアール・ヌーヴォー、そしてリチャードソン風のロマネスクへの参照物を組み合わせている。フィンランドの花崗岩を用いた、ソンクによるもっとも特徴的な作品群は、以下のとおりである。まずは、タンペレにある、今は大聖堂となった、聖ヨハネの新たな中世風の教会堂（1902-7年）。ここでは原始主義的な趣き（プレイヴァー）が強く表われでている。次に、ヘルシンキの電話会社ビル（1905年）。岩のような顔をもった、新たなリチャードソン風を気取ったロマネスク建築である。そして、ヘルシンキのカリオ地区の教会堂（1908-12年）。ここには、〔ジャン（ヤン）・〕シベリウス〔1865-1957年〕がカリヨン〔鐘塔に据えつけられた、一組の鐘のこと〕の曲をつくったいくつもの鐘（ベル）がある、丈の高いアーツ・アンド・クラフツ風の塔が建っている。その愛国的なロマン主義が、ソンクやサーリネンの〔建築〕作品に対してその音楽「版」（パラレル）をなしているシベリウスのために、ソンクは1904年に、ヤルヴェンパー〔ヘルシンキ北北東37kmのところ。原語はJärvenpää. ワトキンはJärvenapääと誤記〕で、「ア

853　ソンク：電話会社ビルの入口正面細部（1905年）、ヘルシンキ

854　サーリネン、ゲセリウス、そしてリンドグレン：ヴィッラ・ヴィトレスク、キルコヌンミ、ヘルシンキ近郊（1902年着工）

イノラ」と呼ばれた、土地固有の丸太小屋の伝統に則った田舎の別荘（カントリー・ヴィッラ）を建てた〔アイノラとは、シベリウスの妻アイノにちなんだ名称で、「アイノのいる場所」の意〕。これは、サーリネンが、1900年のパリ万博における「フィンランド館（パヴィリオン）」のために採択した様式であった。サーリネンは、ヘルマン・ゲセリウス（1874-1916年）とアルマス・リンドグレン（1874-1929年）とともにこの設計を行なったが、1896年以降サーリネンは彼らと協働関係（パートナーシップ）にあったのである。1902

853

855 ヘルシンキ鉄道駅舎の俯瞰図、ヘルシンキ（1904-14年）、サーリネン、ゲセリウス、そしてリンドグレンによる

年に、この3人の人物が、キルコヌンミ〔キルコヌムミ〕近郊のヴィトレスク上方にある険しい丘陵の斜面上に、彼らの自宅と仕事場を加えた用途を担う、3軒の住宅からなる、注目すべき複合体の仕事を始めた。その大半をノーマン・ショーに負っている、アーツ・アンド・クラフツ様式の、険しい傾斜の屋根と炉隅があるこれらの住宅はおそらく、民族主義的ロマン主義のもっとも印象的な住居建築の範例を形づくっているであろう。

　1901年の設計競技を勝ち取り、1905-12年に建てられた、彼ら3人の協働関係による最初の大きな公共建築は、ヘルシンキの国立美術館である。これは、たとえ気紛れな感じがするとしてもがっしりとした、ソンクの様式を真似ている。すなわち、意図的に大きさを変えて対比が際立った石積みに見えるよう、フィンランド産の花崗岩を、不規則に積んだ表面仕上げを行なったのである。サーリネン、ゲセリウス、そしてリンドグレンは次に、1904年に行なわれた、ヘルシンキ鉄道駅舎〔中央駅〕の設計競技に取り組み、1906-14年にデザインを単純化して、建設へと到ったのであった。巨大な〔4体の〕人物彫刻像が左右の横に〔2体ずつ〕並んだ、その丸い入口アーチ、および厳格な垂直線の数々と彫りの深い立体感溢れた塔は、オルブリッヒに負っており、またホフマンのストックレー邸において代表されるような、ウィーン・ゼツェッションにも負っているものである。この駅舎は、ヨーロッパ的な意義を有した記念碑的建造物であり、ボナーツによるシュトゥットガルト駅舎、アウグスト・シュテュルツェンアッカー〔1871-1943年〕によるカールスルーエ駅舎、そしてローベルト・クリエル〔1859-1925年〕とカール・モーザー〔1860-1936年〕によるバーゼル駅舎のような、少し

854

ばかり、より古典的主義的な様式で建てられた同時代の駅舎群に比肩されるべきものである。サーリネンによる、ラハティ〔ヘルシンキの北100kmのところにある、フィンランド南部の都市〕の、優雅な市庁舎(1911-2年)もまた、ゼツェッションの趣きをもっているが、これは、すでに述べたように、シカゴのトリビューン・タワーのための1922年の力強い設計案(デザイン)において、ゴシックの伝奇的雰囲気(フロマ)と組み合わされて、再び登場するのである。サーリネンはこのあとアメリカへ移住したが、当地での、彼の注意深く設計され、しかも由来を尊重した建物として、イリノイ州ウィネトカの、デュドックに鼓舞されたクロウ・アイランド・スクール(1939-40年)が挙げられる。

〔第1次世界〕大戦(ザ・グレイト・ウォー)の少し前に、スカンディナヴィア建築とフィンランド建築には、民族的ロマン主義を打ち捨てて(アウェー・フロム)、1800年辺りの数年間の、ロマン主義的古典主義の復興(リヴァイヴァル)へ向かうといった、決定的な移動(シフト)が見られた。この移動(シフト)は、ベーレンス、テッセノウ、そしてホフマンといったような建築家たちの、ドイツとオーストリアにおける、同時代の新古典主義への回帰に対応しており、また、これに影響されたのであった。アール・ヌーヴォーの曲線の洗練と民族的ロマン主義の重々しい織り地(テクスチャーズ)のあとに続き、これらと新鮮な対比をなすと思われた、線描の純粋さを備えたひとつの国家的様式を探求することで、ドイツにおいては、プロシアの建築家シンケルへの関心の復活(リヴァイヴァル)が、また北方の国々においては、ハースドーフ〔ハルスドルフ〕、そしてとりわけハンセンやビンデスベル〔ビンデスボ(ー)ル〕のような、新古典主義の建築家たちに対する新たな熱狂が、到来したのであった。カール・ペーターセン(1874-1924年)は、1901年のコペンハーゲンの新市庁舎での展示会で、ビンデスベルの手になる、トルヴァルセン美術館用の図面群(ドローインゲズ)を目の当たりにして、深く心を動かされた(インフルーエンスト)のであった。ビンデスベルのドリス式の感性の細やかさに対する、またギリシャ建築や極東の美術・手工芸(アーマ・アンド・クラフツ)における、色彩のきらめくように鮮やかな用い方(ヴィブラント)に対する、ペーターセンの熱狂は、彼の手になる、フュン島の絵画芸術を収めたファボー〔ファーボルグ〕美術館(1912-5年)において花開いた。ここでの新古典主義の採択は、折衷主義の建築家で、1882年にパリのエコール・デ・ボザール〔国立高等美術学校〕で学んでいた、ハック・カンプマン(1856-1920年)による、1901-6年の新しいカールスバーグ・グリュプトテーク〔彫刻美術館〕の

856 警察本部の中庭(コートヤード)、コペンハーゲン(1919-24年)、カンプマンによる

855

増築において予知されていた。カンプマンの傑作は、コペンハーゲンにある新しい警察本部（1919-24年）であるが、これは、パンテオンのそれに近い直径をもった、円形の列柱が建ち並ぶ中庭(コートヤード)の周りに、有機的に配置された厳格な新古典主義の建物である。この中庭は、カンプトンがこの計画案制作の際に雇った、才気縦横な若い建築家オーエ・ラフン（1890-1953年）によって発想(サジェスティッド)されたものであった。

　古典主義的節度においてこの警察本部と拮抗しうるのは、エドヴァルド〔エドヴァール〕・トムセン（1884-1980年）と G. B. 〔グスターフ・バルトリン・〕ハーゲン（1873-1941年）による、コペンハーゲンの北部にある、オレガルド〔オレガール〕・グラマー・スクール（1922-4年）である。ここでは、ペレとベーレンスに対するトムセンのよく知られた熱狂的な思いを明確に指し示している、明快な分節的表現がなされており、中には、トルヴァルセン美術館にあるビンデスベルによる家具を真似た、トムセンがデザインした家具が含まれている。フリッツ・シュレーゲル〔1896-1965年〕とともに、トムセンは、コペンハーゲンのスナマーケン〔墓地の〕火葬場(クレマトリウム)（1927-30年）を建てたが、これは、装飾がない単調な古典様式の箱であり、その入口正面は、ウッツォン・フランク〔1888-1955年〕の手になる、表現主義的手法の天使の彫像で生きいきとしたものになっていた。大半が装飾的細部をはぎ取られた同様の古典主義がまた、1916年にメッセルの弟子のポヴル・バウマン（1878-1963年）によって、そして1922-3年にカイ・フィスカー（1893-1965年）によって、コペンハーゲンのボルプス通りの巨大な建築棟群(ブロックス)におけるような、低価格の都市集合住宅のために用いられた。

　スウェーデンでは、多産なエストベリが、2人の才気縦横な建築家、イヴァール・テンボム（1878-1968年）とグンナール・アスプルンド（1885-1940年）によって、今や、受け継がれていた。テンボムの壮麗なストックホルムのコンサート・ハウス〔音楽堂。ノーベル賞の授賞式で有名〕（1920-6年）は、おそらく、20世紀北欧古典主義のもっとも見事な記念碑的建造物であろう。その立方体状の量塊が見せる単純さは、入口正面の天井一杯にまで建ち上がった、1列をなす10本のコリント式円柱群によっても、その〔単純さの〕強度が、和らげられることはほとんどない。なぜならば、これらの円柱は、ただ単に極端に細くなっているだけではなく、背後の壁にぴったりと寄り添って置かれてもいるからである。中心をなすコンサート・ホールは、広々とした古典様式の中庭(コートヤード)のような感じ(リセンブル)がする。というのも、このホールには、それと分かる(ヴィジブル)屋根がなく、代わりに独特の雰囲気をもった、大空(スカイ)に似た天井が架かっているからである。〔コンサート・ホールの舞台裏という〕ずっと向こうの端の部分では、だまし絵的な遠近法が用いられた丈の高い柱廊玄関(ポーチコ)が、パイプオルガンのような格子を組み入れている。同じように和らげられた(アテニュエイティッド)優雅な雰囲気が、たとえば、双方ともにストックホルムにある、その繊細な新古典様式の「経済学スクール」（1926年）や「スウェーデン・マッチ会社ビル」〔タバコ会社のこと。日本のJTに相当〕（1928年）といったテムボムの作品をとおして、明白に感じ取られる。テムボムと同様な様式で、エリック・ラッレステット（1864-1955年）が、ストックホルム大学の法学・人文学部棟（1918年に設計；1925-7年に施工）を用意した。その一方で、

第11章　20世紀

857　ストックホルム・コンサート・ハウスの入口ロビー（1920-6年）、テンボムによる

858　「森の火葬場」(ウッドランド・クレマトリウム)、ストックホルム（1935-40年）、アスプルンドによる

ウプサラの建築家、グンナール・レーチェ（1891-1954年）が、ウプサラのヴァクサーラ〔ヴァキソーラ〕・スクール（1925-7年）を、ルドゥーやルイ＝ジャン・デプレ（1743-1804年）の様式で設計したのであった。デプレは、1780年代にスウェーデンの国王グスタフ3世のために働いた建築家であった。

859　アスプルンド：ストックホルム市立図書館の入口ファサード（1920-8年）

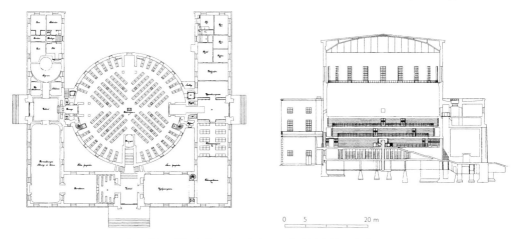

860　アスプルンドによるストックホルム市立図書館の平面図と断面図

第11章　20世紀

　これらの建物の力強さは、それらが古典主義の伝統に固く結びついているにもかかわらず、18世紀後期ヨーロッパにおける多くの新古典主義建築家たちによる単純性への追求を特徴づけたところの、初まりの近代主義(インシピアント・モダニズム)の、20世紀において成功裡に成就した例として見ることができるという事実に存在するのである。〔その〕ひとつの見事な実例が、ストックホルム南部の「森の墓地(ウッドランド・セマテリー)」内にある、グンナール・アスプルンドの手になる1915年の「森の礼拝堂(ウッドランド・チャペル)」である。この建物のロマン主義的な原始主義——神殿(テンプル)〔教会堂〕と森の小屋との組み合わせ——は、デンマーク南東のムーン島にあるリーセルン〔リセルンド〕に1793年に建てられた、単純な木材の円柱群からなる列柱廊(コロネード)の付いた、飾り立てられた（orné）山荘(コテージ)である「草葺きの宮殿（the Thatched Palace）」に鼓舞されたものであった。アスプルンドの主要な作品は、「ストックホルム市立図書館」（1920-8年）であるが、これは、再び1790年代へと遡ってみると、ルドゥーとブレの作品を思い起こさせる。妥協を許さない、頑とした立方体から建ち上がる、その大きな無装飾の円筒(ベア)の抽象的な幾何学は、詩的なミニマリズムに対する感情を反映している。この詩的なミニマリズムとはまさしく、アスプルンドがル・コルビュジエの作品を、何かしら同感の念をもって見つめるように促したものなのである。実際のところ、1930年のストックホルム博覧会のために、1928年からその主任デザイナーとなっていたアスプルンドは、スウェーデンにおける「国際近代様式」の到来を推し進めたのであった。しかしながら、アスプルンドは個人的にはこの様式については曖昧な立場のままであった。そのことは、「森の墓地」内の、1935-40年の「火葬場(クレマトリウム)」といった、彼のもっともよく知られた作品に見ることができる。その、四角い何も彫り刻まれていない支柱群のなす広々とした開廊(ロッジア)は、1800年頃の霊廟計画案においてジリーが夢見たところの時を超えた楣式の建築を、西洋建築において、限りなく近いかたちで実現したものなのである。長い車道の端に見られる景観設定(ランドスケープ・セッティング)に詩的に関連づけられ、また1本の大きな十字架が添えられたこのアスプルンドの手になる峻厳なる建物は、異教の、キリスト教の、そして近代の各世界をすべて統合した、もっとも雄弁でもっとも強烈なもののひとつというかたちで、還元(リダクション)の技(アート)を徹底的に突きつめているのである。

　2つの世界大戦のあいだにおける、もっとも興味深いスカンディナヴィアの建築家たちは、「国際近代様式」とのちょっとした戯れ(たわむ)を行なったにもかかわらず、〔基本的には〕1910年から1930年まで続いた、北欧(ノルディック)の古典主義として時々知られる様式で、仕事をし続けたのであった。しかしながら、フィンランドにおいては、アルヴァー・アアルト（1898-1976年）なるひとりの建築家が、「近代運動」に対して独創的な貢献をなしていた。もっとも、彼の主要な作品は、1945年以降のものではあるが。ユヴァスキュラの「労働者会館(クラブ)」（1923-4年）とムーラメ〔フィンランド南部〕の教会堂（1926-9年）において、控え目な古典主義をもって始めたアアルトは、トゥルクでの1928-9年における、『トゥルン・サノマット（*Turun Sanomat*）』新聞本社社屋のために、メンデルゾーンとミース・ファン・デル・ローエの造形言語(ランゲージ)を採択した。アアルトの、パイミオにおける1929-33年の「結核(チューバーキュラロウサス)サナトリウム」は、ヒルフェルスム

859

におけるヨハンネス・ダイカー〔1890-1935年〕による「太陽光線結核サナトリウム」(ゾーンネストラール・チューバーキュアロウサス)(1928年)に鼓舞された、規模的にバウハウスと拮抗する鉄筋コンクリート構造の建物である。このダイカーのサナトリウムは、1928年にアアルトがヒルフェルスムを訪れた際に間違いなく目の当たりにした、構成主義の美学による大胆な試み(エッセー)をなした建物であった。

アアルトの手になるもっとも重要な初期の作品のひとつは、1927年から1933年までかけて次第に〔大きな〕展開を見せていったひとつの設計案を基にして、1933-5年に実施に移された、ヴィープリ〔現在はロシア領ヴィボルグ〕の市立図書館である。ガラス張りの階段室壁面のような、グロピウスに鼓舞された特徴群を組み入れたこの図書館は、究極的なフィンランドの材料である木材(ウッド)を〔大胆に〕導入したことで、アアルトの経歴にとっては有意義なものであった。この材料の使用は、講義室の天井に現われている。この天井は、ひと続きをなす曲面群に〔実継ぎ(さね)のかたちで〕あてがわれた小割り板〔小幅板(アブライド)、目板(めいた)〕の構成が見せる、連続してうねった形(プロフィール)が特徴的である。このうねりは、一部は審美上の理由のために導入されたものではあるが、これはまた、アアルト自身の創作(メイキング)と認めるべき、聴覚的な問題の解決にも役立っているのである。なぜならば、この講義室は見た目にも明らかなように、あまりにも細長く、幅が狭いため、講義とか討論の場(セッティング)としての機能を果たすのに相応(ふさわ)しいものとなりえな

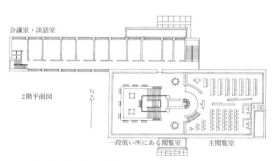

861 市立図書館の平面図、ヴィープリ(1933-5年)、アアルトによる

862 同、講義室

かったのである。図書館内の、床の段差による変化の妙(コンプレックス)ともいえる戯れ(プレイ)は、この建物の全体的な審美的関心を増大させてはいるものの、〔ここで働く〕司書たちに関する限りは、同様に、使い勝手が悪い(プラクティカリー・インコンヴィニアンス)のであった。このことと同時に、「近代運動」の機械に基づいた美学(エステティック)を人間的なものに変えようとすることに対する、アアルトの関心は、まさしくアアルトをして、薄板〔片〕状のブナ材からつくられた曲がった合板〔ヴェニア板〕から、彼自身が「世界最初の柔らかい木製の椅子」と呼んだものを発展させるよう、導いたのであった。アアルトがこのようなやり方(モード)でつくり上げた数多くの椅子によって、彼は、ひとりの家具デザイナーとして国際的に有名な存在になったのである。

　アアルトは、1929年、1930年の、そしてアテネでの1933年の一番有名なCIAM(シアム)の会議(ミーティング)に参加したけれども、この会議(コングレ)の副議長を務めた、グロピウスとル・コルビュジエが好んだものよりも、もっと柔軟でもっと土着的な近代主義(モダニズム)を展開し続けたのであった。この過程(プロセス)は、ヘルシンキのムンキニエミにあるアアルトの自邸兼仕事場〔アトリエ〕(ストゥーディオ)(1936年)やノールマルクのマイレア邸(ヴィッラ)(1937-8年)において、またカウツアの段状をなす労働者たちの集合住宅(ハウジング)(1938年)において、さらには1937年のパリにおける万国博覧会(ワールズ・フェア)およびその2年後のニューヨーク市における万国博覧会(ワールズ・フェア)のための、各フィンランド館(パヴィリオン)において、それぞれ跡付けることができる。繰り返される特徴の数々は、まずスカンディナヴィアの土着的伝統群に、次には不規則な塊りをした建物に、さらには自然の材木を、とりわけ外面の木材の細長い一片からなる外装材のかたちで使用(ティンバーストリップ)したことに、それぞれ何がしかを負っている形式張らない中庭(コートヤード)平面群であった。材木(ティンバー)の使用は、その巨大な〔蛇のように〕曲がりくねった壁面をもった、ニュー

863　マイレア邸(ヴィッラ)の外観、ノールマルク（1937-8年）、アアルトによる

ヨーク市でのフィンランド館(パヴィリオン)において絶頂に達した。この壁面は、ボッロミーニ風の奇想(ファンタジー)の精神に則って、上方にゆくほど実際に内側に傾いていたのであった。こうして、この壁面に貼られた大きな写真の数々が、下からでもはっきりと見ることができるようになったわけである。

864　アアルト：フィンランド館(パヴィリオン)の内部、ニューヨーク市(シティ)万国博覧会（1939年）

第11章　20世紀

イタリアにおける、未来派、古典主義、そして合理主義

　両大戦間のイタリア建築は、建築様式がひとつの政治表現であると想定する前に、注意を必要とするような、教訓となる対象である。われわれは、ギリシャ神殿群が設計された目的である、動物を生け贄に捧げるという血なまぐさい儀式〔供儀〕を認めないからといって、建築的観点から、これらギリシャ神殿を非難したりはしないけれども、われわれが不可とするような近代の政治体制（レジーム）によって建てられた建物群については、結果的には、建築上好ましくないものにちがいないという判断を下すように促されてきたのであった。こうした考えは、1930年代におけるドイツでの建築情勢によって正当化されるように思われた。というのも、国家〔国民〕社会党員（ナショナル・ソシアリスツ）たちにしばしば好まれた古典主義は、もっとも新しい（モダーン）建築著述家たちによって、受け入れられない時代遅れなものと考えられた様式と、折悪しくも判断（ジュ）されてしまったからである。イタリアでは、しかしながら、主導的な「近代運動」を担った建築家たちのなかに、熱心なファシストがいたということだけではなく、これは議論の余地はあるものの、イタリアにおける「国際近代様式」での最高の評価を得た唯一の建物が、1932-6年にコモに建てられた、テッラーニによる「カサ・デル・ファッショ（ファシスト党支部（ハウス））」であるということもまた、事実なのである。

　20世紀イタリアの建築は、ほかのヨーロッパ諸国の場合と同様に、一方では、われわれが第10章で簡単に触れたアール・ヌーヴォーとともに、また他方では、チェーザレ・バッツァーニ（1873-1939年）の作品にイタリアでは典型的に表われている、記念碑的な古典主義様式とともに、始まったのである。バッツァーニの手になる、みなローマにあるところの、重々

865　ミラノ中央駅の入口ファサード（1913-30年）、スタッキーニによる

しい新ルネサンス的国立中央図書館(ビブリオテーカ・ナツィオナーレ・チェントラーレ)(1906-35年)、国立近代美術館(ガッレリーア・ナツィオナーレ・ダルテ・モデルナ)(1911年)、そして国立教育省(ミニステーリオ・デッレデュカツィオーネ・ナツィオナーレ)(1913-28年)は、イタリア統一(ユーナフィケーション)の時期に始められていた、首都〔ローマ〕の権力拡大化を継続させた。もっと興味深いのが、ブリュッセルのプーラルト〔ペレール〕による大げさなまでに華麗な「裁判所」とほぼ拮抗しうるとてつもなく巨大(ガルガンチュアン)な構造物たる、ウリッセ・スタッキーニ〔1871-1947年〕による、ミラノ中央駅(1913-30年)である。様式上この建物は、1888-1910年のローマにおける、カルデリーニの手になる裁判所(パラッツォ・ディ・ジュスティツィーア)の、スティーレ・フロレアーレ〔リバティ様式。イタリアのアール・ヌーヴォー様式のこと〕の細部表現と組み合わされた、ずんぐりとした古典主義に多くを負っている。ミラノ駅は、その大半が1920年代のあいだに建てられたため、〔ベニート・〕ムッソリーニ〔1885-1945年、首相在任1922-43年〕の過度のうぬぼれた野望の典型的な表現とみなされ続けてきたのであった。しかし、事実は、この建物は、1922年にムッソリーニが権力の座に就く前にすでに設計されていたのである。

　20世紀における近代主義(モダニティ)のあらゆるイメージのなかで、もっとも力強いもののいくつかは、ミラノ駅のデザインと同時代のものであった。これらのものは、建築家アントーニオ・サンテリーア(1888-1916年)によるもので、彼は、未来都市を描いた、その幻視のスケッチ群を実施に移しはじめる前に、第1次世界大戦の戦場に散ってしまった。オルブリッヒやメンデルゾーンのものに近しく見えるダイナミックな図面群において、サンテリーアは、イリュミネーション〔電飾〕を施されたスカイラインによる広告〔塔〕となった、階段状に後退するアパート棟群や、異なった高さに置かれた航空機の仮設滑走路や幹線道路とともに網の目状にからまった摩天楼群からなる、果敢な〔挑戦的〕都市世界(アーバン・ワールド)を〔魔法を使うかのように〕想像で不意につくりだした。1912-4年に準備されたこれらの図面は、「未来派建築宣言(マニフェスト)」として1914年7月に増刷されることになった、近代建築に対する「告示(Messaggio)」〔メッサッジョ〕を伴って、「新しい都市(Città Nuova)〔チッタ・ヌオーヴァ〕、すなわちミラノ二千年(Milano 2000)」なる題目(タイトル)のもとに、同じ年の1914年5月のミラノで展示されていたのである。この未来派(フューチャリスト)の動きは、建築においてよりも絵画において、より広範に採択されたが、詩人兼劇作家のフィリッポ・トンマーゾ・マリネッティ(1876-1944年)——ムッソリーニを熱烈に支持した——によって、その手になる1909年の「マニフェスト〔宣言/声明〕趣意書(ファウンデーション)」において、その口火が切られたのであった。この、過去に対する全面戦争の声明文は、1900年から1912年に到る時期、北イタリアの工業都市群の急速な工業技術上の変化に対する、マリネッティの非実際的な反応(ロマンティック)によって彩られていた。彼はこう主張したのである。「われわれは宣言する。輝ける世界は、新しい美——速度の美——によって豊かになったのだ。火を吐く蛇のごとき排気管をまとったボンネットのある競走用自動車(レーシング・カー)——機関銃(マシン・ガン)〔の玉〕のように疾走する、ゴーゴーと怒号をあげる競走用自動車(レーシング・カー)——は、サモトラケの翼のある勝利の女神よりも美しいのだ」と。マリネッティの心像(イミジャリー)と、サンテリーアによる、この心像(イミジャリー)の表現とは、まもなく、ル・コルビュジエの作品に反響してゆく〔繰り返される〕ことになった。

第11章　20世紀

866　サンテリーア：「階段状の家(カーサ・ア・グラディナータ)」の設計案、『新しい都市(チッタ・ヌオーヴァ)』(1914年)から

　イタリアでは、暴力と危険に対する未来派の願望は、第1次世界大戦のただなかで十二分に成就された。そして、スカンディナヴィアと同様に、このイタリアという国は、新鮮な新たな古典主義様式へと回帰したのである。この様式は、1922年から1943年までイタリアのファシスト党の独裁者であった、ムッソリーニによって、その帝国の理想の数々を表現するものとして熱狂的に支持された。ムッソリーニはまた、ピアチェンティーニや〔コンチェーツィオ・〕ペトルッチ〔1902-46年〕、モルプルゴ、そしてフレッツォッティといったような、その最良な作品の大半が都市発展(アーバン・ディヴェロップメント)および都市計画(タウン・プランニング)の領域にあった有能な建築家たちを利用することができた。ムッソリーニによって打ち建てられた新しいローマ＝イタリア帝国にもかかわらず、これらの建築家たちは、豪勢な帝国ローマ風の手法(マナー)は採択せず、むしろ、とりわけオスティアやポルトゥス〔オスティアから4kmほど離れた港町〕、そしてローマでの最新の発掘

865

867 シーグラム・ビルディング、ニューヨーク市、ミース・ファン・デル・ローエによる（1954-8年）

第11章　20世紀

868　バークシャーのソニングにあるディーナリー・ガーデンの〔南西側〕庭園正面、ラッチェンスによる（1899-1902年）

869　ポートランド・パブリック・サーヴィス・ビルディング、オレゴン州、マイケル・グレイヴズによる（1979-82年）

の数々に影響された、初等幾何学的な形態の、貧弱で飾りのない簡素な様式を採択したのであった。

マルチェッロ・ピアチェンティーニ（1881-1961〔1960〕年）は、われわれがすでに賞嘆したところの19世紀後期のローマに、思い入れを込めて大きく貢献した建築家、ピーオ・ピアチェンティーニ〔1846-1928年〕の息子であったが、第2次世界大戦前のイタリア建築においてもっとも顕著な活躍をした人物のひとりであった。メッシーナの壮麗な、新古典主義の裁判所（1912-28年）を皮切りに、彼は、引き続き、ベルガモ（1917年）やブレッシャ（1927-32年）の中心市街地の再開発を行ない、その後は、ローマ大学（1932-3年）、そして1937年以降は、1941-2年にローマに計画された万国博覧会〔いわゆるEUR〕のために、ローマの総合基本計画〔全体計画〕（1931年）を作製する各種の委員会において、決定的な役割を果たしたのであった。これらの大方が新古典主義の基本計画案を促進させることに加えて、ピアチェンティーニは、1920年からはローマで建築教授を務め、さらには1921年にグスターヴォ・ジョヴァンノーニ〔1873-1947年〕とともに、主導的な建築雑誌『建築と装飾芸術（Architettura ed Arti Decorative）』を創刊した。「国際近代様式」に対しては少しも敵対してはいなかったものの、ピアチェンティーニは、気候風土や、豊かな土着の建築的伝統の数々といった観点から、この様式がイタリアにとって総体的に相応しいものかどうかを疑問視することに対して、重要な役割を担ったのである。

ファシスト政権は、ラツィオ州の、ローマ南部の、1932-9年における5つの新しい町の創造に大きく関わっていた。これらの町は、ポンティノ湿原〔ローマの南東にあった、マラリアの発生源〕の干拓によって実現が可能となった。この干拓は、ユリウス・カエサルによって計画された事業であり、カエサルの後継者を自認したムッソリーニによって復活したのである。これらの町は、それ以前の数千にも及ぶイタリアの町々と同様に、ひとつの教会堂と町役場が統べた広場の周りに建てられており、こうした広場の明らかな先例として、ピアチェンティーニがブレッシャにつくりだした端整な広場があるのである。これらのなかでもっとも大きな町、リットリーア（現在のラティーナ）は、O.〔オリオーロ・〕フレッツォッティ〔1888-1965年〕によるが、ここでは、主要な広場の北側にオスティアで発掘されたそれに明らかに基づいたアパート棟群が建っている。その一方で、この広場そのものの中へは、ドイツにおいて同時代の建築家たちに非常に共感を与えたところの、飾りを施されない四角い支柱群の柱廊玄関群を通って、劇的な雰囲気で入るのである。その大半が、ルイージ・ピッチナート〔1899-1983年〕によってつくられたサバウディア（1933年）と、ポンティーニアの〔2つの〕町は、むしろより近代的な陸屋根という造形成句〔熟語〕でつくられた。その一方で、アプリーリャとポメーツィア〔の2つの町〕（1938-40年）は、もっと優雅に伝統に則ってつくられていた。1936-8年に、ペトルッチおよび〔マーリオ・〕トゥファローリによって構想されたアプリーリャは、鐘塔と、丈の高いアプス状になった壁龕を形づくっている西正面とがある、サン・ミケーレの教会堂によって統べられた、魅力的なアーチ列のある広場を中心としてい

第11章　20世紀

870　サバウディアのニュー・タウンの、背景に「受胎告知教会堂」が見える概観（1933年）

871　同、平面図

た。〔ローマにある〕ウェヌスとローマの古代神殿——ここでは、このあとに建てられた建物群が、1930年代の初めに一掃されていた——に見られるアプスに明らかに鼓舞された、この教会堂のファサードは、古代のローマとムッソリーニのローマとのあいだにある統一を示す、ひとつの本質的な部分としてのカトリック教会堂の存在を、公けに宣言していたのである。

　ローマでは、ヴィットーリオ・バッリョ・モルプルゴ〔1890-1966年〕が、1936-41年に悲惨なアウグスト・インペリアーレ〔皇帝アウグストゥス〕広場(ピアッツァ)の建設を任されていた。広大な住宅地域の破壊を伴った、この広場の建設は、今やのちに添加されたもの(アクリーション)が取り払われて、飾りのない単調で切れ味の悪い建物として現われた、古代ローマのアウグストゥス帝の霊廟のために、記念碑的な広々とした背景(セッティング)を供給したのである。モルプルゴがこの広場(スクエア)の周りに建てた、余計なものを一切取り除いた古典主義の建物の数々もまた、単調なものであった。1930年代における、サン・ピエトロ大聖堂近くの、ローマの「スピーナ・デル・ボルゴ（Spina del Borgo）」〔「ボルゴ（郊外の居住地区）の背骨」の意〕界隈の破壊〔すぐあとの本文にあるように、これによって、現在のコンチリアツィオーネ通りが出来た〕は、バロックのローマのさまざまな対比や驚嘆——これをムッソリーニは評価することができなかった——の代わりに、帝国ローマの眺望(ヴィスタ)として自らが構想したものをつくりだそうとするムッソリーニの意志が生んだもうひとつの成果であった。ここにピアチェンティーニは、テーヴェレ河からサン・ピエトロ広場(ピアッツァ)まで、まっすぐに延びる、落ち着きある記念碑的なヴィア・デッラ・コンチリアツィオーネをつくりだしたのであった〔これは、コンチリアツィオーネ（コンチリヤッツィオーネ）通りの

869

872　カサ・デル・ファッショの外観、コモ（1932-6年）、テッラーニによる

こと。ワトキンはConciliazioneをConziliazioneと綴っている（ただし、1986年刊の初版では正しく綴られている）。Conciliazioneとは、1929年にイタリア政府とヴァティカン市国のあいだで交わされた「ラテラーノ条約」のこと。普通名詞は「調停」の意〕。

　ムッソリーニは広範にわたる、政治的、経済的、そして文化的理由のゆえに事業として計画された主要な建物群に、個人的に関わっていたけれども、成りそこない(manqué)の建築家であったヒトラーとはちがって、当時の古典主義建築に感情的な思い入れをしていたわけではなかった。テッラーニ、マッツォーニ、パガーノ、そしてミケルッチといったような主導的な建築家たちは、「国際近代様式」すなわちイタリアで「合理主義」として知られていた様式で、自由に建物を実践していたのである。おそらく、「近代運動（モダーン・ムーヴメント）」のファシストの庇護を受けた、もっとも注目に値すべき例は、ジュゼッペ・テッラーニ（1904-43年）による、コモの「カサ・デル・ファッショ」（1932-6年）であったろう。テッラーニはすでにコモで、グロピウスとメンデルゾーンの鉄筋コンクリートの手法（マナー）での、イタリアにおける最初の記念碑的建造物のひとつ、すなわちノヴォコムンのアパート棟（ブロック）（1927-8年）を建てていた〔ノヴォコムンの原綴はNovocomum. ワトキンはNovocumumと誤記〕。しかし、「カサ・デル・ファッショ」は、この様式を用いた、全体的により独創的かつ洗練された表現を誇示（ステイトメント）していた。大理石の防壁（リヴェットメント）を豊かにまとったこの建物は、帝国広場（ピアッツァ・デル・インペーロ）の反対側に建つ大聖堂（ドゥオーモ）の東端と軸線を合わせて、完璧な四角い平面上に配置されている。その開放的な格子組みのような立面は、4階分の廊下（ギャラリーズ）や事務所（オフィスィズ）が並ぶ床面に取り囲まれた、楣式構造のガラス屋根が架かったアトリウムへと通じている。1列に並んだ16個のガラスの戸口（ドア）は、同時に開くよう電気仕掛けになっており、これによって、ファシストの市民軍（ミリシャ）〔民兵〕が、皇帝広場の政治的な闘技場（アレーナ）へと劇的に洪水のようにどっとなだれ込むことができたのである。これこそまさしく未来派とファシストの心性（メンタリティ）が収斂したことの完璧な表現にほかならない。この建物は、テッラーニの傑作である。しかし、テッラーニは、同様の手法（マナー）で、数多くの他の作品も設計し続けた。とりわけ、ともにコモにある、サンテリーア幼稚園（1936-7年）、そしてジュリアーニ＝フリジェーリオのアパート棟（ブロック）（1939-40年）が挙げられる〔ワトキンはジュリアーニ＝フリジェーリオ Giuliani-Frigerio を Giuliani-Frigeno と誤記。ただし、これも、初版では正しく綴られている〕。

　建築における「近代運動」の功罪〔真価（メリッツ）〕について、たとえば、フィレンツェの鉄道駅のデザインとの関わりで、1930年代をとおして真剣な討議が行なわれた。それというのも、この

駅は、〔かの〕アルベルティの手になるサンタ・マリア・ノヴェッラ教会堂のアプスの向い側の、歴史上微妙な地点に建つことになっていたからであった。心底近代主義者であったマッツォーニは、1931年に単純な古典主義様式の設計案を用意したが、結局は、この駅の建設は、ジョヴァンニ・ミケルッチ〔1891-1990年〕が率いる建築家たちの一団に委託されることになったのであった。ミケルッチによるガラスとコンクリートの駅は、1934-

873　マッツォーニ：コローニャ・マリーナ・デル・カランブローネ、リヴォルノ（1925-6年）

6年に建てられたが、その背景とのくっきりとした対照を見せつけている。ローマでは、これと対照的に、マッツォーニが、近くのクラウディア水道橋のアーケード群を真似た重ね合わさったアーケード群を見せびらかすような側面の翼館群がある、様式上より適切といえるテルミニ駅を設計した。建設工事は、戦争のあいだは停止したものの、この駅は1951年にエウジェーニオ・モントゥオーリ〔1907-82年〕によって、異なったデザインとなって完成した。イタリアの伝統的な古典主義造形言語で設計を行なうことを拒否した、ひとりの主導的なファシストの建築家が、ジュゼッペ・パガーノ（1896-1945年）であった。建築を社会改革の手立てとして見ることを頑強に主張したパガーノは、1931年に、ローマ通りに沿ったトリーノの歴史的地域が、「国際近代様式」からなる大きな建築棟群に取って代わる設計案をつくりだした。この論争を呼び起した計画案を時の政権が是認したことは、ムッソリーニによる「近代運動」の容認の絶頂を刻づけたのである。ローマ大学附属の物理研究所（1932-5年）のような、パガーノの手になる主要な、実施に移された作品群は、著しく魅力を欠いたものである。

　これと対照的に、アンジョーロ・マッツォーニ（1894-1970〔1979〕年）は、両大戦のあいだイタリアで活躍した、もっとも新鮮味のある、もっとも個性的な建築家のひとりであった。適切と思われる場所で古典主義様式で設計する心構えができていたマッツォーニは、同時に、1934-5年には〔古典主義と対置される〕未来派の新聞紙『サンテリーア（Sant'Elia）』の理事を務めてもいた。マッツォーニの初期のデザイン群は、オルブリッヒに鼓舞された想像力に富んだ様式であるが、そのヴィッラ・ローザ・マルトーニ＝ムッソリーニ（1925-6年）、すなわち「コローニャ・マリーナ・デル・カランブローネ（Colonia Marina del Calambrone）」〔コローニャ・マリーナは、「臨海学校」の意〕——これは、郵便局の局員たちと鉄道員たちの子供用に、〔トスカーナ地方の〕リヴォルノ近郊に建てられた臨海学校である——としての方がよく名の通った建物に関してマッツォーニは、自らの個性的な様式を確立したのである。すなわち、これは、人間の顔をした未来派として記述されうるのである。螺旋をなす階段が周りをめぐる、円筒

871

状の飾りのない貯水塔、そして近接して〔密に〕並ぶこれまた飾りのない大理石の細円柱群に取り巻かれた、入口正面〔の両〕脇に建つ、奇妙な円形状の2つの塔は、住み手の絶えたルネサンスの建物や奇妙な塔や中庭の数々が描かれた、ジョルジョ・デ・キリコ（1888-1978年）による空想の世界の絵画と密接に繋がった超現実主義的特質を有している。これと同様の、半機械論的、半叙情的な様式が、マッツォーニによる、フィレンツェ駅の「ボイラー施設〔チェントラーレ・テルミーカ〕」（1932-4年）で繰り返されている。これは、高所にあるキャットウォーク〔作業員などが専用に使う、高所の狭い通路のこと〕に続く、その大胆な鉄の螺旋状の階段をもち、あたかも、サンテリーアが描いたスケッチ群を再生したかのようなものである。マッツォーニは、1921年に自身が加わったサーヴィス機関である、国家の郵便や鉄道のシステムのために、数多くの郵便局、電話局、そして鉄道駅を設計した。これらのものは、常に、対比をなす水平的なヴォリュームと垂直的なヴォリュームのダイナミックなせめぎ合い〔プレイ〕によって特徴づけられている。もっとも、これらの建物は、丈の高いルスティカ仕上げの塔がある、グロッセートの郵便局（1932年）から、純粋な円筒であるアグリジェントの郵便局（1931-4年）に到るまで、様式的には〔かなりの〕幅〔ぶれ〕が見受けられるのである。

　ジョヴァンニ・ムーツィオ（1893-1982年）もまた、ジョルジョ・デ・キリコの形而上的世界に繋がりうる建物を数多く生みだした建築家であった。こうした傾向をもった、彼の手になる鍵となる作品は、ミラノにある共同住宅〔アパートメント・ハウス〕（1919-20年）で、これは古典主義の特徴の数々を硬直したかたちで用いているため、ミラノ人たちから「醜い家（*Ca' brutta*）」〔カ・ブルッタ〕と綽名〔あだな〕されている。ムーツィオは、1935年から1963年まで〔永きにわたって〕ミラノ理工科

874　ケンブリッジ大学歴史学部棟の外観、ジェームズ・スターリングによる（1964年）（本書900頁を参照されたい）

大学（Milan Polytechnic Institute）で教鞭を執り、そのミラノ・カトリック大学（1921-49年）やクレモナのサンタントーニオ教会堂（1936-9年）に見ることができるような、時代を超えたロンバルディア地方の古典主義を、のちに展開していったのである。

ラッチェンス、保守的なる天才

　1939年までイングランドでは、サー・エドウィン・ラッチェンス〔ラ（ッ）チェンズ〕（1869-1944年）が、ちょうどアメリカにおいて、その同時代人のフランク・ロイド・ライトがそうであったように、その世代に属する他の建築家たちのなかでとりわけ抜きんでた存在であった。ラッチェンスは、山の別荘群（コテージ）から都市計画（タウン・プランニング）に到るまで、ありとあらゆる種類の委託を含む、その長くて多産な経歴をとおして、土壌（ソイル）にへばりついた、その自由に計画された有機的な住宅群においてにせよ、その公共の、商業用の、そして教会のための建物群においてにせよ、空間を遊動（プレイ）させる達人であった。空間を才気縦横に扱う人物としての彼は、タリアセン・ウエストで学生たちに自らの作品を熱狂的に語ったところのライトに似ていた。ライトと同様に、ラッチェンスは国際様式（インターナショナル・スタイル）に敵対していた。ラッチェンスの敵愾心は、総括的にいえば、「近代運動（モダーン・ムーヴメント）」にまで拡がっていったのであった。その一方、ライトは、これと対照的に、建築の古典主義造形言語（ランゲージ）全体に、常に変わらずそっけない態度を執り続けたのであった。ルドゥーと同様に、しかしイングランド〔イギリス〕の建築家としては異例なことに、ラッチェンスは、量塊（マッス）や幾何学に対する感性を生まれつき備えていたのであった。このことは、ルドゥーの建物の場合と同様に、ラッチェンスのもっとも小さな建物群においてさえもはっきりと見て取れるのである。

　ラッチェンスは正式な修業をほとんど受けてはいなかったが、ノーマン・ショーの才能ある弟子のアーネスト・ジョージ〔1839-1922年〕の事務所で過ごした、1887-9年という時期があったゆえに、ラッチェンスは、ショウから由来したピクチャレスクな土着的様式（ヴァナキュラー）で、不規則に拡がった住宅群（ハウザズ）を設計することによって、自らの経歴を始めることができたのであった。これらの住宅群には、ラッチェンスの経歴を推し進めるのに多大な貢献をした才気溢れた女流造園家のガートルード・ジーキル〔1843-1932年〕のために建てた、サリー州のマンステッド・ウッド（1896-7年）が含まれる。これらの住宅群は、失われた田園世界に対して増大してゆく郷愁を反映しており、この郷愁はまた、1895年における、「歴史的名所や自然的景勝地（Places of Historic Interest or Natural Beauty）」のための〔保護団体としての〕ナショナル・トラストの創設や、さらには、その2年後の影響力のあった雑誌『カントリー・ライフ（Country Life）』の創刊という成果を生みだした。しかしながら、ラッチェンスによる初期の住宅群（ハウザズ）はまた、彼の量塊（マッス）と量感（ヴォリューム）〔量塊は中味が詰まった量体であり、量感は中味がからの、嵩で覆われた量体である。ワトキンの許で（ラッチェンスを）学んだ片木篤によれば、ヴォリュームとはマッス（量塊）の体積、ヴォイド（空隙）の容積を指す語とされる〕の熟達した〔名人芸的〕操作を次第に明らかにしていったのであり、この巧妙な技は、『カントリー・ライフ』誌を創刊した経

873

営者のエドワード・ハドソン〔1854-1930年〕のために建てられた、バークシャーのディーナリー・ガーデン（1899-1902年；図868）のような傑作に結実していた〔この庭園(ガーデン)も、ジーキルの手になる。ちなみに、現在この邸宅(ハウス)はロック・グループ「レッド・ツェッペリン」のリーダーでギター奏者のジミー・ページ（1944年生）が所有していて、非公開〕。ディーナリー・ガーデンでラッチェンスは、道路に沿った既存の〔北東側の〕庭園(ガーデン)の壁面を特徴あるものとして残し、この壁面に穴をあけて、〔壁と邸宅のU字形平面のあいだに囲い込まれた〕回廊のかたちをした〔北東側〕入口中庭(コート)の、〔南東側寄りの〕端(エッジ)に沿って〔南西へと〕延びている通路へと続く、控え目な入口アーチを据えたのであった。この〔北東

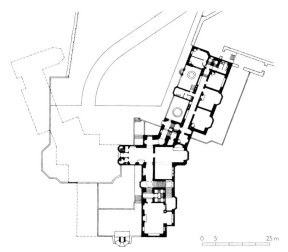

875　ドローゴ城郭(カースル)の平面図、ドルースタイントン近郊、デヴォン州（1910-32年）、ラッチェンスによる

側の壁面から南西方向に延びる〕通路はこのあと、邸宅(ハウス)そのものへともぐり込み、なかの階段室に接近し、次に二重の高さをもった〔この邸宅の中心軸上にあり、この中心軸に沿って南西側の庭園に突きでた窓（図868参照）をもつ〕居間(リヴィング)ホールの一部を形づくっている。最終的にこの通路は、この邸宅(ハウス)の南〔というよりも南西〕正面に現われ、〔U字形の平面をなすこの邸宅の〕中心軸から外れた〔南西側の〕庭園(ガーデン)の散歩道(パス)として、続いていくのである。

　数多くの交差軸(クロス・アクサズ)をもった、ディーナリー・ガーデンの微妙な空間の流れは、ラッチェンスの成熟した作品に特徴的なものであり、これは、プレーリー・スタイルの住宅群におけるライトの場合と同様である。とはいえ、ライトはしばしばそのウォード・ウィリッツ邸〔最初の大規模なプレーリー・ハウス、シカゴ近郊のハイランドパーク、1901年。ワトキンはWillittsと綴るが、Willitsが正しい〕の場合のように、よりきっちりとした十字形平面を選び採った。この主題(テーマ)は、ラッチェンスの手になる、サセックスのリトル・セイカム（1902年）において再び現われ、ここでは、2層〔吹抜け〕の居間ホールが、階段とそのバルコニー付きの踊り場へと合流している。空間もまた、2階の廊下から部屋へと流れ込み、この廊下は、暖棚(チムニーピース)上方のバルコニーを介して、ホールへと開かれているのである。この空間〔創造〕の巧妙さは、デヴォンのドローゴ城郭(カースル)（1910-32年）において絶頂に達した。ここでは、ピラネージ風のヴォールトが架かった階段室群が織りなす複合体、床面高さのずれの数々、そして内部(インターナル)に置かれた窓の数々が見られる。遠く離れたロマンティックな丘陵(ヒルサイド)の斜面の自然な鉱床の露出に似せて、地元の花崗岩からつくられた、ドローゴ城郭(カースル)は、ライトの手になる落水荘と同様に、その背

第11章　20世紀

876　同、入口ファサード

景と有機的に関連づけられているのである。この決して完成することのない、新たな封建時代の幻想は、英国(ブリテン)のもっとも大きな食品雑貨販売チェーンのひとつの社主(ヘッド)〔ジュリアス・チャールズ・ドルー（1856-1931年）〕のために建てられたが、20世紀のもっとも驚くべき住宅群のひとつなのである。もっとも、その建設によって、水が浸透するという、広範囲にわたる問題の数々が生じたのではあるが。

そうこうするうちに、自らの秩序感覚によってラッチェンスは、彼の前にショーが導かれていたように、建築の古典〔主義〕造形言語(ランゲージ)と、これのもつ、調和と力強さと落ち着きをつくりだすための、能力とを発見するよう、導かれたのであった。ラッチェンスの作品は今や、古典主義とピクチャレスク、双方の価値をダイナミックに

877　ブリタニック（現 ラッチェンス）・ハウスのフィンズベリー・サーカス〔側〕ファサード、ロンドン（1920-3年）、ラッチェンスによる

875

組み合わせたものとなった。地中海の古典〔主義〕的伝統をラッチェンスが再発見したことによる最初の成果は、ヒースコウトと呼ばれた驚くべき別荘建築であった。これは1906年に、ヨークシャー、イルクリーの郊外の地に、とある地元の実業家のために建てられた。ここに見られた大胆な効果の数々は、もっと大きな規模で、ラッチェンスの手によってつくられた、ロンドンのブリタニック〔大ブリテンの〕・ハウス（現在のラッチェンス・ハウス）（1920-3年）に

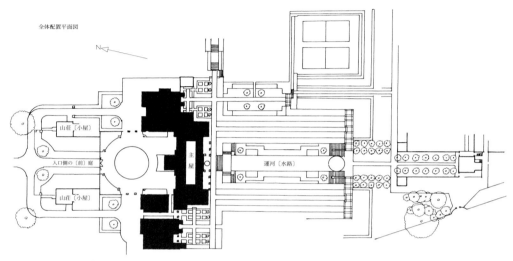

878　グレッドストーン・ホールの平面図、ヨークシャー（1922-6年）、ラッチェンスによる

879　同、入口側の〔前〕庭

第11章 20世紀

繰り返された。これは〔元々〕英国=イラン石油会社のために建てられた。フィンズベリー・サーカス〔円形広場〕に向かって建つ凹面状のファサードと、銀行および地下の(地下鉄)駅を組み入れたムアゲイトに沿ってまっすぐに延びた正面をもった、この記念碑的な鉄骨造の事務所ビルは、ジェノヴァのバロック的快活さを見せるポートランド石灰岩の表面仕上げ〔外皮〕で覆われている。その生きいきとしたルスティカ仕上げは、凡庸ならざる効果をもって、ロンドンのポウルトリーに建つ、ラッチェンスの手になるミッドランド銀行〔本店〕(1924-37年)に引き継がれており、これは、個性的なまでに微妙な比例体系のゆえに、上階にゆくにつれて対比が際立ってゆく建物である。すなわち、おのおのの石の段が、その下の石の段よりも高さが8分の1インチ(3.2mm)だけ低くなっており、その一方、〔水平方向の〕ルスティカ仕上げが、いくつかの高さで〔垂直面によって〕とぎれており、このとぎれた場所では、垂直面上から1インチ(25.4mm)分だけ〔水平方向の部分が〕窪んで〔引っ込んで〕いるのである。ヨークシャーのグレッドストーン・ホール(1922-6年)のようなカントリー・ハウスにおいてさえも、この種の繊細な調整の数々が、この建物に、生きいきとした感性を与えるため

880　シチュコーとゲリフレイフ：国立レーニン図書館〔現ロシア国立図書館〕、モスクワ(1928-41年)

877

になされている。たとえば、クリーム色の地元の石灰岩からなるそれぞれの連続した石段の高さが、〔ミッドランド銀行本店のファサードと同様に〕徐々に減らされているのである。そのうえ、ラッチェンスの手になる多くの建物に見られるように、壁面が軽く傾いており、つまり内側に向かってゆるい縦勾配をなしており、古代のギリシャ人たちの視覚補整(オプティカル・リファインメント)の数々によって生みだされたそれと似た、成長・生命の感覚をつくりだしているのである。この邸宅自体と双子〔一対〕の山小屋(ロッジ)や山荘(コテージ)を備えたその前庭(フォアコート)との整然としたまとまり(グルーピング)は、この邸宅が段状になった(テラスト)体系的な(アーキテクチュラル)庭園と一体化しているのと同様に、見事な出来となっている。この庭園では、中心軸が、遠く離れた田園地帯に向かって視線を導く長い運河によって、ずっと連続して延びている。段差や軸線の数々を対比させるといった、この全体を注意深く制御した遊動(プレイ)は、バルロワにおけるフランソワ・マンサールのそれと同様に、才気に溢れている。これは、邸宅(ハウス)をその背景と有機的に関連づけるといった、ラッチェンスの能力を示す、古典主義的な範例なのである。

　この巧みな技(スキル)は、ラッチェンスがピクチャレスクの、そしてのちにはアーツ・アンド・クラフツの伝統に則った、イングランドの建築家たちが連なる長い系譜を共有していることを示しており、ラッチェンスの経歴のなかで最大級の委託——ニューデリーの総督邸〔総督府〕(ヴァイスロイズ・ハウス)(1912-31年)とこれに関連した都市計画案(スキーム)——を実行する際に、彼に対して計り知れない価値となったものであった。実質的に修業経験のないイングランドのひとりの建築家が、近代建築においてもっとも記念碑的な古典主義の複合体群のひとつ——正確にいえば、フランスとアメリカの建築家たちの世代がパリのエコール・デ・ボザールで修業を積んできたところの目的であったような種類の計画案(スキーム)——に対して重要な責任を担っていたということは、まさしく皮肉な事実である。さらに皮肉なことに、インドにおける大ブリテン〔英国〕の支配(ルール)は、総督邸の完成後、わずか15年で終焉を迎えたのであった。それにもかかわらず、現在ラシュトラパティ・バワン〔インド大統領官邸〕となっているこの建物は、大統領の公式の住居として十分に順応しており、また世界でもっとも大きな民主主義の国における、秩序と安定の文句なしの象徴として受け入れられている。

　〔巨大な〕大力無双(タイタニック)のドームを冠された、明らかに内側に傾いている、総督邸の崖のような壁面群は、ピンクとクリーム色のドールプル〔インド北西部のラージャスターン州〕の砂岩で建てられている。この建物のデザインは、豊かな古典主義の細部ないしは装飾をとおしてというよりもむしろ、量塊(マッス)と幾何学をとおして、効果をもたらすような、ある抽象的な特質を有している。このことは、時々、ラッチェンスの手になる「基本的な(エレメンタル)」造形言語(ランゲージ)として知られており、この言語(ヴォキャブラリー)においては、ローマの古典的な表現様式やルネサンスの様式が、洗練・純化〔蒸留・抽出〕の過程を経て、純粋なる本質へと還元されているように見える。これは、ラッチェンスが、各種オーダーについてすでに書いていたものに見られる、はっきりと理解できる表現なのである。すなわち、「各種のオーダーは、きわめて見事に熟考・消化されていて、残されたものは本質以外になにもない……「オーダー」の完遂は、衝動とか思いがけない方法(アクシデント=ワイズ)

第11章　20世紀

881　〔インド〕総督邸〔総督府。現インド大統領官邸〕の入口正面、ニューデリー（1912-31年）、ラッチェンスによる

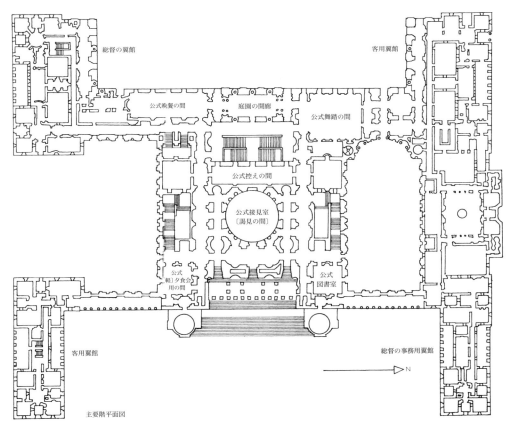

882　同、平面図

883 ラッチェンス:ハムステッド田園郊外住宅地〔ガーデン・サバーブ〕、セイント・ジュード〔聖ユダ〕教会堂(1908年)が見える

884 ラッチェンス:ソンム河行方不明者〔ザ・ミッシング〕〔戦没者〕記念〔祈念〕碑、ティープヴァル、アラス近郊(1927-32年)

で生みだされた任意なものに較べてずっと自然に近いものである。〔オーダーに見られる〕あらゆる〔直〕線と曲線は、幾世紀をも経て、衝動に抗う力が生みだしたものなのである」と。ラッチェンスは、伝統的なインドの様式群を採択するという圧迫感に抵抗したけれども、チャットリス (chattris) すなわち屋根付きのパヴィリオン〔クーポラ〕や、チュッジャス (chujjas) すなわち心地好い影〔ウェルカム〕をつくりだす、広々とした突きでた重そうな軒、といったようなムガール人の特徴の数々をあざやかに組み入れたのであった。〔総督邸の〕ドームの下層部分には、仏教起源の、帯状をなす矩形の〔四角い〕図柄〔模様〕〔パタニング〕が見られるが、これは、インドのサンチ〔インド中部マディヤ・プラデーシュ州の丘陵の村〕にある大きな卒塔婆〔ストゥーパ〕の円形の柵〔矢来〕〔パリセード〕といった記念建造物群に由来するものであった。これは、恣意的な〔インドとイギリスの〕折衷的な理由のために選ばれたわけではなく、ここに見られる格子のような形態が、ラッチェンスのデザインの幾何学的基盤全体と深く調和しているがゆえに、用いられたのである。

　異なった伝統群が入り混じったもうひとつのものが、総督邸の巨大なムガール人の庭園であり、ラッチェンスはここで、イングランドの庭園の設計者としての自らの熟練した技と、抽象幾何学に対する自らの生来の感覚とを、インドの池や流れをあしらった庭の生きいきとした再生に適用したのであった。ワシントンDCのそれ〔プラン〕によって鼓舞され、しかも各内角60度の正三角形に基づいた、ラッチェンスの手になるニューデリー市の平面計画〔プラン〕は、ボザール流の軸線中心配置法でのもっとも大胆な試みである。ハーバート・ベイカー〔1862-1946年〕によって設計された事務局棟を通りすぎて、総督邸まで続く大きな並木通り〔アヴェニュー〕を中心軸に置いた記念碑的な〔モニュメンタリティー〕配置は、さほど密集していないものの豊かな植栽によって和らげられており、こ

第11章　20世紀

うした植栽は、イングランドの田園都市から抽き出されている。ラッチェンスはすでにして、自らがロンドンの、パーカーとアンウィンによるハムステッド田園郊外住宅地(ガーデン・サバーブ)のために設計した中央広場(スクエア)の都市計画で腕だめしをしていた。すなわち、ここで1908-10年にラッチェンスは、牧師館が付属する2つの対比をなす教会堂、さらには(アズ・ウェル・アズ)社会・教育施設の建物や数多くの住宅からなる、一団をなす区域を用意したのであった。ラッチェンスの形式張ってはいるものの厳格に対称形ではない配置は、この郊外の他の部分に見られる形式張らない土着的自由さと〔格好の〕対照をなしていた。

　デリーでの時間を超越した(タイムレス)抽象的な壮大さは、1920年代にラッチェンスによって設計された2つの傑作に再び現われた。すなわち、フランスのアラス近郊のティープヴァルに建つ「ソンム河の戦いにおける行方不明者(ザ・ミッシング)の祈念碑(メモリアル)(Memorial to the Missing of the Somme)」〔「ソンム河戦没者記念碑」。「ソンム河の戦い」は、1916年10月の、ピカルディー地方のソンム河畔での英・仏対独の激しい会戦のこと〕(1927-32年)と、リヴァプールの「神キリスト(ザ・キング)のローマカトリック大聖堂」(1929-41年)である。後者はしかし、堂々とした地下祭室(クリュプタ)だけが建てられ未完成のままである。〔第1次世界〕大戦(ザ・グレイト・ウォー)でまったく無意味に生命(いのち)を失った人々に捧げられた多くの記念碑のなかで、もっとも荘厳で力強い、このティープヴァル・アーチは、

885　ロジャーズ〔ロジャース〕とピアーノ：ポンピドゥー・センター、パリ（1971-7年）（本書906頁を参照されたい）

上に重ねられた高い、連続した相交わる凱旋アーチとして読み取ることができる〔図884に見るように、下2つのアーチ群を跨いでさらなるアーチが架かっている〕。これらのアーチ群は、ひと続きをなす仕上げをしていない〔無装飾の〕表面をしており、そこには、7万人を超す行方不明者たちの名前が刻み込まれている。その結果、この記念〔祈念〕碑は、20世紀のもっとも感動的な建物のひとつとなっているのである。すなわち、これは1個の、崇高な幾何学の作品なのであり、ここではほっそりとしたアーチ群が、高さの変化の著しい床面から建ち上がり、牧歌的な〔田園の〕、そして今は平穏〔平和〕な風景が見せる眺望を組み立てているのである。ラッチェンスは、リヴァプールの大聖堂において、再び凱旋アーチという主題を取

886 英国国教会大聖堂の内陣、リヴァプール（1904-80年）、スコットによる

り上げたが、ここでは、この凱旋アーチが南側の正面入口の基盤を形成していた〔することになっていた〕。これは、1934年につくられた壮麗な模型によってわれわれが高く評価することのできる設計案(デザイン)である。身廊のかなりの高さ（138フィート；42m）に較べて、身廊の幅の狭さ（52フィート；16m）は、この大聖堂に対して、それが見せる古典主義的な表現の明確さ(アーティキュレイション)にもかかわらず、ゴシックの比例体系(プロポーション)を与えていた。ここでは、身廊から、キリスト教世界最大の〔ものになるはずだった〕ドーム下の広大な循環する空間へと移動するにつれて、人々は劇的な空間的解放感を味わわされるはずであった。帯状の銀白色花崗岩と組み合わさった桃色がかった淡黄褐色(ピンキッシュ・バフ)の煉瓦からなる、この途方もない記念碑的建造物は、古典〔主義〕的な形態群(フォームズ)とゴシックの比例体系群(プロポーションズ)を結び合わせただけではなく、古代ローマ時代(デイズ)以降、建築家たちの想像力に取り憑いてきた2つの建物のタイプ——ドームと凱旋門——を一体化してもいたのであった。

英国(ブリテン)における伝統主義と近代主義

ラッチェンスの手になる巨大なヴォールトの架かった地下祭室(クリュプタ)の天辺(トップ)に今日建っている大聖堂は、当時の宇宙時代の美学を典型的に表現したものとして、フレデリック・ギバード（1908-80年）による設計案群を基にして、1962-7年に建てられたが、これはけばけばしいコンクリート造の八角堂(オクタゴン)である。リヴァプールのために計画されたもうひとつの大聖堂は、幸運なことに、その元々の建築家による設計案群に合わせて完成に到った。すなわち、ジャイルズ・ギルバート・スコット（1880-1960年）が、1903年の設計競技で勝ち取った英国国教会(アングリカン)大聖堂である。この赤い砂岩の建物の工事(ワーク)は、1904年に、スコットの手になる比較的因襲的なゴシックの設計案に合わせて開始されたが、スコットは、「崇高」という美学的カテゴリーを連想させる、力(パワー)と劇性(ドラマ)をもった建物を生みだすために、1909-10年および1924年にこれらの設計案に変更を加えた。その記念碑的な量塊的様相は、スペインの後期ゴシックの豊饒さと繊細さを喚起する集中〔凝縮〕した装飾領域(エリア)と対照をなしている。1920年代の終わりまで、主として教会建築家であっ

887　ランチェスターとリカーズ：ウェスリー派の中央ホールの外観、ウェストミンスター、ロンドン（1905-11年）

たものの、スコットはその後、公衆電話室から発電所に到るまで幅広く、本質的に20世紀的な委託を大量に引き受けることになった。しかしながら、ラッチェンスと同様に、スコットは、フランスあるいはアメリカのような国々での彼の同時代人たちによる職業訓練として真摯に受け取られたであろうような委託はほとんど引き受けることはなかった。スコットは、建築の学校で正式にアカデミックな教育を受けることはなかったし、また、感性豊かな教会

888　スコット：セイント・アンドルー教会堂の側面立面、ルートン（1931-2年）

建築家テンプル・ムーア（1856-1920年）の事務所以外では、技術的な修業を一切積んではこなかった。

　スコットの手になるもっとも特徴的な教会堂群のひとつは、厚みのない薄紅色(ピンク)の煉瓦で特別につくられている、〔イングランド中東南部の〕ベッドフォードシャーにあるルートン〔ロンドンの北北西に位置し、国際空港がある〕に建つ、セイント・アンドルー教会堂（1931-2年）である。力を示唆する、その低目につくられた現代風の〔流線型の〕身廊(ストリームラインド)は、自動車製造業の中心としてのルートンに相応(ふさわ)しいものである。その一方、強調された傾斜する控え壁(ふせ)〔扶壁〕と重々しい西側に建つ塔が、ほとんど表現主義的な威力(フォース)を発揮している。こうした様相は、ヴィルヘルム・クライスのようなドイツの建築家たちによる煉瓦の使用を思い起こさせる。

889　スコット：バタシー発電所(パワー・ステーション)、ロンドン（1930-4年）、テムズ〔テームズ〕河からの眺望

スコットはまた、同時代のアメリカ建築に好意的であり、バートラム・グッドヒューの友人であった。1923年にケンブリッジ大学図書館の委託を受けた際に、スコットは、アメリカ合衆国における主要なアカデミックな図書館群の視察をしてくるよう誘われたのであった。なぜならば、ロックフェラー財団が、新しい建物にかかる費用に対して、実質的な貢献をなしていたからである。スコットの手になる図書館は、一方で、伝統的な趣きをもった審美眼的(フレイヴァー)に満足のゆく建物を供給することの必要性と、他方で、垂直な格子状(グリッド=ライク)の窓割りをもった純粋に機能的な書架群を備えることの必要性とのあいだの妥協策を、必ずしも成功裡に見いだしているわけではない。スコットの手になる元々の設計案(オリジナル・デザイン)に見られる長く延びた水平線群は、実際につくりだされた建物のそれよりも出来の良いものであった。というのも、現実に目にする建物は、ロックフェラー財団の要請によって建てられた、巨大な(バルキー)〔嵩高な〕中央塔が全体を統(す)べてしまっているからである。この塔は、細身の2インチ（5cm）厚の煉瓦で外装を施された鉄骨造りであり、グッドヒューの手になるネブラスカの州議会議事堂を思い起こさせる垂直方向の細部装飾(ディテーリング)が見られる。

　ケンブリッジでの試作用の発電所(パワーハウス)を設計しているのと同じ時期にスコットは、バタシー〔ロンドン内、テムズ河南岸のウォンズワース地区の一部〕発電所(パワー・ステーション)（1930-4年）の仕事に取りかかっていた。これは、英国の一般大衆に対して、近代性(モダニティ)の祖型的な象徴(みや)となった、ロンドンの中心街近くに建つ、論争を呼んだ建物である〔1983年に廃業となり、現在では、ジェットコースターのレールがこの旧発電所の周りを囲んだ、レジャー・センターとなっている〕。この建物の

全体的な形態は、スコットが、そこそこ満足のゆく外観の扱い方を提示するために招喚されるまでに、すでに決まっており、建設工事も始まっていたのであった。スコットによる特記すべき業績は、まず麦わら色〔淡黄色〕のモーターとともに注意深く積み上げられた美しい煉瓦細工（ブリックワーク）の使用によって、次には、溝彫り（フルーティング）を加えることによって醸しだされる永遠に続く古典主義といった味わいを（ヒント）、煙突群に与えることによって、そして最後に、スコットの手になるさまざまな線条や細部が見せる、高くそびえた垂直性によって、野蛮で残忍な工業を洗練（ブルータリティ・オヴ・インダストリー）させる〔文明化させる〕ことであった。スコットは、ラッチェンスが行なわなかったようなやり方で「近代の〔モダーン〕」建築家であることに関心をもったのである。スコットは、鉄筋コンクリートのような、近代の〔モダ〕〔新しい〕工業技術や素材に、ラッチェンスよりも好感を抱いていた。しかし、コンクリートをそのまま晒けだすことは極端に嫌がった。スコットは、コンクリートを、容赦のない水たれ（ウェザリング）〔風雨の侵害〕によってどうしてもひどく傷つけられてしまう、見た目にも粗雑な（クルード）材料と見なしていたのであった。さまざまな素材に対する、また伝統に対する敬愛心のゆえにラッチェンスとスコット両者は、「国際様式（the International Style）」を、純粋な興業術（ショウマンシップ）としてしりぞけたのである。たとえば、両者は、「国際様式」に見られる白塗りのプラスター壁や陸屋根に実際的な効果がないことを認識していたが、これは、こうしたものが絶えず、維持（メンテナンス）と補修（リペア）を必要とするように思われたからである。「国際様式」の効用（シュタビリティ）を確信する人々を一瞥する前に、われわれは、ラッチェンスやスコットほどは名声がなかったものの、古典主義の伝統の発展に、いくらか独創的な貢献をなした建築家の何人かに注目しておくべきである。

　豊かに飾り立てられた古典主義のファサード群とボザール流の平面計画（プランニング）の組み合わせは、英国の公共建築においては馴染のないものではあったが、この世紀〔20世紀〕の初まりに、H. V. 〔ヘンリー・ヴォーガン・〕ランチェスター（1863-1953年）とエドウィン・リカーズ（1872-1920年）の手になる、カーディフ市庁舎〔カーディフはウェールズ地方の中心都市〕と裁判所（1897-1906年）において、明示されていた。これは、第1次世界大戦まで公共建築群において広範に模倣された、ひとつの定式（パターン）を据えたのであった。もっとも、バロック的な溢れんばかりの豊かさは、大英博物館のエドワード7世〔1841-1910年。アルバート・エドワード。ヴィクトリア女王の長男〕のギャラリー群の場合に見られるように、抑制されたフランスのボザール流儀（マナー）に、時々取って代わられたのであった。このギャラリー群は、1904-14年に、スコットランドの建築家、サー・ジョン・バーネット（1857-1938年）によって建てられたが、彼は、エコール・デ・ボザールで修業を積んでいたのであった。ランチェスターとリカーズによる、ドームの架かった「ウェスリー派の中央ホール」〔メソジスト教会堂中央ホール。ジョン・ウェスリー（1703-91年）が創始したメソジスト派（ウェスリー派）は、個人・社会の徳義を強調する〕（1905-11年）は、カーディフにおける自信たっぷりの尊大な造形言語（ランゲージ）を、ウェストミンスター・アビィの西正面に向かい合って建つ、ロンドンでも屈指の場所（プロミナント・サイト）にもたらしたのであった。これとは異なった種類のフランスの影響は、メーヴェスとデイヴィスの作品をいろどっていた。彼

第11章　20世紀

らの手になるパリ風に見える、ロンドンのリッツ・ホテル（1904-6年）については、われわれはすでに、20世紀初期のフランス建築についての記述のなかで注目していた（本書834頁）。イングランドとフランスの建築的な協働関係(パートナーシップ)によって設計された、ファサード群と内部をもち、シカゴで働いていた、とあるスウェーデンの工学技師によって設計され、ドイツで製造されたその鉄骨の枠組みからなる、このリッツ・ホテルは、1904年にイングランドとフランスのあいだで締結された、政治上の和親協商（entente cordiale）〔アンタント・コルディアール〕の、そしてエドワード7世の統治時代（1901-10年）に花開いた、際立って世界的視野(コスモポリタン)をもった上流社会の、まさしく大半を占める存在である。

890　ジンバブエ・ハウス（旧英国医師協会ビル）の外観、ストランド通り、ロンドン（1907-8年）、ホールデンによる

これよりも個性的な大きな存在(ヴォイス)は、チャールズ・ホールデン（1875-1960年）によって用意された。彼は、新しい鉄骨造の構造物に付け加えることが慣例となっていた石材の外装が、構造的観点から不適切ではないかとの考えにこだわっていたように思われる。この問題に対する彼の反応は、反合理主義的ないしはマニエリスム的なやり方で、古典主義の諸要素が展開される場となる石のファサード群を生みだすことであった。このことは、ロンドンのチャンセリー・レーンにある「法曹協会」用図書館翼館（1903-4年）で始められた。しかし、ロンドンのストランド通りに建つ、彼の手になる「英国医師協会ビル」（現在のジンバブエ・ハウス）（1907-8年）の方が、もっとはっきりとこのことを示していた。この建物は、C.R.コッカレルによる「ウェストミンスター生命(ライフ)・英国火災保険局(オフィス)」（1831年）の敷地に建っているが、ホールデンは、このコッカレルの建物から、人物像の彫刻と丸いアーチ状の開口部群の組み合わせを抽き出したと考えられる。〔ホールデンの「英国医師協会ビル」に見られる〕ファサードの直線的な扱い方と、さまざまな面(プレーン)の微妙な編み合わせからは、ミケランジェロ風の感情の吐露が感じられるのである。この骨太な一風変わった処理の仕方は、内部の丈夫な鉄骨造(スティール・スケルトン)を表現しようとする試みを反映しているように思われるが、これと同様の事態が、ジョン・ベルチャー（1841-1913年）とジョン・ジェームズ・ジョアス（1868-1952年）の協働による、ロンドンの数多くの建物にも並行して生じているのである。とりわけ、オックスフォード・ストリートに建つ「マッピン・ハウス」（1906-8年）、そしてピカディリーの、「ロイヤル・イン

887

891　コウツ：ローン・ロード・フラッツ、ハムステッド、ロンドン（1932-4年）

シュランス・ビルディング」（1907-8年）がこれにあたる。1920年代には、主導的な古典主義の建築家としては、カーティス・グリーン（1875-1960年）とヴィンセント・ハリス（1879-1971年）が挙げられるが、両者ともに、イングランドとフランスの古典主義的伝統の数々を、ひとつの大胆な古典主義として統合したものを供給したのである。グリーンは、ピカディリー〔広場〕で互いにほぼ向い合って建つ、2つの注目すべき建物——「ウーズレー・モーター・ショウルーム」（1922年、現在のチャイナ・ハウス）と「ウェストミンスター銀行」（1926年）——の建設に対して中心的な役割を果たした。その一方でハリスは、1920年代に数多くの主要な公共建築を設計したが、その施工については、1930年代のあいだ、完成を見たのであった。これらのなかには、シェフィールド市庁舎、リーズ市民ホール、そして彼のもっとも見事な作品であり、抽象的な詩といった雰囲気を醸しだしている、端部の背の高い切妻壁が付いた〔2つの建物〕、マンチェスターの円形状の中央図書館とこれに隣接する市庁舎増築棟が挙げられる。

　1930年頃の「国際様式」の到来は、多くの論争に見舞われた。あからさまな平坦な屋根〔陸屋根〕の建物の数々は、イングランドの気候や田舎地方にはほとんど適合しなかったが、これらの建物の空間上の自由さや広々とした平面計画は、ドイツやフランスでは新奇なものではあったが、イングランドではずっと前から、ラッチェンスからショーを経てナッシュにまで遡る、住居建築の伝統において予知されていたものであった。かなりの程度まで、「国際様式」は、ほかの国々から1930年代のあいだにイングランドにやって来た建築家たち——とりわけ、グロピウスやメンデルゾーン、そしてマルセル・ブロイヤーを含む、ナチス・ドイツからの避難者たち——によって輸入されたのであった。彼らは専門職階級の構成員たち用の個人住居の設計に、とりわけ関わっていた。こうした様式のもっとも初期の建物のひとつが、ハムステッドの「ローン・ロード・フラッツ」（1932-4年）であったが、これは、トロントで修業を積んできたウェルズ・ウィントミュート・コウツ（1895-1958年）によって設計された、むき出しのクリーム色に塗られたコンクリートからなる何ら隠し様のない〔明確な〕4階建ての陸屋根の集合住宅である。1934-6年に、マックスウェル・フライ（1899-1987年）と協働関係にあったグロピウスは、脚本家のベン・レヴィ〔1900-73年〕のために、チェルシー

第11章　20世紀

892　メンデルゾーンとシャマイエフ：デ・ラ・ワー・パヴィリオン、ベクスヒル（1933-6年）

のオールド・チャーチ・ストリートに住宅を1軒設計した（1935-6年）。これは、プラスターを塗った煉瓦細工で外装を行なった、鉄骨造の建物であるが、その後は、風雨に耐えるようにと、吊り瓦〈ハンギング・タイルズ〉で覆われることになった。この隣りには、メンデルゾーンが、ロシア生まれのサージュ・シャマイエフ（1900-96年）との協働作業で設計した、現代風なコーエン・ハウスが建っている。メンデルゾーンとシャマイエフはまた、サセックス州のベクスヒル〔イングランド南東部〕に建つ、「デ・ラ・ワー・パヴィリオン」（1933-6年）建設の任にあたった。これは、風雨に晒されるのをうまく処理した大きな金属枠の窓がある海辺の娯楽センターで、これらの窓は、簡素な白いストゥッコを塗られ、彫刻的に構成された連続した表面仕上げとの、ダイナミックな対比を見せつけている。

USSR〔ソヴィエト連邦〕の近代主義と伝統主義

19世紀後半のロシアにおける民族主義的ロマン主義〈ナショナル・ロマンティシズム〉は、そして、1900年頃にこれを継承した新古典主義の復興〈リヴァイヴァル〉は、1917年の「大革命」まで、建築の作品をいろどり続けた。爾後は、これら〔ロマン主義および新古典主義〕の双方ともが、共産党員〔共産主義活動家〕や前衛の建築家たちによって、ロシア皇帝の政治体制〈ツァーリスト・レジーム〉の象徴群と見られたのであった。画家兼舞台装飾家〈ステージ・デザイナー〉の、ウラディーミル・タトリン（1885-1953年）は、1921年にモスクワで開催された第3インターナショナル共産主義会議、すなわちコミンテルン〈コミュニスト・コングレス〉〔Komintern. Kommunisticheskii Internatsionalの略称。1919年にレーニンの指導下でまとめられた、国際共産主義運動の指導組織（-1943年）〕に捧げられた鉄とガラスの記念建造物〈モニュメント〉のための、1919-20年における設計案〈デザイン〉において、大革命後の新しい世界に関する、〔説得力ある〕当を得た図像〈イメージ〉を用意したのであった。この1,310フィート（400m）の高さを誇る、全体がまったく非現実的な螺旋状の記念碑的建造物は、〔何と〕エッフェル塔よりも高いものとなるはずであった。この記念碑は、16フィート（5m）の高さがある、その支持体を形成する枠組みの模型〈モデル〉から、われわれに知られている〔図893〕。この模型は、木材〈ウッド〉と網細工〈ネッティング〉でタトリンがつくり上げたものである。これは、斜めに置かれた〈スキュー〉、2つの互いに絡み合った螺旋からなっている。そしてこれらの螺旋のなかには、3つあるいは、もしかした

889

893　タトリン：第3インターナショナル共産主義会議に
捧げられた記念建造物の模型、モスクワ（1921年）

ら4つ〔あとで注記するように、4つ目は半球〕の、ガラスの部屋すなわち中が空の量体（ヴォリューム）が吊り下げられることになっており、それぞれの量体は、その軸線の周りを回転するはずであった。すなわち、もっとも低い位置の量体は、1年に1度の〔ゆったりとした〕速さで回転し、中央に位置する量体は、月に1度、また一番上の量体は、1日に1回の割合でそれぞれ同じ様に回転することになっていた。立方体の形をなすはずの一番下の量体には、立法議会群が収められ、ピラミッド状の形をなす中央の量体には、〔第3〕インターナショナルの実行委員会群が入り、さらに、一番上の、円筒状の量体は、国際的無産階級（プロレタリアート）〔労働者階級〕用の情報局として機能するはずであった〔実際には、円筒〔円柱〕状の量体の上に、さらに半球が吊られていて、この半球は1時間に1回転することになっていた〕。宣言（マニフェスト）と宣伝（プロパガンダ）を公けにすること（ディストリビューション）を目的としたこの〔「螺旋の記念碑」〕の天辺には、ラジオ用の鉄塔が載ることになってい

た〔これは注記で述べた半球のことかもしれない〕。この計画案（スキーム）は、「ロシア構成主義」の主題（サブジェクト）を扱う多くの建築著述家たちによって真摯に取り上げられ続けてきたため、近代主義の神話の本質的な部分となったわけである。確かに、この種の動的（キネティック）建築の建設が1920年代に可能であったとすれば、この建築は、永遠に動き続ける革命的（レヴォルーショナル）〔回転的〕社会を見晴かす、堂々とした表現となっていたであろう。

　タトリンの記念碑的建造物の趣き（フレイヴァー）を何かしら有しているものが、探照灯（サーチライト）や拡声器（ラウドスピーカー）、デジタル時計の付いた、アレクサンドル（1883-1959年）およびヴィクトル（1882-1950年）のヴェスニン兄弟〔このほかに長男のレオニード（1880-1933年）がいた〕の手になる、モスクワの〔レニングラード・〕プラウダ新聞社〔支局〕社屋（ビル）（1924年）に見いだされる。次にこれは、クレーンに似た鉄製の船嘴（せんし）である、1920年の「指導者レーニン〔1870-1924年〕」計画案に受け継がれた。これは、建築家、画家、そしてグラフィック・デザイナーであったエル（エレアザール・マールコヴィチ）・リシツキー（1890-1941年）によって設計されたものである。リシツキーは、1909-11年に、ダルムシュタットにおいて、オルブリッヒの弟子であった人物である。1919年にヴィテプスクで建築の教授に任命されたリシツキーは、「新しい芸術の学派のために（For the School of New Art)」を意味する「プロ＝ウノヴィス（Pro-Unovis）」から抽かれた、PROUN〔プロウン：「新しいものの確立のプロジェクト」の意〕と彼が呼んだひとつの教義を宣言した。これはまさしく、「絵画と建築のあいだにある」芸術の新しい在り方（ステイト）であったし、それゆえ、リートフェルトの作品に比肩するものと見ることができるのである。実際のところ、リシツキーは、そのオランダ滞在中の1922年に自らも加わったところのデ・ステイル派の運動や、ファン・ドゥースブルフに対して、相当大きな影響を与えたのであった。

　もっとも成功を勝ち得た建築家のひとりが、コンスタンチン・メーリニコフ（1890-1974年）であった。1916-7年の、彼の初期の建物や計画案の数々は、復興（リヴァイヴド）したルドゥーのロマン主義的古典主義様式であった。メーリニコフはまもなく、――中央の核（コア）部分の周りを独立して回転することができるよう、それぞれにモーターが付いた床のある――1924年のプラウダ・ビルのための、実施には到らなかった計画案に見るように、タトリンのそれに似た動的構成主義へと向かったのである。これよりも現実的であったのが、1925年にパリで開かれた〔現代の、〕装飾美術〔・産業（工芸）美術〕博覧会〔アール・デコ〕用にメーリニコフが用意したUSSR〔Union of Soviet Socialist Republics.（ソヴィエト社会主義共和国連邦。略してソヴィエト連邦）〕のパヴィリオンであった。このダイナミックな構造は、幾何学的な形態を取り入れる操作を進行させる試みであった。この試みにおいては、開放的な木材の枠組みを貫き、1階部分に2つの三角形の領域（エリア）をつくりだす、斜めに横切る階段によって、矩形の平面が分断されているのである。

　メーリニコフは、住宅のかたちを取った、もうひとつの魅力的な幾何学的な形態の試みにも挑戦した（リスポンシブル）。これは、1927年にモスクワのクリヴォアルバツキー通り10番地に、自邸用として彼が建てた住宅であり、2つの組み合わさった（インターロッキング）円筒形からなっていた。1927-9年に彼は、モスクワにおいて明確な幾何学的様式で、6軒の労働者たちのクラブを建てたが、これらのものは〔モイセイ・ギンズブルグ（1892-1946年）の唱えた〕「社会的凝縮装置群（ソシアル・コンデンサーズ）」として機能することが目論まれていた。このなかでもっとも顕著なもののひとつが、運送業者たちの連合（ユニオン）〔同盟〕用の「ルサコーフ・クラブ」であり、これは、3つの高くはね上がった片持ち梁の形（ハイ＝レヴェル）をした講堂群（レクチャー・ホールズ）がある、3つの部分からなる扇形（ファン＝シェイプト）の平面をしている。これらの講堂は、鉄筋コンクリート造りの、いかめしく、大半が窓を欠いた外観で、劇的に表現されている。イリア・ゴーロソフ（1883-1945年）は、ズーエフ労働者クラブ（1926-8年）を設計したが、これには、ダイナミックな円形のガラスを嵌められた隅部（コーナー）があり、ここに、グロピウスやテッラーニの作品を思い起こさせる階段室が置かれている。

　ジュネーヴにおける1927年の、資本主義者たちによる「国際連盟（League of Nations）」用のビルに対するソヴィエト側の反応を意図した、モスクワの「ソヴィエト宮殿（Palace of the Soviets）」のために、1931-3年にかけて延々と続いた設計競技は、革命的な社会主義国家に相応（ふさわ）しい建築様式についての、大いなる論争の絶好の機会であった。1932年以降におけるスターリン〔1878-1953年〕統治下での、〔絵画・彫刻を中心にした〕造形芸術における社会的リ

891

894　イオファン：ソヴィエト宮殿の模型、モスクワ（1933年以降）

アリズムの確立は、「機能主義」と「構成主義」を支持していた、さまざまな建築党派の抑圧を伴うことになった。というのも、党の方針に従うことになる、ただひとつの存在である「ソヴィエト建築家連合（Union of Soviet Architects）」が優先されたからである。「構成主義」は、今や、奥義に達した、エリート主義的で国際的なものと見なされ、これに代わって建築家たちは、無産階級〔労働者階級〕に訴えかけることになる、民族主義〔国家主義〕的造形言語を採択するよう期待されたのであった。メーリニコフは、1937年の「連合」〔の大会〕において「極端な形式主義」のかどで糾弾され、建築家としては沈黙を守るよう強いられたのである。「ソヴィエト宮殿」のための設計競技における、ル・コルビュジエ、メンデルゾーン、グロピウス、ペレ、そしてペルツィヒによる応募を拒絶することによって、審査委員会は、ボリス・ミハイロヴィチ・イオファン（1891年生〔1976年歿〕）の手になる一部〔のみ〕古典主義的な設計案を選出した。これは、ジュネーヴで同じ様な一連の出来事が起こったという事実から見ると、きわめて皮肉な事態であった。というのも、ジュネーヴ〔の設計競技〕では、ル・コルビュジエのような建築家たちによる「国際連盟」ビルのための設計案の数々が、ネノの手になる古典様式を模した設計案が優先されたために、はねつけられてしまったからである。イオファンは、ウラディーミル・アレクセヴィチ・シチュコー〔シューコ〕（1878-1939年）とウラディーミル・ゲリフレイフ（1885-1967年）と協働して、1933年以降に自らの設計案を、巨大なウェディング・ケーキ〔のごときもの〕に磨き上げていったのである。ここでは、円形をなす列柱廊の層の数々が順次積み上げられ、その天辺には、自らの手を世界へと差しだす、レーニンの彫像が載せられていたのである。

　イオファンは、1917年から1924年まで、イタリアで実践を積んだ。すなわち彼は、1921年にイタリア共産党に加入し、その2年後には、余分な装飾を一切取り去った〔裸の〕古典主義様式で、ローマのソヴィエト大使館を建てたのであった。1937年のパリ万国博覧会用にイオファンが用意した「ソヴィエト館」は、アルバート・シュペーアによる「ドイツ館」のそれと同様の様式であり、これら2つの館は、〔万博会場の〕中心軸上に対称をなして向い合って建っていたのであった。イオファンの同僚の〔ウラディーミル・〕シチュコーは、サンクトペテルブルクにおける、クァレンギの手になる優雅なスモーリヌイ女子学院（1806-8年）

892

に、新古典主義〔様式〕のプロピュライア〔入口門〕（1923年）を付け加え、さらにはモスクワに、同時代のドイツに〔よく見られた〕裸の〔余分な装飾を取り除いた〕古典主義に近い様式で、国立レーニン図書館〔現在のロシア国立図書館〕（1928-41年）を設計した。「近代運動」は今や、西洋の退廃（デカダンス）と同等のものになってしまい、その結果、新古典主義は、1950年代後半に到るまで、ロシアにおける当局お気に入り（オフィシアリー・フェイヴァード）のデザインの様相（モード）を維持し続けたのであった。アメリカ合衆国においては、これと並行する伝統主義が、ワシントンDCに残存し、当地では、連邦政府の建物群は、1950年代に入って、公共圏における安定と連続を象徴する新古典主義様式群で、建てられていったのであった。

1945年以降の近代主義（モダニズム）

　第2次世界大戦後の30年のあいだ、1920年代および1930年代に確立された、近代主義（モダニティ）に関するさまざまなイメージが、文句のつけようもないほど大きな影響力を行使した。とはいえ、多くの場合、これらのイメージは、今度も、ライトやル・コルビュジエ、ミース・ファン・デル・ローエ、そしてアアルトを含んだ、同じ建築家たちによって展開され、拡がっていったのである。しかしながら、1970年代以降、一般大衆の側、建築家たちの側の双方に、つくりだされ続けてきた押しの強い新しい世界に対する社会的不安が次第につのってきていたのである。警告はまた、以前には尊ばれていた近代の新しい建物群にあった構造的な欠陥の数々によっても引き起こされた。とりわけイングランドがそうであった。ここでは、気候風土（クライマット）が、ガラスの壁面や陸屋根を打ち壊しているのである。その一方、ヨーロッパの歴史に残る町々や都市の数々において、細かなことは無視して強引に行なった再建のために生じた損害が、保存運動に対して、先例のないほどの流行（インセンシティヴ）をもたらしたのであった。

　〔第2次世界〕大戦直後の数年間において、もっとも影響力があった形態を与える人々（フォーム＝ギヴァーズ）とは、コルビュジエとミース・ファン・デル・ローエであった。そして、まさしく、「近代〔建築〕運動」が許容しえたところの多様性（ヴァライアティ）という判断基準（メジャー）のゆえにこそ、彼ら2人の見通し〔建築観〕（アウトルック）がきわめて対極的なものであり続けたのであった。すなわち、ミースは、鉄とガラスでの、その冷淡なるミニマリズム〔要するに、Less is more.（少なければ少ないほど豊かである）ということ〕で仕事を続け、それに対してコルビュジエは、〔ミースに比して〕より感覚的で彫塑的な〔陰影に富んだ〕様式を発展させた。とはいえ、彼の建築は大体が、見た目にはあまり魅力を感じさせることのないコンクリートという媒体（メディウム）で表現されたのである。フランク・ロイド・ライトは、相変わらず多産であり続けた。しかし、彼の作品は、その渦巻形に〔上方へ〕進んでゆく、ニューヨークのグッゲンハイム美術館（1942-3年に設計；1957-60年に建造）、あるいは1957年にシカゴのために提案された、1マイル〔およそ1.6km〕の高さがある〔超〕高層建築（スカイスクレイパー）の場合に見るように、空想科学小説的駄作〔俗受けする低級作品〕（キッチュ）としてしか記述されえないところの、ひとつの美学に次第にいろどられていったのである。

895　ライト：グッゲンハイム美術館の外観、ニューヨーク市（設計1942-3年；建造1957-60年）

　ミース・ファン・デル・ローエは、シカゴのアーマー学院(インスティテュート)（のちのイリノイ工科大学）の新しいキャンパスにおいて、1940年代のあいだ、半ダースもの建物を設計するという仕事を任された。ここでミースは、1938年に、建築の教授に任命されていたのであった。当地でのミースの作品は、ガラスとベージュ色の煉瓦の充塡材とを伴った鉄骨造という、工業的な表現技法(ヴォキャブラリー)を公けにした。すなわち、ミースが1930年代に用いていた〔断層が〕十字形の〔鉄骨〕柱群と対照的な、標準的なアメリカ製の〔断面が〕I形の鋼〔梁〕が、重要な視覚的かつ構造的な役割を果たしたのであった。IIT〔イリノイ工科大学〕の「同窓生記念館(アラムナイ・メモリアル・ホール)（Alumni Memorial Hall）」（1945-6年）は、1950年代および1960年代の、ミースの手になる数多くの高層事務所棟(オフィス)やアパート棟群(ブロックス)において使うことになったひとつの型式(パターン)を確定したのであった。すなわち、これらの高層建築においては、窓の数々を枠づけしているI形鋼〔梁〕の方立て(マリオン)がつくりだすカーテンウォール〔帳壁〕が、同一平面〔面一(つらいち)〕で、構造用の鉄骨柱群(スティール・コラム)と組み合わされて、一種の編み込まれた表面仕上げの図柄(サーフィス・パターン)をつくりだしているのである。こうした高層建築のなかでもっとも有名なものが、シカゴのレイク・ショア・ドライヴに建つ、26階建ての、ミースの手になる2つの、同一形の、隣接し合ったアパート棟(ブロックス)（1948-51年）と、ニューヨーク市に建つ、シーグラム・ビルディング（1954-8年）である。後者は、フィリップ・ジョンソンと協働して設計したものであり、青銅と薄く褐色を帯びたガラスの外装材で覆われている（図867）。レイク・ショア・ドライヴの〔アパート〕棟群(ブロックス)には、それらが事務棟群(オフィス)よりもむしろアパート群を含んでいることを示唆するものなど、まったく見当たらない。実際のところ、このアパート群の先例として、ニューヨーク市に建つ「国際連合の事務棟（United Nations Secretariat）」（1947-

第11章　20世紀

53年）なる、丈の高い事務所棟群用にガラスのカーテンウォールを開拓したビル建築が、ウォーレス・K.〔カークマン・〕ハリソン（1895-1981年）が率いた建築家たちの一団によって、ル・コルビュジエによる専門的助言を得て、設計されていたのである。このような高層棟群は、〔さまざまな建物に〕甚大な影響を及ぼし続けた。たとえば、双方ともにニューヨーク市に建つ、パーク・アヴェニューの、〔ルイ・〕スキッドモア〔1897-1962年〕・〔ナサニエル・〕オウイングズ〔1903-84年〕・アンド・〔ジョン・〕メリル〔1896-1975年〕の手になるリーヴァー・ハウス（1952年）と、チェイス・マンハッタン銀行（1961年）、そしてヨーロッパの各都市に建つ、〔ニューヨークのものほど〕敷地に恵まれてはいない多くの事務所棟群が挙げられる。イリノイ州プラノのファーンズワース邸（1945-50年）においてミースは、自らの工業美学を、カーテンを吊るす必要がある前面ガラス張りの外壁をもった、優雅であるものの費用の嵩む週末の別荘に適用した。この別荘の住居としての機能にさらに数歩譲歩した〔歩み寄った〕点は、むき出しの構造用鋼鉄骨組みに白ペンキを噴霧〔白く塗装〕したことと、基壇、

896　「同窓生記念館」、イリノイ工科大学（1945-6年）、ミース・ファン・デル・ローエによる

897　ファーンズワース邸、プラノ、イリノイ州（1945-50年）、ミース・ファン・デル・ローエによる

階段、床面をトラヴァーティンで上張りしたことであった〔これは、いささか皮肉っぽい言い方ではある〕。この別荘の持ち主、エディス・ファーンズワース博士〔1903-78年〕は、ここに住むことはあまりにも高くつくと判断し、失敗に終わったものの、当の建築家〔ミース〕への告訴を試みたのであった。建築家チャールズ・イームズ（1907-78年）は、サンタ・モニカにイームズ邸（1945-9年）を建てたが、これは、ミース・ファン・デル・ローエの影響を示す初期の例である。ミース本人は、自らの経歴の最後に、自らがMIT〔マサチューセッツ工科大学〕において導入していた造形言語をなおも用いて、ベルリンの〔新〕ナショナル・ギャラリー〔国立美術館〕（1963-8年）を設計したのであった。

ミース・ファン・デル・ローエに比較しうる影響力をもった、ほかのただひとりの戦後の建築家は、ル・コルビュジエであった。ル・コルビュジエの、マルセイユに建つ「ユニテ・ダビタシオン〔住宅単位〕」（1946-52年）は、近代の住居デザインにおける転換点と見なされた。これは、一部、〔シャルル・〕フーリエ〔1772-1837年〕のような理論家たちの、社会主義的理想の数々に鼓舞された、300を超える住居群（アパートメンツ）を収容し、また、幼稚園や体育館、内部の商店街、そして屋上の子供用プールといったような共通施設を供給する、巨大な18階建ての棟（ブロック）をなし

898　ル・コルビュジエ：ユニテ・ダビタシオン棟（ブロック）、マルセイユ（1946-52年）

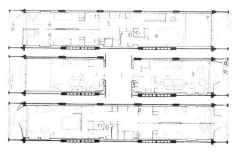

1　内部通路
2　入口
3　居間および台所
4　両親の寝室
5　衣裳部屋およびシャワー室
6　子供部屋

899　ユニテ・ダビタシオンの平面図および断面図、マルセイユ、ル・コルビュジエによる

ている。元々は、鉄骨造で構想されたものの、材料の調達がうまくゆかないため、鉄筋コンクリート造として再考されたのであった。この過程でル・コルビュジエは、結局のところ、両大戦間に賞嘆されていた滑らかな、機械で精錬した表面をあきらめ、その代わりに、コンクリートを型に取る際に用いられた木材の板張り〔型枠〕の痕跡を、わざと加工せずに見せつけた仕上げを選んだのである。この、細部がずんぐりとした塊りになった状態は、「ユニテ〔・ダビタシオン〕」の重々しいブリーズ・ソレイユ (brise soleil)〔「太陽光遮断」の意。日除け〕のかたちで繰り返された。これはまさしく、ブラジルのリオ・デ・ジャネイロに建つ、「教育省・公衆衛生本部〔保健教育福祉省〕」(1936-45年) において、オスカー・ニーマイヤー (1907年生〔2012年歿〕) によって採択されたタイプに従ったものであり、このとき、ル・コルビュジエは、相談役という立場にいたのであった。ルシオ・コスタ (1902-98年) とともに、ニーマイヤーは、ブラジルの記念碑的な新しい首都である、ブラジリアの建設を預っていた (1957-70年)。ここでは、曲線美を見せつける建物群が、板状の塊りをなす建物群と〔見事な〕対比をなしている。ル・コルビュジエのベトン・ブリュット (béton brut)(生の、もしくは表面をかぶせないコンクリート) の模倣が、もっぱら「ニュー・ブルータリズム (New Brutalism)」〔打ち放しコンクリート（ベトン・ブリュット）の壁面や配管の露出など、様式化した近代建築の殻を破る、1950年代以降の大胆な試みのこと。ちなみに、この言葉は1949年に造語として現われたスウェーデン語のnybrutalism (new brutalism) に端を発し、1966年に刊行されたレイナー・バンハムの著作のタイトルから「ニュー・ブルータリズム」の表現が拡まり定着したようだが、「ニュー」のあるなしに関わらず、同様の意味を表わす〕として知られたひとつの建築様式の基調であった。これは、1960年代のあいだに英国で流布し、さらには、ヨーロッパやアメリカ合衆国において知られることにもなった様式であった。

　ベトン・ブリュットはまた、ル・コルビュジエの手になるもっとも注目すべき晩年の作品群に対して、荒々しい性格を与えた。すなわち、ベルフォール〔ヴォージュ山地とジュラ山脈にはさまれたベルフォール狭隘部に建設された要砦の町。アルザス地方にある〕近郊の、ロンシャンに建つノートル＝ダム＝デュ＝オーの礼拝堂 (1950-5年)。インドのチャンディガールの政府の建物群 (1951-65年)。リヨン近郊の、エヴー＝シュール＝アルブレールに建つ、ラ・トゥーレットのドメニコ派修道院 (1953-60年)。そしてアメリカにおけるル・コルビュジエ唯一の作品である、ハーヴァード大学附属カーペンター視覚芸術センター (1960-3年) である。パンジャブ州の行政上の首都として、1951年に創設されたチャンディガールで、ル・コルビュジエは、この首都の複合体を形づくる、一団の公共建築群——事務棟、高等裁判所、そして議事堂（議会場）(図778)——を供給した。これらの建物は、伝統的な古典主義の表現様式に頼ることなく、記念碑性をつくりだそうという顕著な創意に富んだ試みである。際立った輪郭、とりわけ議事堂のシェルすなわち婦人用日傘のような屋根のある、これらの建物の堂々とした様相とささか誇大妄想的な大きさは、これらの建物を、都市の秩序の彫塑的な象徴群として有効なものにしている。しかしながら、これらのものが機能面からは悲

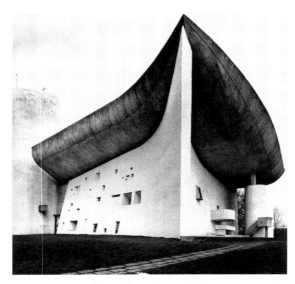
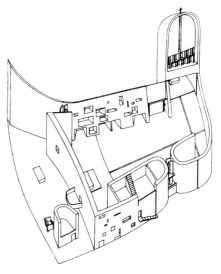

900 ノートル゠ダム゠デュ゠オーの外観、ロンシャン、ベルフォール近郊 (1950-5年)、ル・コルビュジエによる

901 同、アイソメ〔実際はアクソメ〕軸測投影図

惨な結果をもたらしていることを告白しておかねばならない。さらに、これらの建物が、この都市の他の部分から孤立して建っているという事実によって、〔これらの建物で働く人々が住む〕住居地域が、〔他の地域の〕均一に建ち並ぶ低い建物群がすでに興味深いものとなっているのに比して、ずっと面白味のないものになっていることもまた、告白しておかねばならない。かくして、チャンディガールでのル・コルビュジエの仕事に関して主導的な意見をもつ、とある権威ある人物は、次のように結論づけざるをえなかったのであった。すなわち、「狭い通りの数々や内側に向いた中庭のある住宅群が集まった、ほかの昔からあるインドの町のほとんどどれもが、チャンディガールで明示されている以上に、歩いてゆくしかない周りの環境、熱帯という気候風土、そして人口密度の高さと折り合ってゆく方法を満足気に示しているのだ」と。しかし、新しい都市のこの局面は、何も新奇さに対するル・コルビュジエの情熱が意図して得た結果だけに限られるわけではなく、〔インドの〕首相ネルー〔1889-1964年、首相在任、1947-64年〕のさまざまな野心をも反映していたのであった。1947年に英国のインド支配を終わらせたことの矜持で紅潮していたネルーは、チャンディガールについて、次のように言っていたのであった。すなわち、「ここ〔チャンディガール〕を新しい町にしよう。それは、過去の伝統の数々という足枷をはずされた、インドの自由の象徴なのだ……未来に対する国家の確信(フェイス)を表現したものなのだ」と。

「過去の伝統の数々という足枷をはずされた」建築は、うねった新たな表現主義的形態群の背後に隠された鉄筋コンクリート形式からなる、ロンシャンの巡礼路礼拝堂において、より劇的かつ成功を収めたかたちで達成された。この唯一無二の彫刻のごとき建物が奏でる見慣れぬ詩情(ファッション)の流れは、直接的な影響を及ぼすことはほとんどなかった。しかし、パリのヌイ

イに建つ、ジャウル家のための、一対をなす住宅であるジャウル邸(メゾン)(Maisons Jaoul)(1952-6年)のデザインは、とりわけ英国において広範な反響を呼んだ。粗雑に積まれた煉瓦細工の壁面群が、厚板で閉じたコンクリートの幅広い水平梁群によって分割されており、その一方、内部の壁面用のむき出しになった煉瓦細工の使用が、同じ様な、意図的に洗練させることを無視した状態を示しているのである。意識的に用いた

902 〔一対をなす〕ジャウル邸(メゾン)のうち、1軒の内部、ヌイイ、パリ(1952-6年)、ル・コルビュジエによる

原始的もしくは土着的な技法の数々が、英国の建築家、ジェームズ・スターリング〔1926-1992年〕に衝撃を与えたのであった。スターリングは、1955年に、ジャウル邸(メゾン)について、以下のように書いていた。すなわち、この邸(メゾン)は、「近代運動の基盤である、合理主義の諸原理に対する参照がほとんど何も見いだせない点が、気がかりである」と。しかしながら、スターリングがジェームズ・ゴーワン〔ガウワン〕(1923年生)と協働して、ロンドンのハム・コモンに設計したフラット式〔同一階の数室を一戸とした住宅〕集合住宅(1957年)は、ジャウル邸(メゾン)をきっちりと真似たものであった。それは、サー・バジル・スペンス(1907-76年)の手になる主要な建物群のいくつかの特徴にもあてはまる。たとえば、ロンドンの、スペンスによる論議の的となった「近衛騎兵隊兵舎」(1970年)での、弓形のコンクリート造のアーチ群と赤い煉瓦の組み合わせが、そうである。

　生(なま)の素材を晒けだすことの背後に見られる倫理上の真面目さ、洗練さや優雅さを回避しようとする意志、そして安楽なるものに対する清教徒的な嫌悪が、1950年以降自らの妻のアリソン〔1928-93年〕と協働した、ピーター・スミッソン(1923年生〔2003年歿〕)の作品において、もっとも痛烈なかたちで示されていた。彼らの手になる、ノーフォーク〔イングランド東部、北海に臨む州〕のハンスタントンに建つ「中等近代学校(Secondary Modern School)」(1949-51年)は、イングランドにおけるニュー・ブルータリズムの最初の記念碑であった。これは、イリノイ工科大学でのミース・ファン・デル・ローエの、溶接した鉄骨造と煉瓦による板(ブリック=パネル)の建築に鼓舞されており、これに加うるに、素材の「正直(オネスト)な」使用に対する、イングランドのアーツ・アンド・クラフツ的な強調がなされたものである。かくして、構造用の材料、鋼鉄、成形済み(プレキャスト)のコンクリート板(スラヴ)、そして煉瓦は、プラスターを塗らず、またしばしばペンキを塗ることもなく、はっきりとむきだしのままの姿を見せつけているのである。その一方で、配管や電気線渠(コンジット)もまたさらけ出されているのである。その結果については、人々の美的な趣向(テイスト)に応じて、人の心を引き寄せるか、もしくは不快感を催させるかのいずれかであろう。しかし、反駁できないことは、この建物が最初から、実質的に実用的ではなかったという点であ

る。これよりも大きな問題とは言えぬまでも〔少なくとも〕同等な問題が、スターリングの手になる、ケンブリッジ〔大学〕の歴史学部棟（ビル）（1964年；図874）によって引き起こされていた。堅牢な赤煉瓦と工業用の板ガラスからなる、機能主義に似せたこの新たな構成主義的試みは、広範に及ぶ水の浸透や音響の問題、そして外壁から危険な事態を引き起こすほどにはがれ落ちてくるタイルに苦しんできたのであった。しかしたとえ、この建物がこれほど多くの欠点を繰り拡げたにしても、それでもなお、この建物は、その型にはまらないダイナミックな様相に魅了された多くの賞嘆者を、味方に引き入れているのである。

903 中等近代学校の外観、ハンスタントン、ノーフォーク州（1945-51年）、A.およびP.スミッソンによる

　サー・デニス・ラズダン（1914年生〔2001年歿〕）の重々しいコンクリートの建物群もまた、意図としてはブルータリズムを標榜している。とはいえ、これらの建物は、ラズダンの都市景観としての建築に寄せる熱い信頼感に由来する、非凡な首尾一貫性〔揺るぎのなさ〕を有している。彼の建物群は、地質学上の層の数々のように積み上げられ、風雨に吹き飛ばされそうな屋根のないむきだしの歩道をしばしば組み入れており、そうした例として、ロンドンの東のはずれにある、ベスナル・グリーンの14階建ての房（ふさ）〔鈴なり、クラスター〕状のアパートメント棟（ブロック）（1955年）や、〔ノリッジ（イングランド東部）の〕イースト・アングリア大学（1962-8年）、そしてロンドンの国立劇場（1967年）が挙げられる。サー・レスリー・マーティン（1908年生〔2000年歿〕）の広範囲に及ぶ作品は、ロンドンの王立フェスティヴァル・ホール（1948-51年）から始まるが、これは、ロバート・マシュー〔1906-75年〕、ピーター・モーロ〔1911-98年〕、そしてエドウィン・ウィリアムズ〔1896-1976年〕とともに、「国際近代様式（International Modern Style）」での英国における最初の主要な公共建築として、設計されたものである。レスリー・マーティンがコンクリートよりもむしろ煉瓦を次第に多く使っていった点は、アルヴァー・アアルトとの類似性を示唆していた。このことはマーティンの手になるいくつかの大学やオックスフォードとケンブリッジの学寮（カレッジ）といった建物群に見られるとおりである。

　純然たるブルータリズムはまた、この時期のアメリカ建築の特徴であった。たとえば、イェール大学の2つの有名な、対照をなす建物がそうである。これは、ポール・ルドルフ（1918年生〔1997年歿〕）によるアート・アンド・アーキテクチャー・ビルディング（1958-63年）と、ルイス・カーン（1901-74年）による、アート・ギャラリー（1953年）である。この

904 ラズダン：国立劇場、ロンドン（1967年）、およびサウスバンク〔テムズ河に架かるウォータールー橋南部の一帯。首都の文化センター〕諸芸術複合体（アーツ・コンプレックス）

アート・ギャラリーは、スミッソンの手になるハンスタントンの学校に似通ったミース風の試みであり、その黄色い煉瓦の特色のないファサードと、1928年にエジャートン・スウォートウート〔1870-1943年〕による設計案を基に建てられた隣接するギャラリーの、豊かな造形を施されたイタリア風のファサードとが、並置されているがゆえに、注目に値すべきものとなっている。ルドルフのアート・アンド・アーキテクチャー・ビルディングは、イングランドにおけるラズダンの作品に類似した、表面が粗いコンクリートでさまざまな形態を衝突させた、ダイナミックな造形（コンフィギュレイション）の建物である。設備用に中を刳り貫いた支柱群からなる、その一本石の塔のような諸要素は、垂直方向の押圧力（スラスト）をつくりだしており、これは、その大半が階段室や空調室、そしてほかの設備用の、大いに強調された煉瓦の塔状建物群のある、カーンによってつくられた、ペンシルヴェニア大学附属リチャーズ医学研究所ビル（1958-61年）において再び現われている。ニューヨーク州〔西部〕のナイアガラ・フォールズ〔「ナイアガラの滝」の米国側にある都市〕に建つ、ポール・ルドルフによる〔ウィリアム・〕ブリッジズ伯爵〔1905-75年〕記念図書館（1970-5年）は、スターリングによる「歴史学部 棟（ビルディング）」のもつさまざまな欠点のいくつかを共有していた。ルドルフのきしんだような片持ち梁の形態群は、非常に複雑な、屋根と窓と壁面の交差部を生みだしたため、耐水〔防水〕をうまく処理するには、あまりに難点が多すぎることが明らかになってしまったのであった。カーンの手になるもっとも賞嘆された建物のひとつは、テキサス州フォートワースにある、そのキンベル美術館（1967-72年）であった。

905　トランス・ワールド航空ターミナルの内部、ケネディ空港、ニューヨーク市（1956-62年）、サーリネンによる

　カーンの作品に類似した作品は、イーロ・サーリネン（1910-61年）によって設計された、サミュエル・モールス〔1791-1872年〕とエズラ・スタイルズ〔1727-95年〕の両学寮(カレッジズ)（1958-62年）というかたちで、イェール大学に供給された。サーリネンは早くから、自らが、カーンよりも軽い手際(タ)のよさで設計することができることを示していた。ミシガン州ウォレンの、ミース風のジェネラル・モーターズ技術センター（1945-56年）のあと、サーリネンは、より生きいきとした、より曲線美に満ちた〔盛飾式の〕様式へと転じた。とりわけ、ヴァージニア州のシャンティリーにある、その新たな表現主義的ダレス空港（1958-62年）や、ニューヨーク市のケネディ空港のトランス・ワールド航空ターミナル（1956-62年）においてこのことが言える。これらの２つの空港建築において、サーリネンは、ほかのどの近代〔現代〕建築家よりもはっきりと理解できる表現を、「飛行という詩情（the poetry of flight）」に与えたのであった。これに比肩しうる唯一の建物、すなわちサーリネンがその設計競技の審査員を務めたために影響を受けたといえる建物が、デンマークの建築家ヨーン・ウッツォン（1918年生〔2008年歿〕）の手になる、オーストラリアのシドニーに建つオペラ・ハウス（1956-73年）である。1942-5年にアスプルンド、1946年にはアアルト、そして1949年にライトといったようにそれぞれの建築家の許で働いたウッツォンは、有機的な建築、すなわち自然のさまざまな形態に似ている

ような建築の探求に取り憑かれるようになった。ウッツォンはこうした建築を、シドニー・オペラ・ハウスで達成したのであった。ここでは、いくつかのコンサート・ホールが、マヤ〔中米、ユカタン地方、ベリーズ、グアテマラなどの先住民〕建築あるいはアステカ〔メキシコ先住民〕建築の高台を彷彿させる、ひと続きのテラス群の上に載っており、楕円形の放物面のかたちをした、2組の鉄筋コンクリート造シェルで屋根が付けられている。水面から浮かび上がったこれらの屋根は、ある者には、ガリオン船〔スペインの15-18世紀初めの大型帆船〕のふくらんだ帆の数々を思い起こさせ、また別の者には、飛んでいる鳥の翼を思い起こさせるのである。

　ドイツの建築家、ハンス・シャロウン（1893-1972年）は、ベルリンにある、ベルリン・フィルハーモニック・オーケストラ用の音楽堂、「フィルハーモニー」（1956-63年）を任されていたが、これは、表現主義もしくは「有機的」建築の後期の範例である。東京オリンピック大会〔1964年10月〕のために、日本人建築家、丹下健三（1913年生〔2005年歿〕）は、国立体育館〔国立代々木屋内総合競技場・第一体育館〕（1961-4年）を設計したが、これは、その対になった張力を伴う懸垂線〔垂曲線〕の屋根〔吊り屋根〕の下に、15,000人〔正確には13,000人強〕を収容するものであった〔この他に、この第一体育館に隣接して建つ屋内総合競技場・第二体育館も、周知のごとく、丹下の同様の設計である〕。鉄筋コンクリートのもつさまざまな可能性の、さらなるダイナミックで詩的な表現は、イタリア人のルイージ・ネルヴィ（1891-1979年）から生みだされた。ネルヴィは、片持ち梁りの屋根の下に、35,000人を収容する、フィレンツェの市営スタジアム（1929-32年）から、その経歴を始めたのであった。戦後彼は、フェロセメント（*ferrocement*）として知られた技術を発展させた。これは、コンクリートのなかに組み込まれたひと続きをなす金網によって、通常の鉄筋コンクリートよりも伸張性をもたせたものである。この作風〔個性的表現形式〕を示すネルヴィの傑作は、双方ともにローマに建つ、パラッツェット・デッロ・スポルト〔小体育館〕（1956-7年）とパラッツォ・デッロ・スポルト〔体育館〕（1958-9年）であるが、後者には直径328フィート（100m）のドームが架けられている。

　デンマークの建築家、アルネ・ヤコブセン（1902-71年）は、その手になるコペンハーゲンのレズオウア〔ロドオ（ウ）ア〕市庁舎（1955年）のような、カーテンウォールの建物群において、「国際近代運動（the International Modern Movement）」の工業化されたイメージに好反応を示した。イタリア人のカルロ・スカルパ（1906-78年）は、ギャラリー〔画廊〕や美術館の設計を得意としていたが、そのもっとも注目に値する作品のひとつは、ヴェローナのカステルヴェッキオ美術館の改築（1956-64年）であった。マリオ・ボッタ（1943年生）は、イル・ティチーノ〔ティチーノ（Ticino）はスイス南部の州〕、すなわちティチーノ派の鍵となる中心人物であり、究極的には、1900年あたりの時代の〔余分な装飾を一切取り除いた〕裸の古典主義に鼓舞された、「合理主義的」形態へと回帰していった。このことを典型的に表わす作品は、ティチーノ州スタービオに建つカーサ・ロトンダ〔円形の家〕（1980-2年）という、煉瓦で表面仕

906 ベイカー寄宿舎の外観、マサチューセッツ工科大学、ケンブリッジ州（1946-7年）、アアルトによる

907 ヴォクセンニスカ教会堂の会衆席、イマトラ、フィンランド（1956-9年）、アアルトによる

上げを施したコンクリートの、ボッタの手になる円筒（ドラム）のような住宅である。

　フィンランドでは、近代建築に人間的な表情を与えようと奮闘したことで、高く評価されもしたアルヴァー・アアルトが、1940年代において、自らの経歴のなかでもっとも生産的な段階（フェイズ）へと突入した。こうした段階は、1946年に始まった。このとき、ケンブリッジ州のマサチューセッツ工科大学で客員教授としての任務についていたアアルトは、この大学（インスティテュート）の年長学生〔上級生〕用の住居棟である、ベイカー寄宿舎（ドミトリー）（1946-7年）を設計したのであった。ボストンやケンブリッジ、イェール、そしてプリンストンでの昔からある建物群（オールダー）の多くと同様に、赤煉瓦でつくられたこの寄宿舎は、学生の寝室の多くから見おろせるチャールズ川に面した、特異な曲がりくねった正面を有している。これは、主要な都市建築に、アアルトが最初に赤煉瓦を用いた例であった。そして、1950年代および1960年代における大半のアアルトの作品に見られる表現〔表情〕豊かな特徴の先駆けとなるものであった。これはおそらくは、バルト海〔ヨーロッパ大陸とスカンディナヴィア半島とのあいだ〕もしくはニューイングランド〔米国北東部〕における煉瓦細工の伝統に影響されてなったものであろう。アアルトの手になる、ヘルシンキの国民年金協会（1948年、1952-6年施工）は、内部の中庭と腰壁（ポディウム）の周りに一団をなして建つ、非対称形に繋がった記念碑的な政府関係の建物群であり、ラズダンを魅了することになるような類いの都市景観をつくり上げている。アアルトは、この種の建物を、セイナツァロの町〔村〕役場（ヴィレッジ・センター）（1949-52年）では、もっと親密な規模で、そして、オタニエミ工科大学（1955-64年）では、大規模に発展させた。小さいものの経済的には重要な森林で覆われた村であるセイナツァロに、アアルトが建てた町役場は、質素なU字形をした行政用の一棟（センター・ブロック）であり、ここには、会議室、図書館そして事務局があるが、2つの側面には木造のパーゴラが、4つ目の側面には、中庭を囲い込んだ独立して建つ図書館が付いている。これらのものは

第11章 20世紀

908 アアルト：セイナツァロの町〔村〕役場、フィンランド（1949-52年）

すべて、周囲の地表面の高さの上方に建ち上げられていて、2つの広々とした階段からアプローチするのであるが、このうちひとつの階段は、厚板のあいだに挟まれた盛り土から出来ている。人目につかないようにつくられた小さな中庭(コート)すなわち広場(ピアッツァ)には、建築的な基本原理(エレメンツ)を伴った土着的もしくは農家のような性質がある。この建築的な基本原理(エレメンツ)とはすなわち、特にこれといった風雨対策をあざとく施すことはせず、何気なくつくった感じに見えるようにした配置のことである。

　セイナツァロの煉瓦の建物群に見られる平面計画と、まばらに目に入る角張った形態群の双方は、近代運動の基調のひとつであった、新奇さを最優先に探求することを反映している。アアルトやイーロ・サーリネンを含めた、いく人かの建築家たちは、まるで個々の特定な機能を有した建物がいまだかつて設計されてはこなかったかのように、それぞれの建物を設計するといった課題に取り組むことが必要であると悟ったように思われた。このことは、アアルトの手になる、エンゾ＝グートツァイト社の本社ビル(ヘッド・オフィス)（1959-62年）についてもあてはまる。これは、ヘルシンキ港という、他の点ではピクチャレスクながらも伝統を守り続ける背景のなかで、居心地悪そうにしながらも目立った存在感を示している。歴史的な文脈(セッティング)にはさほど敏感になる必要もなく発揮されたアアルトの新奇さへの探求心は、その分適切なものであったと言えよう。アアルトのもっとも造形的ないしは新たな表現主義的な構成〔が見られる建〕物のひとつは、のちにハリケーンで破壊された、とある森の中央に置かれた、フィンランド東部のイマトラの、ヴォクセンニスカの教会堂（1956-9年）である。この教会堂の身廊平面は、

905

909　アアルト：エンゾ＝グートツァイト社本社ビル(ヘッド・オフィス)の港側正面、ヘルシンキ（1959-62年）

3つの非対称的な曲面板(シェル)の形態を巧みに組み合わせ(コンプライズ)ており、これらの形態は、3つの相異なる規模の〔礼拝する〕会衆を収容するために、曲線状の可動仕切り壁によって隔てることができるようになっている。天井もまた、曲面板(シェル)の形態をしており、その一方、二重の殻(シェル)構造からなる壁面は、威嚇するかのように、内側に傾いている。

　1960年代および1970年代において、近代運動は、以前は徹底して真摯に扱われたさまざまな要素を、遊び心に溢れたやり方で用いるといった特徴をもつ、マニエリスム的な局面へと突入していったのである。後期近代主義(モダニズム)のもっとも有名な諸例のひとつが、レンツォ〔レンゾ〕・ピアーノ（1937年生）とリチャード・ロジャーズ〔ロジャース〕（1933年生）による、パリのポンピドゥー・センター（1971-7年）である。ヴィオレ＝ル＝デュクおよびそれ以前へと遡る、構造への誠実な取り組みに対する強調を伴った、近代主義のイデオロギー〔観念論〕は、ここにおいて、巨大な大衆受けする冗談(ジョーク)へと変貌してしまったのである。すなわち、こうして、すべてが明るい色合いで塗られた、この〔ポンピドゥー・センターという〕建物の設備や作動する部分が、外部の装飾物(オーナメント)として、さらけだされているのである（図885）。

　異なったやり方ではあるものの後期の近代主義(モダーン)と認識しうるのが、ノーマン・フォスター（1935年生）の手になる、イングランドに建つ建物群である。たとえば、サフォーク州〔イングランド南東部〕のイプスウィッチにある、ウィリス＝フェイバー・アンド・デュマ〔保険会社〕

第11章　20世紀

910　ペイ：ジョン・F.ケネディ図書館複合体、ボストン（1979年）

本社（1972-5年）がそうである。これは、ブロンズ色の〔スモーク〕ガラス〔スモークでいぶしたような色で、中から外が見えるが、外から中は見えない〕で全体が覆われた、巨大な、うねるように波立ったファサードを有している。このガラスは、日中は周りの建物をくっきりと映しだしているが、日暮れには、その内部が煌々と照らされ、光を外へと透すのである。かくしてこの建物は、ガラスと、滑らかさといった技術的な効率のよさとの双方に対する、初期の近代主義者たちのこだわりに基づく生きいきとした翻案物のように見えるのである。イオ・ミン・ペイは、1917年に中国で生まれ、1935年にアメリカへ移住した人物であるが、広大かつ仰々しい公共建築群を生みだした。たとえば、ワシントンDCのナショナル・ギャラリー・オヴ・アートの東館（1974-8年）、そしてボストンのジョン・F.〔フィッツジェラルド・〕ケネディ〔1917-63年〕図書館複合体（1979年）が挙げられるが、これらのものは、無装飾の幾何学的量塊に対する近代主義者の特別な思い入れを、徹底的に追求したものである。イーモン・〔ケヴィン・〕ローチ（1922年生）とジョン・ディンケル（1918-81年）は、1950年代にイーロ・サーリネンと協働していたが、巨大な影響力をもった〔12階分の高さの〕アトリウム〔巨大な吹き抜け空間〕のある、ニューヨーク市に建つフォード財団本部（1963-8年）を設計した。

911　ロジャーズ：ロイズ・ビルディング、ロンドン
（1978-86年）

1970年から77年までリチャード・ロジャーズと協働したイタリア人建築家レンツォ・ピアーノは、バーゼル近郊のリーヘン〔ワトキンはRiehenをRiedenと誤記〕に建つバイエラー〔財団〕美術館（1995-7年）と、ベルリンのデビス本社（ビルディング）（1998年）において、「ハイ・テク（High Tech）」〔高度（先端）技術。12章ではhigh-tech（ハイ＝テク）となっているところもある〕の伝統を継続した。英国の建築家ニコラス・グリムショウ（1939年生）は、ベルリンの「証券取引所および商工会議所〔の複合体〕」（1991-5年）を、自らが「民主主義の公開性と透明性」と呼んだものの例として設計した。塔状の塊り（ブロック）を避けたグリムショウのこの建物は、背中に9基の鋼鉄製のアーチを付けた金属製の脊椎動物を思い起こさせる〔それゆえ、この建物は通称「アルマジロ」と呼ばれている。なお、アーチは正確には15基あるが、そのうち6基は、3基ずつで計2つの壁体をつくっているため独立したアーチになっておらず、ワトキンは数に入れていない〕。

　フォスター、ロジャーズ〔ワトキンはリチャーズと誤記〕、そしてグリムショウは、「ハイ・テク」建築としてしばしば知られるものにおいて、鍵となる人物たちである。ロジャーズは、自らの建物群が、「建築がもはや、量塊（マッス）や量感（ヴォリューム）の問題でなくなり、軽量の構造物という問題になるような」将来を見据えていると主張する。そして、こうした軽量の構造物の、「その重ね合わさった透明な層の数々によって、建築が非物質化するような形態がつくり上げられることになる」と言うのである。ロジャーズの作品としては、香港に建つ「香港上海銀行」（1979-86年）、そしてロンドンに建つ、その高価な「ロイズ・ビルディング」（1978-86年）がある。特に後者は、設備用の導管（パイプ）を隠しているステンレスの鋼鉄の筒（チューブ）が特徴的である、機械論的なファサード群を伴っている。

　フランスのニームで、フォスターは、カレ・ダール（1984-93年）を建てた。これは「メディアテーク」〔「視聴覚資料館」の意〕として知られる、公共図書館兼美術館であり、ヨーロッパにおいて、もっとも歴史的に問題となる敷地のひとつに建っている。すなわち、この古代ローマ都市の中心にある広場（スクエア）の真ん中に、パンテオン〔の柱廊玄関〕を模したもっとも完璧に保存されたローマ神殿である、メゾン・カレ（図68）が建っているのである。この広場（スクエア）の一方の側には、優雅でいかにも雰囲気のある新古典主義の列柱廊（コロネード）の付いた、1803年のオペラ・ハウスが建っていたが、「メディアテーク」のために道を譲って取り壊されることになった。とはいえ、ニームのローマ的性格は、18世紀以降この町にいたあらゆる建築家によって、崇敬さ

912　フォスター：カレ・ダール（メディアテーク）の横断面図(クロス・セクション)、ニーム（1984-93年）

913　フォスター：カレ・ダール、ニーム

れ続けていたのであった。シルクスクリーン捺染法でつくった白色の、細いコンクリートの支柱群やガラスの壁面があり、伝統的建築の文法、すなわち、まぎれもないよき作法(マナーズ)の一部をなす刳り形(モウルディング)を意図的に回避した、この「メディアテーク」は、この古代の町の遺産〔たるメゾン・カレ〕に背を向けているように見える。興味深いことに、このことは、当の建築家〔フォスター〕の意図するところではなかった。フォスターは、彼を賞嘆する多くの人々と同様に、この「メディアテーク」の格子状のファサードが、楣式構造を示唆し、それゆえに、このファサードと対峙する〔メゾン・カレなる〕古代神殿とのあいだの教養高い〔文明化した〕対話を、導くことになると信じているのである。

ポスト＝モダニズム

　建築の革命をとおして人間を変革させようとする近代運動や、記憶の破壊といった試みは、人間の尊厳と主体性(アイデンティティ)を害するおそれがあった。近代主義(モダニズム)を疑問視する初期の著作(テクスト)は、建築家、ロバート・ヴェンチューリ〔1925年生〕による『建築の複合と矛盾（*Complexity and Contradiction in Architecture*）』（1966年）であったが、このなかでヴェンチューリは、建築デザインにおける「過去の現前(プレゼンス)〔実在〕」の復活を推奨した。ヴェンチューリの目的は、近代運動以前にはいかに建築が、意味のもつ多くの段階(レヴェル)を同時に具現化しえたかを示すことであった。彼は、自らが「包含、一貫性のなさ、妥協、調整、適合、過度の隣接、等価、多焦点、並置、あるいは良くて（*and*）悪い空間」として、曖昧に記述したさまざまな特質を、自分自身の手になる建物に採り入れようと模索した。より重要なことには、装飾に対する清教徒的な嫌悪を粉砕す

ることによってヴェンチューリは、新しい多元的かつ厳しさをゆるめた建築、眺望のコンテクスト理論、そして環境に対する関心、といったものの可能性を開いたのである。彼の最初の作品群のひとつは、ペンシルヴェニア州チェストナット・ヒルに建つ、彼の母親ヴァンナ・ヴェンチューリの家（1961-5年）であったが、これは〔板張りの大壁構造の〕シングル・スタイル（ヴァージョン）の住宅を抽象化して表わした翻案物である。

　雰囲気のこうした変化を表現したもうひとつの評判が高かった例が、意義深くも「過去の現前（プレゼンス）〔実在〕」と呼ばれた、展示会であった。これはヴェネツィア・ビエンナーレによって組織された最初の国際展示会として、1980年にヴェネツィアで開催されたが、その後、パリとサンフランシスコでも展示された。主要な出展物のひとつが、「ストラーダ・ヌオヴィッシマ」〔「一番新しい通り」の意〕であり、これは、ロバート・ヴェンチューリやチャールズ・ムーア、リカルド・ボフィル、ハンス・ホライン、そしてレオン・クリエを含んだ多様な建築家たちによって20ものファサードが設計されたひとつの通り（ア・ストリート）であった。これらの建築家たちの大半が、劇的で一風変わったもしくは遊び心に溢れたやり方で、各種オーダーを用いていたのであった。ポスト＝モダーンな古典主義に見られる誇張した表現といった要素は、この様式が、われわれがすでに注目してきたように、それ自体ひとつのマニエリスム的様相に入り込んでいた近代主義（モダニズム）からの、ひとつの発展段階を示していることを、思い起こさせてくれるのである。

　ポスト＝モダニズムには、アラン・グリーンバーグ〔1938年生〕やクインラン・テリーの率直な伝統主義、リチャード・マイヤーやアルド・ロッシの新たな近代主義（モダニズム）、そして、スクッドモア・オウイングズ・アンド・メリルやテリー・ファレルの、華麗なバロックに近い雰囲気をもった最近の商業ビル群が含まれるか否かが論議されてきた。こうした事態にたびたび生じた遊び心に溢れた要素が、フィリップ・ジョンソン（1906年生〔2005年歿〕）によって、マンハッタンの中心にもたらされたのであった。すなわち、「アメリカ電信電話局（カンパニー）〔AT&T〕」用に1978-84年、ジョンソンの手で建てられた摩天楼の事務所ビルにおいてである。この建物は、補強された鉄骨造の上方が、花崗岩で覆われており、ジョンソンは、基礎部分と頂部の水平帯（コーニス）では、摩天楼群を古典主義的に扱うことにより、まさしく摩天楼群を納得のゆくものにしようとする、第1次世界大戦前のニューヨークの伝統へと回帰したのである。すなわち、基礎部分はセールリオ風のアーチとして構想されており、一方頂部の破断したペディメント〔破風〕は、〔トマス・〕チッペンデイル〔1718-79年。曲線が多く装飾的なデザインが特徴の家具をつくった〕とルドゥーの中間の立ち位置にいるように思われるのである。このAT&Tビル〔1993年以降は、ソニー・ビル〕は、いかに驚くべきものとはいえ、ジョンソンの経歴における〔群れからはぐれた〕異質（ヴァリ）の例外的（オリ）作品として片付けられるべきものではない。ジョンソンはずっと前から、コネティカット州ニュー・カナーンの、自邸である「ガラスの家」（1940年）のミース風の造形言語（ランゲージ）を拒んできたのであった。H. -R.〔ヘンリー＝ラッセル〕ヒッチコック〔1903-87年〕とともに書いた『インターナショナル・スタイル〔国際様式〕：1922年以降の

建築（*The International Style : Architecture since 1922*）』（ニューヨーク、1932年）といった独創性に富んだ著作や、1947年のミース・ファン・デル・ローエの研究書を、出版したにもかかわらず、である。「ガラスの家」の地所に建つ、1962年のジョンソンによるアーチ列〔というよりも列柱廊〕の人工の池に浮かぶパヴィリオンは、シンケル風な趣きを有しており、これは大規模なかたちで、テキサス州フォートワースのジョンソンの手になる優雅なエーモン・カーター〔1879-1955年〕西洋美術館〔アメリカ美術館〕（1961年）や、〔ネブラスカ州の州都〕リンカンのネブラスカ大学内に建つシェルドン記念アート・ギャラリー（1963年）、そして〔ニューヨーク市マンハッタン島のウェストサイドに建設された〕リンカン・センター内のニューヨーク州立劇場（1964年）に、繰り返し現われた。

しかしながら、ニューヨーク市の近代美術館〔MoMA〕のジョンソンによる、厳格な感じがする、庭園側に建つ〔鉄骨とガラスによる〕東翼館の増築部分（1964年）は、特徴のない近代主義へ

914　ジョンソン：AT＆Tビルディング、ニューヨーク〔市〕（1978-84年）

915　ジョンソン：ヒューストン大学、建築学部（1983-5年）

911

の、困惑させるような回帰を印づけていた。これよりも生きいきとした雰囲気を感じさせるのが、ミネソタ州のミネアポリスに、1968-73年に、ジョンソンとその協働者(パートナー)、ジョン・バージー〔1933年生〕が建てた、「インヴェスターズ・ダイヴァーサファイド・サーヴィスィズ・ビルディング」〔「投資家の多角的サーヴィス用ビル」の意:通称IDSビル〕であり、これは巨大な菱形をした事務所ビルである。1919年にブルーノ・タウトによって提示された表現主義的な「都市の冠」を思い起こさせる、水晶のような、多くの側面をもった性格の、天窓がある内部の中央ホールは、その下の階すべてに寄り添っている。これよりもっとぴたりと観念連合説を言いあてている段階にまで達しているのが、テキサス州のヒューストン大学、建築学部(カレッジ)(1983-5年)であった。ここで、ジョンソンとバージーは、1780年頃のルドゥーが構想したショーの理想都市内の、ルドゥーの手になる「教育館(House of Education)」(本書570頁)の珍しい模倣物(エコー)を生みだしたのである。

「滑稽なくらいにわざとらしい(camp)(キャンプ)」とか「俗受けを狙った(kitsch)(キッチュ)」とか、さまざまに記述されてきた、ポスト゠モダニズムの古典主義が有する、大衆に迎合する、芝居がかった特質は、ルイジアナ州ニューオーリンズの、「イタリア広場(Piazza d' Italia)」(1975-80年)を強烈にいろどっている。これは、この都市におけるイタリア人共同社会(コミュニティ)のための社会的中心(フォーカス)として、チャールズ・ムーア(1925年生〔93年歿〕)によって設計されたものである。屋外催事場(フェアグラウンド)的なやり方で高度に彩色を施された古典主義的特徴の数々を発展させるムーアの技術(テクニック)は、オレゴン州ポートランドの、論争を呼んだ「ポートランド・パブリック・サーヴィス・ビルディング」〔これは、ポートランド市庁舎の別棟〕(1979-82年;図869)における、マイケル・グレイ

916　ムーア:イタリア広場(ピアッツァ)、ニューオーリンズ(1975-80年)

ヴズ（1934年生）のそれと似ている。エジプト様式からアール・デコ様式までといった広範囲な観念連合を伴った、この彩色されたコンクリートからなる力強い塔〔状のビル〕は、元々は巨大なガラス繊維の花輪で装飾されてしまうことになっていたのだが、アメリカ式ポスト＝モダニズムの中心を占める多元論の、もっとも勢いのある表現といえるものなのである。これよりも小さくて手頃な規模でつくられたのが、パラーディオのヴィッラを主題とした、双方ともにチャールズ・ムーアによる、1978-81年の2つの精力的な翻案物（ヴァリアント）である。すなわち、マサチューセッツ州のルドルフ邸（ハウス）と、ニューヨーク州〔ロングアイランド〕のコールド・スプリング・ハーバー〔研究所〕にあるバンベリー・カンファランス複合体の一部をなす、サミス・ホールである。

　「過去の現前（プレゼンス）〔実在〕」という新たな意識は、英国系アメリカ人のみならず、ヨーロッパ人の現象であるがゆえに、強い印象を与えるものであった。かくして、そのもっとも注目すべき業績のいくつかが、フランスで活動しているスペイン人の建築家、リカルド・ボフィル（1939年生）によってなされた。すなわち、これらの業績として、パリ近郊の、2つの巨大な規模をもった集合住宅計画が挙げられる。サン＝カンタン＝アン＝イヴリーヌのレザルカド・デュ・ラック（Les Arcades du Lac）〔「湖のアーケード」の意〕（1975-81年）、およびマルヌ＝ラ＝ヴァレのアブラクサス宮殿（パレス）（1978-83年）として知られるものである。同様に壮大な、モンペリエの計画案（1985-8年）は、この古代都市の主要な広場（スクエア）とのあいだに、より論理的かつ適切

917　ボフィル：アブラクサス宮殿（パレス）、マルヌ＝ラ＝ヴァレのアパートメント棟（ブロック）（1978-83年）

913

な物理的繋がりを有している。ボフィルの手になる建築群は、特徴のない〔アノニマス〕、遠く離れた郊外においてよりもむしろ、ここにおいて、既存の都市の中心部分として、都市的発展を成功裡に供給しようとする試みを表現している。

これよりずっと密接に歴史的な反響をもって設計された、もうひとつの建物は、カリフォルニア州マリブにある、J.〔ジャン・〕ポール・ゲッティ〔1892-1976年〕美術館（1970-5年）であった。結局のところ、ヘルクラネウム〔エルコラーノ〕の古代ローマのヴィッラ・デイ・パピリ〔パピルス荘〕に鼓舞されたこの美術館は、企画建築家としてのエドワード・ジェンターと協働した、ラングドンとウィルソンのロサンジェルス・パートナーシップによって、ノーマン・ノイエルベルグ博士からの考古学的な助言を得て、設計された。その豪華な内部、周柱廊〔ペリスタイル〕、そして整形庭園群を伴ったこの、古代ローマの享楽に満ちた、非の打ちどころのない娯楽施設〔レクリエーション〕は、新古典主義の時代の、数多くの建築家や庇護者たちのさまざまな野望を実現させている。彼ら

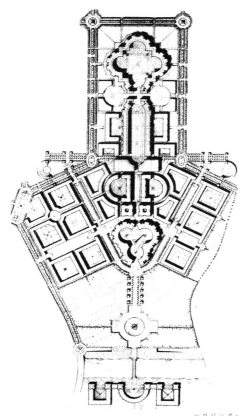

918　ボフィルによるモンペリエの集合住宅〔ハウジング・スキーム〕計画案の平面図（1985-8年）

のなかでも、とりわけシンケルとプロシアの皇太子フリードリヒ＝ヴィルヘルム（本書666頁）は、もっとも有意義な人物として挙げられる。カリフォルニア州のナパ・ヴァレーにある、マイケル・グレイヴズによるクロ・ペガス・ワイナリー〔ブドウ栽培室〕（1987年）もまた、〔歴史的要素を採り入れることに〕成功した例である。もっとも、批評家のなかには、どうしてこのような建物が古代の聖所の配置〔レイアウト〕を何かしら思い起こさせるべきなのか、疑問に思う者もいる。

ヨーロッパ諸国よりも裕福なアメリカは、1970年代および1980年代のあいだは、ポスト＝モダニズムの実験を満喫するのに、ヨーロッパ諸国よりも自由な立場にあった。実際のところ、英国の〔イングリッシュ〕建築家ジェームズ・スターリングは、自国においてよりも海外で、より大きな人気があることを知った。彼の手になる、テキサス州ヒューストンのライス大学の建築学校（1980年）は、半円アーチからなる、半ロマネスク様式のL形をした建物であるが、これは、クラム、グッドヒュー、そしてファーガソンによる設計案を基にして、1909年から1941年まで順次建てられていった、この場合では大学キャンパスという既存の複合体のなかへ、新しい建物群をいかに組み入れてゆくかということを示す好例である。シュトゥットガルトの州立美術館〔シュターツガレリー〕

第11章　20世紀

919　ラングドン・アンド・ウィルソンおよびジェンター：J.ポール・ゲッティ美術館の主要周柱廊〔ペリスタイル〕と庭園側ファサード、マリブ（1970-5年）

における、スターリングの室内劇場付きの新館（1980-3年）は、巧みな職人芸や磨かれた砂岩の表面、そして非凡な多色彩飾〔ポリクロミー〕と組み合わされた、工学技術的あるいは「構成主義的」な形象〔イミジャリー〕を取り集めることに果敢に挑んだ傑作である。ここでは、古代からクレンツェやゲルトナーを経て、現在にまで到る、多くの建築の時代を模倣したものの数々が、喚起されているのである。

ロンドンのチャリング・クロス駅でテムズ河を見おろす、テリー・ファレル（1938年生）の手になるがっしりとした建物である、「エンバルクメント・プレイス」〔駅の上に架かるように建てられたオフィスビル〕（1987-90年）では、列車がこの建物の低層部分のなかへと走り込んでいて、それゆえに、この低層部分に載った、丈の高いガラス張りの曲面をなす事務棟部分の立面は、この建物を、19世紀の列車車庫〔シェッド〕の伝統に合わせて配置しているのである。

ロンドンのナショナル・ギャラリーの、ヴェンチューリによるセインズベリー・ウィング〔翼館〕（1987-91年）もまた、近代建築における古典主義の伝統の断片化〔バラバラ化〕に対しての、皮肉な注釈として意図されたものであった。1982-3年におけるナショナル・ギャラリー増築のために最初に催された設計競技——これにはリチャード・ロジャーズ、〔オーヴ・〕アラップ〔1895-1988年〕、そしてスキッドモア・オウイングズ・アンド・メリルも応募した——においては、アーレンツ・バートン・アンド・コラレック〔いずれも1933年生〕が勝利を得た設計案が、プリンス・オヴ・ウェールズ〔チャールズ皇太子　1948年生〕によって、「〔これは、〕ひとりの優雅でとても愛しい友人の顔の上に取り憑いた、怪物のごとき癰〔よう〕（carbuncle）

915

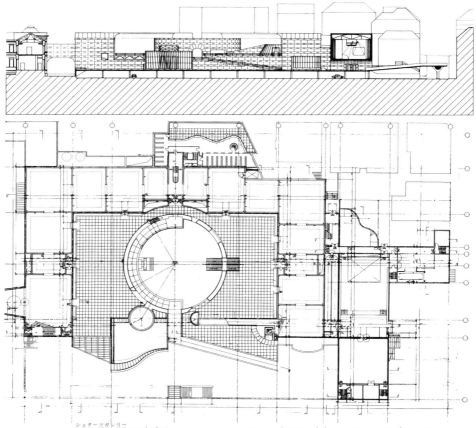

920　州立美術館の平面図、シュトゥットガルト（1980-3年）、スターリングによる

921　スターリング：新館、州立美術館、シュトゥットガルト

第11章　20世紀

922　ヴェンチューリ：セインズベリー・ウィング〔本館西側翼館〕、ナショナル・ギャラリー、ロンドン（1987-91年）

〔皮膚や皮下に生ずる、化膿性炎症のこと。ここでは「見るに耐えない建物」を示している〕だ」と酷評されたことは記憶に新しい。一般大衆の心の琴線に触れたこの批判は、私的な委員会の指名によって、1986年にヴェンチューリ・〔ケヴィン・〕ローチ〔1930年生〕・アンド・〔デニーズ・〕スコット・ブラウン〔1931年生〕といったアメリカのパートナーシップ〔共同（協働）設計体〕が選ばれ、〔スーパーマーケットを経営する〕セインズベリー一族からの寄付によって費用が賄われるこの〔西側増築部の〕建物の設計を依頼されることになったのであった。ヴェンチューリはこの課題に対して、ほとんど舞台装飾家として接し、次のように独白したのであった。すなわち、「私はギッブズによるセイント・マーティン＝イン＝ザ＝フィールズの方向を睨んだウィルキンズ〔ナショナル・ギャラリーの設計者〕の、はすかいに構えた見方が好きだ。私は円柱群の積み上げられた状態に切分法〔アクセントの位置をわざとずらすこと。とりわけ弱い所にアクセントを置くこと。あるいは「詰まり」を入れ、短縮させること。ジャズのシンコペーションのリズムを思い起こすとよい〕を感じ取っている。古典主義の力とは、つまりは、古典主義が変形されうるとしてもなおもその力を維持しているということなのだ」と。この分断され、ばらばらに壊れた古典主義は、機能主義的な煉瓦造りの、意図的に対比を際立たせた側面の立面と同様に、古典主義の造形言語に対して近代が抱く半信半疑な思いに関する注釈の数々として、意図されているのである。

　同様に、パリのルーヴル〔美術館〕では、歴史上のさまざまな参照物を伴って皮肉な〔反語的〕戯れを効果的になした、大がかりな増築が行なわれた。これは、すなわち、71フィート（22m）の高さがあるピラミッド（1983-9年）のことである。これによってイオ・ミン・ペイ（1917年生）は、自らの手になる、誰でもそれと分かるルーヴルへの新しい地下の入口を印づけたのであった。ペイが意図していたほど、日中に透明感を出し切れてはいないものの、このガラスと鋼鉄の記念建造物は、意図的に、堅牢性や不変性といった、ピラミッドの本質的

923　ペイ：ピラミッド、ルーヴル美術館、パリ（1983-9年）

な特徴を拒んでいるのである。絶えず費用が嵩む手入れ（クリーニング）を要求され、また内部を冷やすことが困難であるため、維持管理（メンテナンス）がひとつの問題となっている。このピラミッドから〔エトワールの〕凱旋門まで続く、壮大な軸線上の眺望（ヴィスタ）は、この凱旋門のずっと向こうに建つ、ラ・デファンスのグランダルシュ〔「大きなアーチ」の意で、新しい凱旋門を指す〕（1981-9年）で打ち留めとなる。デンマーク人の建築家、ヨハン・オットー・フォン・スプレッケルセン（1929-87年）によるこのグランダルシュは、アーチというよりもむしろ、巨大な、中（なか）が刳り貫かれた立方体である。パリにはまた、ジャン・ヌーヴェル（1945年生）による、アラブ世界研究所（1981-7年）がある。この建物の南側正面には、イスラームの伝統の数々を思い起こさせる、めっき加工した金銀線細工（フィリグラン）のパネルが、忘れられないほど印象的な様相で壁面いっぱいに掛（か）けられている〔取り付けられている〕。さらには、その巨大な透明な階段が、実に壮観である。

　ペイとヌーヴェルは、ポスト＝モダーンの建築家というよりもむしろ、レイト〔後期〕・モダーンの建築家である。同じことが、オランダの構造主義者、ヘルマン・ヘルツベルハー（1932年生）や、アルド・ロッシ（1931-97年）、そしてリチャード・マイヤー（1934年生）のような建築家たちにもあてはまる。公共空間と私的空間がハチの巣状に配置された、ヘルツベルハーによる、オランダのアペルドールンに建つ、セントラール・ビヘーア保険会社オフィスビル（1970-2年）は、慣例的な〔間仕切りのない〕広々とした平面の事務棟よりもむしろ、親密（フレンドリー）な空間の供給を意図してつくられた。ロッシは、その、モーデナのサン・カタルド墓地（1971-85年）や、日本の福岡に建つパラッツォ・ホテル〔ホテル・イル・パラッツォ〕（1987-9年）に見られるように、1930年代のイタリア・ファシスト建築に鼓舞された、〔余計な装飾を取り去った〕裸の古典主義形態群を用いた。マイヤーも同様にして、「国際近代様式」の白い純粋性を復興させている。マイヤーにとって、「白は永遠の動きを瞬時に〔束の間に〕表わす現象〔表象〕（エンブレム）なのである」。それゆえ、カリフォルニア州ロサンジェルスの、彼の手になる、

第11章　20世紀

924　ヌーヴェル：アラブ世界研究所、パリ（1981-7年）

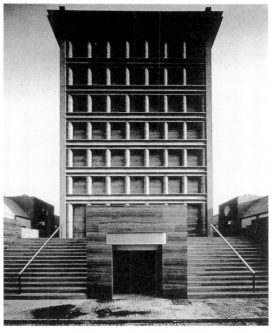

925　ロッシ：パラッツィオ・ホテル〔ホテル・イル・パラッツォ〕、福岡（1987-9年）

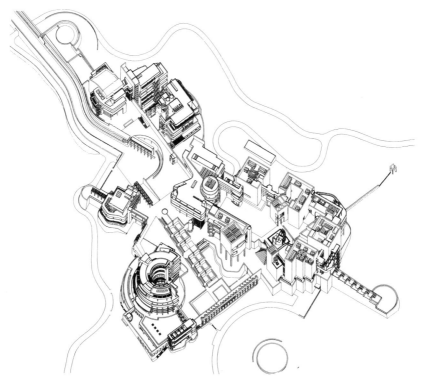

926　ゲッティ〔美術史・人文学〕センターの平面図、ロサンジェルス（1985-97年）、マイヤーによる

「ゲッティ美術史・人文学センター」(1985-97年) そしてハーグ〔デン・ハーフ〕にある、市庁舎と中央図書館 (1986-95年) といったような、白いパネルをはめられ、エナメルをかぶせたシンタックス金属でまとめられた建物が見られるのである。

千年期のための建築

20世紀の末に向けて、主要な建築の選択肢は、以下のようなものに〔分類されるように〕思われた。すなわち、抑えたポスト＝モダニズム。工学技術を絶えず露出させた、空想科学小説のフレイヴァー趣きのある、「ハイ・テク」建築。脱臼〔秩序の崩壊〕ディスロケーションと断片化〔分裂〕フラグメンテーションが高度に評価されるような衝撃ショックへの意志に特徴づけられた、典型的な世紀末の現象である、デコンストラクティヴィズム脱構築主義。そして最後に、土着的でも古典主義的でもある、時代を超えた造形言語ランゲージに根を張った、伝統的な建築への回帰、である。時々重なり合うところの、これら4つのタイプの建築には、それぞれ、多くの信奉者がいる。

スペインの工学技師兼建築家、サンティアーゴ・カラトラバ (1951年生) は、「鳥」バードとして知られる、フランスのリヨン＝サトラスの息をのむようなTGV鉄道駅〔サンテグジュペリ駅〕(1990-4年) をつくりだした。コンコース〔中央ホール〕の上空へと高く伸ばした、巨大な何の機能ももたない翼をもった、この「ハイ・テク」な空想的作品は、サーリネンの手になるケネディ空港 (図905) のような、一連の抽象彫刻っぽい建物に大きな影響を受けている。もっとも、カラトラバは、この建物が、サルバドール・ダリ〔1904-89年〕の、溶けてゆく腕時計なる絵画に鼓舞されたと主張してもいた。

数多くの力強い試みが日本でなされたが、

927　カラトラバ：TGV鉄道駅〔サンテグジュペリ駅〕の外観、リヨン＝サトラス (1990-4年)

928　黒川：広島市現代美術館の俯瞰図、広島 (1988年)

これは、西洋の近代主義(モダニズム)を伝統的な日本の美学や宗教と統合するためのものであった。黒川紀章（1934-2007年）は、自らが「共生の哲学（the philosophy of symbiosis）」と呼んだもののひとつの試みとして、広島の広島市現代美術館（1988年）を設計した。床面の空間の60%が地下にあり、この上方に、17世紀の江戸時代の土蔵を思い起こさせる、ひと続きに繋がった切妻屋根が建ち上がっている。もっとも、使われている素材は、自然石からアルミニウムと幅広い。磯崎新（1931年生）は、茨城県に、つくばセンタービル（1979-83年）を建てたが、これは、コンサート・ホールやコミュニティ・センター、ホテル、ショッピング・モール、そして屋外劇場を含んだ、広大な建物の集合体である。それは、古典、中世、新古典、エジプト、日本、インドの各要素を、一種、幅広く未来派的〔超現代的〕に統合したものであり、ここでは、磯崎が信じているように、均一性なるものが多様性をとおして達成されているのである〔いわゆる、バロックの「多様における統一」であろうか〕。安藤忠雄（1941年生）は、自らの手になる建物群を、風景や、——土と水を含んだ——いろいろな要素〔元素〕と繋ごうと試み、建物の一部を地下に置いたのであった。隠れた中庭のある、彼の手になる、東京〔世田谷区〕の城戸崎邸（1982-6年）には、禁欲的な神秘めいた雰囲気が漂っており、その一方、大阪〔茨木市〕の「光の教会〔堂〕」（1987-9年）は、打ち放し〔むきだしの〕コンクリートにふり注ぐ太陽光線の遊動(プレイ)に基づく効果を頼みとしている。

929　磯崎：つくばセンタービル、茨城（1979-83年）

930　安藤：光の教会〔堂〕、大阪〔茨木〕（1987-9年）

「脱構築主義（Deconstructivism）」なる、大衆迎合的でありつつも押しの強い建築の主導的建築家といえば、アイゼンマン、ゲーリー、リベスキンド、コールハース、そしてコールハースの弟子、イラク生まれのザハ・ハディッド〔ハディド〕（1950年生）である。

931　ゲーリー：グッゲンハイム美術館、ビルバオ
　　　（1991-7年）

932　コープ・ヒンメルブラウ：システムズ・リサーチ・
　　　ディパートメント、ザイバースドルフ（1995年）

ハディッドの作品としては、表現の豊かな、ぎざぎざした形をした、ドイツのヴァイル＝アム＝ライン〔ドイツのもっとも南西に位置する町〕のヴィトラ消防ステーション〔現在はヴィトラ・チェア・ミュージアム〕（1991-3年）が挙げられる。フランク・ゲーリー（1929年生）は、多産な、カナダ生まれのアメリカの建築家であり、サンタ・モニカの〔自邸〕ゲーリー・ハウス（1978-88年）からその経歴を始めた。これは廉価な、波形の金属のパネルを組み入れた、タイルを張った立方体群の集合体であった。ドイツのバート・エーンハウゼン〔ハノーファの東39km〕に建つ、彼の手になる「エネルギー＝フォーラム＝イノヴェーション」（1995年）は、亜船、ストゥッコ、そしてガラスを組み入れた、発電所管理局兼展示場であるが、太陽や風のエネルギーと水の再循環を取り入れた、進歩した生態学の工学技術の数々を含んだ戸惑わせるほどに多種多様な、互いに交差する建物群である。スペイン、ビルバオ〔スペイン北部ビスケー湾に臨む都市で、製鉄業が盛ん〕の、ゲーリーによる見応えの十分ある断片化したグッゲンハイム美術館（1991-7年）は、スペイン産の石灰岩を組み入れてはいるが、卓越した効果は、元々は航空宇宙産業用に開発されたCATIA〔3次元CADのこと。Computer graphics Aided Three dimensional Interactive Applicationsの略〕ソフトウェアを用いて設計された、灰色のチタン〔チタニウム〕製のパネル群によって生みだされている。

　コープ・ヒンメルブラウ〔ヴォルフ・プリックス（1942年生）、ヘルムート・シュヴィツィンスキー（1944年生、2007年脱会）、マイケル・ホルツァー（1971年に脱会）による〕は、1968年に結成されたオーストリアの建築家集団であるが、ウィーンのファルケシュトラーセ6番地に建つ、弁護士事務所用の建物の屋上を改装したこと（1983-8年）で、非常に有名である。見た目

第11章　20世紀

はいかにも不安定な〔この屋上の〕付加物は、屋根の上にとまった、ガラスと鋼鉄で出来た鳥を思い起こさせるが、これはまさしく、下の通りの名に表わされた「ハヤブサ」〔英語ではfalcon（ファルコン）、独語ではFalke（ファルケ、ただしタカも指す）〕なる鳥を指し示しているのである。ウィーン近郊のザイバースドルフにある、彼らの手になる「システムズ・リサーチ・ディパートメント」〔システム調査局〕（1995年）は、断片化し、ずれた面という当惑させる構成をしており、この建物の目的であるところの、変化と探査の過程を示唆している。オーストリアの建築家、ハンス・ホライン（1934年生〔2014年歿〕）は、ファサードに破砕された諸要素を組み入れた、優雅なウィーンの商店群で名を揚げた。しかし、その後は、ドイツのメンヒェングラートバッハ〔ワトキンによれば、ミュンヒェングラートバッハ。ドイツ最西部中央の都市デュッセルドルフの西26km〕に建つ、〔アプタイベルク〕市立美術館（1972-82年）のような、より記念碑性の強い作品群へと進み、自らの立ち位置を高めていった。

レム・コールハース（1944年生）は、1975年にロンドンで、OMA（首都建築のためのオフィス　Office for Metropolitan Architecture）を結成したオランダ人建築家であり、ロッテルダムの美術館（1987-92年）を設計し、一

933　リベスキンド：ユダヤ博物館、ベルリン（1989-99年）

934　アイゼンマン：ウェクスナー視覚芸術センター、コロンバス、オハイオ州（1985-9年）

種の創造的無秩序主義に特化した人物である。同じことが、ポーランド生まれのアメリカの建築家、ダニエル・リベスキンド（1946年生）にもあてはまる。彼の手になる、灰色の亜鉛で覆われた〔外装された〕、ベルリンのユダヤ博物館（1989-99年）は、「ダヴィデの星」〔三角形を2つ組み合わせた星（✡）〕を〔引き裂いてばらばらにして〕ぎざぎざの形にした平面をしており、意図的に当惑させるようにつくった内部空間からなっている。この種の積極的に押し進められた虚無主義は、近・現代世界にきわめて特有な、分裂と疎外を受け入れて、これら

923

と折り合うために構想されたものであり、これはまた、〔ユダヤ人博物館のほかに〕オハイオ州コロンバスのウェクスナー視覚芸術センター（1985-9年）で大胆に表現されている。ピーター・アイゼンマン（1932年生）によるこの美術館は、破損した塔と端が切り取られたアーチを特色としている。

環境（インヴァイアランメント）

　人工による「地球温暖化」という、環境との密接な関わりに対する、20世紀末において次第に増大した関心は、広範な多様性をもった、文化上の、また社会上の、そして政治上のさまざまな動きの一部を形づくっていた。こうした関心には、〔当然のことながら〕環境的に持続可能（サステイナブル）な建築の探求も含まれていた。『全地球カタログ（The Whole Earth Catalog）』の著者であるスチュアート・ブランド〔1938年生〕は、1994年に、『建物はいかに学ぶのか：建物が建てられたあとに起きること（How Buildings Learn : What Happens After They're Built）』と名付けられた、痛烈な研究書を出版したが、このなかで彼は、スターリングやピアーノ、そしてロジャーズのような建築家たちによる機能的な建物と想定されたものに備わった、構造的な欠陥の数々を指摘したのであった。ブランドは、お金が、新しい建物を建てることによりも、既存の建物を変更することに、今は使われていることを示した。より人道にかなった建築に対する要求が、20世紀の生活と芸術が見せたさまざまな様相に対する反動として拡大していったのである。これらの様相とはすなわち、まず失見当識〔方向感覚の喪失〕や疎外を生み、次には街路と田園地方双方の破壊を招き、また共同社会（コミュニティ）の感覚の欠如を押し進め、さらに建物群の急速な老廃化を促し、遂には、工学技術の新奇な器具類へのこだわりといった事態を呼び込んだものである。建築的にいえば、こうした事態に対する反動は、公共図書館から新しい町にまで到る幅広い、きわめて多様な意匠（デザイン）を生みだしたが、こうした意匠（デザイン）は〔みな〕、恒久不変という感覚や、地方という場所に対する心遣い〔気遣い〕によって印づけられており、近代運動や「ハイ・テク」がもっていた、かの因襲打破（アイコノクラズム）を、きっぱりと拒否（トータリ）したのであった。

　敷地に対する、極端な〔思い入れともいえる〕ひとつの好意的な反応は、ラファエル・モネオ（1937年生）による設計案（デザインズ）を基に建てられた、スペインのメリダ〔スペイン南西部エストレマドゥーラ自治州の州都であり、カディス湾に注ぐグアディアーナ川に臨む。ローマ時代の古代名はアウグスタ・エメリー

935　モネオ：国立〔古代〕ローマ美術館、メリダ（1980-6年）

第11章　20世紀

タ〕に建つ、「国立〔古代〕ローマ美術館」（1980-6年）である。これは、古代ローマの都市に位置しており、この都市からこの建物は、煉瓦造りのアーチ群のもつ力強い内部〔空間〕を抽き出しているのである。もうひとつのスペインの美術館、サンティアーゴ・デ・コンポステーラに建つ、「ガリシア現代美術センター」（1988-95年）〔ガリシアはスペイン北西部の大西洋に面した自治州のこと〕は、ポルトガル人の建築家、アルヴァロ・シザ（1933年生）によるものだが、花崗岩という外装材の下の近・現代的な構造という特色をもっている。

建築と意味

大半のポスト゠モダーンな装飾の、一目瞭然とした無意味さによって、その一部が喚起された、建築における意味の探求は、以下に挙げるような美術史学における展開の数々を伴っている。すなわち、ロビン・ローズによる『アテネのアクロポリスにおける建築と意味（Architecture and Meaning on the Athenian Acropolis）』（1995年）や、ジョン・オナイアンズによる『意味を担うものたち：古代、中世、そしてルネサンスにおける古典〔主義〕の各種オーダー（Bearers of Meaning : The Classical Orders in Antiquity, the Middle Ages, and the Renaissance）』（1988年）、そしてジョージ・ハーシー〔ハージー〕による『古典建築の失われた意味：ウィトルウィウスからヴェンチューリまでの、装飾についての思索〔考察〕（The Lost Meaning of Classical Architecture : Speculations on Ornament from Vitruvius to Venturi）』（1988年）がこれにあたる。オナイアンズは、各種のオーダーが、構造的な問題群を解決するものではなく、人々が互いの関係や、神々との関係を定式化する際に役立つ意味を担うものであると主張している。ハーシーは、さまざまな言葉の内部に潜んでいる、より広範な、意味や連想やイメージの数々を、抜粋して、ウィトルウィウスやそのほかの古代のテクスト群からの用語や一節をいくつか論議している。ハーシーは、古典的な装飾がかつては、ハーシーによって転喩（*trops*）〔言葉の彩〕、

936　ボフィル：カタルーニャ国立劇場、バルセローナ（1992-5年）

すなわち地口〔ごろ合わせ〕と同一視された、語義に関する反響の数々を喚起したと信じており、ギリシャ人たちの狩猟と供犠の儀式に装飾の起源があると記述し、戦いに敗れた敵たちの武器という戦利品を高く掲げたことを、とりわけ詳しく述べている。ハーシーは、供犠の生け贄になったものたちの残骸を新たに組み合わせる過程を、神殿群の建設に類似したものとして見ているのである。そして、身体の各部分にも対応している多くの建築用語に注目するのである。

バッキンガム宮殿において、ジョン・シンプソン（1954年生）の手によって、2000-2年に増築された新しいクイーンズ・ギャラリーは、1820年代のこの宮殿の建築家、ジョン・ナッシュの作品からさまざまな主題（テーマ）を発展させている。しかし、ギリシャ・ドリス式の入口柱廊玄関（ポーチコ）と、背後に入口ホールを含んだこれより丈の高い翼館（ウィング）とのあいだの関係は、アテネのエレクテイオン（図40）の非対称な形態の数々を真似ているのである。何とか巧妙に、「ハイ・テク」建築と伝統的建築の双方の局面を組み合わせようとしている神殿風（テンプラー）の建物が、リカルド・ボフィルの手になる、バルセローナに建つ「カタルーニャ国立劇場」（1992-5年）である。1990年代のもっとも威風堂々とした建物のひとつであるこの劇場において、ボフィルは、神殿の形態を、新しい素材や新しい機能の数々に、才気縦横に適応させたのであった。すなわち、左右対称〔比例〕（シンメトリー）や調和（ハーモニー）や秩序（オーダー）を、何よりも審美的な効果を優先させようとする意気込み（コンサーン）と結びつけたのであった。さらには、315×184 フィート（96×56m）という、その記念

937　シンプソン：クイーンズ・ギャラリー入口部分、ロンドン（2000-2年）

第11章　20世紀

碑的な規模の大きさは、この建物を、古代世界のどの神殿よりも大きなものにしている。両側の壁面に沿って建つがっしりとしたドリス式の円柱廊〔コロネード〕は、最小の支持体もしくは枠組みを伴った、曇りのないガラスからなる〔正面の〕壁面〔ブ・フォイル〕に対して、理想的な引き立て役となっている。これらの列柱廊〔コロネード〕は、入口正面までは連続しておらず、入口正面は、パリのイトルフの手になる北駅〔ガール・デュ・ノール〕に見られる19世紀の列車車庫の大きな口のように、広々とした様子を見せつけている。

もっとも巧妙〔クレヴァー〕な視覚的要素のひとつは、オペラ・ハウス群の長い歳月を経た〔エイジ＝オールド〕問題——すなわち丈の高い舞台空間であるフライ＝タワー（fly-tower）〔主舞台上部にあって、背景幕や道具を引き上げたり、照明器具を吊るしたりするスペースのこと。プロセニアムの2.5倍以上の高さが必要とされる〕をどのように処理するかということ——に対してのボフィルの解決法である。サセックス州〔イングランド南東部の〔旧〕州〕のグラインドボーン・オペラ・ハウス（1989-94年）では、すこぶる敬服されている建築家、マイケル・ホプキンス（1935年生）は、柔らかで美しい煉瓦からなる荷重を担う壁面で覆われた主要建築と鋭い対照をなすよう、あからさまな工業機械の装置一式として、巨大なタワーをむき出しのまま残すという選択を行なった。これと対照的にボフィルは、このフライ＝タワー〔舞台空間〕を、〔オペラ・ハウスの〕屋根の頂上〔クラウン〕にまたがった小規模な神殿として扱っているのである。この劇場〔シアター〕は、26×26フィート（8×8m）のグリッドを基にして設計された、基準寸法〔モデュール〕からなる建物であり、この基準単位〔26×26フィート〕においては、それぞれの階や壁面の大きさが、このグリッド単位の倍数や分数で表わされているのである。「神殿内部の闘牛場〔ブル＝リング〕」として記述された、大きな半円形の階段〔式座席のある〕劇場は、入口のホワイエからまさしく劇的なかたちで下に落ちてゆくように置かれている。この建物には、テレビ用のスタジオ、演劇学校、道具立ての作業場といった、いずれも手頃な費用でつくられた3つのそれぞれ独立した劇場〔階段講堂・教室〕も含まれている。

自然と伝統に調和した建築に対する要求は、アメリカの建築教育家、ノーマン・クロウによって、その著作『自然と、人間がつくった世界なる観念と：組み立てられた環境における形態と秩序の進展変化するルーツの探求 (*Nature and the Idea of a Man-Made World : An Investigation into the Evolutionary Roots of Form and Order in the Built Environment*)』（1995年）において表わされた。伝統的な、町や都市、農場や庭園、建物や土木建造物における、「自然」と「人工」のあいだの繋がりを研究することで、クロウは、近代運動によって失われたさまざまな教訓を学ぼうと模索している。というのも、近代運動は、組み立てられた世界を、啓蒙主義時代以降の科学による抽象化作用をとおして見ているからである〔要するに近代運動とは、感性的、人間的なものを排除して、（箱のような建築に見られるような）非人間的で（個々の存在を無視した）普遍的な抽象化をこそめざしていたということ〕。クロウは、創造のための基本的な枠組み〔パラダイム〕としての自然と同時に、われわれには自然とわれわれ自身がつくりだすものとのあいだの調和を維持する責任があるといった古代からの考えを、再び確立しようとしているのである。彼は、都市

927

を、「自然に対するこれらの特徴的な対応のすべてを最高のレヴェルで表現したもの」と見ており、アリストテレスが都市を「善き生活」のための場所として理解していたことを、とりわけ強調しているのである。

経済的および工学技術的変化

1990年代以降展開した地球規模での経済、そして以前の東ヨーロッパ圏(ブロック)の崩壊は、オランダの建築家、エリック・ファン・エゲラート（1956年生）による、ブダペストにある、ING銀行（1995年）のようなハンガリーの建物群を生みだすに到った。文化財に指定された19世紀の新古典主義の建物の屋上に、彼は、木とアルミニウムとガラスからつくられた「鯨」のかたちをした大胆な付加物を備えたのである。英国(ブリティッシュ)の建築家、イアン・リッチー〔1947年生〕と協働して、ハンブルクの建築家集団の、マインハルト・フォン・ゲルカン（1935年生）・マルグ・アンド・パートナーに

938　ファン・エゲラート：ING銀行、ブダペスト（1995年）

939　フォン・ゲルカン・マルグ・アンド・パートナー：ノイエ・メッセ、ライプツィヒ（1996年）

よって建てられた、ドイツ、ライプツィヒの「ノイエ・メッセ」〔「新しい見本市会場」の意〕(1996年)も同様に、共産主義以後の世界における経済の成長を象徴的に表わしている。これは、大きな国際的な産業〔貿易〕見本市会場、展示会場、そして会議場の複合体であり、820フィート (250m) の長さ、98フィート (30m) の高さ、そして262フィート (80m) の幅をもつ、広大なガラス製の半円筒ヴォールト

940　オルソップとシュテルマー：ル・グラン・ブルー〔大いなる青〕、マルセイユ（1994年）

の架かったホールを組み入れている。19世紀の鉄道駅舎群に見られる息をのむような張間に対抗するこの建物は、支持柱の助けがないように見えるガラスのパネルで、全体を統べられている。国際的な協働関係が生んだもうひとつの傑作は、マルセイユに建つ、オテル・デュ・デパルトマン・デ・ブシュ＝デュ＝ローヌ〔ブシュ＝デュ＝ローヌ（フランス中南部）県庁舎〕(1994年) である。これは、ウィリアム・オルソップ (1947年生) とヤン・シュテルマー〔1942年生〕という、イギリス＝ドイツのチームによるもので、内装はアンドレ・プットマン〔女史　1925-2013年〕によってデザインされた。コート・ダジュール〔紺碧海岸〕に敬意を表するために選ばれた、その全体の基調をなしている彩色から、「大いなる青（Le Grand Bleu）」という愛称で呼ばれるこの県庁舎は、可動式の日除けによって保護された葉巻型の翼館を特色〔呼びもの〕にしている。

コンピュータやデジタル工学技術を、そして電子情報用のメディウム〔マスメディア〕としてのヴァーチャルなイメージ〔虚像〕を含んだ、地球規模での電子網の拡がりは、ありきたりになっていた行動パターンの数々に対してと同時に建築に対しても、動揺させる効果を及ぼすおそれがあろう。しかしながら、コミュニケーションの〔造形〕言語として、建築は、多くのほかの知的な革命を越えて生き残ってきたのである。それはちょうど、印刷された本が、電子出版からの脅威を越えて生き残ってきたと、今現在、思われている事態と同様のことではあるまいか。

都市計画

田園都市

「田園都市運動」は、われわれが19世紀のアメリカで注目した、公園と街区〔街路の碁盤目〕という二分法を解決しようとする試みとして見ることができるであろう。「田園都市」〔都市と田園の双方の利点を兼ね備えるよう設計された都市〕の主要な提案者であった、サー・エベネザー・ハワード (1850-1928年) は、実際のところ、1870年代にアメリカで5年間過ごしたが、

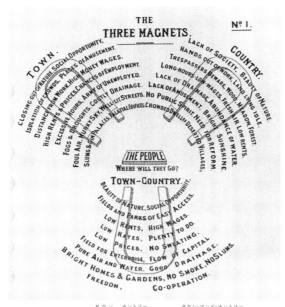
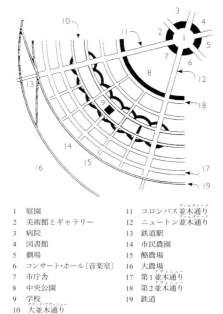

1	庭園	11	コロンバス並木通り
2	美術館とギャラリー	12	ニュートン並木通り
3	病院	13	鉄道駅
4	図書館	14	市民農園
5	劇場	15	酪農場
6	コンサート・ホール〔音楽室〕	16	大農場
7	市庁舎	17	第1並木通り
8	中央公園	18	第2並木通り
9	学校	19	鉄道
10	大並木通り		

941 3つの磁石（都市、田園、そして田園都市）の図式、エベネザー・ハワード『明日の田園都市』（1902年）から

942 エベネザー・ハワード：「田園都市」の「区」と「中心」（1898年）

　当地で彼は、ウォルト・ホイットマン〔1819-92年〕やラルフ・ウォルド・エマソン〔1803-82年〕、そして自然における美の出自についての理論の数々に影響を受けたのであった。ハワードが著わした『明-日：真の改革へ到る平和な道（To-morrow : A Peaceful Path to Real Reform）』（1898年）——のちに『明日の田園都市（Garden Cities of Tomorrow）』（1902年）として再刊された——に見られた提議の数々は、1904年に建築家サー・レーモンド・アンウィン（1863-1940年）によって設計された、ハートフォードシャー〔イングランド南東部〕のレッチワースにおける、最初の英国の「田園都市」の創造を導いた。

　ハワードは、およそ3万人の住民からなる、自立した衛星都市群を、経済的見地から構想したが、ここには都市間を巡る大きな道路も、都市間を貫いて走る鉄道もなかった。緑地帯を含んだ、これらの衛星都市はまた、農地地所によって取り囲まれるはずであったが、〔実際のところ、〕レッチワースの中心には、有意義な公共建築がなく、鉄道駅近くに、1912年の「スピレッラ・コルセット工場」がもっとも大きな建物として、なおも建っているという状況であった。レッチワースは、「ウェリン・ガーデン・シティ」〔ハートフォードシャーのニュータウン〕に引き継がれたが、1906年以降は、ハムステッド「田園郊外住宅地」〔ロンドン北西部バーネット・ロンドン特別区にある〕が現われた。この名称は、ベッド・タウン（dormitory suburb）としてのその役割を明確に表わしていた。しかし、〔2つの〕教会堂〔セイント・ジュード・チャーチ（本書、図883）とフリー・チャーチ〕や成人教育センターを1棟伴った、ハムステッドの形式張った中心部をつくり上げるといったように、サー・エドウィン・ラッチェン

第11章　20世紀

スが1908年以降にこの町に掛かり合った(インヴォルヴメント)ため、このハムステッド田園郊外(ガーデン・サバーブ)住宅地は、レッチワースよりも建築的なレヴェルでは卓越したものとなっている。

　住居と工業地帯を分ける、低い人口密度と地帯設定(ゾーニング)によって、ヨーロッパをとおして影響を及ぼしたひとつの型(パターン)がつくりだされた。これは、リヒャルト・リーマーシュミット（1868-1957年）によって1909-14年に建てられた、ドレスデン〔近郊〕のヘレラオという、ドイツ最初の「田園都市(ガーデン・シティ)」であった。ブリュッセルやカッペルヴェルトといった、1920年代のベルギーには、もっと進んだ例の数々が見られた。イングランドでは、これらの理想のいくつかが1945年以降に、ニュータウン政策のなかで取り上げられ、ハーロー〔イングランド東部エセックス〕やクローリー〔イングランド南部ウェスト・サセックス〕、そしてスティーヴネッジ〔イングランド南東部ハートフォードシャー〕のような町々が、ロンドンから負担を取り去るためにつくりだされた。これらのニュータウンの本質的に反都市的な性格は、一部には、古い街路群を再建する代わりに、ロンドンの爆撃で損害を受けた地域から、人々を移動させようという政策の結果(パーツ)であった。

　景観建築家(ランドスケープ・アーキテクト)、都市設計家(アーバン・デザイナー)、そして「地域計画連合（Regional Planning Association）」の創設者である、クラレンス・スタイン（1882-1975年）は、「田園都市(ガーデン・シティ)」の諸理論を、全住民共有の庭園群と、交通〔車の往来〕と歩行者の分離を特徴とした、2つの都市の発展に適用した。すなわち、1924年以降の、ニューヨーク市クイーンズ地区のサニーサイド・ガーデンズと、1929年以降の、ニュージャージー州のラドバーンである。スタインは、都市計画についての論客、ルイス・マンフォード（1895-1990年）と交友があったが、このマンフォードは、『ユートピアの物語（*The Story of Utopias*）』（1922年）と『都市の文化（*The Culture of Cities*）』（1938年）といった著作の作者であり、またエベネザー・ハワードやパトリック・ゲデスの信奉者(ディサイプル)であった。精神的な諸価値と、町と自然環境の繋がりとを復権させようと試みたマンフォードは、工学技術に対する近代(モダーン)の依存に対して批判的であったが、こうした彼の主張は、大規模な中央集権化した調停〔仲裁・介入〕を信念としていたため、混乱したものとなっていた。

都　市　美(ザ・シティ・ビューティフル)

　アメリカにおける「都市美運動（The City Beautiful Movement）」は、一部にはフランスのボザールの伝統に対する共感から出た、都市計画の重要性に対する十分な理解を有していた。シカゴで開催された、1893年の「コロンブス〔記念〕万国博覧会」で、「都市美」の理想の数々が最初に表現されたあと、この博覧会の調整者(コーディネーター)であったダニエル・バーナム（1846-1912年）は、ランファンの計画の〔放置による〕衰退を埋め合わせようと試みて、C. F. マッキムとF. L. オルムステッドと協働して、ワシントンのための「マクミラン計画（The McMillan Plan）」〔1901年。ナショナル・モールをつくって、中心街の再生と美化を試みた。ワトキンはMcMillandと綴っている〕の設計へと進んだ。バーナムは、この設計案に引き続き、1906-9年のシカゴのための拡張計画という、自らのもっとも野心的な仕事(ワーク)を、エドワード・ベネット（1874-1954年）と

931

ともに行なったが、これに加えてバーナムはまた、クリーヴランド〔オハイオ州〕やサンフランシスコを含む、ほかのさまざまな都市でも働いたのであった。

機能主義とその後

「田園都市」の優越性は、1927年にシュトゥットガルトで開かれた、有名な「ヴァイセンホーフジードルング（Weissenhofsiedlung）」（本書827頁）を含んだ、国際住宅博覧会における、「国際近代主義」の先駆者たちによってその〔有効性の〕是非が検証されることとなった。この博覧会は、1928年にジークフリート・ギーディオンが組織した、主導的な近代建築家たちの会合であるCIAM（近代建築国際会議 International Congress of Modern Architecture）において鍵となる人物であっ

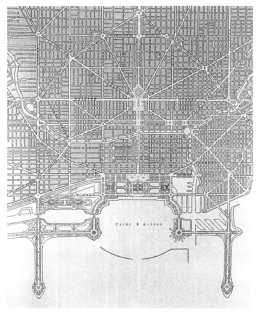

943　バーナムとベネット：シカゴのための平面計画図（1906-9年）

た、グロピウスとル・コルビュジエの尽力によって開催されたことが、特色であった。これに参加した他の現役の建築家には、ベルラーヘ、リシツキー、リートフェルト、そしてスタムが挙げられる。彼らが促進した「国際近代主義」の〔独断的〕主張である、機能化、標準化〔規格化〕、そして合理主義は、1933年の「アテネ憲章（the Athens Charter）」で定式化された。伝統的な都市の数々は、高層建築が多い地域と巨大な交通幹線をもった、機能的な地帯設定に取って代わられることになるであろう。バウハウスに影響されたオランダの建築家、コルネリス・ファン・エーステレン（1897-1988年）は、1936年にアムステルダムのための「全体拡張計画」を生みだしたが、その一方でCIAMの原理の数々がこの20年後になってもなお、ルシオ・コスタ（1902-98年）によるブラジリア用の設計において支持されていたのであった。これと同様に、「輝く都市」（Cité Radieuse）〔正確にはVille Radieuse〕として時には知られている、ル・コルビュジエの手になる戦後に建てられた、マルセイユの「ユニテ・タビタシオン」〔居住単位〕（本書896頁）は、フーリエのファランステール（phalanstère）〔単一の複合施設である、社会主義的生活共同体、もしくはその共同住宅のこと〕のような社会生活を営む集合住宅に恩恵を受けていた。

　英国のグループ、「アーキグラム」による計画から日本のグループ、「メタボリズム」による計画にまで到る、先進世界をとおして提案された、終わることのない戦後の組織立った計画の数々は、当時は新しいものに見えたが、そうはいっても、こうしたグループが、「ハイ・テク」な構成要素群を信頼していることや、伝統的な都市計画を拒否していることと、なおも

第11章　20世紀

944　マルト・スタム：列状住宅、ヴァイセンホーフジードルング、シュトゥットガルト（1927年）

一体化していたのであった。すべてのことが、近代の都市の、生活と移動という問題を満足のゆく程度に解決するわけではなかった。説得力のある都市の造形言語（アーバン・ランゲージ）に到達しそこねた事態は、ベルリンで顕著に示されていた。ベルリンは、20世紀の最後の数年間に、新しく統一されたドイツの首都として再建されたものの、売れっ子の〔旬の〕（ファッショナブル）、批判や束縛を嫌う建築家たちによって、相争うさまざまな様式で、〔ベルリン統一とは〕何の関連もないひと揃いの記念碑的建造物が、そこそこ建てられただけであった。

　エベネザー・ハワードやル・コルビュジエ、CIAM（シアム）、そしてアテネ憲章と関連した都市計画化の実践がもつあやうさ（ウィークネス）の数々は、早くも1961年に、ジェイン・ジェイコブズ（1916-2006年）によって、その著作『アメリカ大都市の死と生（The Death and Life of Great American Cities）』のなかで露呈されていたことは忘れがたい。彼女は、地帯設定（ゾーニング）や自動車の優先、そして統計学への信頼が、伝統的な都市群がもつ多様性（ヴァライアティ）と複合性（コンプレックシティ）——こうした多様性や複合性こそ、近代（モダーン）の建築家が再びつくり上げるべき目的のはずであったのに——を台無しにしてしまう、麻痺させる均一性を生みだしたことを立証したのであった。

　クインラン・テリー（1937年生）による、サリー州〔イングランド南東部〕リッチモンドに建つ、「リッチモンド・リヴァーサイド」として知られた大きな都市開発（1984-9年）は、商業による開発が、歴史に残る町の中心で、町を廃墟にすることなく可能となりうることを示した好例である。非常に快い戸庭の数々、テラスの数々、そしてアーチ道の数々を備えた、この「リッチモンド・リヴァーサイド」は、20世紀後期〔末期〕から強く特徴的なものとなったところの、都市の再建の過程と新しい町々・村々の創造とに、重要な貢献をなしているのである。この運動において先駆的な役割を果たした人物は、ロベールおよびレオンのクリエ兄弟である。彼らは、通りや広場や公共建築、そして記念碑——これらのものを近代の、建築家や立案者（プランナー）や宅地開発者（ディヴェロッパー）といった連中が到る所で破壊しまくってきたのである——が形づくる伝統的な位階秩序（ハイアラーキー）の復活をとおして、都市の秩序（アーバン・オーダー）を再創造するという課題の首位権を、首尾一貫して強調してきたのであった。彼ら兄弟は2人とも、ルクセンブルクで生まれた。ロベールは1938年に、レオンは1946年に。ロベールは1920年代のイタリア合理主義、とりわけジュゼッペ・テッラーニの作品を復興させた、アルド・ロッシと繋がりがあった。かくし

933

てロベール・クリエの手になる、ベルリンのリッターシュトラーセの白い集合住宅〔ハウジング〕（1978-80年）は、——われわれがアンジョーロ・マッツォーニの作品（本書872頁）を論ずる際に注目した——画家のキリコが描いた〔幽霊のような〕ぼんやりとした記念碑性〔モニュメンタリティ〕を有している。2人のドイツ人建築家、オスヴァルト・ウンガース（1926-2007年）とヨーゼフ・クライフス（1933-2004年）は、両者ともに、新たな合理主義的かつミニマリズム的傾向を示していたが、それぞれ順に、ワシントンDCの「ドイツ大使館官舎」（1988-94年）と、ベルリンの、ブランデンブルク門〔ゲイト〕〔の横〕に建つ「ハオス・ゾンマー〔ゾマー〕」（1994-7年）を設計した。後者は、隣りに建つ古典主義様式の建築〔つまりはブランデンブルク門のこと〕に敬意を表したデザインを心懸けていた〔ちなみに、ブランデンブルク門のもう一方の隣りには、双子の対としてハオス・リーバーマンが建っている〕。

　ブリュッセルの「ラーケン通り」は、広範囲にわたる近代〔モダーン〕の開発による、同情〔理解〕の余地ない〔敵意に満ちた〕計画の遂行で破壊されてしまった、ブリュッセルの中心部の歴史的な〔ヒストリック〕通りだが、さまざまなヨーロッパの国の出身である、レオン・クリエに鼓舞された一団の若い建築家たちの手によって、1989-94年に完全に再建された。これらの建築家には、リアム・オコナー、ガブリエーレ・タッリアヴェンティ〔1960年生〕、ハビエール・セニカセラーヤ〔1951年生〕とイニゴ・サローニャ〔1958年生〕、ジャン＝フィリップ・ガリック〔ワトキンはGarlicと綴っているが正確にはGarric〕とヴァレリー・ネーグル〔女史　1960年生〕が含まれていた。彼らの仕事〔ワーク〕には、アルミニウムとガラスのパネルで出来た、1950年代の憎々しい

945　テリー：リッチモンド・リヴァーサイド、サリー州（1984-9年）

第11章　20世紀

946　ウンガース：ドイツ大使館官舎（レジデンス）、ワシントンDC（1988-94年）

947　クライフス：ハオス・ゾンマー〔ゾマー〕、ベルリン（1994-7年）

948　オコナー、タッリアヴェンティ、その他：ラーケン通り、ブリュッセル（1989-94年）

935

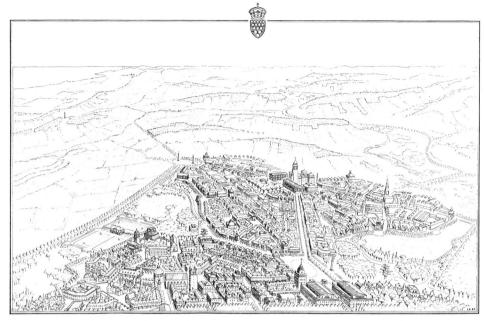

949 クリエ：ドーセット州パウンドベリーの、ニュータウンに対する最初の提議（1988年以降建造）

950 デュアーニとプラター＝ザイバーク：シーサイドのニュータウン、フロリダ州（1987年）

塔の塊りである「トゥール・ブルー（Tour Bleue）」〔「青い塔」の意〕の取り壊しが含まれていた。

ラモン・フォルテートは、スペイン、〔カタルーニャ州の〕オロトの町周辺を再び都市化するためのマスタープラン（1985-9年）を設計したが、ここでフォルテートは、イングランドのジョン・ウッドによるものと同様の、広大な三日月形広場〔集合住宅〕を建てていたのであった。ジャン＝ピエール・エラートは、かのボルドーという歴史的なフランスの都市を再建するという仕事に、1978年から1992年まで従事したが、この地では、18世紀の都市建築が、近代の新開地の造成によってその価値を低下させていたのであった。レオン・クリエは、〔イングランド南西部の〕ドーセット州パウンドベリーの、つつましい住宅群からなるニュータウン（1988-2012年）を設計したが、ここはプリンス・オヴ・ウェールズ〔チャールズ皇太子〕所有の地所、コーンウォール〔王族の〕公領内の土地である。アメリカ合衆国では、ジャクリン・T. ロバートソンが、オハイオ州ニューオールバニー用のマスタープランとクラブハウスを含んだ実に多くの計画案を任されている。当地でロバートソンは、田園的な性格を何とか保持しようと奮闘し

第11章　20世紀

951　MAP アルキテクトス：ボルネオとスポレンブルグ埠頭の集合住宅、アムステルダム（2000年）

続けてきた。もっともよく知られているのが、アンドレス・デュアーニ（1950年生）とエリザベス・プラター゠ザイバーク（1950年生）による都市開発の数々である。このなかには、双方ともフロリダ州にある、シーサイドのニュータウン（1987年）と、ウィンザーのニューヴィレッジ（1989-96年）、そしてメリーランド州のゲイザースバーグのニュータウン（1988-96年）が含まれる。荷重を支える〔柱－梁〕構造で、垂木、そして円柱のある住居群からなる、これらのニュータウンやニューヴィレッジは、デュアーニとプラター゠ザイバークが、車の往来から解放された町のための範例として役立つことを目的とした、「伝統的近隣住宅開発条例（the Traditional Neighborhood Development Ordinance）」と呼んだ事業計画に合致したものである。

　20世紀末における、絶えず増大してゆく都市に住まうことの要求とともに、多くの建築家は、都市再生のマスタープランを立てることに打ち込んできた。住宅建設の拡張開発は、アムステルダムで行なわれてきたが、この都市の東側の港にある2つの半島状に突出したかたちの、ボルネオとスポレンブルグといった以前の埠頭の敷地が対象となった。2,500件以上の住宅が、新しい橋の数々や、新しい島の数々さえをも相伴ってつくり上げられることで、アムステルダムの小舟による運送業文化を維持しているのである。この事業には、さまざまな国籍をもった多くの建築家たちが参加しており、そのなかにはMAPアルキテクトスが含まれているが、彼らは、急勾配の階段がある狭い、通例見られるアムステルダムの運河沿い住宅の翻案物の数々をつくり上げたが、これらの翻案物には、街路上の駐車や街路に向いた正面入口を防ぐために内部に駐車場が置かれ、さらにはほとんどの住宅で、小さなパティオ〔スペイン風の中庭〕や庭が置かれている（2000年；本頁）。このほかに〔アムステルダム再生

937

952　MVRDV：シロダム住宅複合施設〔集合住宅〕、アムステルダム（2002年）

に〕貢献した建築家として、クーン・ファン・ヴェルセン、エリック・ファン・エゲラート、スティーヴン・ホール、そして1991年に結成されたＭＶＲＤＶパートナーシップが挙げられる。このMVRDVパートナーシップは海岸線上にある既存のサイロの隣に建つ、シロダム住宅複合施設〔集合住宅〕（2002年）を供給した（本頁）。これは、いくらかの事務所スペース、4軒ないしは8軒をひとまとまりとした住宅群、異なった色で外面が表わされた地帯群を伴った、157戸の住宅からなる大規模でどっしりとした団地である。住居の大きさはさまざまであり、なかには1階分では収まり切れずに拡がったものもいくつかあり、こうした住居では、パティオ、屋上庭園ないしはバルコニー〔露台〕が備わるものの、〔全体としては〕この複合施設の団地におけるそれぞれの位置にきちんと収められているのである。すなわち、「多様のなかの統一（Unity in diversity）」が、〔MVRDVパートナーシップという〕建築家たちの目的なのであった。

ベルリンの再建

　ベルリンという都市がもう一度、統一されたドイツというヨーロッパ随一の大国の首都に返り咲いた1989年以降、ベルリンの、爆撃で損害を受けた中心地を再建する必要によって、桁はずれのやりがいある事業が建築家たちや都市計画家たちに呈示された。八角形をしたライピツィヒ広場と、その南面に位置するポツダム広場——これは、実際には広場というよりもむしろ交差点であるが——は、1900年から1939年までベルリンの商業の中枢であった。しかし、1961年以降「ベルリンの壁」がライピツィヒ広場を横切って走る状態になったあとは、誰もいない土地となっていたのである。新しいポツダム広場のために、1991年にベルリンの議会によって催された設計競技を皮切りに、この地帯全体が再建された。最終的に採択されたマスタープラン〔総合基本計画、全体計画〕は、レンツォ・ピアーノによるものであっ

第11章 20世紀

た。ピアーノは、この敷地の大半を買い占めていたダイムラー゠ベンツ社の助成金によって建つこととなった、〔この広場の〕鍵となる高層建築の「デビス・タワー」を任されることになったのである。事務所や商店、アパート、そしてホテルが稠密に配列されているこの広場の様相は、ピアーノ自身やリチャード・ロジャーズ、クリストフ・コールベッカー〔1935年生。ワトキンはChristophをChr:stophehrと綴っている〕、ハンス・コルホーフ〔1946年生〕、ラファエル・モネオ、そしてヘルムート・ヤーン〔1940年生〕によって与えられたものである。昼も夜も、車の往来や旅行者、住人、そして会社員たちで混雑したこの広場は、混沌としてはいるものの大衆には人気のある場所となっている。

　これと大変に異なった様相を見せていたのが、近くにあるものの、これよりもずっと小さなパリ広場の再建であった。これは、ベルリンの主要な東西軸であるウンター・デン・リンデン通りの西側の末端に位置している。この広場には、1789-94年の、伝統的様式に則った新古典主義のブランデンブルク門（図596）が含まれている。この門は、1940年代の爆弾による損害のあとも存続し再建されたこの広場のなかにある、唯一の建物である。この広場は荒れ地になってしまい、一般の人々はここに近づくことができなかった。なぜなら、この広場は「ベルリンの壁」と境をなしていたからである。1989年以降、計画を進める当局は、ブランデンブルク門がなおも、この広場の中心となるべき存在であると決定し、結果、この広場の4つの側面〔といっても、東側の側面の中央は、ウンター・デン・リンデン通りである〕すべ

953　さまざまな建築家：ポツダム広場再建、ベルリン（1992年以降）

939

てに、主として大使館や銀行といった新しい建物群が低層で、石の外装を施されて建ち並んでいる。例外は、全面ガラス張りを主張したギュンター・ベーニッシュ（1922-2010年）の手になる、「美術アカデミー」のみであった。ベーニッシュのこの建物は、パツシュケ〔パチュケ〕・クロッツ・アンド・パートナーによるホテル・アドロン〔・ケンピンスキー〕（1995-7年）の〔東側の〕隣りに建っている。このホテルは、この同じ敷地にかつて建っていた、1907年の有名なホテルを真似たものであった。〔「美術アカデミー」の西側の〕隣りには、フランク・ゲーリーによるD Z 銀行（デー・ツェット）（1996-2001年）があるが、ゲーリーは、空から舞い降りるようなガラスと鋼（スティール）の曲面を伴った巨大なアトリウム〔吹き抜け空間〕をつくり、自らの妙技を内部において披露している。クリスティアン・ド・ポルザンパルク（1944年生）による、おしゃれでスマートなフランス大使館（1999-2002年）は、この銀行と向い合って、〔パリ〕広場の北側に建っている。これよりももっと伝統の様式に則っているのが、かつて同じ場所に建っていた1840年代の建物に取って代わり、これらの建物を真似た、ブランデンブルク門（ゲイト）の両側に並んで建つ、ヨーゼフ・クライフスによる1992-9年の〔2つの〕建物〔ハオス・ゾンマー（ゾマー）とハオス・リーバーマン〕である。パリ広場（プラッツ）の周囲を散策して、ひとつの押し付けられた規約にさまざまなやり方で対応して

954　ゲーリー：D Z （デー・ツェット）銀行、ベルリン（1996-2001年）

955　ポルザンパルク：フランス大使館、ベルリン（1999-2002年）

いる、高度に個性（インディヴィジュアル）を発揮した建築家たちの手になる建物のあいだに見られる緊張感に気づくことは、価値のある都市的な経験である。

　ウンター・デン・リンデンのもう一方の東の端には、ムゼーウム島〔美術館島〕（本書957頁）が建っているが、これは5つの19世紀と20世紀の美術館群からなる巨大な都市複合体〔態〕であり、そのなかのいくつかは第2次世界大戦における広域にわたる爆弾による損害ののち、閉鎖されたままになっていた。1990年代から再建されたこれらの美術館は、今もう一度、この面白味のない都市的景観のなかで〔それなりの〕役割を果たしているのである。

第12章　21世紀

　21世紀の最初の10年には、いかなる時期に較べても、もっともダイナミックかつ劇(ドラマティック)的な建物がいくつか、生みだされた。その形態や構造、そして材料の使用が革命的であるために、これらの建物の多くが、魅入られた訪問者たちという桁はずれの群衆を引き寄せている美術館なのである。建築的情況は、より多様(ヴェアリド)かつ複雑なものになったけれども、われわれは、この〔第12〕章をとおしてわれわれを導き案内すべき数多くの独立した主題(セパレイト・テーマ)の数々を、明確に区分けして認識(アイデンティファイ)することができる。まず最初の、そしておそらくはもっとも重要なことは、地球温暖化や化石燃料依存といった問題によって強められた、環境と持続可能性(サステイナビリティ)への関心である。自然の生物多様性、多雨林(レインフォレスツ)、珊瑚、そしてさまざまな種が崩壊してゆくこと(ア・レインジ・オヴ・スピーシーズ)に対する警告によって、「持続可能な」建築を求めることが頻繁になっていった。このことはいくらか多用しすぎた文言(フレーズ)となってしまい、必ずしも説得力のある効果的な言い方では示されなくなった。なぜならば、需要の多い〔必要とされる〕近代(モダーン)の建築家たちによる建物群の多くにとって基本をなす材料、すなわち鋼鉄、ガラス、コンクリート、そしてプラスチック〔合成樹脂〕の製造加工が、温室効果ガスの大量放出に大きく関わっているからである。その一方で、建物にはいまだ、いかに多くの努力がその影響を少なくするために払われようとも、空調設備が当たり前の様に求められているのである。

　第2の主題(テーマ)は、CAD(キャド)(コンピューター援用設計)の役割である。21世紀において、これは、複合したかたちで成長してゆき、近代(モダーン)の工学技術や伝達手段と歩調を合わせることによって、建築における役割を増大させていったのである。パラメトリック・デザイン(parametric design)〔変数操作による設計のこと。3次元モデルの要素に数値変数を定義し、この変数を操作して、多くのヴァリエーションをつくりだす〕においては、ひとつの対象物もしくは集合体の結合構造を定義する多様な変数すなわちパラメーター(パラメーター)が、数分で生みだされて伝達されうるのである。このことは、前章〔第11章〕での場合と同様に、本章でわれわれが見ることになる建物の多くに特徴的な、複合した有機的形状群(シェイプス)の設計図(プロット)を描く際に重要であり続けた。それにもかかわらず、われわれは、また、広く多岐にわたる新しい建物の数々から目にすることになるように、もはや全体を統べる支配的な様式など存在せず、ただ、広く行き渡った折衷主義と予測不可能性があるだけなのである。このことは、材料の領域にまで拡がりを見せ、今では、木材や竹や銅を含んだいろいろな材料が、意外なかたちで、また想像力に富んだかたちで用いられているのである。

941

さて第3の、最後の主題(テーマ)は、20世紀後半のバブル経済が2007-8年に破綻した際、急変した経済状況が建築に与えた衝撃である。結果、富の循環(シフト)が、アメリカ合衆国やヨーロッパから、中国やインド、ロシア、メキシコ、リビア、トルコ、ブラジル、インドネシア、そしてヴェトナムの経済を含んだ多彩な範囲にわたる経済へと移っていったことで、多くの建設事業を促すことに繋がったのである。

　無論、西洋建築の歴史の一部をなおもなすのではあるが、この本の最終章では、中国や日本、そしてペルシャ湾岸諸国の建物がいくつも記述される。これらのすべてが西洋の建築家たちによるわけではなく、ここに挙げられる建物はみな、同じ地球経済の一部をなしているのである。

建築、自然、そして環境

　われわれは、この章を、自然環境と調和した建物をつくりだそうとするいくつかの試みを踏査することから始めたいと思う。UK(イギリス)はコーンウォール州にある「エデン・プロジェクト」(2001年、2005年)は、ニコラス・グリムショウ(1939年生)の手になるものであるが、これは世界中から集めた植物種を保護する、世界最大級の温室を含んだ、驚くべき姿の房状(クラスター)をなすジオデシック(geodesic)〔測地線(曲面上の2点を結ぶ最短曲線)に沿って直線構造材を連結すること。測地的〕な人工の生物群系(バイオーム)ドームすなわち生態系(エコシステム)ドームの集合体である。六角形と五角形をなす〔中空のメッキ〕鋼材の骨組みに、熱可塑性のシート〔3層構造のETFE(エチレン・テトラフルオロエチレン)膜〕を張ったこれらのドームは、土地改良された陶土(チャイナ・クレイ)〔高陵土：陶磁器の原料となる白色の粘土〕の炭坑からなる敷地の上に拡がった、ひと続きをなす巨大な、引き揚げられたクラゲの姿に似ている。グリムショウはおそらく、もっとロマンティックな気分で、〔複合型の環境施設をなす〕これらのドーム群が、月に鼓舞されたものであると言ってい

956　グリムショウ：エデン・プロジェクト、コーンウォール州 (2001年、2005年)

るのであろう。確かにこれらのドームには、著しく有機的な性格が見られるのである。

スペイン〔南西部〕のウェルバにあるドニャーナ国立公園には、アントニオ・クルス（1948年生）とアントニオ・オルティス（1947年生）による、「海洋生物センター」（2001年）がある。この建物の目的は、海の世界を探査し、この地球なる惑星の生態環境を理解することである。海辺近くのなだらかに起伏している

957　クルスとオルティス：海洋生物センター、ドニャーナ国立公園、ウェルバ（2001年）

砂丘一帯から現われる、光を反射する池に縁取られた、細長い、低層の、陸屋根の南入口正面は、肋材の付いた亜船の屋根の下の、簡素に下塗りされた壁面からなっている。この正面は、その驚くほどの内部を訪れる者を迎え入れるといった体をほとんどなしていない。内部では、ざらざらした、〔型枠に用いた〕板の跡が付いたコンクリートの壁面からなる暗い地下の洞窟のかたちをした、ひと続きをなす5つの台形のギャラリーが、北側面から突きでている。この外部からの影響を受けないよう封印された生態圏〔生物圏〕、すなわち惑星に似た生態系は、NASA（National Aeronautics and Space Administration）〔アメリカ航空宇宙局〕の後援のもとに設計されたのであった。

サンフランシスコの、カリフォルニア美術アカデミーの役割は、自然世界を探査し、説明し、保護することである。レンツォ・ピアーノによって2005-8年に建てられた、その新しい本拠地（ホーム）は、同じ敷地にあった以前のアカデミーの建物群に使われていた材料をリサイクルし、エネルギー効率の良い暖房や冷房を組み入れるような、持続可能性を試みるものにほかならない。金門湾公園（ゴールデン・ゲイト・パーク）の広大な庭園という設定のなかで、この建物は、この公園の一区画を持ち上げて、美術館をこの場所の地下へすべり込ませたことによって出来上がったものと、記述されてきた。一方の端にはプラネタリウムが、他方の端には多雨林（レインフォレスト）の生物圏があり、広場（ピアッツァ）が中央を占めている。これらの3つの場所にはみな、それぞれに天窓（オクルス）が開けられたドーム状の天井が架かっていて、これらが現われる平坦な屋根には、注流〔灌漑〕が不要な、干魃〔渇水〕に抗うことのできる性質を生来もった種が植え込まれている。ここを訪れる者たちは、屋根の上を歩き廻ることができ、この屋根は1階部分に建つガラスの天蓋（キャノピー）のかたちをして水平方向に突きでているのである。強い印象を与える水族館（アクアリウム）が、地下階（ベイスメント）いっぱいを占めている。

この建物の反対側には、2005年にオープンした、ヘルツォークとド・ムーロンの手になる、M.H.〔マイケル・ハリー・〕デ〔ディ、ダ〕・ヤング美術館が建っている。これは、17世紀から今日にまで到るアメリカの美術品を収めたものである。ファサードは、一方の端に見られる、144フィート（44m）の高さがあり、パラメトリック・デザインでつくられた巨大なねじれた（ツイステッド）

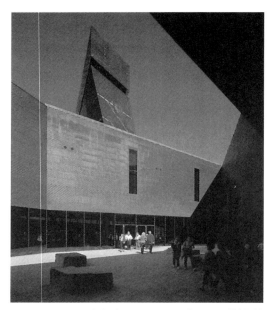

958　ヘルツォークとド・ムーロン：デ・ヤング美術館、サンフランシスコ（2005年）

塔と同様に、穴があき〔多孔質の〕、なおかつ、くぼみの付いた銅板群(コパー・プレイツ)からなっている。これらのものは当初、褐色に塗られていて、そのために隣接して立つヤシの木々の幹と一体化(ブレンド)していたが、これらのファサードや塔〔に塗られた色〕が酸化して〔さび付いて〕緑色に変わったときには、新たに植えられたユーカリノキ（eucalyptus）や、さらには金門湾公園(ゴールデン・ゲイト・パーク)全体と、より調和がとれた様相を呈することになろう。こうした効果は、この人気のある公園用地(パークランド)という場所(セッティング)に置かれた大きな新しい建物に対する、当初の敵意を打ち消すために計画されたのである。この建造物はまた、地震が起こった場合には、3フィート（91cm）ずれてしまうことも可能なように設計されている。

　以上の建物とはかなり異なったやり方で、自然と繋がった、あるいはとりわけ水と繋がった建物群は、日本の〔岐阜県〕各務原市(かかみがはら)の公園のような墓地に建つ、伊東豊雄（1941年生）による「市営斎場(ミュニシパル・フュネラル・ホール)」（2007年）――「瞑想の森(フォレスト・オヴ・メディテーション)」――である。12本の〔下方〕先細りの円柱が、そこからトラヴァーティンの床面へと降りてゆくところの、もっとも薄厚の鉄筋コンクリート造による小さく波打つ屋根のある、この「斎場」は、しんしんと降り積もる雪のように、湖の縁に沿って大きくうねっている（図959）。スノヘッタなる設計集団のタラルド・ルンドヴァルの手になる、オスローの「オペラ・ハウス」（2007年）は、氷山や「光り輝く白い丘」、あるいは「山にかぶさった雪」と記述されてきた。カッラーラ〔イタリア北西部トスカーナ州北西部の町〕の採石場から採取された、イタリア産のラ・ファッチャータ〔「ファサード」の意〕大理石で建てられたこの建物(オペラ・ハウス)は、傾斜した台地の上にのり上げた東側の港の海面から、劇的な様相で姿を現わしており、この傾斜した台地は、オペラ・ハウスに近づくにつれて大理石に変わってゆく花崗岩の板で組み立てられているのである。

　非対称形に置かれた、対角をなす〔斜めに交差しようとする〕2つの斜路(ランプ)が、この建物の脇にあり、この〔オスローという〕都市における主要な公共空間として役立つ、広大な屋根が見せる光景に寄与している。天井の高いフォワイエは、木材で外装が施された、傾いた壁面があり、これは、伝統的な蹄鉄形をした主要な観客席(オーディトリアム)のうしろのふくれた曲線に沿ったかたちをしている。1,400近い座席があるものの、薄暗くて親密な空間となっているこの観客席(オーディトリアム)には、オーク材で出来た階段室から近づく、前面がこれまたオーク材で出来た桶板からなるバルコニー付きの、さじき席(ギャラリー)〔壁面から張り出した席〕が3つある。オスローの東部にある、横

959　伊東:「瞑想の森」、各務原(2007年)

に長く伸びた、低い山並み、エケベリがなす輪郭を真似た、この——伝統と近代性を結び付けている——白い人工の島は、ノルウェーのもっとも立派な建物のひとつとして称えられ続けているのである。

　オスローの観客席には、ジャン・ヌーヴェル(1945年生)の手になる、コペンハーゲンの「〔DR〕コンサート・ホール」〔Denmark Radiohuset Koncertsal(デンマーク放送コンサートホール)〕(2003-9年)に見られる観客席といくつかの類似点がある。この「コンサート・ホール」は、巨大な空間の迷路の真ん中に位置した建物である。内部の3つから5つの層を突き抜けて建ち、1,800席の座席をもつ、このかつて建てられたなかでもっとも費用が嵩んだコンサート・ホールと公言されたこの建物は、ヌーヴェルその人によって、「テラス席の付いたブドウ園」にたとえられてきた。これは、ハンス・シャロウンによる「ベルリン・フィルハーモニー」(1956-63年)(本書903頁)を思い起こさせるほどに見事なコンサート・ホールである。「爬虫類のような大きさ」に似せた、小さく波打つ木製のパネル群の外装からなる、ヌーヴェルによる内部空間の曲面は、デンマーク女王と王室一族用に吊り下げられた、矩形のバルコニー席によって中断を余儀なくされている。第1層には、互いに隣接し合った3つのコンサート・ホールがさらに置かれている。すなわち、オーケストラ・ホールと合唱隊用ホール、そしてリズム感を学ぶための練習室である。外構は、オスロー・オペラ・ハウスの場合とちがって、意図的に、コペンハーゲンの工業地帯にあるといったその環境を何ら考慮してはいない。このコンサート・ホールは、青いスクリーンのうしろに隠された流星にたとえられてきた、まったく新しい構想力の賜物である。というのも、内部の量塊は、ヴィデオによる映像が夜に映しだされる、半透明の、明るい金属的な〔冷たい〕感じの青い織物が吊るされた鋼鉄の格子をとおしてしか、目に入らないからである。

945

ヤン・イエンセン〔1959年生〕とボッレ・スコドヴィン〔1960年生〕といった建築家たちは、オスローの「モルテンスルッド教会堂」(2002年)を、中庭の既存の木々を保存し、さらには岩を内部に侵入させることまでして、この教会堂の周りの、岩が多く、松の木で覆われた環境に関連付けようと試みた。木造の鐘塔がある、荒々しい石で出来たこの教会堂は、片流れ

960　スノヘッタ：オペラ・ハウス、オスロー(2007年)

961　ヌーヴェル：コンサート・ホール、コペンハーゲン (2003-9年)

屋根が架かった単純な矩形の平面と、〔これとは対照的な、〕ハイ゠テクなガラスのギャラリー〔壁面から張り出した席〕を有している。——すなわち、2つの伝統がいくらか窮屈なかたちでぶつかり合っているのである。

　われわれは、今や、自然環境との注意深い連関をめざして設計された、一団の住居群に目を向けるのである。まず最初は、北京近郊の田園地方に溶け込んで建っている、「グレイト・(バンブー) ウォール・ハウス〔大きな (竹の) 壁の家〕」(2002年) である〔これは、北京の北、64kmの地にある、「コミューン・バイ・ザ・グレイト・ウォール」と名づけられた、さまざまな建築家が設計した別荘の集合体 (高級ホテル複合体) のひとつ〕。この建物は、建築における日本の核心を元通りにする〔復権させる〕ことをめざしている日本人建築家、隈研吾 (1954年生) の作品である。アメリカの建築家アントワン・プレドック (1936年生) は、コロラド州の「ハイランズ・ポンド・ハウス」(2003-6年) を設計したが、これは、もっとも非凡なまでに角張った〔ものをつくろうとする〕構想を表わしており、アスペン〔ポプラ、ヤナギ科ドロヤナギ属の広葉樹〕の森の険しい周囲の尾根に見られるずらされた自然の地層群を思い起こさせるものである。すなわち、花崗岩、チタン、そして現場打ちコンクリートからなる、ひと続きの斜面群が、折り重ねられた〔褶曲した〕木材の天井と傾いた壁面群を特色とした、

962　イエンセンとスコドヴィン：モルテンスルッド教会堂、オスロー (2002年)

963　隈：グレイト・(バンブー) ウォール・ハウス、北京 (2002年)

ダイナミックな階段がある、きわめて複雑なかたちの住宅をつくりだしているのである。

カリフォルニア州のビッグ・サー〔州西部のモンテレー市から太平洋岸沿いに伸びるリゾート地〕にある、ジャクソン家の別荘（2005年）は、サンフランシスコの建築家、アン・フージュロン〔1955年生〕によるものだが、彼女は、険しい大峡谷にある、生態学的にもろく、保護された樹木が茂った敷地に敢えて挑戦するという態度を示したのであった。黄色いアルザス産のヒマラヤスギによる仕切り壁が、この大峡谷の峰に合わせた、薄い〔浅い〕蝶のかたちをした屋根の下にある入口を保護している。その一方で、これと対照的に、背面は鋼鉄とガラスから出来ていて、小さな入江の景色を見渡せる。ケーシー・ブラウン建築共同体の手になる、ニュー・サウス・ウェールズ〔オーストラリア南東部太平洋沿岸にある州〕のスタンウェル・パーク・ハウス（2007年）は、シドニーの急斜面の南部を基盤にして建っており、パノラマ式の景色を見渡せる。これは、地元の石や木材、そして銅で装われた構造物であり、その敷地に沿って走っており〔敷地にへばりついており〕、3つの附属したパヴィリオン〔小館〕を特色にしている。

日本の滋賀県近江八幡市の「ルーフ・ハウス」（2008-9年）は、藤森照信（1946年生）によるものだが、建築家であり建築史家でもあるこの人物は、現代の「環境に配慮した」建築をつくりだそうとして、古くからある日本の伝統の数々を利用している。彼は、2006年のヴェネツィア・ビエンナーレでの、その好評を博した日本館をもって、西洋世界に知られるよう

964　坂茂とグムチジャン：ポンピドゥー・センター＝メス、メス（2010年）

第12章　21世紀

になった。「ルーフ・ハウス」は、中庭もしくは回廊の周りに建てられた、木造の大きな個人の邸宅であり、小さな生木でそれぞれの上を覆われた、数多くの独立した瓦屋根が葺かれている。この建物には、〔われわれに〕親しい英国のアーツ・アンド・クラフツの趣きがある。とりわけ開き窓についてそのように言える。とはいえ、建物の空を背景とした輪郭は、2本の木製の支柱に支えられた茶室で仕上げられている。木の幹が内部に散在しているのが見られるが、主室、すなわち居間―食堂―台所は、この建築家によって、洞窟のかたちをしたものとして描きだされている。

965　フージュロン：ジャクソン家の別荘_{リトリート}、ビッグ・サー、カリフォルニア州（2005年）

しかしながらこの主室は、ひとつの壁面いっぱいに拡がった巨大な弓形の頭をした窓をとおして中庭を見渡せる、明るく広々とした空間を有している。

　フランスの、ポンピドゥー・センター＝メス（2010年）は、主導的な日本の建築家、坂茂（1957年生）によるものだが、フランスの、ジャン・ド・カスティーヌ事務所と、ロンドンの建築家、フィリップ・グムチジャンの協力を得てつくられた。この20世紀芸術を収めた美術館は、パリの名高いポンピドゥー・センターの最初の前哨地点であり、本拠地から遠く離れた衛星都市群を切り拓く美術館という、最初の流行に従って出来たものである。さらには、ビルバオがフランク・ゲーリーによるグッゲンハイム美術館によって生き返ったのと同様に、この新しさが訪問者たちを呼び込んで、それが配置された東部のフランスという〔今は〕荒廃した工業地帯を活性化させるであろうと期待されてもいたのである。

　ポンピドゥー・センター＝メスは、巨大な六角形の、コンクリートと鋼鉄で出来た構造物であり、にかわで貼り付けた薄板状のカラマツ材の梁で出来た、波状の曲がりくねった屋根が架かっている。この屋根は、ドイツでつくられた革新的な構造物である。この建物は、テフロン加工した六角形の網目状の、ガラス繊維の強化プラスティック〔ファイバーグラス〕の皮膜によって保護されており、自浄式であることが意図されている。坂茂の後期の作品に見られる幻想ないし空想へと向かう動きを印づける、このひと際目立った屋根の気軽で快活な形態は、おそらく、アジアの米作従事者がかぶっていた円錐状の〔竹で〕編んだ帽子に鼓舞されていると思われる。しかしながら、この建物そのものは、メスにおけるその建ち位置に注意深く関連づけられている。すなわち、この建物の3つの矩形のギャラリーは、〔メスにある〕後期ゴシックの大聖堂や新たなロマネスク様式の鉄道駅舎、そして公園にそれぞれ焦点を合わせた窓を有しているのである。

　スティーヴン・ホール（1947年生）は、理論と哲学、そして同時に場所に対する感受性に鼓

949

舞されたアメリカの建築家である。ノルウェーのハーマロイ〔という片田舎〕に建つ「クヌート・ハムスン〔1859-1952年。1920年のノーベル文学賞受賞者〕・センター」（2010年）は、傾いた幾何学的形態と突きでたヴォリュームを用いた著しく現代的な建物であるけれども、ノルウェーの樽板教会堂〔北欧起源の中世教会堂で、樽の板造りで切妻・半球の天井等がある〕を思い起こさせる、黒く着色した〔色付けした〕木材の外構と同時に、長い草の生え茂った屋上庭園――これは伝統的なノルウェーの芝生〔切芝〕の屋根への同意の印――を組み入れている。

オハイオ州のトリード美術館の「ガラス・パヴィリオン」（2006年）は、この美術館が収集したガラス工芸品を陳列するために、〔建築共同体〕SANAAの建築家、妹島和世（1956年生）と西澤立衛（1966年生）による設計案を基に建てられた。優美な丸味をつけられた隅部のある、水晶のようなガラスをはめられた膜〔組織〕であるこの建物は、もろそうに見えるが、実際は、アメリカ中西部の気候の厳しさに耐えうるように、エネルギーを保存するように、そして2つのガラス吹き工房を収容するように設計されている。ガラス層のあいだの空洞は、ガラスを貫く熱を取り込

966　ホール：クヌート・ハムスン・センター、ハーマロイ（2010年）

967　ロジャーズとエストゥーディオ・ラメーラ：バラハス空港、第4ターミナル、マドリード（2006年、2008年）

むことで、目には見えない断熱材〔絶縁体〕を供給している。新奇な感じはするけれども、中庭(コートヤード)の周りに置かれたひと続きをなす、1階からなる相互に連結した〔透明なガラスの〕気泡(バブル)〔ブース(ブールズ)〕の数々は、21世紀の世界化(グローバリズム)の特性を示している。すなわち、かくしてこの建物に、アメリカ合衆国において建てられ、日本人の建築家たちによって設計され、ドイツでつくられて、曲面化と薄片を重ね合わせる加工を施すために中国に運ばれたガラスを、組み込んでいるのである。

968　モーフォスィス：ケーヒル天文学および天体物理学センター、パサデナ（2008年）

　環境への配慮(グリーン・コンシデレイションズ)は、ニコラス・グリムショウの手になる、メルボルンのサザン・クロス駅（2006年）の一部でその役割を果たした。これは、鉄道駅舎に付随して、バス・ターミナルやショッピング・センター、レストラン、そしてバーを組み入れている、広大な複合体(コンプレックス)である。ガラスをはめられた壁面群の上方で、この駅のうねるような屋根の数々には、換気扇(ファン)に頼ることなく、熱くなったよごれた空気とディーゼル式内燃機関の有害な煙霧を取り集めて抜き取る、アルミニウムのドーム群が組み込まれているのである。通り抜けて歩くのには一般に魅力が感じられない空港群は、張り合いをなくさせるような先例ばかりが目につくが、エストゥーディオ・ラメーラとリチャード・ロジャーズは、マドリードのバラハス空港、第4ターミナルの設計（2006年、2008年）において、こうした先例を回避することに決めたのである。このバラハス空港の巨大なターミナルを通り抜ける旅行者たちの歩み(プログレス)は、外の景色を眺めることを可能にするガラスの壁面によって、また竹が1列に並んでいる、うねるような屋根——これはまさしく、光を採り入れるための、頂部の円形窓群(オクラィ)ないしはドーム群のある、サザン・クロス駅の屋根を思い起こさせる——によって、活気づけられているのである。

　1971年にロサンジェルスで「モーフォスィス」〔なる建築家集団〕を創設した、トム・メイン（1944年生）は、カリフォルニア州のパサデナの、カルテック（Caltech）〔カリフォルニア工科大学〕附属の、「ケーヒル天文学および天体物理学センター」（2008年）を建てた。環境(グリーン)と持続可能性(サステイナブル)を考慮したうえで設計されたこのセンターは、リサイクル可能な地元の素材を用い、水の使用を30％、そして燃料の使用(エネルギー)を24.5％から28％の範囲まで減らすように、また、〔昼間は〕内部の採光の少なくとも75％までが昼の太陽光で賄うことができるように設計されたのであった。外構(エクステリア)は、テラコッタで出来た彩色されたパネルの数々からなる、割れた表面となっている。その水平方向に伸びた量塊(マッシング)という様相にもかかわらず、このセンターは、使用中の望遠鏡（この建物の用途に対応するもの）になぞらえられてきたのである。

951

CADとパラメトリック・デザイン

ゲーリーやリベスキンド、そしてハディッド〔ハディド〕のような建築家たちの手になる最近の建物群に見られる、前例のない彫塑的な形状〔形姿〕や、構造論理に対する明白な挑戦は、技術的な進展によるというよりもむしろ、コンピューターへの依存が増大していったことによると言える。コンピューターは、断面や曲面やスケール、そしてプロポーションの唐突な変化がきわめて複雑なために、こうした変化を表現することがほとんど不可能と思われる従来の伝統的な製図に代わる、新たな製図法を生みだすことができるのである。こうした世界では、立方体や球が、より早い世代にとって馴染み深かったのと同様に、非ユークリッド空間の概念や形態が、近しいものとなっているのである。コンピューターは、もはや単なる技術的なひとつの道具ではなくなり、現実的に、デザインの過程の一部をなしているのである。実際のところ、CADで仕事をこなし、スクリーン上にのみ「生息」する「仮想の建物群」を生みだす、急進的な考えをもった〔いくつかの〕建築家グループ——とりわけ、アシンプトート〔「漸近線」の意〕（リズ・〔アン・〕クーチュア（1959年生）とハニ・ラシッド（1958年生）によって、1987年に創設）とグレッグ・リン〔1964年生〕・フォームがこれにあたる——が存在するのである。フランク・ゲーリーは、その抽象的な彫塑的形姿群を、建築が美術のひとつとしてのその地位を復権するための手立ての一部と見なしている。この過程の結果として、さまざまな建築家の名前が、おそらくはどの時代よりも広く一般の人々に、今や知られていると思われる。

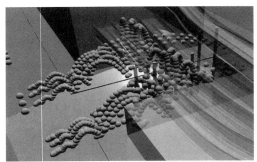

969　グレッグ・リン・フォーム：港湾局〔公社〕門用の交通障害として機能する空間のCADスタディ、マンハッタン（1995年）

970　フォスター・プラス・パートナーズ：スイス・リ本社ビル、ロンドン（2004年）

第12章　21世紀

フォスター・プラス・パートナーズの、ノーマン・フォスターとケン・シャトルワース（1952年生）の手になる、シティ・オヴ・ロンドンの、スイス・リ本社ビル〔セイント・メアリー・アクス・オフィス・ビル〕（2004年）に見られる複合した三角形からなるガラスの被膜(スキン)は、パラメトリック・デザインを使わなければ完成することが叶わなかったと思われる。そのエネルギーの消費を抑えた各種の技術と太陽熱を利用した暖房によって、この建物はまた、「ロンドンで最初の環境に優しい摩天楼(スカイスクレイパー)」としての存在を主張されてもいるのである。円形状の平面から建ち上がる、その先細りの形態は、この建物に、人気のある名称「ザ・ガーキン」(the gherkin)〔ピクルスにするニシインドコキュウリの果実〕を与えたのであった。

971　SANAA(サナー)：ローレックス学習センター、ローザンヌ（2010年）

　SANAA(サナー)による、スイスのコーザンヌに建つ、ローレックス学習センター（2010年）——これは、床面と屋根を形づくる2つの並行した、うねるような殻(シェル)を構成する実験的な構造物である——にとっては、反復されるコンピューターのシミュレーション操作は、曲げによる圧力をできるだけ全体で少なくする形姿群(シェイプス)を決定するために、実行されたのであった。その結果、高度なレヴェルの通風と昼光が可能となった、非凡な広々とした空間が生みだされているのである。

さまざまな声(ヴェアリド・ヴォイシズ)〔選択肢〕

　新しいものが与える衝撃を表現するべく設計された近代(モダーン)の建築群によって刺激されたものの、一般大衆は、相変わらず、過去の大いなる建物や町を訪れることに熱心なままである。しかし、こうした情況に新しい建物の数々が差し込まれることで、論争が引き起こされうるのである。そのひとつの例が、アウグストゥスの大いなるローマの祭壇、「アラ・パキス・アウグスタエ」を収容するため、リチャード・マイヤー（1934年生）による設計案を基に、2006年にローマに建てられた美術館であった。ヴィットーリオ・バッリョ・モルプルゴによる、1938年のもっとつつましい古典様式の建物に取って代わった、このマイヤーの非常に大きな建物は、この建築家に期待されていたような、思慮深くスマート(スタイリッシュ)な〔見栄えする〕作品である。だが、ローマの中心に最初の近代主義者たちが割り込んでもはや60年になろうとするにしては、この建物は、みながみな満足するようなものではなかった。地元のトラヴァーティンを全体的には少ししか組み入れなかったこの建物の、白いコンクリートは、ローマ市全体

972　マイヤー:「平和の祭壇」美術館、ローマ（2006年）

を覆っているオーカー〔黄土〕色とは相容れないものである。そして規模が大きくなりすぎたにもかかわらず、この建物は、以前のモルプルゴの手になる建物の場合よりも、ここを訪れる者たちにとっては、祭壇の周りを動くことが困難になってしまったのである。

ローマにある、もうひとつのマイヤーによる建物が、ローマ市の郊外に2003年に建てられた、「聖年記念教会堂（the Jubilee Church）」である（これは、以前はディーオ・パードレ・ミゼルコルディオーゾ〔「哀れみ深い父なる神」の意〕教会堂であった）。深く彫り刻まれた、彫塑的な外構は、「聖三位一体」を象徴する3つのコンクリート造の殻の線によって顕著な特徴を示している〔輪郭をくっきりと表わしている〕ものの、これらの殻は、何かしら、先史時代の生物の背中に生えた襟毛を思い起こさせてしまうような代物になってしまっている。北側には分厚い背骨のような壁があるものの、全体としては、平面に見られるように、伝統に則っている教会堂ではある。

トッド・ウィリアムズ（1943年生）とビリー・ツィン（1949年生）——前者は、6年間リチャード・マイヤーの事務所の所員であった——による、ニューヨーク市の、アメリカ民俗博物館は、2002年に完成した。この〔縦に〕細長くて狭い8階建ての棟は、隣接する現代美術館〔MoMA〕によって縁縫いされたと言った方がよいのだが、気に病んだような途方もない、褶曲〔波状、もしく

973　ウィリアムズとツィン：アメリカ民俗博物館、ニューヨーク〔市〕、（2002年）

は著しく重なるように曲がった状態〕を生じたファサードが全体を統べている。このファサードは、鋳物工場で鋳造されて型をとられ、そのあとこの敷地に運ばれた、青白い銅の合金であるトンバジルで外装が施されている。内部では、建物の天辺から光が漏れ出ている。

フランク・ゲーリーによる、ドイツのヘルフォートにあるMARTa(マルタ)美術館（2005年）は、ほどよく小さな町の経済を押し上げて、工業用の絶好の手本として役立つことを委託されたものである。かくして、現代美術のギャラリーを供給すると同時に、この美術館は会議場(カンファランス・センター)、すなわち地元の家具製造業者たちのための集会場(フォーラム)が含まれており、さらには、既存の工場建築のさまざまな部品(エレメンツ)を組み入れているのである。まさしく、これらの特徴と同様に重要なのが、波打つ鋼鉄製の屋根の下にある、地元の赤煉瓦で出来た、ゲーリーの手になるかなり激しく曲がりくねった壁面であり、これは人目を惹く(アイ=キャッチング)バロック的な趣き(フレイヴァー)を分け与えている。

974　ハディッド：MAXXI(マキシ)〔国立21世紀美術館〕、ローマ、(2005-10年)

ザハ・ハディッドによる、ローマのMAXXI(マキシ)美術館（2005-10年）は、イタリア最初の、21世紀美術用の国立美術館である。それゆえ、その名称にXXI〔21〕が付けられている。1999年に設計が始まり、2005年には建物が完成するはずであったものの、5年の遅れが生じた。この5年間によって、この建物の広大な規模が、さらなる景気後退の時期を早めるほどの豪華絢爛な作品のごとく見えた人々も、確かにいたのであった。この美術館の補足的な部分──図書館や建築部門、レストラン、そして芸術家たちの住戸を含む──は、まだ出来てはいないけれども、現状の形態を見るだけでも、この美術館が、単なる美術館として存在するだけではなく、都市の文化センターとしても存在するといった、ハディッドの信念が確認されるのである。

国立21世紀美術館〔MAXXI(マキシ)〕は、アパート棟(ブロック)が建ち並ぶ〔ローマ〕北部の住居用郊外の、フラミニオ〔フラミニア街道をつくった、古代ローマの政治家・将軍フラミニウス（前217年歿）にちなむ〕地区にあった兵舎の敷地跡に建てられている。これは、歴史的なローマの中心部に、このような斬新すぎる近代主義(モダニスト)の構造物が建つことに抵抗したであろう世論のためであろう。この美術館に収蔵された美術は、まさしく〔遅れた〕この5年間で、この建物の存在を正統なものにするために集められたのであった。この美術館は、遠心力の働いた渦巻の周りで、互いに絡み合い、曲がりくねったさまざまな形態の、5つの巨大なギャラリー群からなっている。これは、自然に引き締まって固くなる、仕上げの奇麗な、現場打ちのコンクリートで建てられているが、このコンクリートは、1980年代以降好評を博することになった材料であり、ハディッドはすでに、ドイツ〔北部〕のヴォルフスブルクのフェーノ科学センターで、この材料を実験的に使用していたのであった。

グンナー・アスプルンドによる有名な、1920年代のストックホルム〔市立〕図書館（本書

858頁）の大規模な増築が、2007年に、ドイツの建築家、ハイケ・ハナダ（1964年生）によって設計された。彼女の手になるガラス建築は、夜にライトアップされるよう設計されていたが、関係諸官庁によって、「歴史に残る文化財的建築〔ランドマーク〕と一体化したスケール感を欠いている」として批判され、同時に、アスプルンドの建物を社会的に無視し、さらにはこの建物の附属物をいくつか破壊するとしても批判されたのであった。この大規模な増築案〔ワーク〕は、景気後退を含んださまざまな理由から、結局キャンセルされてしまった。

975　コールハース：公共図書館〔パブリック・ライブラリー〕、シアトル（2001-4年）

ワシントン州シアトルの、レム・コールハースによる公共図書館〔パブリック・ライブラリー〕（2001-4年）は、その、今では見慣れたギザギザの、自己主張が強い形態群を特色としている。コールハースは、この建物を、もはやただ単に書物にのみ奉仕するのではなく、あらゆるメディア〔メディウム〕のための情報をストックした施設〔インスティテューション〕として、図書館を徹底的につくり直そうと試みる場と見なしているのである。

976　チッパーフィールド：ノイエス・ムゼウム再建、ベルリン（2010年）

かなり異質な世界にいるのが、英国の建築家デイヴィッド・チッパーフィールド（1953年生）である。彼の作品は、物静かで注意深く念入りにつくられた「新たな近代主義〔モダニズム〕」として記述されてきた。ドイツのマールバッハ〔ドイツ南西部シュトゥットガルト近郊。シラーの出身地〕の、彼の手になる「近代文学資料館〔ミュージアム〕」（2006年）は、「寄棟屋根」が架かった、18世紀初期のドイツ流でつくられた1903年の古典主義建築である「国立シラー博物館〔ミュージアム〕」に近接して建っている。これは関係当局の人々に対して、チッパーフィールドによる新しい資料館——ネッカー川〔ドイツ南西部の「黒い森」に発し、北と西に分かれてライン河に合流する、ライン河の右岸の支流〕の渓谷を見渡せる岩の多い平原に置かれている——の敷地や高さの設定を制限させることになった。チッパーフィールドは、基壇〔ポディウム〕に載った神殿という概念を真似ることを選択し、この資料館を、堂々とした高台群〔ハンサム・テラサズ〕に沿って建つ、再現された石の、細身で刳り形が施されていない支柱からなる列柱廊群を付けて、両大戦間によく見られた、余計な装飾を一切排除した〔裸の〕古典主義様式で設計した。デイヴィッド・チッパーフィールドはまた、シンケ

ルの弟子のフリードリヒ・シュテューラーによる、1855年の見事な新古典主義の建物である、ベルリンの「ノイエス・ムゼウム」〔新美術館〕の再建にも、責任ある立場で携わった。朽ち果てて腐食するに任せた数年間によって、この美術館が陥ってしまった「廃墟の精神（spirit of ruin）」を保存することを選択したチッパーフィールドは、ギャラリー群に見られた、そして、もっと顕著には、4体のエレクテイオン型の女性像柱(カリアティッド)がなす仕切り壁が取り払われてしまっていたと思われる記念碑的な階段室に見られた、損傷した漆喰仕上げや彩色された装飾類といった特徴の修復を拒絶したのであった。再建された美術館が2010年に開館したとき、今までずっと首尾一貫して古典主義の傑作だったものが、信頼と美しさではなく悲劇と破断を言祝(ことほ)ぐ、混乱した場所になっ

977　フォスター・プラス・パートナーズ：ハースト・タワー、ニューヨーク〔市〕（2006年）

てしまったと嘆き悲しむ人々がいたものの、他方では、この美術館を、困難な問題に対しての想像力を掻き立てる解決策を示しているとして、褒め称える人々もいるのである。

　巨大な塔状の事務所ビルが、世界中の主要都市で建ち上がり続けている。カルメ・ピノス〔女史〕（1954年生）による、メキシコのグアダラハラに建つ、トーレ・クーベ〔・オフィス・ビル。クーベの塔〕（2005年）には、3本のコンクリート製の幹すなわち柱身が含まれており、これらのものは木々に類比するよう、丁寧につくりだされている。クーベ〔キューブ〕なる名称は、この地元の地域の名であって、この建物の〔立方体(キューブ)の〕形態とは関連がない。ファサード群には、日除けとなっている、引き込み式の木造の鎧戸(よろいど)といった、透けて見える木材のヴェールがかかっているが、その一方で、中央の広々とした空間(オープン・スペース)〔吹き抜け〕は、空気の循環に一役買っている。

　これとは大そう趣きの異なるものが、ノーマン・フォスターによる、ニューヨーク市に建つハースト・タワー（2006年）である。これは、ジョーゼフ・アーバン〔1872-1933年〕の設計案に基づいて、ウィリアム・ランドルフ・ハースト〔「新聞王」。1863-1951年〕のために、成形済み(プレキャスト)の石で、1926-7年に建てられた6階建てのアール・デコ調の建物の頂上から建ち上がる、マンハッタン中心部の36階建ての塔である。ハーストは〔元々〕、この建物に塔が載るようにと考えていた。もっとも、ハーストは、ダイアグリッド〔格縁などと斜めに交差するバーによる支持構造物〕として知られた三角形の骨組みからなる、フォスターの自重を支える

957

構造的な、鉄骨の鳥籠(ケージ)に驚いたことであろう。このダイアグリッドは、WSPカントール・セイヌークなる、英国を本拠地とした構造工学の会社によって供給されたものである。この建物は「環境に優しい(グリーン)」ことを主張している。すなわち、熱伝導用の石灰塗料を塗った木材からなる、その床面には、空気を夏には冷却し、冬には暖める、水管群が含まれている。もっとも、空気調整システムはなおも使われている。

マンハッタン南部では、2001年9月11日に崩壊した、ワールド・トレード・センターの敷地に建てられる予定の最初の建物は、企画建築家としてのデイヴィッド・チャイルズ〔1941年生〕と協働した、スキッドモア・オウイングズ・アンド・メリルによるワン〔1〕・ワールド・トレード・センター（2006-13年）である。これは、フランク・ゲーリーが著名な競争相手となった、2002年の、論争を呼び起こした設計競技で勝利を得たものであった。その六角形のデザインは、先細になった側面が付いた、尖頂(スパイア)のような形をしており、歴史的にも意義のある、1,776フィート〔1776年はアメリカ独立宣言発表の年〕(541m)〔104階建て〕の高さのこの建物は、アメリカ合衆国において一番高い建物になることであろう〔2014年11月3日、20～44階に大手出版社「コンデナスト」が入居し、業務を開始した〕。

ロンドン・ブリッジのザ・シャード〔ロンドン・ブリッジ駅の南西側に建つ超高層ビル〕(2009-12年)は、2000年にレンゾ・ピアーノによって設計されたが、その建設は、ロンドンのスカイラインに無計画な効果を与えることに反対した、英国の遺産〔協会〕や主導的な保存運動団体の数々によって、長いあいだ延期されてきた。こうした遅れの結果、当初には、この建物の主要な長所と見なされもした、ヨーロッパ随一の高さを誇る建物(ビル)という事態も、いずれは消滅してしまうことになるかもしれない。ピアーノによって、「ガラスの破片(シャード)」と記述されたこの建物は、角度を付けたガラス板の数々で仕上げられたため、その姿〔外見〕(アピアランス)は、移ろう天候や光の状況に応じて、さまざまに変化するのである。

東方を見る〔向東方：2011年にローマ国立21世紀美術館で開催された「向東方——中国建築景観」展をもじっているのかもしれない〕

90歳〔という高齢〕に近づきながらも、I. M. ペイは、自らの手になる2つの大きな美術館の設計において、伝統的な形態とその実践へと、気持ちを鼓舞激励して向かったのであった。すなわち、彼の生まれ故郷中国の蘇州で、2006年に完成した、白いストゥッコ仕上げの壁面と灰色の瓦屋根がある美術館、そして、カタールを旅行者の目的地とすることを期待して委託された、カタールの首都ドーハの、2008年の「イスラーム美術館」である。後者の美術館は、ドーハ港の人工島から劇的な様相で建ち上がり、そのフランス産の石灰石で出来た立方体状の形態群は、カイロの「イブン＝トゥールーン・モスク」の中庭(コートヤード)にある、13世紀の浄めの水が入った噴水盤(ファウンテン)のようなさまざまな源泉を思い起こさせてくれる。というのも、ペイは、建築的なインスピレーションを求めて、イスラーム世界を周遊していたからである。灰色の斑岩とブラジル産のアメリカスズカケの木の材からなるこの美術館の内部は、堂々とし

た〔荘厳な〕平面上を飛んでいるかのような、1個の登り〔上り〕に対し2個の下りがある、階段室が特色となっている。

アジア、とりわけ中国とインドの優勢な状況が高まってゆくことの、明白な証左となっていたのが、2008年の北京オリンピック大会であった。ここでは、オリンピック公園の記念碑的で劇的な建物群が、地球規模の協同作業の成果なのであった。名の知れたヨーロッパの建築家たちが、中国の会社とともに働いて、ヘルツォークとド・ムーロンの手になる「〔北京〕国家体育場」のような建物をいくつもつくりだした。この体育場は、透明な皮膜の下にある、灰色の鉱山用の鋼鉄の網目からなっており、「鳥の巣（bird's nest）」として知られている。また、「卵の殻（egg shell）」として知られた、チタン、金属、そしてガラスから建造された、「〔中国〕国家大劇院」は、フランスの建築家ポール・アンドルー（1938年生）の手になるものであった。工学技師のオーヴ・アラップと組んだ、オーストラリアの会社PTWは、「〔中国〕国家遊泳館」〔水中スポーツセンター〕すなわち「ウォーター・キューブ」を生みだした。これは、青いテフロン〔絶縁材料・コーティング材〕の泡で覆われた鉄骨造の立方体である。北京ではほかに、ノーマン・フォスターが、「〔北京首都〕国際空港〔第3ターミナル〕」（2003-8年）を設計し、さらにレム・コールハースが、CCTV（中国中央電視台）本社ビル（2002-10年）を設計した。これは、その形態から、「ゼッド・クリス・クロス（Z Criss Cross）」〔Z形十字模様〕ないしは「ドア」として知られており、高さが522フィート（159m）の、チタンと亜鉛の合金からなる記念建造物である。

978　ペイ：イスラーム美術館、ドーハ（2008年）

979　ヘルツォークとド・ムーロン：国家体育場、北京（2008年）

都市計画

　ヨーロッパにおける、もっとも大規模な都市開発のひとつは、アルメレ〔オランダのフレヴォラント州にある基礎自治体。アムステルダムの東約30km〕である。これは、1973年から2010年まで、拡大したアムステルダム地域(エリア)の、埋め立てられた島の湖の上に建てられた。アルメレは膨張拡大することを期待された。なぜなら、それは最初から、都市開発(タウン・ディヴェロップメント)についての変遷する理想の数々を反映するであろうような、5つの別々の都市部(アーバン・ディストリクツ)すなわち中心部(コアズ)に集中した、有機的な成長の場所として構想されたからである。イングランドの「田園都市(ガーデン・シティ)」運動から何らかのインスピレーションを抽きだすことで、これらの中心部は、拡大した緑地帯(グリーン・ゾーニングズ)によって隔てられてはいるが、アルメレは、その大部分が住居であり、郊外地的な性格のゆえに、批判されるようになった。その結果、レム・コールハースによって創設された、オフィス・フォー・メトロポリタン・アーキテクチャー（OMA(オマ)）が、1994年に、もっと劇的な〔芝居がかった〕都市の中心地――理想的な特色をもった公共建築群のある――をつくりだすために、指名されたのであった。

　かくして〔ここ、アルメレに〕劇的な「ハイ・テク」の建物群が、その明るい色彩と想定外の形態のゆえに常に名声を博していた英国のウィリアム・オルソップを含んだ、国際的な建築家たちによる設計案を基に、生みだされたのであった。オルソップは、あらかじめ水切り勾配を付けた、亜鉛と鋼鉄の網(メッシュ)から、ヒマラヤスギの板張りまでに到る広範な素材で外装された建物群が建ち並ぶ水辺地区(ウォーターフロント)〔海岸地区〕に、広大な「都市娯楽センター(アーバン・エンターテインメント)」を供給した。フランスの建築家、クリスティアン・ド・ポルザンパルクは、「シタデル」〔「砦」の意〕（2000-6年）を設計したが、これは、アルメレという都市のど真ん中で、コールハースの手になる多層の都市計画案の一部をなしている。「シタデル」は、2つの歩行者用の丈の高い通りが交差した二重の目的を担った棟(ブロック)を含んでおり、そこには、近くに植えられた芝生の周りに建ち並ぶ、明るい色をした住宅群(ハウザス)が見られるのである。

980　ポルザンパルク：「シタデル」集合住宅および商業開発、アルメレ（2000-6年）

　コペンハーゲンの都市情景(シーン)は、2棟の広大な穀物貯蔵用の塔状建築が、イエンセン・イエルゲンセン・アンド・ヴォールフェルツというデンマーク人の事務所と連繋した、ロッテルダムの建築家集団MVRDV(エュヴィーアールディーヴィー)〔このグループは前の章でも出てきたが、ここで改めて説明を加えると、名前の由来は、このグループ設立時の3人のメンバーの苗字の頭文字にある。すなわち、ヴィニー・マース（1959生）のM、ヤコブ・ファ

第12章　21世紀

ン・ライス（1964年生）のVとR、そしてナタリー・デ・フリース（1965年）のDとVである。読み方は日本式にエムブイアールディーブイとも〕によって、2006年に翻案_{アダプテーション}されて、住居棟群_{アパートメンツ}へと変貌したときに、大きく変化したのであった。余計な時間としか言い様のなかった数10年間に、〔このサイロの〕灰色のコンクリート造円筒群_{シリンダー}は、消滅してしまった工業時代の過去の、歓迎されない思い出の品_{しな}として、南側の港にずっと居座っていたのである。スウェーデンの開発業者が最初に考えたのは、空隙_{ヴォイド}となった場所_{アパートメンツ}を住居棟群でいっぱいにすることであった。しかしもっと想像力に富んだ解決法は、〔これら2つのサイロの〕内部に置かれる建物群を、外側の壁面の周りに住居棟群_{アパートメンツ}を吊るすことによって、空_{から}にする〔追い払う〕_{ターン・アウト}というものであった。これらの吊るされた住居棟群_{アパートメンツ}〔「ジェミニ」(Gemini 双子座)の愛称で呼ばれる〕は、ひと続きをなす伸張性のある棒群_{ロッズ}によって基礎部分に繋ぎ留められた、2階部分の、

981　MVRDV：ル・モノリット、リヨン（2010年）

982　フォン・ゲルカン・マルグ・アンド・パートナー：臨港新城_{ニュー・シティ}計画の映像化_{ヴィジュアリゼーション}、中国（2020年）

大きな片持ち梁に支えられることで、構造上可能になるのである。

　これらの塔状建築_{サイロ}の内部にそれぞれ、半透明のテフロン〔フッ素樹脂。原著ではTexlon. おそらく誤植〕製の屋根の下のそびえ立つようなアトリウム群_{アトリア}〔吹き抜け〕となり、その一方、外構にへばりついた〔奥行きが浅い〕_{ハグ}住居棟群_{アパートメンツ}〔ジェミニ〕は、同じ様に、透明なガラス張りの皮_{スキン}を形づくっている。内部では仕切り壁を最小に抑え、広々としたバルコニー群を付けたこれらの住居棟は、ほとんど外部に向けた生活を供給し、また、広大な水辺地帯_{ウォーターフロント}が見せる劇的な眺望を満喫させてくれるのである。これらの眺望はおそらく、コペンハーゲン随一のものであろう。なぜならば、これらの塔状建築_{サイロ}の148フィート（45m）の高さは、新しい建物を制限している現行の建築規制では6ないし7階が限度のものよりもはるかに高いからである。

　以前は工業と輸送にもっぱら使われていた地区であった、リヨン南部の川の合流地点をより大きくする再開発の一環として、MVRDVは、「ル・モノリット（Le Monolithe）」〔「一本石」、「一枚岩」の意。英語のモノリス〕（2010年）のマスタープランを立てるべく選ばれた。エネル

961

ギー効率のよい多目的な棟〔ブロック〕には、低価格住宅や、障害者用の施設、そして商業・事務スペースが含まれ、〔全体が、〕MVRDVのマスタープランに従って、異なった建築家によってそれぞれ設計された、5つの部門〔セクション〕からなっている。この棟の主要部門は、MVRDVによって設計され、その一方、他の部門は、ピエール・ゴーティエ、マニュエル・ゴートラン、エマニュエル・コンバレル・ドミニック・マレック建築家共同体（ECDM）、そしてエリック・ファン・エゲラートによって設計された。

　再生計画案は、かつての工業地域〔ポスト＝インダストリアル〕の跡地に限定されはしなかった。SOM〔スキッドモア・オウイングズ・アンド・メリル〕によるパーク・ブールヴァード・マスタープラン（2007年）は、シカゴのもっとも恵まれない、機能不全の低価格住宅計画のひとつに変更を加え、さまざまな段階に分かれた、〔入手可能な〕手頃な値段の、低層住宅のタイプが選択できるようにした。新たな開発が、共同生活体〔コミュニティ〕〔地域社会〕を、既存の都市の通りがなす格子状平面〔グリッド〕のなかへと再統合することによって、こうした共同生活体〔コミュニティ〕の質を一層高めてきたのであった。

　2008年に起こった、地球規模の経済後退にもかかわらず、多くの西洋の建築事務所〔プラクティス〕が、アジアの巨大都市群のためにマスタープランの数々を設計し続けている。空間的な拘束が相対的に欠けていることと組み合わさった、田園地帯から都市部への大量の移住や、増大してゆく工業化は、建築家たちが、ゼロから都市群の全体を計画するという、魅力的な機会に恵まれていることを意味している。そのような例のひとつが、フォン・ゲルカン・マルグ・アンド・パートナーの手になる、上海近くの臨港新城〔ニューシティ〕である。円形の湖の周りに同心円状に拡がった平面を基にして、この港湾都市は、2020年の完成時までに、80万人の住民を収容するよう計画されている。未来の都市群は、すでにして、進行中なのである。

用語解説(グロッサリー)

ア

アーキトレイヴ(architrave)
円柱群の上に直接載る、エンタブレチャーの3つの部分のなかで一番低い部分;刳り形飾りを施された扉や、窓のまわり枠にも適用される

アーチのある(arcuated)
柱と楣の使用(楣式)ではなく、アーチの使用(拱式)に依存した建物を表わす用語

アトリウム(atrium)
1. 露天になった、ローマの住居の中庭;2. 初期キリスト教の教会堂前面にある、広々とした前庭(コート)

アバクス(abacus)
エンタブレチャーを支える、柱頭の天辺に置かれた平板(ひらいた)

アプス(apse)
半円状の、もしくは多角形状の構造物。とりわけ、建物内部では、引き込んだ部分と見られ、外側では、出っ張った部分と見られる、内陣あるいは礼拝堂の末端部分

イサベラ様式(Isabelline style)
イサベラ1世治世下(1479-1504年)のスペインにおける、華麗なゴシック様式(フロラード)

入口記念門(propylon)(プラバラン)
古典的な独立して建つ入口門(ゲイトウェイ)

イン・アンティス(in antis)
〔神殿の平面で、内陣〕両側の壁〔の端部であるアンタ(壁端柱)のあいだ〕から突出せず、この両側の壁〔のアンタ〕と横1列に並んだ円柱群からなる柱廊(ポーチコ)を表わす用語〔円柱を横に2本ずつ配置してアンタと並べた形式をディスタイル・イン・アンティスという〕

ヴォリュート(volute)
イオニア式およびコリント式の柱頭隅部にある、螺旋状渦巻形(スパイラル・スクロール)

ヴォールト(vault)
アーチの架かった〔曲面〕天井

ヴースワール〔迫石〕(voussoir)
アーチの、楔形(くさび)の石ないしは煉瓦

エキヌス(echinus)
ドリス式柱頭のアバクスの下にある、枕〔方円〕(クッション)のような、凸面状あるいは饅頭形の刳り形

エクセドラ(exedra)
アプスもしくはニッチ〔壁龕〕

枝状ヴォールト(lierne vault)(リエルヌ(リアーン))
枝肋(えだろく)を組み入れたリブ付きヴォールト。すなわち主要な頂点の要石〔交差リブの交点を飾る石。辻飾り〕(ボス)から、あるいはアーチの起拱点〔迫元〕群から出てはいない、装飾的な第3のリブ群

枝〔放射状〕リブ(tierceron rib)
ヴォールトの主要な起拱点〔迫元〕のひとつから、棟リブ(リッジ)の場所まで続く、二次的なリブ

エンタシス(entasis)
円柱の輪郭に与えられた、軽微な凸状の曲線〔円柱中央部の膨らみ〕

エンタブレチャー(entablature)
アーキトレイヴ、フリーズ、そしてコーニスからなる、オーダーの上の部分

凹角の隅部群(re-entrant corners)(コーナーズ)
内側に向いて尖った〔へこんだ〕角度の〔外側が鋭角の〕隅部群

オジー〔葱花線〕(ogee)
凹状と凸状の部分を組み入れた二重曲線〔S字形の曲線を組み合わせた反曲線形〕

963

オピストドモス（opisthodomos）
ときに宝物庫として使われた、ギリシャ神殿の後部にある部屋ないしは広い柱廊（スペース／ポーチ）

カ

開廊（loggia）（ロッジア）
しばしばアーケード〔アーチ列〕を組み入れた、開放的なギャラリーもしくはヴェランダ

回廊中庭（garth）（ガース）
とりわけ回廊〔クロイスター〕に囲い込まれた空間となる、閉じられた庭

カスプ（cusp）
とりわけゴシック建築に見られる、アーチの下面に彫られた突出部分〔棘状突起〕（プロジェクション）；2つのカスプは三つ葉模様を、3つのカスプは四つ葉模様を、それぞれ〔立面として〕形づくる、といった具合

壁付きオーダー〔付け柱〕（engaged order）
壁ないしは支柱にくっ付いた、あるいはなかに食い込んだ円柱群

カンパニーレ（複数形：カンパニーリ）（campanile (pl. -i)）
通常、主要な建物から離れて建つ鐘楼（ベル＝タワー）を表わすイタリア語

驚異の館（prodigy house）（プロダジー・ハウス）
1600年ごろのイングランドに建てられた、一群の贅を尽くしたカントリー・ハウスに与えられた名称

胸像（herm）（ハーム）
石の角柱を台座とした頭像もしくは胸像（ピア）

曲線〔美〕の、〔華麗な〕（curvilinear）
曲線を強調している〔状態〕

切石〔積み〕（ashlar）
平滑に化粧仕上げした石材

クァドリガ（quadriga）
〔横〕4頭立ての馬に引っ張られた二輪戦車（シャリオ）の、一団となった彫刻

クリアストーリー〔高窓層（明かり層）〕（clerestory）
建物、とりわけ教会堂の側壁の上層部分をさし、側廊の屋根の上から建ち上がり、窓が貫通し〔入っ〕ている（はい）

車寄せ（porte-cochère）（ポルト＝コシェール）
馬車などの車両が通り抜けることのできる柱廊玄関〔車が出入りできる両開きの大きな門〕（ポルティコ）

クワ〔ッ〕トロチェント、チンクエチェント（quattrocento, cinquecento）
15世紀、16世紀

懸垂線〔垂曲線〕（catenary curve）
同じ垂直線上にない2つの点からぶら下がった鎖（チェイン）ないしは綱（ロープ）が形づくる曲線

交差ヴォールト（groin vault）
2つの半円筒ヴォールトが直角に交わることで生みだされたヴォールト

格天井の鏡板（coffering）
天井のヴォールトや、さらにはアーチの内迫（ソフィット）に見られる、〔段々に〕窪んだ正方形ないしは多角形のパネル

コテージ・オルネ（cottage orné）
18世紀の「ピクチャレスク」な動きに起源をもつ、しばしば草葺きの、田舎の山荘

コーニス（cornice）
エンタブレチャー頂部の、突きでた刳り形

コロナ（corona）
コーニスの、上方の突出部

サ

サーラ・テッレーナ〔1階の広間〕（sala terrena）
庭園に出入りする、1階の〔かなり大きな〕部屋で、自然を模倣して、あるいは洞窟のように、装飾されることが多い

サロモニカ〔ソロモニカ〕（Salomonic）
エルサレムの「ソロモン神殿」に見られた大麦糖〔砂糖を煮つめてつくる透明な飴〕のようにねじれた柱を表わす用語

用語解説

軸線配置（axial layout）
1本の軸線に沿って（同心円的とは反対に）、縦方向に計画された〔配置構成〕

ジグラット（ziggrat）
斜路で繋がれた段をなす各階からなる、搭状の神殿、たとえば「バビロンの塔」

司祭席（sedilia）
内陣の南側壁面〔の厚みのなか〕にある、石に彫られた、聖職者用座席

至聖所（adytum）
司祭のみが入ることのできる、ギリシャ神殿の奥まった聖所

支柱〔角柱〕（pier）
垂直な支持物として役立つ、石積みの量塊

4分〔四分〕ヴォールト（quadripartite vault）
各柱間が4つの房を含んでいるヴォールト〔曲面天井〕

シュヴェ〔後陣（内陣の奥廊）〕（chevet）
アプスと周歩廊とを含む、教会堂の東端部分を表わすフランス語

十字形〔の〕（cruciform）
十字形をした平面

周柱の〔全面柱廊の〕（peripteral）
単一の円柱列によって取り囲まれた建物を表わす

周歩廊（ambulatory）
アプスの周りをめぐる側廊

小アプス（absidiole）
教会堂ないしは大聖堂のアプスから突きでた小祭壇

小えぐり（cavetto）
断面が4半円形の凹面刳り形

神室（cella）
崇拝の対象となる像を収める、神殿の主要な内部

新造形主義（neo-plasticism）
オランダの芸術運動である、デ・ステイル（De Stijl）運動（1917-31年）の様式に与えられた名称

身廊（nave）
教会堂の主要部分、交差部の西側で、一般に側廊が両側に付く

スクィンチ〔入隅迫持（方形の隅に設けるアーチ）〕（squinch）
円形ないしは多角形の上部構造への推移を円滑に行なうため、正方形の建築の入隅斜めに架け渡された小さなアーチ

ズグラッフィート〔掻き取り仕上げ工法〕（sgraffito）
プラスター〔漆喰〕上に刻み込んだ、さまざまな色の装飾

スタイロベイト（stylobate）
列柱が建っている基壇の最上段

ストア（stoa）
屋根のある列柱廊

迫台、〔石の〕（abutment）
アーチもしくはヴォールトに接してつくられた、その側面への推力（横圧力）に抗う、堅牢な石組みもしくは煉瓦積み

前柱式（prostyle）
前面全部に円柱列がある〔神殿の平面形〕

タ

大オーダー（giant order）
地上から1階分以上をとおして建ち上がる、円柱群もしくは付け柱群

台石〔礎石〕（socle）
柱礎あるいは柱脚〔台座〕

彫像台（複数形：アクロテリア）（acroterion（pl. –ia））
彫像群や装飾物群を保持するペディメントの、足部ないし頂部にある台座；隅部に置かれたまったくの装飾的な要素

彫塑術（plasticity）
彫刻の肉付け

筒形〔半円筒形〕ヴォールト（barrel vault）
一般に、半円状の断面のある、単純なヴォールト

露玉（guttae）
ドリス式のエンタブレチャーの、ミューチュール〔ムトゥルス〕とトリグリフの下に付いた、刻んでつくられた小さな水滴状の突出部

梯形、梯形のアプス（echelon, echelon apse）
段状の、もしくは梯子のようなかたちで置かれた、祭室群に取り囲まれたアプス

テュンパヌム（tympanum）
1．ペディメントの剖り形によって囲まれた、三角形ないしは弓形をなす頂点(ヴァーティカル)の表面　2．出入口〔上部〕の楣(ドアウェイ)と、その上に載ったアーチのあいだにある〔半円形の〕部分(エリア)〔通常は薄い壁で塞がれる〕

典礼上の〔聖餐式の〕東端部（liturgical east end）
地理的に東／西の特定方向に向いてはいない教会堂の、祭壇端部

塔門(パイロン)（pylon）
矩形の塔、とりわけ先細りになったもの

ドセレット〔副柱頭（厚い柱頭板）〕（dosseret）
とりわけビザンティンおよびロマネスク建築において、柱頭の天辺に置かれた塊。上に載ったアーチ列の迫石群を支える役割を果たす

扉口(ポータル)（portal）
玄関口(ドアウェイ)

トラヴァーティン（travertine）
綺麗につやの出た、イタリアのクリーム色の石灰岩

トリグリフ（trigliyph）
ドリス式フリーズにおいてメトープを分かつ、垂直に溝を彫られた塊(ブロック)

トリビューン（tribune）
1．バシリカのアプス　2．教会堂の2階廊(ギャラリー)

トリフォリウム（triforium）
〔大〕アーケード上方、クリアストーリー下方にある、教会堂壁面内のアーチ列状〔アーケード式〕の通路

トルス〔大玉縁〕（torus）
とりわけイオニア式円柱の柱礎に見られる、半円形断面の突きでた剖り形

トロス（tholos）
円形状の建物

トロンプ・ルイユ（tromp l'oeil）
幻想的な絵画〔だまし絵〕

ナ

内陣（chancel）
主祭壇を含む教会堂の東端部。〔身廊と袖廊との〕交差部分の、身廊東側の延長部分を記述するためにしばしば使われる

ナルテックス〔拝廊、前廊、玄関廊〕（narthex）
教会堂の西端部にある大きな入口間

西構え（westwork）
カロリング朝ないしはロマネスクの教会堂に見られる、身廊に開いた〔直接繋がる〕上方の部屋がある、2層〔以上〕からなる搭状の西端部

ニュンファエウム〔噴泉建築〕（nymphacum〔正しくは、nymphaeum〕）
ニンフ〔少女姿の精〕たちに捧げられた、洞窟ないしは庭園建築

ハ

パヴィヨン（pavillion）
小さな別荘(ヴィッラ)ないしは娯楽用の小館(パヴィリオン)

歯飾り（dentil）
コーニスの水平帯に用いられる、歯の形に似た小さな四角い塊

柱と楣（post and lintel）
楣式構造、すなわち水平の梁を担う垂直な支持体群を表わす用語

パスタス（pastas）
ギリシャの住居における南向きの開廊(ロッジア)

用語解説

ピアーノ・ノービレ(piano nobile)
基礎階もしくは1階の上方にあって、ほかの階よりも丈の高い、建物の主要階

控え壁〔バットレス〕(buttress)
壁面の強度を増すために、この壁面に添えられた、煉瓦造ないしは石造の支柱〔ピア〕

紐状細工〔革模様、帯飾り〕(strapwork)
切り取られた革紐に似た織り交ぜられた帯からなる、フランス、ネーデルラント、そしてイングランドにおける、16世紀の装飾

ピラスター〔付け柱〕(pilaster)
壁の表面からほんのわずか突きでた、平たくした円柱に似た浅い装飾を施した支柱

ピロティ(pilotis)
地面から持ち上げるようなやり方で、建物の重みを支える脚柱もしくは支柱

フェイシャ〔ファスキア〕(fascia)
2ないし3個のしかじかの帯を組み入れているアーキトレイヴに見られる、装飾のない水平帯

プットー(複数形：プッティー)(putto (pl. -i))
絵に描かれた、もしくは彫刻された、小さな少年ないしは天使童子

プテロン〔柱廊、翼廊〕(pteron)
特に神殿の周りをめぐる、外側の列柱廊〔コロネード〕〔周柱式神殿の、内陣壁と外側列柱とに挟まれた柱廊〕

フライング・バットレス〔跳び梁〕(buttress, flying)
ヴォールトの推力〔横圧力〕を外側の控え壁〔バットレス〕に伝える、アーチ形の支持体

フリーズ(frieze)
ときに人物像で飾られる、アーキトレイヴとコーニスのあいだにある、エンタブレチャーの真ん中の部分

ブリーズ゠ソレイユ(brise-soleil)
たくさんの窓があるファサード群に使われる、しばしばコンクリート造の、日除け

プロナオス〔前室〕(pronaos)
前面の円柱列の後ろにある、神殿の玄関部分〔入口前室〕

壁端柱(複数形：アンタイ)〔アンタ〕(anta (pl. -ae))
付け柱〔ピラスター〕に似た、壁面の端にあって厚みをもたせた構造用の補強柱〔内陣両側の壁の端部。角柱の柱型を付けた部分〕。一般に柱廊〔ポーチコ〕の、突きでた壁面の端部に置かれる

ヘクサスタイル(hexastyle)
六柱式の柱廊玄関〔ポーチコ〕を表わす用語

ペディメント(pediment)
柱廊玄関〔ポーチコ〕、扉〔ドア〕、あるいは窓の上方の、三角形をなす、頂点〔ヴァーティカル〕にある切妻

ペリスタイル(peristyle)
神殿や中庭の四周を囲んだ円柱列

ペンデンティヴ(pendentive)
正方形もしくは多角形の内側の各隅部を円形状のドーム1基と結び付ける、球面三角形ないしは〔内側から見て〕凹状の三角小間

頬壁〔腰壁〕(cheek-walls)
階段の登り〔上り〕〔フライト〕の両脇を防護している低い壁面

ポリクローム(polychrome)
多彩色の

ボワズリー〔鏡板〕〔かがみいた〕(boiserie)
17世紀と18世紀の、とりわけ彫刻された、羽目板〔パネリング〕を指すフランス語

マ

楣式構造の(trabeated)
ローマ人のアーチを用いたシステムに対比される、ギリシャ人の柱-楣によるシステムに基づいた建築を表わす

窓割り(fenestration)
ファサードにおける窓群の配列

マニュエル様式(Manueline style)
国王マニュエル1世〔の治世時代〕(1495-1521年)にちなんで名づけられた、ポルトガルで見いだされた、豊かな装飾の「後期ゴシック」様式

967

マヨリカ（majolica）
彩色された釉薬陶器の一種〔タイプ〕

ミナレット〔尖塔〕（minaret）
通常はモスクに関連した、バルコニーのある丈の高い細身の塔

見晴らし台（belvedere）
小さな見晴らし〔眺望〕用の塔、ときに住居の屋根の上に置かれる

ミューチュール〔ムトゥルス〕（mutule）
ドリス式のコーニスの下に付いた、刻んでつくられた平板状の部材。各メトープと各トリグリフの上に、それぞれある

ムデーハル様式（Mudéjar）
ムスリム〔イスラーム教徒〕様式の、スペイン・キリスト教建築。その大半がムスリムの建築家たちの作品

メガロン（megaron）
張り出し玄関〔ポーチ〕を前に置き、中心の炉床と、屋根を支える4本の円柱を取り込んだ、ミュケナイ起源の正方形ないしは長方形の部屋

メトープ（metope）
ドリス式フリーズの2つのトリグリフのあいだにある、四角いパネル〔板〕

面取りした〔綾角を削られた〕〔チャンファード〕（chamfered）
およそ45度の角度で削り取られた隅部〔コーナー〕

モサラベ様式（Mozarabic）
9-11世紀にスペインのキリスト教徒によって発展した、イスラームに鼓舞された様式

持送り〔積み〕（corbel）
通常は石造で、ほかの部材の支持体として使われる、腕木〔ブラケット〕ないしは突きでた塊り

モディリオン（modillion）
コリント式ないしはコンポジット式のコーニスに用いられた、持送りないしは渦巻形持送り〔コンソール〕

ヤ

屋根瓦の端飾り〔軒鼻飾り〕〔アンテフィクサ〕（antefix（pl. -ae））
瓦の端部を隠すため、屋根の側面〔平側〕の縁に置かれた装飾用の塊り〔ブロック〕

屋根窓〔ドーマー窓〕（dormer）
それ自体が屋根をもつ、傾斜した屋根に垂直に置かれた窓〔傾斜した屋根から突きでている明かり採り用の窓〕

有機的（organic）（とりわけF.L.ライトに関連して）
おそらくは自然の形態に近い、曲線状の形姿群〔シェイプス〕がある建物群を表わす

擁壁（revetment）
1. 土の塊りや大量の水を支える壁；2. ほかの材料で建てられた壁の、とりわけ大理石による表面仕上げ〔化粧材〕

ラ

卵鏃模様（egg-and-tongue）
卵形と鏃形〔やじり〕を交互に並べて装飾された卵状刳り形

ランセット（lancet）
13世紀のゴシックに大量に用いられた、縦長で高い尖頭形〔ナロウ〕の窓

リアドス〔リアダス〕（reredos）
〔教会堂の〕祭壇背後の、通常は装飾された、仕切り壁

リテーブル（リターブロウ）（retable（retablo））
祭壇背後の、絵画ないし彫刻の装飾が付いた衝立〔スクリーン〕

ルスティカ仕上げ（rustication）
各ブロック〔塊り〕が、切り込みの深い接合部によって分けられた、石積み（あるいはストゥッコで模造された石積み）

ルネット（lunette）
半円状の開口部

ロトンダ〔円堂〕（rotunda）
通常はドームが架かった、円形状の建物ないし部屋

類書案内(参考文献)
<ruby>類書案内<rt>フォー・ファーザー・リーディング</rt></ruby>

この一覧<ruby>表<rt>リスト</rt></ruby>は、英語で刊行されたものに限定されている。〔再刊された著作の〕初版の刊行年は、( )内に示されている。

Chapter 1

D. Arnold, *Building in Egypt: Pharaonic Stone Masonry*, New York & Oxford 1991

A. Badawy, *A History of Egyptian Architecture*, 3 vols, Cairo, Berkeley & Los Angeles 1954-68

H. Crawford, *The Architecture of Iraq in the 3rd Millennium B.C.*, Copenhagen 1977

S. Downey, *Mesopotamian Religious Architecture: Alexander through the Parthians*, Princeton 1988

H. Frankfort, *The Art and Architecture of the Ancient Orient* (1954), New Haven and London 1996

C. Gere, *Knossos and the Prophets of Modernism*, Chicago and London 2009

B. Kemp, *Ancient Egypt: The Anatomy of a Civilisation*, London 1989

S. Lloyd, *Ancient Architecture*, London 1986〔『エジプト・メソポタミア建築』(図説世界建築史 第2巻)堀内清治 訳、本の友社、1997年〕

S. Lloyd, *Archaeology of Mesopotamia* (1978), London 1984

J. McKenzie, *The Architecture of Alexandria and Egypt, c. 300 BC to AD 700*, New Haven and London 2007

J. Postgate, *Early Mesopotamia*, London 1992

W. S. Smith, *The Art and Architecture of Ancient Egypt* (1958), New Haven & London 1998

D. Wildung, *Egypt: From Prehistory to the Romans*, Cologne 1999

Chapter 2

T. Ashby, *The Aqueducts of Ancient Rome*, Oxford 1935

B. Ashmole, *Architect and Sculptor in Classical Greece*, London 1972

M. Beard, *The Roman Triumph*, Cambridge, Mass. 2007

R. Bianchi Bandinelli, *Rome: the Late Empire, Roman Art, A.D. 200-400*, London 1971〔『ローマ美術』吉村忠典 訳、新潮社、1974年〕〔『ローマ美術』長谷川博隆 訳、グラフィック社、1980年〕

R. Bianchi Bandinelli, *Rome, the Centre of Power, Roman Art to AD 200*, London 1970〔『古代末期の美術』吉村忠典 訳、新潮社、1974年〕

M. Bieber, *The History of the Greek and Roman Theatre*, Princeton 1961

J. Boardman, *The Greeks Overseas*, Harmondsworth 1964

J. Boardman, *Pre-Classical: From Crete to Archaic Greece*, London 1967

M. T. Boatwright, *Hadrian and the City of Rome*, Princeton 1987

J. S. Boersma, *Athenian Building Policy from 561/0 to 405/4 B.C.*, Groningen 1970

A. Boëthius, *The Golden House of Nero*, Ann Arbor 1960

A. Boëthius, *Etruscan and Early Roman Architecture* (1970), Harmondsworth 1978

M. Blake, *Ancient Roman Construction in Italy from the Prehistoric Period to Augustus*, Washington 1947

M. Blake, *Roman Construction in Italy from Tiberius through the Flavians*, Washington 1959

M. Blake & D. Taylor-Bishop, *Roman Construction in Italy from Nerva through the Antonines*, Philadelphia 1973

R. Brilliant, *Roman Art from the Republic to Constantine*, London 1974

F. E. Brown, *Roman Architecture*, New York 1961〔『ローマ建築』(図説世界建築史 第4巻)桐敷真次郎 訳、本の友社、1996年〕

R. Carpenter, *The Architects of the Parthenon*, Harmondsworth 1972〔『パルテノンの建築家たち』松島道也 訳、鹿島出版会、1977年〕

J. R. Clarke, *The Houses of Roman Italy, 100BC-AD250: Ritual, Space, and Decoration*, Berkeley and Los Angeles 1991

F. Coarelli, *Rome and Environs: An Archaeological Guide*, Berkeley and Los Angeles 2007

R. M. Cook, *Greek Art*, London 1972

J. J. Coulton, *The Architectural Development of the Greek Stoa*, Oxford 1976

J. J. Coulton, *Ancient Greek Architects at Work*, London 1977〔『古代ギリシアの建築家:設計と構造の技術』伊藤重剛訳、中央公論美術出版、1991年〕

G. Cozzo, *The Colosseum, the Flavian Amphitheatre*, Rome 1971

W. B. Dinsmoor, *The Architecture of Ancient Greece*, London and New York 1950

M. I. Finley, ed. *The Legacy of Greece: A New Appraisal*, Oxford 1981

T. Fyfe, *Hellenistic Architecture*, Cambridge 1936

M. Henig, *Architects and Architectural Sculpture in the Roman Empire*, Oxford 1990

J. H. Humphrey, *Roman Circuses: Arenas for Chariot Racing*, London 1986

R. Jenkyns, ed. *The Legacy of Rome: A New Appraisal*, Oxford 1992

T. Kraus, *Pompeii and Herculaneum*, New York 1975

L. Lancaster, *Concrete Vaulted Construction in Imperial Rome: Innovations in Context*, Cambridge 2005

A. W. Lawrence, *Greek Architecture* (1957), New Haven and London 1996

M. Lyttelton, *Baroque Architecture in Classical Antiquity*, London 1974

W. A. MacDonald, *The Political Meeting Places of the Greeks*, Baltimore 1943

W. L. MacDonald, *The Architecture of the Roman Empire*, New Haven 1965

W. L. MacDonald, *The Pantheon*, London 1976

W. L. MacDonald & J. Pinto, *Hadrian's Villa and its Legacy*, New Haven and London 1995

A. G. Mackay, *Houses, Villas and Palaces in the Roman World*, London 1975

N. Marinatos and R. Hägg, eds., *Greek Sanctuaries: New Approaches*, London and New York 1993

R. D. Martienssen, *The Idea of Space in Greek Architecture*, Johannesburg 1956

R. Meiggs, *Roman Ostia* (1960), Oxford 1973

S. G. Miller, *The Prytaneion*, University of California 1978

E. J. Nash, *Pictorial Dictionary of Ancient Rome*, 2 vols., London 1961-2

J. Onians, *Art and Thought in the Hellenistic Age*, London 1979

J. Percival, *The Roman Villa*, London 1976

W. H. Plommer, *Ancient and Classical Architecture*, London 1956

J. J. Pollitt, *The Ancient View of Greek Art: Criticism, History and Terminology*, New Haven & London 1964

J. J. Pollit, *The Art of Greece 1400-31 BC. Sources and Documents*, Englewood Cliffs, New Jersey 1965

J. J. Pollit, *The Art of Greece c. 753 BC-AD 337: Sources and Documents*, Englewood Cliffs, New Jersey 1966

R. F. Rhodes, *Architecture and Meaning on the Athenian Acropolis*, Cambridge 1955

D. S. Robertson, *A Handbook of Greek and Roman Architecture* (1929), Cambridge 1964

M. Robertson, *A History of Greek Art*, 2 vols., Cambridge 1975

F. Sear, *Roman Architecture*, London 1998

J. Stamper, *The Architecture of Roman Temples: The Republic to the Middle Empire*, Cambridge 2005

J. Steele, *Hellenistic Architecture in Asia Minor*, London 1992

R. Taylor, *Roman Builders: A Study in Architectural Process*, Cambridge 2003

P. Tournikiotis, ed. *The Parthenon and its Impact in Modern Times*, Athens 1994

J. Travlos, *Pictorial Dictionary of Ancient Athens*, London 1971

E. T. Vermeule, *Greece in the Bronze Age*, Chicago 1972

Vitruvius: On Architecture, transl. by R. Schofield with an intro. by R. Tavernor, London 2009〔『ウィトルーウィウス建築書』森田慶一 訳、東海大学出版会、1979年〕

A. Wallace-Hadrill, *Houses and Society in Pompeii and Herculaneum*, New Jersey 1994

J. B. Ward-Perkins, *Cities of Ancient Greece and Italy, Planning in Classical Antiquity*, New York 1974〔『古代ギリシアとローマの都市：古典古代の都市計画』北原理雄 訳、井上書院、1984年〕

J. B. Ward-Perkins, *Roman Imperial Architecture* (1970), Yale 1994

D. Watkin, *The Roman Forum*, London 2011

K. Welch, *The Roman Amphitheatre: From its Origins to the Colosseum*, Cambridge 2007

R. E. Wycherley, *How the Greeks Built Cities* (1949), London and New York 1962〔『ギリシャ都市はどうつくられたか』小林文次 訳、みすず書房、1962年〕

Chapter 3

J. Beckwith, *The Art of Constantinople*, New York 1961

S. Ćurčić, *Architecture in the Balkans from Diocletian to Süleyman the Magnificent*, New Haven and London 2010

J. Davies, *The Origin and Development of Early Christian Church Art*, London 1952

O. Demus, *The Church of San Marco in Venice*, Cambridge, Mass. 1960

O. Demus, *The Church of Haghia Sophia at Trebizond*, Edinburgh 1968

H. Faesen & V. Ivonov, *Early Russian Architecture*, London 1972

J. A. Hamilton, *Byzantine Architecture and Decoratio*, London 1933

類書案内（参考文献）

R. Krautheimer, *The Early Christian Basilicas of Rome*, 5 vols., Vatican City 1937-77

R. Krautheimer, *Ealy Christian and Byzantine Architecture* (1965), New Haven and London 1986

R. Krautheimer, *Rome, Profile of a City, 312-1308* (1980), Princeton 1983〔『ローマ：ある都市の肖像312〜1308年』中山典夫 訳、中央公論美術出版、2013年〕

W. MacDonald, *Early Christian and Byzantine Architecture*, New York 1962

G. Mathew, *Byzantine Aesthetics*, London 1963

T. F. Mathews, *The Byzantine Churches of Istanbul*, Pennsylvania State University Press 1976

D. Talbot Rice, *The Art of Byzantium*, London 1959

D. Talbot Rice, ed., *The Great Palace of the Byzantine Emperors*, Edinburgh 1958

S. Runciman, *Byzantine Style and Civilization*, Harmondsworth 1975

E. H. Swift, *Hagia Sophia*, New York 1940

P. A. Underwood, ed., *The Kariye Djami*, 4 vols., New York & London 1966-75

Chapter 4

J. Beckwith, *Early Medieval Art*, London 1964

P. Binski, *Westminster Abbey and the Plantagenets: Kingship and the Representation of Power 1200-1400*, New Haven and London 1995

T. S. R. Boase, *English Art 1100-1216* (1953), Oxford 1968

T. S. R. Boase, *Castles and Churches of the Crusading Kingdom*, London, New York, Toronto 1967

H. Busch & B. Lohse, eds., *Romanesque Europe*, London 1969

A. W. Clapham, *English Romanesque Architecture before the Conquest*, Oxford 1930

A. W. Clapham, *English Romanesque Architecture after the Conquest*, Oxford 1934

A. W. Clapham, *Romanesque Architecture in Western Europe*, Oxford 1936

K. J. Conant, *Carolingian and Romanesque Architecture 800-1200* (1959), new ed., New Haven & London 1993

J. Evans, *Monastic Life at Cluny, 910-1157*, London 1931

J. Evans, *The Romanesque Architecture of the Order of Cluny* (1938), Farnborough 1972

E. Fernie, *The Architecture of the Anglo-Saxons*, London 1983

E. A. Fisher, *The Greater Anglo-Saxon Churches*, London 1962

H. Focillon, *The Art of the West: in the Middle Age, vol. 1, Romanesque Art*, London 1963〔『西欧の芸術 1 ロマネスク』神沢栄三 他訳、鹿島出版会、1976年〕

C. H. Haskins, *The Renaissance of the Twelfth Century*, Cambridge, Mass. 1927〔『十二世紀ルネサンス』別宮貞徳・朝倉文市 訳、みすず書房、1997（1989）年〕

G. Henderson, *Early Medieval*, Harmondsworth 1972

W. Horn and E. Born, *The Plan of St. Gall*, 3 vols., University of California Press 1979

J. Hubert, J. Porcher & W. F. Volbach, *Europe in the Dark Ages* (1967), London 1969, and *Carolingian Art* (1968), London 1970

P. Lasko, *Ars Sacra 800-1200*, New Haven and London 1994

H. G. Leask, *Irish Churches and Monastic Buildings: 1. The First Phase and the Romanesque*, Dundalk 1955

A. K. Porter, *Lombard Architecture*, 4 vols., New Haven 1915-17

R. Stalley, *Early Medieval Architecture*, Oxford 1999

D. Talbot Rice, *English Art 871-1100*, Oxford 1952

C. Ricci, *Romanesque Architecture in Italy*, London & New York 1925

G. T. Rivoira, *Lombardic Architecture: Its Origin, Development and Derivatives*, 2 vols. (1910), New York 1975

H. M. and J. Taylor, *Anglo-Saxon Architecture*, 3 vols., Cambridge 1965-78

R. Toman, *Romanesque: Architecture, Sculpture, Painting*, Cologne 1997

W. M. Whitehill, *Spanish Romanesque Architecture of the Eleventh Century*, London 1941

G. Zarnecki, *Romanesque Art*, London 1971〔『ロマネスク美術』斎藤稔 訳、グラフィック社、1979年〕

Chapter 5

E. Arslan, *Gothic Architecture in Venice* (1970), New York 1971

E. Baldwin Smith, *The Architectural Symbolism of Imperial Rome and the Middle Ages*, Princeton 1956〔『建築シンボリズム：帝政ローマと中世における』河辺泰宏・辻本敬子・飯田喜四郎 訳、中央公論美術出版、2002年〕

P. Binski, *Becket's Crown: Art and Imagination in Gothic England, 1170-1300*, New Haven and London 2004

J. Bony, *The English Decorated Style*, Oxford 1979

J. Bony, *The French Gothic Architecture of the 12th and 13th Centuries*, University of California Press 1983

R. Branner, *Burgundian Gothic Architecture*, London 1960

R. Branner, *St Louis and the Court Style in Gothic Architecture*, London 1964

R. Branner, *Chartres Cathedral*, New York 1969

P. Brieger, *English Art 1216-1307*, Oxford 1957

D. R. Buxton, *Russian Mediaeval Architecture*, Cambridge 1934

J. -F. Leroux-Dhuys, *Cistercian Abbeys: History and*

971

Architecture, Cologne 1998

J. Evans, *Art in Medieval France*, Oxford 1948

J. Evans, *English Art 1307-1461*, Oxford 1949

J. Evans, ed. *The Flowering of the Middle Ages*, New York, Toronto & London 1966

P. Fergusson, *Architecture of Solitude, Cistercian Abbeys in Twelfth Century England*, Princeton 1984

J. F. Fitchen, *The Consturuction of Gothic Cathedrals* (1961), London 1981

H. Focillon, *The Art of the West in the Middle Ages* (1938), London 1963〔『西欧の芸術 2 ゴシック』神沢栄三 他 訳、鹿島出版会、1976年〕

P. Frankl, *The Gothic, Literary Sources and Interpretations during Eight Centuries*, Princeton 1960

P. Frankl, *Gothic Architecture* (1962), New Haven and London 2000〔『ゴシック建築大成』ポール・クロスリー 校訂、佐藤達生・辻本敬子・飯田喜四郎 訳、中央公論美術出版、2011年〕

T. G. Frisch, *Gothic Art 1140-1450: Sources and Documents*, Englewood Cliffs, New Jersey 1971

L. Grodecki, *Gothic Architecture* (1976), New York 1977〔『ゴシック建築』前川道郎・黒岩俊介 訳、本の友社、1996年〕

J. H. Harvey, *The Gothic World 1100-1600*, London 1950

J. H. Harvey, *The Mediaeval Architect*, London 1972

J. H. Harvey, *The Perpendicular Style*, London 1978

G. Henderson, *Gothic*, Harmondsworth 1967

G. Henderson, *Chartres*, Harmondsworth 1968

W C. Leedy, *Fan Vaulting*, London 1980

E. Mâle, *Religious Art in France: The Twelfth Century* (1922), Princeton 1978〔『ロマネスクの図像学 上』2001年；『同 下』2004年、田中仁彦・池田健二・磯見辰典・成瀬駒男・細田直孝・平岡忠 訳、国書刊行会〕

E. Mâle, *Religious Art in France: The Thirteenth Century* (1898), New York 1973〔『ゴシックの図像学 上下』、田中仁彦・池田健二・磯見辰典・成瀬駒男・細田直孝・平岡忠 訳、国書刊行会、2001年〕

N. Nussbaum, *German Gothic Church Architecture*, New Haven and London 2000

E. Panofsky, *Gothic Architecture and Scholasticism*, Latrobe 1951〔『ゴシック建築とスコラ学』前川道郎 訳、筑摩書房、2001年〕

E. Panofsky, *Abbot Suger on the Abbey Church of St. Denis* (1946), Princeton 1979

O. von Simson, *The Gothic Cathedral*, New York 1956〔『ゴシックの大聖堂：ゴシック建築の起源と中世の秩序概念』、前川道郎 訳、みすず書房、1985年〕

W. Swaan, *The Gothic Cathedral*, London 1981

W. Swaan, *The Late Middle Ages: Art and Architecture from 1350 to the Advent of the Renaissance*, London 1977

R. Toman, *Gothic: Architecture, Sculpture, Painting*, Cologne 1998

G. Webb, *Architecture in Britain: The Middle Ages* (1956), Harmondsworth 1965

J. White, *Art and Architecture in Italy, 1250-1400*, New Haven and London 1993

R. Willis, *Architectural History of Some English Cathedrals* (1842-63), Chicheley 1972-3

C. Wilson, *The Gothic Cathedral*, London 1990

Chapter 6

J. Ackerman, *The Architecture of Michelangelo* (1961), Harmondsworth 1970〔『ミケランジェロの建築』、中森義宗 訳、彰国社、1976年〕

J. Ackerman, *Distance Points: Essays in Theory and Renaissance Art and Architecture*, Cambridge, Mass. 1991

L. B. Alberti, *On the Art of Building in Ten Books* (1484), transl. by J. Rykwert, N. Leach & R. Tavernor, Cambridge, Mass., and London 1988〔『建築論』相川浩 訳、中央公論美術出版、1982年〕

G. C. Argan and B. Contardi, *Michelangelo Architect*, London 1993

G. G. Argan, *The Renaissance City*, New York 1969〔『ルネサンス都市』堀池秀人・中村研一 訳、井上書院、1983年〕

H. Ballon, *The Paris of Henri IV: Architecture and Urbanism*, Cambridge, Mass., and London 1991

G. Beltramini and H. Burns, *Palladio*, London 2009

L. Benevolo, *The Architecture of the Renaissance*, 2 vols. (1968), London 1970

J. Bialostocki, *The Art of the Renaissance in Eastern Europe*, Oxford 1976

A. Blunt, *Artistic Theory in Italy 1450-1600*, Oxford 1935〔『イタリアの美術』、中森義宗 訳、鹿島出版会、1968年〕

A. Blunt, *Philibert de l'Orme*, London 1958

B. Boucher, *Andrea Palladio: The Architect in his Time*, New York, London and Paris 1994

A. Braham and P. Smith, *François Mansart*, 2 vols., London 1973

A. Bruschi, *Bramante* (1973), London 1977〔『ブラマンテ：ルネサンス建築の完成者』稲川直樹 訳、中央公論美術出版、2002年〕

J. C. Burckhardt, *The Civilization of the Renaissance in Italy*

類書案内（参考文献）

(1860), London 1950〔『イタリア・ルネサンスの文化1・2』柴田治三郎 訳、中央公論新社、2002年〕〔『イタリア・ルネサンスの文化』新井靖一 訳、筑摩書房、2007年〕

D. R. Coffin, *The Villa in the Life of Renaissance Rome*, Princeton 1979

R. Coope, *Salomon de Brosse and the Development of the Classical Style in French Architecture from 1565-1630*, London 1972

J. Evans, *Monastic Architecture in France from the Renaissance to the Revolution*, Cambridge 1964

Filarete, *Treatise on Architecture* (c. 1460), New Haven and London 1965

M. Girouard, *Elizabethan Architecture: Its Rise and Fall, 1540 to 1640*, New Haven and London 2009

R. A. Goldthwaite, *The Building of Renaissance Florence*, Baltimore and London 1980

V. Hart and P. Hicks, transl., *Sebastiano Serlio on Architecture*, 2 vols., New Haven and London 1996-2001

F. Hartt, *Giulio Romano*, 2 vols., New Haven 1958

L. Heydenreich, *Architecture in Italy 1400-1500* (1974), New Haven and London 1996

H. -R. Hitchcock, *German Renaissance Architecture*, Princeton 1981

E. J. Johnson, *S. Andrea in Mantua*, Pennsylvania University Press 1975

H. Kamen, *The Escorial: Art and Power in the Renaissance*, New Haven and London 2010

R. Klein & H. Zerner, *Italian Art 1500-1600: Sources and Documents*, Englewood Cliffs, New Jersey 1966

H. & S. Kozakiewiczowie, *The Renaissance in Poland*, Warsaw 1976

G. Kubler, *Building the Escorial*, Princeton 1982

M. Levey, *Early Renaissance*, Harmondsworth 1967

M. Levey, *High Renaissance*, Harmondsworth 1975

W. Lotz, *Architecture in Italy 1500-1600*, New Haven and London 1995

W. Lots, *Studies in Italian Renaissance Architecture*, Cambridge, Mass. 1977〔『イタリア・ルネサンス建築研究』飛ヶ谷潤一郎 訳、中央公論美術出版、2008年〕

T. Magnuson, *Studies in Roman Quattrocento Architecture*, Stockholm 1958

G. Masson, *Italian Villas and Palaces*, London 1959

G. Mazzotti, *Palladian and Other Venetian Villas*, Rome 1966

H. Millon, ed., *The Renaissance from Brunelleschi to Michelangelo: The Representation of Architecture*, London 1994

P. Murray, *The Architecture of the Italian Renaissance* (1963), London 1969〔『イタリア・ルネッサンスの建築』長尾重武 訳、鹿島出版会、1991年〕

P. Murray, *Renaissance Architecture*, New York 1971〔『ルネサンス建築』、桐敷真次郎 訳、本の友社、1998年〕

Palladio, *The Four Books of Architecture* (1570), Cambridge, Mass 1997〔『パラーディオ「建築四書」注解』桐敷真次郎 訳、中央公論美術出版、1986年〕

Andrea Palladio 1508-1580, Arts Council of Great Britain 1975

Corpus Palladianum, Pennsylvania State University Press, 1968 -in progress

A. Payne, *The Architectural Treatise in the Italian Renaissance*, Cambridge 1999

P. Portoghesi, *Rome of the Renaissance*, London 1972

M. N. Rosenfeld, *Sebastiano Serlio: On Domestic Architecture*, New York and Cambridge 1978

E. E. Rosenthal, *The Cathedral of Granada*, Princeton 1961

E. E. Rosenthal, *The Palace of Charles V in Granada*, Princeton 1985

P. Rotondi, *The Ducal Palace of Urbino*, London 1969

I. Rowland, *The Culture of the High Renaissance: Ancients and Moderns in 16th- Century Rome*, Cambridge 1998

H. Saalman, *Filippo Brunelleschi. The Cupola of Santa Maria del Fiore*, London 1980

H. Saalman, *Filippo Brunelleschi: The Buildings*, London 1993

J. Shearman, *Mannerism*, Harmondsworth 1967

G. Smith, *The Casino of Pius IV*, Princeton 1977

W. Stechow, *Northern Renaissance Art 1400-1600: Sources and Documents*, Englewood Cliffs, New Jersey 1966

R. Tavernor, *On Alberti and the Art of Building*, New Haven and London 1998

D. Thomson, *Renaissance Paris: Architecture and Growth 1475-1600*, London 1984

G. Vasari, *The Lives of the Painters, Sculptors and Architects* (1550), London, 4 vols., 1927〔『美術家列伝』森田義之・越川倫明・甲斐教行・宮下規久朗・高梨光正 監修、全6巻、中央公論美術出版、2014年〜〕

G. B. da Vignola, *The Canon of the Five Orders of Architecture* (1562), New York, 2011〔『建築の五つのオーダー』長尾重武 編、中央公論美術出版、1986年〕

H. Vlieghe, *Flemish Art and Architecture 1585-1700*, Hew Haven and London 1998

R. Wittkower, *Architectural Principles in the Age of Humanism* (1949), New York 1971〔『ヒューマニズム建築の源流』中森義宗 訳、彰国社、1971年〕

C. W. Zerner, *Juan de Herrera: Architect to Philip II of Spain*, New Haven and London 1993

Chapter 7

J. van Ackere, *Baroque and Classical Art in Belgium 1600-1789*, Brussels n. d.

R. W. Berger, *A Royal Passion: Louis XIV as Patron of Architecture*, Cambridge 1994

A. Blunt, *Sicilian Baroque*, London 1968

A. Blunt, *Art and Architecture in France 1500-1700* (1953), rev. ed., New Haven and London 1999

A. Blunt, *Baroque and Rococo Architecture in Naples*, London 1975

A. Blunt, ed., *Baroque and Rococo Architecture and Decoration*, London 1978

A. Blunt, *A Guide to Baroque Rome*, London 1982

J. Bourke, *Baroque Churches of Central Europe* (1958), London 1962

J. Connors, *Borromini and the Roman Oratory*, Cambridge, Mass. 1980

K. Downes, *English Baroque Architecture*, London 1966

K. Fremantle, *The Baroque Town Hall of Amsterdam*, Utrecht 1959

M. Giuffré, *The Baroque Architecture of Sicily*, New York 2008

K. Harries, *The Bavarian Rococo Church*, New Haven & London 1983

E. Hempel, *Baroque Art and Architecture in Central Europe*, Harmondsworth 1965

H. Hibbard, *Carlo Maderno and Roman Architecture 1580-1630*, London 1971

H.-R. Hitchcock, *German Rococo: The Zimmermann Brothers*, London 1968

H.-R. Hitchcock, *Rococo Architecture in Southern Germany*, London 1968

J. Hook, *The Baroque Age in England*, London 1976

A. Hopkins, *Italian Architecture from Michelangelo to Borromini*, London 2002

F. Kimball, *The Creation of the Rococo* (1943), New York 1964

R. Krautheimer, *The Rome of Alexander VII, 1655-1667*, Princeton 1985

G. A. Kubler & M. Soria, *Art and Architecture in Spain and Portugal and their American Dominions 1500-1800*, Harmondsworth 1959

W. Kuyper, *Dutch Classicist Architecture*, Delft University Press 1980

J. Lees-Milne, *English Country Houses: Baroque*, London 1970

T. Marder, *Bernini and the Art of Architecture*, Abbeville Press, New York, London, Paris 1998

T. Marder, *Bernini's Scala Regia at the Vatican Palace*, Cambridge 1997

A. H. Mayor, *The Bibiena Family*, New York 1945

H. A. Meek, *Guarino Guarini and his Architecture*, New Haven and London 1988

J. Merz, *Pietro da Cortona and Roman Baroque Architecture*, New Haven and London 2008

H. Millon, ed. *The Triumph of the Baroque: Architecture in Europe 1600-1750*, London 1999

C. Norbert-Schulz, *Baroque Architecture*, New York 1971〔『バロック建築』（図説世界建築史11巻）加藤邦男訳、本の友社、2001年〕

C. Norbert-Schulz, *Late Baroque and Rococo Architecture*, New York 1971〔『後期バロック・ロココ建築』（図説世界建築史12巻）加藤邦男 訳、本の友社、2003年〕

C. F. Otto, *Space into Light: the Churches of Balthasa Neumann*, Cambridge, Mass. 1979

J.-M. Pérouse de Montclos, *Versailles*, New York, London & Paris 1991

R. Pommer, *Eighteenth-Century Architecture in Piedmont*, New York & London 1976

P. Portoghesi, *Rome Barocca: The History of an Architectonic Culture* (1966), Cambridge, Mass. 1970

J. Rosenberg, S. Slive & E. H. ter Kuile, *Dutch Art and Architecture 1600-1800* (1966), Harmondsworth 1977

E. F. Sekler, *Wren and his Place in European Architecture*, London 1956

R. Smith, *The Art of Portugal 1500-1800*, London 1968

L. Soo, *Wren's 'Tracts' on Architecture and Other Writings*, Cambridge 1998

V. L. Tapié, *The Age of Grandeur: Baroque and Classicism in Europe* (1957), London 1960

P. Thornton, *Seventeenth-Century Interior Decoration in England, France and Holland*, New Haven and London 1978

R. Toman, ed., *Baroque: Architecture, Sculpture, Painting*, Cologne 1998

P. Waddy, *Seventeenth-Century Roman Palaces: Use and the Art of the Plan*, Cambridge, Mass., & London 1990

M. Whinney and O. Millar, *English Art 1625-1714*, Oxford 1957

R. Wittkower, *Art and Architecture in Italy 1600-1750* (1958), 3 vols., New Haven and London 1999

類書案内（参考文献）

Chapter 8

The Age of Neo-Classicism, Council of Europe Exhibition Catalogue, London 1972

A. Braham, *The Architecture of the French Enlightenment*, London 1980

C. W. Condit, *American Buildings: Materials and Techniques from the Beginning of the Colonial Settlements to the Present*, Chicago 1964

J. Cornforth, *Early Georgian Interiors*, New Haven and London 2004

J. M. Crook, *The Greek Revival* (1972), rev. ed., London 1995

I. A. Egorov, *The Architectural Planning of St Petersburg*, Athens, Ohio 1968

L. Eitner, *Neoclassicism and Romanticism 1750-1850: Sources and Documents*, vol. Ⅰ, Englewood Cliffs, New Jersey 1970

S. Eriksen, *Early Neo-Classicism in France*, London 1974

J. Ayres, *Building the Georgian City*, New Haven and London 1998

J. Fowler and J. Cornforth, *English Decoration in the 18th Century* (1974), London 1978

M. Gallet, *Paris Domestic Architecture of the 18th Century*, London 1972

H. Groth, *Neoclassicism in the North: Swedish Furniture and Interiors 1770-1850*, London 1990

G. H. Hamilton, *The Art and Architecture of Russia* (1954), Harmondsworth 1983

T. Hamlin, *Greek Revival Architecture in America*, Oxford 1944

W. Herrmann, *Laugier and Eighteenth Century French Theory*, London 1962

W. J. Hipple, *The Beautiful, the Sublime, and the Picturesque in Eighteenth-Century British Aesthetic Theory*, Carbondale 1957

H. Honour, *Neo-Classicism*, Harmondsworth 1969〔『新古典主義』白井秀和 訳、中央公論美術出版、1996年〕

M. Ilyin, *Moscow Monuments of Architecture: Eighteenth-the First Third of the Nineteenth Century*, 2 vols., Moscow 1975

W. von Kalnein, *Architecture in France in the Eighteenth-Century*, New Haven & London 1995

E. Kaufmann, *Architecture in the Age of Reason*, Harvard 1955〔『理性の時代の建築　イギリス イタリア篇』1993年；『同　フランス篇』1997年、白井秀和 訳、中央公論美術出版〕

J. Kelly, *The Society of Dilettanti: Archaeology and Identity in the British Enlightenment*, New Haven and London 2009

R. Kennedy, *Greek Revival America*, New York 1989

V. & A. Kennett, *The Palaces of Leningrad*, London 1973

A. Kuchamov, *Pavlosk, Palace and Park*, Leningrad 1975

C. Meeks, *Italian Architecture 1750-1914*, New Haven 1966

R. Middleton and D. Watkin, *Neo-Classical and 19th Century Architecture* (1977), New York 1980〔『新古典主義・19世紀建築　1』1998年；『同　2』（図説世界建築史13・14巻）2002年、土居義岳 訳、本の友社〕

J. Morley, *Regency Design 1790-1840*, London 1993

N. Pevsner, ed., *The Picturesque Garden and its Influence outside the British Isles*, Washington DC 1974

A. Picon, *French Architects and Engineers in the Age of Enlightenment*, Cambridge 1992

W. H. Pierson, *American Buildings and their Architects: The Colonial and Neo-Classical Styles*, New York 1970

R. Rosenblum, *Transformations in Late 18th-Century Art*, Princeton 1967

L. M. Roth, *A Concise History of American Architecture* (1979), New York 1980

J. Rykwert, *The First Moderns, the Architects of the 18th Century*, Cambridge, Mass. 1980

J. Rykwert, *On Adam's House in Paradise*, New York 1972〔『アダムの家：建築の原型とその展開』黒石いずみ 訳、鹿島出版会、1995年〕

C. Saumarez Smith, *Eighteenth-Century Decoration: Design and Domestic Interiors in England*, London 1993

K. Scott, *The Rococo Interior: Decoration and Social Spaces in Early 18th-Century Paris*, New Haven and London 1995

D. Shvidkovsky, *The Empress and the Architect: British Architecture and Gardens at the Court of Catherine the Great*, New Haven and London 1996

O. Sirén, *China and the Gardens of Europe of the 18th Century* (1950), Dumbarton Oaks 1990

D. Stillman, *English Neo-classical Architecture*, 2 vols., London 1988

J. Summerson, *Architecture in Britain 1530-1850* (1953), 9th ed., New Haven and London 1993

C. Tadgell, *Ange-Jacques Gabriel*, London 1978

A. Vidler, *The Writing of the Walls: Architectural Theory in the Late Enlightenment*, Princeton 1987

A. Vidler, *Claude-Nicolas Ledoux: Architecture and Social Reform at the End of the Ancien Régime*, Cambridge, Mass. 1990

D. Watkin, *Sir John Soane: Enlightenment Thought and the Royal Academy Lectures*, Cambridge 1996

975

D. Watkin & T. Mellinghoff, *German Architecture and the Classical Ideal, 1740-1840*, London 1987

M. Whiffen & F. Koeper, *American Architecture 1607-1976*, London & Henley 1981

D. Wiebenson, *Sources of Greek Revival Architecture*, London 1969

D. Wiebenson, *The Picturesque Garden in France*, Princeton 1978

J. Wilton-Ely, *Piranesi as Architect and Designer*, New Haven & London 1993

R. Wittkower, *Palladio and English Palladianism*, London 1974

G. Worsley, *Classical Architecture in Britain: The Heroic Age*, New Haven and London 1995

Chapter 9

T. Aidala, *The Great Houses of San Francisco*, Lonodn 1974

M. Aldrich, *Gothic Revival*, London 1994

B. Bergdoll, *European Architecture 1750-1890*, Oxford 2000

B. Bergdoll, *Karl Friedrich Schinkel: An Architecture for Prussia*, New York 1994

C. Brooks, *Gothic Revival*, London 1999〔『ゴシック・リヴァイヴァル』鈴木博之・豊口真衣子 訳、岩波書店、2003年〕

D. B. Brownlee, *The Law Courts, the Architecture of G. E. Street*, Cambridge, Mass. 1984

D. F. Burg, *Chicago's White City of 1893*, University Press of Kentucky 1976

G. Butikov, *St Isaac's Cathedral, Leningrad* (1974), London 1980

F. Choay, *The Modern City. Planning in the 19th Century*, New York 1969〔『近代都市：19世紀のプランニング』彦坂裕 訳、井上書院、1983年〕

P. Collins, *Changing Ideals in Modern Architecture 1750-1950*, London 1965

C. W. Condit, *American Building Art, The Nineteenth Century*, New York 1960

L. Craig, *The Federal Presence: Architecture, Politics and National Design* (1978), Cambridge, Mass. 1984

J. Curl, *Victorian Architecture: Diversity and Invention*, Reading 2007

A. Drexler, ed., *The Architecture of the Ecole des Beaux-Arts*, London 1977

H. J. Dyos and M. Wolff, eds., *The Victorian City: Image and Reality*, 2 vols., London 1973

C. L. Eastlake, *A History of the Gothic Revival* (1872), Leicester 1970

R. A. Etlin, *The Architecture of Death*, Cambridge, Mass. 1984

N. Evenson, *Paris: A Century of Change 1878-1978*, New Haven and London 1979

C. Fox, ed., *London-World City 1800-1840*, New Haven and London 1992

G. German, *Gothic Revival in Europe and Britain*, London 1972

S. Giedion, *Space, Time and Architecture* (1941), Cambridge, Mass. 1967〔『空間　時間　建築』太田實 訳、丸善、2009年〕

S. Giedion, *Mechanization Takes Command* (1948), New York 1955〔『機械化の文化史：ものいわぬものの歴史』榮久庵祥二 訳〕

M. Girouard, *The Victorian Country House* (1971), New Haven and London 1979

M. Girouard, *Sweetness and Light: the 'Queen Anne' Movement, 1860-1900*, Oxford 1977

H. S. Goodhart-Rendel, *English Architecture since the Regency*, London 1953

T. Hall, *Planning Europe's Capital Cities: Aspects of 19th-Century Urban Development*, London 1997

D. P. Handlin, *The American Home: Architecture and Society 1815-1915*, Boston 1979

G. Hersey, *High Victorian Gothic, a Study in Associationism*, Baltimore 1972

H. -R. Hitchcock, *Early Victorian Architecture in Britain*, 2 vols., New Haven and London 1954

H. -R. Hitchcock, *Architecture, 19th and 20th Centuries* (1958), New Haven and London 1987

S. Jervis, *High Victorian Design*, Ottawa 1974

J. R. Kellett, *The Impact of Railways on Victorian Cities*, London 1969

R. G. Kennedy, *Greek Revival America*, New York 1989

E. Kirichenko, *Moscow Architectural Monuments of the 1830s-1910s*, Moscow 1977

R. Longstreth, *On the Edge of the World: Four Architects in San Francisco at the Turn of the Century*, Cambridge, Mass. 1983

F. Loyer, *Architecture of the Industrial Age, 1789-1914*, New York 1982

C. C. Mead, *Charles Garnier's Paris Opera: Architectural Empathy and the Renaissance of French Classicism*, Cambridge, Mass., and London 1991

C. Meeks, *The Railroad Station*, New Haven 1956

R. Middleton, ed., *The Beaux-Arts and Nineteenth-Century French Architecture*, London 1982

S. Muthesius, *The High Victorian Movement in Architecture,*

1850-1870, London 1971

J. K. Ochsner, *H. H. Richardson, Complete Architectural Works*, Cambridge, Mass. 1982

D. J. Olsen, *The Growth of Victorian London*, London 1976

N. Pevsner, *Some Architectural Writers of the Nineteenth Century*, Oxford 1972

N. Pevsner, *Pioneers of Modern Design* (1936), New Haven and London 2005〔『モダン・デザインの展開：モリスからグロピウスまで』白石博三 訳、みすず書房、1953年〕

W. H. Pierson, *American Buildings and their Architects, Technology and the Picturesque. The Corporate and Early Gothic Styles*, New York 1978

M. H. Port, ed. *The Houses of Parliament*, New Haven and London 1976

M. H. Port, *Imperial London: Civil Government Building in London 1851-1915*, New Haven and London 1995

H. G. Pundt, *Schinkel's Berlin*, Cambridge, Mass. 1972〔『建築家シンケルとベルリン：十九世紀の都市環境の造形』杉本俊多 訳、中央公論美術出版、1985年〕

J. W. Reps, *Monumental Washington, the Planning and Development of the Capital Center*, Princeton 1967

W. D. Robson-Scott, *The Literary Background of the Gothic Revival in Germany*, Oxford 1965

L. M. Roth, *McKim, Mead and White, Architects*, London 1984

P. B. Stanton, *The Gothic Revival and American Church Architecture*, Baltimore 1968

A. Sutcliffe, *Towards the Planned City: Germany, Britain, the United States and France 1780-1914*, New York 1981

D. Van Zanten, *The Architectural Polychromy of the 1830's* (1970), New York & London 1977

D. Van Zanten, *Designing Paris: The Architecture of Duban, Labrouste, Duc and Vaudoyer*, Cambridge, Mass. 1987

D. Van Zanten, *Building Paris: Architectural Institutions and the Transformation of the French Capital, 1830-1870*, Cambridge 1994

A. Zador, *Revival Architecture in Hungary: Classicism and Romanticism*, Budapest 1985

Chapter 10

F. Borsi and E. Godoli, *Paris 1900*, London 1978

Y. Brunhammer and G. Naylor, *Hector Guimard*, London 1978

E. Casanelles, *Antonio Gaudi: A Reappraisal*, New York 1967

G. Collins, *Antonio Gaudi*, London 1960

R. Descharnes and C. Prévost, *Gaudi: the Visionary*, New York 1971

H. Geretsegger, M. Peintner & W Pichler, *Otto Wagner 1841- 1918*, New York and London 1970〔『オットー・ワーグナー：ウィーン世紀末から近代へ』伊藤哲夫・衛藤信一 訳、鹿島出版会、1984年〕

T. Howarth, *Charles Rennie Mackintosh and the Modern Movement* (1952), London 1977

R. Macleod, *Charles Rennie Mackintosh*, London 1968〔『マッキントッシュ：建築家として・芸術家として』横川善正 訳、鹿島出版会、1993年〕

S. T. Madsen, *Art Nouveau*, London 1967〔『アール・ヌーヴォー』高階秀爾・千足伸行 訳、美術公論社、1983年〕

N. Pevsner and J. M. Richards, eds., *The Anti-Rationalists*, London 1973〔『反合理主義者たち：建築とデザインにおけるアール・ヌーヴォー』香山寿夫・武沢秀一・日野水信 編訳、鹿島出版会、1976年〕

N. Powell, *The Sacred Spring, The Arts in Vienna 1898-1918*, New York 1974

F. Russell, ed., *Art Nouveau Architecture*, New York 1979〔『アール・ヌーヴォーの建築』西沢信弥 他訳、A.D.A.EditaTokyo、1982年〕

R. Schmutzler, *Art Nouveau*, New York and London 1962

F. Sekler, *Josef Hoffmann, the Architectural Work* (1982), Princeton 1985

A. Service, *London 1900*, London & New York 1979

P. Singelenberg, *H. P. Berlage: Idea and Style*, Utrecht 1972

P. Vergo, *Art in Vienna 1898-1918* (1975), Oxford 1981

Chapter 11

H. Allen Brooks, *The Prairie School*, Toronto 1972

U. Apollonio, *Futurist Manifestos*, London 1973

R. Banham, *Theory and Design in the First Machine Age*, London 1960〔『第一機械時代の理論とデザイン』石原達二・増成隆士 訳、鹿島出版会、1976年〕

R. Banham, *Megastructures. Urban Futures of the Recent Past*, London 1976

R. Banham, *The New Brutalism, Ethic or Aesthetic?*, London 1966

R. Banham, *The Architecture of the Well-Tempered Environment* (1969), London 1984〔『環境としての建築：建築デザインと環境技術』堀江悟郎 訳、鹿島出版会、2013年〕

P. Bayer, *Art Deco Architecture*, London 1992

L. Benevolo, *History of Modern Architecture*, 2 vols. (1960), London 1971〔『近代建築の歴史』武藤章 訳、鹿島出版会、2004年〕

R. H. Bletter & C. Robinson, *Skyscraper Style: Art Deco New York*, New York 1975

T. Buddensieg, *Industriekultur. Peter Behrens and the AEG, 1907-14* (1979), Cambridge, Mass. 1984

L. Burckhardt, ed., *The Werkbund: History and Ideology 1907-33*, New York 1980

P. Collins, *Concrete: the Vision of a New Architecture*, London 1959

C. W. Condit, *American Building Art: The 20th Century*, New York 1961

C. W. Condit, *Chicago 1910-29, Building, Planning and Urban Technology*, Chicago 1973

D. Dernie, *New Stone Architecture*, London 2003

A. Drexler, *Transformations in Modern Architecture*, New York 1979

L. K. Eaton, *American Architecture Comes of Age: European Reaction to H. H. Richardson and Louis Sullivan*, Cambridge, Mass. And London 1972

R. Economakis, ed. *Building Classical: A Vision of Europe and America*, London 1993

B. Farmer & H. Louw, ed., *Companion to Contemporary Architectural Thought*, London 1993

R. Fishman, *Urban Utopias in the Twentieth Century*, New York 1977

K. Frampton, *Modern Architecture: A Critical History* (1980), London 2007〔『現代建築史』中村敏男 訳、青土社、2003年〕

M. Franciscono, *Walter Gropius and the Creation of the Bauhaus in Weimar*, Chicago and London 1971

M. Friedman, ed., *De Stijl: 1917-1931, Visions of Utopia*, Oxford 1982

B. Gill, *Many Masks: A Life of Frank Lloyd Wright* (1987), London 1988〔『ライト　仮面の生涯』塚口眞佐子 訳、学芸出版社、2009年〕

B. Gravagnulo, *Adolf Loos, Theory and Works*, New York 1982

A. Stuart Gray, *Edwardian Architecture: A Biographical Dictionary* (1985), London 1988

P. Gössel, ed., *Modern Architecture A-Z*, 2 vols, London 2010

H.-R. Hitchcock and P. Johnson, *The International Style: Architecture since 1922*, New York 1932〔『インターナショナル・スタイル』武沢秀一 訳、鹿島出版会、1978年〕

H.-R. Hitchcock, *In the Nature of Materials 1887-1941, the Buildings of Frank Lloyd Wright*, New York 1942

C. Hussey and A. S. G. Butler, *Lutyens Memorial Volumes*, 3 vols., 1951

R. G. Irving, *Indian Summer. Lutyens, Baker and Imperial Delhi*, New Haven and London 1981

J. Jacobs, *The Death and Life of Great American Cities*, Harmondsworth 1961〔『アメリカ大都市の死と生』山形浩生 訳、鹿島出版会、2010年〕

C. Jencks, *The New Paradigm in Architecture*, New Haven and London 2002

C. Jencks, *The Language of Post-Modern Architecture* (1977), London 1984〔『a+u臨時増刊　ポスト・モダニズムの建築言語』竹山実 訳、エー・アンド・ユー、1978年〕

C. Jencks, *Post-Modernism: The New Classicism in Art and Architecture*, London 1987

P. Jodidio, *Architecture Now!*, Cologne, London, etc. 2002〔『現代建築家』高橋正明 訳、Taschen、2003年〕

W. H. Jordy, *American Buildings and their Architects. The Impact of European Modernism in the Mid-Twentieth Century*, New York 1972

A. Kopp, *Town and Revolution, Soviet Architecture and City Planning 1917-1935*, New York and London 1970

S. Kostof, *The Third Rome 1870-1950: Traffic and Glory*, Berkeley 1973

R. Krier, *Urban Space*, London and New York 1979

L. Krier, *Albert Speer, Architecture 1932-1942*, Brussels 1985

L. Krier, *Architecture: Choice or Fate*, London 1998

V. Lampugnani, ed., *The Thames and Hudson Encyclopaedia of 20th-century Architecture*, London 1986

Le Corbusier, *Towards a New Architecture*, London 1927〔『建築をめざして』吉坂隆正 訳、鹿島出版会、1967年〕〔『建築へ』（新装普及版）樋口清 訳、中央公論美術出版、2011年〕

C. Lodder, *Russian Constructivism*, New Haven 1983

B. Marten, & H. Peter, *ArchiCAD Best Practice: The Virtual Building^{TM} Revealed*, Vienna and New York 2004

R. Miller, ed., *Four Great Makers of Modern Architecture: Gropius. Le Corbusier, Mies van der Rohe, Wright*, New York 1963

B. Miller Lane, *Architecture and Politics in Germany 1918-1945*, Cambridge, Mass. 1968

J. Milner, *Tatlin and the Russian Avant-Garde*, New Haven 1983

J. Pallasmaa, H. O. Anderson et al. *Nordic Classicism 1910-1930*, Helsinki 1982

A. Papadakis and H. Watson, ed. *New Classicism: Omnibus Volume*, London 1990

H. Pearman, *Contemporary World Architecture*, London 1998

W. Pehnt, *Expressionist Architecture*, London 1973〔『表現主義の建築　上下』長谷川章 訳、鹿島出版会、1988年〕

R. J. van Pelt & C. W. Westfall, *Architectural principles in the Age of Historicism*, New Haven and London 1991

類書案内（参考文献）

The Phaidon Atlas of Contemporary World Architecture, London 2004〔『ファイドン・アトラス世界の現代建築』石原久子 他訳、ファイドン、2005年〕

D. Porphyrios, *Souces of Modern Eclecticism: Studies on Alvar Aalto*, London 1982

P. Portoghesi, *The Presence of the Past*, Venice Biennale 1980

C. Rowe, *The Mathematics of the Ideal Villa and Other Essays*, Cambridge, Mass. 1977〔『マニエリスムと近代建築：コーリン・ロウ建築論選集』伊東豊雄・松永安光 訳、鹿島出版会、1981年〕

A. Scobie, *Hitler's State Architecture: The Impact of Classical Antiquity*, Pennsylvania State UP 1990

V. Scully, *The Shingle Style*, New Haven 1955

J. Sergeant, *Frank Lloyd Wright's Usonian Houses*, New York 1976

A. Service, *Edwardian Architecture and its Origins*, London 1975

B. A. Spencer, ed., *The Prairie School Tradition*, New York 1979

R. A. M. Stern, *Modern Classicism*, London 1988

M. Tafuri, *Architecture and Utopia: Design and Capitalist Development*, London 1976〔『建築神話の崩壊：資本主義社会の発展と計画の思想』藤井博巳・峰尾雅彦 訳、彰国社、1981年〕

A. Tarkhanov & S. Kavtaradze, *Stalinist Architecture*, London 1992

R. R. Taylor, *The World in Stone, the Role of Architecture in National Socialist Ideology*, Berkeley 1974

R. Venturi, *Complexity and Contradiction in Architecture*, New York 1966〔『建築の多様性と対立性』伊藤公文 訳、鹿島出版会、1982年〕

R. Venturi, D. Scott-Brown and S. Izenour, *Learning from Las Vegas*, Cambridge, Mass. 1972〔『ラスベガス』石井和紘・伊藤公文 訳、鹿島出版会、1978年〕

R. Walden, ed. *The Open Hand: Essays on Le Corbusier*, Cambridge, Mass. 1977

R. Weston, *The House in the Twentieth Century*, London 2002

D. Wiebenson, *Tony Garnier: the Cité Industrielle*, New York 1969〔『工業都市の誕生：トニー・ガルニエとユートピア』松本篤 訳、井上書院、1983年〕

J. Willett, *Art and Politics in the Weimar Period: The New Sobriety, 1917-1933*, London 1978

H. Wingler, *The Bauhaus: Weimar, Dessau, Berlin and Chicago*, Cambridge, Mass. 1969

W. de Wit, ed. *The Amsterdam School: Dutch Expressionist Architecture, 1915-1930*, Cambridge, Mass. 1983

S. Wrede, *The Architecture of Erik Gunnar Asplund*, Cambridge, Mass. 1979〔『アスプルンドの建築：北欧近代建築の黎明』樋口清・武藤章 訳、鹿島出版会、1982年〕

F. L. Wright, *An Autobiography*, New York 1932〔『自伝：ある芸術の形成』1988年；『自伝：ある芸術の展開』2000年、樋口清 訳、中央公論美術出版〕

Chapter 12

G. Celant, *Frank O. Gehry since 1997*, London 2009

E. Dowling, *New Classicism: The Rebirth of Traditional Architecture*, New York 2004

P. Eisenman, *Rem Koolhaas*, London 2010

R. Gargiani, *Rem Koolhaas, OMA: The Construction of Merveilles*, Lausanne and Oxford 2008

M. Guzowski, *Towards Zero-energy Architecture*, London 2010

D. Jenkins, ed., *Foster + Partners*, London 2008

R. Miyake, *Shigeru Ban: Paper in Architecture*, New York 2009

P. Schumacher and G. Fontana-Giusti, eds, *Zaha Hadid: Complete Works*, London 2004

N. Stungo, *Herzog & de Meuron*, London 2002

D. Sudjic, *Norman Foster: A Life in Architecture*, London 2010〔『ノーマン・フォスター 建築とともに生きる』三輪直美 訳、TOTO出版、2011年〕

D. Watkin, *Radical Classicism: The Architecture of Quinlan Terry*, New York 2006

T. Weaver, ed., *David Chipperfield: Architectural Works, 1990-2002*, Basel and Boston 2003

General

E. Baldwin Smith, *The Dome: A Study in the History of Ideas*, Princeton 1971

Encyclopedia of World Art, 15 vols., New York, Toronto, London 1959-69

H. M. Covin, *Architecture and the After-Life*, New Haven and London 1991

J. S. Curl, *The Art and Architecture of Freemasonry*, London 1991

J. S. Curl, *Dictionary of Architecture and Landscape Architecture*, London 2006

E. A. Gutkind, *International History of City Development*, 8 vols., London 1964-72

G. Hersey, *The Lost Meaning of Classical Architecture: Speculations on Ornament from Vitruvius to Venturi*, Cambridge, Mass. 1988〔『古典建築の失われた意味』白井秀和 訳、鹿島出版会、1993年〕

H.-W. Kruft, *A History of Architectural Theory from Vitruvius to the Present*, London & New York 1994〔『建築論全史：古

代から現代までの建築論事典　I』2009年；『同　II』
　　 2010年、竺　覚暁 訳、中央公論美術出版〕
The Grove Dictionary of Art, 34 vols., London 1996
Macmillan Encyclopedia of Architects, 4 vols., London & New
　　 York 1982
J. Onians, *Bearers of Meaning: The Classical Orders in Antiquity
　　 the Middle Ages, and the Renaissance*, Princeton 1988
　　 〔『建築オーダーの意味：古代・中世・ルネサンスの
　　 古典オーダー』日高健一郎 監訳、中央公論美術出版、
　　 2004年〕
N. Pevsner, *An Outline of European Architecture* (1943), rev. ed.,
　　 London 2009〔『ヨーロッパ建築序説』小林文次 他訳、
　　 彰国社、1989年〕
D. Porphyrios, *Classical Architecture*, London 1991
M. Praz, *An Illustrated History of Interior Decoration*, London
　　 1964
P. de la Ruffinière du Prey, *The Villas of Pliny from Antiquity to
　　 Posterity*, Chicago and London 1994
J. Rykwert, *The Dancing Column: On Order in Architecture*,
　　 Cambridge, 1996
G. Scott, *The Architecture of Humanism* (1914), London 1980
　　 〔『ジェフリー・スコット「ヒューマニズムの建築：趣
　　 味の歴史の研究」注解』桐敷真次郎 編著、中央公論
　　 美術出版、2011年〕〔『人間主義の建築：趣味の歴史
　　 をめぐる一考察』邉見浩久・坂牛卓 監訳、鹿島出版
　　 会、2011年〕
R. Scruton, *The Aesthetics of Architecture*, London 1979〔『建築
　　 美学』阿部公正 訳、丸善、1985年〕
J. Summerson, *The Classical Language of Architecture* (1963),
　　 London 1980〔『古典主義建築の系譜』鈴木博之 訳、中
　　 央公論美術出版、1989年〕
P. Thornton, *Authentic Decor: the Domestic Interior 1620-1920*,
　　 London 1984
A. Tzonis and L. Lefaivre, *Classical Architecture: The Poetics of
　　 Order*, Cambridge, Mass. 1986〔『古典主義建築：オー
　　 ダーの詩学』藤井博巳 他訳、鹿島出版会、1997年〕
D. Watkin, *Morality and Architecture Revisited*, London 2001
　　 〔『モラリティと建築』榎本弘之 訳、鹿島出版会、1981
　　 年』〕

アクナレッジメンツ
謝　辞

A. C. L. Brussels: 711, 753; AKG, London: 298, 596, 833; Aerofilms Ltd, Boreham Wood: 301, 408, 623, 642; ©Alamy/Arcaid/Gisela Erlacher: 932, ©Alamy/Imagebroker/Michael Nitzschke: 939, ©Alamy/McCanner: 947, 955; Archives of The Temple (Hebrew Benevolent Congregation), Atlanta: 798; Archivi Alinari, Florence: 65, 82, 145, 304, 307, 312, 334, 336, 338, 358, 419, 421, 430, 436, 438, 449, 590, 591, 772; Anderson: 329, 347, 434, 453; Broghi: 314, 351, 694; Wayne Andrews, Chicago: 587, 609, 612, 643, 714, 715, 717, 718, 719, 720, 721, 722, 723, 724, 725, 728, 729, 731, 734, 736, 738, 785, 786, 788, 789, 790, 795, 800, 848, 896, 898; Arcaid, Kingston upon Thames (Richard Bryant): 930: (Colin Dixon): 361: (Martin Jones): 625: (Lucinda Lambton): 706, 868: (Ezra Stoller/Esto): 804; Archipress, Paris: (Pascal Lemaitre) 532, (Franck Eustache) 703, (Manez & Favret) 839; The Architectural Association, London: 816; F. R. Yerbury: 801, 802, 818, 852, 857, 859; The Architectural Press, London: 820, 845, 881, 903; Martin Charles: 890; Archivo Fotográfico Oronoz, Madrid: 293, 299; Archivo Iconografico SA, Barcelona: 247, 383, 777; ©Arctic Photo/Alamy: 966; Arxiu MAS, Barcelona: 292; James Austin, Cambridge: 188, 232, 313, 318, 319, 332, 335, 348, 378, 410, 574, 588, 631, 633, 634, 635, 637, 638, 639, 644, 645, 758; Richard Barnes: 965; BPK, Berlin: 2, 8; Bauhaus Archiv, Berlin: 822, 823, 824; Tim Benton, London: 460, 751, 756, 763, 776, 812, 817, 837, 842; John Bethell, St Albans: 712; Bibliotheca Hertziana, Rome: 124, 311, 528; Bibliothèque Nationale, Paris: 585; Bildarchiv Foto Marburg: 12, 60, 155, 224, 270, 271, 272, 382, 386, 391, 393, 396, 411, 475, 492, 530, 531, 593, 594, 595, 596, 597, 598, 599, 676, 677, 680, 681, 684, 687, 689, 754, 764, 765, 766, 768, 770, 805, 806, 807, 808, 809, 810, 811, 813, 814, 815, 819, 825, 826, 831, 832; Ricardo Bofill, Paris/Deidi von Schaewen: 917; Boudot-Lamotte, Paris: 7; The British Architectural Library, RIBA, London: 841; (F. R. Yerbury): 856; Bulloz, Paris: 636, 650; Santiago Calatrava: 927, 932; Camera Press Ltd, London: 700; ©Marcia Chambers/dbimages/Alamy: 978; Martin Charles, Middlesex: 664, 769, 911; Jean-Loup Charmet, Paris: 583, 743; Chicago Architectural Photographing Company: 733; Commonwealth War Graves Commission, Maidenhead: 884; Conway Library, Courtauld Institute, London: 220, 227, 231, 233, 248, 249, 250, 255, 256, 258, 259, 282, 287, 294, 302, 303, 323, 326, 344, 349, 369, 381, 409, 416, 424, 425, 496, 516, 539, 572, 872; Country Life, London: 654, 879; Roderick Coyne: 106 Crown copyright Reproduced with the permission of the Controller of Her Majesty's Stationery Office: 182; ©Michael Denancé/Artedia/VIEW: 953; Sylvie Desauw: 948; The Design Council, London/Jack Pritchard: 891; John Donat, London: 37, 651, 874; Andrés Duany and Elizabeth Plater-Zyberk: 950; The Dunlap Society, Essex NY/Richard Cheek: 620, 621; Edifice, London: (Darley) 883, 924; Embassy of the Federal Republic of Germany. Press and Information Office/Photo: Christophe Avril: 946; Esto Photographics Inc., Mamaroneck, NY (Wayne Andrews) 727, 803, (Peter Aaron) 869, (Jeff Goldberg) 934; Fondation Le Corbusier, Paris/DACS 1986: 843; ©Fotografica Foglia, Naples: 67; Fototeca Unione, Rome: 29, 50, 52, 68, 69, 70, 72, 73, 75, 88, 91, 99, 105, 108, 113, 115; French Government Tourist Office, London: 629; Courtesy of Samuel Garcia: 957; Getty Images/Torsten Andreas Hoffmann: 933; The J. Paul Getty Museum, Malibu/Julius Shulman: 919; Keith Gibson, Ayrshire: 762; Giraudor, Paris: 192, 368, 374, 380, 464, 569, 589 640, 648, 701, 709, 756; Dennis Gilbert: 913; Giraudon, Paris: 238; ©Thierry Grun/Aero/Alamy: 964; Guggenheim Museum, New York: 895; Guildhall Library, London: 877; Sotiris Haidemenos, Athens: 139; Sonia Halliday, Weston Turville/Jane Taylor: 354; Robert Harding Picture Library Ltd, London: 10, 297, 603, 624, 628, 655, 778, 902; ©Cath Harries/Alamy: 970; Hedrich-Blessing, Chicago: 897; Clive Hicks, London: 23, 32, 74, 83, 130, 138, 148, 152, 159, 177, 181, 184, 186, 194, 195, 197, 209, 211, 214, 216, 219, 221, 226, 229, 246, 251, 252, 254, 257, 267, 284, 514, 761; R. Higginson, London: 223, 534, 535, 592, 627, 632, 698, 742; Courtesy of Gerald D. Hines College of Architecture (photo: N. Laos): 915; Hirmer Fotoarchiv, Munich: 4, 19, 26, 36, 40, 43, 48, 64, 116, 120, 128, 146, 187, 196, 203; Michael Holford, Loughton, Essex: 170, 237, 372, 366, 566, 705; 367; Angelo Hornak, London: 164, 165, 262, 371, 498, 499, 501, 511, 509, 552, 565, 573, 773, 774, 867; Tim Imrie, London: 611; Institut de France, Paris/Bulloz: 317; Yasuhiro Ishimoto: 929; Istituto Centrale per il Catalogo e la Documentazione, Rome: 340; Italian State Tourist Office, London: 870; Jan Olav Jensen: 962; John F. Kennedy Library, Boston: 910; Peter Kent, London: 652; A. F. Kersting, London: 11, 16, 18, 24, 27, 33, 39, 44, 46, 47, 102, 110, 123, 129, 135, 147, 158, 162, 163, 172, 178, 179, 180, 182, 185, 190, 193, 204, 206, 210, 213, 218, 222, 225, 236, 241, 242, 244, 260, 261, 263, 264, 265, 277, 285, 286, 289, 290, 300, 320, 321, 341, 342, 353, 362, 375, 377, 384, 388, 392, 394, 397, 401, 403, 404, 406, 414, 428, 440, 461, 468, 470, 487, 486, 490, 493, 494, 495, 500, 510, 512, 513, 515, 517, 518, 519, 525, 536, 541, 544, 545, 548, 549, 550, 554, 556, 557, 567, 568, 570, 571, 601, 622, 630, 647, 659, 660, 665, 666, 667, 671, 672, 673, 674, 675, 692, 693, 741, 851, 876, 886, 889, 892, 904; G. E. Kidder Smith, New York; 610, 619, 858; ©Mike Kipling Photography/Alamy: 956; Léon Krier, London: 949; Courtesy Kengo Kuma: 963; Ralph Lieberman, North Adams, MA: 93, 156, 175, 207, 308, 309, 343, 356, 732, 756, 780, 781, 783, 793, 900; ©Yang Liu/Corbis: 979; Louisiana Office of Tourism/Al Godoy: 916; ©Duccio Malagamba: 951; The Mansell Collection, London/Alinari: 107, 435, 696, 865; Anderson: 122, 125, 134, 208, 315, 325, 328, 345; Marin Museum Karlskrona/Lasse Carlsson: 602; John Massey Stewart, London: 607; Claude Mercier: 945; Mitsuo Matsuoka: 930; Padre Ettore Molinaro, Brà: 450; ©Michael Moran: 973; Musée des Arts Décoratifs, Paris: 836; Musée de la Ville de Paris/SPADEM 1986: 582; Musée des Beaux-Arts, Dijon: 581; Museum of Finish Architecture, Helsinki: 702, 853, 854, 855, 862, 863, 864, 906, 907, 908, 909; Museum of Modern Art, New York/Mies van der Rohe Archive: 830; Werner Neumeister, Munich: 713; Netherlands Information Service, The Hague/Bart Hofmeester: 398; Peter Newark's American Pictures, Bath: 626, 628; New York Convention & Visitors' Bureau: 799; Novosti Press Agency, London: 141, 142, 704, 708, 894; Tomio Ohashi, Tokyo: 928; Richard Payne, Houston, TX: 914; Polish Agency Interpress, Warsaw: 280, 600; Josephine Powell, Rome: 127; Prestel Verlag, Munich/Joseph H. Biller: 161; Albert Renger-Patzsch, Wamel: 491; Réunion des Musées Nationaux, Paris: 5, 420; ©Christian Richters, Münster: 931, 938, 954, 958, 960, 961, 971, 976, 980; Roger-Violet, Paris: 849, 850; Aldo Rossi, Milan: 902; Jean Roubier, Paris: 835; Royal Commission on Historical Monuments (England), London: 561, 562, 888; ©P. Ruault: 975, 981; Scala, Florence: 160, 355; Diedi von Schaewen: 923; Helga Schmidt-Glassner, Stuttgart: 166, 168, 268, 269, 273, 274, 275, 276, 278, 279, 389, 390, 395, 479, 480, 481, 484, 483, 679, 685, 686, 688, 691; Ronald Sheridan's Photo Library, Harrow on the Hill: 296; John Simpson and Partners Ltd, London: 937; John Sims, London: 200; Edwin Smith, Saffron Walden: 62, 78, 80, 92, 96, 97, 103, 137, 339, 360, 402, 427, 506, 543, 551, 553, 656, 657, 695, 779; Society of Antiquaries, London: 258; ©Ted Soqui/Corbis: 968; Spectrum Colour Library, London: 169; Staatliche Museen zu Berlin: 59, 112; Phil Starling: 922; Stedelijk Museum, Amsterdam: 828; ©Jose Luis Stephens/Alamy: 967; Stirling Foundation, London: 921; ©Edmund Sumner/VIEW: 959, ©Edmund Sumner/VIEW/Alamy: 972; Wim Swaan, London: 61, 171, 176, 199, 201, 202, 230, 234, 239, 243, 281, 291, 295, 306, 337, 415, 423, 430, 431, 437, 441, 443, 445, 446, 447, 455, 462, 465, 467, 471, 472, 476, 478, 486, 504, 505, 520, 521, 522, 526, 527; Thorvaldsens Museum, Copenhagen/Ole Woldbye: 699; Topham Picture Library, Edenbridge: 523, 662, 796, 887; TWA, London: 905; Unilever Historical Archives, Wirrall: 744; United Photos De Boer b.v. Haarlem: 400; Varga/Arte Phot, Paris: 508; Serena Vergano, Barcelona: 936; Victoria & Albert Museum, London: 559, 668; Vizcaya-Dade County Art Museum, Miami: 797; Paul Wakefield, London: 885; ©Gari Wyn Williams/Alamy: 974; ©Nick Wood/Alamy: 977; Frank Lloyd Wright Foundation, Taliesin: 791; Yan, Toulouse: 189; Zefa, London: 615; (K. Prädel): 399; Alexander Zielcke, Florence: 365

建造物の平面図および線画・図解図はすべて、ダンカン・バーミンガムひとりの手で描かれた

訳者あとがき

　本書は、David Watkin 著、*A History of Western Architecture*, Fifth Edition, Laurence King Publishing, 2011 の邦訳第 II 巻であり、巻頭の訳書凡例に記したように、原著の第 8 〜 12 章、用語解説(グロッサリー)、類書案内（参考文献）、謝辞、索引等を収めている。原著は大部で、しかも（凡百の）類書を圧倒するにあまりある、広範で深遠な記述で溢れかえっているため、邦訳書は上下 2 巻で刊行されることになった。第 I（上）巻は、昨年の 2 月末に出版されたが、8 章以降の翻訳に思いのほか時間がかかり、一応の訳（私の手書きの草稿訳）が完成したのは、昨年の 7 月ごろであった。翻訳作業〔これは、かのハンナ・アーレントの用語を用いるならば、もとより Labor（労働）ではなく、Work（仕事：最近の訳書では、制作）であり、いやもっと強く言うなら、Action（活動・行為）であろうか。間違っても、「訳しただけでしょう」、などといった実に愚かな言葉だけは吐かないで頂きたい〕は、主として、研究社の『リーダーズ英和辞典』（初版 1984 年、第 2 版 1999 年）を手許においてすすめられたが、第 II（下）巻では、新たに出た第 3 版（2012 年）を主として利用した。とはいえ、たとえば、シャルル・ガルニエとトニー・ガルニエが親子などという誤記が相変わらず残されてあったり、impossibly の訳語・用例が不十分なままだったり、さらには、abbey が、今は、（ウェストミンスター・アビイなどに見るごとく、）大修道院というより、大修道院教会堂の意味が強く、修道院は monastery ないしは convent であるとの記述がないなど、細かな点に煩わされてしまい、粗訳が終わってからも、調整にかなり多くの時間を要した〔もっとも、『リーダーズ・プラス』には、他にないボッロメーオ（ボロメウス）などの記述もあって、役に立つ〕。原著そのものも、索引を御覧になればお分かりのように、abbey や abbey-church と書かれていて若干ではあるものの、混乱を招いている。

　訳者は、大学の研究室や自宅は言うにおよばず、在住の市中や出張先の、喫茶店（カフェ）やファミレスの片隅で、（甘いものを飲みながら！）翻訳を続けに続け、手書きでの原稿を何とか仕上げた。こうやって生まれた大量の生原稿を電子化してもらったのは、私の研究室に所属する〔した〕ドクターの、西田亜里沙さんと名津井卓也さんの両名であった。とりわけ、（現役ドクターの）西田さんには、第 I 巻全体と、第 II 巻の半分を打ってもらい、大変な労苦を強いてしまった。第 II 巻の半分を打ってくれた（ドクター OB の）名津井さんともども、ここに感謝の意を表したい。

　さて、本書の翻訳は、中央公論美術出版の小菅勉社長より、ゼロ年代の初頭に依頼された（社長によれば、私がすすんで申し出た！）のではあるが、その後の他の出版物や、（短期ではあるが）イタリア・フランスでの研究留学、さらには厖大な書籍類の移動を伴った、私の研究室の（学外へ、ではない）学内での引っ越しなどが重なり、原稿は遅れに遅れ、挙句の果ては、

このように、原著の第5版を元にした翻訳と、相成った〔つい最近、原著の第6版が出来した（早速、注文した！）。これは、第1版が1986年、第2版が1996年、第3版が2000年、第4版が2005年、本書の原著・第5版が2011年の出版に続く、新たな版であるが、この先もおそらく（終章を改訂した）版の出来が続くことであろう。他に、仏語版が2001年に、伊語版に到っては、1990、1999、2007、2012年の各年に出ている。西語版もある〕。私自身は、この原著とは、初版の時代から親しんでいたが、どういうわけか、原著初版では正しく綴られている単語が、第3版ごろから誤記されているといった事態もあり、確認に手間取った。その意味でも、PC検索ができなかった往時とは、便利さの各段の違いを肌で感じたのであった。原著は、重要な人物には生歿年を書いている（ときには重複）が、本訳書では、凡例に挙げたとおり、調べうるかぎり、〔　〕内に生歿年を記した。その他、ここでは言い尽くせないエピソードが、多々、多々あるが、これについては、いずれ（近々に）『ワトキン「西洋建築史」物語』（仮題）といった書をものして、ご披露したいと思う。なお、（最近出来した某邦訳書の訳者の顰に倣って言うなら、）原題の A History of Western Architecture は、この書物が、西洋建築の歴史についての、ひとつの解釈であること、すなわちワトキン一流の解釈であることを、含意している。

　この著作はとにもかくにも厖大である。しかし、（繰り返すが、）それゆえにこそ、書かれている内容は、類書を遥かに凌いでいると思われる。著者のワトキンについては、同じく中央公論美術出版から、四半世紀ほど前に出た、ワトキン著／桐敷真次郎訳『建築史学の興隆』（1993）の、訳者による解説に詳しいので、そちらに譲るが、そのほかにワトキンは、以下の主要な、多くの本を出版しており、イギリスの建築史学界に大きな影響を与え続けている〔なお、邦訳のある著作については、奥付の著者略歴に記した〕。

The Practice of Classical Architecture: The Architecture of Quinlan and Francis Terry, 2005-2015, Rizzoli, New York, 2015.

The Roman Forum. Profile Books, London, 2009.

Radical Classicism: The Architecture of Quinlan Terry. Rizzoli, New York, 2006.

The Architect King: George III and the Culture of the Enlightenment. Royal Collection, London. 2004.

Morality and Architecture Revisited. University of Chicago Press, Chicago, 2001.

English Architecture: A Concise History. Thames & Hudson, London, 2001.

(Ed.) *Sir John Soane: The Royal Academy Lectures*. Cambridge University Press, Cambridge, 2000.

(Ed.) *Sir John Soane: Enlightenment Thought and the Royal Academy Lectures* (Cambridge Studies in the History of Architecture). Cambridge University Press, Cambridge, 1996.

The Royal Interiors of Regency England. Dent, London, 1984.

The English Vision. John Murray, London, 1982.

Athenian Stuart: Pioneer of the Greek Revival. Allen & Unwin, London, 1982.

Thomas Hope and the Neo-classical Idea, 1769-1831. John Murray, London,1968.

さて、本訳書がこうして完成を見たのは、先の二人のドクター院生による生原稿の電子化の労苦はもちろんのこと、第I巻では佐藤遥氏、第II巻では伊從文氏による、並々ならぬ配慮をもっての編集のおかげでもある。ここに、お二人の編集者に謝意を表したい。そして最後になったが、しかし、最小にではなく最大に、社長の小菅勉氏に感謝したい。小菅氏とは、今後もまだまだ、新しい企画を実現してゆきたいと念じており、永きに亙った「ワトキン問題」から晴れて解放された今、思いも新たに、次の、次の次の、……企画に立ち向かってゆきたい。そのことを祈念しつつ、ここで簡単なあとがきを終えたいと思う。

平成27年7月20日（月曜日）　海の日に記す

白井　秀和

索 引

〔斜太字の数字は図版の頁数を示す。〕

あ

アーキグラム　Archigram　*932*
アーチャー、トマス　Archer, Thomas　**485**, **494**, **495**
アービラ　Ávila　199, **199**, 281, 286
　大聖堂　cathedral　199, 281
アーベル、アドルフ　Abel, Adolf　819
アーヘン　Aachen
　宮廷礼拝堂　Palatine Chapel　153-4, **153**, **166**
　大聖堂　cathedral　262, *263*
アールスト　Aalst
　町政庁舎　town hall　271
アールズ・バートン　Earls Barton
　教会堂　church　**160**, *161*
アアルト、アルヴァー　Aalto, Alvar　859, 860-2, **860-2**, 893, 900, 902, 904-5, **904-6**
アーレンス、ヨハン　Arens, Johann　581, 604
アーレンツ・バートン・アンド・コラレック　Ahrends, Burton and Koralek　915
アイギナ　Aegina
　神殿　temple　42, *42*
アイグナー、クリスティアン　Aigner, Chrystian　584
アイゼンマン、ピーター　Eisenman, Peter　10, 921, **923**, *924*
アイドリッツ、レオポルド　Eidlitz, Leopold　719-20
アイヒェル、ヨハン・サンティーニ　Aichel, Johann Santini　460-1
アイヒシュテット　Eichstätt
　城館　Schloss　373
アヴィニヨン　Avignon
　宮殿　palace　231, **231**, 261, 269, 286
　大聖堂　cathedral　197
アウクスブルク　Augsburg
　ラートハオス〔市庁舎〕　town hall　373, *374*
　ジムナジウム・ザンクト・アンナ　Gymnasium St Anna　373
　屠殺場　Slaughterhouse　373
　フッガー家礼拝堂　Fugger Chapel　369
アウデナールデ　Oudenaarde
　庁舎　town hall　271
アウト、ヤコーブス　Oud, Jacobus J　823-5, 827
アクトン・バーネル　Acton Burnell　254-5
アグリジェント　Agrigento
　オリュンピアのゼウス〔ゼウス・オリュンピオス〕神殿　temple of Olympian Zeus　40-1, **41**

サント・スピーリト　S. Spirito　437
郵便局　post office　872
アクロポリス、アテネ　Acropolis, Athens　44, **45**, 67, 671, *690*, *704*
アテナ・ポリアス〔ポリス(都市国家)の守護女神〕の神殿　temple of Athena Polias　38
エレクテイオン　Erechtheion　44, 49, **51**, 52, 55-6, 65, *92*, *104*, 535, 926
ディオニュソス劇場　theatre of Dionysus　59-60
パルテノン　Parthenon　40, 44, 46-50, **47**, *49*
プロピュライア　Propylaea　44, 49, 51-2, **51**, 65, 579
アザム兄弟　Asam brothers　453, **466-7**, *467*, 469-70, 575
アシャフェンブルク　Aschaffenburg
　城館　Schloss　372, *372*
アシュダウン・ハウス　Ashdown House　601
アシュビー　Ashbee, C. R.　758, 762, 787
アシンプトート　Asymptote　952
アストルガ　Astorga
　大聖堂　cathedral　284
アスプルッチ、アントーニオ　Asprucci, Antonio　574
アスプルッチ、マリオ　Asprucci, Mario　574
アスプルンド、グンナール　Asplund, Gunnar　856, **857-8**, 859, 902, 955-6
アゼマ、レオン　Azéma, Léon　849, **849**
アゼ=ル=リドーの城館　Azay-le-Rideau, château de　350
アダム、ロバート　Adam, Robert　100, 522-3, 525, 531, **532-3**, 533-8, **535**, **537-8**, 540, **542**, 543, 548, 561, 568, 579, 582, 590-1, 599, 615
アッシジ　Assisi
　サン・フランチェスコ　S. Francesco　272-3, **272**
アッシュヴィル　Asheville
　ビルトモア・ハウス　Biltmore House　716
アッシリア帝国　Assyrian Empire　14
アッピアーニ、ジュゼッペ　Appiani, Giuseppe　467
アップジョン、リチャード　Upjohn, Richard　714-5, **714**
アテネ　Athens　32, 38, 43-6, 48, 52, 55, 57, 67, 72-3, 78, 82, 104, 109-10, 141, 704, 709, 713, 733, 737, 861
　→ アクロポリス　Acropolis も参照
アゴラ　agora　66-8, **68**, 71, 72, 110, 140
アッタロスのストア　Stoa of Attalus　71, *72*
科学アカデミー　Academy of Science　704, **705**
国立図書館　National Library　704, **705**
ゼウス・オリュンピオス神殿〔オリュンピエイオン〕　temple of Olympian Zeus　38, 57, **58**, 82, 109
大学　University　704, **705**
ハドリアヌス帝の図書館　Library of Hadrian　93, 110, **110**

985

索　引（あ）

風神たちの塔　Tower of the Winds　**72**, 73
リュシクラテスの合唱隊記念碑　Choragic Monument of Lysicrates　57-8, **58**, 603, 711
アテネ憲章（1933年）　Athens Charter (1933)　848, 932-3
アトウッド、チャールズ　Atwood, Charles　**728**, 729
アドラー、ダンクマール　Adler, Dankmar　725-6, **726**, 782
アトランタ　Atlanta
　スワン・ハウス　Swan House　797
　ヒーブルー・ベネヴォラント・コングレゲイション教会堂　Temple of Hebrew Benevolent Congregation　**797**, 798
アナポリス　Annapolis　611
アネの城館　Anet, château de　**357-8**, 358
アバディ、ポール　Abadie, Paul　150
アビイ、エドウィン・オースティン　Abbey, Edwin Austin　731
アブー・シンベル　Abu Simbel
　墓　tomb　23, **23**
アプリーリャ　Aprilia　868
アペルドールン　Appeldoorn
　オフィス・ビル　offices　918
アポロドロス、ダマスクスの　Apollodorus of Damascus　93, 107
アマーティ、カルロ　Amati, Carlo　686
アマート、ジャーコモ　Amato, Giacomo　438
アミアン　Amiens
　大聖堂　cathedral　219, 222-4, **222**, 226, 241, 245, 259, 282
アムステルダム　Amsterdam　378, 379, 512, 514, **516**, 517, 610, 707, 819, 823, 932, 937
　アルメレ〔都市〕開発　Almere development　960, **960**
　コイマンス邸　Coymans house　379
　シェープヴァルトハイス　Scheepvarthuis　817
　シロダム住宅複合施設　Silodam housing　938, **938**
　ダイヤモンド労働者連合　Diamond Workers Union　750
　中央駅　Central Station　707
　取引所　Exchange　750
　ボルネオとスポレンブルク埠頭の集合住宅　Borneo and Sporenburg Docks　937, **937**
　レイクスムセーム〔帝国美術館〕　Rijksmuseum　707
アメンヘテプ　Amenhotep　17
アラス　Arras　236, 291, 517, 881
アランダ・デ・ドゥエロ　Aranda de Duero
　教会堂　church　285
アランフエス　Aranjuez　504, 512
　宮殿　palace　504
アリッチャ　Ariccia
　サンタ・マリア　S. Maria　399, **399**
アルーダ、ディオーゴ・デ　Arruda, Diogo de　258, 289, **289**
アルカション　Arcachon
　別荘群　villas　850
アルカラー・デ・エナーレス　Alcalá de Henares

大学　college　366
アルガロッティ、フランチェスコ　Alegarotti, Francesco　573, 575
アルク＝エ＝スナン〔アルケ＝スナン〕　Arc-et-Senans
　製塩工場　saltworks　552, 567-70, **569**
アルコバッサ　Alcobaça
　教会堂　church　288-9
アルタ　Arta
　パレゴリティッサ〔パレゴレーティッサ〕　Paregoritissa　142
アルターリ（化粧漆喰装飾家）　Artari (stuccoist)　497
アルテンブルク　Altenburg
　市庁舎　town hall　370
アルノルト・フォン・ヴェストファーレン　Arnold of Westphalia　269
アルノルフォ・ディ・カンビオ　Arnolfo di Cambio　273-4, **275**, 276, 279, 296
アルハンブラ　Alhanbra → グラナダ　Granada を参照
アルビ　Albi
　大聖堂　cathedral　228, **228**, 282
アルファン　Alphand, J.-C.-A　**632**, 632
アルフヴィドソン、アンドレ　Arfvidson, André　837
アルベルティ　Alberti, L. B.　86, 295, 302-6, **303-5**, 306, 337-8, 349, 355, 390
アルメレ　Almere
　シタデル　Citadel　960, **960**
　都市娯楽センター　Urban Entertainment Centre　960
アルル　Arles　87, 187, 197, 292
　大聖堂　cathedral　197
アレ、エティエンヌ　Hallet, Etienne　**600**, 601
アレクサンドリア　Alexandria　69-70, 78, 104, 130
アレッシ、ガレアッツォ　Alessi, Galeazzo　338-40, **339**, 428
アレティーノ、スピネッロ　Aretino, Spinello　279
アン・アーバー　Ann Arbor
　図書館　Library　802
アンウィン、サー・レーモンド　Unwin, Sir Raymond　881, 930
アンカール、ポール　Hankar, Paul　749
アングレーム大聖堂　Angoulême cathedral　150, 194, **194**, 230
アングロ＝アイルランド派　Anglo-Irish school　159-161
アングロ＝サクソン族　Anglo-Saxons　151-2, 159
アンシー＝ル＝フランの城館　Ancy-le-Franc, château de　**354**, 355
アンティオキア　Antioch　69, 127, 130, 149
安藤忠雄　7, 921, **921**
アントネッリ、アレッサンドロ　Antonelli, Alessandro　686
アントネッリ、コスタンツォ　Antonelli, Costanzo　686
アンドルー、ポール　Andreu, Paul　959
アンドレ、エミール　André, Emile　754
アントワープ　Antwerp
　市庁舎　town hall　377, **377**
　ノートル＝ダム　Notre-Dame　271

986

アンナベルク　Annaberg
　　ザンクト・アンナ　St Anne　267, 268

い

イーヴリー、ヘンリー　Yevele, Henry　250, 252
イースト・アングリア大学　East Anglia, University of　900
イーネ、エルネスト・フォン　Ihne, Ernst von　682
イーペル　Ypres
　　織物会館　Cloth Hall　218, 271
イームズ、チャールズ　Eames, Charles　895
イーリー　Ely
　　大聖堂　cathedral　180, 182, **185**, 186, 237, 240, **240**, 244, 246-7, **246**, 405, 653
イーリー、レジナルド　Ely, Reginald　256-7
イェーテボリ〔ヨーテボリ〕　Göteborg
　　マストフッグ教会堂　Masthuggs church　852
イェール大学　Yale University　798, 900, 902
イェットマール、ルドルフ　Jettmar, Rudolf　761
イエンセン・イエルゲンセン・アンド・ヴォールフェルツ　Jensen, Jøgensen and Wohlfeldt　960
イエンセン、ヤン　Jensen, Jan　946, **947**
イオニア式オーダー　Ionic order　38, 43, 53, 61-2, 64, 359, 446, 602, 605, 797
イオファン、ボリス M.　Iofan, Boris M.　892, **892**
イクスナール〔ディクスナール〕、ピエール＝ミシェル・ド　Ixnard, Pierre-Michel d'　577-8
イクティノス　Ictinus　18, 45-7, 49-50, 53, 55
イサベラ様式　Isabelline style　284-5, 288
イスキエルド、フランシスコ・ウルタード　Izquierdo, Francisco Hurdato　501
イスタンブール　Istanbul → コンスタンティノープル　Constantinople を参照
イスラーム建築　Islamic architecture　10, 143, 148-9, 162-3, 200-1, 209, 284, 285
磯崎　新　Isozaki, Arata　7, 921, **921**
イッタール、ステーファノ　Ittar, Stefano　440-1
イッテン、ヨハンネス　Itten, Johannes　822-3
伊東豊雄　Ito, Toyo　944, **945**
イトルフ　Hittorff, J.-I.　618-9, **619-20**, 621, 629, 636, 649- 50, 670, 676, 721, 927
茨城　Ibaraki
　　つくばセンタービル　Tsukuba Centre　921, **921**
イプスウィッチ　Ipswich
　　事務棟　office building　906
イマトラ　Imatra
　　ヴオクセンニスカの教会堂　Vuoksenniska Church　904, 905
イムホテプ　Imhotep　17
イルクリー　Ilkley
　　ヒースコウト　Heathcote　876
インヴェリーゴ　Inverigo
　　別荘　villa　686

インディアナポリス　Indianapolis
　　公共図書館　Public Library　795

う

ヴーアリーズ、スティーヴン　Voorhees, Stephen F.　801
ヴァーグナー、オットー　Wagner, Otto　681, 760-2, **760**, 770, 771
ヴァーグナー、マルティン・フォン　Wagner, Martin von　678
ヴァーテュー兄弟　Vertue brothers　250, 252
ヴァールマン、ラーシュ・イスラエル　Wahlman, Lars Israel　852
ヴァイイ、シャルル・ド　Wailly, Charles de　538, 563, **564**, 565-6, 578, 581, 583, 588, 698
ヴァイセンブルガー、リュシアン　Weissenburger, Lucien　754
ヴァインブレンナー、フリードリヒ　Weinbrenner, Friedrich　570, 673-4, 679, 736
ヴァイマール　Weimar　580-1
　　ザクセン大公の美術/工芸学校〔ヴァイマール校〕　Saxon School　767
ヴァイル＝アム＝ライン　Weil-am-Rhein
　　ヴィトラ消防ステーション　Vitra Fire Station　922
ヴァザーリ、ジョルジョ　Vasari, Giorgio　100, 207, 325-6, 334-5, 371-2, 391, 528, 534
ヴァッカーロ、ドメニコ　Vaccaro, Domenico　**434**, 435
ヴァッカリーニ、ジョヴァンニ　Vaccarini, Giovanni B.　**438**, 439-40
ヴァッリノット　Vallinotto
　　至聖所　Sanctuary　426-7
ヴァティカン　Vatican
　　サーラ・ロトンダ〔円堂の間〕、サーラ・デッレ・ムーゼ〔ムーサたちの間〕、サーラ・ア・クローチェ・グレーカ〔ギリシャ十字形の広間〕　Sala Rotonda, Sala delle Muse, Sala a Croce Greca　572-3, **572**
　　スカーラ・レジーア　Scala Regia　397, **397**, 399
　　ブラッチョ・ヌオーヴォ　Braccio Nuovo　687
　　ベルヴェデーレの中庭　Belvedere Court　315-6, **315**, 335, 355, 366, 408, 676
ヴァトレ、クロード＝アンリ　Watelet, Claude-Henri　740
ヴァラディエル〔ヴァラディエ〕、ジュゼッペ　Valadier, Giuseppe　687
ヴァラン、ウジェーヌ　Vallin, Eugène　754
ヴァラン・ド・ラ・モト　Vallin de la Mothe, J.-B.-M.　588, **588**
ヴァロット、パウル　Wallot, Paul　682
ヴァン・アレン、ウィリアム　Van Alen, William　802
ヴァンヴィテッリ、ルイージ　Vanvitelli, Luigi　331, **435**, 436, 440, 506, 574
ヴァンブラ、サー・ジョン　Vanbrugh, Sir John　473, **486**, 487, 489, 490, 493, 649
ヴァン・ブラント、ヘンリー　Van Brunt, Henry　719
ヴィーガント博士、テオドール　Wiegand, Dr Theodore

987

索引（う）

　　　809-10, **810**
ヴィーコフォルテ・ディ・モンドーヴィ　Vicoforte di Mondovi
　　サンタ・マリア　S. Maria　**339**, 340
ヴィースキルヒェ〔ヴィース教会堂〕Wieskirche　**469**, 470, **491**
ヴィープリ　Viipuri
　　市立図書館　City Library　860-1, **860**
ウィーン　Vienna　634, 682, **683**, 688, 742
　　王立郵便局・貯蓄銀行　Royal Post Office Savings Bank　**760**, 761
　　カールスキルヒェ　Karlskirche　424, **455**, 456-7
　　宮殿（フィッシャー・フォン・エルラッハ）Palace(Fischer von Erlach)　456
　　国会議事堂　Parliament House　682, **683**
　　ザンクト・レオポルト教会堂、シュタインホーフ精神病院　St Leopold's House, Steinhof Asylum　**760**, 761
　　市庁舎　Rathaus　682
　　シュタイナー邸　Steiner House　825
　　ゼツェッション館　Secession Building　761-2, **769**
　　大聖堂　cathedral　263, **263**
　　ダウン・キンスキー宮殿　Daun Kinsky Palace　459
　　帝国図書館　Imperial Library　**457**, 458
　　ファルケシュトラーセ6番地　6 Falkestrasse　922
　　ベルヴェデーレ宮殿　Belvedere Palace　458-9, **459**
　　マヨリカハオス　Majolikahaus　761, **770**
　　陸軍博物館　Army Museum　682
　　リングシュトラーセ〔環状道路〕Ringstrasse　682, **683**
　　ウィーン工房　Wiener Werkstätte　762, 764, 787
ヴィオレ＝ル＝デュク　Viollet-le-Duc, E. -E.　618, 627, **627**, 629-31, **630**, 657, 660, 665, 680, 684, 691, 693, 706, 719-21, 745, 749, 750, 771, 786, 835, 837, 906
ヴィジェーヴァノ　Vigevano　**389**, 390
ヴィスコンティ、ジョヴァンニ・バッティスタ　Visconti, Giovanni Battista　572
ヴィチェンツァ　Vicenza
　　ヴィッラ・ロトンダ　Villa Rotonda　344, **345**, 348, 493
　　テアトロ・オリンピコ　Teatro Olimpico　391, 431
　　パラッツォ・ヴァルマラーナ　Palazzo Valmarana　343
　　パラッツォ・キエリカーティ　Palazzo Chiericati　344, **345**
　　パラッツォ・ティエーネ　Palazzo Thiene　343
　　ロッジア・デル・カピタニアート　Loggia del Capitaniato　**341**, 343-4
ヴィットーネ、ベルナルド　Vittone, Bernardo　395, 425-7, **426**, 429
ヴィトッツィ、アスカーニオ　Vitozzi, Ascanio　**339**, 340
ウィトルウィウス　Vitruvius　9, 18, 34, 56, 64, 302-3, 344, 388-90, 392, 444, 477, 529, 532, 551, 611, 925
ヴィニョーラ、ジャーコモ・ダ　Vignola, Giacomo da　335-8, **335-6**, 338, 361, 366-7, 369, 371, 382, 650, 688
ヴィニョン　Vignon, A.-P.　617, 736
ウィネトカ　Winnetka

クロウ・アイランド・スクール　Crow Island School　855
ウィモンダム　Wymondham
　　教会堂　church　252
ヴィヤンドロー　Villandraut
　　城郭　castle　230
ウィリアムズ、エドウィン　Williams, Edwin　900
ウィリアムズ、トッド　Williams, Todd　954, **954**
ウィリアムズバーグ　Williamsburg　592, 596, 612, **612**
ヴィリニュス　Vilnius
　　大聖堂　cathedral　582
ウィルキンズ、ウィリアム　Wilkins, William　647, 917
ウィルトン・ハウス　Wilton House　487
ヴィンケルマン、ヨハン・ヨアヒム　Winckelmann, Johann Joachim　522-4, 534, 572, 576, 579, 618, 636, 652, 665, 677, 695, 704, 810, 812
ウィンザー城　Windsor Castle　473, **487**, **643**
ウィンザーのニューヴィレッジ　Windsor New Village　937
ウィンチェスター　Winchester
　　宮殿　palace　473
　　巡礼者の広間〔会館〕Pilgrims' Hall　252
　　大聖堂　cathedral　179-80, **179**, 182, 237, 240, 250, 262
ウィンチェルシー　Winchelsea　254
ウィンフォード、ウィリアム　Wynford, William　250, 256, **257**
ヴィンメル、カール・ルートヴィヒ　Wimmel, Carl Ludwig　673
ウースター　Worcester
　　大聖堂　cathedral　182, 237, 254
ウェア、ウィリアム　Ware, William　719
ウェイステル、ジョン　Wastell, John　251
ウェストオーヴァー　Westover　592
ウェストポイント陸軍士官学校　West Point Military Academy　733, 798
　　カデット・チャペル　Cadet Chapel　799
ウェストミンスター・アビイ　Westminster Abbey　178-9, 241, **242-3**, 244, 247, 250-1, 257, **649**, 886
　　ヘンリー7世の礼拝堂　Henry Ⅶ's Chapel　251-2, **251**
ヴェズレー　Vézelay
　　ラ・マドレーヌ〔修道院教会堂〕La Madeleine　187, **192**, 194, 629
ウェッブ、ジョン　Webb, John　356, 389, 484, 487, 490
ウェッブ、フィリップ　Webb, Philip　663-5, **663**
ヴェッリオ、アントニオ　Verrio, Antonio　473, 487
ヴェスニン、アレクサンドルとヴィクトル　Vesnin, Aleksandr and Viktor　890
ヴェネツィア　Venice　277, 280, 290-1, 297, 332-3, 344, 429, 573
　　イル・レデントーレ　Il Redentore　348, 349, 432, 529
　　オスペダレット　Ospedaletto　432
　　カ・ドーロ　Ca' d'Oro　**278**, 280
　　サン・ジョルジョ・マッジョーレ　S. Giorgio Maggiore　349, **349**
　　サン・ジョルジョ・マッジョーレの修道院　Monastery

988

of S. Giorgio Maggiore　*432*
サンタ・マリア・グロリオーザ・デイ・フラーリ　S. Maria Gloriosa dei Frari　276
サンタ・マリア・デッラ・サルーテ　S. Maria della Salute　430-2, **430**, 497, 499
サンタ・マリア・マッダレーナ　S. Maria Maddalena　573
サンティ・シメオーネ・エ・ジューダ　SS. Simeone e Giuda　573
サンティ・ジョヴァンニ・エ・パオロ　SS Giovanni e Paolo　202, 276
サン・マルコ　S. Marco → サン・マルコ　St Mark's の項を参照
ジェズイーティ　Gesuiti　*431*, 432
総督〔の〕宮殿〔パラッツォ・ドゥカーレ〕Doges' Palace　**278**, 280
パラッツォ・コルネール　Palazzo Corner　334, **351**, 432
パラッツォ・ペーザロ　Palazzo Pesaro　432
ロッジェッタ　Loggetta　334, **334**
ウェリン・ガーデン・シティ　Welwyn Garden City　930
ヴェルサイユ　Versailles　446-7, *511-2*, 517
　田舎屋風離宮　Hameau　551, **552**
　宮殿　Palace　441, **445**, 446-8, **446**, 449, 451, 456, 471, 473, **487**, 493, 504, 511, 514
　サン=サンフォリヤン　St Symphorien　558-9, **558**
　プティ・トリアノン　Petit Trianon　548-9, **549**, 551, **553**, 554, 835
ヴェルシュ、マクシミリアン　Welsch, Maximilian　**462**, 465
ウェルズ　Wells
　セイント・カスバート　St Cuthbert's　254
　大聖堂　cathedral　237, **237**, 240-1, 244-6, **245**, 262
ヴェルセン、クーン・ファン　Velsen, Koen van　938
ヴェルテンブルク　Weltenburg
　教会堂　church　*467*, 468
ヴェルデ、アンリ・ヴァン・ド〔ヴェルデ、ヘンリ・ヴァン・デ〕Velde, Henry van de　767, 837
ヴェルネック城館　Werneck, Schloss　464, 465
ウェルバ　Huelva
　海洋生物センター、ドニャーナ国立公園　Sea Life Centre, Doñana National Park　943, *943*
ヴェルリッツ　Wörlitz
　ヴィラ・ハミルトンと公園　Villa Hamilton and park　576, **576**
ヴェローナ　Verona　292, **293**
　カステルヴェッキオ美術館　Museo Castelvecchio　903
　カッペッラ・ペッレグリーニ　Cappella Pellegrini　332, **332**, 358
　サン・ゼーノ・マッジョーレ　S. Zeno Maggiore　203
　マドンナ・ディ・カンパーニャ　Madonna di Campagna　332
ヴェンチューリ、ロバート　Venturi, Robert　909-10, 915, 917, **917**
ヴォイジー　Voysey, C. F. A.　758, 767
ウォーカー、ラルフ・トマス　Walker, Ralph Thomas　801
ヴォークス、カルヴァート　Vaux, Calvert　740-1, **740-1**
ヴォードワイエ、レオン　Vaudoyer, Léon　621, 624, 627, **628**
ヴォーバン、セバスティアン・ル・プレストル・ド、元帥　Vauban, Sébastien le Prestre, Maréchal de　513, **515**
ヴォーリンガー、ヴィルヘルム　Worringer, Wilhelm　807, 812
ヴォー=ル=ヴィコント　Vaux-le-Vicomte
　城館　château　442, 443, 444, 475, 511, 514
ウォラトン・ホール　Wollaton Hall　372, 384
ウォルター、トマス・アスティック　Walter, Thomas Ustick　**600**, 601, 713, **713**
ウォルター、ヘンリー　Walter, Henry　712, **712**
ヴォルテール　Voltaire　588, 606, 610
ヴォルフスブルク　Wolfsburg
　フェーノ科学センター　Phaeno Science Centre　955
ヴォルフ、ヤーコプ、年若　Wolf, Jakob, the Younger　374
ヴォルフ、ヤーコプ、年長　Wolf, Jakob, the Elder　374
ヴォルムート、ボニファツ　Wolmut, Bonifaz　376
ヴォルムス　Worms
　大聖堂　cathedral　169
ヴォロニーヒン、アンドレイ　Voronikhin, Andrei　698, **698**
ヴォワザン城館　Voisins, château of　833, 834
ウォンステッド　Wanstead　575, 578
ウッツォン・ヨーン　Utzon, Jørn　902, 903
ウッド、ジョン、年若　Wood, John, the Younger　608-9
ウッド、ジョン、年長　Wood, John, the Elder　608
ウプサラ　Uppsala
　ヴァクサーラ〔ヴァキソーラ〕・スクール　Vaksala School　858
ヴュルツブルク　Würzburg
　礼拝堂　chapel　465, **488**
　レジデンツ　Residenz　460, **462-3**, 464-5
ウル　Ur　12-3, 16
　ジグラット　ziggurat　12, **13**
ウルク（ワルカ）　Uruk (Warka)　11, **12**
ウルニャーノ　Urgnano
　教会堂　church　686
ウルビーノ　Urbino
　パラッツォ　Palazzo　307-8, **308-9**
ヴルフ、ハンス　Wulff, Hans　373
ウルム　Ulm
　大聖堂　cathedral　250, 264, **264**, 291
ヴロツワフ（ブレスラウ）　Wrocław (Breslau)
　町政庁舎　town hall　270
　百周年記念ホール　Centennial Hall　814, 815
ウンガース、オスヴァルト　Ungers, Oswald　934, **935**

え

エイケベリ、カール　Ekeberg, Carl　587
エイトヴェド、ニールス　Eigtved, Niels　585, **585**

索引（え～お）

エヴァンス、サー・アーサー　Evans, Sir Arthur　27
エーグ＝モルト　Aigues - Mortes　230, 293-4, **293**
エーステレン、コルネリス、ファン　Eesteren, Cornelis van　932
エーレンスヴェルド、カール　Ehrensvärd, Carl　586, **586**
エーレンストレム、ヨハン　Ehrenström, Johan　697
エガス、エンリーケ　Egas, Enrique　285, 365, **365**
エクス＝アン＝プロヴァンス〔エクサン＝プロヴァンス〕Aix-en-Provence
　クール・ア・カロス　Cours à Carrosses　511
エクスペール、ロジェ＝アンリ　Expert, Roger-Henri　850, 851
エクセター　Exeter
　大聖堂　cathedral　238, **243**, 244
エゲラート、エリック・ファン　Egeraat, Erick van　928, **928**, 938, 962
エケロ　Åkerö
　内部装飾　interior　584, 585
エジプト　Egypt　7, 11, 16-8, 20-5, 27, 30-1, 35-6, 43, 55, 69, 78, 80, 104, 151, 338, 407, 439, 522, 576, 711
エスコウム　Escomb
　セイント・ジョン　St John's　159
エスコリアル　Escorial, the　367, **368**, 374, 392, 504
エストゥーディオ・ラメーラ　Estudio Lamela　**950**, 951
エストベリ、ラグナー〔ル〕　Östberg, Ragnar　851, **851**, 856
エズロン　Hézelon　193
エゼラー、ニコラウス　Eseler, Nicolaus　266
エッフェル、ギュスターヴ　Eiffel, Gustave　636-7, **636**, 745
エディンバラ　Edinburgh　292, 539, 606, 608-9, 645, 709, 736
　王立外科大学　Royal College of Physicians　645, **645**
　大学の旧中庭　University Old Quad　537
　ダディングストン・ハウス　Duddingston House　539-40, 576
エドフ　Edfu
　神殿　temple　24, **24**
エトルスク人　Etruscans　81, 108, 543
エピダウロス　Epidaurus
　劇場　theatre　59-60, **59**
　トロス　tholos　56-57, **58**, 65
エフェソス　Ephesus　43, 62, 130
　アルテミスの神殿　temple of Artemis　43, 62, 277
　図書館　Library　121
エマニュエル・コンバレル・ドミニック・マレック建築家共同体（ECDM）　Emmanuel Combarel Dominique Marrec Architects（ECDM）　962
MVRDV　938, **938**, 960-2, **961**
エラート、ジャン＝ピエール　Errath, Jean-Pierre　936
エリクソン、ジークフリート　Ericson, Sigfrid　852, 853
エリドゥ　Eridu　11, **12**
エルサレム　Jerusalem　93, 96, 127, 130, 132, 176, 187, 201, 208, 218, 366, 396
　アナスタシス・ロトンダ　Anastasis Rotunda　176, 367

聖墳墓教会堂　church of the Holy Sepulchre　176, 201, 367
エルタール、フィリップ・フォン　Erthal, Philipp von　462, 465
エルトマンスドルフ、フリードリヒ・フォン　Erdmannsdorff, Friedrich von　576, **576**, 578-9
エルブロン　Elberon
　ニューカム邸　Newcomb House　724
エルムズ、ハーヴィー・ロンスデイル　Elmes, Harvey Lonsdale　646, **646**
エルムノンヴィル　Ermenonville
　庭園　garden　566, 576, 584
エレアノールの十字架　Eleanor Crosses　244
エレーラ、フアン・デ　Herrera, Juan de　368, 369, 374, 392
エレ・ド・コルニー、エマニュエル　Héré de Corny, Emmanuel　452-3, **452**, 514, 606
エンゲル、カール　Engel, Carl　693, **696**, 697
エンジンゲン、ウルリヒ・フォン　Ensingen, Ulrich von　264
エンジンゲン、マテウス　Ensingen, Matthäus　264
エンデル、アウグスト　Endell, August　766-7, **766**
エンヌビック、フランソワ　Hennebique, François　835

お

オーエン、ウィリアムとシーガル　Owen, William and Segar　739
オーエン、ロバート　Owen, Robert　737, **738**
大阪　Osaka
　光の教会〔堂〕　Church of Light　921, **921**
オーセール　Auxerre
　サン＝ジェルマン　St-Germain　157, 174
オータン　Autun
　大聖堂　cathedral　194, **195**
オーチャード、ウィリアム　Orchard, William　252
オーバーアマガウ　Oberammergau
　教会堂　church　470
オーベール、ジャン　Aubert, Jean　451
オールトン　Alton
　城郭　castel　653
　病院　hospital　653
オコナー、リアム　O'Connor, Liam　934, **935**
オスタンキノ　Ostankino
　宮殿　palace　590, **590**
オスティア　Ostia　116, **116**, 118, 865, 868
オスマン男爵　Haussmann, Baron G. E.　509, 631, **632**, 634, 682, 687, 737, 742, 840
オスロー　Oslo　697, 944
　オペラ・ハウス　Opera House　944, 945, **946**
　モルテンスルッド教会堂　Mortensrud church　946, **947**
オタニエミ　Otaniemi
　大学　university　904
オックスフォード　Oxford

アシュモリアン〔美術・考古学〕博物館 Ashmolean
    Museum 7, **647**, 649
  キーブル・カレッジ Keble College 655, **655**
  シェルドニアン劇場 Sheldonian Theatre **474**, 475
  大学博物館 University Museum 718
  ディヴィニティ・スクール Divinity School 252
  テイラー図書館 Taylorian Institution **647**, 649
  ニュー・カレッジ New College 256, **257**
  ラドクリフ図書館 Radcliffe Library **496**, 497
オットー朝の人々 Ottonians 157, 159, 164, 165, 167
オットーボイレン Ottobeuren
  教会堂 church **469**, 470
オド、メッスの Odo of Metz 153
オナイアンズ、ジョン Onians, John 925
オヌクール、ヴィラール・ド Villard de Honnecourt
    216
オプノール、ジル゠マリー Oppenord, Gilles-Marie 451
オブリスト、ヘルマン Obrist, Hermann 764, 766
オフリド Ohrid
  スヴェティ・クリメント St Kliment 142
オポルト Oporto 504, 508
オフィス・フォー・メトロポリタン・アーキテクチャー
    (OMA オマ) OMA(Office for Metropolitan
    Architecture) 923, 960
オランジュ Orange
  ティベリウスの凱旋門 Arch of Tiberius 96, **96**
オリアンダ Orianda
  宮殿 palace 671-2, **672**, 810
オリヴェイラ、マテウス・デ Oliveira, Mateus de **506**,
    507
オリテ Olite
  城郭 castle 286
オリュントス Olynthos 75
オリュンピア Olympia 53, 65
  ゼウス神殿 temple of Zeus 39
  ヘラ神殿 temple of Hera 36, 39, 53
オルヴィエート Orvieto 279
  大聖堂 cathedral 273-4, **274**
オルカーニャ、アンドレア Orcagna, Andrea 274
オルソップ、ウィリアム Alsop, William 929, **929**, 960
オルタ、ヴィクトール Horta, Victor 746-7, **746-8**,
    749, 750, **765**, 768
オルティス、アントニオ Ortiz, Antonio 943, **943**
オルブリッヒ〔オルブリヒ〕、ヨーゼフ Olbrich, Joseph
    759-62, **759**, 769, 806, 854, 864, 871, 890
オルムステッド、フレデリック・ロー Olmsted, Frederick
    Law 740-1, **740-1**, 931
オロー、エクトール Horeau, Hector 634
オロト Olot 936
オロポス Oropus
  劇場 theatre 60
オンタニョン、フアン・デ Hontañón, Juan de 283-5
オンタニョン、ロドリーゴ・デ Hontañón, Rodrigo de
    284, 366

か

カークストール大修道院〔教会堂〕 Kirkstall Abbey 237
カースル・エイカー・プライアリー Castle Acre Priory
    187
カースル・クール Castle Coole 544
カースル・ハワード Castle Howard 486-7, **486**, **489**,
    490, 493
カーディフ Cardiff
  市庁舎と裁判所 City Hall and Law Courts 886
  城郭 Castel 657, 684, **707**
カーノ、アロンソ Cano, Alonso 498, **499**
ガールク、カシミア Goerck, Casimir 739, **740**
カールスルーエ Karlsruhe **511**, 512-3, 673-4, 679, 709,
    736
  駅舎 station 854
カーン Caen
  教会堂群 churches 178, 180, 211, 240
カーン、アルバート Kahn, Albert 802
カーン、イーリー・ジャック Kahn, Ely Jacques 802
カーン、ルイス Kahn, Louis 900-2
カイザー、ヘンドリック・デ Keyser, Hendrick de 379
カイスター・カースル Caister Castle 256
カイペルス、ペトルス Cuypers, Petrus 706, 709, 745,
    750
ガウディ・イ・コルネット、アントニ Gaudí i Cornet,
    Antoni 771-2, **772-4**, 776, **776-9**, 778-80, 819, 828
ガウ、フランツ・クリスティアン Gau, Franz Christian
    696
カオール Cahors
  大聖堂 cathedral 150, 197
各務原 Kakamigahara
  「瞑想の森」 'Forest of Meditation' 944, **945**
カザコフ、マトヴェイ Kazakow, Matvei F. 590
カサス・イ・ノバ、フェルナンド Casas y Nova,
    Fernando 499, **500**
華飾式 Decorated Style 210, 230, 237, 241, 244-9, 251,
    261
カステル・ウルシーノ Castel Ursino 279
カステル・デル・モンテ Castel del Monte 279, 286
カセルタ Caserta
  宮殿 palace **435**, 436
カターニャ Catania 439
  教会堂群 churches **438**, 439-40
カッセル Kassel
  ヴィルヘルムスヘーヘ城館 Schloss Wilhelmshöhe
    578, **578**
  美術館 Museum 578
ガッディ、タッデオ Gaddi, Taddeo 274
ガッララーテ Gallarate
  病院 hospital 693
ガッリアルディ、ロザリオ Gagliardi, Rosario 439

索引（か〜き）

か

ガッリ゠ビビエーナ一族　Galli-Bibiena family　　427, 429, 437, 462
ガデ、ポール　Guadet, Paul　　837
カニョーラ侯爵、ルイージ　Cagnola, Marchese Luigi　　686
カノーヴァ、アントーニオ　Canova, Antonio　　684-5, **684**, 695
カノーニカ、ルイージ　Canonica, Luigi　　574
カプラローラ　Caprarola
　パラッツォ　palazzo　　336, **336**, 366, 650
カプラローラ、コーラ・ダ　Caprarola, Cola da　　316, *317*
カプリ　Capri
　ウィッラ・ヨウィス　Villa Jovis　　**97**, 98
ガブリエル、アンジュ゠ジャック　Gabriel, Ange-Jacques　　513, **515**, 548-9, **549**, 551, **553**, 554, 582, 588, 736, 834-5, 849
ガブリエル、ジャック　Gabriel, Jacques　　513
カムセッツァー、ヤン　Kamsetzer, Jan　　582
カラトラバ、サイティアーゴ　Calatrava, Santiago　　920, *920*
ガラビ高架橋　Garabit Viaduct　　637
カリクラテス　Callicrates　　45-7
ガリック　Garric, Jean-Philippe　　934
カリマコス　Callimachus　　56
ガリレイ、アレッサンドロ　Galilei, Alessandro　　414-5
カルヴィッツァーノ　Calvizzano
　教会堂　church　　435
カルデリーニ、グリエルモ〔グッリエルモ〕　Calderini, Guglielmo　　688, **690**, 864
カルナック　Karnak
　神殿群　temples　　20-3, **21**
ガルニエ、シャルル　Garnier, Charles　　563, 632, **632**, 634-8, **635**, 684, 695, 706
ガルニエ、トニー　Garnier, Tony　　840-1, **841**, 844
カルリュ、ジャック　Carlu, Jacques　　849, **849**
カレッティ、ジョヴァンニ・バッティスタ　Caretti, Giovanni Battista　　687
カロリング朝ルネサンス　Carolingian Renaissance　　152-9
カンカキー　Kankakee
　ウォレン・ヒコックス・ハウス　Warren Hickox House　　783, **783**
ガングホファー、イェルク　Ganghofer, Jörg　　266
ガンゾー〔ギュンゾー〕（修道士）　Gunzo (monk)　　193
カンタベリー　Canterbury
　修道院　abbey　　179
　大聖堂　cathedral　　161, 179, 234, **235**, 236-7, 239, 241, 250, 253
カンディンスキー、ヴァシリー　Kandinsky, Vassily　　812, 822
カントーニ、シモーネ　Cantoni, Simone　　574, **574**
ガンドン、ジェームズ　Gandon, James　　541, **541**, 610
カンプマン、ハック　Kampmann, Hack　　855, **855**
カンペン、ヤーコプ・ファン　Campen, Jacob van　　378, 379, 387, 477
カンポ・デイ・フィオーリ　Campo dei Fiori
　ホテル　hotel　　771
カンポレーゼ、ピエトロ　Camporese, Pietro　　572, **572**

き

ギーズ　Guise
　ファミリステール　*familistère*　　738, **738**
ギースラー、ヘルマン　Giesler, Hermann　　829, 832
ギーディオン、ジークフリート　Giedion, Sigfried　　848, 932
キエーリ　Chieri
　サン・ベルナルディーノ　S. Bernardino　　427
キエフ　Kiev
　ハギア〔スヴャーターヤ〕・ソフィア　Hagia Sophia　　143, **144**
ギザ　Giza　　18, **19**
ギザルバ　Ghisalba
　ラ・ロトンダ　La Rotonda　　686
キジ　Kizhi
　教会堂　church　　144, **144**
ギスレベルトゥス　Gislebertus　　194
ギッブズ、ジェームズ　Gibbs, James　　495-8, **496-7**, 502, 592, 594-5, 600-1, 917
キネアード、ウィリアム　Kinnaird, William　　618
機能主義　functionalism　　573, 671, 757, 759, 848, 892, 900, 917
ギバード、フレデリック　Gibberd, Frederick　　883
ギベルティ、ロレンツォ　Ghiberti, Lorenzo　　205, 296-7, 299, 310
ギボンズ、グリンリング　Gibbons, Grinling　　473, 483
ギマール、エクトール　Guimard, Hector　　750-3, **751-3**
キメンティ・ディ・レオナルド・カミーチ　Chimenti di Leonardo Camici　　374
キャステル・コッホ　Castell Coch　　657, 684
キャステル、ロバート　Castell, Robert　　531
キャド　CAD（コンピュータ援用設計　computer-aided design）　　10, 941, 952, **952**
キャメロン、チャールズ　Cameron, Charles　　591-2, **591**
キャレールとヘイスティングズ　Carrère and Hastings　　794
キャンベル、コリン　Campbell, Colen　　496, 527, 575, 578, 607
キュヴィエ、フランソワ　Cuvilliés, François　　471-2, **483**
宮廷様式　Court Style　　224-5, 242, 245, 248
ギヨーム・ド・サンス〔ウィリアム・オヴ・サンス〕　William of Sens　　235-7
ギルバート、キャス　Gilbert, Cass　　732, 800, **801**
キルマッカム　Kilmacolm
　ウィンディヒル　Windyhill　　757-8
ギルマン、アーサー　Gilman, Arthur　　716, **716**
キングズ・スタンリー　Kings Stanley
　クロース・ミル　Cloth Mill　　645

索　引（く）

く

グアス、フアン　Guas, Juan　*238, 258*, **283**, *284-5, 287*
グアダラハラ　Guadalajara
　宮殿　Palace　***238***, *287*
　トーレ・クーベ　Torre Cube　*957*
グァリーニ、グァリーノ　Guarini, Guarino　*404, 417-20*, **417-8**, **422**, *423, 425-7, 460-1, 503, 772*
クァレンギ、ジャーコモ　Quarenghi, Giacomo　*590*, **590**, *675, 892*
「クイーン・アン」様式　'Queen Anne' style　*660-2*
クウィンシィ　Quincy
　図書館　Library　*721-2*, **722**
グウィン、ジョン　Gwynn, John　*607*
クータンス　Coutances
　大聖堂　cathedral　*224*
クーチュア、リズ　Couture, Lise　*952*
クードレー、クレメンス・ヴェンツェル　Coudray, Clemens Wenzel　*673*
クービツキ、ヤークプ　Kubicki, Jakub　*584, 697*
グエルニエーロ、ジョヴァンニ　Guerniero, Giovanni　*579*
グエルフィ、ジョヴァンニ・バッティスタ　Guelfi, Giovanni Battista　*526*
グジョン、ジャン　Goujon, Jean　*357*
グツェヴィチ、ヴァジェニッ　Gucewicz, Wawrzyniec　*582*
クッテンベルク　Kuttenberg
　ザンクト・[聖]バルバラ　St Barbara　*268*, **268**, *423*
グッドヒュー、バートラム　Goodhue, Bertram　*781, 798-800*, **799**, *885, 914*
クノーベルスドルフ、ゲオルク・フォン　Knobelsdorff, Georg von　*472, 473, 575-6*, **575**
クノッソス　Knossos
　宮殿　palace　*25*, **26**, *27*
隈　研吾　Kuma, Kengo　*947*, **947**
グムチジャン、フィリップ　Gumuchjian, Philip　**948**, *949*
グメイリーン、ポール　Gmelin, Paul　*802*
クライス、ヴィルヘルム　Kreis, Wilhelm　*811, 820*, **820**, *829-30, 832, 885*
クライフス、ヨーゼフ　Kleihues, Josef　*934*, **935**, *940*
グラインドボーン　Glyndebourne
　オペラ・ハウス　Opera House　*927*
クラクフ　Cracow
　ヴァヴェル大聖堂　Wawel cathedral　*375-6*, **375**
　ジグムント・チャペル　Sigismund Chapel　*375, 376*
グラスゴー　Glasgow　*755, 757, 758*
　ティー・ルームズ　Tea Rooms　*757, 758*
　美術学校　School of Art　**754-6**, *755, 759, 762, 767*
グラナダ　Granada
　アルハンブラ　Alhambra　*163, 164, 366, 366-7, 539*,

772
　大聖堂　cathedral　*285*, **365**, *366*, **367**, *499*
ロザリオ礼拝堂　Rosary Chapel　*501*
クラフト、アダム　Kraft, Adam　*266*
クラム、ラルフ　Cram, Ralph　*781, 798*, **798**, *800, 914*
クラメル、ピート　Kramer, Piet　*812, 817*, **818**, *819*
グランピエール兄弟　Grandpierre brothers　*832*
グリーク・リヴァイヴァル〔ギリシャ（様式）復興〕
　Greek Revival　*62, 563, 579, 592, 645, 682, 684, 693, 697-8, 701-2, 704-6, 709-10, 713-4*
グリーン、カーティス　Green, Curtis　*888*
グリーン兄弟　Greene brothers　*784, 786*, **786**
クリヴデン　Cliveden　*650*
クリエル、ローベルト　Curjel, Robert　*854*
クリエ、レオン　Krier, Léon　*9, 910, 933-4, 936*, **936**
クリエ、ロベール　Krier, Robert　*934*
グリゴリエフ、アファナシ　Grigoryev, Afanasy　*702*
グリムショウ、ニコラス　Grimshaw, Nicholas　*908, 942*, **942**, *951*
クリムト、グスターヴ　Klimt, Gustav　*760, 762*
クリュニー　Cluny　*172-4*, **174**, *176-7, 191*, **192**, *193-4, 197, 199, 234, 237, 471*
クリント、コーア　Klint, Kaare　*852*, **852**
クリント、ペーダー・ヴィルヘルム　Klint, Peder Vilhelm　*852*
クルーガー兄弟　Kruger brothers　*831-2*, **831**
クルス、アントニオ　Cruz, Antonio　*943*, **943**
クルス、ディエーゴ・デ・ラ　Cruz, Diego de la　*285*
クルップ、アルフレート　Krupp, Alfred　*739*
グレイアム、ジェームズ・ガレスピー　Graham, James Gillespie　*736*
グレイヴズ、マイケル　Graves, Michael　*867, 912, 914*
クレイグ、ジェームズ　Craig, James　*609*
クレタ　Crete　*25, 27, 32*
グレッグ・リン・フォーム　Greg Lynn Form　*952*, **952**
グレッドストーン・ホール　Gledstone Hall　*876*, **877**
クレー、パウル　Klee, Paul　*822*
クレブス、コンラート　Krebs, Konrad　*369*
クレ、ポール・フィリップ　Cret, Paul Philippe　*781, 795*
クレリソー　Clérisseau, C.-L.　*534, 538, 576, 591, 595*
クレルク、ミシェル・デ　Klerk, Michel de　*812, 817*, **818**, *819*
クレンツェ、レオ・フォン　Klenze, Leo von　*207, 580, 618, 646, 674-80*, **678**, *702, 704, 736-7, 830, 915*
クロウ、ノーマン　Crowe, Norman　*927*
クロード・ロラン　Claude Lorrain　*530*
クローネンベルク　Kronenberg　*739*
黒川紀章　Kurokawa, Kisho　*920*, *921*
グロシュ、クリスティアン　Grosch, Christan　*693*
グロッシュ、ハインリヒ　Grosch, Heinrich　*693, 697*
グロスター　Gloucester
　大聖堂　cathedral　*180, 249-50*, **250**
グロス・ポイント　Grosse Point
　フォード・ハウス　Ford House　*802*
グロッセート　Grosseto

993

索引（く〜こ）

郵便局　post office　*872*
グロテスク様式　grotesque style　*100*
グロピウス、ヴァルター　Gropius, Walter　*781*, *787*, *792*, *800*, *804*, *820-1*, **820**, *822-3*, *823-4*, *827*, *860-1*, *870*, *888*, *891-2*, *932*

け

ケイ、リーフェン・デ　Key, Lieven de　*378*, **379**
ゲイザースバーグ　Gaithersburg
　ニュータウン　New Town　*937*
ケーシー・ブラウン建築共同体　Casey Brown Architecture　*948*
ゲーテ、ヨハン・フォン　Goethe, Johann von　*580-1*, *779*, *812-3*
ゲーリー、フランク　Gehry, Frank　*10*, *921-2*, **922**, *940*, **940**, *949*, *952*, *955*, *958*
ケーリュス伯爵　Caylus, Comte de　*522*, *573*, *584*
ゲセリウス、ヘルマン　Geselius, Herman　*853-4*, **853-4**
ケドルストン　Kedleston　*531-4*, **532-3**, *543*, *561*, *590*, *592*
ケニルワース・カースル　Kenilworth Castle　*255*
ゲピエール、フィリップ・ド・ラ　Guêpière, Philippe de la　**557**, *577*
ケラム、ジョージ　Kelham, George W.　*795*
ゲラルディ、アントーニオ　Gherardi, Antonio　*412*
ゲリフレイフ、ウラディーミル　Gelfreich, Vladimir　*877*, *892*
ケルース　Queluz
　宮殿　palace　**506**, *507*
ゲルカン、マインハルト・フォン　Gerkan, Meinhard von　*928*, **928**, *961-2*
ゲルトナー、フリードリヒ・フォン　Gärtner, Friedrich von　*676-7*, **676**, *679*, *704*, *915*
ケルハイム　Kelheim
　ベフライウングスハレ〔解放記念堂〕Befreiungshalle　*207*, *677-8*, **678**
ゲルハルト（建築家）Gerhard (architect)　*259*
ケルン　Cologne　*127*, *204*, *259*, *271*, *618*, *673*, *742*, *759*, *819*, *821*, *830*, *832*
　教会堂群　churches　*164*, *171*, *204*
　大聖堂　cathedral　**258**, *259*, *263*
　ドイツ工作連盟博覧会（1914年）Deutscher Werkbund Exhibition (1914)　*767*, *809*, *816*, **816**
ケルン＝リール　Cologne-Riehl
　ザンクト・エンゲルベルト　St Engelbert　*819*
ゲルンローデ　Gernrode
　ザンクト・ツィリーアクス　St Cyriakus　*164*
ゲンツ、ハインリヒ　Gentz, Heinrich　*579-81*, **580**, *710*, *806*
ケント、ウィリアム　Kent, William　*83*, *526*, *527-31*, **528-30**, *568*, *585*
ケンブリッジ　Cambridge
　キングズ・カレッジ〔コレッジ〕とチャペル　King's College and Chapel　*250-1*, **253**, *256-7*, *284*, *644*, *837*
　クイーンズ・カレッジ〔コレッジ〕Queen's College　*256-7*
　クライスツ　Christ's　*256*
　ゴンヴィル・アンド・キーズ　Gonville and Caius　**381**, *382*
　裁判官〔スクワイア〕法律図書館　Squire Law Library　*649*
　セイント・ジョン　St John's　*256*
　大学図書館　University Library　*649*, *885*
　ニューナム　Newnham　*661*, **661**
　フィッツウィリアム美術館　Fitzwilliam Museum　*563*
　ペンブルック・カレッジ〔コレッジ〕・チャペル　Pembroke College chapel　*474*
　歴史学部棟〔ビルディング〕History Faculty Building　**872**, *900-1*
ケンブリッジ、マサチューセッツ州　Cambridge, Mass.
　マサチューセッツ工科大学寄宿舎　MIT dormitory　*904*, **904**
　→　ハーヴァード　Harvard も参照

こ

コインブラ　Coimbra
　サンタ・クルス　S. Cruz　*289*
　大学図書館　University Library　*505*, *506*
コウツ、ウェルズ・ウィントミュート　Coates, Well Wintemute　*888*, **888**
ゴーティエ、ピエール　Gautier, Pierre　*962*
ゴートラン、マニュエル　Gautrand, Manuelle　*962*
コープ・ヒンメルブラウ〔ヒンメルブ（ル）アウ〕Coop Himmelb(l)au　*10*, *922*, **922**
コーベット、ハーヴィー　Corbett, Harvey　*804*
コール、トマス　Cole, Thomas　*712*, **712**
コールハース、レム　Koolhaas, Rem　*10*, *921*, *923*, *956*, **956**, *959-60*
コールベッカー、クリストフ　Kohlbecker, Christopher　*939*
ゴーロソフ、イリア　Golosov, Ilya　*891*
ゴーワン〔ガウワン〕、ジェームズ　Gowan, James　*899*
ゴシック様式　Gothic style　*186*, *200*, *209-10*, *214*, *217*, *219*, *237*, *257-9*, *265*, *269*, *271-3*, *284*, *297-8*, *369*, *373*, *375-6*, *474*, *544*, *547*, *584*, *589*, *628*, *630-1*, *651*, *659-60*, *678*, *682*, *714*, *719*, *759*, *771*, *779*, *781*, *800*, *802*
　リヴァイヴァル　Revival　*653-6*, *709*
コス　Cos
　アスクレピオスの至聖所　sanctuary of Asclepios　*51*, *89*
コスタ、ルシオ　Costa, Lucio　*897*, *932*
ゴスフォード邸　Gosford House　*537*
ゴダン　Godin, J.-B.　*738*, **738**
コッカール　Cocquart, E.-G.　*637*
コッカレル　Cockerell, C. R.　*41*, *563*, *601*, *618-9*, *624*, *636*, *646-7*, **647**, *649*, *652*, *663*, *675*, *887*
コッスティウス　Cossutius　*57*

コッホ、ガエターノ　Koch, Gaetano　*688*
ゴド　Godde, E.-H.　*618*
コバルービアス、アローンソ・デ　Covarrubias, Alonso de　*366*
コブレンツ　Koblenz
　宮殿　palace　*577*
コペンハーゲン　Copenhagen　*514, 585-6, 693-4*, **693**, *696, 705-6, 855, 903, 945, 960-1*
　アマリエンボルグ〔アマリエンボー〕Amalienborg　*585*, **585**
　ヴォル・フルーエ・キルケ　Vor Frue Kirke　*694*
　オレガルド・スクール　Oregaard School　*856*
　グルントヴィ教会堂　Grundtvig Church　*852*, **852**
　警察本部　Police Headquarters　*855*, *856*
　〔DR〕コンサート・ホール　Concert Hall　*945*, **946**
　市庁舎群　Town Halls　*693*, **693**, *831, 903*
　スナマーケン火葬場　Søndermark Crematorium　*856*
　トルヴァルセン美術館　Thorvaldsens Museum　*694-6*, **694**, *855-6*
　フレデリクスキルケ　Frederikskirke　*585*
　ボルプス通り　Borups allé　*856*
コモ　Como
　カサ・デル・ファッショ　Casa del Fascio　*863, 870*, **870**
コラッツィ、アントーニオ　Corazzi, Antonio　*697*
コリント　Corinth　*32-3, 35-8, 78, 81, 130*
　アポロンの神殿　temple of Apollo　*36*, **37**, **38**, *41*
コリント式オーダー　Corinthian order　*57, 91, 359, 605, 795*
コルヴァイ・オン・ザ・ヴェーザー　Corvey on the Weser
　教会堂　Church　*156-7*, **156**
コルトーナ、ドメーニコ・ダ　Cortona, Domenico da　*346-7, 350, 354*
コルトーナ、ピエトロ・ダ　Cortona, Pietro da　*407-12*, **408-11**, *484, 494-5*
コルドバ　Córdoba　*163, 200, 281, 420*
　大モスク　Great Mosque　*162*, *163*
コルドモワ、ジャン=ルイ　Cordmoy, Jean-Louis　*551, 556, 573*
コルネリウス、ペーター　Cornelius, Peter　*675*
コルフ　Corfu
　アルテミスの神殿　temple of Artemis　*36*
コルホーフ、ハンス　Kollhoff, Hans　*939*
コルモン、ルニョー・ド　Cormont, Regnaut de　*223, 259*
コロラド　Colorado
　ハイランズ・ポンド・ハウス　Highlands Pond House　*947*
コロンバス　Columbus
　ウェクスナー・センター　Wexner Center　*923*, **924**
　議事堂　Capitol　*712*, **712**
コワニェ、フランソワ　Coignet, François　*835*
コンク　Conques
　サント=フォワ〔聖女フィデス〕Ste-Foy　*188*, *189*
　修道院教会堂　abbey　*188-9*, *192*, *194*
コンクリート　concrete　*10, 79-80, 82-6, 90, 96-7, 100-1, 104, 106, 108, 112, 114-6, 118, 122, 126, 135, 163,* *297, 316, 403, 630, 645, 665, 725, 731, 778, 786-7, 789-93, 797, 808, 812, 815, 817, 819, 824, 826, 835-8, 840-2, 844, 846, 848-9, 860, 870-1, 883, 886, 888, 891, 893, 897-9, 900-1, 903-4, 909, 913, 921, 941, 943-4, 947, 949, 953-5, 957, 961*
コンスタンティノープル　Constantinople　*122, 125, 127, 130, 132, 135, 137-41, 143, 145-6, 149-50, 154, 721, 769*
　アギア〔ハギア〕・イリニ　Hagia Irene　*137*
　アギイ・アポストリ〔聖使徒教会堂〕Holy Apostles　*140, 145, 150*
　アギイ・セルギオス・ケ・バッコス　SS. Sergios and Bacchos　*137-8*, **138-9**
　アギオス・ヨアンニス・ストゥディオス　St John Studios　*130*
　テクフル・サライ　Tekfur Sarayi　*143*
　ハギア〔アギア〕・ソフィア　Hagia Sophia　*133-7*, **133-4**, *146, 163, 297, 316, 456, 543, 665, 769*
ゴンドアン〔ゴンドゥアン〕、ジャック　Gondoin, Jacques　*561*, **562**, *563, 565*
コンポジット式オーダー　Composite order　*96, 124, 158, 357*

さ

サージェント、ジョン・シンガー　Sargent, John Singer　*731*
サーリネン、イーロ　Saarinen, Eero　*902*, **902**, *905, 907, 920*
サーリネン、エリエル　Saarinen, Eliel　*800, 853-5*, **853-4**
ザールブリュッケン　Saarbrücken
　劇場　theatre　*830*
サールルイ　Sarrelouis　*513*
サイアン・ハウス　Syon House　*534*, **535**, *542*
ザイバースドルフ　Seibersdorf
　システムズ・リサーチ・ディパートメント　Systems Research Department　*922*, *923*
サヴァナ　Savannah　*611*, **611**
サヴォーナ　Savona
　大聖堂　cathedral　*688*
サウスウェル大聖堂　Southwell Minster　*176, 237*
ザカロフ、アドリアン　Zakharov, Adrian　*700*, **701**
サッカーラ　Saqqara
　葬祭殿複合体　funeral complex　*18*, **19**
サッケッティ　Sacchetti, G. B.　*504*
サッコーニ、ジュゼッペ　Sacconi, Giuseppe　*690-1*, **691**
サッピオネータ　Sabbioneta　*389*
SANAA〔建築家共同体〕SANAA Architects　*950, 953*, **953**
サバウディア　Sabaudia　*868*, **869**
サモス　Samos　*43*
　神殿群　temples　*32-3, 43*, **44**
サモトラケ　Samothrace
　アルシノエイン　Arsinoeion　*31, 105*
サモラ　Zamora

索引（さ）

大聖堂　cathedral　*201*
サラゴーサ　Saragossa
　エル・ピラール　El Pilar　*503*
サラザン、シャルル　Sarazin, Charles　*842*
サラマンカ　Salamanca
　カーサ・デ・ラス・コンチャス　Casa de la Conchas　*287*
　古大聖堂〔カテドラル・ビエハ〕old cathedral　*200*, **200**
　大聖堂　cathedral　*284-5*
　マヨール広場　Plaza Mayor　*503*, **504**
サラマンカ、フランシスコ・デ　Salamanca, Francisco de　*393*
サリヴァン、ルイス　Sullivan, Louis H.　*681*, *725-9*, **726**, *731*, *745*, *780*, *782-3*, *800*, *825*
サルヴィ、ニコラ　Salvi, Nicola　*415*, **416**, *506*
サルッチ、ジョヴァンニ　Salucci, Giovanni　*673*
ザルツブルク　Salzburg
　教会堂群　churches　*266*, *456*
サルディス　Sardis
　アルテミスの神殿　temple of Artemis　*62*
サローニャ、イニゴ　Salona, Inigo　*934*
サロニカ〔テッサロニーキ〕Salonica　*130*
　アギイ・アポストリ〔聖使徒〕教会堂　Church of the the Holy Apostles　**142**, *143*
　アギオス・デメトリオス　S. Demetrios　*130*
　パナギア・ハルケオン　Panaghia Chalkeon　*140*
サンガッロ、アントニオ・ダ、年長　Sangallo, Antonio da, the Elder　*317*
サンガッロ、アントニオ・ダ、年若　Sangallo, Antonio da, the Younger　*317-8*, *320*, **321**, *322*, *330*, *336*, *339*, *478*, *480*
サンガッロ、ジュリアーノ・ダ　Sangallo, Giuliano da　*86*, *310*, *350*, *387*
ザンクト・エメラム　St Emmeram
　教会堂　church　*469*
ザンクト・ガレン修道院　St Gall monastery　*158*, **158**, *165*, *174*, *197*
ザンクト・ブラジエン修道院　St-Blasien monastery　*577*, *578*
サンクトペテルブルク　St Petersburg　*512*, *587*, *606*, *610*, **610**, *697-8*, *702*, *704*
　新しい海軍省　New Admiralty　*700*, **701**
　アレクサンドル1世柱　Alexander Column　*701*
　カザンの聖母大聖堂　Cathedral of the Virgin of Kazan　*698*, **698**
　国立レーニン図書館　Lenin State Library　*877*, *893*
　サンクト・イサーク大聖堂　St Issac's Cathedral　*713*, *810*
　新エルミタージュ美術館　New Hermitage Museum　*702*
　スモーリヌイ女子学院　Smolnyi Institute　*892*
　タヴリーダ〔タヴリーチェスキー〕宮殿　Tauride Palace　*589-90*, **589**
　血の上の救い主教会堂〔スパース・ナ・クラヴィー大聖堂〕Church of the Resurrection　*704*
　ツァールスコエ・セロー　Tsarskoe Selo　*587*, *591*, **591**, *702*
　ドイツ大使館　German embassy　*810*
　〔商品・証券〕取引所　Exchange　*698*, **698**
　美術アカデミー　Academy of Fine Arts　*588*, **588**
　冬の宮殿　Winter Palace　*587-8*, *701-2*
　モスクワ門　Moscow Gate　*702*
サン＝ジェルマン＝アン＝レー　St-Germain-en-Laye
サン＝ルイ　St Louis　*558*
サン＝ジル＝デュ＝ガール　St-Gilles du Gard　*195*, *197*
サンス　Sens
　大聖堂　cathedral　*214*, *236*
サン・スーシ　Sans Souci → ポツダム Potsdam を参照
サン＝セルナン　St-Sernin → トゥールーズ Toulouse を参照
サンソヴィーノ（ヤーコポ・タッティ）Sansovino(Jacopo Tatti)　*332-4*, **333-4**, *341*, **351**, *390*, *432*, *624*
サンタ・モニカ　Santa Monica
　ゲーリー・ハウス　Gehry House　*922*
サンティアーゴ・デ・コンポステーラ　Santiago de Compostela　*187*, *189*, **190**, *191*
　王立病院　Royal Hospital　*365*, **365**
　ガリシア〔現代美術〕センター　Galician Centre　*925*
　大聖堂　cathedral　*499*, **500**
サンテリーア、アントニオ　Sant'Elia, Antonio　*841*, *864*, **865**, *872*
サントゥーアンの城館　St-Ouen, château de　*451*
サント＝シャペル、パリ　Sainte-Chapelle, Paris　*220*, **220**, *225*, *229*, *241*, *243*, *246*, *248-9*, *251*, *263*, *448*, *629*
サン＝ドニ〔ドゥニ〕、パリ近郊　St-Denis, nr Paris　*187*, *210-3*, **211-2**, *215*, *224-5*, *241*, *245*
　フランソワ1世の墓　tomb of François I　*359*
　ブルボン礼拝堂　Bourbon chapel　*364*, **364**, *450*
サン・ピエトロ、ローマ（旧）St Peter's, Rome (old)　*34*, *105*, *126*, **126**, *128*, *152*, *158*, *189*, *199*, *316*, *324*, *325*
　（新）(new)　*126*, *306*, *312*, *315-8*, **318**, *326*, *328*, **328**, *330*, *339*, *342*, *367*, *369*, *480*, *483*, *556*, *795*
　バルダッキーノ　baldacchino　*126*, **342**, *395*, *396-7*, *401*
　列柱廊群　colonnades　*397*, *478*, *509*, *685*
サンフェリーチェ、フェルディナンド　Sanfelice, Ferdinando　*435*
サン＝ブノワ＝シュール＝ロワール　St-Benoît-sur-Loire　*155*, *197*
サンフランシスコ　San Francisco　*795*, *932*
　カリフォルニア美術アカデミー　California Academy of Arts　*943*
　市庁舎　City Hall　*795*
　デ・ヤング美術館　de Young Museum　*943*, **944**
サン・マルコ、ヴェネツィア　St Mark's, Venice　*140*, *145-7*, **146-7**, *150*, **170**, *197*, *202*, *204*, *278*, *333*, *656*, *664*, *677*
　〔マルチャーナ〕図書館　Library　*333*, **333**, *390*
サンミケーリ、ミケーレ　Sanmicheli, Michele　*332*, **332**, *334*
サン・ミゲル・デ・エスカラダ　San Miguel de Escalada

索引（さ〜し）

サン＝モール＝レ＝フォセの城館　St-Maur-les-Fossés, château de　357
サン＝リキエ　St-Riquier　155, **155**, 158, 164-5, 167

し

シアトル　Seattle
　公共〔中央〕図書館　Public Library　956, **956**
シアム　CIAM　848, 861, 932-3
ジーキル、ガートルード　Jekyll, Gertrude　873
シーサイドのニュータウン　Seaside New Town　**936**, 937
ジェイコブズ、ジェイン　Jacobs, Jane　933
シエーナ　Siena　277, **277**, 279, 291-2
　大聖堂　cathedral　273
シェダンヌ、ジョルジュ　Chedanne, Georges　753
ジェニー、ウィリアム・ル・バロン　Jenney, William Le Baron　724-5
ジェヌイーノ、ジュゼッペ　Genuino, Giuseppe　**433**, 435
ジェノヴァ　Genoa　208, 290, 338, **339**, 350, 386, 428, 458, 688, 716, 877
　サンタ・マリア・ディ・カリニャーノ　S. Maria di Carignano　339
　ストラーダ・ヌオーヴァ　Strada Nuova　338-9, 392
　大学　University　**428**, 432
　パラッツォ・スピノラ　Palazzo Spinola　565
ジェファーソン、トマス　Jefferson, Thomas　9, 595-9, **596-8**, 601-3, 605, 612, 729, 732
シェル、ジャン・ド　Chelles, Jean de　227
シェルコプフ、グザヴィエ　Schoellkopf, Xavier　753
ジェルミニィ＝デ＝プレ　Germigny-des-Prés
　祈祷所　oratory　**154**, 155
ジェンター、エドワード　Genter, Edward　914, **915**
滋賀　Shiga
　ルーフ・ハウス、近江八幡　Roof House, Omihachiman　948
シカゴ　Chicago　681, 722, 724-5, 728, 741, **741**, 784, 786-7, 799, 834, 893, 931, **932**, 962
　イリノイ工科大学　Illinois Institute of Technology　894, **895**, 899
　オーディトリアム・シアター・ビルディング　Auditorium Theater Building　725-6, 782
　カーソン・ピリー・アンド・スコット・ストア　Carson Pirie & Scott Store　727
　タコマ・ビルディング　Tacoma Building　725
　チャーンリー・ハウス　Charnley House　782
　トリビューン・タワー　Tribune Tower　800, 855
　万国博覧会〔ワールズ・フェア〕（1893）World's Fair (1893)　716, 728, **728**, 732, 781, 850, 931
　ホーム・インシュランス・ビルディング　Home Insurance Building　725
　マーシャル・フィールド・ストア　Marshall Field Store　722, 725
　ミッドウェイ・ガーデンズ　Midway Gardens　789

ユニティー教会堂、オーク・パーク　Unity Temple, Oak Park　786-7, **787**, 793
リヴァーサイド　Riverside　741, **741**, 784
リライアンス・ビルディング　Reliance Building　725, 728
レイク・ショア・ドライヴ・アパートメンツ　Lake Shore Drive apartments　894
ロビー邸　Robie House　784, **785**
ジガンティ、アンドレア　Giganti, Andrea　438
ジグラット群　ziggurats　11, 12
　ウル　Ur　12, **13**
シザ、アルヴァロ　Siza, Alvaro　925
ジゾール　Gisors, A.-H. de　230, 618
シチュコー、ウラディーミル　Shchuko, Vladimir A.　877, 892
シチリア　Sicily　32, 38, 40, 145, 148, 150, 432, 436-7, 439-40, 573 → シラクーザ　Syracus も参照
ジッテ、カミロ　Sitte, Camillo　743, **743**, 840, 843, 846
シトー　Cîteaux
　修道院　monastery　172, 197, 199, 228, 237, 272, 288
シドニー　Sydney
　オペラ・ハウス　Opera House　902
ジナン　Ginain, P.-R.-L.　637-8
シムコヴィッツ、オトマール　Schimkowitz, Othmar　761
シモネッティ、ミケランジェロ　Simonetti, Michelangelo　572, **572**
シモン・デ・コローニャ　Simon of Cologne　258, 285
ジャーヴァス（修道士）　Gervase (monk)　234-6
シャーウッド、ウラディーミル　Sherwood, Vladimir O.　**702**, 703
シャーボン大修道院〔教会堂〕　Sherborne Abbey　250
シャーロッツヴィル　Charlottesville
　大学　University　598, **598**
　モンティセロ〔モンティチェロ〕　Monticello　596-9, **596**
シャーロッテンブルク　Charlottenburg,
　城館　Schloss　666
シャトーヌフ、アレクシス・ド　Châteauneuf, Alexis de　673-4
シャトルワース、ケン　Shuttleworth, Ken　953
ジャニンズ、ロバート、ジュニア〔年若〕　Janyns, Robert, the Younger　252
シャマイエフ、サージ　Chermayeff, Serge　889, **889**
シャラントン　Charenton
　精神病棟　asylum　621
シャルグラン　Chalgrin, J.-F.-T.　558, 595, 617, 700
ジャルダン、ニコラ＝アンリ　Jardin, Nicolas-Henri　585-6
シャルトル　Chartres
　大聖堂　cathedral　187, 214, 216-9, **217-8**, 219, 222-3, 226, 230
シャルファン、ポール　Chalfin, Paul　796, 797
シャルリウ・プリューレ〔小修道院〕　Charlieu Priory〔Prieuré〕　194
シャロウン、ハンス　Scharoun, Hans　903, 945
シャロー、ピエール　Chareau, Pierre　849

索引（し〜す）

シャンティイ城館　Chantilly, château de　359-60, **360**, 637
ジャン・ド・ガスティーヌ　Jean de Gastines　949
シャンボール城館　Chambord, château de　346-7, 350-2, **354**, 380
シュヴァンターラー、ルートヴィヒ　Schwanthaler, Ludwig　675, 679
シュヴェービッシュ＝グミュント　Schwäbisch-Gmünd
　ハイリヒクロイツキルヒェ〔聖十字架教会堂〕church of the Holy Cross　**258**, 260-1
シュヴェツィンゲン　Schwetzingen
　庭園群　gardens　577, **577**
シューツ、フィリップ・トラメル　Shutze, Philip Trammell　797-8, **797**
シュート、ジョン　Shute, John　382
シューマッハー、フリッツ　Schumacher, Fritz　805
ジューリオ・ロマーノ　Giulio Romano　322-5, **323-5**, 332, 334, 343, 353, 371, 530, 569, 833
ジュールダン、フランツ　Jourdain, Frantz　753
シュジェール、大修道院長　Suger, Abbot　211-3, 215, 224, 234, 256, 395
シュタインハウゼン　Steinhausen
　教会堂　church　469-70
シュタッケルベルク、オットー・マグヌス・フォン　Stackelberg, Otto Magnus von　618
シュタルガルト　Stargard
　ザンクト・マリーア　265
シュテューベン、ヨーゼフ　Stübben, Joseph　742
シュテューラー、フリードリヒ　Stühler, Friedrich　673, **673**, 957
シュテュルツェンアッカー、アウグスト　Stürzenacker, August　854
シュテルマー、ヤン　Störmer, Jan　929, **929**
シュトゥットガルト　Stuttgart　673, 817
　アルテス・シュロス　Altes Schloss　370, **370**
　ヴァイセンホーフジードルング　Weissenhofsiedlung　827, 932, 933
　駅舎　Station　806, **806**, 854
　州立美術館　Staatsgalerie　914-5, **916**
　ショッケン・デパートメント・ストア　Schocken Dept Store　817, **817**
　ラ・ソリテュード　La Solitude　557, **577**
シュトース、ファイト　Stoss, Veit　266
シュトラック、ヨハン・ハインリヒ　Strack, Johann Heinrich　673, **673**
ジュネーヴ　Geneva
　国際連盟ビル　League of Nations building　891-2
シュノンソー城館　Chenonceaux, château de　350, 360, **360**
シュパイヤー　Speyer
　大聖堂　cathedral　167-9, **167**, 178, 193, 204
シュペーア、アルベルト　Speer, Albert　820, 830-1, **831**, 850-1, 892
ジュミエージュ　Jumièges
　ノートル＝ダム　Notre-Dame　177, **177**
シュミッツ、ブルーノ　Schmitz, Bruno　811, **811**

シュミット、フリードリヒ・フォン　Schmidt, Friedrich von　682
シュムザー、ヨーゼフ　Schmuzer, Joseph　470
シュメール建築　Sumerian architecture　11-3
シュリーヴ、リッチモンド　Shreve, Richmond　802
ショー、リチャード・ノーマン　Shaw, Richard Norman　659-65, **660-2**, 723, 758, 854, 873, 875, 888
ジョアス、ジョン・ジェームズ　Joass, John James　887
城塞都市〔バスティッド〕bastides　293-4
ショー　Chaux　567, 570-1, **571**, 738, 841, 912
ジョージ、アーネスト　George, Ernest　661, 873
ジョーンズ、イニゴー　Jones, Inigo　356, 361, 373, 385-8, **386-7**, **482**, 483, 527, 541, 594, 607, 651
ジョーンズ、オーエン　Jones, Owen　659
ショッホ、ヨハン〔ネス〕Schoch, Johann　373
ジョリヴェ、ピエール＝ジュール　Jollivet, Pierre-Jules　621
ジョルダーノ、ルーカ　Giordano, Luca　520
ショワジー、オーギュスト　Choisy, Auguste　617-8, 665, 835
ジョンソン、フィリップ　Johnson, Philip　894, 910-2, **911**
シラクーザ　Syracuse　38
　アポロン神殿　temple of Apollo　38
　ゼウスの祭壇　altar of Zeus　70-1
　大聖堂　cathedral　**437**, 439
ジラルダン侯爵　Girardin, Marquis de　566
ジラルディ、ドメーニコ　Gilardi, Domenico　702
ジリー、ダーフィト　Gilly, David　579, 674
ジリー、フリードリヒ　Gilly, Friedrich　570, 580-1, **580**, 601, 604, 666, 672-5, 694, 808-9, 859
シルスビー、ジョーゼフ・ライマン　Silsbee, Joseph Lyman　782
シルバ、ペレ　Silva, Pere　286, **286**
ジルベール、エミール＝ジャック　Gilbert, Emile-Jacques　621
シロエー、ディエーゴ・デ　Siloe, Diego de　365, 366, **367**, 498
シロエー、ヒル・デ　Siloe, Gil de　285
ジロー　Girault, C.-L.　637-8, 832
シロス、サント・ドミンゴ・デ　Silos, Sto Domingo de　**198**, 200
シングル・スタイル　Shingle Style　724, 729, 782-4, 910
シンケル、カール　Schinkel, Karl　8, 580, 646, 665-71, **667-70**, 672, 673-7, 682, 702, 704, 712, 727, 736, 808, 810, 820, 828, 855, 914, 956
シンドラー、ルドルフ　Schindler, Rudolph　781, 792
シンプソン、ジョン　Simpson, John　926, **926**

す

スアレス、ディエーゴ　Suarez, Diego　796, 797
垂直式　Perpendicular style　187, 210, 245, 248-50, 252, 254, 288, 714, 798, 800
スィヤック　Souillac

索 引（す〜せ）

修道院教会堂〔大聖堂〕 abbey〔cathedral〕 150, 194, 197
スウォートウート、エジャートン Swartwout, Egerton 901
スカイラー、モンゴメリー Schuyler, Montgomery 720
スカモッツィ、ヴィンチェンツォ Scamozzi, Vincenzo 379, 386-7, 389-91, 429
スカルパ、カルロ Scarpa, Carlo 903
スカルファロット、ジョヴァンニ Scalfarotto, Giovanni 573
スキッドモア・オウイングズ・アンド・メリル（SOM） Skidmore, Owings and Merril (SOM) 895, 915, 958, 962
スキネクタディ Schenectady
　ノット・ホール〔記念図書館〕 Nott Hall 718, **718**
ズク、シモン Zug, Szymon 582-3, **583**
スコット、サー・ジョージ・ギルバート Scott, Sir George Gilbert 642, 653-4, **654**
スコット、ジャイルズ・ギルバート Scott, Giles Gilbert 799, **882**, 883-6, **884-5**
スコット、ジョージ・ギルバート、ジュニア Scott, George Gilbert, Jr 661, 709
スコドヴィン、ボッレ Skodvin, Borre 946, **947**
スコパス Scopas 60
ズストリス、フリードリヒ Sustris, Frederick 371-2, **371**
スタージス、ジョン Sturgis, John 718
スターソフ、ヴァシーリ Stasov, Vasili P. 702
スターロフ、イヴァン Starov, Ivan Y. 588-9, **589**
スターリング、ジェームズ Stirling, James 872, 899-901, 914-5, **916**, 924
スタイン、クラレンス Stein, Clarence 931
スタッキーニ、ウリッセ Stacchini, Ulisse **863**, 864
スタム、マルト Stam Mart 829, 932, **933**
スタンデン Standen **663**, 664
ステイリ Styris
　カトリコン Katholikon 140-1, **141**
スチュアート、ジェームズ「アテネ人」 Stuart, James 'Athenian' 58, 522, 531, 534, 671, 711
ステルン、ラファエッロ Stern, Raffaello 572, 687
ストウ Stowe
　エーリュシオン・フィールズ Elysian Fields 530, **530**, 587
　住宅〔ストウ・ハウス〕 House 537, **538**
　神殿群 temples 498, **530**, 531, 568
ストゥピニージ Stupinigi
　王宮 Royal Palace 424, **424-5**, 427, 452
ストゥブ、ジョン Staub, John F. 797
ストークセイ・カースル Stokesay Castle 254, **255**
ストックホルム Stockholm
　エンゲルブレクト〔エンゲルブレクト〕教会堂 Engelbrekt church 852
　経済学スクール School of Economics 856
　コンサート・ハウス Concert House 856, **857**

市庁舎 Town Hall 851-2, **851**
大学 University 856
図書館 Library **858**, 859
図書館増築 Library extension 955-6
マッチ会社ビル Match Co. Building 856
「森の礼拝堂」と「森の火葬場」 Woodland Chapel and Crematorium **857**, 859
ストラーダ、ヤーコポ Strada, Jacopo 372
ストラスブール Strasbourg
　大聖堂 cathedral 167, 227, 250, 264-5, **265**, 288
ストリート、ジョージ Street, George E. 654, 656, **657**, 719
ストリックランド、ウィリアム Strickland, William 709-13, **711**
ストルナローコ、ガブリエーレ Stornaloco, Gabriele 277
スノヘッタ SNØHETTA 944, **946**
スパラト（スプリット） Spalato(Split)
　ディオクレティアヌス帝の宮殿 Diocletian's palace **120-1**, 121-2, 367, 411, 434, 534
スフィンクス、（ギザ） Sphinx, The (Giza) 19-21, **19**
スプレッケルセン、ヨハン・オットー・フォン Spreckelsen, Johann Otto von 918
スフロ、ジャック＝ジェルマン Soufflot, Jacques-Germain 554, **555**, 556, 557, 558-9, 563, 565, 573, 603, 617, 702, 732, 838
スペッキ、アレッサンドロ Specchi, Alessandro 412, 414, 509-10, **510**
スペンス、サー・バジル Spence, Sir Basil 899
スマーク、サー・ロバート Smirke, Sir Robert 62, 547, 643-5, **644**, 647, 670, 709
スミスソン、ロバート Smythson, Robert 382-3, 384
スミスマイヤー、ジョン Smithmeyer, John 732
スミッソン、ピーター・アンド・アリソン Smithson, Peter and Alison 899, **900**, 901
スミルナ Smyrna 43

せ

セイナツァロ村 Säynätsalo village 904-5, **905**
セイント・オーステル St Austell
　エデン・プロジェクト Eden Project 942, **942**
セイント・オシズズ・プライアリー〔小修道院〕 St Osyth's priory 256
セイント＝ガーダンス、オーガスタス Saint-Gaudens, Augustus 731
セイント・ポール大聖堂、ロンドン（旧） St Paul's Cathedral, London (old) 180, 248-9, **387**, 388, 474, 480, 556
　（レンによる）(Wren's) 477, 478, 480-1, **480-1**, 483, 713
セイント・ルイス St Louis
　ウェインライト・ビルディング Wainwright Building **726**, 726
セビーリャ〔セイビージャ〕 Seville 281
　サン・テルモ神学校 College of S. Telmo 498

サン・ホセ礼拝堂　S. José chapel　　501
　　大聖堂　cathedral　　**281**, 282-3
セー　Sées
　　大聖堂　cathedral　　226, **226**
セールリオ、セバスティアーノ　Serlio, Sebastiano　　324,
　　　　353, **354-5**, 355, 371, 378, 382-4, 424, 474-5
セゴービア　Segovia　　292, **292**
　　エル・パウラール　El Paular　　501
　　水道橋　aqueduct　　87, 88
　　大聖堂　cathedral　　284
妹島和世　Sejima, Kazuyo　　950
セディーユ、ポール　Sédille, Paul　　745
セトゥーバル　Setúbal
　　イエスの教会堂　church of Jesus　　289
セニカセラーヤ、ハビエール　Cenicacelaya, Javier　　934
セリヌス　Selinus
　　神殿群　temples　　38, 618
セルヴァ、アントーニオ　Selva, Antonio　　684, 685
セルヴァーティコ、ピエトロ・エステンセ　Selvatico,
　　　　Pietro Estense　　691
セルジャン、ルネ　Sergent, René　　832, **833-4**, 834-5
セルダ、イルデフォンソ　Cerdá, Ildefonso　　742, **742**
セルポッタ、ジャーコモ　Serpotta, Giacomo　　437
セルポッタ、プロコーピオ　Serpotta, Procopio　　437
ゼレナー・ホラ　Zelená Hora
　　教会堂　church　　461
ゼンパー〔ゼムパー〕、ゴットフリート　Semper, Gottfried
　　　　665, 680-2, **680**, 683, 750
センムート　Senmut　　20
線文字　AおよびB　Linear A and B scripts　　31

そ

ソヴァージュ、アンリ　Sauvage, Henri　　840-2, **842**
ゾースト　Soest
　　ヴィーゼンキルヒェ　Wiesenkirche　　260-1, 263
ソールズベリー　Salisbury　　293
　　大聖堂　cathedral　　237-8, 240-2, **240**, 253
ソールテア　Saltaire　　738-9
ソーン、サー・ジョン　Soane, Sir John　　8, 83, 519, 525,
　　　　546-8, **547-8**, **550**, 580, 601, 603-5, 643-4, 670, 772
ソーントン、ウィリアム　Thornton, William　　**600**, 601,
　　　　603
ソーントン大修道院　Thornton Abbey　　256
蘇州　Suzhou
　　美術館　museum　　958
ソリア・イ・マータ、アルトゥーロ　Soria y Mata,
　　　　Arturo　　742
ソルニエ、ジュール　Saulnier, Jules　　745
ソワソン　Soissons
　　大聖堂　cathedral　　216, **216**
ソンク、ラーシュ　Sonck, Lars　　853-4, **853**
ソンマルーガ、ジュゼッペ　Sommaruga, Giuseppe　　768,
　　　　771

た

ダーラム　Durham
　　大聖堂　cathedral　　180, 182, **182-3**, 184, 186, 237, 240,
　　　　254, 460
ダイカー、ヨハンネス　Duiker, Johannes　　860
ダヴィウー　Davioud, G.-J.-A.　　632, **632**, 634, **634**
タウト、ブルーノ　Taut, Bruno　　812, 815-6, **816**, 819, 821,
　　　　827-8, 848, 912
タウト、マックス　Taut, Max　　800
タウン、イシアル　Town, Ithiel　　712
タウンゼンド、チャールズ・ハリソン　Townsend, Charles
　　　　Harrison　　757, 760
ダウンタウン・カースル　Downtown Castle　　641-2
タターシャル・カースル　Tattershall Castle　　256
タッリアヴェンティ、ガブリエーレ　Tagliaventi, Gabriele
　　　　934, **935**
タトリン、ウラディーミル　Tatlin, Vladimir　　889, **890**, 891
ダフニ　Daphni
　　聖母の眠り教会堂　church of the Dormition　　141, **142**
ダブリン　Dublin　　539-41, 609-10
　　裁判所　Four Courts　　**541**, 610
　　マリノ邸のカジノ〔小別荘〕　Casino at Marino House
　　　　539, **540**
タリアセン・イースト　Taliesin East　　788-9, **788**, 792
ダルムシュタット　Darmstadt　　673, 758-9, **759**, 769, 890
　　芸術家村　Artists' Colony　　759, **759**, 807
　　ルートヴィヒ・ハオス〔ハウス〕　Ludwig Haus　　759
タレンティ、シモーネ　Talenti, Simone　　279
タレンティ、フランチェスコ　Talenti, Francesco　　274
ダロンコ、ライモンド　D'Aronco, Raimondo　　768-9, **768**
丹下健三　Tange, Kenzo　　903
ダンス、ジョージ　Dance, George　　523, 546-7, **547**, 580,
　　　　604, 644
タンネンベルク記念建造物　Tannenberg Monument
　　　　831-2, **831**
タンペレ　Tampere
　　大聖堂　cathedral　　853

ち

チードル　Cheadle
　　セイント・ジャイルズ　St Giles　　653, **700**
チェインバーズ、サー・ウィリアム　Chambers, Sir William
　　　　522, 525, 534, 538-41, **539-40**, 545, 576-7, 583, 587,
　　　　599, 652
チェスターズ　Chesters　　662
チェストナット・ヒル　Chestnut Hill
　　ヴェンチューリ邸　Venturi House　　910
チェファルー　Cefalù
　　大聖堂　cathedral　　149-50
チッパーフィールド、デイヴィッド　Chipperfield, David

索　引（ち～て）

チマブーエ　Cimabue　272, 273
チャールストン　Charleston
　記録局　Records Office　710
　ドレイトン・ホール　Drayton Hall　592, **593**
チャイルズ、デイヴィッド　Childs, David　958
チャッツワース　Chatsworth　485, **485**, 487, 490, 494
チャルトリスカ、公爵夫人イザベラ　Czartoryska, Princess Izabella　583-4
チャンディガール　Chandigarh
　政府機関の建物群　government buildings　775, 845, 897-8
チャンプニーズ、バジル　Champneys, Basil　661, **661**
チュリゲラ、アルベルト・デ　Churriguera, Alberto de　498, **503**, 504

つ

ツィラー、エルンスト　Ziller, Ernst　705
ツィン、ビリー　Tsien, Billie　954, **954**
ツィンマーマン、ドミニクス　Zimmermann, Dominikus　469-70, **469**, **491**, 575
ツィンマーマン、ヨハン・バプティスト　Zimmermann, Johann Baptist　470, 472, **483**

て

ディーナリー・ガーデン　Deanery Garden　867, 874
ティープヴァル・メモリアル　Thiepval Memorial　**880**, 881
ディーン、その息子、そしてウッドワード　Deane, Son and Woodward　718
ディーンツェンホーファー、キリアン・イグナッツ　Dientzenhofer, Kilian Ignaz　461
ディーンツェンホーファー、クリストフ　Dientzenhofer, Christoph　461
ディーンツェンホーファー、ヨハン　Dientzenhofer, Johann　460-2, **462**, 464-5
デイヴィス、アレクサンダー　Davis, Alexander J.　712, **740**, 741
デイヴィス、アーサー　Davis, Arthur　833-4, 886
ティヴォリ　Tivoli
　ウェスタの神殿　temple of Vesta　83, **83**
　ハドリアヌス帝のヴィラ　Hadrian's Villa　**102-3**, 103-4, 121
ティエーポロ、ジャンバッティスタ〔ジョヴァンニ・バッティスタ〕　Tiepolo, Giambattista　463, 465, 520
ティエリー、城館　Thierry, château
　記念碑　Memorial　795
　庭園と公園　gardens and parks　524, 530, 566, 574, 577, **577**, 579, 582-4, 874, 880
　アメリカ合衆国　US　740-1, **740**
ディオティサルヴィ　Diotisalvi　207

ディザリントン　Ditherington
　製粉所　flour mill　645
ディジョン　Dijon
　サン＝ベニーニュ　St-Bénigne　175, 176-7
帝政様式〔アンピール様式〕　Empire Style　523, 583, 614-5, 685, 715-6
ティチーノ　Ticino
　カーサ・ロトンダ　Casa Rotonda　903
ディッターリン、ヴェンデル　Dietterlin, Wendel　373, 378, 498
ディッチリー・ハウス　Ditchley House　497
ディデュマ　Didyma
　神殿　temple　62-3, **63**
ティファニー、ルイス・コンフォート　Tiffany, Louis Comfort　780
ティムガド、アルジェリア　Timgad, Algeria　96, 114, **117**, 118-9
ティモテウス　Timotheus　60
テイラー、サー・ロバート　Taylor, Sir Robert　641
ティリンス　Tiryns　27-9, **28**
ディンケル、ジョン　Dinkeloo, John　907
ディンケルスビュール　Dinkelsbühl
　ザンクト・ゲオルク　St George　266
テーベ　Thebes　20-1, 32
デール・エル＝バハリ　Deir el-Bahri　20
　ハトシェプスート葬祭殿　Hatshepsut mortuary temple　**19**, 20, 35, **35**
テオス　Teos
　ディオニュソスの神殿　temple of Dionysus　64
テオドロス　Theodorus　43, 56
デ・サンクティス、フランチェスコ　De Sanctis, Francesco　413, 414, 510
デ・シモーネ、アントニオ　de Simone, Antonio　685
デ・ステイル　De Stijl　792, 823, 826-8, 891
デタイユール、ヴァルテル　Destailleur, Walter　832
デッサウ　Dessau
　バウハウス　Bauhaus　823-4, 824
テッセノウ、ハインリヒ　Tessenow, Heinrich　829-30, **830**, 855
テッラーニ、ジュゼッペ　Terragni, Giuseppe　863, 870, **870**, 891, 933
デッラ・ステッラ、パオロ　della Stella, Paolo　375-6, **375**
デッラ・ポルタ、ジャーコモ　della Porta, Giacomo　318, **328**, 338, **338**, 361, 367, 374
デトロイト芸術学院　Detroit institute of Art　795
デ・ファブリス、エミーリオ　de Fabris, Emilio　691, **692**
デプレ、ルイ＝ジャン　Desprez, Louis-Jean　586, 858
テマンツァ、トンマーゾ　Temanza, Tommaso　573
デュアーニ、アンドレス　Duany, Andrés　**936**, 937
テュークスベリー　Tewkesbury
　教会堂　church　180
テューラン、サミュエル・サーンダズ　Teulon, Samuel Sanders　654
デュク　Duc, L. J.　621, 626-7, **627**, 637, 706
デュ・セルソー、ジャック＝アンドルーエ　du Cerceau,

1001

索引（て〜と）

Jacques -Androuet　354, 360-1
デュッセルドルフ　Düsseldorf　673, 742, 759, 807, 813
　ヴィルヘルム＝マルクス・ハウス　Wilhelm-Marx House　829
　製鉄所　Steel Works　829
　ティーツ・デパートメント・ストア　Tietz Dept Store　759, 806
　美術館　Museum　830
　ラインハレ　Rheinhalle　820, **820**
デュテール、フェルディナン　Dutert, Ferdinand　636
デュドック、マリヌス　Dudok, Marinus　825, **825**, 855
デュバン、フェリックス＝ジャック　Duban, Félix-Jacques　**620**, 621, 731
テュビ、ジャン＝バティスト　Tuby, Jean-Baptiste　447
デュフルニー、レオン　Dufourny, Léon　573
デュラン、J.-N.-L.　Durand, J.-N.-L.　559, 573, 615, 617-8, 621, 623, 667, 671, 675-6, 679, 716, 725
デュ・リィ、シモン＝ルイ　du Ry, Simon-Louis　578
デラン、フランソワ　Derand, François　420
デリー　Delhi
　総督邸〔総督府〕　Viceroy's House　107, 878, **879**, 880
テリー、クインラン　Terry, Quinlan　910, 933, **934**
デルフィ　Delphi
　神殿　temple　38
　トロス　tholos　56, **57**
　宝庫　Treasury　44, **44**
テルモン　Thermon
　アポロンの神殿　temple of Apollo　33
デロス　Delos　43, 55, 65, 73, **74**, 75, 77, 710, 810
　神殿　temples　65, 73
　ナクソス島のライオン像の高台　Terrace of the Naxian Lions　74, **75**
田園都市運動　Garden City Movement　929
デンデラ　Dendera
　神殿　temple　23, **24**
テンボム、イヴァール　Tengbom Ivar　856, **857**

と

ドイツ工作連盟　Deutscher Werkbund　767, 809, 816, **816**, 827
ドゥースブルフ、テオ・ファン　Doesburg, Theo van　823-4, 826, 891
トゥーム、ペーター　Thumb, Peter　470
トゥール　Tours
　駅舎　railway station　638
　サン＝マルタン　St-Martin　172-3, 180, 189
トゥールーズ　Toulouse
　サン＝セルナン　St-Sernin　**188**, 189, 191
トゥールニュ　Tournus
　サン＝フィリベール　St-Philibert　**173**
トゥールネ大聖堂　Tournai cathedral　172, 215, 271, 378
トゥールノン、ポール　Tournon, Paul　849
トゥーレ、ニコラウス・フォン　Thouret, Nicolaus von　581, 673
東京　Tokyo
　城戸崎邸　Kidosaki House　921
　国立体育館〔総合競技場〕　National Gymnasium　903
　帝国ホテル　Imperial Hotel　789-90, **790**, 812, 823
ドーヴァー　Dover
　セイント・メアリー＝イン＝カストロ　St Mary-in-Castro　161
トーディ　Todi　279
　サンタ・マリア　S. Maria　317, **317**
トート、フリッツ　Todt, Fritz　832
ドーハ　Doha
　イスラーム美術館　Museum of Islamic Arts　958, **959**
ドメ　Daumet, P.-G.-H.　637, 729
トールマン、ウィリアム　Talman, William　485, 487, 490
トーレス・デル・リーオ　Torres del Rio
　サント・セプールクロ　Holy Sepulchre　200
ドグラーヌ　Deglane, H.-A.-A.　637-8, **639**
都市美運動　City Beautiful Movement　794, 931
ドス・サントス・デ・カルヴァーリョ、エウジェーニオ　dos Santos de Carvalho, Eugénio　508, 611
ドッティ、カルロ　Dotti, Carlo　428-9, **429**
ドディントン・パーク　Dodington Park　544, **544**
ドナルドソン、トマス・レヴァートン　Donaldson, Thomas Leverton　618
トマ　Thomas, A.-E. -T　638, **639**
トマール　Tomar
　修道院　monastery　289, **289**
トムセン、エドヴァルド〔エドヴァール〕　Thomsen, Edvard　856
トメー、ナルシソ　Tomé, Narciso　492, 499, 501
ドメネク・イ・モンタネール、ルーイス　Domenech y Montaner, Luis　780
トモン、トマ・ド　Thomon, Thomas de　698, **698**
トラムバウアー、ホラス　Trumbauer, Horace　781, 795
トリーア　Trier
　聖母教会堂　church of the Virgin　259
　大聖堂　cathedral　167-9, **168**
トリード、オハイオ州　Toledo, Ohio
　ガラス・パヴィリオン、美術館　Glass Pavilion, Museum of Art　950-1
トリーノ　Turin　417
　カッペッラ・デッラ・サンティッシマ・シンドーネ　Cappella delle SS. Sindone　**418**, 419
　カルミネ会教会堂　La Carmine　423, 426
　サンタ・クリスティーナ　S. Cristina　423
　サン・ロレンツォ　S. Lorenzo　419, **419**, 422
　ストゥピニージ宮殿　Stupinigi Palace　424, **425**, 427, 452
　スペルガ　Superga　423, **424**
　装飾美術万国博覧会　International Exhibition of Decorative Arts　768-9, **768**, 807
　パラッツォ・マダーマ　Palazzo Madama　421, 423
　モーレ・アントネッリアーナ　Mole Antonelliana　686
ドリス式オーダー　Doric order　20, 33-6, 38, 43, 46, 104,

1002

332, 334, 364, 552, 569, 583, 627, **685**, 710, 830
ドリス人　Dorians　31, 32, 38
トルゥアール　Trouard, L.-F.　558, **558**
トルガウ〔トルガオ〕Torgau
　ハルテンフェルス城館　Schloss Hartenfels　369
ドルベー、ジャン　d'Orbais, Jean　219
ドルマン、ゲオルク・フォン　Dollmann, Georg von　684
ドレイトン、ジョン　Drayton, John　592, **593**
トレード　Toledo, J. B. de　367, **368**, 369, 393
トレード、スペイン　Toledo, Spain
　アルカーサル　Alcázar　366
　サン・フアン・デ・ロス・レイエス　S. Juan de los Reyes　**283**, 284
　大聖堂　cathedral　224, 282, **492**, 499
ドレスデン　Dresden
　オッペンハイム・パレス　Oppenheim Palace　680
　オペラ・ハウス　Opera House　680, **680**
　絵画館　Picture Gallery　680
　城館　Schloss　369
　ツヴィンガー　Zwinger　471, **471**, 680
　フェスティヴァル・ハウス、ヘレラオ　Festival House, Hellerau　830, **830**
トレッチュ、アルベルリン　Tretsch, Alberlin　370, **370**
トレンタム　Trentham　650
ドローゴ城郭　Castle Drogo　791, **874**, 874-5
トロースト、パウル・ルートヴィヒ　Troost, Paul Ludwig　820, 830
ドロットニングホルム　Drottningholm　586-7, **587**
トロワ　Troyes
　サントゥルバン　St-Urbain　225, 226-7, 245
　大聖堂　cathedral　224
トン、コンスタンティン　Thon, Konstatin　703

な

ナーポリ、トンマーゾ　Napoli, Tommaso　437
ナイアガラ・フォールズ　Niagara Falls
　図書館　Library　901
ナイト、リチャード・ペイン　Knight, Richard Payne　602, 642
ナショナル・トラスト　National Trust　873
ナゾーニ、ニッコロ　Nasoni, Niccolò　508
ナッシュ、ジョン　Nash, John　547, 607, 615, 640-3, **640-2**, 662, 668-70, 674, 676, **699**, 736-7, **736**, 784, 888, 926
ナッシュヴィル　Nashville
　州議会議事堂　Capitol　711
　第1長老派教会堂　Presbyterian church　711
ナトリン　Natolin
　ギリシャ神殿　Greek temple　584
　パヴィリオン　pavilion　583, **583**
ナトワール、シャルル＝ジョーゼフ　Natoire, Charles-Joseph　450, 452
ナパ・ヴァレー　Napa Valley

クロ・ペガス・ワイナリー　Clos Pegase Vinery　914
ナポリ　Naples　350, 365, 367, 432, 434-5, 440, 520, 554, 685
　イル・ジェズー・ヌオーヴォ　Il Gesù Nuovo　434-5
　ヴィア・トレード　Via Toledo　392
　グーリア・デッリンマコラータ　Guglia del'Immacolata　433, 435
　サン・カルロ劇場　Teatro S. Carlo　685
　サンタ・キアーラ　S. Chiara　434, 435
　サン・フランチェスコ・ディ・パオラ　S. Francesco di Paola　685
　サン・ロレンツォ・マッジョーレ　S. Lorenzo Maggiore　434
　パラッツォ・セッラ・ディ・カッサーノ　Palazzo Serra di Cassano　435
ナランコ　Naranco
　サンタ・マリア　Sta Maria　162, **162**
ナンシー　Nancy　452-3, **452**, 514, 554, 606, 753, 754
　ヴィラ・マジョレル　Villa Majorelle　841

に

ニーダムマーケット　Needham Market
　教会堂　church　252
ニーチェ、フリードリヒ　Nietzsche, Friedrich　812
ニーマイヤー、オスカー　Niemeyer, Oscar　897
ニーム　Nîmes
　カレ・ダール　Carré d'art　908, **909**
　ポン・デュ・ガール　Pont du Gard　87, 637
　メゾン・カレ　Maison Carrée　79, 81-2, 595, 908
ニイロップ、マルティン　Nyrop, Martin　851
ニェボルフ　Nieborow
　アルカディアの庭園　garden of Arkadia　584
ニコルスコエ　Nikolskoe　589
西澤立衛　Nishizawa, Ryue　950
ニッコリーニ、アントーニオ　Niccolini, Antonio　685
ニネヴェ　Nineveh　13-4
ニムルド　Nimrud　13
ニューオーリンズ　New Orleans
　イタリア広場　Piazza d'Italia　912, **912**
ニューオールバニ　New Albany　936
ニュー・サウス・ウェールズ　New South Wales
　スタンウェル・パーク・ハウス　Stanwell Park House　948
ニュージャージー　New Jersey
　ラドバーン　Radburn　931
ニュー・ハーモニ　New Harmony　738
ニュー・ブルータリズム　New Brutalism　897, 899
ニュー・ヘヴン　New Haven　611, 798
ニューポート　Newport
　アイザック・ベル邸　Isaac Bell House　724
　ウォッツ・シャーマン邸　Watts Sherman House　723-4, **723**
　ザ・ブレーカーズ　The Breakers　716-7, **717**

索　引（に〜の）

トゥアロウ・シナゴーク　Touro Synagogue　595
レッドウッド図書館　Redwood Library　594
煉瓦造りの市場　Brick Market　595
ニューポート・ビーチ　Newport Beach
　住宅　house　792
ニューヨーク市　New York City
　アメリカ電信電話局　AT&T Building　910, **911**
　アメリカ民俗博物館　American Folk Art Museum　954, **954**
　アメリカン・ラジエーター・ビルディング　American Radiator Building　800, **801**
　ヴァンダービルト・ハウス　Vanderbilt House　716
　ヴィラード・ハウザズ　Villard Houses　730, **731**
　ウルワース・ビルディング　Woolworth Building　781, 800, **801**
　エンパイア・ステート・ビルディング　Empire State Building　802
　合衆国税関　Custom House　712
　近代美術館〔MoMA〕Museum of Modern Art　911
　グッゲンハイム美術館　Guggenheim Museum　893, **894**
　クライスラー・ビルディング　Chrysler Building　802
　グランド・セントラル・ステーション　Grand Central Station　734
　グレイス・チャーチ　Grace Church　715
　公共図書館　Public Library　794
　港湾局〔公社〕門、CADスタディ　Port Authority Gate, CAD study　952
　国際連合の事務棟　United Nations Secretariat　894
　コロンビア大学　Columbia University　732
　フォード財団本部　Ford Foundation Headquarters　907
　サニーサイド・ガーデンズ　Sunnyside Gardens　931
　シーグラム・ビルディング　Seagram Building　866, **894**
　セイント・ヴィンセント・フェラー　St Vincent Ferrer　799
　セイント・ジョン・ザ・ディヴァイン大聖堂　Cathedral of St John the Divine　798, **798**
　セイント・トマス、5番街　St Thomas's, 5th Avenue　798
　セイント・バーソロミュー教会堂　St Bartholomew's　799
　セイント・パトリック大聖堂　St Patrick's Cathedral　715
　セントラル・パーク　Central Park　739, 740-1, **740**
　大学　University　732
　大学クラブ　University Club　733
　テレフォン〔バークレー＝ヴィージィ〕・ビルディング　Telephone Building　802
　トランス・ワールド航空ターミナル　Trans World Airways Terminal　902, **902**
　トリニティ・チャーチ　Trinity Church　714, **714**
　ハースト・タワー　Hearst Tower　957, **957**
　万国博覧会（1939年）　World's Fair (1939)　861, **862**
　ペンシルヴェニア・ステーション　Pennsylvania Station　733-4, **734-5**
　ホーリー・トリニティ　Holy Trinity　719
　マーチャンツ取引所　Merchants' Exchange　712
　マディソン・スクエア・ガーデン　Madison Square Garden　730
　マンハッタン　Manhattan　739, **740**, 741, 910, 957, 958
　メトロポリタン美術館　Metropolitan Museum　716
　ラジオ・シティ・ミュージック・ホール　Radio City Music Hall　804, **804**
　リーヴァー・ハウス　Lever House　895
　レナックス図書館　Lenox Library　716
　ワン〔1〕・ワールド・トレード・センター　One World Trade Center　958
ニュー・ラナーク　New Lanark　737
ニュルンベルク　Nuremberg
　ザンクト・ローレンツ〔ローレンツキルヒェ〕St Lorenz　265, 266
　市庁舎　Rathaus　374
　フラウエンキルヒェ〔聖母教会堂〕Frauenkirche　263
　ペラーハオス　Pellerhaus　374

ぬ

ヌーヴェル、ジャン　Nouvel, Jean　918, **919**, 945, **946**
ヌフ＝ブリザック　Neuf-Brisach　513, **515**

ね

ネーグル、ヴァレリー　Nègre, Valérie　934
ネーレスハイム　Neresheim
　修道院教会堂　abbey-church　465
ネスフィールド、ウィリアム・エデン　Nesfield, William Eden　661, 723
ネッテ、ヨハン　Nette, Johann　512
ネノ　Nénot, P.-H.　637-8, **639**, 690, 832, 892
ネルヴィ、ルイージ　Nervi, Luigi　903
ネルトリンゲン　Nördlingen
　ザンクト・ゲオルク〔ゲオルクスキルヒェ〕St George　266

の

ノイシュヴァンシュタイン城館　Neuschwanstein, Schloss　684, **708**
ノイトラ、リチャード　Neutra, Richard　781, 792
ノイマン、バルタザール　Neumann, Balthasar　439, 460, **463-4**, **464-5**, 467, **488**, 575
ノヴァーラ　Novara　686
ノーヴィ、アレヴィスィーオ　Novi, Alevisio　374
ノース・イーストン　North Easton
　ゲイト・ロッジ　Gate Lodge　722, **722**
ノート　Noto　439
ノールマルク　Noormarkku
　別荘　villa　861, **861**

索引（の〜は）

ノッティンガム　Nottingham
　カウンティー・ホール〔州庁舎〕County Hall　541
ノリッジ　Norwich
　大聖堂　cathedral　180, 182, 187, 237, 253
ノルブラン、ジャン＝ピエール　Norblin, Jean-Pierre　583
ノルマン建築　Norman architecture　180-2, 184, 186
ノワイヨン　Noyon
　大聖堂　cathedral　214, **214**, 216, 259
ノワエール、ジョフレー・ド　Noiers, Geoffrey de　239
ノワジエル＝シュール＝マルヌ　Noisiel-sur-Marne
　ムニエ・チョコレート工場　Menier Chocolate Works　745
ノンサッチ宮殿　Nonsuch Palace　389

は

ハーヴ、セオドア・ダ〔デ〕Have, Theodore de　**381**, 383
ハーヴァード　Harvard
　オースティン・ホール　Austin Hall　721
　カーペンター・センター　Carpenter Center　897
　セヴァ・ホール　Sever Hall　721
　メモリアル・ホール　Memorial Hall　719
　ユニオン〔学生会館〕Union　732
　ワイドナー記念図書館　Widener Library　794
ハーカ　Jaca
　大聖堂　cathedral　191, 199
ハーグ〔デン・ハーフ〕Hague, The　379, 512
　市庁舎　town hall　378
　市庁舎と中央図書館　City Hall and Central Library　920
　マウリッツハイス　Mauritshuis　**378**, 379
バークリー　Berkeley
　教会堂　church　786
ハーゲン　Hagen, G. B.　856
バーケンヘッド・パーク　Birkenhead Park　740-1
バージー、ジョン　Burgee, John　912
ハーシー、ジョージ　Hersey, George　8, 925-6
バージェス、ウィリアム　Burges, William　654, 657-8, 684, **707**, 721
バース　Bath　182, 237, 599, 606-9, **609**, 736
　修道院教会堂　abbey　250
ハースドーフ〔ハルスドルフ〕、カスパー　Harsdorff, Caspar　585-6, 855
ハーストモンスー・カースル　Herstmonceux Castle　256
バーセイヴィ、ジョージ　Basevi, George　563
ハーゼナウアー、カール・フォン　Hasenauer, Carl von　**683**, 759, 762
バーゼル　Basel
　駅舎　station　854
　美術館　Museum　908
パーダーボーン　Paderborn
　大聖堂　cathedral　165
バーデン・バーデン　Baden Baden
　鉱泉水飲み場　Trinkhall　679
パードヴァ　Padua　334, 382, 386-7, 693
　カッフェ・ペドロッキ　Caffè Pedrocchi　685, **685**
ハードウィック・ホール　Hardwick Hall　372, **383**, 384
バート・エーンハウゼン　Bad Oeynhausen
　エネルギー＝フォーラム＝イノヴェーション　Energie-Forum-Innovation　922
ハートフォード　Hartford
　郡庁舎　County Building　795
　州議会議事堂　State House　599, 712
バートン＝アポン＝ハンバー　Barton-upon-Humber
　教会堂　church　161
バーナム、ダニエル　Burnham, Daniel　725, 728, **728**, 795, 931-2, **932**
バーネット、サー・ジョン　Burnet, Sir John　755, 886
パーマー、ジョン　Palmer, John　608, **609**
ハーマロイ　Hamarøy
　クヌート・ハムスン・センター　Knut Hamsun Centre　950, **950**
バーミンガム　Birmingham
　セント・フィリップ　St Philip　494
パーム・ビーチ　Palm Beach　797
ハーランド、ヒュー　Herland, Hugh　252
ハーリ、ウィリアム　Hurley, William　246
バーリー・ハウス　Burghley House　380, 382
バーリントン卿　Burlington, Earl of　425, 526-8, 531, 575, 594
バールナック　Barnack
　教会堂　church　161
バールベック　Baalbek　118, 122, 411
　神殿　temple　118-9, **119**, 405
ハールレム　Haarlem
　食肉商組合会館　Meat Hall　378, **379**
ハーレフ・カースル　Harlech Castle　254-5, **254**
ハイデルベルク城館　Heidelberg Schloss　370, **370**, 373
パイミオ　Paimio
　サナトリウム　Sanatorium　859
ハインツェルマン、コンラート　Heinzelmann, Konrad　265, 266
ハウ、ジョージ　Howe, George　803, **803**
パヴィア　Pavia
　コッレージョ・ボッローメオ〔ボッロメーオ〕Collegio Borromeo　339
　サン・ミケーレ　S. Michele　203
ハウエルズ、ジョン・ミード　Howells, John Mead　800
バウハウス　Bauhaus　821-2, **822-4**, 824, 829, 860, 932
バウマイスター、リヒャルト　Baumeister, Richard　742
バウマン、ポヴル　Baumann, Povl　856
パウル、ブルーノ　Paul, Bruno　813
パヴロフスクの宮殿　Pavlovsk, palace of　592
パウンドベリー・ニュータウン　Poundbury New Town　936, **936**
パエストゥム　Paestum　38, 40, 554, 581, 809
　アテナ神殿　temple of Athena　39, 41-2
　ヘラの神殿群　temples of Hera　38-40, **39**, 556, 622, 624, 698
パガーノ、ジュゼッペ　Pagano, Giuseppe　870-1

索　引（は）

ハギア・ソフィア　Hagia Sophia →　コンスタンティノープル　Constantinople を参照
パキプシー　Poughkeepsie
　ヴァサ・カレッジ　Vassar College　715
パクストン、サー・ジョーゼフ　Paxton, Sir Joseph　658, **658**, 740
バグッティ（化粧漆喰装飾家）　Bagutti (stuccoist)　497
パケ、ピエール　Paquet, Pierre　517
パサデナ　Pasadena
　ギャンブル・ハウス　Gamble Hous　785, **786**
　ケーヒル・センター　Cahill Center　951, **951**
　ラ・ミニアトゥーラ　La Miniatura　791
バジェーノフ、ヴァジリ　Bazhenov, Vasili　588-90
パスカル　Pascal. J.-L.　637-8
バターフィールド、ウィリアム　Butterfield, William　654-5, **655**
バターリャ　Batalha
　教会堂　church　287, 288-9
バックデン・パレス　Buckden Place　256
バッサイ　Bassae
　神殿　temple　18, 41, 53, **54**, 56
パツュケ〔パチュケ〕・クロッツ・アンド・パートナー　Patzchke, Klotz and Partner　940
バッスィ、マルティーノ　Bassi, Martino　340
バッツァーニ、チェーザレ　Bazzani, Cesare　863
バッツェンドルフ、ヨハン・フォン　Batzendorf, Johann von　512
ハッドフィールド、ジョージ　Hadfield, George　600, **601**
ハットフィールド・ハウス　Hatfield House　384, **385**
ハッドン・ホール　Haddon Hall　256
バッバカーム　Babbacombe
　オール・セインツ　All Saints　655
バッファロー　Buffalo
　ギャランティ・ビルディング　Guaranty Building　726-7, **726**
　ラーキン管理棟　Larkin Building　786-7
パップワース　Papworth, J. B.　670
ハディッド〔ハディド〕、ザハ　Hadid, Zaha　10, 921-2, 952, 955, **955**
ハドリアヌス帝のヴィラ　Hadrian's Villa →　ティヴォリ Tivoli を参照
パナエヌス　Panaenus　45
ハナダ、ハイケ　Hanada, Heike　956
バビロン　Babylon　11, 14-6, **15**, 286, 457, 842
ハマーウッド・ロッジ　Hammerwood Lodge　601
ハミルトン、サー・ウィリアム　Hamilton, Sir William　544, 576
ハミルトン、トマス　Hamilton, Thomas　645, **645**
ハムステッド田園郊外住宅地　Hampstead Garden Suburb　880, 881, 930-1
ハラーシュタイン、カール・フォン　Hallerstein, Carl von　675
パラーディオ、アンドレア/パラーディオ主義　Palladio, Andrea/Palladianism　8, 83, 107, 112, 315, 324, 333, 335, 340-1, **341**, 343-4, **343**, 345, 348-9, **348-9**,

369, 379, 386, 388, 419, 429, 431-2, 453, 493, 498, 527-32, 539, 541, 543-4, 573-4, 576, 578, 582, 588, 590, 592, 596, 598, 698, 701, 797, 913

パリ　Paris　209, 291, 362, 393, 569, 574, 606-7, 615-6, 631, 634, 636, 638, 682, 687-8, 736-7, 742
　アミロー通り　rue des Amiraux　842
　アムロー・ド・グールネー邸館　Hôtel d'Amelot de Gournay　451, **451**
　アラブ世界研究所　Institute du Monde Arabe　918, **919**
　アルヴィル邸館　Hôtel d'Hallwyl　567
　アンヴァリッド〔レザンヴァリッド〕　Les Invalides　365, 426, 450, 473
　医学校　Ecole de Médecine　637
　ヴァヴァン通り〔街〕26番地　26 rue Vavin　842, **842**
　ヴァル＝ド＝グラース　Val-de-Grâce　364, 475
　ヴァンドーム広場　Place Vendôme　449-50, 513-4, 608
　ヴィクトワール広場　Place des Victoires　449, 513, 608
　ヴォージュ広場　Place des Vosges　361, 362, 388, 393, 513
　ヴォワザン計画（ル・コルビュジエ）　Plan Voisin (Le Corbusier)　842, **843**, 845
　エコール・デ・ボザール　Ecole des Beaux-Arts　615, **620**, 621
　エコール・デュ・サクレ＝クール　Ecole du Sacré-Coeur　750
　エッフェル塔　Eiffel Tower　636-7, **636**, 849, 889
　オデオン座　Théâtre de l'Odéon　561, 563, 675
　オテル・カルナヴァレ　Hôtel Carnavalet　357
　オテル・ド・クリュニー　Hôtel de Cluny　234
　オ・プランタン　Au Printemps　746
　オペラ座　Opéra　563, **632**, 634-5, **635**, 637, **695**, 706
　オルセー河岸駅　Gare du Quay d'Orsay　638, **638**
　〔エトワールの〕凱旋門　Arc de Triomphe　617, 737
　下院議場　Chambre des Députés　617
　カステル・ベランジェ　Castel Béranger　750-1, **751**
　カルーゼルの凱旋門　Arc du Carrousel　616, **616**
　機械館　Palace of Machines　636, 638, 745
　北駅　Gare du Nord　620, 621, 927
　ギマール嬢の邸館　Hôtel Guimard　568, **568**, 599, 709
　救世軍の難民院　Salvation Army Hostel　846-7
　クールセル並木大通り29番地　29 boulevard de Courcelles　753
　グラン・パレ　Grand Palais　638, **639**
　外科学校　School of Surgery　561-2, **562**, 565
　公共事業博物館　Musée des Travaux Publics　840
　国有動産管理局　Mobilier National　840
　国立曲馬・曲芸場〔シルク・ナショナル〕　Cirque Nationale　619, **619**
　国立図書館　Bibliothèque Nationale　625, 626, 638, 696
　コンコルド（ルイ15世）広場　Place de la Concorde (Louis XV)　23, **515**, 553, 554, 736
　裁判所　Palais de Justice　626, **627**, 637
　サクレ＝クール　Sacré-Coeur　150
　サマリテーヌ百貨店　Samaritaine Dept Store　753
　サル・アンベール・ド・ロマン　Salle Humbert de Romans

1006

752
サルム邸館　Hôtel de Salm　**560**, 5(1, 597
サン・ヴァンサン・ド・ポール　St Vincent de Paul　619, **619**
サントゥジェーヌ　St Eugène　630
サントーギュスタン〔教会堂〕　St-Augustin　**633**, 634
サント＝シャペル　Sainte-Chapelle　220, **220**, 225, 229, 241, 243, 246, 248-9, 251, 263, 448, 629
サント＝ジュヌヴィエーヴ図書館　Bibliothèque Ste-Geneviève　623-4, **623-4**, 626, 696, 731
サントディール教会堂　Ste Odile　850, **850**
サント＝マリー＝ド＝ラ＝ヴィジタシオン　Ste Marie de la Visitation　364, 475
サン＝ピエール・ド・モンルージュ　St Pierre de Montrouge　630
サン＝フィリップ＝デュ＝ルール　St Philippe du Roule　558
サン・ミシェルの噴水　Fontaine St-Michel　**634**, 634
シャイヨー宮　Palais de Chaillot　615, 849-50, **849**
ジャウル邸、ヌイイー　Maisons Jaoul, Neuilly　899, **899**
シャンゼリゼ　Champs-Elysées　619
シャンゼリゼ劇場　Théâtre des Champs-Elysées　837, **837**
スイス学生会館　Swiss Pavilion　846, **847**
スービーズ邸館　Hôtel de Soubise　**450**, 452
ソルボンヌ　Sorbonne　362, **362**, 475, 638, **639**
中央市場　Halles Centrales　632
テリュソン邸館　Hôtel de Thélusson　565-6, **566**
ニッシム・ド・カモンド美術館　Musée Nissim de Camondo　**834**, 835
ノートル＝ダム　Notre-Dame　214, **215**, 216, 220, 222, 227-8, 235, 242, 629
ノートル＝ダム・ドートゥイユ　Notre-Dame d'Auteuil　630
パノラマ館　Rotonde des Panoramas　619
プティ・パレ　Petit Palais　638
万国博覧会（1937年）　Universal Exposition(1937)　848-51, **849**, 861, 892
パンテオン（サント＝ジュヌヴィエーヴ）　Panthéon (Ste-Geneviève)　**555**, 556, 557, 558, 565, 603, 702, 838
ビュット＝ショーモンの公園　Parc des Buttes-Chaumont　632, **632**
フランクラン〔フランクリン〕通り〔街〕第2の25番地　25 bis rue Franklin　836, **836**, 838
ポン・ヌフ　Pont Neuf　393
ポンピドゥー・センター　Pompidou Centre　**881**, 906, 949
ボン・マルシェ　Bon Marché　745, 746
マドレーヌ寺院〔ラ・マドレーヌ〕　La Madeleine　**553**, 617, **617**, 736
メトロ　Métro　751, **752**
モンモランシー邸館　Hôtel de Montmorency　567, 568, 840

ラ・ヴィレットの市門　Barrière de la Villette　569, **569**, 602
ラ・デファンスのグランダルシュ　Grande Arche de la Défense　918
ラ・ペピニエール通り　rue de la Pépinière　**564**, 565
ランジャック邸館　Hôtel de Langeac　595
ランベール邸館　Hôtel Lambert　**440**, 441
陸軍士官学校　Ecole Militaire　554, 849
リセ・ビュフォン　Lycée Buffon　630
リュクサンブール宮殿　Palais du Luxembourg　361, 363, 626
ルーヴル　Louvre　**356**, 357, 359, 364, 393, 400, **400**, 434, **443**, 444, 446, 453, 456, 473, 475, 484-5, 494, 504, 513, 615-6, 634, 716, 731, **843**, 917, **918**
ルーヴル・ピラミッド　Louvre Pyramid　917, **918**
レヌアール通り〔街〕51-5番地　51-5 rue Raynouard　838
ローザン邸館　Hôtel Lauzun　441, 443
バリー、エドワード・ミッドルトン　Barry, Edward Middleton　563, 651
バリー、サー・チャールズ　Barry, Sir Charles　**648**, 649-52, **650**, **651**, 654
ハリカルナッソス　Halicarnassus
　霊廟　Mausoleum　60-1, **61**
パリス　Pâris, P.-A.　614
ハリス、ヴィンセント　Harris, Vincent　888
ハリソン、ウォーレス K.　Harrison, Wallace K.　895
ハリソン、ピーター　Harrison, Peter　592, **593**, 594-5
バリャドリード　Valladolid　392
　サン・グレゴリオのカレッジ　College of S. Gregorio　285
　サン・パブロ　S. Pablo　285
バルジュ　Barge, J.　850, **850**
バルセローナ　Barcelona　228, 282, 742, **742**, 746, 771, 776, 778, 829
　カサ・バトリョ　Casa Batlló　776, **776**, 778
　カサ・ビセンス　Casa Vicens　771, **773**, 778
　カサ・ミラ　Casa Milá　778, **778-9**
　グエル公園　Park Güell　772, 777
　グエル邸　Palau Güell　772, **772**, 776
　国立劇場　National Theatre　**925**, 926
　議事堂　Parliament House　286
　サグラダ・ファミリア大聖堂　cathedral of the Sagrada Familia　774, 778, 779
　サンタ・カタリーナ　S. Catalina　228
　サン・パウ病院　Hospital of S. Pau　780
　大聖堂　cathedral　282
　ドイツ・パヴィリオン　German Pavilion　**828**, 829
バルタール　Baltard, L.-P.　618
バルタール、ヴィクトール　Baltard, Victor　632-3, **633**, 634
パルテノン　Parthenon → アクロポリス、アテネ Acropolis, Athens を参照
バルトニング、オットー　Bartning, Otto　819
ハルビッヒ、ヨハン　Halbig, Johann　679
バルマ　Barma　169

索引（は～ひ）

パルマ　Parma　573
　大聖堂　cathedral　203-4, **203**
パルマ、アンドレア　Palma, Andrea　439
パルマ・デ・マリョルカ　Palma de Mallorca
　大聖堂　Cathedral　**281**, 282
　取引所　Exchange　286
　ベルベルの城郭宮殿　Bellver castle-palace　286, **286**
パルマノーヴァ　Palmanova　**387**, 390
パルミュラ　Palmyra　118
パルラー〔パーラー〕、ハインリヒ　Parler, Heinrich　260, 261
パルラー〔パーラー〕、ハンス　Parler, Hans　277
パルラー〔パーラー〕、ペーター　Parler, Peter　258, **260**, 261-3, 268
パルラー〔パーラー〕、ヨハン　Parler, John　268
パルランド　Parland, A. A.　704
バルロワの城館　Balleroy, château de　362, 878
ハレ　Halle
　先史美術館　Museum of Pre-History　811
パレルモ　Palermo
　キエーザ・コッレジャータ〔聖堂付き参事会が管理する教会堂〕　Chiesa Collegiata　441
　祈禱室群　oratories　437
　宮廷礼拝堂　Palatine chapel　148-9, **148**
　サン・プラシード　S. Placido　441
　パラッツィ〔邸館群〕　palazzi　**436**, 438-9
　ラ・マルトラーナ　La Martorana　149
バレンシア　Valencia
　宮殿　palace　502
　大聖堂　cathedral　502
　取引所　Exchange　286
パレンシア　Palencia
　大聖堂　cathedral　284-5
バロック様式　Baroque style　423, 428, 454, 460-1, 473, 485, 498, 503, 508, 518, 523, 575, 585, 634, 662, 674, 680, 701, 706, 759
ハワード、エベネザー　Howard, Ebenezer　929-31, **930**, 933
ハワード、ジョン・ゲイリン　Howard, John Galen　795
ハンガリー　Hungary　172, 374-6, 453-4, 458, 574, 611, 743, 823, 928
坂　茂　Ban, Shigeru　**948**, 949
ハンスタントン　Hunstanton
　学校　school　899, **900**, 901
ハンセン　Hansen, C. F.　586, 693-4, **693**, 697
ハンセン　Hansen, T. E.　682, **683**, 704-5, **705**
ハンセン　Hansen, H. C.　704-6, **705**
バンツ　Banz
　修道院教会堂　abbey　461-2
パンテオン　Pantheon → ローマ　Rome を参照
ハント、リチャード　Hunt, Richard M.　716-7, **717**, 728, 729
パンニーニ、ジョヴァンニ・パオロ　Pannini, Giovanni Paolo　**106**, 520
ハンプトン・コート　Hampton Court　256, 473, 484

ハンブルク　Hamburg
　チリハウス　Chilehaus　**818**, 819

ひ

ピアーノ、レンツォ　Piano, Renzo　**881**, 906, 908, 924, 938-9, 943, 958
ピアス、サー・エドワード・ロヴェット　Pearce, Sir Edward Lovett　609
ピアチェンツァ　Piacenza　277, 279
　大聖堂　203
ピアチェンティーニ、ジョヴァンニ　Piacentini, Giovanni B.　429
ピアチェンティーニ、ピオ　Piacentini, Pio　688, 868
ピアチェンティーニ、マルチェッロ　Piacentini, Marcello　865, 868-9
ビアンキ、ピエトロ　Bianchi, Pietro　685
ビアンコ、バルトロンメオ　Bianco, Bartolommeo　428, **428**, 432
ビーシン　Bechin
　フランシスコ教会堂　Franciscan church　267
ピーターバラ　Peterborough
　大聖堂　cathedral　180
PTW　959
ヒートン・ホール　Heaton Hall　543, **543**
ピエールフォン城館　Pierrefonds, château of　657, 684
ピエールマリーニ、ジュゼッペ　Piermarini, Giuseppe　573-4
ピエロ・デッラ・フランチェスカ　Piero della Francesca　306, 308, **308**, 312
ピエンツァ　Pienza　306, **307**, 389
ピガージュ、ニコラ・ド　Pigage, Nicolas de　577, **577**
ピクチャレスクの動き　Picturesque movement　524-5, 535, 537, 539-40, 548, 556, 565-6, 580, 602, 640-1
ピサ　Pisa
　大聖堂複合体　cathedral complex　204-5, **206-7**, 208, 297, 666, 718
ピサーノ、ジョヴァンニ　Pisano, Giovanni　273
ピサーノ、ニコラ　Pisano, Nicola　207
ビッグ・サー　Big Sur
　ジャクソン家の別荘　Jackson Family Retreat　948, **949**
ピッチナート、ルイージ　Piccinato, Luigi　868
ピッツバーグ　Pittsburgh
　裁判所　Court House　722
ヒッポダモス　Hippodamus　65-6, 69, 293
ヒトラー、アドルフ　Hitler, Adolf　820, 870
ピノス、カルメ　Pinós, Carme　957
ピペル、フレドリク・マグヌス　Piper, Fredrik Magnus　587
ピュヴィス・ド・シャヴァンヌ、ピエール　Puvis de Chavannes, Pierre　731
ピュージン　Pugin, A. W. N.　247, 628-9, 651-3, 658, 663, 665, 681, 691, **700**, 709, 714-5, 755, 757
ヒューストン　Houston

建築学校 School of Architecture 914
　　大学 University **911**, 912
ビュッケブルク Bückeburg
　　都市教会堂 Stadtkirche 373
ピュティオス Pythias 60-62
ヒュプシュ、ハインリヒ Hübsch, Henrich 665, 674, 679, 745
ビュラン、ジャン Bullant, Jean 359-60, **360**, 380
ビュリーの城館 Bury, château de 350
ヒュルツ、ヨハネス Hültz, Johannes 264
ピラネージ Piranesi, G. B. 429, 458, 519-20, **521**, 522-5, **524**, 534, 536, 538, 546, 567, 572, 581, 585-6, 706
ピラミッド群 pyramids
　　階段状（サッカラー）stepped (Saqqara) 18, **19**
　　ギザ Giza 18, **19**
ビリャール、フランセスク・デ Villar, Francesc de 779
ビリャヌエーバ、フアン・デ Villanueva, Juan de 518
ヒルシュフェルト、クリスティアン Hirschfeld, Christian 583, 740
ヒルデスハイム Hildesheim
　　ザンクト・ミヒャエル St Michael 165, **165**, 168, 171
　　ファグス〔靴型〕工場 Fagus Factory **820**, 821
ビンデスベル〔ビンデスボ(ー)ル〕、ゴットリーブ Bindesøll, Gottlieb 693-4, 694, 696, 855-6
ヒルデブラント、ヨハン Hildebrandt, Johann 453, 458-60, **459**, 462, 471
ビルナウ Birnau
　　教会堂 church 470
ビルバオ Bilbao 7, 742
　　グッゲンハイム美術館 Guggenheim Museum 922, **922**, 949
ヒルフェルスム Hilversum
　　サナトリウム Sanatorium 860
　　市庁舎 Town Hall 825, **825**
広島 Hiroshima
　　市美術館 City Museum **920**, 921

ふ

ファーネス、フランク Furness, Frank 719, **720**
ファーレンカンプ、エーミール Fahrenkamp, Emil 829
ファーンズワース邸 Farnsworth House 895, **895**
ファイストス Phaistos 25, 67
ファイニンガー、リオネル Feininger, Lyonel 817, 821-2, **822**
ファイヒトマイヤー、ヨハン Feuchtmayer, Johann 467
ファジィ、ハッサン Fathy, Hassan 17
ファットレット、ジョヴァンニ B. Fattoretto, Giovanni B. 432
ファレル、テリー Farrell, Terry 910, 915

ファンツァーゴ、コジモ Fanzago, Cosimo **433**, 434-5
フィアツェーンハイリーゲン教会堂 Vierzehnheiligen church **464-5**, 466
フィゲロア、レオナルド Figueroa, Leonardo 498
フィスカー、カイ Fisker, Kay 856
フィッシャー、カール・フォン Fischer, Karl von 674, 675, 677, 679
フィッシャー、テオドール Fischer, Theodor 805, 817
フィッシャー、ヨハン・ミヒャエル Fischer, Johann Michael **469**, 470
フィッシャー・フォン・エルラッハ、ヨハン Fischer von Erlach, Johann 425, 453-4, **454-5**, 456-8, **457**, 460, 520, 525, 539, 575
フィラエ Philae
　　神殿 temple 24
フィラデルフィア Philadelphia 611
　　孤児のためのジラード・カレッジ Girard College for Orphans 713, **713**
　　上水道事業のポンプ室 Waterworks Pump House 602
　　セイヴィングズ・ファンド・ソサイアティ〔フィラデルフィア貯蓄基金協会〕Savings Fund Society 803, **803**
　　第2銀行 Second Bank 710, **711**
　　美術アカデミー Academy of Fine Arts 698, 719, **720**
　　美術館 Museum of Art 794
　　プロヴィデント・ライフ・アンド・トラスト・カンパニー Provident Life and Trust Co. 719
　　ペンシルヴェニア銀行 Bank of Pennsylvania 602, **602**
　　マーチャンツ取引所 Merchants' Exchange 711, **711**
　　リチャーズ医学研究所ビル Richards Medical Research Building 901
　　ワシントン・ホール Washington Hall 709
フィラレーテ Filarete 297, 310-11, **311**, 316, 365, 367, 389
フィレンツェ Florence 201, 204-5, 274, 276-7, 279, 291, 296-9, 303, 308, 310, 312, 318, **337**, 386, 390-1, 393, 407-8
　　サンタ・クローチェ S. Croce 131, 273, 299
　　サンタ・マリア・デッリ・アンジェリ S. Maria degli Angeli 301, 316
　　サンタ・マリア・ノヴェッラ S. Maria Novella 273-4, 338, 871
　　サンティッシマ・アンヌンツィアータ広場 Piazza SS. Annunziata **389**, 390
　　サント・スピーリト S. Spirito 299, **300**, **301**
　　サン・ミニアート・アル・モンテ S. Miniato al Monte 175, 204-5, **206**, 296, 807
　　サン・ロレンツォ S. Lorenzo 299-300, 326
　　市営スタジアム Municipal Stadium 903
　　捨て子養育院 Foundling Hospital 299, 308, 390, 677
　　洗礼堂 baptistery 204-5, **205**, 274, 291
　　大聖堂〔ドゥオーモ〕cathedral 273-6, **275**, 279, 291, 296-8, **298**, 301, 628, 691, **692**
　　鉄道駅〔舎〕railway station 870-2

索引（ふ）

パラッツォ・メディチ＝リッカルディ Palazzo Medici-Riccardi 309, **309**
パッツィ家礼拝堂 Pazzi Chapel 299-300, **299-300**
パラッツォ・ヴェッキオ Palazzo Vecchio 279
パラッツォ・ゴンディ Palazzo Gondi 310
パラッツォ・ストロッツィ Palazzo Strozzi 310, 318
パラッツォ・ダヴァンツァーティ Palazzo Davanzati 279
パラッツォ・デッラ・シニョリーア Palazzo della Signoria 279
パラッツォ・パンドルフィーニ Palazzo Pandolfini 318
パラッツォ・ピッティ Palazzo Pitti 310, 677
パラッツォ・ルチェッライ Palazzo Rucellai 304, 677
バルジェッロ Bargello 279
メディチ家礼拝堂（新聖具室）Medici Chapel（New Sacristy）326, **327**, **342**
ラウレンツィアーナ図書館 Laurentian Library **327**, 408, 410
ロッジア・デッラ・シニョリーア〔ロッジア・デイ・ランツィ〕Loggia della Signoria〔Loggia dei Lanzi〕279, 676
フーガ、フェルディナンド Fuga, Ferdinando 414-5, **415**, 436, 440
フージュロン、アン Fougeron, Anne 948, **949**
プーラルト〔ペレール〕、ジョーゼフ Poelaert, Joseph 706, **706**, 864
フーリエ、シャルル Fourier, Charles 621, 738, 896, 932
ブールジュ Bourges
　ジャック・クールの家 house of Jacques Coeur **231**, 234, 255
　大聖堂 cathedral 219, 223-4, **223**, 276, 282
フェアシャフェルト、ペーター・フォン Verschaffelt, Peter von 767
フェイディアス Phidias 45, 46, 47, 48
フェール＝アン＝タルドヌワ Fère-de-Tardenois 359
フェルスター、ルートヴィヒ Förster, Ludwig 682
フェルナンデス、マテウス Fernandes, Mateus 288
フォウク、キャプテン・フランシス Fowke, Captain Francis 718
フォート・ワース Fort Worth
　キンベル美術館 Kimbell Museum 901
フォーリー・コート Fawley Court
　神殿 temple 543
フォスター、ノーマン Foster, Norman 906, 908-9, **909**, 953, 957, 959
フォスター・プラス・パートナーズ Foster + Partners 952, 953, 957
フォルスマン、フランツ Forsmann, Franz 673
フォルテート、ラモン Fortet, Ramon 936
フォン・ゲルカン・マルグ・アンド・パートナー von Gerkan, Marg and Partner 928, **928**, **961**, 962
フォンターナ、カルロ Fontana, Carlo 412, 414, 420, 423-4, 439, 454, 458, 495, 505, 561
フォンターナ、カルロ・ステーファノ Fontana, Carlo Stefano 561
フォンターナ、ドメーニコ Fontana, Domenico 318, 338, 374, 391
フォンテーヌ Fontaine, P.-F.-L. 614-6, **615-6**, 676, **703**
フォンテーヌブローの城館 Fontainebleau, château de 352-3, **352**, 355, **355**, 380, 554, 615
フォントヴロー修道院教会堂 Fontrevault Abbey **196**, 197
フォントネー Fontenay
　修道院 monastery 197
フォントヒル・アビイ Fonthill Abbey 544, **544-5**
福岡 Fukuoka
　パラッツォ・ホテル Palazzo Hotel 918, **919**
ブザンソン Besançon
　劇場 theatre 567-8
プサンティック、ファラオ Psamtik, pharaoh 35
藤森照信 Fujimori, Terunobu 948
ブスケット〔ブスケトス〕Boschetto 207
ブダペスト Budapest
　ING 銀行 ING Bank 928, **928**
プットマン、アンドレ Putman, Andrée 929
フッド、レーモンド Hood, Raymond 800-1, **801**, 804
プティトー Petitot, E. -A. 556, 573
プトレマイオス朝の神殿群 Ptolemaic temples 24, **24**
ブラー Bra
　サンタ・キアーラ S. Chiara **426**, 427
フライ、マックスウェル Fry, Maxwell 888
ブライアント、グライドリー Bryant Gridley 716, **716**
ブライトン・パヴィリオン Brighton Pavilion 642, 699
フライブルク Freiburg
　大聖堂 cathedral 266
フライブルク、ヨハン・フォン Freiburg, Johann von 277
ブライヤンストン Bryanston 662
ブラウン、アーサー Brown, Arthur 795
ブラウン、「ケイパビリティ」Brown, L. 'Capability' 98, 535, 539, 641
ブラウン、ジョーゼフ Brown, Joseph **594**, 595
プラエネステ Praeneste
　至聖所 sanctuary 83, **84**, 408
ブラガ Braga
　教会堂 church 507-8, **507**
ブラジリア Brasilia 897, 932
ブラジル Brazil 10, 289, 504, 508, 897
プラター＝ザイバーク、エリザベス Plater-Zyberk, Elizabeth **936**, 937
ブラッドフォード＝オン＝エイヴォン Bradford-on-Avon
　教会堂 church 160-2, **160**
プラハ Prague 261, 832
　ガラス宮殿 Gallas Palace 458
　カレル橋 Charles Bridge 263
　城郭 castle 269, 376, 832
　大聖堂 cathedral **260**, 261, 263
　万聖教会堂〔礼拝堂〕All saints 263
　フラッチャニ城 Hradčany Castle 263, 267, **267**

ベルヴェデーレ　Belvedere　**375**, 376
ブラマム・パーク　Bramham Park　608
ブラマンテ、ドナート　Bramante, Donato　127, 310-18, **313**-5, **318**, 322, 325, 330-1, 339, 349, 355, 358-9, 365-7, 369, 375, 378, **389**, 390, 483
ブランジェ　Boulanger, F.-L.-F　704
ブランタウアー、ヤーコプ　Prandtauer Jakob　460, **461**
ブランデンブルク　Brandenburg
　ザンクト・カタリーナ　St Catherine　265
ブランド、スチュアート　Brand, Stewart　924
フランボワ〔イ〕ヤン・ゴシック　Flamboyant Gothic　210, 219, 223, **228**, 230, 234, 252, 264, 271, 283, 285-6, 288, 352, 435, 490, 544, 614, 753
フリース、ハンス・フレーデマン・デ　Vries, Hans Vredeman de　378
ブリードン=オン=ザ=ヒル　Breedon-on-the-Hill
　教会堂　church　160
プリエーゴ　Priego
　教会堂　church　503
プリエネ　Priene　43, **66**, 67-9, 75, 95, 110, 809-10
　アテナの神殿　temple of Athena　61-2, **61**
　会議場　Council Chamber　65
　劇場　theatre　60
ブリガム、チャールズ　Brigham, Charles　718
ブリストル　Bristol
　参事会会議場　chapter-house　**185**, 187
　セイント・メアリー・レドクリフ　St Mary Redcliffe　244, **245**, 246, 288
　大聖堂　cathedral　187, **233**, 244
　バークリー・チャペル　Berkeley Chapel　261
ブリストル　Bristol, R. I.
　ロウ邸　Low house　724
フリゾーニ、ドナート　Frisoni, Donato　512
ブリックスワース　Brixworth
　教会堂　church　159
プリマティッチョ、フランチェスコ　Primaticcio, Francesco　352, 353
ブリュアクシス　Bryaxis　60
ブリュージュ　Bruges　218, 271, **296**, 291
　織物会館　Cloth Hall　218, 271, **290**
　市庁舎　town hall　271
ブリュール　Brühl
　城館　Schloss　464, 471-2
ブリュッセル　Brussels
　ヴァン・エートヴェルド邸　Van Eetvelde House　746, 747, 749
　グラン・プラス　Grande Place〔Grand Place〕　517-8, **518**
　国王広場　Place Royale　514
　裁判所　Palais de Justice　706, **706**
　市庁舎　town hall　271, **518**
　人民の家　Maison du Peuple　**748**, 749
　ストックレー邸　Stoclet House　762, **763**-4, 764, 854
　ソルヴェー邸　Hôtel Solvay　746-7, **747**, 749
　タッセル邸　Tassel House　746, **749**, 765

ラーケン通り　rue de Laeken　934, **935**
プリュメ、シャルル　Plumet, Charles　753
ブルー　Brou
　公爵の墓群　ducal tombs　285
ブルクハウゼン、ハンス・フォン　Burghausen, Hans von　264-6
ブルゴス　Burgos
　カピーリャ・デル・コンデスターブレ　Capilla del Condestable　285
　大聖堂　cathedral　224, 282, 285, 366
フルダ　Fulda
　修道院教会堂　abbey　158
ブルックス、ジェームズ　Brooks, James　654
ブルネッレスキ、フィリッポ　Brunelleschi, Filippo　205, **275**, 276, 295-7, **298-301**, 299-302, 308, 316, 326, 390, 400, 677
ブルンスベルク、ハインリヒ・フォン　Brunsberg, Heinrich von　264-5
ブレ　Boullée, E.-L.　559, 566-7, **567**, 617, 694, 830, 832, 850, 859
プレイフェア、ウィリアム・ヘンリー　Playfair, William Henry　645
ブレーメン　Bremen　270
プレーリー・スタイル　Prairie style　722, 784, 874
ブレスラウ　Breslau　→　ヴロツワフ　Wrocław　を参照
プレチニック、ヨジェ　Plečnik, Jože　832
フレッツォッティ　Frezzotti, O.　865, 868
ブレッシャ　Brescia　690, 868
ブレッティンガム、マシュー　Brettingham, Matthew　531, 533
プレドック、アントワン　Predock, Antoine　947
ブレニム宮殿　Blenheim Palace　**489**, 493
フレマン、ミシェル・ド　Frémin, Michel de　551
ブレランクールの城館　Blérancourt, château de　361, 363
ブロイヤー、マルセル　Breuer, Marcel　829, 888
プロヴィデンス　Providence
　バプティスト派教会堂　Meeting House　**594**, 595
プロウン　PROUN　891
ブロードエーカー・シティ　Broadacre City　794
フローリス、コルネリス　Floris, Cornelis　371, 377-8, **377**
プロコピウス〔プロコピオス〕、カエサレアの　Procopius of Caesarea　132, 135-6
ブロス、サロモン・ド　Brosse, Salomon de　359, 361, 363
プロピュライア　Propylaea　→　アクロポリス　Acropolis　を参照
フロレンティヌス、フランキスクス〔フランソワ〕　Florentinus, Franciscus　375
ブロワ　Blois
　宮殿　Palace　350, **353**, 362-3, 365, 370
プワヴィ　Puławy
　庭園　garden　584
　マリンスカ宮殿　Marynki Palace　584

索引（ヘ）

ヘ

ベア・ラン　Bear Run
　落水荘　Fallingwater　791, **792**, 874
ペイ、イオ・ミン　Pei, Ieoh Ming　10, 848, 907, **907**, 917-8, **918**, 958, **959**
ベイクウェル、ジョン　Bakewall, John　795
ベイコン、ヘンリー　Bacon, Henry　795
ヘイスロップ・ハウス　Heythrop House　494-5
ベイリー・スコット、ヒュー・マッケイ　Baillie Scott, Hugh Mackay　758
ペイン、ジェームズ　Paine, James　531, 533, 543, 561, 590
ベヴァリー　Beverley
　大聖堂　cathedral　253
　チャプター＝ハウス〔参事会会議場〕の階段室　chapter-house stairs　**185**, 187
ヘーガー、フリッツ　Höger, Fritz　801, 812, 818-9, **818**, 829
ペーターセン、カール　Petersen, Carl　855
ベーニッシュ、ギュンター　Behnisch, Günther　940
ヘーヒスト、フランクフルト＝アム＝マイン　Höchst, Frankfurt-am-Main
　I. G. ＝ファルベン染料工場　812, **813**
ベーム、ドミニクス　Böhm, Dominikus　812, 819
ペール　Peyre, A. -F.　578, 614
ペール　Peyre, M. -J.　519, 538, 559, **560**, 561, 563, 573, 577, 581, 698
ベーレンス、ペーター　Behrens, Peter　806-13, **808**, **810**, **813**, 820-1, 827-8, 843, 855-6
ベオグラード　Belgrade
　フランス公使館　French Legation　850
北京　Beijing
　グレイト・(バンブー・)ウォール・ハウス　Great (Bamboo) Wall House　947, **947**
　国際空港　International Airport　959
　〔中国〕国家大劇場　National Grand Theatre　959
　国家体育場（鳥の巣）　National Stadium (Bird's Nest)　959, **959**
　国家遊泳館（ウォーター・キューブ）　National Aquatic Centre (Water Cube)　959
　CCTV〔中国中央電視台〕本社ビル（Z形十字模様〔ゼッド・クリス・クロス〕）　CCTV Building (Z Criss Cross)　959
ベクスヒル　Bexhill
　デ・ラ・ワー・パヴィリオン　De la Warr Pavilion　889, **889**
ペサック　Pessac
　集合住宅　housing estate　844
ベシュテルマイヤー、ゲルマン　Bestelmeyer, German　806, 829-30, 832
ベックフォード、ウィリアム　Beckford, William　544, 570
ペッペルマン、ダニエル　Pöppelmann, Daniel　471, **471**

ペッレグリーニ、ペッレグリーノ　Pellegrini, Pellegrino　339
ペドラクサ、フランシスコ・ザビエル　Pedraxas, Francisco Xavier　503
ペトリス、ペードロ　Petriz, Pedro　201
ベニ・ハサン、エジプト　Beni Hasan, Egypt　20
ベネット、エドワード　Bennett, Edward　931, **932**
ベブリンガー、マテウス　Böblinger, Matthäus　264
ヘメルシェンブルク　Hämelschenburg
　城館　Schloss　372
ベランジェ　Bélanger, F.-J.　552, 574, 614, 618
ペリグー　Périgueux
　大聖堂　cathedral　**149-50**, **150**, 197
ペリクレス　Pericles　46, 48-50, 626
ヘリンズバラ　Helensburgh
　ヒル・ハウス　Hill House　757-8
ベルガモ　Bergamo　590, 868
ペルガモン　Pergamum　55, 69-70, **69**, 72-3, 78
　ゼウスの大祭壇　Altar of Zeus　70-1, **71**, 690
ベルク、マックス　Berg, Max　**814**, 815
ヘルクラネウム　Herculaneum　520, 556, 914
ペルシエ、シャルル　Percier, Charles　614-6, **615-6**, 618, 621, 626, 675-6, 679, 701, **703**
ヘルシンキ　Helsinki　697, 702, 709
　ヴィッラ・ヴィトレスク　Villa Hvitträsk　**853**, 854
　駅舎　station　800, 854, **854**
　エンゾ＝グートツァイト社グートツァイト社　Enso-Gutzeit Office　905, **906**
　カリオ地区教会堂　Kallio church　853
　国民年金協会　Pensions Institute　904
　電話会社ビル　Telephone Building　853, **853**
　美術館　Museum　854
ペルセポリス　Persepolis　15, 16
ベルチャー、ジョン　Belcher, John　887
ペルツ、ポール　Pelz, Paul　732
ペルツィヒ、ハンス　Poelzig, Hans　801, 812-3, **814**, 815, 820, 827, 892
ヘルツォーク・アンド・ド・ムーロン　Herzog and de Meuron　943, **944**, 959, **959**
ペルッツィ、バルダッサーレ　Peruzzi, Baldassare　317, **318**, 319-22, **320-1**, 335-6, 355, 411, 688
ヘルツベルハー、ヘルマン　Hertzberger, Herman　918
ベルニーニ、ジャンロレンツォ　Bernini, Gianlorenzo　342, 395-401, **397-400**, 403, **406**, 407, 408, 410, 412, 434, 444, 453-4, 456, 468, 473, 475, **478**, 485, 494, 501-4, 509
ベルネー　Bernay
　大修道院教会堂　abbey church　177
ベルパー　Belper
　ノース・ミル　North Mill　645
ヘルフォート　Herford
　MARTa美術館　MARTa Museum　955
ヘルホルト、ヨハン　Herholdt, Johan　697
ペルモーザー、バルタザール　Permoser, Balthasar　471
ヘルモゲネス　Hermogenes　64, **64**

ヘルモドロス、サラミスの Hermodorus of Salamis 81
ベルラーヘ、ヘンドリック Berlage, Hendrik 681, 709, 749-50, **751**, 787, 817, 932
ベルリンとその郊外 Berlin and suburbs 7, 16, 70, 120, 511, 514, 575, 579, 665, 667, 668, 669, 670, 673, 676-7, 682, 702, 710, 727, 736, 808, 813, 820, 828, 830, 933, 938-9
 AEG小型モーター工場 AEG Small Motors Factory 808, **809**-10
 AEGタービン〔組立〕工場 AEG Turbine Factory 808, **808**
 アインシュタイン塔 Einstein Tower 816-7, **818**, 819
 アルテス・ムゼーウム〔古美術館〕Altes Museum 667-8, **668**, 673
 ヴィーガント邸 Haus Wiegand 810, **810**
 ヴェルトハイム・デパートメント・ストア Wertheim Dept Store 805, **805**
 ウンター・デン・リンデン Unter den Linden **510**, 511, 939-40
 オペラ・ハウス Opera House 575, **575**
 オリンピック・スタジアム Olympic stadium 831
 グリーニッケ城館 Schloss Glienicke 669
 グローセス・シャオシュピールハオス〔大劇場〕Grosses Schauspielhaus **814**, 815, 820
 建築学校 Bauakademie 666-7, **670**, 671, 727
 国立銀行 National Bank 806, **806**
 ザンクト・ヘドヴィヒ St Hedwig's 575, **575**, 582
 シャオシュピールハオス Schauspielhaus 667, **667**, 712, 808
 証券取引所 Stock Exchange 908
 新総統官邸 New Chancellery 830, **831**
 造幣局 Mint 580, **580**
 ゾンマー〔ゾマー〕フェルト邸 Sommerfeld House 822, 823
 大聖堂群 cathedrals 666-7, 682
 デー・ツェット銀行 DZ Bank 940, **940**
 デビス・タワー〔デビス本社ビル〕Debis Tower 908, 939
 ドイツ帝国議会議事堂 Reichstag 682
 ナツィオナール・ガレリー〔国立美術館〕National Gallery 673, **673**
 ノイエス・ムゼウム〔新美術館〕Neues Museum 673
 ノイエス・ムゼウム再建 Neues Museum, rebuilding **956**, 957
 ハオス・ゾンマー〔ゾマー〕Haus Summer 934, **935**, 940
 パリ広場 Pariser Platz 939-40
 美術アカデミー Academy of Arts 821, 940
 フィルハーモニー〔ベルリン・フィルハーモニー・ホール〕Philharmonie 903
 フランス大使館 French Embassy 940, **940**
 ブランデンブルク門 Brandenburg Gate 579, **579**, 674, 810, 934, 939-40
 ボーデ美術館 Bode Museum 682
 ポツダム広場 Potsdamer Platz 938, **939**
 ホテル・アドロン Hotel Adlon 940
 ムゼーウム〔美術館〕島 Museum Island 940
 ユダヤ博物館 Jewish Museum 923, **923**
 ライピツィヒ広場 Leipziger Platz 938
 リープクネヒト/ルクセルブルク記念碑 Liebknecht / Luxemburg Monument 828
 リッターシュトラーセ Ritterstrasse 934
ベルンハルト、カール Bernhard, Karl 808
ペレ、オーギュスト Perret, Auguste 832, 835-8, **836-7**, **839**, 840, 843, 856, 892
ベレッチ、バルトロンメオ Berrecci, Bartolommeo 375, **375**
ベレッティ、アレクサンドル Beretti, Alexander 704
ヘレフォード Hereford
 大聖堂 cathedral 242-3, 253
ヘレラオ Hellerau 931
ベレン Belém
 聖ヒエロニモ〔ジェロニモス〕修道院 Jeronymite monastery 289
ベレンゲル、フランセスク Berenguer, Francesc 780
ヘレンヒエムゼー、城館 Herrenchiemsee, Schloss 684
ペロー、クロード Perrault, Claude 8, **443**, 444, 446, 448, 474, 477, 484, 513, 556, 558, 573, 838
ヘロナ Gerona
 大聖堂 cathedral 282
ペンスハースト・プレイス Penshurst Place 255, **255**
ベンチ・ディ・チョーネ Benci di Cione 279
ヘント Ghent
 市庁舎 town hall 271
ベントゥーラ、ロドリゲス・ティソン Ventura, Rodríguez Tizón 502-3
ベントリー、ジョン・フランシス Bentley, John Francis 664-5, **664**, 799
ヘンニッケ、ゲオルク Hennicke, Georg 464

ほ

ボイタック、ディオーゴ Boytac, Diego 258, 289
ホイットン・プレイス Whitton Place 497
ポヴォンスキ庭園群 Powazki gardens 583
ポウプ、ジョン Pope, John R. 781, 795, **796**, 797
ボイト、カミッロ Boito, Camillo 691, 693
ボーヴェ Beauvais
 大聖堂 cathedral 219, 223, **223**, 259
ボーヴェ、オシップ Beauvais, Osip 702
ホーカム・ホール Holkham Hall 528, **529**, 531
ホークスムア、ニコラス Hawksmoor, Nicholas 439, 473, **484**, 485, **486**, 489-90, 490, 493-5, **493**, 649
ポーゼン（ポズナン）Posen (Poznan)
 貯水塔 water tower 813
ポート・サンライト Port Sunlight 738, 739

1013

索 引（ほ）

ポートランド Portland
　パブリック・サーヴィス・ビルディング Public Service Building　*867*, *912*
ヴォードルメール Vaudremer, J.-A. -E.　*630-1*, *721*, *725*, *750*
ホーバン、ジェームズ Hoban, James　*601*
ポーランド Poland　*374*, *581*, *583-4*, *697*
　→ ワルシャワ Warsaw も参照
ホール、ウィリアム・ハモンド Hall, William Hammond　*741*
ホール、スティーヴン Holl, Steven　*938*, *949*, **950**
ホールデン、チャールズ Holden, Charles　*887*, **887**
ポジリーポ Posilipo
　パラッツォ palazzo　*433*, *434*
ポスト＝モダニズム Post-modernism　*8*, *115*, *850*, *910*, *912-4*, *918*, *920*, *925*
ボストン Boston
　オール・セインツ、アシュモント All Saints, Ashmont　*798*
　キングズ・チャペル King's Chapel　*593*, *594*
　ケネディ図書館 Kennedy Library　*907*, **907**
　公共図書館 Public Library　*623*, *731*, **732**
　市庁舎 City Hall　*716*, **716**
　トリニティ・チャーチ Trinity Church　*694*, *714*, *721*, **721**, *731*
　トンチン・クレセント Tontine Crescent　*599*
　トレモント・ハウス Tremont House　*712*, **712**
　ニュー・サウス教会堂 New South Church　*599*, *600*
　美術館 Museum of Fine Arts　*718*
　マサチューセッツ州議会議事堂 Massachusetts State House　*559*, *599*, *800*
ポスニク Posnik　*169*
ポタン Potain, N. -M.　*558*
ポッジョ・ア・カイアーノ Poggio a Caiano
　別荘 villa　*350*, *352*, *387*
ポッター、エドワード Potter, Edward　*718*, **718**
ボッタ、マリオ Botta, Mario　*903-4*
ポツダム Potsdam
　サン・スーシ Sans Souci　*472*, *473*, *576*
　シャーロッテンホーフ城館、サン・スーシ Schloss Charlottenhof, Sans Souci　*669*, **669**
　バーベルスベルク城館 Schloss Babelsberg　*669*
　附属建物〔コマン〕 Communs　*576*
ポッツォ、アンドレア Pozzo, Andrea　*412*, **413**, *432*, *496*, *505*
ポッツォ、ヤーコポ・アントニーオ Pozzo, Jacopo Antonio　*431*, *432*
ボッローメオ〔ボッロメーオ〕、カルロ／〔ボロメウス、カール（カロルス）〕 Borromeo, Charles　*339-40*, *403*, *456-7*
ボッロミーニ、フランチェスコ Borromini, Francesco　*325*, *400-8*, **401-2**, **404**, *412*, *414*, *417-8*, *423-5*, *428*, *440*, *456*, *459*, *461*, *478*, **479**, *484*, *493-5*, *502-3*, *520*, *526*, *862*
ボナーツ、パウル Bonatz, Paul　*806*, **806**, *832*, *854*

ボナヴェンテュール、ニコラス・ダ Bonaventure, Nicolas de　*277*
ボフィル、リカルド Bofill, Ricardo　*910*, *913-4*, **913-4**, *925*, *926-7*
ホプキンス、マイケル Hopkins, Michael　*927*
ホフマン、バラル Hoffmann, F. Burrall　*796*, *797*
ホフマン、ヨーゼフ Hoffmann, Joseh　*761-2*, **763-4**, *764*, *830*, *854-5*
ホフマン、ルートヴィヒ Hoffmann, Ludwig　*805*
ボフラン、ゲルマン Boffrand, Germain　**450-1**, *451-3*, *498*, *502*
ホライン、ハンス Hollein, Hans　*910*, *923*
ポラック、レオポルド Pollack, Leopoldo　*574*
ホラバード、ウィリアム Holabird, William　*725*
ホランド、ヘンリー Holland, Henry　*546*, *642*
ポリュグノトゥス Polygnotus　*45*
ポリュクレイトス年若 Polycleitus the Younger　*56*
ホル、エリアス Holl, Elias　*373-4*, **373**, *387*
ホルサバード Khorsabad　**13-4**, *14*, *16*
ポルザンパルク、クリスティアン・ド Portzamparc, Christian de　*940*, **940**, *960*, **960**
ボルティモア Baltimore
　セイント・ポール St Paul's　*714*
　セイント・メアリーズ大聖堂 St Mary's Cathedral　*602*, **603**
ボルドー Bordeaux　*513-4*, *514*, *563*, *638*, *844*, *936*
　大劇場 Grand Theatre　**562-3**, *563*, *581*, *635*
ポルトガル Portugal　*248*, *284*, *288-9*, *425*, *504*, *506-8*
ボローニャ Bologna
　サン・フランチェスコ S. Francesco　*272-3*, *276*
　聖ルーカの聖母マリアの聖所記念堂（サンクテュアリー・オヴ・ザ・マドンナ・ディ・サン・ルーカ) Sanctuary of Madonna di S. Luca　*428*, **429**
　パラッツォ・ダヴィア＝バルジェッリーニ Palazzo Davia-Bargellini　*429*
　メロンチェッロのアーチ Arch of Meloncello　*429*
ホワイト、スタンフォード White, Stanford　*638*, *723*, *729*, *733* → マッキム・ミード・アンド・ホワイト McKim, Mead and White も参照
ポワシー Poissy
　サヴォワ邸 Villa Savoye　*844*, **845**
ポワティエ Poitiers
　ノートル＝ダム＝ラ＝グランド Notre-Dame-la-Grande　**195**, *197*
ボワロー Boileau, L.-H.　*849*, **849**
ボワロー Boileau, L.-A.　*630*
ボワロー Boileau, L.-C.　*745*
香港上海銀行 Hong Kong and Shanghai Bank　*908*
ポンティーニア Pontinia　*868*
ポンテカザーレ Pontecasale
　別荘 villa　*334*, **334**
ポンテコルヴォ Pontecorvo
　サン・ジョヴァンニ S. Giovanni　*434*
ポンペイ Pompeii　*75*, **76**, *77*, *88*, *97*, **98**, *114*, *116*, *122*, *161*, *810*

劇場　theatre　85-6
ポンメルスフェルデン　Pommersfelden
　　城館　Schloss　460-2, **462**, 464

ま

マーセン　Maarssen
　　ハイス・テン・ボッシュ〔ハウス・テン・ボス〕Huis Ten Bosch　**378**
マーティン、サー・レスリー　Martin, Sir Leslie　900
マールバッハ　Marbach
　　近代文学資料館　Museum of Modern Literature　956
マールブルク、ラーン川沿岸の　Marburg on the Lahn
　　教会堂　church　259
マイアミ　Miami
　　ヴィッラ・ヴィースカーヤ　Villa Vizcaya　**796**, 797
マイケル・オヴ・カンタベリー　Michael of Canterbury　248
マイズナー、アディソン　Mizner, Addison　797
マイセン　Meissen
　　アルブレヒツブルク　Albrechtsburg　269
マイターニ、ロレンツォ　Maitani, Lorenzo　274, **274**
マイヤー、アドルフ　Meyer, Adolf　800, 804, 821, **822**, 823-4
マイヤー、リチャード　Meier, Richard　910, 918, **919**, 953-4, **954**
マインツ　Mainz
　　大聖堂　cathedral　165
マウント・エアリー　Mount Airy　592
マグデブルク　Magdeburg
　　大聖堂　cathedral　258
マクドナルド姉妹　Macdonald sisters　755
マクネア、ハーバート　McNair, Herbert　755
マグネシア　Magnesia
　　神殿　temple　64, **64**
マクラレン、ジェームズ　MacLaren, James　755, 757
マシュー、ロバート　Matthew, Robert　900
マゼール　Maser
　　ヴィッラ・バールバロ　Villa Barbaro　343, **344**, 349
マチューカ、ペドロ　Machuca, Pedro　366, **366-7**
マッキム、チャールズ・F.　McKim, Charles F.　638, 729, 731, 733, 795, 797, 931　→　マッキム・ミード・アンド・ホワイト　McKim, Mead and White　も参照
マッキム・ミード・アンド・ホワイト　McKim, Mead and White　107, 623, 724, **728**, 729, 730, 732-3, 732, **734-5**, 781, **794-5**,, 834
マッキントッシュ、チャールズ・レニー　Mackintosh, Charles Rennie　**754-6**, 755, **757-9**, 762, **767-8**
マッケンジー、アンドルー　Mackenzie, Andrew C.　801
マッツォーニ、アンジョーロ　Mazzoni, Angiolo　870-2, **871**, 934
MAPアルキテクトス　MAP Arquitectos　937, **937**
マティアス、アラスの　Matthias of Arras　261

マデルノ〔マデルナ〕、カルロ　Maderno, Carlo　**342**, 401
マドリード　Madrid　392, 400, 425, 504, 742
　　サン・マルコ　S. Marco　502
　　バラハス空港、第4ターミナル　Terminal 4, Barajas Airport　**950**, 951
　　マヨール広場　Plaza Mayor　392, **393**, 518
マニエリスム　Mannerism　8, 325, 343-4, 355, 360, 371-3, 386, 396, 408, 459, 498, 523, 530, 569, 649, 833, 887, 906, 910
マヌエル様式　Manueline style　288-9, **289**
マリア　Mallia　25
マリア・ラーハ大修道院教会堂　Maria Laach, abbey church of　167, **171**, 171
マリーエンヴェルダー　Marienwerder
　　大聖堂と城郭　cathedral and castle　269, 270
マリーエンブルク（マルボルク）Marienburg(Malbork)
　　城郭　castle　262, **262**, 269
マリト、アルフレッド・B.　Mullet, Alfred B.　716
マリネッティ、フィリッポ・トンマーゾ　Marinetti, Filippo Tomaso　864
マリブ　Malibu
　　ゲッティ美術館　Getty Museum　914, **915**
マルキオンニ、カルロ　Marchionni, Carlo　523, **524**, 561
マルクス、ゲアハルト　Marcks, Gerhard　822
マルグランジュ城館　Malgrange, château de　452
マルコーニ、エンリーコ　Marconi, Henrico　584
マルセイユ　Marseilles
　　オテル・デュ・デパルトマン・デ・ブシュ=デュ=ローヌ（ル・グラン・ブルー）Hôtel du Département des Bouches-du-Rhône (Le Grand Bleu)　929, **929**
　　大聖堂　cathedral　627, **628**
　　ユニテ・ダビタシオン（「輝く都市」）Unité d'Habitation (Cité Radieuse)　846, 848, 896, **896**, 932
マルティーニ、シモーネ　Martini, Simone　279
マルデル、カルロス　Mardel, Carlos　508, 611
マルヌ=ラ=ヴァレ　Marne-la-Vallée
　　アブラクサス宮殿　Palace of Abraxas　913, **913**
マルヒ、ヴェルナー　March, Werner　831
マルメゾン城館　Malmaison, Château de　614, **703**
マルリーの城館　Marly, château de　448, 449, 507, 598
マレ=ステヴァンス、ロベル　Mallet-Stevens, Robert　849
マンゴーネ、ファビオ　Mangone, Fabio　428
マンサール〔アルドゥアン=マンサール〕Mansart, J. H.　365, 426, 441, 446-51, **446**, 449, 456, 476, 482, 513, 608
マンサール、フランソワ　Mansart, François　359, 361-5, **363-4**, 447, 450, 473, 475, 482, 835, 878
マンステッド・ウッド　Munstead Wood　873
マントヴァ　Mantua
　　サンタンドレア　S. Andrea　**304-5**, 305, 312, 337-8
　　ジューリオ・ロマーノ自邸　Giulio Romano's house　325, **325**
　　大聖堂　cathedral　325
　　パラッツォ・デル・テ　Palazzo del Té　322-3, **323**, 325,

索　引（ま～む）

334, 353, 357, 370, 530
パラッツォ・ドゥカーレ　Palazzo Ducale　324, **324**
マンハイム　Mannheim　512, 577
マンフォード、ルイス　Mumford, Lewis　931

み

ミーク、リシャール　Mique, Richard　551, **552**
ミース・ファン・デル・ローエ、ルートヴィヒ　Mies van der Rohe, Ludwig　781, 792, 828, **828**, 859, **866**, 893-6, **895**, 899, 911
ミード、ウィリアム　Mead, William R.　729 → マッキム・ミード・アンド・ホワイト　McKim, Mead and White も参照
ミケランジェロ　Michelangelo　112-3, 295, 313, 317-8, **318**, 322, 325-8, **327-9**, 330-1, **331**, 335, 338-9, **342**, 343, 353, 367, 386, 390, 396, 400, 402-3, 407-10, 415, 459, 480, 482, 497, 688, 887
ミケルッチ、ジョヴァンニ　Michelucci, Giovanni　870-1
ミケロッツォ・ディ・バルトロンメオ　Michelozzo di Bartolommeo　299, 308-10, **309**
ミコン　Micon　45
ミストラ　Mistra
　教会堂群　churches　**142**, 143
ミニョー、ジャン　Mignot, Jean　277
ミネアポリス　Minneapolis
　インヴェスターズ・ダイヴァーサファイド・サーヴィスィズ・ビルディング　Inverster's Diversified Services Building　912
ミノア文化　Minoan culture　25, 29-30
ミューラー、ポール　Muller〔Muelle〕, Paul　790
ミュケナイ　Mycenae　25, 27, 29, 31, 808
　アトレウスの宝庫　Treasury of Atreus　29-31, **30**
　宮殿　palace　**28**, 32
　獅子門　Lion Gate　**29**, 30
ミュンヒェン　Munich　371, 674-5, 736, 767, 806, 812, 830
　アザムキルヒェ〔アザムの教会〕　Asamkirche　**466**, 468
　栄誉の神殿群　Temples of Honour　830
　エルヴィラ写真館　Elvira Photographic Studio　**766**, 766
　カール王子宮殿と劇場　Prince Karl Palace and Theatre　675
　国立図書館　State Library　679
　ザンクト・ミヒャエル教会堂　St Michael's　371, **371**
　ニンフェンブルク城館（アマーリエンブルクの園庭）　Schloss Nymphenburg (Amalienburg pavilion)　472, **483**
　ピナコテーク　Pinakothek　676
　フェルトヘルンハレ〔陸軍元帥の記念堂〕　Feldherrnhalle　676, **676**
　フラウエンキルヒュ　Frauenkirche　266
　グリプトテーク〔彫刻美術館〕　Glyptothek　675
　プロピレーエン（プロピュライア）　Propylaea　677-8, **678**

マックス・ヨーゼフ・プラッツ〔広場〕　Max Josephs Platz　676
ルートヴィヒスキルヒェ〔ルートヴィッヒ教会堂〕　Ludwigskirche　679
ルーメスハレ〔英傑記念堂〕　Ruhmeshalle　677-8
レジデンツ　Residenz　372, **372**, 472
未来派運動　Futurist Movement　817, 841, 864-5, 870-1, 921
ミラノ　Milan　310, 312-3, 316, 339-40, 350, 365, 367, 376, 390
　アルコ・デル・センピオーネ　Arco del Sempione　686
　ヴィラ・レアーレ＝ベルジョイオーゾ　Villa Reale-Belgioioso　574
　オスペダーレ・マッジョーレ　Ospedale Maggiore　310, **311**, 365
　カーサ・ヴェルディ　Casa Verdi　693
　ガッレリーア・ヴィットーリオ・エマヌエーレ2世　Galleria Vittorio Emanuele II　687-8, **689**
　サン・ヴィンチェンツォ・イン・プラート　S. Vincenzo in Prato　201
　サン・カルロ・アル・コルソ　S. Carlo al Corso　686
　サンタ・マリーア・デッレ・グラーツィエ　S. Maria delle Grazie　312, **313**
　サンタ・マリーア・プレッソ・サン・サーティロ　S. Maria presso S. Satiro　312
　サンタンブロージョ　S. Ambrogio　**202**, 203
　サン・ロレンツォ　S. Lorenzo　127, **127**, 340
　スカーラ劇場　La Scala　574
　大聖堂　cathedral　276, **277**, 401
　中央駅　Central Station　**863**, 864
　パラッツォ・カスティッリオーニ　Palazzo Castiglioni　**768**, 771
　パラッツォ・セルベッローニ　Palazzo Serbelloni　574, **574**
　パラッツォ・マリーノ　Palazzo Marino　339-40
　パラッツォ・レアーレ　Palazzo Reale　574
　ポルティナーリ礼拝堂（サンテウストルジョ）　Portinari Chapel (S. Eustorgio)　310
　醜い家〔カ・ブルッタ〕　Ca'brutta　872
ミラン、Ａ．-Ｌ．　Millin, A. -L.　628
ミリアー、ハイメ・ボルト　Miliá, Jaime Bort　502, **502**
ミリーツィア、フランチェスコ　Milizia, Francesco　573, 574
ミルズ、ロバート　Mills, Robert　709-11, **710**
ミレトス　Miletus　43, 61-3, **64**, 65, 67, 120, 133, 293, 809
　ブウレウテリオン　Bouleuterion　65, **66**, 67, 120
　門　gateway　120, **120**

む

ムーア、チャールズ　Moore, Charles　910, 912-3, **912**
ムーア・プレイス　Moor Place　662
ムーツィオ、ジョヴァンニ　Muzio, Giovanni　872
ムードン　Meudon

索　引（む〜も）

シャトー・ヌフ　Château Neuf　*451*
ムッソリーニ、ベニート　Mussolini, Benito　*864-5, 868-71*
ムテジウス、ヘルマン　Muthesius, Hermann　*758, 762, 767, 809, 813*
ムネシクレス　Mnesicles　*45, 50*
ムルシア　Murcia　*281*
　　大聖堂　cathedral　*502*, **502**

め

メイ、ヒュー　May, Hugh　*473, 487*
メイベック、バーナード　Maybeck, Bernard　*786*
メイ、ヨハン・ファン・デル　Mey, Johan Van der　*817, 818*
メイン、トム　Mayne, Thom　*951*
メーヴェス、シャルル　Mewés, Charles-F.　*832-4*, **833**, *886*
メーリニコフ、コンスタンチン　Melnikov, Konstantin　*891-2*
メキシコ・シティ　Mexico City　*392*, **393**
メス　Metz
　　ポンピドゥー・センター＝メス　Centre Pompidou-Metz　**948**, *949*
メソニエ、ジュスト＝オレール　Meissonnier, Juste-Aurèle　*451, 502*
メゾン＝ラフィット城館　Maisons-Lafitte, château de　*363*, **363**
メタボリズム　Metabolism　*932*
メッセル、アルフレート　Messel, Alfred　*805-6*, **805-6**, *808, 810, 829, 856*
メリダ　Mérida
　　美術館　museum　*924*, **924**
メリメ、プロスペール　Mérimée, Prosper　*629*
メルク　Melk
　　修道院　monastery　*460*, **461**
メルボルン　Melbourne
　　サザン・クロス駅　Southern Cross Station　*951*
メルリーニ、ドメニコ〔ドミニク〕　Merlini, Dominik　*581-2*, **582**, *697*
メンゴーニ、ジュゼッペ　Mengoni, Giuseppe　*687*, **689**
メンデルゾーン、エリック　Mendelsohn, Eric　*812, 816-7, 817-8, 859, 864, 870, 888-9*, **889**, *892*
メンヒェングラートバッハ　Mönchengladbach
　　市立美術館　Städtisches Museum　*923*
メンモ、アンドレア　Memmo, Andrea　*573*

も

モア、ジェイコブ　More, Jacob　*574*
モウブレイ、シドンズ　Mowbray, H. Siddons　*733*
モーザー、カール　Moser, Karl　*854*
モーザー、コロ　Moser, Kolo　*761-2*
モース、エドワード　Morse, Edward　*724*
モーディカ　Modica　*439*
モーデナ　Modena
　　サン・カタルド墓地　San Cataldo Cemetery　*918*
　　大聖堂　cathedral　*203*
モーフォシス　Morphosis　*951*, **951**
モーロ、ピーター　Moro, Peter　*900*
モスクワ　Moscow　*702-4*
　　クレムリン　Kremlin　*144, 588, 590*
　　クレムリン内のアルハンゲリスキー〔アルハンゲルスキー、アルハンゲル・ミハイル〕大聖堂　cathedral of St Michael in the Kremlin　*374*
　　ヴァシーリー・ブラジェンヌイ〔聖ヴァシーリー〕大聖堂　St Basil's　*144*, **144**, **169**
　　ソヴィエト宮殿　Palace of the Soviets　*891-2*, **892**
　　第3インターナショナル共産主義会議に捧げられた記念建造物　Monument to 3rd International Communist Congress　*889-90*, **890**
　　ツァリーツィノ宮殿　palace of Tsaritsyno　*588*
　　プラウダ・ビル　Pravda Building　*890-1*
　　歴史博物館　Historical Museum　*702*, *703*
　　労働者クラブ　workers' clubs　*891*
モネオ、ラファエル　Moneo, Rafael　*924*, **924**, *939*
モホリ＝ナジ、ラースロー　Moholy-Nagy, László　*823*
モラー、ゲオルク　Moller, Georg　*673-4, 714*
モラヴィア　Moravia
　　フライン城館　Schloss Frain　*454*, **454**
モリス、ロバート　Morris, Robert　*596*
モルプルゴ、ヴィットーリオ　Morpurgo, Vittorio　*865, 869, 953, 954*
モワサック修道院教会堂　Moissac Abbey　*191, 193-4*
モン＝サン＝ミシェル　Mont-St-Michel　*178*
モンス　Mons
　　市庁舎　town hall　*271*
モンターノ、ジョヴァンニ・バッティスタ　Montano, Giovanni Battista　*401*
モンティセロ〔モンティチェロ〕　Monticello　*596*, **596-7**, *598-9*
モンテカルヴァーリオ　Montecalvario
　　コンチェツィオーネ　La Concezione　*435*
モンテプルチャーノ　Montepulciano
　　サン・ビアージョ　S. Biagio　*317*
モントゥオーリ、エウジェーニオ　Montuori, Eugenio　*871*
モンドリアン、ピート　Mondrian, Piet　*823-4, 827*
モントルイユ、ピエール・ド　Montreuil, Pierre de　*224, 227*
モンフェラン、オーギュスト・ド　Montferrand, Auguste de　*701, 713*
モンペリエ　Montpellier　*913*, **914**
モンミュザールの城館　Montmusard, château de　**564**, *565, 583*
モンルイ　Montlouis　*513*
モンレアーレ　Monreale
　　大聖堂　cathedral　**149**, *150*

索　引（や〜ら）

や

ヤーン、ヘルムート　Jahn, Helmut　939
ヤコブセン、アルネ　Jacobsen, Arne　903
ヤッペッリ、ジュゼッペ　Jappelli, Giuseppe　685, **685**, 687, 691

ゆ

ユヴァッラ、フィリッポ　Juvarra, Filippo　420, **421**, 423-7, **423-5**, 429, 452, 460, 504, 520, 561
ユヴェ　Huvé, J.-J.-M.　617, **617**
ユーペルヘル、ヨハン　Übelhör, Johann　467
ユッソウ、ハインリヒ　Jussow, Heinrich　578-9, **578**
ユトレヒト　Utrecht
　シュレーダー邸　Schröder House　826, **827**

よ

ヨーク　York
　参事会会議場　chapter-house　247
　舞踏会用社交場　Assembly Rooms　528, 594
　ヨーク大会堂〔大聖堂〕Minster　244, 247, 250, 254, 282

ら

ラーヴェス、ゲオルク　Laves, Georg　673
ライト、フランク・ロイド　Wright, Frank Lloyd　641, 681, 722, 724, 729, 742, 758, 780-94, **782-3**, **785**, **787-8**, **790**, **792-3**, 807, 812, 821, 823, 825, 828, 843, 873-4, 893, **894**, 902
ライナルディ、カルロ　Rainaldi, Carlo　**329**, 407, 412, 509
ライヒェナウ　Reichenau
　教会堂群　churches　157
ライプツィヒ　Leipzig
　市庁舎　Town Hall　370
　諸国民の戦い記念碑〔フェルカーシュラッハト・メモリアル〕Völkerschlacht Memorial　811, **811**
　ノイエ・メッセ　Neue Messe　**928**, 929
　ラインハイトとホフマイスター　Reinhard and Hofmeister　804
ラヴィロット、ジュール　Lavirotte, Jules　753
ラヴェンナ　Ravenna　130-2
　ガッラ・プラキディアの霊廟　Mausoleum of Galla Placidia　131-2, **131**
　サン・ヴィターレ　S. Vitale　138-9, **138-9**, 154, 430
　サンタポリナーレ・ヌオーヴォ　S. Apollinare Nuovo　132, 140, 166
　サンタポリナーレ・イン・クラッセ　S. Apollinare in Classe　139, **139**

ラウラーナ、ルチアーノ　Laurana, Luciano　308, **308-9**, 312
ラグーザ　Ragusa　439
落水荘　Fallingwater → ベア・ラン　Bear Run を参照
ラグッツィーニ、フィリッポ　Raguzzini, Filippo　414, 509
ラグビー・スクール　Rugby School　655
ラ・グランハ　La Granja
　宮殿　palace　504
ラグリー・ホール　Ragley Hall　497
ラゲール、ルイ　Laguerre, Louis　487
ラシーン　Racine
　ジョンソン・ビルディング　Johnson Building　791, 793, **793**
ラシッド、ハニ　Rashid, Hani　952
ラシュス　Lassus, J.-B.-A.　629
ラシュドルフ、ユリウス　Raschdorf, Julius　682
ラシュランス　Lassurance　450-1
ラ・ショー＝ド＝フォン　La Chaux-de-Fonds
　別荘群　villas　843
ラスキン、ジョン　Ruskin, John　146, 204, 223, 652, 655-6, 658, 660, 664, 691, 717-20, 724, 729, 745, 755, 762, 771, 779, 782, 784, 843
ラスクーム・カースル　Luscombe Castle　641-2, **642**
ラズダン、サー・デニス　Lasdun, Sir Denys　900-1, **901**, 904
ラストレッリ、バルトロンメオ　Rastrelli, Bartolommeo　587, 591, 701
ラッチェンス〔ラ（ッ）チェンズ〕、サー・エドウィン　Lutyens, Sir Edwin　8, 107, 791, **867**, 873-8, **874-6**, **879-80**, 880-4, 886, 888, 930
ラッレステット、エリック　Lallerstedt, Erik　856
ラティーナ（リットリーア）　Latina (Littoria)　868
ラ・トゥーレット　La Tourette
　修道院　monastery　897
ラトローブ、ベンジャミン　Latrobe, Benjamin　598, **600**, 601-5, **602-5**, 698, 709-10, 732
ラハティ　Lahti
　市庁舎　Town Hall　855
ラファエッロ　Raphael　100, 295, 308, 313-4, 317-8, **319**, 320, 322, 353, 366, 376-7, 407, 523, 527, 533-4, 536
ラ・ファルジュ、ジョン　La Farge, John　721
ラプラド、アルベール　Laprade, Albert　851
ラプラド、クロード・ド　Laprade, Claude de　506
ラブルースト　Labrouste, P.-F.-H.　621-9, **623-5**, 638, 649, 659, 679, 696, 716, 721, 731, 835
ラフン、オーエ　Rafn, Aage　856
ラペルータ、レオポルド　Laperuta, Leopoldo　685
ラムール、ジャン　Lamour, Jean　453
ラム、エドワード・バックトン　Lamb, Edward Buckton　654
ラムズィ、ウィリアム　Ramsey, William　249
ラムセス2世　Rameses II　22-3
　墓　tomb　23, **23**
ラメーゴ　Lamego

教会堂 church　508
ラルゥー　Laloux, V.-A.-F.　637-8, **638**, 832
ラン　Laon
　大聖堂　cathedral　214-6, **215**, 220, 292
ランカスター、マサチューセッツ州　Lancaster, Mass.
　ミーティング・ハウス　Meeting House　600
ラングドン・アンド・ウィルソン　Langdon & Wilson　914, **915**
ラングハンス、カール・ゴットハルト　Langhans, Carl Gotthard　579, **579**, 674, 810
ランス　Reims　514
　大聖堂　cathedral　219-20, **221**, 222
ランチェスター　Lanchester, H. V.　**883**, 886
ランツフート　Landshut
　教会堂群　churches　265-6
　ブルク・トラウスニッツ　Burg Trausnitz　371
　レジデンス　Residenz　370
ランファン少佐、ピエール　L'Enfant, Major Pierre　612, 795, 931
ランフランコ　Lanfranc　203

り

リーヴァヒューム子爵　Leverhulme, Viscount　739
リーグル、アーロイス　Riegl, Alois　807, 810, 812, 815
リーズウッド　Leyswood　659, **660**
リーデル、エドゥアルト　Riedel, Eduard　684, **708**
リートフェルト、ヘリット　Rietveld, Gerrit　824, 826, **827**, 891, 932
リート、ベネディクト　Ried, Benedikt　258, 267-8, **267-8**, 376, 461
リーマーシュミット、リヒャルト　Riemerschmid, Richard　931
リーミニ　Rimini
　テンピオ・マラテスティアーノ　Tempio Malatestiano　303, **304**, 624
リール　Lille
　メゾン・コワイヨー　Maison Coilliot　752, **753**
リヴァー・フォレスト　River Forest
　ウィンズロウ・ハウス　Winslow House　782, **782**
　ゴルフ・クラブ　Golf Club　783
リヴァプール　Liverpool
　セイント・ジョージズ・ホール　St George's Hall　645, **646**
　大聖堂　cathedral　799, 881-3, **882**
リヴォルノ　Livorno
　コローニャ・マリーナ・デル・カランブローネ　Colonia Marina del Calambrone　871, **871**
リオ・デ・ジャネイロ　Rio de Janeiro
　〔教育省・公衆衛生本部〕庁舎　Ministry　897
リカーズ、エドウィン　Rickards, Edwin　**883**, 886
リゴーリオ、ピッロ　Ligorio, Pirro　344, 536
リシツキー、エル　Lissitzky, El　890, 932
リシャール、アントワーヌ　Richard, Antoine　551, **552**
リシュリュー　Richelieu　231, 362, 447
リスボン　Lisbon　506, 508, 606, 610-1
　洗礼者ヨハネの礼拝堂〔サン・ジョアン・バプティスタ礼拝堂〕　St John the Baptist chapel　506
　サンタ・マリア・ディヴィーナ・プロヴィデンシア　S. Maria Divina Providencia　417, **417**
　マフラ宮殿＝修道院　Mafra Palace-convent　504, **505**
リズルの十字架　Ruthwell Cross　159
リチャードソン　Richardson, H. H.　630, **694**, 720-3, **721-3**, 725, 729, 731
リッキーノ、マリア　Ricchino, Maria　428
リッチー、イアン　Ritchie, Ian　928
リッチフィールド　Lichfield
　大聖堂　cathedral　242, 253
リッチ、マルコ　Ricci, Marco　520
リッチモンド、ヴァージニア州　Richmond, Va
　州議会議事堂　Capitol　596, 599
　州立〔重罪犯〕刑務所　State Penitentiary　601
　モニュメンタル・チャーチ　Monumental Church　710
リッチモンド、サリー　Richmond, Surrey
　リヴァーサイド　Riverside　933, **934**
リディンガー、ゲオルク　Ridinger, Georg　372, **372**
リトル・セイカム　Little Thakeham　874
リベスキンド、ダニエル　Libeskind, Daniel　10, 921, 923, **923**, 952
リポイ、サンタ・マリア・デ　Ripoll, Sta Maria of　199
リミング〔リミンジ〕、ロバート　Lyming, Robert　**384**, 385
リューベック　Lübeck　270, 293
リュザルシュ、ロベール・ド　Luzarches, Robert de　222
リュルサ、アンドレ　Lurçat, André　849
リヨン　Lyons　502, 634, 840-1, 849
　オテル＝デュー〔病院〕　Hôtel-Dieu　554
　劇場　theatre　563
　ル・モノリット　Le Monolithe　**961**, 961
リヨン＝サトラス　Lyon-Satolas
　TGV鉄道駅　TGV Railway Station　920, **920**
リンカーン　Lincoln
　大聖堂　cathedral　179-80, **179**, 232, 237, 239-43, **239**, 253, 261, 294, 498
リンカン、ネブラスカ州　Lincoln, Nebraska
　州議会議事堂　Capitol　799, **799**, 885
臨港新城　Lingang New City　**961**, 962
リンダーホーフ、城館　Linderhof, Schloss　684
リンドグレン、アルマス　Lindgren, Armas　853-4, **853-4**
リンドス　Lindos
　アテナの至聖所　sanctuary of Athena　51
リンブルク・アン・デア・ハールト　Limburg an der Haardt
　教会堂〔廃墟〕　church　167
リンブルク・アン・デア・ラーン　Limburg on the Lahn
　ザンクト・ゲオルク教会堂　church of St George　258

索引（る〜れ）

る

ルイ、ヴィクトール　Louis, Victor　562, **562-3**, 581, 635
ルーアン　Rouen　513-4
　ガイヨンの城館　château of Gaillon　350
　サントゥーアン　St-Ouen　227
　サン＝マクルー　St-Maclou　230, **231**
　大聖堂　cathedral　177, 227, **227**, 230
ルーヴェ　Louvet, A.　638, **639**
ルーヴェン〔ルーヴァン〕　Louvain
　市庁舎　town hall　270, **271**
ルーエリン・パーク　Llewellyn Park　**740**, 741
ル・ヴォー、ルイ　Le Vau, Louis　**440**, 441, **442**, 443-4, 446-8, **446**, 473, 475-6, 511
ルーシャム・ハウス　Rousham House
　庭園　garden　530
ルートヴィヒスブルク　Ludwigsburg　512, 577
ルートヴィヒ〔ルドヴィーセ〕、ヨハン　Ludwig (Ludovice), Johann　504, **505**, 506-7
ルート、ジョン　Root, John　725
ルートン　Luton
　セイント・アンドルー　St Andrew's　**884**, 885
ル・カミュ・ド・メジエール、ニコラ　Le Camus de Mézières, Nicolas　546, 566, 579
ル・カルパンティエ　Le Carpentier, A.-M.　513
ルクシュ、リヒャルト　Luksch, Richard　761
ルクソール　Luxor
　神殿複合体　temple complex　21, **21**, 23
ル・コルビュジエ　Le Corbusier　8, 775, 781, 791, 824-5, 827, 832, 837, 842-9, **843**, 845-7, 859, 861, 864, 892-3, 895-9, **896**, **898-9**, 932-3
ル・ジェ、ジャン＝ロラン　Le Geay, Jean-Laurent　539, 540, 575
ルソー、ジャン＝ジャック　Rousseau, Jean-Jacques　566, 571, 576, 665
ルソー、ピエール　Rousseau, Pierre　560, 561, 597, 700, 834
ルッカ　Lucca　201, 292
　大聖堂　cathedral　**207**, 208
ルッケンヴァルデ　Luckenwalde
　工場　factory　817
ルドゥー　Ledoux, C.-N.　552, 559, 565, **566-9**, 567-71, **571**, 578, 580-1, 599, 601-2, 604, 615, 674, 685-6, 694, 698, 709, 712, 738, 830, 840-1, 858, 873, 891, 910, 912
ルドルフ、コンラート　Rudolph, Conrad　502
ルドルフ、ポール　Rudolph, Paul　900-1
ルネヴィル　Lunéville
　礼拝堂　chapel　452
ル・ノートル、アンドレ　Le Nôtre, André　441, 443, 447, 511, 514, 608
ル・ノルマンディー（汽船）　*Normandie, Le* (steamboat)　851
ルノワール、アレクサンドル　Lenoir, Alexandre　622, 628
ルバ　Lebas, L.-H.　618, 636-7

ルビネール〔ルビエール〕、ジャン・ド　Loubinère, Jean de　234
ル・ピュイ　Le Puy
　大聖堂　cathedral　187, 200
ルフュエル、エクトール　Lefuel, Hector　632, 634, 716
ルブラン、シャルル　Lebrun, Charles　443-4, 446, 448
ル・ブルトン、ジル　Le Breton, Gilles　352, 357
ル・ポートル、アントワーヌ　Le Pautre, Antoine　480
ル・ポートル、ピエール　Le Pautre, Pierre　450
ル・マン　Le Mans
　大聖堂　cathedral　224, 276
ルメルシエ、ジャック　Lemercier, Jacques　361-2, **362**, 364, 447, 475
ル・ランシー　Le Raincy
　ノートル＝ダム・デュ・ランシー　Notre-Dame du Raincy　837-8, **839**
ルルゥー　Leroux, M.-L.　849
ル・ルー、ジャン　Le Loup, Jean　220, 224
ル・ロラン、ルイ　Le Lorrain, Louis-J.　538, 556, 584-6
ルロワ、ジュリアン＝ダヴィッド　Leroy, Julien-David　522
ルンド　Lund
　大聖堂　cathedral　172
ルンドヴァル、タラルド　Lundevall, Tarald　944

れ

レインス、ヘンリー〔アンリ・ダ〔ド〕　Reynes, Henry de　242
レヴァートン、トマス　Leverton, Thomas　607, **607**, 618
レヴェット、ニコラス　Revett, Nicholas　58, 522, 534, 711
レーゲンスブルク　Regensburg
　「ヴァルハラ」〔偉人の霊廟〕　'Walhalla'　675, 677-8, **678**, 685
　教会堂群　churches　259, 469
レーチェ、グンナール　Leche, Gunnar　858
レオカレス　Leochares　60
レオナルド・ダ・ヴィンチ　Leonardo da Vinci　295, 310-2, **311**, 316, 351, 364, 374
レオン　León
　大聖堂　cathedral　191, 282
レカイオン　Lechaion
　アギオス・レオニダス　St Leonidas　130
レサビイ　Lethaby, W. R.　664-5, 755
レスカーズ、ウィリアム　Lescase, William　803, **803**
レスコー、ピエール　Lescot, Pierre　355, **356**, 357, 359
レスト・パーク・パヴィリオン　Wrest Park pavilion　494, **495**
レッチワース　Letchworth　930-1
レフカンディ　Lefkandi
　墓地　grave　32
レプティス〔レプキス〕・マグナ　Lepcis Magna　95-6, 113, 118, 122

1020

レプトン、ハンフリー　Repton, Humphry　602, 641
レベッカ、ビアージョ　Rebecca, Biagio　543
レミィ・ド・ラ・フォス、ルイ　Rémy de la Fosse, Louis　512
レヨナン・ゴシック　Rayonnant Gothic　210, 213, 222-4, 227, 230, 242, 247-8, 250, 282
レンウィック〔レニック〕、ジェームズ　Renwick, James　715, **715**
レン、サー・クリストファー　Wren, Sir Christopher　473-7, **474-7**, 480-5, **480-2**, 484, 490, 514, **516**, 541, 592, 597, 624, 713, 732

ろ

ロアーレ　Loarre
　修道院　monastery　**198**, 199
ローザンヌ　Lausanne
　ローレックス学習センター　Rolex Learning Centre　953, **953**
ロース、アドルフ　Loos, Adolf　824-5, 844
ローズ、ジョーゼフ　Rose, Joseph　536, 541
ローズ、ロビン　Rhodes, Robin　925
ローゼンブルク＝アン＝デア＝タウバー　Rothenburg-an-der-Tauber　292
ローチ、イーモン　Roche, Eammon　907
ローチ大修道院〔教会堂〕　Roche Abbey　237
ローチ、マーティン　Roche, Martin　725
ロードス　Rhodes　32, 51, 55, 73
ロードリ、カルロ　Lodoli, Carlo　573
ローマ　Rome　78, 215, 257, 272, 279, 290, 295, 297, 299, 313, 390-2, **391**, 395-6, 508-9, 519, 572, 687-8, 690, 865, 868-9 → ヴァティカン　Vatican も参照
　アウグスト・インペリアーレ〔皇帝アウグストゥス〕広場　Piazza Augusto Imperiale　859
　アラ・パキス博物館　Ara Pacis Museum　953, **954**
　イル・ジェズー　Il Gesù　306, 336 338, **338**, 371, 412, 415
　ヴィットーリオ・エマヌエーレ2世記念碑　Victor Emmanuel II monument　690, **691**
　ヴィラ・アルバーニ　Villa Albani　523-4, **524**
　ヴィラ・サッケッティ・デル・ピニェート　Villa Sacchetti del Pigneto　407, **408**
　ヴィラ・ジュ〔一〕リア　Villa Giulia　335, **335**, 733
　ヴィラ・トルローニア　Villa Torlonia　687
　ヴィラ・ファルネジーナ　Villa Farnesina　320, **321**, 322, 335
　ヴィラ・ボルゲーゼ　Villa Borghese　574
　ヴィラ・マダマ　Villa Madama　318-9, **319**, 321, 322, 366, 536
　ウェヌスの神殿　temple of Venus　99, 104, 107, **108**, 109
　カジーノ・ヴァラディエル　Casino Valadier　687
　カストルとポッルクスの神殿　temple of Castor and Pollux　90, 91-2
　カッペッラ・コルシーニ（サン・ジョヴァンニ・ラテラーノ）　Cappella Corsini(St John Lateran)　415
　カンピドリオ（カピトリウム）　Campidoglio (Capitol)　328, **329**
　カンピドリオ広場　Palazzo del Campidoglio　390
　コッレージョ・ディ・プロパガンダ・フィーデ　Collegio di Propaganda Fide　**404**, 418
　コルナーロ礼拝堂（サンタ・マリア・デッラ・ヴィットーリア）　Cornaro Chapel (S. Maria del la Vittoria)　397
　コロッセウム〔コロッセオ〕　Colosseum　86-7, **87**, 99, 109, 114, 122, 687
　コンスタンティヌスのアーチ〔凱旋門〕　Arch of Constantine　122-3, **123**
　コンスタンティヌス帝のバシリカ　Basilica Constantia　126
　サン・カルロ・アッレ・クワットロ・フォンターネ　S. Carlo alle Quattro Fontane　401, **402-3**, 440, 479
　サン・クレメンテ　S. Clemente　127-9, **128**, 135, 202
　サンタ・コスタンツァ　S. Costanza　123-4, **124**, 402, 430
　サンタ・サビーナ　S. Sabina　129, 132
　サンタニェーゼ　S. Agnese　164, 406-7, **406**, 409, 424, 456
　サンタ・マリア・イン・ヴィア・ラータ　S. Maria in Via Lata　411, **411**
　サンタ・マリア・デイ・ミラーコリ　S. Maria dei Miracoli　412
　サンタ・マリア・ディ・モンテ・サント　S. Maria de Monte Santo　412
　サンタ・マリア・デッラ・パーチェ　S. Maria della Pace　313, 409, **410**, 484, 495
　サンタ・マリア・デッリ・アンジェリ　S. Maria degli Angeli　112, 328, 330-1, **331**, 403, 688
　サンタ・マリア・デル・プリオラート　S. Maria del Priorato　523-4, **524**
　サンタ・マリア・マッジョーレ　S. Maria Maggiore　129, **129**, 391, 415, **415**
　サンタンドレア・アル・クイリナーレ　S. Andrea al Quirinale　398, **398**, 468, 502
　サンティーヴォ・デッラ・サピエンツァ　S. Ivo della Sapienza　404-5, **404-5**, 494, 520
　サンティニャツィオ　S. Ignazio　412, **413**, 414
　サンティニャツィオ広場　Piazza di S. Ignazio　414, **414**, 509-10
　サンティ・ルーカ・エ・マルティーナ　SS. Luca e Martina　408, **409-10**, 495
　サント・ステーファノ・ロトンド　S. Stefano Rotondo　**129**, 130
　サン・パオロ・フォーリ・レ・ムーラ　S. Paolo fuori le mura　128, 202
　サン・ピエトロ大聖堂　St Peter's → サン・ピエトロ大聖堂　St Peter's の項を参照
　サン・マルチェッロ　S. Marcello　412, **414**, 423
　サン・ロレンツォ　S. Lorenzo　164
　スペイン階段　Spanish Steps　413, **414**, 509-10
　聖年記念教会堂　Jubilee Church　954

1021

索引（ろ）

聖〔サン・〕フィリッポ・ネーリ祈禱堂　Oratory of the Congregation of St Philip Neri　**402**, 403, 408
セプティミウス・セウェルスの凱旋門　Arch of Septimius Severus　90, 96
大学　University　868, 871
ティトゥス帝の凱旋門　Arch of Titus　**90**, 96, 687
テンピエット　Tempietto　313-6, **314**, 358, 365
テンピエット・ディルート〔ディルート小神殿〕　Tempietto Diruto　524, **524**
トラヤヌス帝の円柱　Trajan's Column　94, 95, 167, 411, 456, 636
トラヤヌス帝の市場　Trajan's Market　93, 115-6, **115**
トレヴィの泉　Trevi Fountain　415, **416**, 417
ナヴォーナ広場　Piazza Navona　406-7, **406**, 409
ネロの黄金宮殿　Golden House of Nero　86, 98-9, **99**, 102, 109, 132, 316, 318
ハドリアヌス帝の霊廟　Hadrian's Mausoleum　108-9, **109**, 497
パラッツェット・デッロ・スポルト〔小体育館〕Palazzetto　903
パラッツォ・ヴェネツィア　Palazzo Venezia　313
パラッツォ・ディ・ジュスティツィーア〔裁判所〕　Palazzo di Giustizia　688, **690**, 864
パラッツォ・デッラ・カンチェ〔ッ〕レリーア　Palazzo del la Cancelleria　313, **314**, 622, 676, 731
パラッツォ・デッロ・スポルト〔体育館〕Palazzo dello Sport　903
パラッツォ・ファルネーゼ　Palazzo Farnese　320, **321-2**, 322, 650
パラッツォ・マッシーミ　Palazzo Massimi　319-20, **320**, 411, 688
バルベリーニ宮殿　Palazzo Barberini　407
パンテオン　Pantheon　31, 52, 79, 104-7, **105-6**, 112-3, 134, 136, 176, 297, 315, 396
フォルムの数々　Fora〔Forumの複数形〕　67, 78, 81-2, **82**, 88-9, **88**, 90-1, 91-5, **94**
フラウィウス宮殿　Flavian Palace　99, **100**, 101
ポーポロ広場　Piazza del Popolo　412, 509, **510**, 511, 687
マキシ美術館　MAXXI Museum　**955**, 955
マクセンティウス帝のバシリカ　Basilica of Maxentius　**113**, 114, 305, 477, 586
マルケッルスの劇場　theatre of Marcellus　85-6, **85**
マルス・ウルトルの神殿　temple of Mars Ultor　**91**, 92
浴場　baths　111-4, **111**
ラテラーノのバシリカの洗礼堂　Lateran Basilica baptistry　130
ラファエッロの家　House of Raphael　315, 318, 325
リペッタ港　Porta di Ripetta　510
霊廟　mausolea　107, 108-9, **109**
ローマ人たち　Romans　32, 38, 67, 75, 79-81, 85, 96, 98, 111 → ローマ　Rome も参照
ローリンソン、ロバート　Rawlinson, Robert　646
ロココ　Rocco　415, 437, 439, 441, 451-3, 464-7, 469-72, 497, 502-3, 507-8, 539, 548, 554, 568, 587, 647, 684, 751, 753, 767
ロサンジェルス　Los Angeles
　ゲッティー美術史センター　Getty Center for the History of Art　**919**, 920
　ホリーホック・ハウス　Hollyhock House　790-1
　ラヴェル・「ヘルス・ハウス」　Lovell 'Health House'　792
ロジエ、マルク＝アントワーヌ　Laugier, Marc-Antoine　522, 551, 556, 558, 573, 605, 652
ロジャーズ、アイザイア　Rogers, Isaiah　712, **712**
ロジャーズ、ジェームズ・ギャンブル　Rogers, James Gamble　781, 798
ロジャーズ〔ロジャース〕、リチャード　Rogers, Richard　881, 906, 908, **908**, 915, 924, 939, **950**, 951
ロシュフォール＝アン＝イヴリーヌ城館群　châteaux　833-4, **833**
ロスキレ　Roskilde
　大聖堂　cathedral　586
ロチェスター　Rochester　181-2
　大聖堂　cathedral　179, 182, 237
ロックウッド・アンド・モーソン　Lockwood and Mawson　739
ロッシ、アルド　Rossi, Aldo　910, 918, **919**, 933
ロッシ、カール　Rossi, Karl I　701
ロッシ、ドメーニコ、年若　Rossi, Domenico, the Younger　**431**, 432
ロッセッリーノ、ベルナルド　Rossellino, Bernardo　306, **307**
ロッソ、ジョヴァンニ　Rosso, Giovanni B.　**352**, 353, 380
ロッテルダム　Rotterdam
　美術館　Museum of Art　923
ロットマイヤー、ヨハン　Rottmayr, Johann　454, 457
ロバートソン、ジャクリン　Robertson, Jaquelin　936
ロビラ・イ・ブロカンデル、イポーリト　Rovira y Brocandel, Hipólito　502
ロビリョン〔ロビリオン〕、ジャン　Robillion, Jean-B.　**506**, 507
ロビンソン、チャールズ・マルフォード　Robinson, Charles Mulford　742
ロベール、ユベール　Robert, Hubert　**552**, 566
ロマネスク様式　Romanesque style　150, 155, 157, 159, 164-5, 167, 169, 171-3, 176-8, 186-7, 191, 193-4, 197, 199-205, 207-11, 215-6, 234-5, 237, 273-4, 499, 666-7, 693, 715, 832, 914, 949
ロリツァー、ヴェンツェル　Roriczer, Wentzel　264
ロルシュ　Lorsch
　楼門　gateway　157, **157**
ロルム、フィリベール・ド　l' Orme, Philibert de　357-61, **357**, **360**, 361, 364, 380, 382, 420, 498
ロレンツェッティ、アンブロージョ　Lorenzetti, Ambrogio　279
ロングフォード・カースル　Longford Castle　385
ロングリート　Longleat　382-4, **382**
ロンゲーナ、バルダッサーレ　Longhena, Baldassare　429-32, **430**, 437, 497, 499

索　引（ろ）

ロンジー　Longy　*513*
ロンシャン　Ronchamp
　　ノートル＝ダム＝デュ＝オー　Notre-Dame-du-Haut　*897-8*, **898**
ロンドレ、ジャン＝バティスト　Rondelet, Jean-Baptiste　*617-8, 671*
ロンドンおよびその近郊　London and environs　*291, 475, 476, 514,* **516***, 643,* **736***, 757, 930, 931*
　　アリアンス・アシュランス・オフィス〔イズ〕　Alliance Assurance Office　*662*
　　アルバート・メモリアル〔アルバート公記念館〕　Albert Memorial　*653,* **654**
　　イングランド銀行　Bank of England　*547,* **547***, 603*
　　ヴィクトリア・アンド・アルバート美術館　Victoria and Albert Museum　*317, 718*
　　ウェストミンスター宮殿　Palace of Westminster　*648-9, 650*
　　ウェストミンスター・アビイ　Westminster Abby → ウェストミンスター・アビイ　Westminster Abbyの項 を参照
　　ウェストミンスター大聖堂　Westminster Cathedral　*664,* **664***, 799*
　　ウェストミンスター・ホール　Westminster Hall　*248, 252,* **254**
　　ウェスリー派の中央ホール〔メソジスト教会堂中央ホール〕、ウェストミンスター　Wesleyan Central Hall, Westminster　*883, 886*
　　エラデイル・ロード6番地、ハムステッド　6 Ellerdale Road, Hampstead　*661*
　　エンバルクメント・プレイス　Enbankment Place　*915*
　　王立病院、グリニッジ　Royal Hospital, Greenwich　*482, 484,* **484**
　　王立病院、チェルシー　Royal Hospital, Chelsea　*473*
　　王立フェスティヴァル・ホール　Royal Festival Hall　*900*
　　オール・セインツ、マーガレット・ストリート　All Saints, Margaret Street　*654*
　　〔オールド・〕チャーチ・ストリート、チェルシー　Church Street, Chelsea　*889*
　　オルレアンズ・ハウス、トウィッケナム　Orleans House, Twickenham　*497,* **497**
　　改革クラブ　Reform Club　*650,* **650-1**
　　外務省　Foreign Office　*654*
　　キュー・ガーデン　Kew Gardens　*525, 538-9,* **539***, 577, 587*
　　クイーンズ・ギャラリー、バッキンガム宮殿　Queen's Gallery, Buckingham Palace　*926,* **926**
　　クイーンズ・ハウス、グリニッジ　The Queen's House, Greenwich　*356, 386, 387, 482*
　　グロヴナー・スクエア〔広場〕　Grosvenor Square　*537, 607, 608*
　　ケンジントン・パレス　Kensington Palace　*527,* **528***, 585*
　　コヴェント・ガーデン　Covent Garden　*361, 388, 607, 644*

　　コーエン・ハウス、チェルシー　Cohen House, Chelsea　*889*
　　国立劇場　National Theatre　*900,* **901**
　　国会議事堂　Houses of Parliament　*649,* **650***, 800*
　　近衛騎兵隊兵舎　Household Cavalry Barracks　*899*
　　サイアン・ハウス　Syon House　*534,* **535***, 542*
　　裁判所　Law Courts　*656,* **657**
　　ザ・シャード　The Shard　*958*
　　サマセット・ハウス　Somerset House　*380, 382, 540,* **540***, 599*
　　ジンバブエ・ハウス〔英国医師協会ビル〕　Zimbabwe House　*887,* **887**
　　クリスタル・パレス〔水晶宮〕、ハイド・パーク　Crystal Palace, Hyde Park　*658-59,* **658***, 681, 745*
　　スイス・リ本社ビル　Swiss Re Building　*952, 953*
　　スワン・ハウス、チェルシー　Swan House, Chelsea　*661*
　　セイント・ヴェダスト　St Vedast　*478*
　　セイント・オールバン、ホルボーン　St Alban's, Holborn　*655*
　　セイント・ジェームズ宮殿礼拝堂　St James's Palace chapel　*388*
　　セイント＝ジェームズ＝ザ＝レス　St James the Less　*719*
　　セイント・ジェームズ広場　St James's Square　*536, 537*
　　セイント・ジャイルズ、カンバーウェル　St Giles, Camberwell　*653*
　　セイント・ジョージ＝イン＝ジ＝イースト、ステップニー　St Georgw-in-the-East, Stepney　*493,* **493**
　　セイント・ジョージ、ブルームズベリー　St George's, Bloomsbury　*490, 494*
　　セイント・ジョン、スミス広場　St John, Smith Square　*494*
　　セイント・スティーヴン・ウォールブルック　St Stephen Walbrook　*476, 478*
　　セイント・スティーヴンズ・チャペル〔王室礼拝堂〕、ウェストミンスター　St Stephen's Chapel, Westminster　*248-9,* **248**
　　セイント・ダンスタン＝イン＝ジ＝イースト　St Dunstan in the East　*477*
　　セイント・パンクラス・ホテル　St Pancras Hotel　*654*
　　セイント・ブライド　St Bride　*475, 477*
　　セイント・ポール大聖堂　St Paul's cathedral → セイント・ポール大聖堂　St Paul's cathedralの項を参照
　　セイント・マーティン＝イン＝ザ＝フィールズ　St Martin-in-the-Fields　*496,* **496***, 594-5, 917*
　　セイント・マイケル、クルックド・レイン　St Michael, Crooked Lane　*478*
　　セイント・メアリー＝レ＝ボウ　St Mary-le-Bow　*477-8*
　　セイント・メアリ＝レ＝ストランド　St Mary-le-Strand　*495*
　　ソーン美術館　Soane's Museum　*548,* **548***, 550*
　　ダービイ邸　Derby House　*536-7*
　　大英博物館　British Museum　*62, 643-4,* **644***, 886*

1023

索引（ろ〜わ）

トラヴェラーズ・クラブ　Travellers' Club　*650*
ナショナル・ギャラリー・セインズベリー・ウィング　National Gallery Sainsbury Wing　*915*, **917**
ニューゲイト監獄　Newgate Prison　*546*, **547**
ニュー・ジーランド・チェインバーズ　New Zealand Chambers　*661, 723*
ニュー・スコットランド・ヤード　New Scotland Yard　**662**, *663, 665*
パーク・ヴィレッジ　Park Villages　**641**, *642*
バークリー・スクエア　Berkeley Square　*529*, **530**
バタシー発電所　Battersea Power Station　*885*, **885**
バッキンガム宮殿　Buckingham Palace　*642, 926*, **926**
ベッドフォード・パーク　Bedford Park　*661*
ハム・コモン　Ham Common　*899*
ハムステッド田園郊外住宅地　Hampstead Garden Suburb　**880**, *881, 930*
パレス・コート、ベイズウォーター　Palace Court, Bayswater　*757*
バンケッティング・ハウス　Banqueting House　*388*, **483**
パンテオン、オックスフォード・ストリート　Pantheon, Oxford Street　*541*, **543**
ハンプトン・コート　Hampton Court　*256, 473, 484*
ピカディリー　Piccadilly　*526, 529, 887-8*
ブリッジウォーター・ハウス　Bridgewater House　*650*
ベッドフォード・スクエア　Bedford Square　*607*, **607**
法曹協会　Law Society　*887*
ホワイトチャペル・アート・ギャラリー　Whitechapel Art Gallery　*757, 760*
ミッドランド銀行、ポウルトリー　Midland Bank, Poultry　*877*
モーニング郵便局　Morning Post Offices　*834*
ラッチェンス（ブリタニック）・ハウス　Lutyens (Britannic) House　**875**, *876*
リージェンツ・パーク　Regent's Park　**640**, *642*
リージェント・ストリート　Regent Street　*640, 662, 676*
リッツ・ホテル　Ritz Hotel　*834, 887*
ロイズ・ビルディング　Lloyds Building　*908*, **908**
ロウザー・ロッジ　Lowther Lodge　*661*
ローン・ロード・フラッツ、ハムステッド　Lawn Road Flats, Hampstead　*888*, **888**
ロンドン塔（ホワイト・タワー）　Tower of London (White Tower)　*180-1*, **181**, *474*

旧郵便局　Old Post Office　*710*
国会図書館　Library of Congress　*732*
財務省　Treasury Building　*710*, **710**
ジェファーソン記念堂　Jefferson Memorial　*795*, **796**
スミソニアン協会　Smithsonian Institution　*715*, **715**
ドイツ大使館官舎　German Ambassador's Residence　**934**, *935*
特許局　Patent Office　*710*
ナショナル・ギャラリー・オヴ・アート　National Gallery of Art　*907*
パン・アメリカン・ユニオン　Pan American Union　*795*
フォルジャー・シェイクスピア図書館　Folger Shakespeare Library　*795*
ホワイト・ハウス　White House　*599, 601, 605, 612*
リンカーン記念堂　Lincoln Memorial　*795*
連邦議会議事堂　Capitol　*599*, **600**, *601, 603, 605*, **604-5**, *612*
ワルシャワ　Warsaw　*581-2, 697*
ワジェンキ宮殿　Łazienki Palace　*582*, **582**

わ

ワイアット、ジェームズ　Wyatt, James　*100, 538, 541, 543-4*, **543-5**, *547, 599*
ワイアットヴィル、サー・ジェフリー　Wyatville, Sir Jeffry　*643*, **643**, *669*
ワイト、ピーター　Wight, Peter B.　*717*
ワシントン DC　Washington, DC　*612*, **612**, *931*
　記念碑　Monument　*710*

〔著者略歴〕
デイヴィッド・ワトキン（David Watkin）

1941年4月7日生まれ
1967年　ケンブリッジ大学美術学部・図書館司書
1970年　同大学、ピーターハウス・カレッジのフェロー（特別研究員）
1972年　ケンブリッジ大学美術学部美術史学科・助教授
1989年　同学科・学科長
現在：ケンブリッジ大学美術史学科建築史講座・名誉教授

邦訳書：
『モラリティと建築』榎本弘之訳、鹿島出版会、1981年（原著：*Morality and Architecture: The Development of a Theme in Architectural History and Theory from Gothic Revival to the Modern Movement*, Oxford University Press, 1977〔初版〕）
『建築史学の興隆』桐敷真次郎訳、中央公論美術出版、1993年（原著：*The Rise of Architectural History*, The Architectural Press, 1980）
『新古典主義・19世紀建築』全二巻〔ロビン・ミドルトンとの共著〕土居義岳訳、本の友社、1998・2002年（原著：*Neoclassical and 19th Century Architecture*, Harry N. Abrams, 1980〔合本〕；Electa/Rizzoli, 1987〔二巻本〕）

〔訳者略歴〕
白井秀和（しらい・ひでかず）

1951年生　福井大学大学院工学研究科教授・工学博士
専門：フランス・イタリア建築思潮、建築論、西洋建築史
〔詳細は、第Ⅰ巻の奥付を参照されたい。〕

デイヴィッド・ワトキン ©
西洋建築史Ⅱ
——18世紀新古典主義建築から現代建築まで——

平成二十七年八月　十　日印刷
平成二十七年八月二十五日発行

訳者　白井秀和
発行者　小菅勉
印刷　広研印刷株式会社
製本　松岳社
用紙　三菱製紙株式会社

中央公論美術出版
東京都千代田区神田神保町一—一〇—一　IVYビル6階
電話〇三—五五七七—四七九七

製函　株式会社加藤製函所

ISBN978-4-8055-0710-0

『西洋建築史Ⅰ』正誤表

頁	誤	正
目次　第5章　都市計画の項	建築規則	建築規制
41頁上から16行目	オリュンポス	オリュンピア
同頁　図版31見出し	オリンピウス	オリュンピオス
126頁下から9行目	〔ルビ〕エディフス	〔ルビ〕エディフィス
167頁下から6行目	ラーン	ハールツ
194頁上から4行目	修道院	修道院〔教会堂〕
同頁上から6行目	プリオリー	プリューレ
234頁上から14行目	ホテル	オテル
237頁下から6行目	大修道院	大修道院〔教会堂〕
259頁下から11行目	レーゲンブルク	レーゲンスブルク
260頁上から12・14行目	パーラー	パルラー〔パーラー〕
261頁上から11・26・30行目	パーラー	パルラー〔パーラー〕
264頁下から13行目	パーラー	パルラー〔パーラー〕
291頁下から13行目	建築規則	建築規制
412頁上から5行目	〔ルビ〕ツウイン	〔ルビ〕ツイン
456頁下から17行目	カルロ〔カール〕・ボロメウス〔カルロ・ボッローメオとは別人〕	→ カール〔カロルス〕・ボロメウス〔カルロ・ボッローメオと同一人〕
457頁上から5・24・27行目	カルロ	カール
475頁　図版494見出し	頂塔	尖頂（スパイア）
501頁下から13行目	セゴビア	セゴービア